中國史學基本典籍叢刊

小腆紀傳

上

〔清〕徐鼒 撰
〔清〕徐承禮 補遺

中華書局

圖書在版編目(CIP)數據

小腆紀傳/(清)徐鼒撰;(清)徐承禮補遺. —北京:中華書局,2018.9(2025.3 重印)
(中國史學基本典籍叢刊)
ISBN 978-7-101-13396-7

Ⅰ.小… Ⅱ.①徐…②徐… Ⅲ.中國歷史-南明-紀傳體 Ⅳ.K248.404.2

中國版本圖書館 CIP 數據核字(2018)第 192807 號

責任編輯:李 勉
封面設計:周 玉
責任印製:韓馨雨

中國史學基本典籍叢刊
小腆紀傳
(全二册)
〔清〕徐 鼒 撰
〔清〕徐承禮 補遺
*
中華書局出版發行
(北京市豐臺區太平橋西里 38 號 100073)
http://www.zhbc.com.cn
E-mail:zhbc@ zhbc.com.cn
北京新華印刷有限公司印刷
*
850×1168 毫米 1/32 · 28⅛印張 · 4 插頁 · 575 千字
2018 年 9 月第 1 版 2025 年 3 月第 3 次印刷
印數:3901-4500 册 定價:109.00 元

ISBN 978-7-101-13396-7

再版説明

小腆紀傳點校本於一九五八年首次出版，是瞭解、研究南明歷史的必備書。限於當時條件，印量不多，後來也一直没有再版，讀者多方求購。

有鑒於此，中華書局決定重排再版此書，收入中國史學基本典籍叢刊。此次重排，我們儘量訂正了原書的一些錯誤，並重新編製了目録，以便讀者更好地使用。但限於條件，仍可能存在訛誤之處，還望讀者多所指正。

中華書局編輯部
二〇一八年七月

目録

卷第九　列傳第二

卷第三十四 列傳第二十七 補

卷第三十五 列傳第二十八

卷第三十六 列傳第二十九

卷第五十三　列傳第四十六

卷第五十七 列傳第五十

卷第五十八　列傳第五十一

卷第六十　列傳第五十三

卷第六十一 列傳第五十四

補遺卷一　列傳

出版者説明

本書作者徐鼒（一八一〇—一八六二），字彝舟，號亦才，江蘇六合人，道光丁未（一八四七）進士。曾官翰林院檢討，福寧知府。

一六四四年三月農民起義軍推翻了明朝以後，福王由崧復在南京建號稱帝，直到一六八三年臺灣爲清所併，明室的名義還維持了四十年。記載這四十年歷史的書籍不下三百多種，但大都局限於一時一地，且傳聞互異，多有出入。作者於道光庚戌（一八五〇）入清朝史館後，參考前人所著南明史書達六十二種，以及各省府縣志和諸家詩文集等，著小腆紀年附考二十卷，爲南明史書中比較完備的一種。已由我局於五七年七月標點出版。在他晚年，更就與紀年同一歷史時期的各個人物，寫作小腆紀傳一書。書没有做完他就死了，由他的兒子承禮加以整理補訂，分爲六十五卷，並附補遺五卷。紀年、紀傳兩書，雖敘寫同一時期的史事，但體例是不同的，前者用編年體，後者用紀傳體。兩書並行，對研究南明史有很多方便，所以我們在出版了紀年之後，又繼續出版本書。

我們根據光緒十三年金陵刻本標點排印。原刻中爲了尊崇清朝而抬頭的地方，都改爲連接；所有避諱字樣，都改用本字；侮辱少數民族的字，如「傜」作「猺」，「僮」作「獞」等，也都改正；至於污衊農民起義軍爲賊爲寇，爲避免牽動全文，則仍其舊；原刻闕文，以「□」號代替；原刻脱漏或顯然錯誤的字，改正了以〔　〕號注於下面，並仍以（　）號保留其原字。

一九五八年十一月

叙録*

右小腆紀傳六十五卷，先大夫晚年未成之書，今謹編目鈔定者也。先大夫以道光庚戌充實録館纂修官，恭讀列聖實録，遵純廟分注明福王年號、撮叙唐桂二王本末之諭，爲小腆紀年二十卷，更采舊聞，著爲是書。彼以年經，此以人緯，縱經横緯，職志左、班。東南寇盜，初捍桑梓，迨守福寧，登陴盡瘁。疾彌留，命兩兄曁承禮曰：「余半生精力，盡此二書，而紀年刊成，方識謁舛，紀傳草刱什一，舊得稗乘，遭亂散亡，某人某事，雖復省憶，時地貫秩，無徵不信。今天不假年，齎志黄壤，吾非談、彪，庸遂責若輩以遷、固邪？然小子識之矣！」承禮泣承遺命，念兹事體大，逡巡有年。大興傅君以禮，故熟於明季掌故者，昔讀紀年，知有紀傳，介仁和魏君錫曾來索副本，承禮以原鈔有標目、無卷次，又字句失讎，間有譌奪，迺盡發手稾清本，與魏君參互校勘，而時咨疑義於傅君。不揣僭妄，釐次如右，募書人繕爲定本，閲兩載始竟事。其中義類悉依舊稾，而少加變通，舊立徵者、戮辱二傳，篇目寥寥，難以分帙，則附於義師、貳臣，如大臣陳士奇等，武臣邱磊等，土司楊之明等，宦官龐天壽等，姦臣劉孔昭等，貳臣方國安等，逆臣劉澤清等。原稾勵存其目，間取紀年中事實賅備者，聯綴爲傳，注「補」字以别之；或始末不完，雖見他書，未敢羼引，則注「傳闕」二字；從其慎也。又清本史可法、高弘圖、姜曰廣、徐石麒、高倬、顧錫疇、邱祖德各傳，謹載本朝賜謚，他皆闕如，今遵欽定勝朝諸臣殉節録次第增補，俾體例歸畫一也。夫有明南渡後紀事之書，不下三百餘種，類皆分輯見聞，偏舉時地，惟温氏睿臨南疆繹史、李氏瑶繹史勘本摭遺，綜括三藩，較爲完備。顧温書麤具體裁，病於太簡；李書紀次無法，詳略失中。論者謂先公之作，會萃羣編，訂譌求是，簡而該，詳而有體，非夫温、李同年可語。然承禮追維治命，欲若不足，又披傅氏藏書，遺聞軼事，頗尋端緒，藎臣誼士，盛著風烈。若復甄綜散亡，倣裴松之注三國志例，補紀傳所未及，别爲志表，無闕史裁，則於當日事勢瞭若觀火，先人未竟之志庶少慰也。幼遭不造，長復失學，文采不足以耀無窮，學識不足以繼往古，惟此六十五卷之書，鈔綴成帙，尚賴傅君講求，魏君讎校之力。小子涉川，其無津涯；況乎不朽之事，名山之業，羅故國之文獻，成一家之述作。龍門、扶風，緊豈異人，瞻卬前修，邈絶攀躋，覆誦斯編，滋益罪戾者矣。同治八年，歲在己巳，長至節後一日，男承禮謹識。

＊編者按：承禮此文原在小腆紀傳六十五卷目録後、補遺五卷目録前，今單獨列出，標題爲編者所加。

小腆紀傳卷第一

前翰林院檢討加詹事府贊善銜六合 徐鼒 譔

紀第一

弘光上

弘光帝，神宗之孫，福恭王之長子也。諱由崧。母鄒妃。初封德昌王，進封世子。崇禎十四年，辛巳，春正月，闖賊陷河南，恭王遇害，世子走懷慶。癸未，秋七月，嗣封福王，思宗手擇宫中玉帶賜之。

甲申，二月，壬戌，懷慶陷，王走衞輝，與母妃鄒氏相失，挈内侍常應俊等數人，與潞王常淓避至淮上，依淮撫路振飛。

三月，北京陷。四月，己巳，凶問至南京。時參贊機務兵部尚書史可法督師勤王在浦口，諸大臣議立君，倉卒未有所屬。前侍郎錢謙益，兵備僉事雷縯祚，入説兵部侍郎吕大器，言福王立，將修釁三案，大器遂與都御史張慎言、詹事姜曰廣移牒可法，言福王有不孝、虐下、干預有司、不讀書、貪、淫、酗酒七不可立；潞王賢明，可定大計。可法即身還南京。而鳳陽總督馬士英，欲居擁戴功，結靖南伯黄得功暨高傑、劉澤清、劉良佐等，移書諸大臣，謂以序以賢，無如福王，責可法當主其議，發兵擁王至儀徵。

甲申，南京守備魏國公徐弘基、提督操江誠意伯劉孔昭、尚書高弘圖、程註、南京守備司禮監韓贊周及慎言、大器，曰廣集議於朝。大器時典禮、兵兩部，後至，頓筆不肯下。給事中李沾厲聲曰：「禮莫重於尊君，兵莫先於衞王。衆議僉同，公獨持異，沾請得以頸血濺公衣矣。」劉孔昭亦詈大器，不得出言摇惑，大器不敢復言，乃以福王告廟。

乙酉，弘基等具啓迎於儀徵。丙戌，王舟次觀音門。丁亥，百官迎見於龍江關。王素衣角帶哭。五月，戊子朔，王乘馬自三山門入。至孝陵，從臣請自東門御路入；王遜避，自西門入，至饗殿。禮畢，謁懿文太子陵，自朝陽門入東華門，步行謁奉先殿，出西華門，駐蹕於内守備府爲行宫。百官進見，王赧然欲避。史可法言殿下宜正受，又陳戰守大計，謂當素服郊次，發師討罪，示天下以必報讐之義。王唯唯，不能答。先一日，有兩黄星夾日而趨；是日，五色雲見。

己丑，百官謁王於行宫。靈璧侯湯國祚訐户部措餉不時，其言憤絮，太監韓贊周叱之起。吕大器曰：「此非對君體。」御史祁彪佳言綱紀法度爲立國之本，李沾亦言朝班宜肅。

羣臣勸進，箋再上，王許監國。庚寅，王行告天禮，祝文飄入雲霄，衆異之。升殿，百官行四拜禮。徐弘基跪進監國寶，百官再行四拜禮，乃退。發大行皇帝喪，大赦天下，其新加練餉及崇禎十二年以後一切雜派並各項錢糧，十四年以前實欠在民者，悉免之。以張慎言爲吏部尚書。壬辰，以史可法爲東閣大學士兼兵部尚書，高弘圖爲東閣大學士兼禮部尚書，並入閣辦事；馬士英爲東閣大學士兼兵部尚書，都察院右都御史，仍總督鳳陽等處軍務。發銀萬兩，命兵部郎中萬元吉往犒得功等軍。癸巳，爲大行皇帝舉喪，哭臨。甲午，以姜曰廣爲東閣大學士兼禮部尚書，前禮部尚書王鐸爲東閣大學士，並入閣辦事。曰廣辭，改禮部左侍郎，入直。以工部右侍郎周堪賡爲户部尚書。起劉宗周爲都察院左都御史，以吕大器爲吏部左侍郎。是日，衡王□□起兵，誅闖賊僞官於青州。乙未，命御史祁彪佳安撫江南。江督袁繼咸入援，設防江水師；復操江總督，文臣協理。楚撫何騰蛟奏恢復隨州。

史可法請罷南京守備，參贊各銜，依北都舊制，設京營等官，罷錦衣衛、兩鎮撫官。請分江北爲四鎮，以劉澤清、高傑、劉良佐、黄得功分轄之。澤清轄淮、海，駐淮安，山陽、清河、桃源、宿遷、海州、沛縣、贛榆、鹽城、安東、邳州、睢甯十一州縣隸之，經理山東一路。傑轄徐、泗，駐泗州，以徐州、蕭縣、碭山、豐縣、沛縣、泗州、盱眙、五河、虹縣、靈璧、宿州、蒙城、亳州、懷遠十四州縣隸之，經理開、歸一路。良佐轄鳳、壽，駐臨淮，以鳳陽、臨淮、潁上、潁州、壽州、太和、定遠、六安、霍邱九州縣隸之，經理陳、杞一路。得功轄滁、和，駐廬州，以滁州、和州、全椒、來安、含山、江浦、六合、合肥、巢縣、無爲州十一州縣隸之，經理光、固一路。各設監軍一員。一切軍民聽統轄，州縣有司聽節制，營衛原存舊兵聽歸併整理，荒蕪田土聽開墾，山澤有利聽開採；仍許各於境内招商收税，以供軍前買馬制器之用。每鎮額兵三萬人，歲供本色米二十萬，折色銀四十萬，聽各鎮自行徵取。設督師於揚州，節制諸鎮。罷鳳陽總兵官，改置副將。設九江、京口兩鎮，以操江總督協理之。詔並舉行。

丙申，馬士英率兵入朝。戊戌，羣臣勸進，箋三上，王許之。禮部請祀地祇，命侯祭天一並舉行。命瑞王常浩居重慶。己亥，修奉先殿。

命御史陳丹衷宣諭江北：「大學士史可法自請督師江北，詔以便宜行事，各鎮并聽節制。」庚子，命兵部尚書張國維以原官回部，協理京營戎政。以原任刑部尚書徐石麒爲都察院右都御史。以總兵官鄭鴻逵鎮九江，黄蜚鎮京口。辛丑，兵部主事凌駉起兵東昌討賊。闖賊陷雞澤，諸生殷淵死之。

壬寅，王即皇帝位，改元弘光。詔曰：「我國家受天鴻祚，奕世滋昌，保大定功，重熙累洽。自高皇帝龍飛奠鼎，而已卜無疆之曆矣。朕嗣守藩服，播遷江、淮，羣臣百姓，共推繼序，跋涉來迎，請正位號。予暫允監國，攝理萬幾，乃累箋勸進，拒辭弗獲。謹於五月十五日，祗告天地宗廟，即皇帝位於南都。猥以藐躬，荷兹神器。惟我大行皇帝，英明振古，勤儉造邦，殫宵旰以經營，希蕩平之績效。乃潢池盜弄，鐘簴震驚，燕畿掃地以蒙塵，龍馭賓天而上陟，三靈共憤，萬姓同讐。朕涼德弗勝，遺弓抱痛，敢辭薪膽之瘁，誓圖俘馘之功。尚賴親賢，戮力匡勷，助予敵愾。其以明年爲弘光元年，與民更始，大赦天下。加在京文武官一級；無級可加者，進勳階一級，給新銜誥命；督撫監司守令，給見任官銜誥命。補謚蔭前朝大臣之有勞績品行者。存問在籍閣臣六部堂官，遣配及閒住者，復原職，三品以下情可原者，採訪酌用。諸藩流寓者，撫按善爲安置；宗室在南京者，按時給糧。公侯伯常禄，往日本折三七關支或中半兼支者，俱於折色中給本色一半，石折銀七錢，以示厚意。

王公子孫，各蔭一子，入監讀書。七十以上年高有德者，給冠帶。細民量給膳米。忠義殉難者，蔭謚建祠。舉人、副榜、廪、貢、監生，不得遏抑，以塞賢路。山林草澤有奇才異能，堪以匡時禦亂者，從公保舉；試驗罔效者，舉主連坐。北直、山東、河南、山西、陝西、遼東文武官生，不能從賊在南者，文官吏部察明，推陞赴用；其生員寄應天府學考試；其武弁赴部驗明，寄俸在京。各衛陷賊各官，有能返邪歸正者，寬其前罪；殺賊自効者，以軍功論。免弘光元年糧十分之一，北直、山西、陝西全免五年，山東、河南三年，江北、湖、廣蠲十分之五，江西、四川十分之三；其折漕税契及上供柴炭派擾商民者，一切釐革。詔到日，星速頒行；匿隱支飾者，訪明究問。於戲！弘濟艱難，用宣九伐平邦之政，覃敷闓澤，並沛三驅解網之仁。新綍焕頒，前徽益懋。布告天下，咸使聞知。」

是日，降賊少詹事項煜逃歸，混入朝班，衆逐之。以太監韓贊周管司禮監事，盧九德爲司禮秉筆，提督京營。

癸卯，馬士英入閣佐理，仍掌兵部尚書事。以顧錫疇爲禮部尚書。分應天、蘇淞爲二巡撫，以左懋第爲都察院右僉都御史，巡撫應天。甲辰，命忻城伯趙之龍總督京營戎政。命户部速輓漕粟以濟軍糈。淮撫路振飛罷，起田仰代之。進黄得功爲靖南侯，左良玉爲寧南侯，各蔭子錦衣衛正千户；高傑興平伯，劉澤清東平伯，劉良佐廣昌伯。加馬士英太子太師，蔭一子錦衣衛指揮僉事。乙巳，以祁彪佳爲都察院右僉都御史，巡撫蘇淞。祭告先福王太妃於行宫。遣徐弘基祭孝陵，告即位。命參將王之綱迎母妃於河南郭家寨。前督師丁啓睿擒送河南僞官，加啓睿太子少保兵部尚書。

是日，史可法陛辭，給銀二十萬兩，以總兵劉肇基、于永綬、李棲鳳、卜從善、金聲桓等兵隸之。諸生陳方策、盧渭疏留可法曰：「淮揚，門户也，京師，堂奥也。門户有人而堂奥無人，可乎？」不聽。丁未，張慎言疏薦舊輔吴甡、原任吏部尚書鄭三俊，命甡陛見。詔封疆失事各官，不許起用。己酉，以萬元吉爲太僕寺少卿。監理江北軍務漕運總督路振飛擊敗賊將董學禮兵，獲降臣武愫。

是日我大清兵破闖賊於真定，闖賊走平陽，尋走韓城。

庚戌，劉孔昭訐奏張慎言薦吴甡誤國，且定策時有二心；高弘圖、姜曰廣並乞退，上兩解之。設勇衛營，以太監李國輔監督。命史可法遣官訪大行皇帝梓宫併太子、二王。壬子，晉徐弘基、湯國祚、柳祚昌、劉孔昭、方一元、焦夢熊等宫銜，予蔭子，司禮監太監韓贊周、盧九德，各弟姪一人錦衣衛指揮僉事。徐弘基疏薦原任兵部尚書熊明遇等，報聞。詔卹北都殉難諸臣。是日，揚州進士鄭元勳，以款高傑軍爲州人所殺。癸丑，復蔭劉澤清子錦衣衛千户。甲寅，命史可法祭泗鳳陵，左良玉祭顯陵。乙卯，封吴三桂爲薊國公。起陳子壯爲禮部尚書，掌詹事府事。命江、淮賑恤南歸難民。太常少卿李沾劾吏部左侍郎吕大器定策時懷二心，命不必深求。丙辰，命議河督黄希憲、齊撫邱祖德、晉撫郭景昌私逃罪。

是月，我大清兵取河北、山東。

六月，丁巳朔，日有食之。命禮部鑄國璽。刑部主事錢敬忠疏陳時事，報聞。大學士高弘圖自請江干督漕，許之。命補記注侍班官。

戊午，上大行皇帝尊謚曰紹天繹道剛明恪儉揆文奮武敦仁懋孝烈皇帝，廟號思宗，大行皇后曰孝節貞肅淵恭莊毅奉天靖聖烈皇后。追尊皇祖妣貴妃鄭氏曰孝寧温穆莊惠慈懿憲天裕聖太皇太后，追尊皇考福恭王曰貞純肅哲聖敬仁懿恭皇帝，皇妣姚氏曰孝誠端惠慈順貞穆皇太后，遥上皇生母鄒氏尊號曰恪貞仁壽皇太后，追謚元妃黄氏曰孝哲懿莊温貞仁靖皇后，繼妃李氏曰孝義端仁肅明貞潔皇后。庚申，頒河北、山東詔。

壬戌，召逆案阮大鋮冠帶陛見，户科左給事中羅萬象、御史王孫蕃、陳良弼、大理寺丞詹兆恒、應天府丞郭維經、懷遠侯常延齡等交章諫。弘圖請九卿議，與士英忤；曰廣以中旨用人，争之不得，各疏求去，不許。吕大器劾士英賣官鬻爵罪，不聽。

劉良佐率兵攻臨淮，不克，移駐壽州。兵科給事中陳子龍疏請兵部主事何剛練水師，從之。命議殉難從逆諸臣功罪。

甲子，獻賊陷涪州。乙丑，命惠王常潤移居肇慶，吉王□□薨。

丙寅，起錢謙益爲禮部尚書，協理詹事府事。吏部尚書張慎言罷。禮部請立中宫，詔以列聖先帝之讐未報，不許。命萬元吉再往揚州、六合調輯軍民。己巳，以吴志葵鎮守吴淞。

劉澤清來朝，疏糾吕大器、雷縯祚，薦張捷、鄒之麟、張孫振、劉光斗等；未幾，大器罷。癸酉，詹兆恒進欽定逆案，馬士英亦於是日進三朝要典。

乙亥，追復懿文皇太子廟號興宗，孝康皇帝，妃常氏謚孝康皇后。追崇建文帝謚曰嗣天章道誠懿淵恭覲文揚武克純篤孝讓皇帝，廟號惠宗，后馬氏曰孝愍温貞哲睿肅烈襄天弼聖讓皇后。追崇恭仁康定景皇帝謚曰符天建道恭仁康定隆文布武顯德崇孝景皇帝，廟號代宗，貞惠安和景皇后汪氏曰孝淵肅懿貞惠安和輔天恭聖景皇后。

丁丑，左懋第疏請北行。獻賊陷重慶，瑞王常浩並原任巡撫陳士奇等皆遇害。贈死難沭陽知縣劉士熼山東僉事。

巡按湖廣御史黄澍入賀，面糾馬士英罪，士英免，尋復令視事。戊寅，封福府千户常應俊爲襄衛伯，世襲。己卯，趙之龍糾高弘圖議思宗廟號之失，請改正，詔仍舊。

庚辰，以徐石麒爲吏部尚書，何應瑞爲工部尚書。京口兵閧，詔督師核治，嗣後兵將調集，聽本處撫臣節制。辛巳，命王燮爲都察院右僉都御史，巡撫山東。壬午，顧錫疇請追謚文震孟等而奪温體仁謚，並從之。

癸未，我大清兵取德州，前大學士謝陞、御史趙繼鼎、盧世㴶迎降。

甲申，以邱磊爲山東總兵官。贈死事原任吏部員外郎程良籌光禄寺少卿，舉人劉申錫知州，生員楊之金教授，祠名義烈。以黄斌卿防禦京口，調鄭芝龍兵六千入衛。乙酉，命魯王以海暫駐處州，崇王□□暫駐台州。

秋七月，丙戌朔，祀高皇帝以下於奉先殿，以大行皇帝、皇后祔祭。加張慎言、程註太子太保，予廕。丁亥，給事中章正宸疏陳時事，建寧知縣蔣芬自請勤王，俱不報。庚寅，以左懋第爲兵部右侍郎兼都察院右僉都御史，經理河北聯絡關東軍務，馬紹愉爲太僕寺少卿兼兵部職方司郎中。加陳洪範太子太保，賫白金十萬兩，金千兩，緞絹萬匹，出使於我大清。金聲桓駐防揚州。

壬辰，定守護鳳陵戍兵五千人。以劉之勃爲都察院右僉都御史，巡撫四川。

甲午，以六等定從逆諸臣罪，其大逆凌遲處死者五條：凡從賊攻陷京師及爲賊毁宗社易門榜者，凡倡率勸進及爲賊草僞詔者，凡部院詹事翰林三品以上大臣從賊受僞命而親信用事者，凡文武封疆大吏如督撫總兵降賊者，凡京堂科道部屬等官爲賊畫策規取地方者，以上如本犯不歸，歸而又逃，悉收繫其妻子，籍没其家産。其斬決不待時者三條：凡四品京堂及翰詹科道受賊僞命居要地比原職加崇者，凡方面分巡分守知府等官降賊者，凡文武封疆大吏聞變先逃者。其絞者六條：凡獻玉帛獻子女以媚賊求免者，凡内外衙門官僅受僞命者，凡在巡方及布按三司分巡分守知府等官遇變而逃者，凡被賊拷掠不能自決仍受僞命者，凡受僞命而爲賊疎遠者，凡管屯管河榷關督餉等官雖無封疆之守而棄職潛逃者。其流者二條：凡内閣重臣及部院等三品以上詹事翰林五品以上即不從賊而偷生潛逃者，凡既受僞命復自疎遠見賊未敗而脱身南還者。以上斬、絞、流共十一則。如各犯認罪自投，擬減本罪一等；如遁歸匿形，蓄謀叵測，照本罪加一等，仍收繫其親屬。其徒者二條：凡候考候選即無官守即未受僞命而浮沈賊中賊奔乃還者，凡遇賊變爲賊脅留而未受僞命者。其杖者一條：凡爲賊所拘未受僞官而乘間先歸者。詔曰：「北都淪喪，帝后升遐，巷戰死節者，遂無一人。且反面事讐，甘心降賊，爲之指斥先帝，規并海宇。人心已喪，法紀何存！所奏既已會議允當，並先奪職。其絞罪以上，法司行撫按官，逮解來京候訊；流罪以下，撫按官依律訊處具奏。其有身雖陷賊，能改圖歸正，擒殺賊首，及以兵馬城池來歸，或爲內應，克立大功，或爲內間，效忠本朝者，仍從優陞賞，不用此例。」

論擒解河南僞官功，加義勇李際遇、劉洪起總兵官。以六科員缺，命將中行評博推知等官，俱減俸行取。丁酉，依舊制爲五軍、神樞、神機三大營，杜弘域等六人分統之。

劉宗周疏劾馬士英等，優詔答之。戊戌，士英乞休，不允。劉澤清、劉良佐疏訐宗周，諭曰：「昔漢宣起於艱難，魏、丙合志；唐肅興於靈武，李、郭同心。今者祖分左右，口搆玄黃，天下事不堪再壞。諸臣各宜和衷集事，息競圖功，庶幾君臣之間，禮全終始。」

庚子，擢開封推官陳潛夫爲御史，巡按河南。癸卯，淮揚巡撫王燮以皇太子及二王皆遇害聞。甲辰，蔭福府內臣屈尚忠、田成、張執中等弟姪各都督同知，世襲錦衣衛指揮使。奪溫體仁官蔭。己酉，內批以張有譽爲户部尚書，高弘圖等争之，不聽。辛亥，釋高牆罪宗前唐王聿鍵等三百餘人。

時羣臣紛争日甚，朱國弼、劉孔昭條陳新政，有「吏部用人必勳臣商榷，各部行政必勳臣面定」之語，又請增設家丁營將户部給糧，上亦厭之。壬子，諭曰：「朕遭百六之運，車書間阻，方資羣策，旋軫故都。乃文武之交争，致異同之日甚。先皇帝神資獨斷，彙納衆流，天不降康，咎豈在上！爾諸臣尚鑒於前車，精白乃心，匡復王室。若水火不化，戈矛轉興，天下事不堪再壞，且視朕爲何如主？祖宗成憲，弗尚姑息，各宜欽承，朕言不再。」

改正閣臣銜尚書兼大學士，舉經筵。高弘圖等請建中宮，諭俟母后回鑾日行。乙卯，弘圖乞休，不允；請召還史可法，亦不報。

是月，萬元吉奏大清兵南征。

八月，丙辰朔，日有食之。丁巳，親祀先師孔子。以楊鶚爲兵部右侍郎兼都察院右僉都御史，總督川、湖、雲、貴、廣西軍務。命惠王常潤居廣信。劉澤清疏劾劉宗周。候考宗室朱統𨰻訐姜曰廣，通政使劉士楨、禮科袁彭年疏糾統𨰻罪，不報。庚申，加史可法少保兼太子太保、武英殿大學士，高弘圖太子少師、文淵閣大學士，姜曰廣太子少保、文淵閣大學士，馬士英太子太師、武英殿大學士，王鐸太子少保、文淵閣大學士，予蔭有差。壬戌，以賀世壽爲户部尚書兼都察院右僉都御史，總督倉場。復東廠；給事中袁彭年疏争，降浙江按察司照磨。起前薊督丁魁楚兵部右侍郎兼都察院右僉都御史，總督河南、湖廣軍務，巡撫承德、襄陽等處。

甲子，獻賊陷成都，蜀王至澍及妃邱氏以下皆遇害，撫臣龍文光、劉之勃、道臣劉士斗等皆死之；連陷崇慶、新津、漢、彭、什邡、緜、緜竹、仁壽、汶川九州縣，知崇慶州王勵精、知仁壽縣劉三策死之。詳忠義傳。

乙丑，卹殉難湖廣舉人陳萬策、李開先等。丁卯，逮降賊臣光時亨、周鍾、項煜。辛未，太后至南京。壬申，起樊一蘅爲兵部右侍郎兼都察院右僉都御史，總督川、陝軍務。起僉事越其杰爲都察院右僉都御史，巡撫河南，兼轄潁、亳二州軍務。癸酉，命修西宮之西園第一所爲皇太后宮。乙亥，命吏部察才品堪用者，發督輔軍前補地方官。内批以張捷爲吏部左侍郎。丙子，下降賊臣光時亨等於獄。逮前按察司僉事雷縯祚、禮部員外郎周鑣。丁丑，封太后弟鄒存義爲大興伯，世襲。贈吴三桂父勷遼國公，母祖氏遼國夫人。卹死節生員許琰。戊寅，命王永吉戴罪督山東軍務。庚辰，命選淑女，内官科道交章諫，不聽。辛巳，賜北京死節諸臣范景文等贈謚，立廟於雞鳴山，賜額旌忠。

壬午，改前大學士王應熊爲兵部尚書，總督川、廣、雲、貴等處，專辦蜀寇，賜尚方劍，便宜行事。封總兵鄭芝龍爲南安伯。命停薦舉，禁非言官而上疏者。癸未，革楚撫王揚基任，聽勘。乙酉，内批以阮大鋮爲兵部添注右侍郎，巡閲江防，劉宗周劾奏，不聽。

是月，我大清兵大敗闖賊於府谷。

九月，丙戌朔，高傑以兵襲黄得功於儀真，史可法和解之。浙江奉化布衣方翼明疏劾馬士英，下之獄。戊子，復前薊督趙光忭官。己丑，纂修玉牒。恤湖、廣殉難諸臣許文岐、蔡道憲等。高傑請瓜洲、泰興、邵伯鹽税助軍，許之。命張成福以都督僉事充山東、河北總兵官。庚寅，裁各省布政司右布政使。辛卯，御經筵，命撰起居注。癸巳，逮御史黄澍，不至。大學士姜曰廣罷。命修思宗實録。甲午，左都御史劉宗周罷。給事中熊汝霖疏陳時事，奪俸三月。

命黄斌卿移屯九江，黄蜚屯蕪湖采石，鄭鴻逵屯鎮江。丙申，以王之綱充總兵官，掛蕩寇將軍印，鎮守河南。命御史凌駉聯絡河南、北直。丁酉，叙江北文武多年戰功，加士英少傅，仍兼太子太師、建極殿大學士，廕一子錦衣衞指揮僉事，世襲。戊戌，謚前大學士孫承宗文忠，太常寺少卿鹿繼善忠節，賜祠忠烈。

以王濼爲都察院右僉都御史，巡撫登、萊。以牟文綬充總兵官，鎮守荆州。命黄得功移駐廬州，以防桐、皖，偕劉良佐合營進復黄、汝，高傑移駐徐州，進復開、歸。

追補建文死節諸臣方孝孺等，贈謚，立祠。甲辰，追贈開國名臣及正德諫臣、天啓慘死諸臣有差。以吏部右侍郎黄道周爲禮部尚書，掌詹事府事。左良玉子夢庚，掛平賊將軍印。令童生輸銀免府州縣試。禁擅立官户。給河南巡撫越其杰銀十五萬兩，令募兵屯田。丙午，稱恭皇帝陵曰熙陵。命丁魁楚另用，何騰蛟仍舊職。庚戌，開佐工事例。辛亥，以東陽許都餘黨復亂，奪巡撫黄鳴俊官。逮前巡按御史左光先。再賞定策功，加李沾左都御史。革侍郎吕大器職。進封朱國弼保國公。停宗室换授。諭吏、兵二部量用北來官。壬子，再命刑部逮問黄澍，亦不至。甲寅，以李成棟鎮守徐州。吏部尚書徐石麒罷。

是月，高傑率兵赴鎮。

小腆紀傳卷第二

前翰林院檢討加詹事府贊善銜六合 徐 鼒 譔

紀第二

弘光下

順治元年，冬十月，乙卯朔，我大清世祖章皇帝定鼎燕京。

是日，明鑄「弘光通寶」錢。以總兵官鄭芝龍鎮守福建，羅聯芳鎮守貴州。丁巳，錢謙益疏薦蔡奕琛，頌馬士英功，兼雪逆案阮大鋮、楊維垣、賈繼春、吳孔嘉、房壯麗、呂純如等冤。己未，以降賊臣張縉彦總督北直、山西、河南、河北軍務，黄國琦爲監軍。施鳳儀行鹽揚州。給事中李維樾、胡時亨各疏糾之，不聽。大學士高弘圖罷。甲子，鳳陽地震；丙寅，再震。誠意伯劉孔昭弑其祖母胡氏。遣太監孫元德往浙、閩督催錢糧。加湖廣巡撫何騰蛟兵部右侍郎，巡撫全省。癸酉，命丁魁楚以原官總督兩廣軍務。

復景帝母吳氏爲皇太后，謚曰孝翼温惠淑慎慈仁匡天錫聖皇太后。復惠宗弟允熥吳王，謚悼；允熞衡王，謚愍；允熙徐王，改謚哀；長子文奎曰恭愍皇太子，少子文圭追封原王，謚懷；公主、駙馬復舊號。命左春坊衛胤文以原官兼兵科給事中，監高傑軍。

甲戌，内批以張捷爲吏部尚書，蔡奕琛爲吏部右侍郎，楊維垣爲通政使。乙亥，以張秉貞爲都察院右僉都御史，巡撫浙江。丙子，命以來年正月合祀天地於南郊。馬士英請户部給直省印單，凡贖鍰自杖以上解部充餉，從之。丁丑，命王永吉暫駐河上，料理戰守。以解學龍爲刑部尚書。阮大鋮疏糾雷縯祚，命嚴訊。戊寅，加左良玉太子太傅。壬午，停今年決囚。予秦、楚殉難諸臣祭葬有差。定江北督撫四鎮額兵三萬，楚撫額兵一萬，京營額兵一萬五千。癸未，太白晝見。以劉安行爲都察院右僉都御史，提督南直、浙江沿海諸稅，劉若金爲都察院右僉都御史，提督閩、廣沿海諸稅，俱兼理海防。

是月，漳州賊犯汀州，把總林深、鄭雄戰死；尋破雲霄，官軍討之，走大埔。

十一月，戊子，西宫成，賜名慈禧殿。桂王常瀛薨。己丑，鳳陽皇陵災，松柏皆燼。庚寅，開屯海中玉環諸山，命前唐王聿鍵居平樂。辛卯，始令生員納銀入貢。下登萊總兵邱磊於淮安獄，殺之。劉澤清請寄流寓諸生於淮安府學，從之。癸巳，左良玉奏華容石首之捷。命魯王以海居台州。

甲午，我大清兵取海州。乙未，端門外火。是日，我大清兵攻邳州。丙申，史可法遣兵復宿遷，進援邳州。

琉球世子尚賢入貢。丁酉，蘇淞巡撫祁彪佳罷。己亥，劉澤清請分汛防河，自安東至徐州屬王燮、田仰、王永吉，蕭、碭屬督輔，開、歸屬越其杰，從之。

庚子，獻賊僭稱帝於成都，連陷旁郡縣。事詳忠義列傳。

以李永茂爲都察院右僉都御史，巡撫南贛。丁未，以張鳳翔爲兵部尚書兼都察院右副都御史，巡撫蘇、淞；盧若騰爲都察院右僉都御史，督理江北屯田，巡撫廬、鳳；太監高起潛提督江北兵馬糧餉。是日，淮安地震。己酉，九江總兵黄斌卿偵知左良玉難制，請改駐皖、池，從之。山西道御史沈宸荃劾張縉彦、王永吉、何謙、邱祖德、黄希憲、魯化龍輕棄封疆罪，命逮謙等，宥縉彦、永吉勿問。庚戌，命許定國鎮守開封、河雒。始榷酒税。辛亥，高傑疏薦吴甡、鄭三俊、金光辰、姜埰、熊開元、金聲等，報聞。監下江軍職方司郎中楊文驄請於金山、圌山築城，從之。劉澤清薦降賊臣時敏開屯海上，蘇京駐廟灣防海，從之。

自五月至於是月不雨，河流竭，太湖可涉人，百年來所未有也。

時邊警日逼，上深居禁中，惟漁幼女，縱酒，演劇，工役不已，宴賚不貲，佃練湖，放洋船，鹽場蘆洲之課，搜括殆盡。内則張執中、田成，外則阮大鋮、楊維垣，比周固寵，政以賄成。癸丑，上不豫，幾殆，輔臣入候起居，與羣閹竊竊私語，外庭莫敢詰，或榜門笑駡，羣小亦莫之怪也。

十二月，乙卯朔，我大清兵下河南，許定國、李際遇已潛約降，而舉朝莫之知也。

命荆王□□居九江府，加兵部侍郎練國事尚書，仍蒞侍郎事。丁巳，進劉孔昭、劉澤清皆爲侯；孔昭辭，許之。禁巡按御史訪拏。辛酉，命何騰蛟以原官總督川、湖、雲、貴、廣西等處，專理恢勦。召楊鶚回部。

我大清兵圍邳州，凡三日。

癸亥，定勇衛營額萬五千人。甲子，敕程世昌兼督上江糧務。丙寅，改謚孝宗皇后張氏曰孝成靖肅莊慈哲懿扶天贊聖敬皇后。

我大清兵入河南府，總兵李際遇降。

戊辰，以高斗樞爲都察院右僉都御史，巡撫湖廣。己巳，行稅契法。

楊維垣追論三朝黨局，上曰：「宵人躁競，不難矯誣君父以逞其私。王之寀等已經大赦，姑不究。三朝要典，民間尚有存者，禮部訪求，送史館，以存列聖忠孝之實。被罪諸臣，吏部察明，分別復職。」於是已死之劉廷元等二十人，予謚蔭祭葬，未死之王紹徽等十三人，原官起用。尋逆案編修吴孔嘉言：「要典宜列當日奏議以存實，删去附和。」命下所司删定。

我大清留使臣左懋第、馬紹愉，縱陳洪範南歸，和議不成。

有顛僧大悲至京，自稱齊王，又稱潞王，下鎮撫司勘訊。

壬申，加馬士英少師。禁各官薦舉。命王永吉專防江北，張縉彥專防河南。縉彥定諸將汛地：王之綱自永城至寧陵，許定國自寧陵至蘭陽，劉洪起自祥符至汜水。癸酉，復降賊臣左春坊韓四維原官；給事中戴英劾之，命改別衙門。甲戌，命史可法會兵援邳州。乙亥，追封于謙爲臨安伯，遣官致祭。丁丑，開文武職官誥命事例。

戊寅，我大清兵自孟津縣渡河，張縉彥等走沈邱，命高傑進屯歸德以備之。

敘鄖陽固守功，加陞巡撫前按察使高斗樞都察院右副都御史。辛巳，罷南郊，改於明年冬至；

御史沈宸荃疏諫，不聽。壬午，以瞿式耜爲都察院右僉都御史，巡撫廣西；馬體乾爲都察院右僉都御史，巡撫四川。癸未，馬士英請榷酤。從之。左良玉奏復公安。豐沛賊程繼孔迎高傑於河，傑斬以徇，論功加太子少傅。以賈登聯爲四川總兵官。是日，布衣何光顯上書乞誅馬士英、劉孔昭，詔戮光顯於市。甲申上御興寧宮。

我大清順治二年，乙酉，春正月，乙酉朔，日有食之。是日，大雪。上在南京，稱弘光元年，免朝賀。庚寅，以新殿推恩加史可法太師兼太子太師，建極殿大學士，馬士英少師兼太子太師，中極殿大學士，王鐸少保兼太子太保，武英殿大學士，予蔭。以士英掌文淵閣印，充首輔辦事。可法辭太師，許之。壬辰，立春，流星入紫微垣。癸巳，大雷電，雨雹。

命黃得功、劉良佐進屯潁、亳，皆受命不行。高傑提兵直抵關、雒，進據虎牢。乙未，解學龍再上從逆諸臣罪案，兼請停刑，許之。

是日，許定國誘殺興平伯高傑於睢州。丙申，傑部將攻睢州，定國遂叛，降於我大清。

戊戌，禁宗室入京朝見。壬寅，命在京諸臣自陳。癸卯，以吏部左侍郎蔡奕琛兼東閣大學士，入閣辦事。甲辰，命刪定三朝要典。乙巳，朱國弼、張孫振劾解學龍黨從逆，奪學龍職。召前都察院左都御史唐世濟，以原官管右都御史事。庚戌，命武臣自公侯伯以下，非賜肩輿並騎馬，坐蟒斗牛，非奉賜，麒麟白澤，非勳爵，不許借用。辛亥，加監軍侍講衞胤文兵部右侍郎，總督高傑標下鎮將兵馬，經略開、歸。兵部尚書張國維乞歸省，許之。

是月，我大清兵取西安，李自成走襄陽。

二月，乙卯，命清鼇濫冒勳衛。丙辰，以王驥爲都察院右副都御史，巡撫湖廣。戊午，以高倬爲刑部尚書。以阮大鋮爲兵部尚書兼都察院左副都御史，協理部事，仍巡視江防。命太監李國輔開採雲霧山，給事中吴适疏諫，不聽；尋報罷。巡按浙江御史彭遇颽爲民所逐，命改調淮、揚。加鹽課引五分。甲子，謚思宗皇太子曰獻愍，定王曰哀，永王曰悼。乙丑，遣黄道周祭告禹陵。史可法請用高傑部將李本身爲提督，不許。黄得功引兵趨揚州，遣盧九德宣諭解之曰：「大臣當先國事而後私讎。黄得功若向揚州，使高營將士棄汛而東，敵人躡之南下，誰執其咎？朕於諸藩恩禮有加，諸藩亦當恪守臣節，勿輕舉以誤國家。」得功不得已引還。裁九江額餉六萬，總督袁繼咸争之，不聽；請罷，亦弗許。

丙寅，命於蘇州織造大婚冠服。張孫振奏劾禮部尚書顧錫疇，並論奪温體仁謚事。丁卯，錫疇罷。蔭方孝孺裔孫五經博士。前山西殉難巡撫蔡懋德子方熺，疏請卹典，不許。贈伏法太監劉元斌、王裕民祭葬，予逆案徐大化、徐景濂、劉廷元等卹典。

癸酉，撤高傑兵回，命劉良佐防歸德，遣太監高起潛安撫傑營將士，駐揚州。時武臣借口助餉，往往破人産。延陵朱一馮者，已革巡撫也，富而吝，里人訴之。上以一馮身爲大臣，多藏厚亡，大喪縉紳之體，命察其田産。又諭部臣曰：「捐助原聽民樂輸，抄没乃朝廷偶行，豈刁民獻媚之事！宗藩勳戚，須敬禮士大夫，與地方相安，不得非法罔利。」

癸酉，欽天監奏日月色甚赤。上曰：「是何分野？何無占候？其訪術者舉用。」甲戌，進蔡奕琛禮部尚書兼文淵閣大學士。乙亥，追封弟由榘潁王，謚曰冲。丙子，改上思宗廟號曰毅宗。封慈熵崇王。贈死事武臣沈壽崇，知府王行儉，知縣李允在等官蔭。

丁丑，止滇、黔援兵。御史袁弘勳疏攻袁繼咸，左良玉救之，併言要典宜焚。上諭曰：「此朕家事，列聖父子兄弟之間，數十年無纖毫間言，諸臣妄興誣搆。卿一細閱，亦當倍增悲憤。但與見在廷臣無關，悉從寬宥，不必疑猜。」

戊寅，李自成走承天。

己卯，鑄各衙門印，去南京字。

是月，闖賊復犯鄖陽，守將王光恩禦卻之。

三月，乙酉，僧大悲伏誅。丁亥，命王永吉帶撫淮安，衞胤文兼撫徐揚。復溫體仁謚蔭。召勳臣朱國弼等、閣臣馬士英等、翰林劉正宗等入見武英殿，面諭同府部九卿科道辨驗北來太子真僞。日午，羣臣奏係故駙馬都尉王昺姪孫王之明，曾侍衞東宮，家破南奔，鴻臚少卿高夢箕家丁穆虎教之詐稱太子。乃下中城兵馬司獄。即擢楊維垣爲都察院左副都御史。

戊子，以太監喬上總理兩淮鹽課。

己丑，我大清兵取鄜城，又取西平。闖賊逼承天，左良玉遣使告急，命督臣何騰蛟禦之。辛卯，我大清兵取上蔡。

壬辰，以耿廷籙爲都察院右僉都御史，巡撫四川。命百官會審北來太子於午門外。

闖賊寇潛江。

河南有婦人童氏，自稱王邸元妃，巡按御史陳潛夫具儀從送至京。上怒，下童氏錦衣衛獄，並逮潛夫。

癸巳，遥祭諸陵。乙未，阮大鋮薦馬士英之子錫爲京營總兵官。戊戌，命黄斌卿以原官掛征蠻將軍印，鎮守廣西，方國安掛鎮南將軍印，充總兵官，駐防池口。己亥，徙崇王慈爚居福州。

上懿安皇后謚曰孝哀慈靖恭惠温貞偕天協聖哲皇后，更恭皇帝謚曰孝皇帝。

命黄得功移鎮廬州，與劉良佐合力防禦。

壬寅，思宗忌日，上於宫中舉哀，百官於太平門外設壇遥祭，以東宫二王祔。

癸卯，命三法司覆審北來太子等，黄得功、劉良佐、左良玉、何騰蛟、袁繼咸各疏論北來太子事。良佐疏兼及童氏事，言上爲羣臣所欺，將使天倫絶滅。上曰：「朕元妃黄氏，先朝册封，不幸夭逝。繼妃李氏，又已殉難。登極之初，即追封后號，詔示海内，卿爲大臣，豈不聞知！童氏不知何處妖婦，詐冒朕妃。朕初爲郡王，有何東西二妃？據供是邵陵王宫人，尚未悉真僞。王之明是駙馬王昺之姪孫，避難南來，高夢箕家丁穆虎教令冒認東宫，正在嚴究。若果真實，朕於夫妻伯姪之間，豈無天性！況宫媵相從患難者頗多。朕於先帝無纖芥之嫌，因宗社無主，不得已從羣臣之請，勉承重寄，豈有利天下之心，忍加毒害於其血脈！至於舉朝文武，誰非先帝舊臣，誰不如卿，肯昧心至此！朕夫妻之情，又豈羣臣所能欺蔽！但太祖之天潢，先帝之遺體，不可以異姓頑童，瀆亂宗祏；宮闈風化所關，豈容妖婦闌入！國有大綱，法有常刑，卿不得妄聽妖訛，猥生疑議。」因命法司將二案審明情節，傳示中外，以釋羣疑。時流言益甚，史可法疏請召對以息羣囂，上諭止之。

封外戚黃九鼎爲雒中伯。加朱大典兵部尚書兼右副都御史，巡撫應天。

乙巳，我大清兵取歸德，巡按御史凌駉及其從子潤生死之。

丁未，許罪廢諸臣輸銀復官。戊申，左良玉舉兵反，焚武昌，東下。己酉，以錢繼登爲都察院右僉都御史，總理兩淮鹽法，兼督江防，罷巡鹽御史。

壬子，我大清兵取潁州，復取太和縣。王永吉請飭史可法、衞胤文共保徐州，士英不聽。加李本身太子太保左都督。遣使册封琉球國王。

是月，川省督師王應熊、總督樊一蘅、攝巡撫馬乾、參政劉鱗長、副將曾英、朱化龍、同知詹天顏、宗室進士朱奉鉀、舉人鄭延爵、武進士楊展、土司楊之明、馬京、馬亭各起兵討獻賊，收復州縣，獻賊乃大殺四川紳士及其僞官。

夏四月，癸丑朔，御史畢十臣奏孟夏時享太廟，陪祀官多不至者。以左兵東下，命史可法督諸軍渡江入援。丙辰，左良玉兵陷九江，尋死，其子夢庚自稱留後，命阮大鋮、劉孔昭帥師禦之。左夢庚兵陷建德，戊午，陷彭澤，己未，陷東流，命阮大鋮會同黃得功堵勦。庚申，光時亨、周鍾、武愫伏誅。同日，賜周鑣、雷縯祚自盡。辛酉，黃得功駐兵荻港。

是日，我大清兵自歸德分道南下，總兵李成棟遁，遂入徐州。

壬戌，封常澄爲襄王，居汀州。黄斌卿敗左兵於銅陵。乙丑，左夢庚兵陷安慶。

是日，我大清兵取泗州；丙寅，渡淮。史可法退保揚州，連章告急，言「上游不過欲除君側之奸，未敢與君父爲難。北兵一至，則宗社可虞。」大理寺卿姚思孝、工科吴希哲請備淮揚，上諭士英曰：「良玉雖不應興兵，然看他本上，原不曾反。淮揚急則赴淮揚。」士英厲聲指諸臣曰：「此皆良玉死黨爲游説。我君臣寧死於清，不可死良玉手。」上無如何也。時高營潰兵掠舟渡江，命楊文驄、鄭鴻逵礮擊之，潰兵進退無所，遂降於我大清。

丁卯，選淑女於元暉殿，京師女七十人中，阮姓一人，浙女五十人中，王姓一人。戊辰，命潞王常淓移駐湖州，周王恭枵、魯王以海移駐江西、廣東。己巳，以劉洪起爲提督汝寧、開封等處總兵官。時河南盡失，洪起獨支持光、黄間。

庚午，命王永吉總督防河，錢繼登兼撫揚州。左夢庚兵至池州。壬申，詔暴左良玉罪狀。總兵鄭鴻逵奏破高傑營亂兵於江中。我大清兵圍揚州，劉澤清假入援，大掠而東。丙子，以霍達爲都察院右僉都御史，巡撫蘇淞。

丁丑，我大清兵克揚州，督師兵部尚書大學士史可法、揚州知府任民育等死之，甘肅團練總兵官劉肇基及原任兵部右侍郎張伯鯨等俱遇害，總督兵部侍郎衛胤文、監紀主事何剛先後赴水死。詳忠義傳。

戊寅，召對羣臣，王鐸猶請經筵講期。五月，壬午朔，以李彬爲都察院右僉都御史，巡撫河南。癸未，移惠王常潤於嘉興。黄得功擊左夢庚於坂子磯，敗之。丙戌，進封黄得功靖國公，世襲。丁亥，封鄭鴻逵爲靖虜伯，以楊文驄爲都察院右僉都御史，巡撫常鎮。

時士英與韓贊周、盧九德議各門下閘，辰開午閉。戊子，集清議堂議事，預坐者十六人：馬士英、王鐸、蔡奕琛、陳于鼎、張捷、陳盟、張有譽、錢謙益、李喬、李沾、唐世濟、楊維垣、秦鏞、張孫振、錢增、趙之龍，各竊竊偶語，百官皆不得與。是日，晝晦，大風雨，人心洶洶。我大清兵取瓜州門欄卓椅，結大筏，燃燈燭，施號礟，亂流而下，南岸以爲北騎渡江也，礟石擊之，日奏捷報門，鼓角震天，京口民牛酒犒勞，歡舞騰發。

己丑夜，大霧，我大清兵從坎壜橋狹流輕舟飛渡。庚寅黎明，升高阜，設亭幛，擊鼓吹螺，我大清兵開閘放舟，蔽江而南，諸軍始覺，倉皇列陣甘露寺，鐵騎衝之，悉潰。文驄走蘇州，鴻逵與鄭彩等入海，我大清兵遂取鎮江。

辛卯，都中各城閉門，上集内官問計。韓贊周曰：「兵力單弱，守和無一可者，不若親征。濟則可以保社稷，不濟亦可以全身。」上不聽，集梨園子弟，雜坐酣飲。漏二鼓，内官數十人跨馬出通濟門，贊周從之，文武百官無知者，宫娥女優雜沓西華門外。昧爽，劉孔昭斬關走太平。壬辰，馬士英挾太后出奔杭州。兵民擁立北來太子於武英殿，毆王鐸幾死。

癸巳，上至太平，劉孔昭不納；走蕪湖，總兵黄斌卿已遁。上匿黄得功麾下總兵翁之琪舟中，往就得功營。倉卒無璽，以幅紙書官銜姓名，命阮大鋮、朱大典兼東閣大學士，督師，以揚州府同知李繼晟爲右僉都御史，巡撫安慶。是日，總督京營忻城伯趙之龍具表迎降。

丙申，我大清兵營於城北，大學士蔡奕琛、王鐸、禮部尚書錢謙益暨勳戚文武皆降。大臣殉難者：刑部尚書高倬自縊死。工部尚書何應瑞自縊不死，復自刎，爲其子所持，終事不可考。吏部尚書張捷，微行至雞鳴寺，以佛幡自縊死。或曰：「捷聞百姓毆王鐸，懼禍及，自裁也。」左副都御史楊維垣，偕其妾朱氏、孔氏自縊死。或曰：「維垣蹙二妾死，置三棺中，題楊某之柩而瘞其下。夜遁至秣陵關，爲怨家所殺。」禮部主事黄端伯，户部郎中劉成治，主事吴嘉胤，中書舍人龔廷祥，欽天監博士陳于階，監生吴可箕等，皆死之。

上將幸杭州，命朱大典、方國安以部兵先發，得功斷後。未發而叛將劉良佐引追兵至，得功自刎死，良佐麾軍劫其營。將士倉卒謀渡，而浮橋鎖忽斷，中軍翁之琪投江死。左協總兵田雄入上舟，負上與右協總兵馬得功出降。丙午，良佐挾上至南京，以無幔小轎入城，首蒙帕，衣藍布衣，油扇掩面，百姓夾路唾駡，投瓦礫。乘馬至内守備府，見我豫王，叩頭。豫王宴之靈璧侯府，坐北來太子下，趙之龍暨禮部八人與宴。豫王問北來太子事，上不答。豫王又曰：「我兵尚在揚州，汝何便走？自主之邪，抑人教之邪？」汗流浹背，俯首無言。終席，拘於江寧縣。九月，甲寅，北去。隆武帝立，遥上尊號曰聖安皇帝。明年五月，殂於北京，永曆帝上謚曰安宗簡皇帝。

小腆紀傳卷第三

前翰林院檢討加詹事府贊善銜六合　徐　鼒　譔

紀第三

隆武　附紹武

隆武帝，太祖九世孫也。諱聿鍵，小字長壽。其先唐定王桱，太祖第二十三子，封南陽。父器墭，唐世子；母毛氏。祖端王碩熿，惑於嬖妾，欲立其愛子，因世子於承奉司；王時年十二歲，亦從之。讀書識大義，處患難而意氣不挫。年二十有八，尚未請名。世子爲其弟毒死，端王諱之；分守道陳奇瑜、知府王之桂謂之曰：「世子薨逝不明，又不立其子，事且露。」端王懼，請名，立爲世孫。

崇禎五年，壬申，端王薨，王嗣位，年三十一矣。選妃曾氏，諸生曾文彥女。

七年，甲戌，流寇入河南，南陽當其衝，城庳薄，王捐千金修築。知府陳俊豪弗授工，王以爲言，詔逮俊豪下獄。已又援潞王例，乞增兵三千人，以陳永福爲參將領之，不許。八年冬，賊再犯南陽，上疏言：「臣府護衛一千二百人，近制以其半爲汴梁班軍，給撫臣策使。惟明詔念郡城單弱，臣困扼，以全軍見還！」思宗報之曰：「南陽番軍班直，祖制已久，朕不敢變。」

時海内多故，思宗思廣羅賢俊，召見宗人，遴才擢官，以通宗禄之窮；發金匱書，得高皇帝制曰：「宗室子孫入爲中朝官者，得以其階换。」於是下詔，援祖訓，郡王子孫文武堪用者，考驗授職。禮部右侍郎陳子壯執不可，王歷引前代故事詆之，援據經傳皆有本。王好尊宗藩體統，總督盧象昇過南陽不朝，劾奏之。又所建請，多與廷臣相牴牾。思宗亦不之善也。

九年秋八月，京師戒嚴，王率護軍勤王，又殺其兩叔，汝南道周以興止之，不聽。至裕州，巡按御史楊繩武以聞，下旨切責。會前鋒值寇，亡其内豎二人，乃返國。十一月，下部議，給事中馮可賓、鍾玠議廢爲庶人，安置鳳陽高牆。押發官同知張有度欲以檻車行，王自裁，不殊。至鳳陽，陵奄索賄不得，用祖制墩鎖法以困苦之，王病幾殆，曾妃割股以進，始愈。有司廪禄不時，資用乏絶。時有望氣者，以高牆中有天子氣，言於淮撫路振飛。振飛假賑罪宗，入牆見王，心異之。因言吏虐狀，振飛疏請加恩罪宗，置吏無狀者石應詔於法。會南都立，大赦，出高牆。禮部請復故爵，不許，命徙居廣西之平樂府。

乙酉，五月，行抵杭州，而南都已覆。王勸潞王監國，不聽。時鎮江總兵鄭鴻逵、鄭彩自京口，户部郎中蘇觀生自南都，胥會於杭。逵、彩與王語及國難，沾泣襟袂，二人奇之，令副將江美鼇、鄭升衛入閩。既聞杭州降，二人全師回閩，與巡撫張肯堂等議奉王監國。六月，甲戌，次浦城；閏六月，癸未，各官迎謁於水口驛。南安伯鄭芝龍、禮部尚書黄道周及肯堂三上箋勸進，王出御用銀百五十兩葺行宫，令勿擾民。丁亥，監國福州，建行在、太廟、社稷，諭曰：「孤聞漢室再墜大統，猶繫人心；

唐宗三失長安，不改舊物。豈獨其風俗醇固，不忘累世之澤哉？亦其忠義感憤，豪傑相激使之然也。孤少遭多難，勉事詩書；長痛妖氛，遂親戎旅。亦以我太祖驅除羣雄，功在百姓，而勍敵鷙然，睥睨神器，爲子孫者誠不忍守文自命，坐視其陵遲也。二十年來，狂寇薦驚，孤未嘗兼味而食，重席而處。比方二載，兩京繼陷，天下藩服，委身奔竄，孤中夜臥起，垂涕縱橫。誠得少康一旅之師，周平晉、鄭之助，躬率天下，以授彤弓，豈板蕩哉！今幸南安芝龍、定虜鴻逵二大將軍，志切恢復，共賦無衣，一二文臣，以春陵、瑯琊之義，過相推戴，登壇讀誓，感動路人。嗚呼！昔光武、昭烈，皆起布衣，所遭絕續，與大敵爲讎，而能正言舉義，躬承舊業。況今神器乍傾，天命未改，孤以藩服，感憤間關，逢諸豪傑，應即投袂，知明赫之際，神人叶謨，上天所眷顧我太祖，紹其子孫，猶未艾也。書曰：『與治同道，罔不興。』傳曰：『多助之至，天下順之。得道者多助。』自閏六月初二日監國伊始，一切民間利病，許賢達條陳，孤將悉與維新，總其道揆，副海內喁喁之意焉。」鴻逵欲早正位以繫人心，諸大臣言「監國名正，出關尺寸，建號未遲」，侍郎李長倩有「急出關，緩正位，示監國以無富天下之心」疏，芝龍亦固争以爲不可。惟鴻逵曰：「不正位，無以厭衆心以杜後起。」遂定議。丁未，祭告天地祖宗，即皇帝位於南郊，以福建爲福京，福州爲天興府，布政司爲行殿，大赦，改元隆武。追尊皇考爲皇帝，妣爲皇后，遥上弘光帝尊號曰聖安皇帝。詔曰：「朕以天步多艱，遭家未造，憂勞監國，又閱月於兹矣。天下勤王之師，既已漸集，向義之心，亦以漸起，匡復之謀，漸有次第，朕方親從行間，鼓舞率勵，以觀厥成。而文武臣僚，咸稱『萃涣之義，貴於立君；寵綏之方，本乎天作。時哉不可失，天命靡不勝。』朕自缺然，未有丕績以仰對上帝，克慰祖宗，而臨安息謽，遵讓無期，大小汎汎，如河中之水，朕敢不黽勉以慰衆志而副羣望。朕稽載籍：漢光武聞子嬰之信，以六月即位鄗南，即以是年爲建武元年；昭烈聞山陽之信，以四月即位漢中，即以是年爲章武元年。艱危之中，豈利大寶！亦惟是興義執言，繫我臣庶之故也。以今揆古，即以是年爲隆武元年。其承天翊運定難功臣，悉以次第進爵，分茅胙土；其翊運宣猷守正文臣，亦以次第進級；孝秀耆宿軍民人等，俱依前諭優給。所在山川鬼神，除淫祠外，皆遣官祭告，以示朕纘緒爲天下請命之意焉。」進芝龍、鴻逵爵爲侯，封鄭芝豹澄濟伯，鄭彩永勝伯，賜號「奉天翊運中興宣力定難守正功臣」。以黃道周爲吏部尚書、武英殿大學士，蘇觀生爲吏部右侍郎兼東閣大學士，張肯堂爲兵部尚書，何楷爲户部尚書，周應期爲刑部尚書，鄭瑄爲工部尚書，曹學佺爲禮部尚書兼蘭臺館學士。召舊輔何吾騶、蔣德璟、黃景昉、姜曰廣、吴甡、高弘圖；起朱繼祚、林欲楫、路振飛、曾櫻、熊開元、黃鳴俊、林增志、李先春、陳洪謐等入閣。

上少遭患難，慨然以復讐雪恥爲務。布衣蔬食，不御酒肉，敕司禮監行宫不得以金玉玩好陳設，器用瓷錫，帷幄衾褥皆布帛，後宫無嬪御，執事三十人而已。芝龍進美女十人，留之而絶不御；中宫懿旨選女廚十人，上以爲擾民，不許。素好讀書，博通典故，手撰三詔與魯監國書，羣臣皆莫能及。感振飛舊恩，募能致者賞千金，給五品秩。振飛至，拜太子太保，吏、兵二部尚書，文淵閣大學士，官其子太平爲兵部員外郎。開儲賢館，定十二科取士，以觀生領之。愛鄭芝龍子鄭森才，賜國姓，改名成功，命提督禁旅，以駙馬都尉體統行事，即延平王也。

是時宗室諸王流竄南方，臣民奉之建義者，浙東張國維、朱大典、孫嘉績等奉魯王以海監國於紹興。秋七月，江西布政使夏萬亨、分巡道王養正奉益王由本起兵建昌，不克，萬亨等皆死之。巡撫田仰、監軍道荆本澈、總兵張士儀奉義陽王朝墠駐崇明沙。刑部郎中王期昇、長興縣民金有鑑奉通城王盛瀓起兵復湖州。中書舍人盧象觀奉宗室盛瀝起兵攻南京，事敗，皆亡入太湖，與吴易等相應。他則江西吏部主事曾亨應、揭重熙起兵撫州；左庶子楊廷麟、左中允劉同升起兵贛州；通政使劉士楨起兵信豐；前汜水縣知縣胡定海起兵德興；瀘溪知縣張載述、諸生魏一柱，又德化諸生李含初、德安郭賢操，各起兵拒守定海，含初尋敗死，所謂江右義師也。道遠或不能達行在，惟贛州事聞，上手詔嘉奬，擢廷麟吏部右侍郎，同升國子監祭酒。

時江以南義師亦林立。太湖則職方主事吴易，舉人孫兆奎爲倡，諸生陸世鑰、沈自炳、沈自駉等應之。江陰則典史閻應元、陳明遇爲主，貢生黄毓祺、生員徐趨應之。松江則前兵部侍郎沈猶龍、給事中陳子龍、中書李待問、前羅源知縣章簡，起兵與水師吴志葵、黄蜚相應。崑山則舉人周室瑜、貢生朱集璜、陳大任，殺投降之縣丞閻茂才，奉總兵王佐才拒守，前邑令楊永言與諸生吴其沆、陶琡、歸莊、顧炎武起兵應之。嘉定則進士黄醇耀、舉人張錫眉、教諭龔用圓、諸生馬元調、夏雲蛟、唐全昌，奉前左通政侯峒曾拒守。休寧則御史金聲、諸生江天一爲倡，推官温璜轉餉應之。而前山東巡撫邱祖德與舉人錢龍文、生員麻三衡、沈壽蕘起兵攻寧國，前職方郎中尹民興與生員趙初浣、吴漢超起兵守涇縣、貴池，副榜吴應箕起兵復建德、東流，與聲、天一相援應。浙西則翰林屠象美、郎中錢棅、生員鄭宗彝起兵嘉興；參將方元章、副將姚志倬、張起芬起兵復餘杭。其舉義大都與上監國相前後，道遠或聞或不聞，皆遥授總督義師銜，或敕使將命。

是月，崑山陷，佐才、室瑜、集璜、大任、其沆、瑊死之；攻寧國不克，壽蕘死之；嘉興陷，前吏部尚書徐石麒暨象美、棅、宗彝死之；餘杭敗，元章死之；嘉定陷，峒曾、醇耀以下皆死之；華陽山寨陷，祖德死之；稽亭山寨陷，三衡及諸生吴太平等七家皆死之。又前青陽知縣龐昌胤、太倉生員王湛、無錫生員顧杲等，甫謀起兵而已敗死。或事聞褒卹，或不及聞者，具詳列傳。又川省千總周鼎昌、義民余飛等亦起兵拒獻賊，賊怒，大殺成都所屬人，邛、蒲數百里蕩爲血肉場，詳蜀難忠義傳。

鄭芝龍集廷臣議戰守事宜。仙霞關外宜守者百七十處，應設守兵若干；其戰兵以今冬簡練，明春出關：一出浙東，一出江右。計兵二十餘萬，餉不支其半，乃請於兩税正供預借一年，令羣臣捐俸，勸紳士輸助，察府、縣歷年積穀銀兩未解者，悉催赴行在，官吏督征，閭里騷然。芝龍請清理寺田，可得餉八十萬，上不許。户部侍郎李長倩請廣開事例，從之；於是廝養隸卒，皆得給劄授官，猶苦餉不足。廷臣日請出關，芝龍殊不欲行。黄道周自請以師相募兵江西，連楊廷麟、何騰蛟爲進取計，遂於是月辛未，率門人子弟千人以行。

八月，乙酉，頒祖訓於廷臣。庚寅，命肅虜伯黄斌卿鎮舟山。壬辰，册妃曾氏爲皇后，封后父曾文彦爲吉水伯。癸巳，郊祀上帝於南郊，鄭芝龍、鄭鴻逵稱疾不從，尚書何楷劾之。上嘉楷，命掌都察院事。行保甲法，定錦衣衛軍制，設中、前、後、左、右五所，每百户爲一威所，八威所爲一禁軍。

時兵事皆掌於鄭氏，芝龍知不出關無以弭衆議，乃請以鴻逵出浙東，彩出江西，各擁兵數千，號數萬。既出關，託候餉不行。鴻逵駐仙陽鎮，惡上書言事者，嚴禁仙霞關，不聽四方儒生入；彩行百里而還，稱餉缺，留如故。

是月，靖江王亨嘉僭號桂林，執巡撫瞿式耜幽之。兩廣總督丁魁楚遣參將陳邦傅往討，式耜潛與合謀，擒亨嘉並其黨，檻送福京。

我大清兵克江西之峽江，守將鄧武泰死之；克袁州，同知攝府事李時興死之；克吉安，遂取萬安，殺巡撫曠昭，知縣梁于涘死之；襲臨川，曾亨應死之；克江南之松江，沈猶龍、李待問、章簡死之；克江陰，閻應元、陳明遇死之；克金山衛，指揮侯承祖死之。太湖吴易、孫兆奎既敗浙寇李九成軍，敗我師於白龍橋，軍甚盛。俄降將吴勝兆合四郡兵至西山，盧象觀與中書葛麟、總兵毛重泰、陳坦公俱戰死。乘勝追易，八面環攻，易軍大潰，兆奎及沈自炳等死之；别部總兵李某、生員任源邃、吴福之、徐安遠全軍覆没。又魏國公徐弘基及幼子文爵避難吴江，亦以起義不克死，江南義師遂不振。惟浙東張國維等能張其軍，具詳魯紀傳，不具録。

九月，甲寅，我大清豫親王多鐸以弘光帝北還。

時闖賊李自成已死，其衆無所歸，推其兄子李錦爲主，同自成妻高氏乞降於督師何騰蛟。騰蛟檄道臣堵胤錫往受之，一時增兵十餘萬。上大喜，告廟。進騰蛟大學士，封定興伯；胤錫右副都御史，巡撫湖南；降將皆授總兵官。賜錦名赤心，高氏弟一功名必正，號其營爲忠貞營。已而糧不繼，降者稍稍散去，高、李十三部就食施州衞，其餘郝揺旗、馬進忠、王進才、張光翠、袁應第、牛萬才、張先壁等十餘營，悉隸騰蛟麾下。

召在籍吏部主事夏允彝爲翰林院侍讀，兼給事中，未受命，卒。召舉人郭金臺、諸生顧炎武爲職方郎中，李世熊爲翰林院博士，俱辭不至。

是月，江南徽、寧事急，黄道周疏乞師乞餉，爲鄭芝龍所阻。涇縣陷，趙初浣死之；績溪陷，金聲、江天一死之；連陷徽州，温璜死之；池州潰，吴應箕死之。惟吴易出没太湖，吴漢超收邱祖德之遺衆，與當塗徐淮聚衆華陽，黄毓祺、徐趨匿淮上，崛強未即下。上加易、毓祺兵部尚書，總督義師，賜敕印。繼起者有廣德州太學生吴源長、民人裘君量起兵梭子山；復州城副將錢國華、生員謝琢起兵溧陽，遥奉瑞昌王盛瀝；淮安人王翹林、繆鼎、吉鼎言等奉新昌王□□起兵雲臺山，復鹽城、興化，都司酆某、生員司石磐與相應和。

我大清命降臣洪承疇駐南京，土國寶駐蘇州，相機勦捕，諸義師先後崩潰，不能有所爲。

冬十月，科臣劉中藻頒詔浙東，浙東不納，於是閩、浙水火矣。上以貪吏虐民，誅建陽知縣施爘、邵武知府吴炆煒、推官朱健，人稍惴恐。原任兵部郎中王期昇、御史彭遇颽至行在，上加期昇總督，遇颽僉都御史大學士。路振飛、曾櫻封還内降，謂遇颽依附馬士英，期昇在太湖派餉苛虐，斂怨取敗，不可用，上乃止。

初，汀、贛間有峒賊數萬，號四營頭，左營張安者最強，楊廷麟、劉同升等招之，復撫州，又復臨江。於是廷麟等請上出江右，何騰蛟請出湖南，浙中諸將請幸衢州。原任臨清知州金堡陛見，言騰蛟可恃，芝龍不可恃，急宜棄閩幸楚。上大喜，即授堡兵科給事中，決意出贛州，幸長沙，遣大學士蘇觀生先赴南安募兵。

十一月，命修思宗實録。幸太學。下詔親征，以唐王聿釗、鄧王鼎器監國，首輔何吾騶隨營，曾櫻、鄭芝龍留守，司轉餉，吴震文爲隨營兵部侍郎，王覲光爲隨營户部侍郎，鄭鴻逵爲御營左先鋒，出浙江，鄭彩爲御營右先鋒，出江西。先期類於上帝，禋於太廟，禡於社稷。駕幸西郊，行推轂禮。爲壇，設高皇帝、烈皇帝位，御翼善冠，詣壇所，百官陪位，武臣戎服聽事。上皮弁，升壇拜謁，立於神位西南面。御營先鋒北面跪，兵部授鉞，上東向揖之，賜餞，光禄寺授爵，御營先鋒跪受爵。誡勞畢，謝恩出，率將士跪壇下。上甲冑誓師，乃鳴金鼓，揚旌而出。當授鉞時，風雨晦冥，壇上燭盡滅，神位皆仆，鴻逵出城，馬蹶踣地，識者知其不祥焉。

是月，陝西都督同知孫守法起兵復鳳翔，進攻西安，不克。

十二月，甲申，上發福京。遣錦衣衛康永寧乞師於安南國。江西巡撫劉同升卒，以總督萬元吉兼巡撫事。

壬寅，督師黄道周敗績於婺源，被執。我大清兵克撫州，知府高飛聲死之。右僉都御史陳泰來起兵復上高、新昌、寧州、萬載，進攻撫州，敗績，死之。

是月，雲南土司沙定洲作亂，黔國公沐天波走楚雄，連陷旁郡，詳滇、黔難忠義傳。

我大清順治三年，丙戌，春正月，己酉朔，上在建寧，稱隆武二年。以三大罪自責，不受朝賀。交阯、日本國遣使入貢。廣東布政使湯來賀解餉至行在，擢户部右侍郎。馬士英自浙東叩關求入朝，諭守關將士勿納；士英七疏自理，不許；鄭芝龍、方國安合疏薦之，命充爲軍前辦事官，俟恢復杭州復職。

浙東魯監國遣柯夏卿、曹維才來聘，上賜監國手敕曰：「朕無子，王爲皇太姪，朕有天下，終致於王。同心戮力，共拜孝陵！」命取浙東所用職官盡列朝籍，不分彼此。加夏卿兵部尚書，維才光禄寺少卿。又命僉都御史陸清源解餉十萬，犒浙東江防諸軍，方國安兵譁奪餉，殺清源，自是閩、浙釁益深。或曰：「馬士英部將趙體元殺之也。」

何騰蛟會師湘陰，忠貞營李赤心遇大清兵而敗，諸鎮兵遂不進。授丹徒諸生錢邦芑爲御史大學士，能開元爭之，改兵部司務，尋復授御史，開元遂乞罷。以蘇觀生兼吏、兵二部尚書，行在文淵閣大學士，賜尚方劍，便宜行事，上御門，賜銀印，曰「瞻奉南北山陵安集軍民文武官」。授方士蔡鼎爲軍師。

是月，癸亥，福京大雷電；甲子，雨雹大如斗，晝晦不相見。浙西金有鑑再攻長興，敗死。沙賊寇楚雄，游擊王承憲敗死，金、滄副使楊畏知悉力禦之，分兵陷武定，參將高其勳死之；陷大理，指揮陳禎死之；陷太和，縣丞王士傑、教授段見錦、經歷楊明盛、前同知蕭時顯、舉人高拱極等死之；

陷通海，典史單國祚死之。四川眉州義民陳登皞起兵，破獻賊於醴泉河。

二月，馬脛嶺兵變，命路振飛往浦城安撫。丁亥，大雨雹，晝晦不相見，詔寬逆案之禁。上曰：「北京陷於東林，南京亡於魏黨，厥罪惟均。其黨附概予洗濯，以觀後效。」

廣西有僧自稱弘光帝，貴州撫臣俞思恂以聞，詔議迎請，廷臣曰：「即真弘光，甫經失國，有尊奉而無迎請。」審知其僞，下獄誅之。尋有木堅李之秀者，自稱原任兩司，召對，以原官補用，發覺，伏誅。亨嘉俘至行在，下諸王議，廢爲庶人，以幽死；其黨推官顧奕、總兵楊國威等皆伏誅。封丁魁楚平粵伯，加瞿式耜兵部侍郎，式耜辭，不許。以晏日曙巡撫廣西。鎮國將軍常㳂起兵蘄州，敗績，死之。封孫守法、武大定爵爲伯。

三月，戊申朔，督師大學士黄道周殉節南京，事聞，輟朝哭，贈文明伯。時江、楚迎駕疏相繼至，上決意出汀入贛，與湖南爲聲援。鄭芝龍不欲上行，使軍民數萬人遮道號呼，擁駕不得前。芝龍因表請回天興，上不得已，駐延平，以府署爲行宫。封朱成功爲忠孝伯，掛招討大將軍印。命前大學士傅冠總理湖南勦撫事，冠十二疏乞罷，許之。左都御史張肯堂疏請北征，詔加少保，賜尚方劍，便宜行事，實無一兵也。尋兵科給事中徐孚遠自松江航海至，上水師合戰議：請以水師千人由海道與浙東陸師會於金陵。詔進肯堂大學士，以太常卿朱永祐、吏部郎中趙玉成、兵科給事中徐孚遠、蘇州推官周之夔爲參軍，以平海將軍周鶴芝將前軍，定洋將軍辛一根將中軍，樓船將軍林習將後軍。行有日矣，鄭芝龍尼之，不克行。

我大清兵克奉鄉，監軍道許文龍死之。辛未，克吉安，職方主事郭錕死之，萬元吉退保贛州。是月，四川參將楊展復川南諸州縣，督師王應熊、總督樊一蘅乃檄諸路兵討獻賊，賊大殺遺民，率衆東下，展逆戰於江口，大破之，賊走還成都。

夏四月，庚辰，萬壽節，不受賀。命禮臣追復建文年號，立忠臣方孝孺祠。鄭彩棄廣信，奔入杉關，我大清兵遂克撫州，永寧王慈炎死之。報至，舉朝震驚，詔削彩職，戴罪圖功。我大清兵克鉛山，兵科給事中胡夢泰、兵部員外郎萬文英、主事唐偶死之；克新城，知縣李翱死之。

五月，丙午朔，我大清兵進逼贛州，巡撫劉廣胤戰敗被執，楊廷麟、萬元吉悉力固守。

擢兵科給事中揭重熙爲僉都御史，巡撫江西。加吏部尚書郭維經總督湖南北、江西、廣東、浙江、福建軍務銜，募兵援贛州。擢湖廣監軍道章曠爲右僉都御史，巡撫湖北。琉球國入貢。廷試貢生，取萬荊等十二人爲萃士，照庶吉士例送翰林院教習。

先是魯監國遺都督陳謙入閩，久駐衢州，自云魯已爵爲侯，邀封爵，上命取侯印爲驗。謙賫印至行在，御史錢邦芑請誅之。芝龍亟入朝，請以官贖，不得命，由是益萌異志。

乙丑，天狗星隕。是月，壬申，浙東江上兵潰，方國安劫魯監國走紹興。肅虜侯黄斌卿殺監軍道荆本澈。太湖諸生張飛遠襲金山衞，不克。

六月，開科取士，命流寓諸生皆入試，廣額七十名，以編修劉以修、閔肅充主考官。舉人葉瑣等百七十五人，有許士以賄進者，命覆試，落四名，逮同考推官王三俊下獄追贓。温州總兵賀君堯殺前大學士顧錫疇。以元子誕生，大赦，進諸臣爵；錢邦芑疏諫，不聽。釋僉都御史田鼐於獄。

前南贛巡撫李永茂遣粤兵五千援贛，戰於李家山，圍暫解，粤兵退守南康。時贛城堅守已久，上諭獎，賜名忠誠府，加楊文薦右僉都御史，偕郭維經出閩援贛，與楊廷麟、萬元吉爲協守計。既而浙東報至，我大清兵以是月一日渡錢塘江，魯監國航海去，連陷紹興、東陽、金華、衢州、嚴州，張國維、朱大典等皆死，詳魯紀傳。鴻逵駐關外，聞警，徒跣疾行，三日抵浦城。事聞，削鴻逵爵。芝龍時已通款於洪承疇，託言海寇至，撤兵回安海，守關將士皆隨去，仙霞嶺空無一人，惟所遣守關文臣及內官數人偵探報聞而已。

是月，我大清兵復定陝西，孫守法所得州、縣復失，聲勢寖衰，退保五郎山。武大定敗於興安，遁入蜀。太湖義師潰，忠義伯兵部尚書吴易被執，至杭州，不屈，死之。江東義師略盡矣。

七月，己巳，上御門，内侍捧小匣置御前，諭羣臣曰：「朕本無利天下心，以勳輔擁戴，不得已勉徇羣策。浣衣糲食，有何人君之樂！朝夕乾惕，恐負重付，豈意諸臣已變初志。昨巡閩之使得爾等出關迎降書二百餘封，今俱在此，朕不欲知其姓名也。今命錦衣衛焚之午門，爾諸臣有名者，尚洗心滌慮，倘能竭節奉公，不渝終始，是所望也！」上長身豐頤，聲如洪鐘，聞者悚息。於是擇日赴贛州。時楚督何騰蛟遣郝永忠將兵奉迎，甫抵韶州，而我大清兵已過衢州矣。

是月，獻賊毁成都，走川北。

八月，甲午，上知仙霞不可守，決意幸贛，自延平出奔，宫眷皆騎，猶載書十餘篋以從。從者輔臣何吾騶、朱繼祚、黄鳴俊數人而已。

乙未，我大清兵入仙霞關，守浦城，御史鄭爲虹、給事中黄大鵬死之。丁酉，取延平，知府王士和死之。我貝勒既克延平，詗知上由汀州趨江右，乃親統大兵取福京，而分遣降將李成棟引兵追上。

是日，上發順昌，聞追兵已至劍津，倉卒就道，妃媵有一騎而三人者，福清伯周之藩、給事中熊緯將兵五百人隨扈。庚子，抵汀州。明日五鼓，有數十騎稱扈蹕者，突入行宫，之藩、緯皆鬭死，上與曾后遇害於汀州府之大堂。或曰：遇害於福京，后投九龍潭死，亦曰死於建寧，或又曰，建寧代死者爲唐王聿釗，汀州代死者爲張致遠，上實未死。後朱成功屯兵鼓浪嶼，有遺使存問諸臣者，云爲僧於五指山，然亦莫别真僞也。殉難可紀者，自之藩、緯外，文臣則户部尚書姜一洪、編修徐復儀、御史王國翰、艾南英、郎中賴垓，武臣則總兵胡上琛、百户閔時，或追扈力竭死，或聞難自盡死。福京殉難者，禮部尚書曹學佺，定遠侯鄧文昌，中書舍人鄭羽儀，其最著者也。

時廣信亦破，巡撫周定仍、副使胡奇偉、同知胡甲桂死之。降臣馬士英、阮大鋮、方逢年、方國安，爲我大清貝勒勒克德渾所誅。總督江西義師僉都御史揭重熙、翰林院檢討傅鼎銓謀援福京不及，重熙次王洞，鼎銓次樂安。

九月，上杭人執職方主事李魯以降於我大清，魯不屈，死之。前大學士蔣德璟卒於泉州。

冬十月，贛城聞汀州之訃，全城氣索。丙子，城破，楊廷麟、萬元吉、郭維經、楊文薦等皆死之，詳見列傳。永曆帝立，遥上尊號曰，思文皇帝；丁酉春，上謚曰紹宗襄皇帝。

紹武，諱聿𨮁，隆武帝之第四弟也。隆武改元，封唐王，以主唐祀。丙戌，閩敗，浮海至廣州，鎮將林察迎之。

時兩廣總督丁魁楚已奉永曆帝監國肇慶，故大學士蘇觀生自南安遣主事陳邦彦奉表勸進，貽魁楚書，欲與共推戴事，魁楚拒之，觀生乃自南韶旋師廣州。有番禺梁朝鍾、南海關捷先倡兄終弟及議，觀生遂與舊輔何吾騶，侍郎王應華、曾道唯、布政使顧元鏡以十一月癸卯朔擁王監國。丁未，立爲皇帝，稱號紹武，以都司署爲行宫。封觀生爲建明伯，進吾騶等秩，旋與應華等並拜東閣大學士，分掌諸部，軍國事則觀生掌之。按日舉行幸學、大閲、郊天、祭地諸鉅典。一月覃恩數次，舉朝無三品以下官。凡宫室、服御、鹵簿，倉卒不辦，通國奔走，夜中如白晝，至有假冠服於優伶者，市人傳以爲笑。

永曆帝聞王已建號，命給事中彭燿、主事陳嘉謨齎詔至廣州諭止，復召見陳邦彦於舟中，令齎敕繼至。燿、嘉謨語不遜，王怒，殺之。邦彦聞之，不敢入，遣人以敕授觀生。觀生頗不自安，而事已不可中止，乃命番禺人陳際泰督師拒桂兵於三水，爲桂總督林佳鼎所敗。

十二月，甲戌，佳鼎乘勝至三山口，唐總兵林察遣海盗詐降，乘風縱火，桂僉事夏四敷赴水死，桂總兵李明忠急以所部登岸列營，泥淖深三尺，人馬盡陷，明忠以三十騎走免，肇慶大震。

唐、桂方相持未下，而降將李成棟率大清兵已自閩入廣，惠、潮望風下，用兩府印移牒廣州報平安，觀生信之，不爲備。當是時，廣州陸寇有花山寨，水寇有石、徐、馬、鄭四姓，觀生皆撫而用之，授以總兵官。顧桀驁不能聽節制，白晝殺人市中，懸其腸於貴官之門以示威，莫敢問者。七門之外，號令不行。

十五日，丁亥，王方閱射，百官朝服行禮，俄報大清兵已逼，觀生以爲妄言惑衆。已自東門入，始召兵登城戰，倉卒不能集，城遂陷。王急易服踰垣匿王應華家，俄爲追騎所獲，安置東察院，饋之食，不食，曰：「我若飲汝一勺水，何以見先人於地下！」遂投繯死。周、益、遼等二十四王俱遇害；觀生及太僕寺卿霍子衡、國子監祭酒梁朝鍾、行人梁萬爵死之；吾騶等皆降。

小腆紀傳卷第四

前翰林院檢討加詹事府贊善銜六合徐鼒譔

紀第四

永曆上

永曆帝，神宗之孫，桂端王常瀛少子也。諱由榔。崇禎九年，封永明王。十六年，張獻忠陷衡州，王由永州入粤西，爲賊所執，繫道州，征蠻將軍楊國威遣部將焦璉攀城破械出之。王病，不能行，璉負王趨，渡河，獲免。

南都之亡也，廣東在籍尚書陳子壯將奉端王監國，會隆武帝立，議遂寢。端王薨於蒼梧，長子安仁王由樫襲封，居肇慶，病篤，召巡撫瞿式耜入，屬以王，自言「爲再生伽藍，弟亦羅漢，先生好輔之！」安仁王薨，隆武帝以王襲封，詔中有「天下，王之天下」語。又嘗語羣臣曰：「永明王神宗嫡孫，統系最正，朕無子，後當屬諸。」

隆武二年，丙戌，八月，駕陷汀州。變聞，總督丁魁楚暨式耜與巡按御史王化澄、鄭封、知府朱治憪、錦衣衛僉事馬吉翔、太監龐天壽等議監國，而舊臣呂大器、李永茂、晏日曙、湯來賀、董天閎、周鼎瀚、方以智、林佳鼎、程源等先後至，僉謂王統系正，賢而當立。乃以冬十月十四日，丙戌，監國肇慶，祭告天地宗廟，以府署爲行在，頒詔楚、滇、黔、蜀。以魁楚爲東閣大學士兼戎政尚書，大器爲東閣大學士兼兵部尚書，式耜以大學士兼吏部右侍郎。永茂請終制，化澄以下進爵有差。封狼兵帥李明忠爲武靖伯。

壬辰，湖廣督師何騰蛟、巡撫堵胤錫奉表勸進。以馬吉翔、郭承昊、嚴雲從、吳繼嗣爲錦衣衛使，以前太監王坤爲司禮監秉筆太監。進定蠻伯劉承胤爵爲侯，鎮寶慶。

是月，我大清兵取興化，知府劉永祚死之；取漳州，漳南道傅雲龍、知府金麗澤、知縣涂世名死之。

十一月，癸卯朔，日有食之。聞贛州報，丁魁楚、王坤奉王奔梧州，瞿式耜止之，不聽。丁未，前大學士蘇觀生奉唐王聿鐭稱帝於廣州。事聞，魁楚謂「不即位無以厭人心而號召天下」，奉王以甲寅日還肇慶，以十八日庚申即皇帝位，仍稱隆武二年，以明年爲永曆元年，大赦天下。

是日，和風旭日，有五色大鳥從南來，集殿上，士民歡呼，謂中興可卜。追尊皇考桂端王曰端皇帝，尊繼母太妃王氏爲慈寧皇太后，生母馬氏爲皇太妃，册妃王氏爲皇后。遥上隆武尊號曰思文皇帝，后曰思文皇后。封太后弟王國璽武靖伯，太妃姪馬九功鎮遠伯，后父王略長洲伯。進督師何騰蛟爲武英殿大學士，加太子太保，以瞿式耜爲文淵閣大學士，以朱容藩掌宗人府事。命兵科給事中彭燿、主事陳嘉謨宣諭廣州，爲蘇觀生所殺，乃以兵部右侍郎林佳鼎督師三水，以拒廣州兵。加陳子壯中極殿大學士兼兵部尚書，節制兩廣、江西、福建、湖廣軍務。時子壯居廣州之九江邨，陰致書瞿式耜請兵東向，故有是命。

癸亥，前大學士傅冠被執至汀州，不屈，死之。庚午，李明忠敗廣州兵於三水。

是月，丁巳，鄭芝龍降於我大清。丙寅，鄭彩奉監國魯王次中左所，尋改次長垣，詳魯紀傳，不具録。

十二月，癸酉朔，招討大將軍忠孝伯朱成功起兵海上。甲戌，林佳鼎與廣州兵戰於三山口，敗績。内批以王化澄爲兵部右侍郎，代佳鼎督師，尋代吕大器爲尚書。起復李永茂爲東閣大學士，知經筵。永茂與太監王坤不合，辭官去。坤復疏薦海内人望數十人，給事中劉鼒疏論之，御史童琳亦劾都御史周光夏私亂臺規，上怒，奪鼒官，下琳廷杖，瞿式耜力持之，得寢。

丁亥，降將李成棟以我大清兵入廣州，聿鐭及蘇觀生皆自殺。報至，瞿式耜請守峽口，不從。丁酉，上奔梧州，以朱治憪爲兩廣總督，守肇慶。

是月，江陰黄毓祺、徐趨起兵襲縣城，不克，趨死之。我大清肅親王豪格誅獻賊於鳳凰山。其餘黨孫可旺等陷佛圖關，平蜀侯曾英死之。我兵取重慶，巡撫馬乾死之。

我大清順治四年，丁亥，春正月，癸卯朔，上在梧州，稱永曆元年。戊午，李成棟以我大清兵取肇慶，朱治憪棄城走。上奔平樂，瞿式耜從；丁魁楚、王化澄、李永茂、晏日曙皆棄上去。會前都御史張家玉、舉人韓如璜起兵復東莞，與兵科給事中陳邦彦合兵攻廣州，我總督佟養甲呼成棟還救，式耜乃奉上由平樂如桂林。加式耜太子太保，遣使趣何騰蛟入衛。

乙丑，我大清兵取高州、雷州、廉州。辛未，取梧州，巡撫曹燁降，副使陳象明、蒼梧縣丞巫如衡死之；取平樂，布政使耿獻忠降；取潯州，武靖伯李明忠降。朱容藩以罪削職，尋復之。

是月，丁魁楚爲李成棟所殺。孫守法退屯石子城。孫可旺陷遵義。

二月，召前大學士王錫衮、前禮部尚書文安之入閣，周堪賡爲户部尚書，郭都賢爲兵部尚書，道阻皆不至。以翰林學士方以智爲東閣大學士，劉遠生爲刑部尚書。

壬午，月掩歲星於東井。陳邦彦復順德，定蠻侯劉承胤以兵入衛，駐全州。丙戌，上幸全州，式耜疏止之，不聽。進式耜文淵閣大學士兼吏、兵二部尚書，留守桂林，以焦璉兵隸之。進承胤爲安國公。命思恩侯陳邦傅守昭平。以禮部右侍郎吴炳兼東閣大學士，入閣辦事。

丙申，我大清兵取長沙，何騰蛟檄諸鎮赴援，不至，走衡州，我兵遂取湘陰，守將王進才大掠而遁。

是月，孫守法退守石鼈谷。孫可旺陷貴陽，布政使張耀死之；陷定番，僉事曾益死之；陷永寧，知州曾異撰死之。

三月，甲辰，順德復陷，陳邦彦退據下江門。戊申，瀏陽伯董英降於我大清。乙卯，我大清兵攻桂林，留守瞿式耜率焦璉禦卻之。劉承胤遣兵赴援，至則我師已退，因留助守。戊午，張家玉再復東莞。己未，兵部尚書詹兆恒自懷玉山出攻開化，敗績，死之。

是月，孫守法復寧州，拔興安之蕎麥山。

石屏副將龍在田苦沙寇之亂，乃乞師於孫可旺，可旺始入雲南。既敗沙賊於革泥關，遂屠曲靖，巡按羅國瓛、僉都御史朱壽琳、知府焦潤生、推官夏衍虞死之。陷南寧，知縣陳六奇死之；陷廣通，在籍州同知張朝綱闔門死之；陷姚州，知州何思、舉人席上珍、金世鼎死之；陷武定，同知楊于陛死之；陷師宗，署知州徐道興死之；進逼楚雄，舉人杜天楨死之。巡撫楊畏知拒之於禄豐，可旺願受約，大理及迤西八郡得免於禍。可旺移檄永昌，迎沐天波歸省垣，索道府印，署金騰道王運開、署知府劉廷標不屈死。別部李定國掠河西，在籍巡撫耿廷籙死之；陷晉寧，知州冷陽春、呈貢知縣夏祖訓、舉人段伯美、諸生余繼善、耿希哲等死之；江川知縣周柔強拒戰於撫仙湖，敗績，死之。迤東諸郡屠戮甚慘。

夏四月，江西大旱。壬申朔，進張家玉兵部尚書兼副都御史，提督嶺東軍務，聯絡漳湖。癸酉，我大清兵取衡山。乙亥，我大清兵取瓊州。

封錦衣衛指揮馬吉翔、郭承昊、嚴雲從等爲伯，御史毛壽登爭之。吉翔怒，激劉承胤脅上下壽登及劉湘客、吴德操、萬六吉廷杖，承胤又佯爲申救，得免，皆奪職。遂劫上如武岡，政事皆決於承胤矣。太常寺卿潘應斗棄官去。

是月，陝西興安陷，□□伯孫守法死之。辛巳，降將孔有德、耿仲明、尚可喜以我大清兵分道取湖廣。癸未，取衡州，殺黃朝宣。甲申，白虹貫日。我兵取永州，王允成走辰州，馬進忠走沅州，盧鼎、郝永忠走道州。時湖南州、縣瓦解，督師何騰蛟退駐白牙市，兵部右侍郎章曠退駐東安。太常寺少卿程源以罪削職。

丙戌，降將吴勝兆謀叛我大清，以松江歸監國魯王。事覺，爲洪承疇所誅，户部侍郎沈廷揚、兵部侍郎左都御史陳子龍死之，詳魯紀傳。降將王光泰亦於是月以襄陽叛我大清來歸，進踞鄖陽，事聞，封鎮武伯。朱成功復海澄。

五月，福建、江西大水。辛丑朔，新安陷。庚戌，揚州地震。甲寅，改武岡州爲奉天府。以周鼎瀚爲東閣大學士，同劉承胤入直。以貴州總督李若星爲吏部尚書。

甲子，常德陷。承胤援桂林，兵與焦璉兵主客不和，擊傷璉，大掠城中而去。瞿式耜檄誅首惡二十餘人，劾承胤馭兵無狀，璉兵亦出城赴黃沙鎮。我大清聞亂，復攻桂林，璉還桂林，與大清兵連戰城下，卻之。戊辰，和平陷，知縣李信死之。論保桂林功，晉瞿式耜少師兼太子太師，封臨桂伯，焦璉新興伯，擢巡按廣西御史魯可藻爲巡撫。副將周金湯復永州。

是月，劉承胤以長沙失守，奏解何騰蛟兵柄，上不許。遣中使召騰蛟入朝計事，以雲南總兵趙印選、胡一青兵隸之。

六月，庚午朔，騰蛟朝行在，陛辭，賜銀幣，命廷臣餞之郊，承胤伏甲襲之，不克。堵胤錫疏劾承胤，而總兵張先壁自江西擁潰兵入楚，劾承胤專權，請以兵入朝，高必正、李赤心亦請就食湖南。承胤懼，乃請命騰蛟駐衡州督師，加胤錫東閣大學士，賜尚方劍，駐長沙。時衡州、長沙俱失，二臣但擁虛號而已。

湖南流寇曹志建、王朝俊以其衆降，賜爵侯、伯有差。

秋七月，甲辰，陳子壯會陳邦彦共攻廣州，敗績，子壯走還九江邨，邦彦奔三水。兵部右侍郎湖南巡撫章曠卒於軍。前福建提學道毛協恭被執於建寧，不屈，死之。

是月，朱容藩僭監國號於四川。初，容藩由辰州入施州衛，假稱楚王世子、天下兵馬副元帥，又以李占春、于大海兵敗我大清兵於萬縣之湖灘，遂稱監國。時干戈阻道，文告不通，川中諸將不知其僞也。

八月，己巳朔，以户部侍郎嚴起恒爲東閣大學士。

時清遠指揮白常燦以城迎邦彦，御史麥而炫起兵復高明，迎子壯入守之。李成棟往來追擊，不能西顧，於是焦璉以其間復陽朔、平樂，陳邦傅復梧州，縣丞徐定國復懷集，全粤少定。方擇日迎駕返桂林，而我大清兵克寶慶。辛卯，進逼奉天，劉承胤舉城降，大學士吴炳、兵部尚書傅作霖死之。商邱伯侯性部將謝復榮偕馬吉翔奉上及三宫走靖州，復榮戰死，性與太監龐天壽將兵追扈於古泥關。上乃由通道縣入蠻境，達柳州，晉性祥符侯，天壽掌司禮監印。

我大清兵取沅州，偏、沅巡撫傅上瑞迎降，前貴陽巡撫米壽圖死之；克黎平，總兵蕭曠死之。時高明亦陷，督師東閣大學士陳子壯、御史麥而炫、主事朱實蓮皆死之。

是月，朱成功會師泉州之桃花山，在籍御史沈佺期等起兵應之，進攻泉州，不克。

九月，己亥朔，上次靖州。我大清兵克清遠，兵科給事中陳邦彦、指揮白常燦、生員朱學熙死之。是月，川北總督李乾德以袁韜兵復重慶。前南昌知縣劉曙被執至南京，不屈，死之。

冬十月，戊辰朔，上如柳州。瞿式耜連疏請還蹕桂林，上諭曰：「西陲朕根本地，先生竭力守此。異日國家再造，先生功實多。」辛未，太白經天。丁丑，土司覃鳴珂與守道龍文明鬨於柳州，文明走，鳴珂大掠，矢及上舟，上倉卒奔象州。

兵部尚書張家玉與李成棟戰於增城，敗績，死之。降將耿仲明以我大清兵取永州，遂取全州，守將王允成、唐文曜、守道馬鳴鑾皆降。克辰州，榮王由楨死之；克黔陽，閣部李若筠、翰林院待詔邱式耔死之。

是月，監國魯王頒監國三年戊子大統曆於海上，朱成功未聞粤中即位詔，又不欲奉魯監國，乃頒隆武四年戊子大統曆於海上，於是海上有二朔矣。

十一月，戊戌朔，上在象州。我大清兵進逼全州，何騰蛟督諸軍禦卻之。逼梧州，上走南寧，道阻不果；乃命王化澄、吴貞毓、龐天壽護三宫前往，而與馬吉翔遡十八灘返桂林。

是月，容藩使李占春襲袁韜營，不克；王祥復以其衆與韜戰，亦不克。時容藩欲立威，總督李乾德亦挾詐翦除異己，川事益壞。

十二月，丁卯朔，日有食之。己巳，上至桂林。自幸柳、幸象，票擬皆錦衣衛馬吉翔主之；式耜勸上攬大權，明賞罰，親正人，上嘉納之。

初，湖南失陷，郝永忠、盧鼎、趙印選之衆退入桂林，人情惶駭。式耜與督師何騰蛟、大學士嚴起恒、御史劉湘客議分地給諸將，俾各自爲守。全州之役，騰蛟集諸將誓神前，分道出戰，大敗我師，連營亘三百里，軍聲頗振，而諸將主客不和。比騰蛟出屯永福，而焦璉走平樂，郝永忠壁興安，式耜、騰蛟亦無如何也。

是月，鄞縣華夏、屠獻宸、王家勤等，謀以寧波歸監國魯王，不克，所謂「五君子翻城之獄」也，詳魯紀傳。

我大清順治五年，戊子，春正月，丁酉朔，上在桂林，稱永曆二年。以百官星散，免朝賀。遣大理寺評事朱宿垣諭廣西、左右兩江及雲南土司勤王。論全州戰功，晉何騰蛟定興侯、太師、上柱國兼兵部尚書，趙印選新寧伯，胡一青興寧伯，焦璉新興侯，周金湯、熊兆佐、馬養麟等掛印有差。論川省收復州、縣功，晉樊一蘅太子太傅，户、兵二部尚書，擢巡按御史錢邦芑右僉都御史，巡撫四川，封楊展華陽伯，王祥綦江伯，諸將晉爵有差。又川將趙榮貴以保寧來歸，封定隨侯；監軍僉事詹天顔奏復龍安、茂州，擢天顔巡撫順慶、潼、縣。以總兵皮勛守平溪。

是月癸亥，降將金聲桓偕其黨王得仁以南昌叛我大清來歸。

二月，鳳陽地震。我大清兵攻平溪，總兵吴尚慮等死之；克永寧寨，貴溪王常澌、總兵項登韋死之；克黎平寨，奉國將軍暉奎死之。丁亥，郝永忠敗績於興安，自靈川入桂林，大掠，上走南寧，遂劫瞿式耜出城。日中，滇營兵入城大掠，詔何騰蛟入援。我大清兵遂乘之取全州，中書舍人周震、守備孟泰皆死之。克興安之巖關，總兵某某皆死之。

辛巳，鎮江地震；辛卯，白虹貫日。是月，王得仁克九江，尋引還，會金聲桓攻贛州。

三月，丙申朔，瞿式耜、何騰蛟入於桂林，焦璉、周金湯、熊兆佐、胡一青先後統兵至，軍勢復振。

乙巳，上如南寧，命嚴起恒、王化澄入閣，起恒兼吏部尚書，龐天壽掌司禮監，加南寧守道趙臺巡撫銜。其餘隨駕者，馬吉翔暨兵部尚書蕭琦、科臣許兆進、吴其靁、尹三聘、洪玉鼎、洪士彭數人而已。

時君臣資斧乏絶，嚴起恒懸示通衢，廣爲開選，二十四土州檳榔、鹽、布諸賈及土樂户，皆注仕籍。假府學明倫堂爲公座蒞任地，旗幟軒蓋，傴僂磬折，日以百數，贊禮生爲之驕貴。

安南國遣使入貢。

丁巳，我大清聞郝永忠之亂，以大兵直抵桂林北門，何騰蛟督焦璉、周金湯、熊兆佐、胡一青分門出戰，大敗之，乃列營榕江。進荆江伯張先壁爲侯。我大清以江西亂，引兵北還，式耜乃檄諸鎮復全州，巡撫魯可藻復梧州，疏達行在，候天子、三宫起居。上聞式耜無恙，大喜，璽書褒美，賜紗段銀兩。周鼎瀚免，以禮部侍郎朱天麟爲尚書，尋進東閣大學士。陳邦傅自請世守廣西，不許。進呂大器少傅，代王應熊督師，賜尚方劍，便宜行事。

是月，前兵部尚書周損、知府傅夢鼎、典史傅謙之等奉石城王統錡起兵六安，回人米喇印、丁國棟奉延長王識鎊起兵蘭州，皆不克，死之。

夏四月，明閏三月，丙寅朔，元子慈烜生，册爲太子，大赦。瞿式耜進八箴。

乙亥，降將李成棟以廣東叛我大清來歸，遣洪天擢、潘曾緯、李綺齎奏赴南寧迎駕。時陳邦傅與趙臺相讐殺，行在人心皇皇，乍聞成棟來歸，驚疑百端；天擢等力陳成棟忠誠，且述江西金聲桓事甚悉，人心始安。召前四川巡撫毛芝瑞爲吏部左侍郎，未至，卒。

是月，前吏部員外郎華允誠被執至南京，不屈，死之。

閏四月，明四月，乙未朔，遣吏部侍郎吴貞毓、祥符侯侯性勞李成棟軍，封成棟惠國公，佟養甲襄平伯，杜永和江寧伯，羅成耀寶豐伯，董方策宣平伯，郝尚久新泰伯，張月博興伯，閆可義武陟伯，加齎奏速駕之沈原渭爲副都御史，於是羣臣伏處者争出。又有考貢之旨，能握管書字者投呈就試。章服錯亂，漫無等威。

五月，乙丑朔，日有食之。何騰蛟復全州，降將陳友龍復以武岡州來歸。我大清兵逼南昌，金聲桓、王得仁自贛州引還，既入城，我兵築長圍守之，遂大困。

是月，朱成功復同安。

六月，甲午朔，有流星入於箕尾。封金聲桓豫國公，王得仁建武侯。初，聲桓歸明半年，尚稱隆武四年；有舊臣至，述閩陷廣立之詳，始改稱永曆。遣人間道齎佛經，置密疏其中，赴南寧輸款，表自署豫國公。詔改封昌國，聲桓頗鞅鞅，致書朝臣，請還故封，久之，始如所請。

甲辰，上幸潯州。陳邦傅以世守廣西要請，乃封邦傅慶國公。以再復湖南州縣，晉馬進忠、王進才、李赤心、高必正爵爲公。

秋七月，甲子朔，上次梧州，謁興陵，成棟使部將羅成耀將兵迎駕。

八月，癸巳朔，上還肇慶，以成棟爲翊明大將軍，其養子元胤爲錦衣衛指揮使，曹燁爲兵部尚書，耿獻忠爲工部尚書，袁彭年爲都察院左都御史。召瞿式耜入閣，辭不至。甲辰，命成棟攻贛州，以救南昌。盜殺兵部右侍郎劉季鑛。前大學士路振飛航海朝於行在。

是月，督師吕大器討朱容藩，誅之。我大清兵克同安，朱成功部將邱縉、林壯猷、金作裕、知縣葉翼雲、教諭陳鼎皆死之。成功遣前中書舍人江于燦、黄志高奉表行在。

九月，癸亥，有火星自東隕有聲。壬午，何騰蛟復永州，遂復衡州。是月，前湞川知縣王爋復廬州，再攻霍山，不克。

冬十月，監軍御史余鯤起、職方主事李甲春復寶慶，馬進忠復常德。堵胤錫招李赤心於夔州，令進忠以常德讓之，進忠怒，大掠，走武岡，王進才亦棄寶慶走。既赤心至常德不入，引兵走長沙，諸營皆潰，湖南新復州縣爲之一空，楚事始不可爲矣。

丁巳，李成棟之師潰於贛州城下。封朱成功爲威遠侯。

十一月，佟養甲伏誅。以李元胤署吏部尚書。堵胤錫率李赤心等敗降將線國安於湘潭，遂復益陽、湘潭、湘鄉、衡山等縣，進圍長沙，弗克。

是時，南昌圍急，成棟駐信豐，勢不復振。總督義師兵部尚書揭重熙、侍郎傅鼎銓、前督師余應桂、前工部侍郎劉士楨、九江生員金志達、僧了悟、建昌人孔徹元、徹哲兄弟、蔡觀光各起兵援南昌，先後敗死。

陝西自孫守法死後，義旅散亡。會降將姜瓖以大同叛我大清來歸，在籍鄉官萬練、劉遷、王永強皆舉兵應。瓖、練踞偏關，復寧武、岢嵐、保德；遷略雁門關及代州、繁峙、五臺等縣；永強據榆林，窺西安。於是前寧夏巡撫李虞夔起兵平陸，克潼關及蒲、解二州。

十二月，辛卯朔，我大清兵援長沙，李赤心大掠湘潭而遁。召弋陽王某於建陽山中，不至。

我大清順治六年，己丑，春正月，庚申朔，上在肇慶，稱永曆三年。是日，大雷雨風雹，免朝賀。丁卯，李成棟殺宣忠伯王承恩，尋殺大學士朱由欞。壬申，朱天麟罷，召黃士俊、何吾騶入閣。戊寅，我大清兵克南昌，金聲桓、王得仁伏誅，前大學士姜曰廣死之，江西全省復陷。庚辰，陷湘潭，督師定興侯何騰蛟死之。丁亥，定隨侯趙榮貴與我大清兵戰於龍安柏略口，敗績，死之。

是月，我兵之在桐、皖者，克舒城、潛山諸寨，侯應龍等死之。

二月，庚寅朔，張先璧攻辰州，不克。甲寅，長沙復陷。乙卯，成棟之兵潰於信豐，溺死。初，江、廣反正，楚軍奏捷，中外謂興復可期，一朝崩潰，舉朝大駭，至有冒雨逃者。贈騰蛟中湘王，謚忠烈，成棟寧夏王，聲桓南昌王，設壇致祭。

三月，丙寅，以杜永和爲兩廣總督，守廣州；羅成耀兼巡撫銜，守南雄；賜瞿式耜彤弓、鐵鉞，督視江、楚各省軍馬。李赤心軍潰於茶陵，大掠衡、永、郴、桂，走廣西。堵胤錫以胡一青、趙印選兵守衡州。

是月，揭重熙招江西故將張自盛、洪國玉、曹大鎬、李安民四營兵駐寧都、石城間，傅鼎銓亦合浙東徐孝伯軍駐徐、博，圖復江西，朱成功屯兵分水關，圖復惠、潮。江陰黄毓祺被執至南京，不屈，死之。

夏四月，太白入月。堵胤錫敗績於衡州之草橋，走龍虎關，守將曹志建襲之，胤錫走梧州。

是月，孫可望遣雲南巡撫楊畏知、兵部郎中龔彝奉表乞封王爵，乃封可望景國公，賜名朝宗，劉文秀、李定國爲列侯，加畏知兵部尚書，彝兵部侍郎，偕大理卿李旵銜命入雲南。

五月，以兵部侍郎張同敞總督軍務。盜殺兵部侍郎程峋於界口。趙印選、胡一青、王永祚率所部至桂林，隸瞿式耜。晉印選開國公，一青興寧侯，永祚寧遠伯，分守桂林、全州，是爲滇營。既以部衆多劫掠，焦璉部將趙興惡而攻之，殺滇兵四五人，幾大鬨，璉不得已斬興以謝，滇營事得釋。

六月，己丑朔，袁彭年免。甲辰，堵胤錫自梧州朝於行在，加文淵閣大學士，封光化伯，命督師梧州，節制忠貞、忠武、忠開諸營。

秋七月，胤錫承制封孫可望爲平遼王，可望不受。瞿式耜疏劾已革巡撫魯可藻不守制。以南雄固守，遣内侍齎敕奬武陟伯閻可義。誅副將楊大甫。焦璉、趙印選遣兵圍永州。我大清兵復取永寧州，胡一青退守榕江，瞿式耜檄一青進屯全州。廷臣集議慈寧宫，發餉萬兩，給式耜。晉封朱成功爲廣平公。

八月，焦璉部將劉起蛟敗績於興安。是月，李乾德殺華陽伯楊展。

九月，陳邦傅部將曾海虎劫監軍御史毛壽登於途，式耜檄誅之。

是月，陝西平陸山寨陷，前右僉都御史寧夏巡撫李虞夔及其子弘皆死之。

冬十月，我大清兵攻道州，曹志建禦卻之。己丑，馬進忠復武岡，尋復寶慶、靖州。庾關陷，羅成耀不敢進，次於韶州。何吾騶、王化澄罷。始命閣臣擬旨於文華殿，封皮熊爲匡國公，鎮守貴州，王祥爲忠國公，鎮守雲南，以備孫可望也。

是月，監國魯王入於舟山。

十一月，丙辰朔，我大清兵克延平之將軍寨，德化王慈燁死之。降將孔有德自將救永州，分兵敗巡撫鄭愛於燕子窩，愛與副將陳勝、彭昌、高勝、談玉等皆戰死。辛巳，督師大學士堵胤錫卒於潯州。

十二月，丙申，王永祚敗績於永州，張同敞檄楊國棟駐全州。

戊申，以史館乏員，上親試士，取劉菃、錢秉鐙、楊在、李來、吳龍楨、姚子壯、涂弘猷、楊致和八人，授庶吉士。封李建捷爲安肅伯。

小腆紀傳卷第五

前翰林院檢討加詹事府贊善銜六合徐　鼒　譔

紀第五

永曆中

我大清順治七年，庚寅，春正月，乙卯朔，上在肇慶，稱永曆四年。晉李元胤車騎將軍，爵南陽伯，固辭，不許。丁巳，南雄陷，守將武陟伯閻可義死之，羅成耀棄韶州走，尋伏誅。

辛酉，上出奔，命元胤督理各營軍務，留守肇慶。戊辰，我大清兵至韶州，南澳總兵吳六奇降；進逼廣州，杜永和自虎門入城固守。

庚辰，上至梧州。黄士俊罷。召朱天麟入直。命陳邦傅、高必正會兵援廣州。

二月，丁亥，給事中丁時魁、金堡、蒙正發、翰林院侍讀劉湘客以罪下獄，尋遣戍。戊戌，武岡復陷，奉天總督劉禄、監軍御史毛養登死之，馬進忠退保靖州。己酉，我大清兵攻廣州，叛將羅守誠伏誅，博興伯張月、安肅伯李建捷、總兵吳文獻等力戰，不下。

是月，惠州總兵黄應傑、巡道李士璉、知府林宗京執趙王由棪及郡王十三人以叛，降於我大清。江西寧都陷，監察御史涂伯昌、兵部員外郎彭錕死之。鳳陽義師潰，總督兵部尚書王爀死之。

三月，己未，卯刻，日赤如血。龍虎關陷，總兵向明高、姚得仁戰死，曹志建奔灌陽，推官唐誼被執，不屈，死之。

夏四月，彬州陷，巡撫黄順祖、總兵林國瑞死之。召王化澄入閣，嚴起恒自劾去。

五月，鄖國公高必正、興平侯黨守素、南陽伯李元胤朝於行在，乃復召起恒入閣，改成金堡於近地。科臣張孝起、李用楫與御史廖永亨互訐，詔中書科，非軍國大事本章不許封進。以兵部左侍郎萬翱掌尚書事，起復魯可藻爲兵部侍郎。陳邦傅襲高必正營，必正西走。

時廣州圍愈急，安定伯馬寶襲清遠以救之，戰敗，李元胤、馬吉翔駐兵三水，不敢進，部臣束手無策，惟晉封杜永和等爵爲侯以慰勞之。又晉焦璉宣國公，胡一青衛國公，曹志建保國公。

六月，文安之朝於行在，命入閣辦事。

是月，朱成功討碣石總兵蘇利不克，旋師圍潮州。我大清兵復取雲霄、詔安，進攻盤陀嶺，成功部將柯宸樞戰死，遂解圍，軍於潮陽。

秋八月，孫可望復遣使行在，以不改號請，付廷臣集議。

是月，朱成功襲殺鄭聯，取廈門，遂取金門。

九月，灌陽陷，知縣李遇昇死之，曹志建奔恭城，馬進忠走武岡山中，桂林大震。連陷全州，趙印選、胡一青、王永祚退入桂林，於是榕江遂成空壁，莫有堵禦者。

是月，孫可望由雲南東襲貴州，皮熊走清浪衛，追執之；襲平越，僉都御史巡撫郭承汾、威清道黄應運、總兵姚某、劉某等皆死之。分遣其將劉文秀取四川，忠國公王祥迎戰烏江，敗績，死之。攻建昌衛，前長沙知縣高明死之；陷黎州，土千户馬亭、李華宇等死之；陷滎經，知縣黄儒死之；屯洪雅之天生城，義民余飛死之。

冬十月，辛巳朔，日有食之。嚴起恒疏請修省。

是月，朱成功取銅山、南澳、閩安諸島。

十一月，辛亥，我大清兵克廣州，杜永和走瓊州。甲寅，入興安之嚴關，諸軍皆潰。遂入桂林，督師大學士瞿式耜、江廣總督張同敞死之。

己未，上奔潯州，陳邦傅叛，劫從官於藤江，部郎潘駿觀、董英、許玉鳳被戕，王化澄、晏清走北流，嚴起恒、馬吉翔、李元胤追扈及於南寧。從官饑凍無人色，乃括行橐，並吉翔所獻四千金散給之。趙印選、胡一青之師駐濱州。化澄暨户部尚書童天閲降於我大清。

十二月，明閏十一月，擢兵科給事中張孝起爲副都御史，巡撫南寧。遣編修劉茝封孫可望爲冀王，猶不受。高必正、李來亨之衆走川東。朱成功奉詔率舟師南下勤王。

我大清順治八年，辛卯，春正月，明永曆四年，十二月，己酉朔，加大學士文安之太子太保，兼吏、兵二部尚書，總督川、湖軍務，齎敕進王光興等十六營爵皆公、侯；孫可望邀之都匀，奪諸將敕印，安之走貴州。

二月，己卯朔，明永曆五年，正月朔，上在南寧，以國家多難，免朝賀。

閏二月，明二月，癸亥，梧州陷；癸酉，柳州陷。孫可望遣兵至南寧，殺大學士嚴起恒、尚書楊鼎和、給事中劉堯珍、吴霖、張載述，乃封可望爲秦王。可望尋殺東閣大學士楊畏知。

是月，朱成功師次平海衛。我大清遣降將馬得功襲破廈門，守將鄭芝莞遁，前東閣大學士曾櫻死之。

三月，提督李明忠之師潰於岍口，高州陷。

夏四月，丁未朔，朱成功復取廈門。戊午，太后王氏殂於田州。是月，兵部右侍郎傅鼎銓被執於廣信，不屈，死之。

五月，葬太后於南寧，上尊謚曰孝正莊翼康聖皇太后。尋下詔曰：「頃以大行皇太后喪，憂戚之中，不遑視事。今值服除，當與大臣商决政事。」即傳工部修中極殿，翰林院舉堪任日講記注員名，以二十七日舉行。

孫可望疏請移蹕雲南，召廷臣集議，朱天麟謂當如所請，以堅可望擁戴之心，吴貞毓力持不可，議遂寢。天麟自請經略左右兩江，許之。

是月，朱成功攻漳浦。總督江西義師、兵部尚書揭重熙被執於貴溪之百丈磜，不屈，死之。星子生員吴江兵潰，前督師余應桂死之；於是江右義師略盡矣。

秋八月，贈瞿式耜粵國公，張同敞江陵伯。

九月，陳邦傳誘殺宣國公焦璉，率潯州總兵李時、方有聲等以叛，降於我大清。尋陷平樂，左軍都督朱閔如死之；襲清遠衞，指揮白常燦死之。壬寅，聞潯州報，上發南寧。

是月，丙子，舟山亡，監國魯王航於海。朱成功復攻漳浦。

冬十月，上次新寧，册尊生母馬太妃爲昭聖仁壽皇太后，立子慈烜爲皇太子。

是月，劉文秀取嘉定，袁韜、武大定降，總督李乾德自殺。我大清兵取眉州，向成功死之。李占春與劉文秀戰敗，于大海遂以所部降於我大清。

十一月，李元胤疏請駐防城，不許。是月，朱成功與我大清兵戰於小盈嶺。

十二月，甲辰朔，我大清兵取濱州。庚戌，取南寧，趙印選、胡一青敗走。報至，上由水道走土司。抵瀨湍，二將報我兵相距纔百里，上下失色，從官多散去，乃舍舟從陸，盡焚龍舟、重器而行。已次羅江，追騎相去纔一舍，會日晡引去，乃少安，徑由安平、下雷、歸順一路進發，諸蠻供糧餉並從官夫役甚給。孫可望亦以既受秦封，遣其將狄三品、陳國能、高文貴率兵三千迎扈，疏請移蹕安隆，許之。

是月，故少傅朱國楨之孫某起兵湖州之南潯鎮，敗死。朱成功取漳浦。

我大清順治九年，壬辰，春正月，癸酉朔，上次龍英，稱永曆六年。乙亥，次皈朝，留九日始發。甲申，次富川，乙酉次沙斗，丙戌次西洋江，丁亥次竇月關，戊子次廣南。孫可望再遣總兵王愛秀奉表至。丁酉，發廣南，次童卜，戊戌次晒利，己亥次鼎貴，庚子次加蒲，辛丑次那羊，壬寅次婭堂。

是月，監國魯王次於廈門。朱成功取海澄。

二月，戊申，上至安隆所，改名安龍府，遣太常寺卿吴之俊齎璽書至滇。

我大清兵入欽州，趙印選棄城走。杜永和以瓊州降。

是月，我大清命降將吴三桂取四川，孔有德取貴州。嘉定陷，川南巡撫范文光死之。

三月，壬申朔，建行在太廟。己卯，湖北大風霾，晝晦。孫可望疏請遣李定國出楚，征虜將軍馮雙禮副之，拒孔有德，步騎八萬，由武岡出全州，以攻桂林；遣劉文秀入蜀，討虜將軍王復臣副之，拒吴三桂，步騎六萬，分出叙州、重慶，以攻成都。

是月，朱成功與我大清兵戰於江東橋，我兵退守泉州，成功遂復長泰，進攻漳州。

夏四月，吴三桂由佛圖關連取重慶、叙州，提學道任佩弦降。時劉文秀兵未至，白文選、王復臣退守永寧。

五月，德州大雨雹，大者如瓜，殺三人，沈漕舟一。南陽侯李元胤、安肅伯李建捷被執至廣州，不屈，死之。李定國復靖州，進攻湖南。

六月，張先璧、馬進忠朝於行在，晉先璧沅國公，進忠鄂國公。是月，吴三桂取石泉，川北巡撫詹天顔死之。

秋七月，庚午朔，李定國復寶慶，辛未，復全州，與我大清兵戰於嚴關，孔有德走桂林。癸酉，攻拔之，有德自殺，執叛將陳邦傅父子送貴陽，伏誅。庚辰，復永州。

是日，黄霧四塞。劉文秀取叙州，吴三桂走緜州，進拔重慶。諭恢復川、楚功，封李定國爲西寧王，劉文秀爲南康王，馮雙禮爲興國侯。孫可望殺山東道御史李如月。

八月，大學士朱天麟卒於廣南。

九月，博興侯張月執提督李明忠以叛，降於我大清，我兵遂復取梧州。川、陜總督樊一蘅卒。

是月，朱成功敗績於九龍江，解漳州圍，退屯古縣。

冬十月，劉文秀進攻保寧，敗績，討虜將軍王復臣死之，文秀還雲南，罷職閒住。時可望忌定國，而文秀又見廢，諸將始有怨心。我大清兵敗朱成功於古縣，成功退屯海澄。

十一月，辛巳，李定國復衡州，孫可望駐沅州，遣白文選攻辰州，拔之，殺降將徐勇。丁亥，我大清敬謹親王尼堪奉命征楚、粵，抵湘潭，馬進忠走寶慶。我兵復取衡州，李定國敗走，尼堪追之，歿於陣，定國乃屯兵武岡。

時上在安龍，日益窮促，將吏罕人臣禮。馬吉翔掌戎政，龐天壽督勇衛營，謀逼上禪位可望。惡大學士吴貞毓之不附己也，嗾其黨冷孟飪、吴象鉉、方祚亨交章劾之，上知貞毓忠，寢不行。吉翔陰教可望劄諭吉翔、天壽，内外機務歸戎政、勇衛兩衙門，中外惶懼。於是御史胡士瑞與吏科給事中徐極、兵部員外林青陽、主事張鐫、工部員外蔡縯連章發其奸，上怒，兩人求救於太后，以免。可望又自設内閣、六部官，鑄八疊印，盡易舊印，立太廟，享太祖高皇帝主於中，張獻忠主於左，而右則可望祖父也。擬國號曰後明。上聞之，益憂懼，密謂中官張福禄、全爲國曰：「聞西寧王李定國已定廣西，俘叛逆，軍聲丕振，出朕於險者，必此人也。欲下一敕，令統兵入衛，若等能密圖否？」二人言：「徐極、林青陽、張鑴、蔡縯、胡士瑞可與謀。」趣告之，皆諾，以白貞毓。青陽請行，乃令佯乞假歸葬，屬員外蔣乾昌撰敕，主事朱東旦書之，福禄等持入用寶，青陽即日間道齎敕行，故吉翔輩不之知也。

是月，常在郭氏以罪誅，賜巴東王某暨妃某氏自盡。

十二月，藤縣復陷，總兵羅超死之；平樂陷，守將彭俊死之。封莫宗文爲安仁伯。

是歲，可望殺宗室之在貴州者。

我大清順治十年，癸巳，春正月，戊辰朔，上在安龍稱永曆七年。

二月，我大清貝勒屯齊復取永州，李定國敗走龍虎關，孫可望謀襲之，定國走廣西。廉州復陷，守道王道光死之。

三月，楊國棟、莫宗文合兵攻常德，不克。可望自將追定國不及，與我大清兵遇於寶慶，大敗，走峒口，我大清兵亦引還。

是月，魯王以海自去監國號，其將定西侯張名振以朱成功之師入長江，破京口，還駐崇明。

夏四月，降將郝尚久以潮州叛我大清來歸。

五月，封楊時清征定侯。我大清兵攻海澄，朱成功禦卻之。

六月，上以林青陽久未還，將擇使往促，吴貞毓舉翰林孔目周官以對。都督鄭允元曰：「假事出吉翔於外，庶有濟也。」上乃命吉翔往梧州謁祭興陵，而密遣周官齎敕詣定國，官涕泣受命。封朱成功爲漳國公。

閏六月，李定國攻肇慶，敗績，退駐柳州。總兵周金湯復遂溪。

秋七月，李定國再攻桂林，不克。孫可望聞定國之敗也，遣馮雙禮襲之，遇伏而敗。

九月，我大清兵克潮州，郝尚久伏誅，朱成功遣兵救之，不及。

冬十月，吴川復陷，陳彝典、陳其策死之。

十二月，郴州復陷，巡撫朱俊臣死之。馬吉翔奉命祭陵，途次微聞密敕事，屬其弟雄飛出家貲賂提塘王愛秀求援。時吉翔黨與布列，上孤立自危，乃以臺省員缺飭部考選，於月之二十四日臨軒親試。授蔣乾昌、李元開簡討，張鐫給事中，李頎、胡士瑞御史，楊鍾、徐極等亦以資深加秩，羣小益危懼。吉翔、愛秀白可望，可望疑吉翔亦與謀，遣鄭國往南寧偵之，吉翔證青陽、周官事甚亟。於是徐極、楊鍾、趙賡禹、蔡縯、張鐫、李頎、胡士瑞交章劾吉翔欺君賣國，天壽表裏爲奸。上敕廷臣議罪，天壽懼，與雄飛走貴陽。

我大清順治十一年，甲午，春正月，壬辰朔，上在安龍稱永曆八年。改雲南爲雲興府，辰州爲沅興府，沅州爲黔興府。孫可望疏請以劉文秀爲大招討，都督諸軍東伐，文秀辭，强起之。

是月，江西廣信九仙山寨陷，進士徐敬時等死之。前監國魯王移居南澳。張名振復以舟師入長江，望祭孝陵。朱成功遣兵攻崇明，敗績，仁武伯平原將軍姚志倬、定南伯徐仁爵死之。

二月，開科取士四十人，四川熊渭第一，授庶吉士，餘授知縣、教職有差。李定國復高州，降將張月復叛大清來歸。

者。孫可望既聞密敕事，使鄭國械馬吉翔至安龍，與諸臣面質，挾吴貞毓入文華殿，脅上索主謀者。上不敢質言，謂：「必外人假敕寶所爲。」國怒目出，與龐天壽至朝房，械貞毓并刑科給事中張鐫、中軍都督府左都督鄭允元、大理寺丞林鍾、太僕寺少卿趙賡禹、翰林院檢討蔣乾昌、李元開、吏科給事中徐極、江西道御史周允吉、廣西道御史宗室議浘、福建道御史胡士瑞、兵部郎中朱東旦、工部郎中蔡縯、内閣中書易士佳、吏部員外郎直誥敕房事任斗墟等十四人，繫私室。中官張福禄、全爲國愬於太后，求救，天壽直入擒二人於坤寧宫外，太后與后稍問之，天壽怒訶，徑出。冷孟銋、朱企鋐、蒲纓、宋德亮逼上速具主名，上大悲憤，曰：「汝等逼朕認出，朕知是誰？」翌日，以次拷鐫等，諸臣不勝楚，皆自承。國又問：「皇上知否？」縯大聲曰：「未經奏明。」乃復收繫，以欺君誤國、盜寶矯詔爲罪報可望。可望請上親裁，上無如何，下廷議。吏部侍郎張佐辰、刑部主事蔣御曦票旨，以鐫、福禄、爲國三人爲首，凌遲，餘爲從，斬，貞毓以大臣賜絞。吉翔、天壽謂后必知情，將廢之，嗾主事蕭尹陳往古廢后事，上不許，事得已。可望憾定國益深，定國亦慮可望襲己，出掠雷、廉以避之。

夏四月，定國復羅定、新興、石城、電白、陽江、陽春等縣。六月，攻梧州，冬十月，圍廣州。

十一月，改都康、萬承、安平、龍安諸州爲府。是月，朱成功奉表行在，遣兵援李定國於廣東。

十二月，我大清命降將尚可喜、耿繼茂援廣州，定國敗走，尋攻肇慶，不克。是月，朱成功取漳州。

我大清順治十二年，乙未，春正月，丙戌朔，上在安龍稱永曆九年。是月，朱成功取仙遊，自置官屬於中左所，改曰思明州。

二月，江南地震。李定國自高州退入南寧，劉文秀駐兵川南。

夏五月，劉文秀攻常德，敗績。是月，張名振復舟山。

六月，江南地震。朱成功復揭陽，遂復普寧。我大清命鄭親王世子濟度率師平海。朱成功墮安平鎮及漳州府惠安、同安、南安三縣城，回師廈門。

冬十一月，魯太師定西侯張名振卒。

是歲，上在安龍塗葦薄以處，日食脫粟。守將承孫可望意，更相凌逼，挾彈騎馬，直入宮門；文吏乘輿過殿，呵之不下。仍改安龍爲安隆。歲造開銷銀米，册報可望，稱「皇帝一員，月支若干；皇后一口，月支若干。」上亦隱忍之，苟延殘喘而已。

我大清順治十三年，丙申，春正月，庚辰朔，上在安龍稱永曆十年。時李定國駐兵南寧，衰弱不振。孫可望遣總兵張明志、關有才襲之，定國用中書金維新、曹延生計，從田州小路出不意，敗明志等軍，降其衆三千人，遂進趨安龍。

二月，壬子，舟山城哭。

三月，孫可望聞田州之敗，知李定國必至安龍，令白文選將兵迎上入貴州。太后聞之哭，從官皆哭，文選見之心動，度定國軍且至，陰留候之，至則與連和，奉上由安南衛走雲南，抵曲靖。時守滇者劉文秀也，亦怨可望，因偕扈入省垣。沐天波迎駕馬龍驛。上居可望第，改雲南府爲滇都。論迎扈功，封定國爲晉王，文秀爲蜀王，文選爲鞏國公，王尚禮爲保國公，王自奇爲夔國公，賀九儀爲保康侯，張虎爲醇化伯，餘進職有差。自尚禮以下，皆可望心腹不爲上用者，以其在雲南，且擁重兵，故並封焉。以金維新爲行在吏部侍郎兼左都御史，龔銘爲行在兵部侍郎，加黔國公沐天波柱國，少師。命馬吉翔入閣辦事如故。初定國命靳統武執吉翔，將請詔治罪，吉翔則日夜媚統武及維新、銘，因得媚於定國。定國信之，因疏薦入閣辦事，上不得已從之。又雷躍龍、扶綱、張佐辰、王應龍、龔彝皆可望黨也，上欲安可望心，以躍龍、綱爲大學士，佐辰吏部尚書，應龍工部尚書，彝户部左侍郎，遣白文選回貴陽慰諭可望。

夏四月，我大清兵攻廈門，復攻金門，朱成功禦卻之。

秋七月，義寧伯龍韜駐柳州以應李定國，尋敗死。是月，朱成功復閩安，進攻福州，敗績。

八月，我大清兵復取舟山，守將魯英義伯阮駿、總督陳六御、總兵張晉爵、太常卿陳九徵、副使俞師範、誠意伯裔孫劉永錫皆死之。前魯户部主事王江復起兵四明山，敗績，死之。

九月，辰州復陷。

冬十月，夔州巡撫鄧希明、總兵張元凱降於我大清。

十二月，朱成功攻羅源、寧德，戰於護國嶺，我梅勒章京阿克襄歿於陣。

我大清順治十四年，丁酉，春正月，甲辰朔，上在滇都，稱永曆十一年。是月，朱成功攻温州。

二月，甲申，皇子出閣講學。

三月，定國公鄭鴻逵卒於金門。

夏四月，癸酉朔，上弘光帝謚曰安宗簡皇帝，后曰簡皇后；隆武帝謚曰紹宗襄皇帝，后曰襄皇后；皇考端皇帝謚曰禮宗端皇帝，皇嫡母王氏曰端皇后。下詔大赦。

是月，朱成功部將施舉敗績於定海關，死之。

五月，遣張虎送孫可望妻孥還貴州。時可望日夜謀犯闕，上欲歸其妻孥以安之。王尚禮、王自奇、張虎皆可望心腹，而虎奸黠，尤用事，自以位在諸人下，甚怏怏。白文選謂李定國、劉文秀曰：「今尚禮、自奇擁重兵在輦轂下，虎尤詭，日伺左右，禍且不測。今與可望議和，必皇上親遣虎行，乃無反覆耳。」上召虎至後殿，拔頭上金簪賜之，曰：「和議成，卿功不朽，必賜公爵。此簪賜卿爲信，見簪如見朕也。」虎至貴陽，則搆之益甚。適上又命文選與議和，可望拘留之，奪其兵，而遣僞通政司朱運久入滇詭議和，實與自奇、尚禮謀内應也。時前四川巡撫錢邦芑被拘大興寺，可望之僞兵部尚書程源、僞都察院鄭逢元、部將馬寶、馬維興、馬進忠皆朝廷舊人，願効忠。邦芑教源、逢元謂可望曰：「使功莫如使過，將才無出文選右者。」可望然之。

秋八月，以文選爲大總統，馬寶爲先鋒，合兵十四萬入滇。十八日，渡盤江，九月抵交水，列三十六營，去曲靖三十里。定國、文秀衆纔數千人，相顧失色。文秀議走交阯，定國欲由沅江、景東取土司，躊躇兩日不能決。忽文選率所部拔營逃至曲靖，單騎走雲南見定國、文秀於朝，言諸將内應狀，宜速出戰，言畢即上馬馳。文秀率祁三昇、賀九儀、胡一青、趙印選、吴子金、李本高之師赴之。

可望見文選逃，欲退師，馬寶懼謀洩，大言曰：「我衆十倍於彼，以一人爲進退，豈我輩非人乎？」可望乃遣寶與心腹驍將張勝別將鐵騎七千，間道夜襲雲南，殺中書科中書朱斗垣於道。寶夜遣人入定國營言之，皆大驚，遂拔寨出戰。文選率所部直沖馬維興營，維興開營納之，合兵繞可望陣後，定國、文秀麾兵大進，諸營皆歡呼迎晉王，所向瓦解。定國乃命文秀、文選追可望，而自還師救雲南。

先是王自奇在楚雄醉後殺定國營將而懼，引其衆渡瀾滄江，據永昌，去雲南二千餘里，以故可望入滇時不相聞。王尚禮將內應，沐天波以兵守之，不得發。張勝至金馬碧鷄坊下，見交水報捷旗，大驚，拔營去。回至渾水塘，遇定國，列陣死戰，定國幾不支，馬寶於陣後連發大礮，勝遂潰，走益州，部將李承爵誘而縛之，解雲南，告廟獻俘，與其黨趙珣皆伏誅。尚禮聞勝敗，自縊死。可望逃至貴州，從騎纔十餘人，追且至，狼狽走長沙。冬十月，乞降於我大清。

論反正功，晉白文選鞏昌王，馮雙禮慶陽王，馬進忠漢陽王，馬維興叙國公，賀九儀廣國公，馬寶淮國公，餘進侯、伯有差。論黨逆罪，誅醇化伯張虎，降荆江伯張光翠、德安侯狄三品、岐山伯王會等爵，程源、鄭逢元等降級有差。

十一月，追贈安龍死難大學士吴貞毓以下十八人謚蔭有差，遣祭立廟。

十二月，復南寧。

小腆紀傳卷第六

前翰林院檢討加詹事府贊善銜六合　徐　鼒　譔

紀第六

永曆下

我大清順治十五年，戊戌，春正月，戊戌朔，上在滇都，稱永曆十二年。遣漳平伯周金湯册封朱成功爲延平王，招討大將軍，賜尚方劍，便宜行事。並封其部將王秀奇祥符伯，馬信建威伯，甘煇崇明伯，黄廷永安伯，萬禮建安伯，陳煇忠靖伯，洪旭忠振伯，郝文興慶都伯，餘拜爵有差。授魯兵部右侍郎張煌言爲兵部左侍郎兼翰林院學士，魯左僉都御史徐孚遠爲左副都御史。以程源爲禮部尚書，錢邦芑掌都察院事。横州再陷，知州鄭雲錦死之。

二月，我大清命貝子洛託、都督卓布泰偕降臣洪承疇、吴三桂、線國安將兵分楚、蜀、粤三路取雲、貴。李定國遣劉正國、楊武等分守四川之三陂、紅關，馬進忠駐貴州。

三月，吴三桂兵至合州，重慶總兵杜子香棄城走。王自奇、關有才據永昌反，李定國自將討平之，用是不及援貴州。貝子洛託至貴陽，馬進忠棄城遁，巡撫冷孟銋死之。庚辰，吴三桂兵至三陂，劉正國走遵義，遂陷。

庚寅，大招討蜀王劉文秀卒。

五月，吴三桂敗楊武於開州之倒流水，興寧伯王興、水西宣慰使安坤、酉陽宣慰使冉奇鑣、藺州宣慰使奢保受降。

秋七月，丙申朔，命李定國爲招討大元帥，賜黄鉞。大學士文安之督川東諸軍襲重慶，不克。

是月，朱成功、張煌言會師，大舉北伐以援滇，次羊山，颶風作，旋師舟山。

八月，授前江西總兵鄧凱爲隨扈總兵。

九月，朱成功取象山。

冬十月，我大清信郡王鐸尼會三路兵於平越之楊老堡。李定國使馮雙禮扼雞公背以拒中路，張先璧扼南盤江之黄草壩拒東路，自守北盤江之鐵索橋，圖復貴州。别遣白文選出西路，率衆四萬守七星關，抵生界立營，若欲攻遵義者，以牽制三桂之師。

先是三桂駐遵義，信郡王駐武陵，卓布泰駐獨山州，惟洛託一軍駐貴陽，大衆未集，其勢可乘，定國逡巡觀望，比楊老堡戒期，定國始悉衆出拒，而事機已不可爲矣。先由中路出關嶺，東路告急，乃移師黄草壩。久之，踰石關，營於炎遮河。而中路雞公背之絶頂糧少運艱，士不宿飽；右路之生界孤懸滇、蜀之表，聲援不及；識者俱以爲憂。

十二月，甲子，吴三桂兵出遵義，由水西趨天生橋入烏撒，文選棄七星關，走可渡橋，守橋之馬寶亦奔，文選乃焚橋走霑益。其廣西卓布泰一軍，至盤江之羅顏渡，扼險不得渡，得泗城土司岑繼祿爲嚮導，由間道入安龍。懷仁侯吳子聖禦之，敗績，我軍取船以濟。定國聞之，以兵三萬人倍道趨戰於炎遮河。大清兵初戰不利。詰朝，悉師壓其營而陣，南兵鎗礮，北兵弓矢，日中不決。忽大風北來，礮火及茅葦，野燎滔天，大清兵乘火馳射，兵火俱烈，定國驚懼，棄營保北盤江，我廣西兵遂由普安州入滇。而信郡王中路兵亦潰馮雙禮於雞公背，追至北盤江，諸將北走不相顧，定國焚鐵索橋而遁。大清兵以浮橋濟師，遂抵曲靖，知府蓋世祿降。

定國奔還雲南，請上出幸。丙子，召廷臣集議。劉文秀之部將陳建舉文秀遺表請上幸蜀，太僕寺正卿辜延泰亦請幸蜀開荒屯練，中書金公趾極言入蜀之不利。定國曰：「蕞爾建昌，何當十萬人之至？不如入湖南之峒，烏車里、里角諸蠻不相統攝，我今臨之，必無所拒。安蹕峒內，諸將設禦於峒口，勝則六詔復爲我有，不勝則入交阯，召針羅諸船，航海至廈門，與延平王合師進討。」難之者曰：「清兵乘勝踰黃草壩，則臨沅、廣南道路中斷；且喪敗之餘，焉能整兵以迎方張之敵乎？」黔國公沐天波曰：「自迤西達緬甸，其地糧糗可資，出邊則荒遠無際，萬一追勢稍緩，據大理兩關之險，猶不失爲蒙段也。」馬吉翔、李國泰咸是天波議。定國泣請留太子督師，以牽制緬甸，上猶豫不忍。明日，發滇都，定國以大兵殿後。國勢既搖，人心思叛，艾能奇之子承業糾狄三聘等以驍卒伏大寺中，謀劫定國而北，定國嚴隊西走，承業等不敢發。百官扈從，男婦馬步數十萬人，日行不過三十里。兵士乏食，取之民間，所在逃避。御前供頓缺，庶僚貧病，離次不前。從古乘輿奔播，未有若此之艱難者。

我大清順治十六年，己亥，春正月，癸巳朔，上次永平，稱永曆十三年。乙未，我大清兵取滇都，衛國公胡一青、提學道徐心箴、光禄寺少卿黄復生、提督劉之扶、土司龍世榮等降；户部主事劉之謙不屈，死之。丙申，上駐永昌，下詔罪己。李定國還黄鉞，自請削秩，上曰：「是國之禍，王何罪焉？」不許。

是月，川東譚宏、譚詣殺譚文以叛，降於我大清。

二月，明閏正月，辛未，總兵王國勛敗績於普洱。丙子，白文選與張先璧、陳勝之師皆敗績於玉龍關，文選由沙木和走右甸，尋走鎮康，入木邦。丁丑，聞玉龍關之敗，定國使總兵靳統武以兵四千扈上入騰越，沐天波、馬吉翔隨行，文武官尚四百餘人。

己卯，上至騰越。

辛巳，定國渡潞江。江不甚寬，而水勢洶惡，每歲清明至霜降有青草瘴，雖土人亦惡之。過江二十里有磨盤山，鳥道窔箐，屈曲僅通一騎。定國度大清兵累勝窮追，必不戒，設柵數重，三伏以待之：泰安伯竇民望爲初伏，廣昌侯高文貴爲二伏，總兵王璽爲三伏。每伏兵二千，約俟大清兵度山巔，號礮起，首尾横突截攻，必無一騎返。而吴三桂之追白文選至瀾滄江也，編筏而渡，再渡潞江，逐北數百里，無一夫守拒，謂定國遠竄，不復慮，隊伍散亂，上山者已萬有二千人。忽大理寺卿盧桂生來降，泄其計，三桂則大驚。時前驅已入二伏，急傳令舍騎而步，以礮發其伏，叢莽中矢礮雨下，民望不得已，舉礮出戰，三伏亦發礮趨下救之。自卯迄午，短兵相接，僵屍如堵牆。民望血戰不已，鎗彈穿脅過，戰如故，持刀潰圍走，不數里，血湧仆地死。定國坐山巔，聞號礮失序，大驚，忽飛礮落其前，擊土滿面，乃奔。明兵死林箐者三之一，鏖戰死者亦三之一，王璽陣歿；而大清亦亡都統以下十餘人，喪精卒數千。追至騰越西百二十里，中原界盡矣。諸軍初猶踞險守，聞定國走，乃夜遁。我大清亦懲是役之罹不測，不復窮追矣。

壬午，上自騰越出奔。時李國泰、馬吉翔輜重甚厚，趣上乘夜走南甸。上南行二日，尚未知磨盤之敗也。二十四日，野次未定，忽總兵楊武至，言「定國遠逃，追者將及」，上遂接淅踉蹌行，昏黑，迷路大谷中，羣臣妻子不相顧，亂兵乘機劫掠，火光燭天，驚擾奔馳。及天明，仍在故處也，而貴人宮女已失去過半，扈將平陽侯孫崇雅劫殺尤烈。

上以從臣多叛，決意入緬甸，遂出鐵壁關。戊子，抵囊木河，是爲緬境。上命沐天波諭之，緬人奉迎，具表如常儀。請從官勿佩戎器，馬吉翔遽傳旨從之，從臣皆諫，不聽。晦日，至蠻漠，土司思緜迎入城，執禮甚恭。

時沐天波與外戚華亭侯王維恭、典璽李崇貴謀擁太子入關，由茶山出鶴麗，調度各營爲聲援，王后不可，乃不果行。

是月，雅州伯高承恩率諸土司斂兵拒守。昆明諸生薛大觀舉家赴水死。

三月，明二月，壬辰朔，上抵緬甸之大金沙江，緬人以四舟迎上，從官自覓江舟，隨行者六百四十餘人，陸行者自故岷王子而下九百餘人，期會於緬。

初定國潞江之敗，求上所在，則上西行去騰越已百里，念君臣俱死無益，聞白文選在木邦，就之，謀再舉。文選以上左右無重兵，請身自捍衛，意不合，定國引所部從孟定府過耿馬抵猛緬，各營潰兵陸續集，勢稍振。文選以兵抵阿瓦城。

己酉，上駐井梗，緬人報明兵四集，請敕阻之。從官會御舟前，議所使，總兵鄧凱、行人任國璽請行，馬吉翔恐二臣暴其罪惡，陰尼之，不果。文選不得命，與緬人戰，不勝，走孟艮。緬酋來邀大臣過河議事，命吉翔弟雄飛與御史鄔昌琦往，緬人問神宗時事，二臣不能答，用是益見輕侮。

閏三月，明三月，黔國公沐天波、綏寧伯蒲纓、總兵王啓隆謀奉上走護臘撒、孟艮入李定國軍，吉翔阻之，亦不果。從臣陸行者不知上之尚在井梗也，竟抵阿瓦城。緬人疑其有陰圖也，發兵圍之，總兵潘世榮降於緬，通政使朱蘊金、中軍姜承得自縊死，副總兵高陞、千户謝安祚、向鼎忠、范存禮、温如珍、李勝、劉興隆、段忠皆被殺，餘安置遠方，久之無存焉，惟岷王子等八十人流入暹羅國。

是月，吴三桂兵至姚安，大學士張佐辰、尚書孫順、侍郎萬年策、翰林劉菃、布政司宋企鍈等皆降。又有少卿劉泌、兵科胡顯等一百五十九人先後降。還至雲南，大學士扶綱、侍郎尹三聘、淮國公馬寶、叙國公馬維興、武靖侯王國璽、懷仁侯吴子聖、宜川伯高啓隆、公安伯李如碧降。延長伯朱養恩、總兵龍贊陽以嘉定州降，德安侯狄三品執慶陽王馮雙禮以降。

夏四月，咸陽侯祁三昇以兵迎上，緬人請敕止之，吉翔請遣錦衣衛丁調鼎、考功司楊生芳往，三昇痛哭撤師。阿瓦城，緬酋所居也。有地名者梗，即大鵰鴣城舊地也，界大金沙、小盈沙之間，地饒而險。緬人自祁三昇奉敕止師之後，知上威令尚行，慮後得罪，乃優奉之，爲緩急自救之策，且以阻內外聲聞。於初四日，甲子，遣其都官備龍舟鼓樂迎上於井梗。乙丑，移蹕，丁卯，至阿瓦城，距河止焉。戊辰，陸行五六里，至者梗，草廬十餘間，上居之，編竹爲城，守兵百餘人，從臣自備竹木，結宇而聚處焉。緬婦來貿易者，雜沓如市，從臣久亦習之，屏禮貌，短衣跣足，闌入緬婦隊中，踞地喧笑，呼盧縱酒，緬人頗哂之。

是月，癸酉，朱成功、張煌言復會師，大舉北上以援滇。

六月，我大清兵取馬湖、敍州，提督陳希賢降；取成都，總兵趙友鄢、御史龐之泳、主事賀奇等皆降。雅州伯高承恩爲其弟承裔所殺。

是月丙午，朱成功攻瓜洲，克之；癸丑，克鎮江。

秋七月，張煌言徇江南，北府、州、縣，下二十九城。壬午，成功敗績於江寧，崇明伯甘煇等死之，退攻崇明，不克，煌言亦敗於銅陵，尋皆入海，所復府、州、縣皆復歸於我大清。

八月，緬酋以中秋日張會享羣蠻，來招沐天波渡河，並索禮物。上欲爲好於酋，命天波往。至則脅令白衣椎髻跣足，領諸海郡㛳夷酋而拜，天波不得已，從之。

九月，緬人進新稻，頒諸從官。

冬十月，戊子朔，頒曆於緬甸。

是月，李定國移營孟連，承制加土司勳爵，孟艮之女酋某爲梗，誅之，據其城。川將郝承裔、王友進皆降於我大清。

十一月，癸亥，沅江陷，總督銜士知府那嵩死之。

十二月，白文選移軍猛壤。

我大清順治十七年，庚子，春正月，丁巳朔，上在緬甸之者梗，稱永曆十四年。德陽王至濬自交阯降於我大清。三月，大學士方端士、潁國公楊武亦降。李定國部將廣國公賀九儀將降，事洩，定國誅之。

是月，張煌言駐軍林門，尋移駐桃渚。

夏四月，白文選移軍景線。

五月，甲子，我大清兵攻廈門，朱成功禦卻之，誅叛將陳鵬秋。

七月，白文選由木邦舉兵薄阿瓦。阿瓦有新、舊二城，上居舊城之者梗，而緬酋自居於新城。文選假道奉迎不得，乃急攻新城，緬人招沐天波過河敕止之，始知諸將臨緬迎駕，疏至三十餘道，從臣無以出險爲念者，第草敕，令毋進兵。文選曰：「蠻人不足信也。」急攻新城，垂克矣，緬人紿之曰：「三日後出新城讓上。」文選信之，卻兵十里，城中得固備，攻之，反爲所敗，望鸕鴣城痛哭而去。

八月，降將郝承裔復以雅州叛大清來歸。

時舉朝醉夢，招權納賄如平時，馬吉翔請以湖廣道御史鄔昌琦掌六科，烏撒知府王祖望以醫中宮疾，授禮部主客司行人，任國璽謀轉江西道。國璽又與太常寺博士鄧居詔相訐，上欲面質之，不果，惟吉翔傳旨云「鄧某當學好」而已。庶僚之貧者，飢寒藍縷，大臣有三日不舉火者。馬吉翔、李國泰以語激上，上擲皇帝之寶，令碎之以給從臣，典璽太監李國用叩頭不奉詔，吉翔、國泰竟鑿以分餉，擁貲自贍，不顧也。蒲纓大開賭肆，晝夜呼盧，上焚其居，纓賭如故。華亭侯王維恭與楊太監拳毆，喧讙聲徹内外。——用是緬人益輕之。

是秋九月，太白經天，凡十有五旬。

我大清順治十八年，辛丑，春正月，辛亥朔，上在者梗稱永曆十五年。丁巳，我大清世祖章皇帝崩。己未，聖祖仁皇帝即皇帝位，以明年爲康熙元年。

時李定國據孟艮，地饒魚稻，諸將稍集，軍聲復振。白文選居木邦之南甸，相去二千里，不相聞也。既攻緬不克，知定國取孟艮，並有賀九儀之衆，移書責以大義，定國遂全師而西。中途遇文選，購緬人密奏上速計，且曰：「臣等兵不敢深入者，激則生内變也。諭令扈送出險，方爲上策，何諸臣泄泄不以爲意也？」璽書慰勞。文選造浮橋迎蹕，距行在纔六七十里，緬人斷其橋，計不行，乃刑牲歃血，誓必克緬。緬酋拔其豪邊牙鮓、邊牙猓爲大將，集兵十五萬，遇於錫箔江，巨象千餘，夾以鎗礮，陣横二十里，鳴鼓震天，呼噪而進。定國、文選兵不及十一，且戎器耗散，惟操長刀、手槊、白棓以鬭。定國前隊稍卻，文選警衆横截之，緬兵大敗，僵死萬計，邊牙猓死於陣。而邊牙鮓猶收餘衆柵大榕樹林中，蔭翳百里，鳴鼓竟夜，如列陣。曉視之，則已走，空無一人，遂渡錫箔江，既濟，乃謀渡大金沙江焉。咸陽侯祁三昇與定國不和，走户臘，吴三桂招之，遂率孟津伯魏勇、總兵劉芝林、王有功、邵文魁等降。馬乃陷，土司龍吉兆、龍吉佐死之。

三月，錦衣衛趙明鑑謀誅馬吉翔、李國泰，奉太子出緬甸，不克。

是月，朱成功進兵臺灣，克赤嵌城。

夏四月，定國等臨大金沙江，諭緬人假道入覲，并責其象馬糧糗，爲入邊之計。緬人不從，盡燒其江船，據險設礮以守。定國等糧少氣沮。緬中耆老曰：「從此而北至鬼窟山，有大芭蕉林，伐之作筏，則可渡；上流有大居江，地饒材木，居民數百家，燒鑛冶鐵，舟可立具也。」定國從之，令都督丁仲柳浮蕉爲梁，設廠造船。緬人偵知船工將竣，以正兵綴定國，而別遣奇兵擣船廠，仲柳棄船走，船悉被焚。時軍中挈眷行，老幼纍纍，疫作軍飢，死亡相繼，不得已，議還軍孟艮。或曰：「緬中瘴癘，夏秋爲甚，加以千里無煙，人何以濟？孟艮不可得而返矣。西南海上有地高涼，產魚稻，月餘可至，盍往諸！」從之。行至亦渺賴山下，山亘數百里，登岸一覽，竟西南大海，遂駐軍焉。

五月，御史任國璽、禮部主事王祖望、太常寺博士鄧居詔疏劾馬吉翔、李國泰，不報。

緬人罹兵火之厄，懟其酋。酋弟莽猛白守景邁、景線，引蠻衆五萬人入援，大出金帛犒衆，諸蠻遂歸心焉。會吳三桂檄緬人獻上自効，衆欲從之，而酋不可。莽猛白因衆怒，縛酋篗輿中，投之江，而自立爲緬王。來索賀禮，且言供給之勞，茫無以應，於是咒水之禍作矣。

秋七月，十六日，緬人來邀當事大臣渡河，辭不行。踰二日，緬使再至，曰：「慮諸君立心不好，請飲咒水，令諸君得自便貿易，否則我國安能久奉芻粟邪？」沐天波欲辭焉，馬吉翔、李國泰曰：「蠻俗敬鬼重誓，可往也。」乃行。日向午，緬人以兵圍行帳，呼諸臣出，諸臣倉卒無寸兵可持，又慮震驚宮闈，不得已，相將並出，出則縛而駢殺之。上聞，與中宮將自縊，總兵鄧凱以足疾免於行，與內侍之僅存者勸上曰：「上死固當，如國母年高何？且既亡社稷，又棄太后，後世其謂皇上何！」乃止。已而緬人入宮搜財帛，貴人、宮女及諸臣妻縊於樹者，纍纍如瓜果，上與太后以下二十五人，聚一小屋中，如待決之囚。忽通事引一緬官大呼曰：「毋得驚害皇帝及沐國公！」麾其衆移上於沐天波之室，大小存三百四十餘人，樓居聚哭，聲聞一二里外。寺僧哀之，進以粗糲。上驚悸成疾，緬人慮上死，且無以致詞三桂，乃汛潔行宮，迎上復入居之，貢衣被錦布什物，曰：「我小邦王子無他意，無介介也！」諸臣之被戕者：自松滋王某以下，沐天波、馬吉翔、王維恭、魏豹、馬雄飛、王啓隆、蒲纓、王自京、龔勳、陳謙、吴承爵、安朝柱、任子信、張拱極、劉相、宋宗宰、劉廣寅、宋國柱、丁調鼎，文臣鄧士廉、楊在、鄔昌琦、鄧居詔、任國璽、王祖望、裴廷謨、楊生芳、潘璜、齊應選、郭璘、張崇伯，內監李國泰、李茂芳、楊宗華、楊強益、李崇貴、沈猶龍、周某、盧某等，凡四十(二)〔一〕人。自縊死者：吉王慈煃偕其妃某氏、貴人楊氏、劉氏、松滋王妃某氏，總兵姚文相、黃華宇、熊相賢、馬寶二，差官錦衣衛趙明鑑、王大雄、王國相、吴承允、朱文魁、吴千户、鄭文遠、李既、白凌雲、嚴麻子、尹襄、宗臣、朱議漆，凡二十二人。婦女死者不具録，餘皆先後被屠，惟鄧凱生還，述其狀焉。

是月，朱成功部將郭義、蔡禄劫忠匡伯張進以叛，降於我大清，進死之。

八月，李定國、白文選次桐塢，以十六舟攻緬，緬人鑿沈其五。張國用、趙得勝以賀九儀之死也，銜定國，謂文選曰：「王毋爲九儀之續！」挾文選入山據險自保。定國不得已，引餘兵三千還孟艮，其部將吴三省誅叛將唐宗堯，駐軍耿馬。

九月，吴三桂以我大清兵追上於緬甸，凡滿、漢、土司兵及降卒七萬五千，并炊汲餘丁，凡十萬人，由大理、騰越出邊。三桂與定西將軍愛星阿將五萬人出南甸、隴川、猛卯，分兵二萬，命總兵馬寧、王輔臣、馬寶將之出姚關。

張國用、趙得勝之挾文選北走也，路過耿馬，文選見吴三省，不言而涕出。三省察有變，因言：「雲南軍降者，皆怨恨不得所，人心思明，甚於往日。」張、趙復心動，與三省合屯於錫箔江。聞大清兵至木邦，文選遣副將馮國恩偵之，被獲，軍情盡洩。三桂選前鋒疾馳三百里，至江濱，文選毁橋走茶山。三桂慮其窺木邦後路，乃自與愛星阿結筏渡江，而令馬寶分兵追文選，及於孟養，單騎赴文選營説之，乃降，宫嬪某氏死之。

十二月，丙午朔，三桂駐兵緬甸之舊晚坡，上貽書責之曰：「將軍新朝之勳臣，舊朝之重鎮也。世膺爵秩，藩封外疆，烈皇帝之於將軍，可謂甚厚。詎意國遭不造，闖賊肆惡，突入我京城，殄滅我社稷，逼死我先帝，殺戮我人民，將軍志興楚國，飲泣秦庭，縞素誓師，提兵問罪，當日之本衷原未泯也。奈何憑藉大國，狐假虎威，外施復讐之虚名，陰作新朝之佐命，逆賊授首之後，而南方一帶土宇，非復先朝有也。南方諸臣不忍宗社之顛覆，迎立南陽，何圖枕席未安，干戈猝至，弘光殄祀，隆武就誅，僕於此時，幾不欲生，猶暇爲宗社計乎？諸臣強之再三，謬承先緒。自是以來，一戰而楚地失，再戰而東粵亡，流離驚竄，不可勝數。幸李定國迎僕於貴州，接僕於南安，自謂與人無患，與世無爭矣。而將軍忘君父之大德，圖開創之豐功，督師入滇，覆我巢穴，僕由是渡沙漠，聊借緬人以固吾圉，山遥水遠，言笑誰歡，祇益悲矣！既失世守之河山，苟全性命於蠻服，亦自幸耳。乃將軍不避艱險，請命遠來，提數十萬之衆，窮追逆旅之身，何視天下之不廣哉！豈天覆地載之中，獨不容僕一人乎？抑封王錫爵之後，猶欲殲僕以邀功乎？第思高皇帝櫛風沐雨之天下，猶不能貽留片地，以爲將軍建功之所，將軍既毁我室，又欲取我子，讀鴟鴞之章，能不慘然心惻乎？將軍猶是世禄之裔，即不爲僕憐，獨不念先帝乎？即不念先帝，獨不念二祖列宗乎？即不念二祖列宗，獨不念己之祖若父乎？不知大清何恩何德於將軍，僕又何讎何怨於將軍也！將軍自以爲智，而適成其愚；自以爲厚，而反覺其薄。奕禩而下，史有傳，書有載，當以將軍爲何如人也！僕今者兵衰力弱，煢煢孑立，區區之命，懸於將軍之手矣。如必欲僕首領，則雖粉身碎骨，血濺蒿萊，所不敢辭。若其轉禍爲福，或以遐方寸土仍存三恪，更非敢望。倘得與太平草木同霑雨露於聖朝，僕縱有億萬之衆，亦付於將軍，惟將軍是命。將軍臣事大清，亦可謂不忘故主之血食，不負先帝之大德也。惟冀裁之！」

戊申，未刻，緬人紿上以定國兵至，即舁上暨太后、中宫以行，後宫號哭震天，步從五里許。渡河，已昏黄，不辨徑路。有負上登岸者，問之，則平西王前鋒高得捷也。上入三桂營，南面坐，達旦，三桂標下官入見者，猶跪拜如禮。頃之，三桂入，長揖。上問爲誰，三桂噤不能對；再問之，不覺膝之屈也；問之數四，始稱名以對。上切責良久，歎曰：「今亦已矣！朕本北人，欲還見十二陵而死，爾能任之乎？」對曰：「能。」上麾之出，三桂伏地不能起，左右挽之出，面如死灰，汗浹背，自是不復見。越日，鄧凱匍匐帳前曰：「事至此，皇上當行一烈事，使老臣得其死所。」上曰：「有太后在，吳某世受國恩，未必毒及我母子也。」初九日，甲寅，三桂擁上北旋。

是月，朱成功取臺灣，張煌言駐師福建之沙關。

我大清聖祖仁皇帝康熙元年，壬寅，春三月，丙戌，吳三桂以上還雲南，居故都督府，嚴兵守之。夏四月，戊午，輦上及太子出，以弓弦絞於市。太子年十二，大罵曰：「黠賊！我朝何負於汝，我父子何讐於汝，乃至此邪？」上豐頤偉幹，貌似神宗，性惡繁華，不飲酒，無聲色玩好，不甚學，而喜講忠義事，事兩宮盡孝。死之日，大風霾，雷電交作，空中有二龍蜿蜒而逝，軍民無不悲悼者。叢葬於雲南郡城之北門外，或曰：死於貴陽，藁葬焉。兩宮皆北上，殂於道。

沅江總兵皮熊被執，不屈死。鄧凱入昆陽普照寺爲僧。

是歲，夏五月，招討大將軍延平郡王朱成功卒。六月，招討大元帥晉王李定國卒。明亡。

小腆紀傳卷第七

前翰林院檢討加詹事府贊善銜六合徐鼒譔

紀第七

監國魯王

王諱以海，太祖十世孫，魯肅王壽鏞之第五子也。兄以派，以長子襲封。崇禎六年，七月，封爲鎮國將軍。十五年，大清兵攻兖州，城破，以派自縊。王年幼，詭稱魯王牧兒，見兵入王邸，皆忽流淚，怪而察之，知爲王，刃之三，皆不中，駭曰：「汝大有福，我不殺汝。」乃舍去。

十七年，春二月，甲戌，嗣魯王位。北都之變，諸王皆南下。乙酉，夏四月，弘光帝命移駐台州。五月，南都不守，六月，浙中潞王亦降。

閏六月，己丑，九江道僉事孫嘉績、吏科都給事中熊汝霖同起兵於餘姚。其明日，諸生鄭遵謙應之紹興，襲殺我招撫使於江上，兵部尚書張國維起兵東陽。又明日，刑部員外郎錢肅樂起兵於鄞，以是月十八日遣舉人張煌言奉箋赴臺，請王監國。同時以兵、以餉來歸者：總兵王之仁自定海，黄斌卿遣將自舟山，張名振自石浦，沈宸荃、馮元飂亦應之慈谿。聲勢震興。

二十八日，再奉箋勸進，國維與宋之溥、陳函輝、柯夏卿等亦具表迎王。即日移駐紹興，以分守署爲行在，途中加錢肅樂太僕寺少卿，授張煌言爲行人。尋進肅樂右僉都御史，加督師銜，以張國維、朱大典、宋之溥爲東閣大學士。國維督師江上，大典鎮守金華，之溥司票擬。未幾，召舊輔方逢年入直，宋之溥罷。起章正宸爲户部左侍郎，行吏部事，李占春户部尚書，王思任禮部尚書，余煌兵部尚書，張文郁工部尚書，陳函輝詹事府少詹事。擢陳潛夫爲太僕寺少卿，尋改大理寺卿。列兵江上，畫地戍守。總兵方國安自浙西來，駐守七條沙，王之仁守西興，鄭遵謙守小亹，孫嘉績、熊汝霖、錢肅樂分守瀝海。嘉績、汝霖等亦加僉都御史、督師銜。進國安鎮東侯，之仁武寧伯。

秋七月，會師西興。張國維復富陽，封其子世鳳爲將軍。命姚志倬守分水。江上兵每日蓐食鳴鼓，登陸搏戰，日中復轉舵還戍，率爲常。

八月，國維復於潛。兵部尚書田仰從海道至，留爲東閣大學士。賜張煌言進士，加翰林院編修，典制誥。

九月，兵部主事攝餘姚知縣王正中表進監國大統曆，宣付史館。

冬十月，壬辰，與大清兵戰於江上，方國安嚴陣以待，張國維、錢肅樂等率所部翼後，前鋒副將鍾鼎新用火攻，首先擊殺緋衣大將一，諸將吕宗忠、王國斌、趙天祥各斬數十級，直抵張灣，奪獲軍械歸。連陣十日，諸軍皆有功，第七戰尤捷，追至草橋門下，會大風雨，弓矢各不能發而退。

時浙西諸路義旗四起，蘇、松、嘉、湖列營數百，杭州孤懸危甚，説者謂王初起江上，適有浙西首尾相應之勢，惜坐失此會也。

未幾，分地分餉之議起。統計浙東地丁正餉六十餘萬，盡予正兵。正兵者，方、王之衆也。義兵則取給於義餉，富户樂輸之款也。交争之，不能平，而國安尤暴横。已正兵並取義餉，致義兵無所仰給，錢肅樂屢疏入告，王不能問，但叙其十捷功，加右副都御史，具疏辭，且言：「臣今不入杭，誓不再受一官。」不許。

是時，隆武帝立於閩中，遣兵科給事中劉中藻頒詔於越，將吏恇惑，謡稱將避返台州。張國維亟馳還，令勿宣詔，與熊汝霖議以：「唐、魯同宗，無親疏之别，義兵同舉，無先後之分，惟成功者帝耳。若一稱臣，則江上諸將須聽命於閩，如王之號令何？」錢肅樂、朱大典謂：「宜權稱皇太姪報命，大敵在前，未可先讎同姓。」議大不合，然卒如國維指，具疏以報，於是閩、浙水火矣。行人張煌言自請充使赴閩釋二國之嫌，從之。以内臣客鳳儀、李國輔兼制軍餉，餉更不可問。

十一月，進方國安荆國公，王之仁武寧侯，封鄭遵謙義興伯。王勞軍江上，駐劄西興，築壇拜方國安爲帥，命各營僉聽節制。初，義兵派支鄞、奉二縣義餉，至是國安檄縣不準應給，致絶糧四十餘日，行乞於道，徒以肅樂忠義相激，無敢叛者。時馬士英竄入方國安軍中，阮大鋮亦踵至，請朝見，不許。

十二月，王回紹興，以降臣謝三賓爲禮部尚書，入閣辦事，從戚臣張國俊之請也。國俊納三賓賄，外倚方、王勢，内通客、李二奄，與馬、阮相呼應，遂表裏作奸。王之仁上疏言：「義師初起，人人有直下黄龍之志，乃一敗後遂欲以錢塘爲鴻溝，天下事尚何忍言！臣願率所部沈船決一死戰。今日欲死，猶及於戰；他日即死，恐不能戰也。」不報。錢肅樂疏陳利害，言：「國有十亡無一存，民有十死無一生。」王深然之，而無若強帥何。尋加肅樂兵部右侍郎，再疏辭，不許。命以王正中所進黄宗羲監國魯元年丙戌大統曆頒行民間。鑄「大明通寶」錢。太常寺卿莊元辰乞罷，許之。

我大清順治三年，丙戌，春正月，己酉朔，王在紹興稱監國元年。以柯夏卿、曹維才爲使，奉書閩中。

二月，録黄宗羲造曆、從軍功，授兵部職方司主事。張國柱掠餘姚，其黨張邦寧掠慈谿。國柱，劉澤清部將也，初航海依王之仁子鎮倭將軍鳴謙於定海，有弓箭手五百人，劫鳴謙入内地，行朝震恐，署以將軍，始退。總兵陳梧敗於嘉興，掠餘姚，攝令王正中遣卒擊殺之。

三月，丙寅，思宗大祥，王於朝堂哭臨，三軍縞素一日，諜言大清兵由海道來，移錢肅樂守海口。久之，無所得餉，乃與孫嘉績連名請以兵歸開遠伯吴凱，而身並從軍自效，王温旨慰留。諸帥嫉甚，誣其貳於閩，遣客刺之。肅樂乃棄軍拜表以行，表言：「臣披髪入山，永與世辭。請賜偵迹，必不入閩，自取殄滅。」王駴歎，自降旨，令往海上偕黄斌卿、張名振等作窺吴計。

我大清兵入錢塘江，張國維、王之仁率師拒戰。東南風作，之仁揚帆奮鬬，我大清兵觸之，舟多碎，鄭遵謙獲鐵甲八百餘副，張國維乘勝渡江圍杭州，不克而還。閩中犒師，僉都御史陸清源爲方國安部兵所殺。命張國維分兵備閩，余煌督師江上。

夏四月，我大清兵以巨礟擊方國安營，廚竈盡破，國安歎曰：「此天奪我食也！」遂有投閩意。

王正中率衆渡海鹽，復澉浦城。

五月，加孫嘉績、熊汝霖東閣大學士，督師如故，而衆心已涣，兩人又不諳於軍，乃以衆付黄宗羲、王正中領之，合師三千。尚寶卿朱大定、大理卿陳潛夫、兵部主事吴乃武、查繼佐各募數百人來附，出海剳壇山，將襲海寧，聞江上兵潰，皆散去。

壬申，國安拔營走紹興，劫王南行，鄭遵謙入於海，張國維振旅追扈。

時夏旱水涸，有浴於江者，我軍驅馬試之，不及腹，潮數日不至，詫爲神助。

六月，丙子朔，以數十騎過江，列戍驚潰，我大清兵遂畢渡。馬士英銜弗納之怨，説方國安獻王以降，乃遣人守王。守者病，王得脱，亟趨海門，航海去，令保定伯毛有倫扈王妃張氏、世子出定海。張國維退守東陽。

我大清兵取紹興，禮部尚書王思任絶粒死，兵部尚書余煌衣冠赴水死，禮部侍郎陳函輝、大理寺卿陳潛夫、通政使吴從魯、主事葉汝蒀、高岱、故山西僉事鄭之尹皆死之。故太常博士李山於吴中絶粒死，御史何弘仁追至關山嶺投崖死，或曰爲僧去。主事謝震龍被執，抗言死，又潭頭守將劉穆、都督同知張國紀不屈死。士民詳列傳。義烏破，大學士張國維死之，武寧侯王之仁入海沈其妻孥，乃由松江轉至南京，抗言死。大學士朱大典守金華，不下，馬、阮導兵破之，屠其城，大典發火藥自焚死，全家俱殉。衢州陷，知府伍經正、推官鄧巖忠、守將張鵬翼、江山知縣方召俱死之。自金、衢陷，全(閩)〔越〕無一夫之拒矣。

王之出海也，石浦富平將軍張名振棄其地以舟師來扈，至舟山，黄斌卿不納。毛有倫扈王妃張氏及世子出海，叛將張國柱刼之北去，妃死之。

時隆武帝已殂，永勝伯鄭彩以其軍入海奉王入閩。

冬十月，丁酉，王發舟山；十一月，丙寅，次中左所，即廈門也。鄭芝龍已投誠，密令彩執王歸命，彩不可，乃匿王，以南夷貌類者服王冠服，居舟中，謂守者曰：「苟事急，則縊以示之！」既成功起兵海上，亦駐廈門，意不欲奉王，稱明年爲隆武三年，於是鄭彩奉王改次長垣。

我大清順治四年，丁亥，春正月，癸卯朔，王在長垣，稱監國二年。以熊汝霖爲東閣大學士，加張煌言右僉都御史。辛未，王禡牙誓師，提督楊耿、總兵鄭聯皆以兵來會。進鄭彩建國公，張名振定西侯，楊耿同安伯，鄭聯定遠伯，周瑞閩安伯，周鶴芝平夷伯，阮進蕩湖伯。鶴芝復海口，以參謀林籥舞、總兵趙牧爲守。時故尚書張肯堂募兵海上，王貽書招之。前僉都御史金、衢巡撫劉中藻以衆來歸，授爲兵部尚書兼東閣大學士。

二月，壬申朔，襲海澄，圍其城。癸酉，攻漳州，總兵陳國祚戰死。甲戌，我大清兵救海澄，退入於海。丙子，閩人洪有楨起兵復漳浦，守之。己卯，遣兵攻福州，尋攻興化，癸巳，攻福清，俱不克。

三月，己未，周鶴芝攻閩安。

夏四月，漳浦復陷，洪有楨死之。鄖西王常潮復建寧，其裨將王祁復邵武。是月，降將吴勝兆謀以松江叛我大清來歸，事覺伏誅。户部侍郎沈廷揚、兵部侍郎陳子龍、兵科給事中楊廷樞等死之。

五月，壬戌，鄭彩復長樂。時海口復失，林籥舞、趙牧死之，周鶴芝退守火燒嶼。

六月，攻漳州，不利。錢肅樂來覲，王大喜，授兵部尚書。

秋七月，王親戎，次長垣，會鄭彩、周瑞、周鶴芝、阮進之師，攻福州，敗績。

八月，丙戌，襲連江。

冬十月，長樂、永福、閩清皆下，羅源知縣朱丕承、寧德知縣錢楷皆以城來歸。以馬思理爲東閣大學士，林正亨爲户部尚書，沈宸荃爲工部尚書，劉沂春爲右副都御史，吴鍾巒爲通政使，余颺爲左都御史，林嵋吏科給事中，黄賓吏部考功司郎中。大學士劉中藻起兵福安，攻福寧州，守將涂登華降，以尚寶卿李向中巡撫其地。辛未，鄧藩（審）理、陳世亨以一旅復瑞安，援兵不繼，被執不屈死。吏部文選司員外郎林垐、兵部右侍郎林汝翥起兵攻福清，戰敗，皆死之。

是月，頒監國三年大統曆於海上，時朱成功亦頒隆武四年戊子曆，於是海上有二朔矣。

十二月，鄞縣華夏、屠獻宸、王家勤、楊文琦、董德欽、杜懋俊、施邦炌謀襲寧波，不克，死之。

我大清順治五年，戊子，春正月，丁酉朔，王在閩安鎮，稱監國三年。楊耿、朱繼祚襲興化，我分巡道彭遇颽，故南都御史也，伺其守將出戰，乃登陴盡易明幟，守將不敢入，城遂下。癸丑，鄭彩殺大學士熊汝霖及義興伯鄭遵謙。

二月，以錢肅樂爲東閣大學士，力辭，弗許。時鄭彩横專朝政，諸鎮皆惡之。肅樂日中繫艍王舟之次，票擬章奏，封進後，即解維別去。每入見，即流涕不止，王亦潸然。江西金聲桓部將郭天才以兵來歸，封忠勤伯。

三月，職方主事王翊復起兵四明山。自王入閩，先後克獲建寧、邵武、興化、福寧三府、一州，及漳浦、海澄、連江、長樂等二十七縣，温、臺響應，軍聲頗振。至是，我大清調兩廣、江、浙之兵三路進討，所得府、縣破失迨盡，僅存寧德、福安兩邑而已。興化破，大學士朱繼祚、參政湯芬、給事中林嵋、知縣都廷諫死之；建寧破，鄖西王常潮及守將王祁死之；永福、長樂間鄉宦、士庶亦多殉義者。

夏六月，戊戌，兵部尚書大學士錢肅樂卒，王聞震悼，輟朝賜祭，予謚蔭。

冬十月，馬思理卒，以沈宸荃、劉沂春爲東閣大學士。

我大清順治六年，己丑，春正月，庚申朔，王次沙埕，稱監國四年。三月，寧德破。夏四月，福安破。兵部尚書大學士劉中藻衣冠坐堂上，爲文自祭，服金屑死；翰林院簡討、兵科給事中錢肅範被執不屈死。閩地悉陷。

六月，定西侯張名振復健跳所，遣使迎王。

秋七月，壬戌，王復入浙，次健跳所。鄭彩棄王去，從者大學士沈宸荃、劉沂春，禮部尚書吴鍾巒，兵部侍郎李向中，户部侍郎孫延齡，左副都御史黄宗羲，兵部職方司郎中朱養時，户部主事林瑛，及右僉都御史張煌言等，每日朝於水殿。中山王後徐仁爵以扈從功，封定南伯。

壬午，我大清兵圍健跳所，阮進以樓船至，遂解去。

封王朝先爲平西伯。朝先初同張國柱、王鳴謙出海，黄斌卿留之部下，不以事任，朝先請徇海邊，劄奉化之鹿頭鎮，遂有衆數千。

八月，壬辰，世子生。

九月，丁酉，張名振、阮進、王朝先合兵討黄斌卿，誅之。

冬十月，乙巳，王駐舟山，太保沈宸荃以疾請罷，劉沂春還閩。以前吏部尚書張肯堂爲東閣大學士，李向中爲兵部尚書，朱永祐爲工部尚書兼吏部侍郎，孫延齡爲户部尚書、召僉都御史，張煌言爲兵部右侍郎，李長祥爲兵部左侍郎。擢給事中徐孚遠爲左僉都御史，御史王翊爲右僉都御史，皆結寨浙東，朝行在也。

十一月，遣澄波將軍阮美乞師日本國，不得請而返。

我大清順治七年，庚寅，春正月，乙卯朔，王在舟山，稱監國五年。岐陽王後李錫祚暨弟錫貢航海來朝，命佐阮進軍，守螺頭門。

秋九月，周瑞、周鶴芝以樓船三百餘艘，分屯温之三盤爲犄角。四明山寨破，兵部右侍郎王翊以其衆入海，侍郎馮京第爲叛將王昇所殺。大皎山寨破，御史張夢錫死之。

冬十月，辛巳朔，日有食之。

我大清順治八年，辛卯，春二月，己卯朔，監國六年正月，王在舟山。我閏二月，明二月，乙卯，張名振殺平西伯王朝先，其部將張濟明走降於我大清，舟山虚實盡洩，我總督陳錦始決計大舉矣。

秋七月，降將張天禄出崇安分水關，馬進寶出台州、海門，陳錦總督全師出定海。御史沈履祥督餉台州，被執死。舟山聞警，王會諸將議堵禦之策。阮進獨當蛟關，張名振督總兵張晉爵、葉有成、馬龍、英毅將軍阮美、阮驥遏南師，張煌言、阮駿率總兵顧忠、羅藴章、鮑國祥、阮騂、鄭麟、都督僉事李英傑斷北洋，都督僉事任麟爲監督，留定西中軍金允彦巡城，主事邱元吉、安洋將軍劉世勳，中鎮馬泰三標營守城。已王攜世子欲登舟，名振不得已，奉王搗吴淞以牽制我師，張肯堂以兵六千留守舟山。

八月，辛酉，我大清兵試舟海口，肯堂令阮進以三舟突陣，奪樓船一，戰艦十餘，獲十一人，縱之還。丙寅，大霧彌漫，咫尺莫覩。頃之，我大清兵悉抵螺頭門，守陣者方覺。進還師，遇之横水洋，以火毬擲敵舟，風反轉擊，進面爛焉。李錫祚救之，亦被創，師熸力竭，同投水死。安洋將軍劉世勳、左都督張名揚統精兵五百、義勇數千，背城奮戰，殺傷過當。會城中火藥盡，中軍金允彦、主事邱元吉跳城降，城中臠其子，而呼名振還救。我大清兵聞之，攻益急。

九月，乙亥朔，夜半，星隕如雨。明日午刻，諸軍力竭，城遂陷。世勳巷戰叢箭死，岐陽李錫貢短兵巷戰，馬蹶被執不屈死。名揚，即名振弟，抱母范自焚死。太傅、吏部尚書、留守大學士張肯堂闔門二十餘人，及其門下士禮部主事蘇兆人、兵部尚書李向中、禮部尚書吴鍾巒、工部尚書朱永祐、通政使鄭遵儉、給事中董志寧、郎中朱養時、主事林瑛、江用楫、董元、李開國、顧珍、顧宗堯、顧所正、戴仲明、參謀顧明楫、諸生林世英俱死之。錦衣衞指揮王朝相護王妃張氏、貴嬪張氏、義陽王妃杜氏投諸井，以巨石覆之，乃自刎，太監劉潮等從死者十有八人。事後，大清兵相謂曰：「我軍南下，所不易拔者：江陰、涇縣合舟山而三耳。」

名振之還救也，會師火燒門，離城六十里，候潮長進發，突見城中煙燄蔽天，知不可救，乃解維去。尋與大學士沈宸荃、兵部左侍郎張煌言扈王再入閩，次廈門。從官有侍郎曹從龍、太常卿任廷貴、太僕卿沈文光、副使馬星、俞圖南、少司馬蔡登昌、任穎眉、主事傅啓芳、錢肅遴、陳藎卿、張斌、葉時茂、林泌、侍讀崔相、中書邱子章、賜蟒玉侍郎張沖符、行人張吉生、張伯玉、總兵張子先、錦衣衞楊燦、內官陳進忠、劉玉、張晉、李國輔、劉文俊等數十人。朱成功以宗人府宗正禮見王，贄千金，紬緞百端，安插從官，饋月餼，後有譖王於成功者，成功禮儀漸疏。

癸巳，三月，王自去監國號。甲午，移南澳。

己亥秋，永曆帝手敕命王仍監國，而成功不欲，遷王澎湖，尋悔之，迎歸金門，供給如初。洎至永曆帝就俘，成功亦卒，閩南遺臣猶欲再奉王監國，貽書張煌言、鄭經，謀會師大舉，會臺灣多事，不果。

壬寅，冬十一月，辛卯，王殂於臺灣，諸舊臣禮葬之。

小腆紀傳卷第八

前翰林院檢討加詹事府贊善銜六合徐　鼒譔

列傳第一

后妃

弘光鄒太后　黄后　李后童氏　隆武毛太后　曾后　永曆王太后　馬太后
王后吉王妃　松滋王妃　宫嬪某氏　魯監國張前妃宫嬪周氏　張元妃義陽王妃等　朱氏

弘光鄒太后，京師人，福恭王之次妃，弘光帝之生母也。崇禎辛巳，闖賊陷河南，恭王遇害，太后與上走懷慶。甲申，二月，壬戌夜，懷慶陷，太后出東門，與上相失，轉徙兵間。五月，南都立，諭參將王之綱迎之河南郭家寨。秋七月，遥上尊號曰恪貞仁壽皇太后。八月，戊辰，至南京，修西宫之西園第一所爲太后宫，封太后弟存義大興伯，又諭工部括萬金充賞。明年，南都陷，馬士英以黔兵四百人奉太后渡江，將入浙，逕廣德，知州趙景和曰：「彼不奉君而奉母后，詐也。」拒不納。士英攻破之。迂道至安吉，知州黄翼聖肅迎道左。巡撫張秉貞檄問真僞，翼聖曰：「閣部既真，恐太后亦非僞。」秉貞備法駕，以總兵府爲行宫。潞王及羣臣往朝，太后服赭，一紫衣宫女侍，傳命用在籍諸臣。尋劉宗周、熊汝霖入見，面糾士英，黄道周亦疏請誅之，太后覽表欷歔，無一語。尋走紹興。潞王降，挾太后與俱，渡淮水，躍入水中死。或曰：入浙者僞也。上之被拘江寧縣也，太后與妃金氏同居一室，被驅以北，渡淮乘間投水死。

黄后、李后不詳何處人。弘光帝之爲郡王也，娶黄妃，早卒；爲世子，娶李妃，洛陽之變死焉。

童氏者，河南人，襲封後納爲妃。與鄒太后逃之尉氏，將依其族人童尚宣，不得，展轉逆旅間。無何，上亦至，就邸中相依，生一子。及上南下，氏與太后散去，不相顧。上即位，追謚黄妃曰孝哲懿莊温貞仁靖皇后，李妃曰孝義端仁肅明貞潔皇后，遣官齎詔迎太后，顧不及童氏。巡按御史陳潛夫奏妃故在，庶吉士吴爾壎亦附疏白之，弗召。氏乃詣巡撫越其杰自陳，其杰商之劉良佐，具儀從送至南京，上大怒，不見，訶爲妖婦，下錦衣衞獄。氏在獄，自書入宫月日、相離情事甚悉。都督馮可宗以聞，上擲不視，命嚴刑拷之，可宗辭，改命屈尚忠竟其獄。氏徒跣呼號宛轉，不三日，死。上遷怒於潛夫、爾壎，並逮治。時又有北來太子之獄，良佐疏言：「上爲羣臣所欺，將使天倫絶滅。」諭曰：「朕元妃黄氏、繼妃李氏追封皇后，詔示海内，卿爲大臣，豈不聞知？童氏不知何處妖婦，宫闈風化所關，豈容闌入？」更封黄后戚九鼎爲雒中伯以示意，究亦莫識怒氏之由也。

隆武嫡母毛氏，即位後追尊曰皇后，所生母則不可聞。汀州之變，百姓收帝、后及羣屍葬於羅漢嶺，勒碑曰「隆武母后光華太姬諱英忠烈徐娘娘之墓」，或上生母歟？蓋上好執古義，無册尊所生事，故紀載莫得而傳也。

曾后，南陽人，諸生曾文彥女。崇禎五年，隆武帝襲位，年已三十有一，后年十九，選入宮，頗知書禮，任內政，上甚暱之。九年秋，京師戒嚴，上以擅發護軍勤王得罪，廢庶人，安置鳳陽高牆，病瀕死。后恐醫藥有詐，不與飲，入夜默禱於天，剜股肉進之。上愈後始聞，遂更相憐愛。南都立，以赦命徙廣西之平樂。乙酉夏，抵浙，而南都覆，后勸上爲自立計。即位，册爲后，封文彥吉水伯。命婦入朝太和殿，僉有所賚。上性儉，宮中屏去金玉錦繡，幃幕、衾褥率以大布爲之，不列嬪御，僅執事二十餘輩而已。后既素能理事，至是頗與外政，凡批閱章奏，多所參駁，每臨朝，則垂簾座後，以共聽斷。總憲張肯堂疏言：「垂簾非聖世所宜。」后大恚，肯堂以是見疏。說者謂上有英察之譽，而溺於內愛，有以知其不能成功也。是冬十二月，上親戎，由水道進，后從幸，密言：「鄭氏不可倚，請依何騰蛟。」芝龍阻之，不果，移駐延平。丙戌，夏六月，后生元子。八月，我大清兵渡仙霞嶺。丁酉，上出奔，命后先發，宮眷皆騎從。庚子，抵汀州。辛丑，黎明，福清伯周之藩朝行在，聞上與后角口聲，之藩歎曰：「此何時而角口乎？敵兵至，且奈何！」俄十餘騎突入行宮，並就執。行至九龍潭，后赴水死。或曰：與上被害汀州之府大堂。永曆帝立，遥上號曰思文皇后，已加謚曰孝毅襄皇后。

永曆王太后，湖廣人，桂端王繼妃，永曆帝之嫡母也。性慈惠，通大體。上嗣桂王，封進太妃。

丙戌，秋九月，粤東聞汀州之變，總督丁魁楚、巡撫瞿式耜等議奉上監國，太妃曰：「兒非治世才，何苦以一朝虚號，塗炭生民？南中、閩中可鑒也。」又告諸大臣曰：「諸臣何患無君，願更擇可者！」羣臣固請，乃許之。十一月，聞贛州之變，上倉卒幸梧州，太妃呼省臣李用楫、臺臣程源，訶其棄逃無固志，諸臣皆伏地引罪。上尋還肇慶即位，上太妃尊號曰慈寧皇太后。自是流離奔播。錦衣衛馬吉翔嘗扈從。五虎之攻吉翔也，太后以吉翔扞掫之勞，爲緩頰。金堡駁御史吕爾嶼疏遽有「昌宗之寵方新，仁傑之袍何在」云云，太后因是大惡五虎。袁彭年丁母憂，戀位不守制，太后宣敕問：「不守制是何朝祖訓？」彭年窘甚，乃避位。金堡亦於庚寅二月獲重譴。堡有直聲。五月，高必正、黨守素、李元胤朝梧州行在，合辭爲請。太后垂簾，上東向召三帥入對，太后曰：「卿莫認金堡爲好人，只滇封一事，豈非誤國？」諸臣不敢對，而堡亦量移戍地。辛卯，夏四月，殂於田州。五月，葬南寧，上尊謚曰孝正莊翼康聖皇太后。

馬太后，永曆帝生母也，家世不可詳。上即位，尊爲皇太妃，兄之子九功封鎮遠伯。辛卯，四月，王太后殂。是冬十月，辛亥，册尊爲太后，上徽號曰昭聖仁壽皇太后。生平極流離奔播之厄。後爲緬人執送吴三桂，軍吏押發赴燕，行次黄茆驛，與王后推輈相望，彼此禁不得語，而各以手示，乃同時扼吭以死。

王后，吴人，父略，嘗爲粵中郡守，遂家焉。后素閑静，爲永明王妃，侍兩宫能盡敬禮，總持内政。丙戌，冬十一月，册立爲后，略封長洲伯。丁亥，上駐武岡。秋七月，我大清兵破寶慶，直趨奉天城下，錦衣衞指揮文安伯馬吉翔奉太后及后斬關夜遯，由水道馳入蠻境。會天淫雨，宫女内豎皆跟蹌泥淖中，飢餓無人色，而后則夷然也。戊子春，駐南寧。閏三月，子慈烜生，后出大赦。初我大清兵攻桂林，后嘗發内儲銀餉軍，不足則資以簪珥之屬，留守大學士瞿式耜妻邵氏亦出金珠爲助，時謂中宫之賢有以召之也。及入安隆，土鉎蘆簾，幾不蔽風雨，浣衣麤食，倍歷有生之厄。密敕之獄，内臣張福禄、全爲國愬於馬太后求救，龐天壽等直入宫門，禽二人於坤寧宫外，太后與后稍問之，天壽怒目訶之。獄既具，吉翔、天壽益思所以媚孫可望，以爲事涉内官，后必知情，宜廢之以截後禍，令其黨主事蕭尹具疏密陳古來后妃不道諸廢立事。后乃泣愬上前曰：「不虞漢家末世之風見於今日也！」上留中寢之。洎入緬，輒以病自哀。咒水禍作，每聞諸家眷屬之自盡者，泣謂嬪侍曰：「吾非不能爲此，顧以太后在，恐重傷上心也！」尋爲緬人所獻，中塗與馬太后同扼吭死。又有吉王妃某氏、松滋王妃某氏，於咒水禍作時自經死。從臣妻女詳列女傳。

某嬪者，永曆帝之宫嬪也。由安隆入緬，與上相失，入白文選營中，端謹持禮，文選甚致敬焉。比文選降，將挾以北走，嬪聞之，急自散髻以髮結喉死。

魯監國前妃張氏，會稽人，早歲入宫，王監國後册爲妃，生世子。父國俊攬權納賄，嘗受鄞降人謝三賓金萬兩，脅監國必致三賓於樞要而後已。妃聞之，脱簪待罪，監國慰之，以免。及江上師潰，命保定伯毛有倫扈宫眷及世子出海，妃再拜辭曰：「勿以妾故爲王累！」遂手碎磁盤自剄死。或曰：被劫北去中途自剄死。宫嬪周氏亦自刎。

張元妃，鄞人，魯監國入舟山後册立。初以丙戌春入宫，次於會稽張妃，主内政。毛有倫之奉命扈宫眷、世子自蛟關出海也，期會於舟山。道逢定海總兵張國柱亂兵殺掠，劫宫嬪諸内人去，有倫全軍歸命。時妃在副舟中，急令舟人鼓棹突前，追兵不及。伏荒島數日，飄泊至舟山，而監國已入閩，旁皇無所歸，吏部尚書張肯堂遣官護之，得達長垣。監國見之流涕，始進册爲元妃。在海上者三年，風帆浪楫，莫副山河之容。己丑，黄斌卿伏誅，始復入舟山。先是會稽張妃父國俊豫事，妃歎曰：「是何國家，是何勳戚，而尚欲爾爾乎！」至是親族有至者，悉遣之。嘗遣使中土，寄書訊其女兄，歷叙蛟關之掠，長垣之困，琅琦之潰，健跳之圍，操尺組而待命者不知凡幾，鬼火以當庭燎，黄蘗以充葛藟，猿鳴龍嘯以擬晨雞，苟延餘息，終擬一死以完皎然之軀。辛卯秋，大清兵以三道入海，監國謂蛟關未能猝渡，親帥師出擣吴淞。蕩湖伯阮進敗死，兵臨城下，安洋將軍劉世勳議分兵送宫眷出，然後背城一戰。妃傳諭辭曰：「將軍意良厚，然蠣灘鯨背之間，懼爲姦人所賣，則張妃之續也。願得死此凈土。」諸臣乃止。城陷，妃整簪服，北向拜謝，投井死。義陽王妃杜氏、宫娥張氏並從之。錦衣指揮王相、内臣劉潮共掌宫事，歎曰：「真國母也！豈可使其遺骸爲亂兵所窺？」相與舁巨石填之，即共刎其旁。既而監國謚爲貞妃，封其井，立碑以祀。

朱氏，魯王女也，適南安儒士鄭哲飛。哲飛殁，扶姑、挈子女依父家，後乃渡臺灣依寧靖王術桂。五妃之死也，氏欲從之，寧靖王曰：「姑存子幼，汝何可死？」氏涕泣，奉姑移居，忍飢盡養，年八十餘卒。

小腆紀傳卷第九

前翰林院檢討加詹事府贊善銜六合徐鼒譔

列傳第二

宗藩

蜀王至澍，蜀獻王後，太祖十世孫也。世傳獻王得鴻寶之書於内府，子孫善黄白術，故蜀府最稱富。崇禎甲申，賊氛既逼，巡按劉之渤、同知方堯相請至澍出貲募士設守，以「祖制不典兵」辭。知成都縣吴繼善上書曰：「高皇帝衆建藩輔，碁置繡錯，數年以來，踣命亡氏，失其國家。此數王者，非真有敗德失道，見絶於天也，直以擁富貴之貲，狃便安之計，爲賊所利，而不思自全。此非殿下前車之鑒乎？今楚氛日惡，秦關失守，曹、闖、姚、黄陸梁左右，殿下付之悠悠而不恤。夫全蜀之險，在邊不在腹，若設重戍於夔門、劍閣，誠足自固；否則黄牛、白帝，亦屬夷庚，黑水、陽平，更多歧徑。迺欲坐守門庭，謂爲設險，不可解者一也。往者藺酋撲滅，獻賊逃遁，只以藺兵力有虧，獻地利不習。今日荆、襄撤其藩籬，秦、隴寒其脣齒，揣量賊情，益無顧忌，而欲援引前事，冀倖將來，不可解者二也。至於錦城之固，不及秦關，白水之險，豈踰湘、漢？此可恃以無虞，彼何爲而失守？且城如孤注，救援先窮，時及嚴冬，長驅尤易，累卵不足喻其危，厝火不足明其急，而猶事泄泄，以幸苟免，不可解者三也。爲殿下計：宜召境内各官，諮諏謀議，發帑金以贍戍卒，散朽粟以慰飢民，出明禁以絶廝養蒼頭，蠲積逋以免流離溝瘠，募民兵以守隘，結夷目以資援。政教内修，聲勢外振，則可易危爲安，轉禍爲福。苟或不然，蜀事誠莫知所終，竊爲殿下危之！」至澍不能用，而謀遷於滇。之渤持不可，内江王至沂與之渤争，乃以六月十三日啓行，守門卒洶洶亂，輜重有被掠者，乃止。城中一日數驚，火藥局災，雷震寢殿，大雨雹。至澍始懼，出財募勇，三日無應之者。城陷，與弟太平王至淥、妃邱氏、宫人素馨等投井死。之渤等另有傳。

襄王常澄，襄忠王翊銘之嫡次子，仁宗八世孫也。初封福清王。崇禎十四年，獻賊陷襄陽，翊銘暨長子某同遇害。乙酉，四月，始襲封，命居汀州，或曰命居九江。終事不可詳。

崇王慈爚，崇王由樻之次子，英宗八世孫也。崇禎壬午，闖賊陷汝寧，掠由樻及世子慈煇妃嬪以行。甲申春，慈爚偕諸王南奔，命居温州。乙酉，二月，襲封，命居福州。終事不可詳。

吉王慈煃，吉貞王之子，英宗八世孫也。甲申，南都立。六月，貞王薨於淮安舟次，慈煃以聞，命於安吉、孝豐卜葬。冬十月，命慈煃嗣封。南都亡，轉徙閩、粤。永曆帝之入緬也，慈煃與遼藩松滋王某及岷王子從焉。咒水之禍，慈煃偕妃某氏、貴人楊氏、劉氏自縊死。岷王子流入暹羅國。

榮王由楨，蓋榮憲王由枵兄弟行，憲宗七世孫也。襲封時日不可詳。永曆元年，八月，武岡之變，楚中諸臣不知乘輿所在，督師堵胤錫議奉由楨建號於辰州，寓書前閣臣熊開元，以元輔相期，開元不可，乃止。是冬十月，辰州陷，由楨逃之苗洞，被獲，死之。

潞王常淓，潞簡王翊鏐之子，穆宗孫也。萬曆四十二年，翊鏐薨，常淓幼，母妃李氏理藩事。四十六年，襲封。崇禎中，流賊擾秦、晉，常淓告急，言：「衞輝城卑土惡，請選護衞三千人，捐歲入萬金資餉，不煩司農。」帝嘉之。尋以盜發王妃塚，上言：「賊蔓延及江北，鳳、泗陵寢可虞。」時諸王能急國難者，惟潞、周二王云。甲申，二月，衞輝陷，南奔，流寓於杭州。常淓工書畫，好古玩，通釋典，號潞佛子，雖有賢聲，實非戡亂才。南都之議立君也，吕大器、張慎言、姜曰廣、錢謙益等慮弘光帝立，且修釁三案，僉謂常淓賢明，可定大計。弘光帝既立，馬、阮輒以是齮齕異己。常淓初至杭州，海寧百姓訴鄉官陳之遴於撫按，常淓偶與衆語及之，之遴懼。巡按御史彭遇颽以括餉爲士民所逐，調淮、揚，思所以自媚。會之遴起原官，與遇颽同入對，因言：「定策之初，大臣意在潞王，省會非所宜居。」常淓亦自危，疏請僻静一郡。乙酉，夏四月，左兵逼，乃移周、魯二藩於江西、廣東，而命常淓居湖州，未行而南都陷。馬士英奉太后至杭州，常淓入見，諸臣請監國，不受，太后泣且拜之，終不受，而與巡撫張秉貞、總兵陳洪範迎降。秋九月，大清兵挾弘光帝暨常淓北旋。明年五月，同遇害。隆武帝追謚曰閔王。

瑞王常浩，神宗第五子。萬曆二十九年，與福、惠、桂三王同封。年二十五，尚未選婚，羣臣交章言，不報，而日索部帑爲婚費，贏十八萬，且言冠服不能備。天啓七年，之藩漢中。常浩性佞佛，不近女色，丞監以下皆化之。吴民有解瑞府糧者，必厚給使歸。崇禎時，上書言：「臣託先帝骨肉，獲奉西藩，未期年而寇至。比西賊再渡河，闌入漢興，破洵陽，逼興安，紫陽、平利、白河相繼陷没，督臣洪承疇單騎裹甲入山，近境稍寧。既蜀賊入秦州、楚賊上興安，六月遂犯郡界，幸諸將憑江力拒。臣在萬山絶谷中，賊四面至，覆亡無日。臣腑肺至親，藩封最僻，而於寇盜至迫，惟陛下哀憐！」既而寇逼秦中，將吏不能救，乞援於蜀總兵侯良柱，援之，遂自漢中奔重慶，隴西士大夫多從之，關南道陳纁與焉。甲申，六月，重慶陷，遇害。方常浩之就執也，雷忽震，張獻忠曰：「若再雷者，釋之。」已而竟不免。衆見常浩乘白氣冉冉而没，或謂之兵解云。

義陽王朝墠，周藩裔也。甲申，南都立，命駐太倉州。乙酉夏，南都陷，總兵黄蜚、監軍道荆本澈等以舟師奉之，駐崇明沙。蜚降，本澈死，朝墠依朱成功於廈門。戊戌，七月，從成功北征，駐羊山，舟覆溺死。本澈另有傳。

東安王盛蒗者，楚藩裔也，襲封不可詳。永曆帝入滇，盛蒗竄川東。癸卯冬，劉體純、郝永忠、袁宗第等敗死，盛蒗被獲於小尖寨，亦死。

德陽王至濬，蜀藩裔。嘉靖中，國除。至濬襲封事不可詳。永曆帝入緬後，至濬與太監王應遴匿交阯之高平，而是時安南都統使莫敬耀已入貢於我大清，勢益孤危，遂出降。

延長王識鋅，肅藩裔，太祖九世孫也。襲封時日不可詳。國變後，流落西陲。戊子，三月，戊午，有回人米喇印、丁國棟據蘭州，擁識鋅爲主，降將孟喬芳、張勇會師擊敗之。是年五月，識鋅被擒於馬家坪，死之。

寧靖王術桂，字天球，太祖八世孫，遼藩長陽郡王術雅之弟也。初授輔國將軍。崇禎壬午，流寇陷荆州，隨惠王常潤避兵湖中。弘光時，晉鎮國將軍，同長陽王守寧海。南都亡，長陽王入閩，有傳其死者，魯監國以術桂襲封，隆武帝封亦如之。後聞其兄尚存，已襲遼王，術桂疏請以長陽之封讓兄次子，隆武帝不許，改封寧靖王，仍依魯監國督方國安軍。丙戌，五月，我大清兵渡錢塘江，術桂航海至石浦，監國亦自海門來，同至舟山，歲杪抵廈門。是時，鄭芝龍已歸命我朝。鄭鴻逵迎淮王於軍中，留術桂監其師，合朱成功之兵圍泉州，不克。鴻逵載淮王與術桂至南澳，朝永曆帝於肇慶。戊子春，命督鴻逵、成功師，就所在地方月支膳銀五十兩。庚寅冬，粵事又潰，乃與鴻逵旋金門。及成功取臺灣，術桂輒東渡，就竹滬墾田數十甲以自贍。元妃羅氏卒，葬焉。術桂爲人美髯宏聲，善書翰，喜佩劍，沈勇寡言，兵民咸尊禮之。聞澎湖之敗，歎曰：「主幼臣強，將驕兵悍，不知託足何所矣！」既聞劉國軒議降，曰：「是吾歸報高皇之日矣！」分其田賞佃人，舍府舍爲佛寺，召姬媵袁氏、王氏、秀姑、荷姐、梅姐五人曰：「我死期至，汝輩自便！」咸對曰：「王全節，妾豈失身乎？請先賜尺帛，死隨王所。」術桂曰：「善哉！」備六棺，沐浴更衣，環坐歡飲，五人起自縊。術桂爲殮畢，冠服辭交遊、耆老，入而北面向東再拜，援筆書曰：「自壬午流賊陷荆州，攜家南下，甲申，避亂閩海，總爲幾莖頭髮保全遺體，遠潛外國。今已四十餘年，歲六十有二，時逢大難，全髮冠裳歸報高皇，生事畢矣，無愧無怍。」又題一絕云：「艱辛避海外，總爲幾莖髮。於今事已畢，祖宗應容納。」投繯死。葬於鳳山縣之竹滬。自術桂死，而魯監國之世子桓、瀘溪王慈曠、巴東王江、樂安王俊、野城王著、奉南王熺、益王宗室鎬，皆詣大清繳册降。

光澤王儼鐵，遼藩裔，太祖九世孫也。有術堨者，於萬曆三十四年襲封，儼鐵蓋其子也。永曆帝入緬後，與總兵楊祥亡入交阯，交人執送廣西，遇害。祥另有傳。

巴東王某，遼藩裔，名不可詳。永曆六年，壬辰，從幸安隆。時行宫庳隘，奄寺、宫人假館於外，分班宿衛。常在郭氏名良璞，故奄夏國祥之對食也。年十九，妍麗捷敏，能擊劍走馬，王妃某氏與之善。有張應科者，孫可望之私人也，窺見良璞，心好之，移居近王第，晨夕致殷勤，王亦暱就之。應科呼王妃爲嫂，因得通於良璞。事覺，上命杖殺良璞併内監李安國，賜王與妃悉自裁。

弋陽王某者，寧藩裔。萬曆中，以無子除。某襲封事不可詳。國變後，避亂建陽山中，土人擁戴之。建陽從英德之滄光廠遡流而上，爲陽山縣，爲連州，爲連山縣，達於湖廣，地皆深林峭壁。人善用礮，以背負之，發輒命中。李成棟屢攻不克，歸明後，遣科臣洪士鵬往，亦不得入。宣忠伯王承恩請行，命齎敕往，遇王於陽山。其衆皆居奇自恣，不聽王赴闕；標下彭鳴京、鍾某、羅某願統衆隨承恩自效，亦不果。

石泉王聿鉁，唐藩裔，蓋隆武時所封也。永曆帝入滇時，聿鉁竄巴蜀。壬寅，四月，敘州馬湖陷，死之。

德化王慈燁，吉藩裔，英宗八世孫也。襲封事不可詳。戊子、己丑間，魯監國所復福建地盡失，惟延、漳、汀三府界連江右，而延平所屬又在萬山中。我大清兵退，慈燁乃踞將軍寨，連破大田、龍溪、順昌、將樂。己丑，十一月，丙辰朔，我大清兵克其寨，慈燁死之，其兵部尚書羅南生等皆降。

新昌王某，徽藩裔也，名不可詳。乙酉秋，淮安人王翹林、繆鼎吉、鼎言兄弟奉之起兵海中雲臺山，後被殺於淮南。見鼎吉、鼎言傳。

鄖西王常潮，益宣王之庶子，憲宗五世孫也。永曆元年，丁亥，四月，起兵復建寧，其將王祁復邵武。明年三月，城破，常潮與祁皆死之。同時有永西王、德化王、興安王者，名不可詳，與瀘溪貢生魏一柱亦與攻克建寧之役，永西、德化皆死之，興安以先事出，獲免。

貴溪王常㴽，榮藩裔，憲宗五世孫也。丁亥冬，永曆帝自象州返蹕桂林，榮王亦遇害辰州。常㴽與總兵項登韋擁餘衆，據永寧山寨，攻沅州。明年二月，寨破，皆死之。

靖江王亨嘉，太祖嫡兄南昌王興隆之裔也。初亨嘉以庶子襲封，其嫡偕宗人疏訐之，歷天啓、崇禎兩朝，獄未具。亨嘉厚賂朝貴得直，而下訐者於獄。弘光元年，表賀登極，因劾奏永、金、連三州爲土賊所據，撫按匿不聞狀，遂竊據三州，駐桂林。及南都陷，亨嘉睥睨神器，以其黨總兵楊國威爲大將軍，推官顧弈爲吏科給事中，臬司曹燁等俯首聽命。檄廣西、左右兩江、土狼四十五洞標勇，自稱「監國」。隆武帝詔至，不受。舉兵而東。事敗，械至福州，廢爲庶人，以幽死，黨與皆伏誅，詳瞿式耜傳。亨歅，蓋亨嘉兄弟行，襲封時日不可詳。永曆元年，冬十二月，自象州返蹕桂林，亨歅偕留守瞿式耜迎於郊。四年，冬十一月，桂林破，亨歅棄城走，世子某暨長史李某縊於宮中。

崇陽王某，名系不可詳，蓋南渡後所封也。戊子，二月，率苗兵十二營攻黎平，爲降將陳友龍所敗。諸營俱潰，獨興化土司迎奉國將軍暉奎入寨，以兵千人拒守。寨破，暉奎死之。

敬鎤，字季量，秦藩裔，太祖九世孫也。有自吟亭詩草。

誼㪷，字子斗，亦秦藩裔，太祖十世孫也。才情横溢，富平李因篤亟稱之。華陰王弘撰交誼㪷於青門。顧炎武聞而訪之，誼㳉已歿，子存杠出所著述以見，炎武爲序之。時有青門七子者，皆宗室之賢，誼㳉其一也。六子不可考。存杠後人冒姓楊氏，又岷藩裔企鈗改名金尤，有詩集，皆革除後懼禍變易。

敏濛，字龍澤，晉藩，慶成府鎮國將軍，太祖十世孫也。闖賊之亂，罵賊死。中尉敏泘，蓋其兄弟行，顧炎武訪之汾州陽城里。又有中尉俊淅者，代藩宗人，炎武嘗考其世次，於孝宗爲昆季云。

壽鉥，魯藩裔，太祖九世孫，家兖州。崇禎中，官雲南通判，有聲績。永曆帝擢爲右僉都御史，使募兵，值沙定洲作亂，兵不克集。既孫可望至，壽鉥知不免，張麾蓋往見之，行三揖禮曰：「謝將軍不殺、不掠之恩。」脅之降，不從。繫他所，題詩壁上，或以報可望，遂遇害。

奉鉀，蜀藩裔。由進士歷御史，劾督師丁啓睿諸疏爲時所稱。乙酉，三月，偕天全六番招討使楊之明起兵拒獻賊，敗績，死之。又兄弟某者，名不可詳。甲申，八月，賊陷成都，大搜藩宗，兄弟投水死，妻李氏，姊妹而娣姒也，聯袂投江死。

帥欽，慶藩裔，太祖九世孫也。崇禎末，官香河知縣。甲申，三月，北都陷，棄官走，僞防禦使囚之德州。貢生馬元騄、生員謝陛之誅僞官也，奉帥欽權稱濟王，移告遠近，兗、青、登、萊皆堅壁自守。是年六月，我大清兵下德州，前大學士謝陞以帥欽降，授知州。時又有衡王某者，誅僞官於青州，請徙内地，終事不可考。

議泥、議漆二人，寧藩裔，太祖十世孫。議泥官廣西道御史。孫可望之請王封也，給事中金堡七疏争之，舉朝方畏五虎勢，莫敢異同，議泥獨劾堡把持誤國。後與於密敕之獄，安龍十八先生之一也。議漆死於緬人咒水之禍。

常𣲖，襄藩樊山王翊鋠之次子，仁宗八世孫也。封鎮國將軍。張獻忠之破襄陽也，常𣲖挈家人一夕遁。丙戌春，歸蘄州，與英山男子王六姊起兵斗方砦，兵敗，死之。

由㰚，不知何王裔，以宗室中崇禎壬午舉人，爲廣東教諭。隆武丙戌，充鄉試同考官，歷官翰林院侍讀。永曆帝還駐肇慶，擢大學士，命入閣。李成棟忌之，誣以他罪，捕繫獄中，殺之。

統鏍者，寧藩，建安王府鎮國中尉。弘光帝立，謁南都吏部候考。馬、阮之謀逐姜曰廣、劉宗周也，知統鏍無賴，大鋮自爲疏，使上之。疏言「曰廣定策時有異志」，詞連史可法、張慎言、吕大器等。疏入，高弘圖票擬究治，上坐内殿，召輔臣入，厲聲曰：「統鏻吾一家，何重擬也？」踰二日，統鏻復疏劾曰廣五大罪：一、引用東林死黨鄭三俊、吴甡等，把持朝政，以劉士楨爲通政，沮遏章奏，以王重爲文選，廣植私人。二、令楊廷麟出劇盗於獄，交聯江、河大俠與水陸姦弁，日窺南都聲息，非謀劫遷，則謀别戴。三、庇從賊諸臣。四、納賄。五、姦媳。請并士楨、重、廷麟及劉宗周、陳必謙、周鑣、雷縯祚俱置之理。舉朝大駭。通政司劉士楨、禮科袁彭年劾統鏻誣詆大臣，且不由通政司，由何徑竇直達御前，不聽。曰廣、宗周既去位，以統鏻爲行人司行人，統鏻不悦，語人曰：「須還我總憲。」尋訐御史周燦，命不究，蓋上亦厭薄之。或曰：統鏻既劾曰廣，而大鋮不滿意，復募建安王統□爲之，再疏劾者非統鏻也。

容藩，楚藩裔，無賴，不齒於王府。逃入左良玉軍中，冒稱郡王，諸將惡之。走南都，賄馬士英，請以鎮國將軍監督楚營，幾激變。已闖賊餘黨入楚，復入賊中，稱楚王世子，賊大喜，欲立爲王；既疑其詐也，乃止。丙戌，冬十一月，永曆帝立，赴行在，言賊中情形甚悉，丁魁楚信之，薦於朝，命掌宗人府事。兵科程源者，四川人也，與容藩交甚懽，謂之曰：「川中諸將，兵不下數十萬，吾兩人各請總督之職，公督東北，我督西南，賊不足平也。」容藩喜，具疏請之，加源太常寺少卿，經理三省，容藩爲兵部右侍郎兼右僉都御史，總督川東軍務。及上移蹕桂林，容藩覬覦入閣，受命不即行，私屬給事中唐誠疏劾丁魁楚私逃，謂扈從單弱，如容藩、程源皆係擁戴重臣，不宜出外。上素惡容藩，怒曰：「爾等又欲擁戴容藩邪？」削容藩職，將誅之。容藩賂内監龐天壽言之太后，謂上曰：「變亂以來，宗室凋零，容藩罪不至死，毋過求！」乃赦之，復其官。容藩遂由辰州至施州衛，入四川，假稱楚王世子、天下兵馬副元帥。適鄖陽守將王光興爲我大清兵所敗，無所歸，不知其僞也，以其衆二萬人附之，李占春、于大海兩將亦附焉。我大清兵由重慶順流下，丁亥，秋七月，容藩命占春、大海截擊於萬縣之湖灘，我大清兵失利，走川北。容藩得三營兵，益恣肆，遂稱監國，鑄副元帥金印佩之。改忠州爲大定府，號府門爲承運門，稱所居爲行宫，設祭酒、科道、鴻臚寺等官。封王光興、李占春、于大海、楊朝柱、譚宏、譚文、譚詣、楊展、馬應試爲侯、伯，以張京爲兵部尚書，程正典爲四川總督，朱運久爲湖廣巡撫。冬十一月，容藩率李占春至重慶會李乾德，諷其推戴己，乾德若不解者，而禮復不相下。適長至，行朝賀禮，袁韜自賊中出，素不知禮，與容藩同班拜舞。容藩怒，占春尤不平。容藩命占春襲韜，不克。夔州臨江有天字城，容藩改爲天子城，以爲己讖，部衆數千居之。封石砫、酉陽土官爲伯，掛將軍印，廝養、䜌僚授監軍、總兵之職。時干戈阻道，文告不通，諸將士多爲所惑，競往歸焉。川撫錢邦芑疏劾之，傳檄各大鎮，封稿達之堵胤錫，期共討。胤錫率馬進忠由施州衛乘舟入蜀，見容藩，正色責之。容藩曰：「聖駕播遷，川中不知順逆，聊假名號彈壓之耳。」胤錫訶之曰：「公身自爲逆，何能服叛逆乎？公再不悛，錢公率兵下，吾截其後，川將皆朝廷臣子，誰爲公作賊者？」川東文武始知容藩名號之僞，多解散者。督師吕大器至涪州，李占春來謁。適容藩有牌至，大器視其銜，笑曰：「副元帥非親王、太子不敢稱。天子在上，何國可監？此人反叛明矣。爾等受其官，必不免。」占春曰：

「討叛以贖罪若何？」大器許之。占春整師至天字城，容藩敗走夔州，匿草舍中，爲土人擒獻，斬之。川東悉平。同時有謀烈者，寧藩裔，搆堵胤錫於龍虎關，守將曹志建幾激變，見胤錫傳。

論曰：明南渡後，宗室諸王，事至舛駁不可記。國史載：順治三年，洪承疇奏生擒樊山王朱常炎、瑞昌王朱誼泐；博洛奏克金、衢，斬蜀王朱盛濃、樂安王朱誼石。四年，二月，博洛奏擒周王肖象、益王思恢。五年，二月，浙督陳錦奏擒榮王朱有楨子松於苗洞，又擒南威王朱寅衛。此類不下百餘事，核之世表二十字之次，及遺臣紀述，其國其人，百無一合。其尤甚者：四年，十一月，漕督楊某奏擒義王朱[illegible]；孔有德奏克寶慶，殺魯王朱鼎兆及永曆太子朱爾珠。烏有子虛，不可究詰。蓋軍士貪俘馘之功，露布沿譌傳之字，崑火同焚，涇源孰別，情事然也。列傳之作，將何從哉？蓋嘗獺祭稗官家書，參互推摭，略可得而言焉。南都初建，適有潞藩之議，赧王杯弓懷懼，羹齏是吹，始停換授，繼禁入京。周、魯寓居浙東，旋命遠徙遂安，請〔團〕〔練〕鄉勇，亦不允行，幾幾如陳思王之所云矣。然遼藩除於隆慶，西鄂除於正德，懸絶幾百年，何自有台州、寧國之命，豈登極之新恩，抑納賄之冒襲？王政不綱，濫恩錯出矣。南都既亡，閩、粵繼立，國勢十去八九，譜牒百無二三，周、益、遼二十四王死於廣省，由棪十有三人死於惠州，孫賊芟之貴陽，緬酋殲之咒水，迨臺灣鄭氏之亡，而宗盟訖矣。然而江東父老，共扶琅琊；南陽諸將，樂推更始。如朝墠、識鎊諸人，蓋皆中山帝裔，殊於卜者王郎。熏穴之求，孤忠林立。又況寧靖之死，忠如北地；誼泐之存，賢於孟頫。聽其埋蝕，潛德何光？爰綜賢愚，作宗藩列傳。嗟乎！葛藟失庇，苞稂其寒，悠悠蒼天，殷鑒不遠，有國者可忽乎哉！

小腆紀傳卷第十

前翰林院檢討加詹事府贊善銜六合 徐 鼒 譔

列傳第三

史可法 應廷吉

史可法，字憲之，號道鄰，大興籍，河南祥符人也。世爲錦衣衛百户。母尹氏，夢文天祥而生可法。短小精悍，面黑，目爍爍有光。左光斗視學京畿，決爲非常人。舉崇禎戊辰進士，授西安府推官，遷户部主事，歷員外郎、郎中。

八年，以户科都給事中遷右參議，分守池州、太平。其秋，總理侍郎盧象昇大舉討賊，改副使，分巡安慶、池州，監江北諸軍。賊再犯安慶，可法連營堵勦，且戰且撫。賊去，則下馬坐積屍上，計賊出没及身所歷州邑破陷、長吏逃死狀，草奏以聞，復上馬馳行。每數月不就寢，使將士更休，而自坐幄幕外，擇健卒十人，二人蹲踞而背倚之，漏鼓移，則番代。每寒夜起振衣裳，冰霜鏗然有聲。士未飽，不先食，未授衣，不先衣，以故得士死力。

既象昇改督宣、大，王家禎、熊文燦先後督師，賊益狂逞，南都震驚。十年，七月，擢可法右僉都御史，巡撫安慶、廬州、池州、太平四府，及河南之光州、光山、固始、羅田，湖廣之蘄州、廣濟、黄梅，江西之德化、湖口諸縣，提督軍務，屢挫賊鋒，賊酋老回回遁入山，順天王乞降。

十二年夏，以父憂去。服闋，起户部右侍郎兼右僉都御史，代朱大典總督漕運，巡撫鳳陽、淮安、揚州，劾罷督糧道三人，增設漕儲道一人，大濬南河，釐剔蠹弊。吏部尚書李日宣等言：「可法文武才，漕事方亟，宜俟報竣召用。」蓋時有易可法爲鳳陽總督之議也。既乃開屯田，招流亡，繕城郭，訪賢豪而咨以軍政，江、淮南北，屹然稱重鎮。崇禎帝嘉其能，凡所奏，悉報可。已而賊連破荆、襄、承天，蔓延河南、山東，可法屯師淮上，賊望見旗幟，即遁去。尋欲召爲兵部尚書，檢討汪偉曰：「有可法，淮、揚以安；無可法，江南必危。且留之以係東南望！」

十六年，迺拜南京兵部尚書，參贊機務。南都武備久弛，奏行更新八事，京營之有籍無兵者，按去之。

十七年，夏四月朔，聞賊犯闕，乃與户部尚書高弘圖等誓告天地，馳檄勤王，渡江抵浦口，聞北京已陷，諸將請先擇君以定南都。時福、周、潞、崇諸王俱南來，而福王由崧最親。都御史張慎言、詹事姜曰廣移牒言：「福王有不孝、虐下、干預有司、不讀書、貪、淫、酗酒七不可立；潞王賢明，可定大計。」馬士英亦遣其私人傳語，謂：「立君以賢，倫序不宜固泥。」可法信之，即答以「七不可立」之説，身還南京。士英欲居擁戴功，既得可法移文，即結靖南伯黄得功暨高傑、劉澤清、劉良佐等，移書諸大臣，謂「以序以賢，無如福王」，責可法當主其議，發兵擁王至儀徵。可法始知爲士英所賣，倉卒奉弘光帝於五月初三日庚寅監國。進東閣大學士兼兵部尚書，與高弘圖同入直，馬士英仍督鳳陽。

方廷推時，劉孔昭攘臂欲入閣，可法曰：「本朝無勛臣入閣例。」孔昭勃然曰：「即我不可，馬士英有何不可？」又議起廢，衆推鄭三俊、劉宗周、徐石麒，孔昭特舉阮大鋮。可法曰：「此先帝欽定逆案，毋庸議！」自是始搆怨焉。

可法念高、黄、二劉之衆未盡爲國用，寓書士英，言：「今日之事，非可法與公，誰任之者？」合疏請分江北爲四鎮，以傑、得功、澤清、良佐分統之，立督師於揚州，節制諸鎮。又請裁去南京內外守備、參贊各銜，依北京舊制設京營、府衛，簡精壯，募義勇以實之；侍衛、錦衣、鑾儀諸司所隸軍役，當多事之日，悉宜入伍操練，毋坐耗錢糧。至錦衣鎮撫司官不必備，亦所以杜告密，節繁費，收人心，於新政有裨者也。又言：「操江舊兵單弱，請增設九江、京口兩鎮，文臣二人協理戎政。」上並從之。

是時，士英旦夕冀入閣，聞仍督鳳陽之命，則大怒，密以「七不可立」之書呈上，而擁兵江干，上疏勸進。既至京，謂可法曰：「我馭軍寬，頗擾於民，公威名著淮上，公誠能經營於外，我居中帥以聽命，當無不濟者。」可法知勢不兩立，乃曰：「居者守，行者禦。敢辭難乎？」遂請行。京師士民譁曰：「何乃奪我史公？」太學生陳方策、諸生盧渭疏言：「淮、揚門户也，京師堂奥也。門户有人而堂奥無人，可乎？」不聽。

壬寅，上即皇帝位。乙巳，可法陛辭，加太子太保、兵部尚書、武英殿大學士，命百官郊餞，給銀二十萬兩。可法請以總兵劉肇基、李棲鳳、于永綬、卜從善、金聲桓隨征，薦舉人李遽主事、何剛軍前監紀，從之。又請發銅甲、銅鍋、倭刀、團牌、紅夷礮併色絹、白布一應軍需，詔户部即給。

可法既出，孔昭益無顧忌，結勳臣訐吏部尚書張慎言於朝。可法歎曰：「黨禍起矣！」因疏曰：「先帝用人，原無成心，傅宗龍、孫傳庭起自纍囚，張鳳翔、袁繼咸、馬士英起自戍籍。當吴甡奉命南征，以候唐通兵不至，遲則過之所可原者。即諸臣以爲不可，亦須平心入告，何至痛哭喧呼，滅絶法紀，使驕將悍卒聞之，不益輕朝廷長禍亂邪？昔主辱而臣死，今主亡而臣生，凡在臣工，誰能無罪！國難之作，勳臣之殉國者誰？文臣固多誤國，武臣豈盡矢忠？若各執成見，文武水火，國家朋黨之禍自此開，人才向用之途自此塞，臣不願諸臣存此見也。」

尋奉命祭告祖陵，祭畢，因上疏曰：「臣伏見二陵松楸如故，佳氣鬱鬱，知萬年靈祚之方未艾也。惟是北顧神州，山河頓異，感痛填膺，不能已已！連歲鳳、泗之間，災異迭見，天鼓一月數鳴，地且三震，以致今春罹茲大禍。先帝躬神明之質，敬天法祖，勤政愛民，一十七年有如一日，尚不免身殉社稷，抱恨千古，天命之難諶，而地靈之不足恃，於此可見。陛下踐阼之始，祗謁孝陵，哭泣盡哀，道路感動，若使躬謁二陵，親見鳳、泗境中萬井悲風，千里赤地，蒿萊極目，雞犬無聲，湯沐遺黎，死亡殆盡，其嗚咽悲憤，又不知何如也。伏願陛下堅此一心，慎終如始，察天人相與之故，考祖宗靈爽之依。處深宫廣廈，則思東北諸陵魂魄之未安；享玉食大庖，則思東北諸陵麥飯之無展；膺圖受籙，則念先帝之臨淵集木何以忽遘危亡；早朝晏罷，則念先帝之克勤克儉何以卒隳大業。戰兢惕厲，無敢刻忘，則二祖列宗在天之靈，必爲請命上帝，默相陛下光復中興。若晏處東南，不思遠略，濫恩施，開告密，賢奸無辨，威斷不靈，老成潡而投簪，豪傑因之裹足，竊恐祖宗怨恫，天命潛移，東南一隅猶未可晏然自保也。」上嘉答之。

六月，闖賊西遁，山東、河南郡縣多據寨自保，殺僞官。而我大清兵已定北京，傳檄四方。可法請速遣使北行，頒發監國、登極各詔，使中原知南國有君，從之。

時四鎮争欲駐揚州，高傑尤暴横，進士鄭元勳議納傑以釋怨，爲州人所殺。傑怒攻城，知府馬鳴騄、推官湯來賀拒守。匝月，命可法往解之。傑素憚可法，趣其下宵取暴骨而埋之，入帳灑然變色，可法故示以坦易，偏裨而下，召見慰勞，因責傑曰：「將軍之所以貴顯者，以有君命也。如不奉詔而妄冀非屬之地，則諸軍與揚州之民，皆得彎弓而射將軍矣。」傑色沮，然浸易可法，以元勳死無罪，請誅首惡，納其兵，不許。則止可法於其軍，屏其左右，易所親信者，杖、刀侍側。可法談笑不爲動，徐草奏以瓜州予之，曰：「鎮臣在瓜，臣在揚，調停於兵民之間，釋其猜嫌，同歸於好。」又疏言：「高兵之南下也，初到不無騷擾，及鎮臣斬數十人以徇，地方官民可以諒矣。乃撫臣黄家瑞漫無主張，道臣馬鳴騄一味偏徇，聽百姓日守河邊草際，取零兵殺之，用是釁不可解。鄉紳鄭元勳親到高營，所以爲百姓，而百姓乘元勳一言之誤，殺之撫臣坐次，碎其身首，撫臣威令之謂何？駡兵殺兵以爲愛民，而不知適以害民，臣於二臣不能無憾，乞察首惡，一重創之，庶綱常不至盡壞。」上諭部院議處，而揚州士民詣闕保任撫、道，上乃優詔恕之。時劉澤清亦大掠淮上；劉良佐至臨淮，士民張羽民等亦拒不納。可法以次按部，皆聽命，視傑加謹。可法遂開府揚州，設禮賢館，招徠智謀之士，及通天文、陰符、遁甲術者，廩餼之，以監紀應廷吉主其事，募士得勝鎧甲者百餘人。時士英亦未敢爲難，凡請餉，則屬户部多方應之。用是諸鎮益和。

秋七月，大學士弘圖乞休，請召可法入直，不許。我大清攝政睿親王聞南都立君，貽可法書，責以春秋不討賊，新君不書即位之義，諭令削號稱藩。可法表上其書，勸上爲自強計，即自具答書曰：「南中向接好音，法隨遣使，問訊吴大將軍，未敢遽通左右，非委隆誼於草莽也。誠以大夫無私交，春秋之義，今倥偬之際，忽奉琬琰之章，真不啻從天而降也。循讀再三，殷殷致意。若以逆賊尚稽天討，煩貴國憂，法且感且愧。懼左右不察，謂南中臣民偷安江左，竟忘君父之讐，敬爲貴國一詳陳之。我大行皇帝敬天法祖，勤政愛民，真堯、舜之主也，以庸臣誤國，致有三月十九日之事。法待罪南樞，救援莫及，師次淮上，凶問遂來，地坼天崩，山枯海泣。嗟乎！人孰無君，雖肆法於市朝，以爲泄泄者之戒，亦奚足謝先皇帝於地下哉！爾時南中臣民，哀慟如喪考妣，無不拊膺切齒，欲悉東南之甲，立翦凶讐；而二三老臣，謂國破君亡，宗社爲重，相與迎立今上，以係中外之心。今上非他，神宗之孫，光宗猶子，而大行皇帝之兄也。名正言順，天與人歸。五月朔日，駕臨南都，萬姓夾道歡呼，聲聞數里。羣臣勸進，今上悲不自勝，讓再讓三，僅允監國；迨臣民伏闕屢請，始以十五日正位南都。從前鳳集河清，瑞應非一，即告廟之日，紫氣如蓋，祝文升霄，萬目共瞻，欣傳盛事，大江湧出柟、梓數十萬章，助修宫殿，豈非天意也哉！越數日，遂命法視師江北，克日西征。忽傳我大將軍吴三桂借兵貴國，破走逆成，爲我先皇帝發喪成禮，掃清宫闕，撫輯羣黎，且罷薙髮之令，示不忘本朝。此等舉動，振古鑠今，凡爲大明臣子，無不長跪北向，頂禮加額，豈但如明諭所云『感恩圖報』已乎？謹於八月，繕治筐篚，遣使犒師，兼欲請命鴻裁，連兵西討，是以王師既發，復次江、淮。乃辱明誨，引春秋大義來相詰責。善哉言乎！然此爲列國君薨，世子應立，有賊未討，不忍死其君者立説耳。若夫天下共主，身殉社稷，青宮皇子，慘變非常，而猶拘牽『不即位』之文，坐昧大一統之義，中原鼎沸，倉卒出師，將何以維繫人心，號召忠義？紫陽綱目踵事春秋，其間特書：如莽移漢鼎，光武中興；丕廢山陽，昭烈踐阼；懷、愍亡國，晉元嗣基；徽、欽蒙塵，宋高纘統。是皆於國讐未翦之日，亟正位號，綱目未嘗斥爲自立，率以正統予之。甚至如玄宗幸蜀，太子即位靈武，議者疵之，亦未嘗不許以行權，幸其光復舊物也。本朝傳世十六，正統相承，自治冠帶之族，繼絶存亡，仁風遐被。貴國昔在先朝，夙膺封號，後以小人搆釁，致啓兵端，先帝深痛疾之，旋加誅戮。此殿下之所知也。今痛心本朝之難，驅除亂逆，可謂大義復著於春秋矣。若乘我國運中微，一旦視同割據，轉欲移師東下，而以前導命元兇，義利兼收，恩讐倏忽，獎亂賊而長寇讐，此不惟孤本朝借力復讐之心，亦甚違殿下仗義扶危之初志矣。昔契丹和宋，止歲輸以金、繒；回紇助唐，原不利其土地。況貴國篤念世好，兵以義動，萬代瞻仰，在此一舉。若乃乘我蒙難，棄好崇讐，規此幅員，爲德不卒，是以義始而以利終，爲賊人所竊笑也。貴國豈其然乎！往者，先帝軫念潢池，不忍盡戮，勦撫互用，貽誤至今。今上天縱英武，刻刻以復讐爲念；廟堂之上，和衷體國；介胄之士，飲泣枕戈；忠義兵民，願爲國死。竊以天亡逆闖，當不越於斯時矣。語曰：『樹德務滋，除惡務盡。』今逆賊未伏天誅，諜知捲土西秦，方圖報復，此不獨本朝不共戴天之恨，抑亦貴國除惡未盡之憂。伏乞堅同讐之誼，全始終之德，合師進討，問罪秦中，共梟逆賊之首，以洩敷天之忿，則貴國義問，照耀千秋，本朝圖報，惟力是視。從此兩國世通盟好，傳之無窮，不亦休乎。至於牛耳之盟，本朝使臣久已在道，不日抵燕，奉盤盂從事矣。法北望陵廟，無涕可揮，身陷大戮，罪應萬死，所以不即從先帝於地下者，實爲社稷之故。傳曰：『竭股肱之力，繼之以忠貞。』法處今日，鞠躬致命，克盡臣節而已。即日獎率三軍，長驅渡河，以窮狐兔之窟，光復神州，以報今上及大行皇帝之恩。貴國即有他命，弗敢與聞。惟殿下實昭鑒之！」

八月，可法疏曰：「國家設四藩於江北，非爲江左偏安計也；將欲定根基，養氣力，北則爲恢復神州之計，西則爲澄清關、陝之圖，一舉而遂歸全盛耳。聖明在上，忠義在人，君父之讐恥特深，海宇之羣心競奮，乘時大舉，掃蕩可期。特所慮者，兵戈擾攘之中，不復有百姓耳。無百姓，何利於有疆土？故此時擇吏不緩於擇將，而救亂莫先於救民。所謂得一賢守如得勝兵萬人，得一賢令如得勝兵三千人，正今日之謂也。前此北都未破，求牧方殷，非不有破格之陞除，何曾收得人之實效。地有難易，缺有炎冷，兵荒破殘之區，卒舉而授之庸人，此豈白面書生所能勝任！目今人才告乏，東南缺員，安能復填西北之缺？則銓選法窮，安得不改爲徵辟？往時保舉，多係慕羶，故捷足蠅營，真才裹足。今西北則危地也，危則人人思避，而真從君父起念者，乃始投袂相從。宜令撫按、司道及九卿、科道，各舉才膽過人堪拯危亂者一人，赴臣軍前效用，酌補守令缺員。一年考滿，平陞善地；三年考選，優擢京曹。有靖亂恢疆功能殊異者，立以節鉞京堂，用示酬勸。再如江北、山東、河南一帶，有能保護地方爲民推服者，即係桑梓之邦，亦可權宜徑用。總求天恩破格，假臣便宜，決不敢濫用匪人，自誤進取也。」從之。

初可法慮高傑跋扈，移黄得功於儀徵防之。九月朔，傑搆兵土橋，得功憤欲報之，將大鬨，可法調劑始解。因巡閱澤清、良佐軍，虛夸不足用，惟傑所統四萬人，皆山、陝勁卒。念其人雖暴抗，然慷慨識機變，可説而動，乃與傑往復論事，多所獎借。傑心動，傑妻邢氏見可法出至誠，乃亦勸傑傾心。可法喜曰：「吾事集矣！」乃命王相業監其軍。奏李成棟、賀大成、王之綱、李本深、胡茂楨爲大將，曰：「速驅之，可以專制河南。」傑以野次爲辭，請入居揚州，紳民震動，可法自遷於東偏行署，以督府爲之舍，邢氏約其兵聽節制，始安堵。將進兵河南，朝議以款使方行，命暫止。

時陷賊諸臣南還，可法言：「諸臣原籍北土者，宜令投呈吏、兵二部，注名録用，否則絶其南歸之心。」又言：「北都之變，凡屬臣子皆有罪。若在北者始應從死，豈在南者獨非人臣？即臣可法謬典南樞，臣士英叨任鳳督，未能悉東南兵甲，疾趨北援，鎮臣澤清、傑以兵力不支，折而南走，是首應重論者，臣等罪也。乃因聖明繼統，斧鉞未加，恩榮疊被，而獨於在北諸臣，毛舉而概繩之，豈散秩閒曹，責反重於南樞鳳督乎？宜摘罪狀顯著者重懲示儆；若僞命未污，身被刑辱，皆當姑置不問；其逃避北方，徘徊後至者，許戴罪討賊，赴臣軍前効力。」從之。

既高傑率所部北駐徐州，可法進駐清江浦，奏以李成棟爲徐州總兵官，賀大成爲藩標先鋒總兵官，陸遜之爲大梁屯田僉事，胡蘄忠知睢州，冷時中爲開封通判，李長康爲開封推官，以經略中原。命標下總兵李世春駐泗州，張天禄駐瓜州，許大成領忠貫營，李棲鳳駐睢寧，劉肇基駐高家集，張士儀駐王家樓，沈通明駐白洋河，馬應魁爲中軍副將，翟天葵、陶匡明爲旗鼓，汪一誠爲參將，以分任防河副使黄鉉、主事何剛、知縣吴道正分理糧餉，知縣應廷吉爲軍前監紀。又與諸鎮分汛地，聽自擇便利；其王家營而北至宿遷最衝要，可法自任之，緣河南岸築壘焉。以高傑方刻期進取，爲請餉於朝，而馬士英以鎮將與可法協，爲不利己，陰裁抑之。可法因疏言：「臣皇皇渡江，豈直調和四鎮哉？朝廷之設四鎮，豈直江北數郡哉？高傑請進取開、歸，直擣關、洛，其志甚鋭。臣於六月請糧，今九月矣，豈有不食之卒可以殺賊乎？」士英益靳之，不發，數詔趣出師，可法舉示四鎮，皆曰：「不能給我餉，而責我戰乎？」由是坐困。

既而阮大鋮遷兵部尚書，高、姜諸賢相繼去位，可法乃上言：「近來人才日耗，仕路日淆，由名心勝而實業不修，議論多而成功絶少。遇清卿臺省，則曰謀猷經濟，非其人不可；遇錢穀之任，則曰此危地，何爲困我。此推彼卸，始付庸人，倏用倏更，有同兒戲，即偶出特簡，亦必百計求全，非託病則棄官，曾無爲國家實心任事者，以致敗壞至此。今事勢更非昔比，必專主討賊、復讐：舍籌兵、籌餉無議論，舍治兵、治餉無人才。有摭拾浮談，巧營華要者，罰無赦。停不急之官，罷不急之務，俾大小臣工，併力恢復，則中興之業可成。」上優奬之，而不能行。又言：「欲用大鋮者以才，爭大鋮者以逆案也。大鋮即可用，何必罪爭者！即不可用，當採羣議，何至以一人壞天下事乎！」不聽。

冬十一月，戊子，舟抵鶴鎮，諜報我兵入宿遷，遣總兵劉肇基、李棲鳳往援。越數日，我兵圍邳州軍於城北，肇基、棲鳳進軍城南，相持半月，各引去。已而報至南都，士英大笑。時楊士聰在坐，驚問：「何爲？」士英曰：「君以爲誠有是事邪？此史道鄰妙用也。歲將暮矣，將吏例應叙功，錢糧例應銷算，爲叙功、銷算地也。」

高傑既渡泗水，所部王之綱前驅薄睢陽，可法亦移營進，次河上，建纛誓師，而朝政大亂，所奏請，多中格，并鎧仗、芻糧皆不至。復上疏曰：「自三月以來，陵廟荒蕪，山河鼎沸，大讐在目，一矢未加，臣備員督師，死不塞責。晉之末也，其君臣日圖中原，而僅保江左；宋之季也，其君臣盡力楚、蜀，而僅固臨安。蓋偏安者恢復之退步，未有志在偏安，而遽能自立者也。大變之初，君臣灑泣，士庶悲哀，痛憤相承，猶有朝氣；今則兵驕餉屈，文恬武嬉，頓成暮氣矣。屢得北來塘報，皆言清必南窺，水則廣調唬船，陸則分布精鋭。黄河以北，悉爲清有，而我河上之防，百未料理，人心不肅，威令不行，復讐之師不聞及關、陜，討賊之詔不聞達燕、齊，晏然以不共戴天之讐置諸膜外，遂使北朝翻得以僭逆加我，羈我使臣，蹂我近境，是和議斷斷不成也。一旦寇爲清併，必以全力南侵；即使寇勢鴟張，足以相扼，必轉與清合，先犯東南。宗社安危，決於此日。今即庳宫室，菲飲食，嘗膽臥薪，破釜沈舟，尚虞無救，況臣觀廟堂之規畫，百事之經營，尚有未盡然者乎！夫將之所以能克敵者，氣也；君之所以能馭將者，志也。廟堂之志不奮，則行間之氣不張。夏之少康，不忘逃出自竇之志；漢之光武，不忘蕪蔞爇薪之時。臣願皇上之爲少康、光武，不願左右觭御之臣以晉元、宋高之説進也。憶臣初迎聖駕時，陛下言及先帝，則泣下沾襟，恭謁孝陵，則淚痕滿袖。皇天后土，實式鑒臨。曾幾何時，頓忘斯志。先帝以聖明罹慘禍，此千古以來所未有之變也。先帝待臣以禮，馭將以恩，國家變出非常，在北諸臣死節者寥寥，在南諸臣討賊者寥寥，此千古以來未有之恥也。庶民之家，父兄被殺，尚思穴脰斷胸，得而甘心；況在朝廷，顧可膜置！以臣仰窺聖德，俯察人情，似有初而鮮終，改德而見怨。以清之強若彼，而我之弱如此；以清之能行仁政若彼，而我之漸失人心若此，臣恐恢復之無期，而偏安未可保也。今宜速發討賊之詔，嚴責臣與諸鎮悉簡精鋭，直指秦關，懸上賞以待有功，假便宜而責成效，絲綸之布，痛切淋漓，庶海内忠臣義士，聞風感激，必有投袂而起者矣。國家遭此大故，陛下嗣登大寶，原與前代不同，諸臣但有罪之當誅，曾無功之足録，幸免斧鑕，已爲大幸。臣於陛下登極詔稾删去加恩一條，不意頒發之日，仍復開載，貽笑敵人。今復恩外加恩，紛紛陳乞，貂璫滿座，保傅溶加，名器之濫，於斯爲極。似宜稍加慎重，以待有功，庶使戮力行間者有所激勵。至兵行討賊，最苦無糧，搜括不可行，勸輸亦難繼，宜將内庫一切催解，湊濟軍需。其餘不急之工役，可已之繁費，一切報罷；朝夕之晏盱，左右之貢獻，一切謝絶；即事關典禮，萬不容廢，亦宜概從儉約。蓋盜賊一日不滅，海宇一日不寧，即有深宫曲房，豈能晏處？即有錦衣玉食，豈能安享？此時一舉一動，皆人情向背所關，鄰國窺伺所及，必陛下早作夜思，念祖宗之鴻業，復先帝之深讐，振舉朝之精神，萃四方之物力，以併於選將練兵之一事，庶乎人心可鼓，天意可回耳。臣待罪戎行，不宜復預朝政，然安内實攘外之本，故敢痛切直陳，唯陛下留意！」上優詔答之。

十二月，甲戌，我大清兵至夏鎮，別由濟寧南渡，高傑、劉澤清告急，而得功、良佐不願爲後繼。可法疏言：「北使之旋，和議已無成矣。向以全力禦寇而不足，今復分以禦北矣。唐、宋門户之禍，與國始終，以意氣相激，化成恩讐。有心之士，方以爲危身之場；而無識之人，轉以爲快意之計。孰有甚於戕我君父、覆我邦家者？不此之讐，而修睚眦之微，是之謂不知類矣。先帝之待諸鎮何如厚恩，皇上之封諸鎮何如隆遇，諸臣之不能救難何如罪過，釋此不問，而日尋干戈，於心忍乎？和不成，惟有戰，戰非諸將之事而誰事乎？閫外視廟堂，廟堂視皇上，尤望深思痛憤，無然泄沓。古人言：不本人情，何由恢復。今之人情，亦大可見矣。」已我濟寧兵從廟灣薄邳、宿，彰德、衛輝兵從孟津東渡，逼歸、徐，可法飛章告急，言：「我與北軍僅隔一河耳，今已渡河長驅而來，旦夕不保。乞多給軍餉，移得功、良佐軍駐潁、亳，以傑守歸、徐。戮力同心，無分畛域，臣猶恐東南半壁未能高枕也。」

明年，弘光改元，春正月，庚寅，以新殿推恩，加太子太師，進建極殿大學士，辭不受。時大風雪，自臘迄春，糧餉不前，遣幕客四出召集，躬自儉苦，而入不敷出。乃以户部主事施鳳儀行鹽揚州，以周某爲理餉總兵，與販米豆，而上下爲奸，利不入官。前後疏凡數十上，每繕疏，循環諷誦，嗚咽不自勝，幕下士皆爲飲泣。而上方耽樂聲色，馬、阮爭門户，於出師聚餉，未暇及也。

會前中允衞胤文自賊中南歸，高傑以同鄉故，留監己軍，聞朝嚴從逆之罪，欲媚士英以自解，疏言：「國家兵事問鎮臣，糧餉問部臣，督師贅疣也。可法浪得名耳，當置居内員，備顧問，勿令久當津要爲也。」可法因上疏乞罷，且曰：「胤文謂臣贅疣應去，臣討賊未効，妄冀還朝，臣雖至愚，計不出此。顧膺簡命之重，臣何自安？」上切責胤文，而諭可法盡職，然士英心竊喜之。

既而睢州變聞，傑兵倉卒未有所屬，互相雄長。可法馳至徐州，擐甲戴弁，坐以待旦，召諸將歃血盟，立傑子元爵爲世子，甥總兵李本深爲提督，爲請卹於朝，一軍帖然。士英聞可法得傑軍，心弗善也，擢胤文爲兵部右侍郎，總督興平營將士兵馬，經略開、歸。將士憤懣不平，於胤文莅任日無一人至者。可法再三慰諭之，若忘其曾劾己者，傑軍士益以此歸可法，即胤文亦心折焉。而得功聞傑死，則引兵趨揚州，可法自徐州馳還，説而罷之。本深等聞報，已棄汛奔還，提督之命，又久不下，將士無固志。我兵自大梁以南如入無人之境，破蒙城，逼淮、徐，江南震恐。乃詔從可法議，以本深爲左都督，領興平諸將。可法疏云：「臣受命督師，無日不以國事爲念。而人情難協，事局紛更，睢州大變之後，又有維揚之擾，外侮未禦，内釁方深，擁節制之虚名，負封疆之大罪，竊自悲也！」

夏四月朔，淮南告警，可法將移鎮泗州護祖陵，命幕僚載輜重先行。會左良玉犯闕，上手詔可法督諸軍入援，可法言：「北兵日逼，請留諸軍迎敵，親往諭良玉，要與俱西。有功則割地王之，勿聽而後擊之。」詔書切責。乃合諸軍倍道抵浦口，將入朝面陳，而我兵已入亳州，詔還師北禦。

馳至天長，檄諸將救盱眙，單騎先進，不避風雨。忽報盱眙已降，援將侯方巖全軍敗没。晝夜兼行，抵泗州，守將李遇春已舉城叛。可法一日夜冒雨奔回揚州，尚未食，而城中閧傳許定國領北兵至，將殲高氏以絶冤讎。是夜五鼓，高兵斬關出奔泰州，牲畜舟楫爲之一空。

戊辰，監餉郎中黄日芳檄川將胡尚友、韓尚良領所部駐茱萸灣，應廷吉帥移泗諸軍屯瓦窰鋪，以爲犄角。己巳，主事何剛以忠貫營兵來會。方午食，而北哨突至，射殺廷吉家丁，衆大駭，川將遇之，斬七級。會南風大作，諸軍復退屯邵伯湖，乃閉門堅守。

總兵劉肇基請乘北兵未集，背城一戰，可法謂：「鋭氣不可輕試，宜養全鋒以待其獘。」我兵以紅夷礮攻城，鉛彈大者如罍，堞墮不能修。我豫王命李遇春持檄抵城下，可法數其罪，遇春曰：「公忠義聞華夏，而不見信於朝，死何益也？」可法趣矢射之。復令鄉民持書至，守者引之入，撻守者，人與書俱投於水。豫王愈欲生致之，麾諸軍姑緩攻；既知其不可，攻始急。而總兵李棲鳳、監軍道高岐鳳已有異志，以危詞刦可法，可法正色拒之，曰：「此我死所，公等何爲？欲圖富貴，請自便也！」二人夜拔營偕川將胡尚友、韓尚良北去，城中勢益孤。可法乃爲書辭母及妻與伯叔、兄弟，呼部將史德威訣曰：「我無子，汝爲我嗣，以奉吾母。我不負國，汝毋負我！我死，當葬我於高皇帝側；其或不能，梅花嶺可也。」

二十五日，丁丑，擐甲登陴，忽報黄蜚兵到，入則反戈殺人，始知爲我兵所紿。巨礮摧西北隅，崩聲如雷，城遂陷。可法自刎不殊，莊子固、許謹共抱持之。亂兵至，擁之下城，而謹與子固已中飛矢死。可法大呼曰：「我史督師也。」衆驚愕，執赴新城樓上，豫王勸之降，可法厲聲曰：「吾意早決，城亡與亡。」乃就刑死。旬日，而南都亡。

可法初以翊戴功，加少保兼太子太保；以太后至，加少傅兼太子太傅；叙江北戰功，加少師兼太子太師；擒劇盜程繼孔功，加太傅。皆力辭，不允。後以殿工成，加太師，力辭，乃允。

可法督師幾一年，行不張蓋，食不重味，夏不箑，冬不裘。年四十無子，妻欲爲置妾，可法曰：「王事方殷，敢戀兒女私乎？」遂無子。

軍中值歲除封印，南北文移交至，手自批答，夜三鼓，謂軍吏曰：「今夕除夕也。」索酒試飲。酒未至，復呼曰：「禮賢館諸秀才當共飲，顧夜已半，可賫酒資分餽之！」吏往，乃獨酌。庖人報日中饗士肉已盡，乃索鹽豉下之。可法素善飲，數斗不亂，軍興以來，竟絶飲，不解衣就寢者七閲月矣。當夕滿酌，微醺，隱几臥。將旦，僚吏畢集軍門外，門未啓，軍吏遥謂曰：「相公方隱几臥，奈何？」知府任民育曰：「相公此夕臥，不易得也。勿驚之！」戒鼓人更擊四鼓。可法寤，天已曙，大驚，聞鼓聲，怒曰：「何敢亂吾軍法？」傳令縛鼓人斬之。諸將士長跪言：「相公久勞苦，始得一夕暇，不忍相驚，故亂鼓聲以待。此知府意也。」可法意解，亟具盥漱，啓門，文武北向賀畢，將吏上謁，民育更前請罪，可法曰：「公固愛我，奈何以私愛變常法？」乃赦鼓人，然自是不復隱几臥矣。

後以事益冗，監軍郎中黃日芳敏練，欲留之同舟，辭曰：「日芳老矣，豈能久侍公？公亦宜節勞。發書走檄，僚士優爲，徵兵問餉，有司專責，何必晝夜損神，躬親庶務乎？且兵，殺機也，當以樂意行之；將，死官也，須以生氣出之。汾陽所謂生氣滿前也。」可法笑不答。

死後，而四方起兵者，多冒其名以號召，故或誤傳可法不死云。

弟可程，癸未進士，選庶吉士。北都之變，不能死，賊退，南歸。可法請下吏，朝廷以可法故，令家居養母。後流寓金陵，閱四十年而卒。

史德威之被執也，我豫王勸之仕，誓不屈，命釋之以保忠臣之後。歸覓可法屍，不可辨，具衣冠葬之梅花嶺。賃一室，磨麵自給。有叩以往事者，慟哭而已。或號德威爲「押住」，俗呼養子爲「押住」也。

隆武時，贈可法太師，謚忠靖，我朝賜專謚曰忠正。

應廷吉，字棐臣，鄞縣人。天啓丁卯進士，授碭山知縣。史可法督師揚州，御史左光先薦其才，擢淮安府推官，赴軍前爲監紀，與黄日芳、陸遜之、劉湘客、張鑵、紀允明等並事幕府，一時稱得人。廷吉精天文，用勾股三式之學，可法倚之。

先是丁丑，訃偕至宣武門，見一白雞，羽毛鮮好，啄距純赤，重四十觔，閧觀莫識。廷吉慘然曰：「此鷙也，見則亡國。」癸未，六月，露坐，陰雲驟合，雷電并作，有火星出聲如爆，廷吉曰：「天元玉曆所謂電中聚火也。君絶世亂，此殆是乎！」

可法按部至淮，升帳，有旋風從東南起，吹折牙旗，轉至丹墀下，命占之，曰：「風從月德方來，是本日貴人時，當有貴人奉王命至者。風勢飄忽旋轉，其事爲争，音屬徵，象爲火，數居四。二十日内，當有争鬭之事，近地則虞火災，損六畜。」越三日，城北隅火燬民舍，傷一騾，匝月而有土橋之變，中官以朝命至，悉如其占。

淮陰紫霄觀皂莢樹間産物如飴，色黄味美，人以爲甘露。廷吉曰：「此爵餳也。白者甘露，黄者爵錫，所見之地，期年易王。」

時可法銳意經略河南，日芳、遜之輩私問曰：「閣部志勤矣，於君意何如？」廷吉曰：「明年太乙在震，角亢司垣，始擊掩壽星之次，法當蹶上將。天下事無可爲也。意者先試之山左乎？士民翹首王師，如時雨焉，若旌旗旅進，豪傑必有響應者。」及高傑將行，誓師祭旗，忽風起纛折，西洋礮無故裂。十月十四日登舟，廷吉曰：「此俗稱月忌日，又爲十惡大敗，高帥其不免乎！」明年正月，傑果爲許定國所戕。

可法議修屯政，欲遣遜之屯開、歸，廷吉屯邳、宿。廷吉曰：「國家故有屯軍，世受業爲恒産矣，安所得閒田而屯哉？且田之所獲既入官軍，有司常賦又將何出？聞諸生有願輸牛百頭、麥五百石以博縣令者，此面欺耳。」及河防戒嚴，令秦士奇沿岸築土墩駐礮，廷吉曰：「無益也。黄河沙岸，其性虚浮，水至即汜，安架礮爲？」議乃格。

是冬，紫微垣諸星皆暗，可法夜召廷吉曰：「垣星失耀，奈何？」曰：「上相獨明。」可法愴然曰：「輔弼皆暗，上相其獨生乎？」及左兵東下，上手書召可法，亟問廷吉曰：「君所言淮陰安堵，終不被兵，人能言之。第謂夏至後南都多事，果何所見？」對曰：「今歲太乙陽局鎮坤二宫始擊關提，主大將凶，客參將發，且文昌與太陰併，凶禍有不可言者。夏至後，更换陰局，大事去矣。」可法欷歔久之，因出書示之曰：「君言不信，猶可；信，則天也！」以軍事付廷吉。

越三日，督諸軍赴泗州，過山陽，劉澤清遣人取軍器、火藥、餉銀，廷吉不與，退屯高郵。大清兵破盱眙，可法還揚州，立召廷吉督餉至浦口，已而又令率軍回揚，屯天長。廷吉曰：「閣部方寸亂矣。豈有千里之程，一日三調？」警急頻仍，揚且有内變。」急入城坐守南門。可法又令移取泗餉，是夜，縋城出，明日城陷，得免於難。

可法之築禮賢館也，招四方才智及下僚有才被棄者，悉舉任用，命廷吉董其事。時方士雲集，廷吉曰：「是皆躍冶之士，坐談有餘，無裨實用。當此財匱而月給不貲，盍且散遣之，別選真才乎！」可法曰：「吾將以禮爲羅，冀收什一於千百耳。」行之數月，迄無拔萃破格之選，於是稍稍引去。可法將移鎮泗州，護祖陵，謂廷吉曰：「諸生從事防河，積苦既久，今又趨泗，是重勞也。君其品定，量授一官酬之！」四月二日，發策試士，拔取長洲盧渭、崑山歸昭等二十餘人，擬授通判、推官、知縣，甫二旬，而揚州城陷。

渭字渭生，方以歲貢自當，得官不受職，監守鈔關，投河死。昭分守西門死。同時死者書記顧起龍、龔之厚、陸曉、唐經世，家人史書等，共十九人焉。

小腆紀傳卷第十一

前翰林院檢討加詹事府贊善銜六合徐鼒譔

列傳第四

高弘圖　姜曰廣

高弘圖，字研文，膠州人。萬曆庚戌進士，授中書舍人，擢御史。天啓元年，陳時政八患，並請用鄒元標、趙南星。尋與同官張慎言交章論救賈繼春，忤旨停俸，出按陝西，誅姦民扇亂者，吏治澄清。因題薦屬吏，爲南星所糾，心銜之。是時，東林齊楚、宣浙之黨，互相詆誹，弘圖無所附麗。及楊漣、魏大中之獄起，乃上疏力詆南星，微言忠賢過當，且引漢元帝乘船事。又諫毋出東郊，而魏忠賢方導遊幸，矯旨以抗沮切責之，名以此高。既乃乞歸，令閒住。

思宗即位，起故官，擢太僕少卿，逾年，遷左僉都御史，轉左副都御史，晉工部右侍郎。時中官張彝憲受敕總户、工二部事，弘圖恥與並坐，七疏爭之，不得，乃於彝憲到任前兩日髹公坐椅卓以不乾之漆。彝憲不得已，於川堂後座，無陪侍，弘圖遂罷。家居十年不起，言者交薦。帝聞其佐膠州城守功，召至闕，諮以時事，補南京兵部右侍郎，就遷户部尚書。

十七年，闖賊犯闕，史可法謀勤王，弘圖轉芻粟，浮江入淮以濟師，方發，而北都凶問至。南都大臣議所立，可法謂「非英主不足以定亂」。弘圖與姜曰廣、吕大器佐之。會福王稱號，以弘圖物望所屬，改禮部尚書、東閣大學士，與可法並入直。弘圖因請移蹕中都，進山東，以示大舉討賊，疏陳新政八事：「一、宣義問。請聲逆賊之罪，鼓發忠義。一、勤聖學。請不俟釋服，日御經筵。一、設記注。請召詞臣入侍，日記言動。一、睦親藩。請如先朝踐極故事，遣官齎璽書慰問。一、議廟祀。請權祔列聖神主於奉先殿，仍於孝陵側望祀列聖山陵。一、嚴章奏。請禁姦宄小人借端脱罪。一、收人心。請蠲江北、河南、山東田租，勿使賊徒藉口。一、擇詔使。請遣官招諭朝鮮，示牽制之勢。」並褒納焉。

未幾，廷議起廢，張慎言舉吴甡、鄭三俊，馬士英黨誠意伯劉孔昭率諸勳臣叱慎言於朝，目爲奸邪，聲振殿陛。弘圖曰：「文武各有所司，即文臣中各部不得侵吏部之權，武臣何得越職相爭？且甡與三俊三朝遺老，清望在人；孔昭妄思侵害，非其黨者，目爲奸。臣忝在政府，宸陛之嚴，化爲訟庭，愧死無地。乞賜斥罷！」不許。既而士英疏薦阮大鋮，弘圖持之，士英曰：「我既犯人言，豈敢相累？」因自擬旨，命假冠帶來京陛見。大鋮既見，疏陳江防要害，娓娓可聽。將退，士英奏曰：「大鋮名在丹書，非其罪也，人誣之耳。」大鋮因奏向日冤陷狀，引弘圖爲證，以弘圖素不附東林，必不忌己也。弘圖曰：「大鋮頃者陳説兵事，臣不知兵，無所參駁，若其起用，關係非細。昔崔、魏亂政，風教墮地，先帝首鋤大惡，定逆案一書以遏羣邪，大鋮與焉。臣不知其果知兵與否，但以先帝明鑒，豈容擅改！即如士英奏，乞下羣臣集議，以彰公論，則大鋮用亦光明。」士英憤然曰：「臣薦大鋮，非受賄也，何不光明之有！」弘圖曰：「何必受賄！但一付廷議，國人皆曰賢，用之可也。」出即具疏乞罷，上慰留之。而大鋮卒起爲兵部侍郎，弘圖則漸不安其位矣。

左懋第之北使也，弘圖奏事宜曰：「一、山陵宜選日改葬。聞梓宫今葬田貴妃墓，應在天壽山特立陵寢。一、分地不得侵及關内。一、歲幣宜量增十之三。一、國書宜如古可汗之稱。一、使禮宜遵會典，不應屈膝，以致辱命。」後議簡用中官督畿輔、浙、閩糧餉，復設東廠，弘圖皆力争之。已用中旨傳陞户部侍郎張有譽爲尚書，弘圖謂其端不可開，封還詔書。又請召還史可法入直。士英愈怒，矯旨切責，因力求去。

秋八月，加太子少師，改户部尚書、文淵閣大學士。太后至，進太子太保。冬十月，致仕。弘圖在閣，士英尚不敢肆；及其去，遂無忌。

時山東已失，弘圖無家可歸，挈一少子至吴，久之入浙居紹興，人乞一面，不可得，日惟一餐，祈死。既聞蕪湖敗，劉宗周、熊汝霖議發羅木營兵奉潞藩拒守，弘圖歎曰：「天之喪明若穡夫，徒苦江東父老，復何益？吾籌之熟矣！」乃託其子於門客海昌談遷攜之去，絶粒死。浙東監國，贈太師，謚文忠，我朝賜專謚曰忠直。

姜曰廣，字居之，新建人。萬曆己未進士，改庶吉士，授編修。天啓六年，出使朝鮮，不攜一錢歸，朝鮮人爲之立碑。還陳海國情形有裨軍國者八事。明年，魏忠賢柄國，以東林削籍。崇禎初，起右中允，積官至吏部右侍郎，坐事左遷南京太常寺卿，引疾去。後以薦擢詹事，掌南京翰林院。

弘光帝之立也，廷推閣臣，以曰廣曾有異議，不用。既詞臣以王鐸、陳子壯、黃道周名上，而曰廣居首，乃改禮部右侍郎兼東閣大學士。與弘圖協心輔政，將以次漸引正人，而馬士英銳意欲用阮大鋮。曰廣力沮之，爲所疾，因抗疏乞休曰：「前者文武紛競，自慚無術調和；近而逆案掀翻，又愧無能寢息。遂使先帝十七年之定力，頓付逝波；皇上數日前之精神，竟同反汗。梓宮未冷，增龍馭之淒涼；制墨未乾，駭四方之觀聽。惜哉維新，遂有此舉，但恐忠臣裹足，志士灰心。臣遭遇聖明，備員政府，不能扶危持顛，有負生平，必待羣言交責，始求罷斥，良亦晚矣。夫祖宗會推之典，行之萬世者也，昨日大鋮之起，竟出內傳。夫斜封墨敕，種種覆轍，史册昭然。臣觀先帝之善政雖多，而以堅持逆案爲盛美；先帝之害政間有，而以頻出口宣爲亂階。用閣臣以內傳，用部臣、勳臣以內傳，選大將、選言官以內傳。所得閣臣，則淫貪巧猾之周延儒，逢君浚民姦險刻毒之溫體仁、楊嗣昌，偷生從賊之魏藻德；所得部臣，則陰邪貪狡之王永光、陳新甲；所得勳臣，則力沮南遷盡撤守禦狂穉之李國楨；所得大將，則紈綺支離之王樸、倪寵輩；所得言官，則貪橫無賴之史𡎴、陳啓新。凡此皆力排衆議、簡自中旨者也，其後效亦可覩矣。陛下亦知內傳之故乎？總緣鄙夫熱心仕進，一見擯於公論，遂乞哀於內廷。見其可憫之狀，聽其一面之詞，不能無動者，亦人情也。而外廷口談清議之人，亦有貪婪敗類之事，授之口實，得以反脣，而內廷攻之者，盡皆如此也。間其事情密聞於上，及得上之意旨，則又轉而授之。於是別創新法，令之面試平臺，祇須一語投機也。夫立談取官，同登場之戲劇，下殿意得，類贏勝之販夫，天下事從此不可爲矣。臣昔痛心此事，亦於講義敷陳，小人何知，求進而已。陰奪會推之柄，陽避中旨之名，此豈可爲訓哉！先帝一誤，皇上豈堪再誤！天威在上，密勿深嚴，臣安得事事爭之。但願深宮有暇，時取大學衍義、資治通鑑視之，周宣、漢光何以復還前烈，晉元、宋高何以終狃偏安，武侯之出師何惓惓於『親君子、遠小人』，李綱之禦敵何切切以『信君子、勿比小人』，必能發聖心之天明，破邪説於先覺，然後國恥可得雪，中興可得期也。臣待罪綸扉，朝廷未肅，風俗未醇，兵民之危疑未解，江、河之備禦全疎，半壁東南，有同幕燕，就死無地，終夜拊膺，而責臣者叢至矣。苟好盡言，終蹈不測之禍，聊取充位，又來鮮恥之譏，鬱鬱居此，臣今誠病，恐他日求病而死，亦不可得耳。」疏入，上温旨慰留。而士英、大鋮大愠，陰嗾朱國弼、劉孔昭以誹謗先帝、誣衊忠臣李國楨爲辭，交章攻之。

時議復設廠衛，曰廣力持不可，言：「緝事不除，宗社且不可知，何廠之有？」會蘇、松巡撫祁彪佳亦上疏力諫，曰廣擬旨俞之，且具疏力爭，上改命五城御史察訪。

士英念曰廣不去，已終不得肆志，乃使大鋮爲疏，令宗室朱統鏷上之，言：「從賊之輩皆曰廣私人，定策時又懷異志，不可爲相。」旋又劾曰廣五大罪，詞甚醜穢，疏不由通政司上。禮科袁彭年、通政使劉士楨糾之，俱不問。

曰廣被誣衊，求罷益力，以太后至，加太子太保，至九月，得請。陛辭日，上御殿，羣臣陪列，曰廣曰：「微臣觸忤權奸，自應萬死，聖恩廣大，猶許歸田。」士英勃然曰：「我爲權奸，汝且老而賊矣。」曰廣即叩頭言：「臣從滿朝異議中擁戴皇上，願以犬馬餘生歸老貴陽，避賢路。如陛下留臣，臣亦但多一死。」曰廣叱之曰：「擁戴是人臣居功地邪？」士英曰：「汝謀立潞藩，功安在？」上温語解之。既出，復於朝門相詬罵。曰廣骨鯁廉介，有古大臣風，扼於奸邪，士論惜之。

南京亡後二年，而降將金聲桓偕其黨王得仁以南昌叛我大清，歸永曆帝。曰廣方家居，聲桓、得仁以其人望也，奉爲盟主，資號召。曰廣書生，不知兵。我大清兵之圍南昌也，聲桓撤贛圍援之。得仁將以所部趨九江，爲犄角勢，曰廣檄召之。得仁謂：「棄要害入孤城，譬猛虎陷阬阱耳。」曰廣不聽，一日夜檄數十至，得仁不得已，還南昌。既糧盡援絶，聲桓日責曰廣，遣客出城號召，客胡澹辭不行，而殷國楨等被執死，遂坐困。

初，曰廣將應金、王而出也，使人邀隱士漢儒裔與俱，裔力辭；既受事，又邀致之，乃入謁。曰廣問：「事當若何？」不答。固問之，則曰：「明之所以失天下者，非左與闖邪？金則左孽，王乃闖枝，公與侯安所授之哉？十月間，年號兩易，名雖歸明，實叛清耳。今擅除爵、殺人，筦刑權。若明有主而不待命，是僭也；不奉隆、永而爲之，是僞也。僭與僞，春秋所不許，而公與之同事，後世且以公爲何如人？今兩人内相猜忌，公能親於建武之與豫國乎？能則攬其兵柄，退稱舊輔，縞素待罪，以告天下，令其慚而聽我，竭心力爲之，不濟則死；不能則引身而退，歸耕浠水之陽，毋從叛亂。夫人居美名，天道所惡也。」曰廣沈吟無以答。後在圍城中徘徊太息，思其言而悔不能用也。

永曆三年，正月，戊寅，城潰，聲桓、得仁自殺。曰廣作絶命歌六章，投偰家池死，一家從死三十餘人。我朝賜專謚曰忠確。

小腆紀傳卷第十二

前翰林院檢討加詹事府贊善銜六合 徐 鼒 譔

列傳第五

張慎言 子履旋 徐石麒 子爾穀 張有譽 解學龍 練國事

張慎言，字金銘，陽城人，萬曆庚戌進士。天啓時，除壽張知縣，有能聲，調繁曹縣。泰昌時，擢御史，持議侃侃，爲馮銓所陷，編戍肅州。崇禎初，起故官，累遷太常卿，刑部右侍郎，改南京吏部尚書，掌右都御史事。南都官名吏隱政事，皆決於北，慎言雖位冢宰，從衆僉名而已。

南都建國，以慎言宿德重望，命專理部事，慎言上中興八議：「一曰議節制。淮安、鳳、廬、荆、襄爲鎖鑰重地，自寇盜充斥，城郭荒殘，宜申命鎮撫大臣分戍增保，扼守險要，東西關闔，首尾相援，添戰艦於江、淮之間，郡、縣積穀，爲倉卒轉運之資。二曰議屏藩。諸王流離南竄，宜擇浙東名山、郡邑及閩、粵間暫居焉。其府第之護衛官屬，暫從節省。三曰議開屯。江北地廣，今爲畿輔，若招集流離，開立屯田，擇其邑之豪，以百夫屯爲百夫長，千夫屯爲千夫長，連其什伍，教之兵陣，亦强富之一策也。四曰議招徠。河北淪陷，有能誅擒僞官者賞。五曰議寬宥。諸臣陷賊，事非得已，家屬在南，企望歸正。不宜以風聞苛議，堅其從賊之想，至若自拔來歸，宜隨才録用，不當概以死責。六曰議褒卹。忠烈之臣，如范景文、倪元璐、李邦華等，傳聞確者，宜贈卹以慰幽魂，次第詳核，勿有所遺。七曰議銓叙。起廢之條，不可不慎，逆案無容更議，其在戍籍廢居者一從清論，不撓毁譽。八曰議漕卒。北漕萬有餘旗，柁工、挽夫實繁有徒，今漕登近地，此十餘萬人無室無鄉，遊食不已，爲患非細，安輯宜亟也。」俱嘉納之。

會銓曹乏員，以主事王重近在金壇，可立致，奏起爲文選司郎中，吏科李沾持不可，慎言卒起之，由是有隙。

未幾，大起廢籍，慎言薦吴甡、鄭三俊。甡故大學士，崇禎時督師，以逗遛遣戍者。時阮大鋮方謀起用，而詔款有「逆案不得輕議」之文，慎言秉銓持正，度不可進言。誠意伯劉孔昭故與大鋮善，因置酒約諸勛臣趙之龍等，欲廷訐慎言以起釁。次日朝罷，羣詬於廷，指慎言及甡爲奸邪，叱咤聲徹殿陛，慎言立班不辯，孔昭遂拔刀聲言「殺此老奸」，慎言於叢人中展轉相避，班行大亂。司禮太監韓贊周從殿上大聲叱之曰：「從古無此朝儀！」孔昭始約刀伏地痛哭，謂慎言舉用文臣，不及武臣，囂爭不已。上曰：「文武各宜和衷，何得偏競！」乃出。復具疏極詆三俊，且謂：「慎言當迎立時阻難肆辨，懷二心，且多欺蔽罪狀，乞寢甡陛見之命。」慎言疏辨，因乞休。給事中羅萬象、王孫蕃各疏劾孔昭，高弘圖等亦以不能戢和文武，乞休。上柔，置不問，但慰留弘圖、慎言而已。

慎言四疏乞罷，乃得請。賚銀幣，給應得誥命、恩廕，慎言固辭，其表有云：「先帝山陵未卜，而臣之祖父先受絲綸；青宫皇子安在，而臣之子孫妄叨恩廕。況風塵不定，逐虎驅狼。回首長安諸陵，松楸麥稷，諸臣何以爲心，而猶侈口論功乎！」

秋七月，加太子太保，蔭一子。自慎言罷，徐石麒亦繼去，大鋮乃起其黨張捷爲之，於是銓政不可問矣。

時山西盡陷，慎言無家可歸，流寓蕪湖、宣城間。孤孫間關來依，曰：「祖孫相聚足矣。」南都亡，鬱鬱，疽發背，戒勿藥，卒年六十九。

子履旋，壬午舉人。賊之陷陽城也，歎曰：「吾父決不爲亂臣，吾豈爲賊子！」遂投崖死。事聞，贈御史。

徐石麒，字寶摩，嘉興人。天啓壬戌進士，授工部營繕司主事。魏閹興三殿之役，每黷請，石麒折以法。御史黄尊素忤閹下獄，石麒以座主故，爲盡力，因削籍。

崇禎三年，起官南京，歷十餘年，始入爲通政使，擢刑部侍郎。時帝刑威御下，法官引律多深文，石麒多所平反。而於兵部尚書陳新甲之獄，朝士多方營救，石麒謂：「新甲陷邊城四，腹城七十二，陷親藩七，失誤軍機，當斬。」尋擢本部尚書，最後以熊、姜之獄忤旨落職歸。

李明睿之倡議南遷也，廷臣不能決。石麒聞而歎曰：「膠柱死守，亦非臣子愛君父之道。苟翠華南幸，各鎮撫之兵騰勇奮發，以謀恢復，亦不爲無策也。倘觀望狐疑，至求遷不得，尚忍言哉！」爲文檄同志起義兵，北首赴難，而北都凶問至矣。

南都立，以右都御史起諸家，未至，改吏部尚書，再疏辭，舉鄭三俊自代，不許。乃入朝陳省庶官、慎破格、行久任、重名器、嚴起廢、明保舉、交堂廉七事，皆褒納之。

石麒剛方清介，與人言，移日不倦，而不可干以私。中官田成輩請屬，拒不應；馬士英、阮大鋮植黨樹私，權傾中外，石麒以法裁之。士英欲得侯封，諷司禮監韓贊周入言之。石麒奏曰：「世宗以外藩入繼，將封輔臣伯爵，楊廷和、蔣冕謙不受；今國恥未雪，諸臣列土自榮，不愧廷和等邪？且俟海內清晏，議之未晚。」又言：「恭王殉難，先帝尚遺一勳臣、一黃門、一內侍審啃具殮，今先帝梓宮何處，封樹若何，僅遺一健兒應故事，則羣臣之悲思大行衹具文耳。」士英惡之。

御史黃耳鼎、陸朗有物議，石麒以年例出之。朗賄奄人，內傳留用，石麒發朗內通之罪，朗、耳鼎亦疏訐石麒枉殺陳新甲以敗和局，士英助之。石麒益憤，乃歷陳自有東事以來主款之誤，且言：「先帝之誅陳新甲也，曰：『陷我七親藩。』七藩之中，恭皇帝居一焉。皇上忘之乎？」因引疾乞休。士英擬嚴旨，上不許，命馳驛去。尋以登極恩加太子太保。

南都亡，石麒移居城外，扁舟水宿。既聞城不可守，呼於城下曰：「吾大臣，不可野死，當與城俱！」縋之入，朝服自經死。先是石麒致仕歸，築堂，榜曰「可經」，人莫解；及其死是堂也，始知其素志云。隆武時賜謚忠襄，我朝賜專謚曰忠懿。妻孫氏赴水死。子爾穀，字似之，與於丁亥吳勝兆之事，被執無撓詞，遂遇害。

又徐成、徐錦、祖敏、李升四人者，皆石麒僕也。成老矣，錦年少。石麒之縋城殉難也，成欲先登，錦止之曰：「君老矣。」成怒曰：「童子何知，謂我老邪！」俱縋入。石麒自經死，成與錦從死；城外二僕祖敏、李升聞之，亦自經死。

張有譽，字蘖譽，江陰人。天啓壬戌進士，以户部主事榷税蕪湖，力持清操。崇禎中，出爲饒州知府，累遷江西督糧副使，四川按察使，俱有惠政。吏部尚書鄭三俊舉天下廉能方面官五人，以有譽爲首，帝書其名於屏，擢南京户部右侍郎兼右僉都御史，總督糧儲。抵任，則弘光帝立矣。

内官張執中收白糧，勒鋪墊費，踰舊例，杖斃解户，有譽收其胥役送獄，疏論之，執中稍斂。嘗因召對，言：「統計一年經費，須千餘萬，今所入僅八百萬，惟有裁冗兵，節冗食，汰冗費，願聖明躬行節儉，爲天下先！」

既馬士英鋭意起阮大鋮，而廷臣持之，急思以中旨用之，難以發端，以有譽人望也，傳旨爲户部尚書。高弘圖謂有譽才望堪用，而内傳不可開，封還詔旨，羣臣亦交章論奏，不聽，自是傳陞紛然矣。尋加太子太保。

時四鎮各需餉二十萬，有譽計無所出，至嘔血，連疏乞歸，不允。

明年五月，南京失守，有譽奔武康，久之旋里，年八十一而終。或曰：爲僧於蘇州之靈巖。

解學龍，字石帆，興化人。萬曆己丑進士，歷金華、東昌二府推官，擢刑科給事中，魏忠賢亂政，以東林削籍。

崇禎中，累遷太僕卿，疏言：「遼左額兵舊九萬四千有奇，歲餉四十餘萬耳；今關上兵只十餘萬人，而月餉乃至二十二萬。遼兵盡潰，關門不得不募新兵；薊鎮則舊有額兵，乃亦行召募。舊兵以其餉厚，竄入新營，而舊額依然如故，其爲漏巵可勝言哉！國初，定文職五千四百有奇，武職二萬八千有奇，神祖時，文增至一萬六千餘員，武增至八萬二千餘員矣，今日不知又增幾倍。主爵者誠肯悉心計度，冗者汰之，歲可得餉數十萬；裁冗吏，核曠卒，俾衞所應襲子弟，襲爵而不給俸，又可得數十萬。從來國強莫若民富，民富莫若多粟，亦嘗取京邊之米較其出入而推其損益乎？夫京邊之米一石，其輸自民間則非一石也，以民之費與國之收衷之，不啻三倍，是國之一，民之三也。今關餉一斛抵銀四錢，迨以易錢，則好米不過百文，惡者才三四十文，又其下者，則腐臭而不可食，以國之費與兵之食衷之，不啻二倍，是兵之一，國之二矣。民費其六，而兵食其一，民病矣，而兵亦未嘗利也。況漕卒、官司，展轉相欺，而米已化爲糠粃沙土，兼溫熱所蒸，色味俱變，食不下咽，是又化有用之六爲無用之一矣。然則如之何？臣以爲莫如修屯政。屯政修，則地闢而民有樂土，粟積而民有固志。昔吳璘守天水，經營屯事，縱橫鑿渠，綿亘不絕，名曰『地網』，敵騎不能逞。今略倣其制，溝塗之界，樹土所宜，小可獲薪果之饒，大可得控扼之利，敵雖強，何所施乎？」帝善其言，下所司議之，然竟中格。尋以僉都御史巡撫江西，擢南京兵部右侍郎，未赴，適黃道周得罪，學龍於薦舉屬吏推引及之，帝怒，逮詔獄，杖八十遣戍。

十七年，五月，南都立，起故官，擢刑部尚書。六等治從賊諸臣罪，學龍定擬上，馬士英擬旨詰責，令再議，學龍仍執前議。時馬、阮必欲殺周鍾，而學龍欲緩其死，乃謀之次輔王鐸，乘士英注籍上之，且請停刑，鐸即擬俞旨。士英怒之，大鋮暨其黨張捷、楊維垣聲言欲劾學龍，學龍遂引疾。大鋮復嗾保國公朱國弼、御史張孫振訐學龍曲庇行私，削籍歸。久之，卒於家。

練國事，字君豫，永城人。萬曆丙辰進士，由知縣徵授御史，有直聲，奄黨趙興邦劾之，削籍。崇禎元年，擢太僕少卿，進右僉都御史，巡撫陝西，破點燈子於中部，又破別部於宜君、雒川，降其魁李應龕。尋以所部失事，戴罪自贖。

已總督陳奇瑜誤信賊降，檄諸軍勿擊，賊出險，大掠，乃委罪國事以自解。國事疏辯，而事已不可救，乃逮下獄。

九年正月，遣戍廣西。久之，叙前功赦還，復冠帶。

南都立，召爲户部左侍郎，改兵部，尋加尚書，仍蒞侍郎事。在位無所匡救。明年，二月，致仕，未幾卒。

小腆紀傳卷第十三

前翰林院檢討加詹事府贊善銜六合 徐 鼒 譔

列傳第六

劉宗周 子汋

劉宗周，字啓東，號念臺，山陰人，學者所稱蕺山先生也。父坡，爲諸生，母章氏，妊五月而坡亡。既生宗周，家酷貧，攜之育外家。後宗周大父老疾，歸事之，析薪汲水，持藥糜，然體羸甚，母憂念成疾。

萬曆辛丑，宗周成進士，母卒於家，宗周奔喪，爲堊室中門外，日夜哭泣其中。服闋，選行人，請終養大父母，居七年始赴補。

時中朝有崑黨、宣黨與東林爲難，乃上言：「東林，顧憲成講學處，高攀龍、劉永澄、姜士昌、劉元珍皆賢人，于玉立、丁元薦亦皎然不欺其志，有國士風。是故摘流品可也，争意見不可；攻東林可也，黨崑、宣必不可。」於是黨人大譁，宗周乃告歸。

天啓元年，起儀制主事，抗疏極詆魏進忠，謂：「進忠導皇上馳射戲劇，而奉聖夫人客氏出入自由，無以閑內外。且一舉逐三諫臣，罰一人，皆出中旨。左右將日進鷹犬聲色，指鹿爲馬，生殺予奪，制國家大命。今東西方用兵，奈何以天下委閹豎哉！」進忠，即忠賢也。

尋請戮崔文昇以正弑君之罪，戮盧受以正交私之罪，戮楊鎬、李如楨、李維翰、鄭之范以正喪師失地之罪，戮高出、胡嘉棟、康應乾、牛維曜、劉國縉、傅國以正棄城逃潰之罪，急起李三才爲兵部尚書，録用清議名賢丁元薦、李朴等，諍臣楊漣、劉重慶等，以作仗節徇義之氣，詔切責之。累遷光禄寺丞，尚寶太僕少卿，移疾歸。

四年，起右通政，復固辭。忠賢惡之，削其籍。

崇禎元年，召爲順天府尹，屢論時政，帝迂其言而歎爲忠。歷官至都察院左都御史，竟以請釋熊、姜之獄忤旨，斥爲民，年已六十有四。

歸二年而京師陷。宗周徒步荷戈，詣杭州，以發喪討賊責巡撫黄鳴駿。鳴駿曰：「哀詔未至，當静以鎮之。」宗周勃然曰：「君父變出非常，公專閫外，不思枕戈泣血，激勵同讐，顧藉口鎮静，作遜避計邪？」鳴駿唯唯。明日復趨之，則曰：「發喪必待哀詔。」宗周曰：「嘻！此何時也，安得哀詔哉！」既發喪，問師期，則曰：「甲仗未具。」宗周歎曰：「烏足與有爲哉！」乃與前侍郎朱大典、前給事中章正宸、熊汝霖召募義旅。將發，而弘光帝立，宗周起故官。

宗周以大讐未報，不敢受職，自稱草莽孤臣，言：「今日宗社大計，舍討賊復讐，無以表陛下渡江之心，非毅然決策親征，亦無以作天下忠臣義士之氣。至討賊次第：一曰據形勢以規進取。江左非偏安之業，請進而圖江北。今淮安、鳳陽、安慶、襄陽等處，雖各立重鎮，尤當重在鳳陽，而駐以陛下親征之師。中都固天下之樞也，東扼淮、徐，北控豫州，西顧荆、襄，而南去金陵亦不遠。以此漸恢漸進，秦、晉、燕、齊當必響應。兼開一面之網，聽其殺賊自效，賊勢益孤，賊黨日盡矣。一曰重屏藩以資彈壓。地方之見賊而逃也，總由督撫非才，不能彈壓，遠不具論，即如淮、揚數百里之間，兩節鉞不能禦亂賊之南下，致淮北一塊土，拱手而授之賊。尤可恨者，路振飛坐守淮城，以家眷浮舟於遠地，是倡之逃也。於是鎮臣劉澤清、高傑遂相率有家眷寄江南之説，尤而效之，又何誅也？按軍法臨陣脱逃者斬，臣謂一撫、二鎮皆可斬也。一曰慎爵賞以肅軍情。今天下兵事不競極矣，將悍兵驕，已非一日。今請陛下親征，所至亟問士卒甘苦，而身與共之，乃得漸資騰飽，徐張撻伐。一面分别各帥之封賞，孰應孰濫，輕則量收侯爵，重則并奪伯爵，軍功既核，軍法益伸，左之右之，無不用命。夫以左帥恢復焉而封，高、劉敗逃也而亦封，又誰爲不封者？武臣既濫，文臣隨之，外廷既濫，中璫從之，臣恐天下聞而解體也。一曰覈舊官以立臣紀。燕京既破，有受僞官而逃者，有在封守而逃者，有在使命而逃者，於法皆在不赦，急宜分别定罪。至於僞命南下，徘徊於順逆之間者，實繁有徒，尤當顯示誅絶。行此數者，於討賊復讐之法，亦略具是矣。若夫邦本之計，貪官當逮，酷吏當誅，循良卓異當破格旌異，則有安撫之使在。而臣更有不忍言者：當此國破君亡之際，普天臣子，皆當致死，幸而不死，反膺陞級，能無益增天譴！除濫典不宜概行，一切大小銓除，仍請暫稱行在，少存臣子負罪引慝之誠。」又疏言：「賊兵入秦踰晉，直逼京師，大江以南固安然無恙也。而二三督撫，曾不聞遣一人一騎北進以壯聲援，賊遂得長驅犯闕。坐視君父危亡而不之救，則封疆諸臣之宜誅者一。既而大行之凶問確矣，敷天痛憤，奮戈而起，決一戰以贖前愆，又當不俟朝食。而方且仰聲息於南中，爭言固圉之事，卸兵權於閫外，首圖定策之功，安坐地方，不移一步，則封疆諸臣之宜誅者二。然猶或曰事無稟承，迨新朝既立，自應立遣北伐之師。不然而亟馳一介，使齎蠟丸，間道北進，或檄燕中父老，起塞上名王，共激讐恥，哭九廟，安梓宫，訪諸王。更不然，則亟起閩帥鄭芝龍，以海師直擣燕都，令九邊督鎮，卷甲銜枚，出其不意，合謀共奮，事或可幾。而諸臣又不出此，紛紛制作，盡屬體面，僅令吴鎮諸臣一奏燕京之捷，將置我南中面目於何地？則舉朝謀國不忠之宜誅者三。而更有難解者：先帝升遐，頒行喪詔，而遲滯日久，距今月餘，未至臣鄉。在浙如此，遠省可知，時移事换，舛謬錯出，即成服祇成名色，是先帝終無服於天下也。則今日典禮諸臣之宜誅者四。至罪廢諸臣，量從昭雪，自應援先帝遺詔而及之，乃概用新恩，即先帝誅璫鐵案，詔書蒙混，勢必彪虎之類，盡從平反而後已。君父一也，三年無改之謂何？嗟乎已矣！先帝十七年之憂勤，念念可以對皇天，泣后土，一旦身殉社稷，罹古今未有之慘，而食報於臣工乃如此之薄。仰惟陛下再發哀痛之詔，立興問罪之師，請自中外諸臣之不職者始！」詔報曰：「親統六師，光復舊物，嚴文武恇怯之大法，激臣子忠義之良心，慎新爵，劾舊官，朕拜昌言，宣付史館。」中外爲之悚動。

是時，宗周本無意於出，謂：「朝中黨禍方興，何暇圖賊？」而一時奸人，雖不利宗周，又恥不能致之，急其一出。及方出，而彈劾踵至，不少假借，由是羣小側目。宗周既連疏請告，不得命，乃抗疏劾馬士英曰：「陛下龍飛淮甸，天實予之。乃有扈蹕微勞，入内閣，進中樞，官銜世蔭，晏然當之不疑者，非士英乎？於是李沾侈言定策，挑激廷臣矣。劉孔昭以功賞不均，發憤冢臣，朝端譁然聚訟，而羣陰且翩翩起矣。借知兵之名，則逆案可以燃灰，寬反正之路，則逃臣可以汲引，而閣部諸臣且次第言去矣。中朝之黨論方興，何暇圖河北之賊；立國之本紀已疏，何以言匡攘之略。高傑一逃將也，而奉若驕子，浸有尾大之憂，淮、揚失事，不難譴撫臣、道臣以謝之，安得不長其桀傲，則亦恃士英卵翼也。劉、黃諸將，各有汛地，而置若奕棋，洶洶爲連雞之勢，至分剖江北四鎮以慰之，安得不啓其雄心，則皆傑一人倡之也。京營自祖宗以來，皆勳臣爲政，樞貳佐之。陛下立國伊始，而有內臣盧九德之命，則士英有不得辭其責者。總之，兵戈盜賊，皆從小人氣類感召而生，而小人與奄豎又往往相表裏，自古未有奄官用事，而將帥能樹功於域外者。惟陛下辨陰陽消長之幾，出士英仍督鳳陽，聯絡諸鎮，決用兵之策。史可法即不還中樞，亦當自淮而北，歷河以南，別開幕府，與士英相犄角。京營提督，獨斷寢之，書之史册，爲弘光第一美政。」上優詔答之，而促其速入。

士英益怒，佯具疏辭位，且揚言於朝曰：「劉公自稱草莽孤臣，不書新命，是明示不臣也。」吏部候考宗室朱統𨨗言：「宗周請移蹕鳳陽，鳳陽高牆所在，蓋欲以罪宗處皇上，而與史可法擁立潞王。其兵已伏丹陽，宜急備。」

是時，黃鳴駿入覲，兵抵京口，與防江兵相擊鬬，士英聞之而信，亦震恐。澤清初倚東林，極重宗周，至是恨甚，具疏痛詆，言：「宗周勸往鳳陽，爲謀不忠；料事不智；抗疏稱孤臣，無禮；陰撓恢復，不義；欲誅臣等，激變士心，召生靈之禍，不仁。」疏未下，復草一疏，並署黃得功、高傑、劉良佐名上之，詞連姜曰廣、吴甡，請正以謀危君父之罪，舉朝大駭。高弘圖言於上，傳諭曰：「昔漢宣起於艱難，魏、丙合志；唐肅興於靈武，李、郭同心。今者祖分左右，口搆玄黄，天下事不堪再壞。諸臣各宜和衷集事，息競圖功，庶幾君臣之間，禮全終始。」宗周不得已，受命。

方宗周之在丹陽僧舍也，澤清遣刺客數輩迹之，見其正容危坐，不忍加害。以七月十八日入朝，仍居肅寺。士英不使入對，給事中陳子龍以爲言，不省。既視事，即引董仲舒言，請正心以正朝廷。給事中袁彭年以争復設東廠被謫，宗周言其冤。及中旨起阮大鋮，又言：「魏大中死於詔獄，實大鋮主使。祖宗故事：大僚必廷推。迺者中旨屢降，司農之後，繼以少宰，而大鋮又爲司馬，其墨敕斜封之漸，有不待問者。大鋮進退，實係江左興亡，乞寢命！」不報。乃乞休，許之。

臨行，復疏陳五事：「一曰修聖政，毋以近娱忽遠猷。國家不幸，遭此大變，今紛紛制作，似不復有中原志者。土木崇矣，珍奇集矣，俳優雜劇陳矣，内豎充庭，金吾滿座，戚畹駢闐矣，讒夫昌，言路阨，官常亂矣，所謂狃近娱而忽遠猷也。一曰振王綱，勿以主恩傷臣紀。自陛下即位，中外臣工，不曰從龍，則曰佐命。一推恩近侍，則左右因而秉權；再推恩大臣，則閣部可以兼柄；三推恩動舊，則陳乞至今未已；四推恩武弁，則疆埸視同兒戲。表裏呼應，動有藐視朝廷之心；彼此雄長，即爲犯上無等之習。禮樂征伐，漸不自天子出，所謂褻主恩而傷臣紀也。一曰明國是，毋以邪鋒危正氣。朋黨之説，小人以加君子，釀國家空虚之禍，先帝末造可鑒也。今更爲一元惡稱冤，至諸君子後先死於黨、死於殉國者，若有餘戮。揆厥所由，止以一人進用，起無限風波，動引三朝故事，排抑舊人，私交重，君父輕，身自樹黨，而坐他人以黨，所謂長邪鋒而危正氣也。一曰端治術，毋以刑名先教化。先帝頗尚刑名，而殺機先動於温體仁，殺運日開，怨毒滿天下。近如貪吏之誅，不經提問，遽科罪名，未科罪名，先追贓罰。又職方、戎政之奸弊，道路嘖有煩言，雖衛臣有不敢問者，則廠衛之設何爲？徒令人主虧主德，傷治體，所謂急刑名而忘教化也。一曰固邦本，毋以外釁釀内憂。前者淮、揚告變，未幾而高、黄二鎮又治兵相攻。四鎮額兵各三萬，不用以殺敵，而自相屠戮，又日煩朝廷講和，今日遣一使，明日遣一使，何爲者？夫以十二萬不殺敵之兵，索十二萬不殺敵之餉，亦必窮之術耳。若不稍裁抑，惟加派横征，蓄一二蒼鷹、乳虎之有司，以天下殉之足矣，所謂積外釁而釀内憂也。」上優詔報聞。宗周以宿儒重望，爲海内清流領袖，既出都門，都人士聚觀歎息，知南都之不可有爲也。

明年五月，南都不守，宗周與熊汝霖謀起義，不克。及杭州不守，推案慟哭曰：「此吾正命之時也！」門人張應煜曰：「此降城也，非先生死所。」宗周瞿然，遽出城。有勸以文、謝故事者，宗周曰：「北都之變不死者，身在田間，留以俟後王也；南都之變，主上自棄其社稷，僕在懸車，尚曰可以死，可以無死。今吾越又降，區區老臣尚何之？世豈有逃生之御史大夫哉！」扁舟辭墓，躍入西洋港，水淺不得死。舟人扶出，勺水不下者十三日，與門人問答如平時，以閏六月八日死。

宗周通籍四十年，而立朝僅四年。潛心理學，以慎獨爲本，以知天爲歸，而本之敬誠。作人譜以授學者，立證人社，倣古小學，日會講其中，著第一義說、聖學宗要、獨證篇。說者謂明之大儒，推薛、胡、陳、王，而宗周似勝之。所傳有劉子全書百餘卷，及他著述二十餘種。家居恒服紫花布，士大夫效之，布爲長價。崇禎帝嘗賜敕云「蔬食菜羹，三月不知肉味；敝衣羸馬，廿年猶是書生。」蓋實語也。我朝賜專謚曰忠介。

子汋，字伯繩，奉父書，避兵葴山之麓，自號遯齋。嘗撰禮經考次一編，首夏小正而附月令，帝王所以治曆、明時也；次丹書而附王制，正己以正朝廷、百官、萬民也。於是原禮之所由起，而次禮運焉；推禮之行於事，而次禮器焉；驗樂之所以成，而次樂記焉。然後述孔子之言，而次哀公問，次燕居、閒居、坊記、表記。爾乃設爲祀典，次以祭法、祭義、祭統、大傳。施於喪葬，次以喪大記、喪服小記、雜記，申以曾子問、檀弓、奔喪、問喪，終之閒傳、三年問、喪服四制，而喪禮無遺矣。君子嘗服深衣，雅歌投壺，不可不講也，則次以深衣、投壺；男女冠笄、婚姻所有事也，則次以冠義、昏義，推而鄉飲酒義、射義、燕義、聘義。合三十篇，謂之經禮。別分曲禮、少儀、內則、玉藻、文王世子、學記七篇，謂之曲禮。蓋皆宗周遺教也。山居不薙髮，數爲邏者所阨，與父門人張之璿披緇興福寺。少定，則又還家。卒，門人私謚之曰貞孝。

小腆紀傳卷第十四

前翰林院檢討加詹事府贊善銜六合徐鼒譔

列傳第七

章正宸　羅萬象王孫蕃　左光先　吴适　李模　喬可聘姚思孝

李清　錢敬忠

章正宸，字羽侯，號格菴，會稽人。從學同里劉宗周，早以學行著。登崇禎辛未進士，選庶吉士。温體仁招之，不往，改禮科給事中。

王應熊與戚畹通，內傳入閣，廷臣莫敢諫，正宸抗疏曰：「豈有枚卜不傳奉者？在皇上出此，必謂特用易感恩，卻衆議則絶窺伺。顧天下未有不順人情而可以有濟者也。夫應熊亦謂非人情，故不可用。夫徇情與順情，名同而實異；振作與操作，事近而用殊。今廷臣縱乏人，奈何使傲很之夫，贊平成之治哉？」帝大怒，下詔獄，鎮撫曰：「新進妄言耳，無他肺腸。」正宸仰面曰：「新進直言則有之，未妄也。」科臣同力救之，止革職。

及賊犯鳳陵，帝怒應熊曲庇鳳撫，廷臣遽以正宸薦，體仁抑之。應熊敗，議起廢，吏部條上百餘員，帝曰：「中何以無正宸邪？」親筆取十二人，而乙名其間。正宸甫復官，即疏謝，歷言左右萺闒，宰執上下，惜身家，保禄位，關通内侍，名爲線索，其言不可信。帝親標其疏，令通行嚴飭，於是閣臣、内官咸切齒。西廠中官專横，羅織人罪，公卿以下仰鼻息，倖苟免。京師無賴子弟竄身入籍，白鞾帶刀，攫市井金錢，每一符下郡縣，無不滅門者。正宸疏陳，帝心動，硃筆勒西廠字，付閣票旨，閣臣懼璫責，擬以不合，三上三改，尋罷廠。

其鄉舉時主試姚明恭，嘗以鄉人謀官吏部爲屬，力卻之。故輔周延儒，會試座師也，朝議起用，正宸曰：「不聞處爲遠志乎？」延儒聞而大憾。旋掌吏科，而延儒適入。壬午，元旦，朝賀畢，宣延儒上殿，帝東嚮揖，稱先生，曰：「先生其輔朕，朕將端冕以求。」正宸遂讙呼，入頌聖德，且責閣臣以報稱，累數千言，帝歎賞稱「漢子」。而延儒見疏，大驚曰：「是劾我也！」嘗過其居，執手曰：「朝廷事大家可爲，何必執意見以與物忤？」正宸曰：「正宸亦惟視大家事，故不敢徇私。」延儒色變。舊輔馮銓，延儒姻家，將復以冠帶，正宸復爭之，延儒大怒曰：「我固無師生已，而欲我無姻親邪？」既而推舉，閣臣欲驟用魏藻德，召中左門，語不合，延儒譖之曰：「正宸與尚書李日宣等把持枚卜，罪不赦。」次日，召平臺賜食，羣臣叩頭訖，帝呼日宣、正宸及左都御史房可壯、侍郎宋玫等大詬之，叱衛士捽頭褫衣冠，縛出午門，候處分。漏下，傳付法司拷訊。内奄捕諸家奴之送槖饘者爲詗察獄情。牘具，擬杖贖，中旨加日宣等遣戍，正宸遂編管均州。

甲申，三月，太常吴麟徵遷掌科，薦以自代，命甫下，而京師陷。偕劉宗周號哭荷戈，趣浙撫黄鳴駿發喪出師，鳴駿謝之，乃出召募義旅，將發，而弘光帝立，召復故官。疏言：「今日江左形勢，視晉、宋爲更難，當事者泄泄偷息，處堂自娱。兩月以來，聞文吏錫鞶矣，不聞獻馘；武臣私鬬矣，不聞公戰；老成引遁矣，不聞敵愾；諸生捲堂矣，不聞請纓。如此而曰興朝氣象，臣雖愚，知其未也。今惟有進取爲第一義，進取不鋭，則守禦必不堅。比者河北、山左忠義響應，各結營寨，多殺僞官，爲朝廷効死力，不及今電掣星馳，倡義伸討，是靡天下之氣，而坐失事機也。宜急檄四鎮渡河，聯絡河北、山東諸路，齊心協力，互爲聲援，使兩京路通，而後塞井陘，絶孟津，據武關，以攻隴右，恐賊不難旦夕殄也。陛下宜縞素誓師，駐蹕淮上，聲靈所及，人切同讐，虎豹貔貅，勇憤百倍。今部院寺司各署，不稱行在，而工作煩興，議者已占陛下志圖偏安，天下事變，皆生意外，將何以待之？宜嚴敕諸大臣速簡爾車徒，某舊額，某新增，水幾何，陸幾何；速備爾芻糗，幾何本，幾何折，主幾費，客幾費；選爾將帥，某堪監纛，某堪分閫；審爾形勢，某地建鎮，某地設堡，某處埋伏，某處出奇；修爾干戈，繕爾城塹。進寸則寸，進尺則尺，阨險處要，大勢已得。天下大矣，不患無人，臣未見張、岳、韓、劉之傑，不應運而出也。」上不能用。

馬士英欲以中旨起阮大鋮，先内傳張有譽爲户部尚書，正宸封還詔書，以有譽雖賢，而傳陞之弊必不可啓，抗疏力争。旋安遠侯柳祚昌受士英旨，薦用大鋮，正宸又力争，且曰：「朝廷如此舉動，邸報流傳，見臣姓名尚挂仕版，必相顧駭愕，謂負掖垣職掌，萬死何辭。乞放臣歸里！」

正宸清嚴方正，爲清流所倚賴，同官沈允培常言：「章君不特怒時可畏，即笑時亦可畏也。」士英輩忌之甚，轉爲大理寺丞，實奪其言路也。已見國事日非，乞假歸。

魯王監國，起吏部左侍郎，不受，仍署舊官。明年，起兵，事敗，溺水不死，自經又不死，遂以僧服遯，不知所終。

羅萬象，崇禎末官南户科給事中。弘光時，勳臣劉孔昭訐吏部尚書張慎言於朝，慎言立班不辨，萬象争之曰：「慎言生平具在，安得目爲奸邪！」朝罷，即疏言：「首膺封爵者，四鎮也，新改京營，又加二鎮銜，何嘗不用武臣？年來封疆失事之法，先帝多寬武臣，武臣報先帝者安在？祖制以票擬歸閣臣，以參駁歸言官，不聞委勳臣以糾劾也。使勳臣得兼糾劾，文臣可勝逐哉！」

尋命太監王肇基督催閩、浙金花銀。肇基，即崇禎時監視宣、大之王坤也。萬象疏論之，肇基即辭止。已馬士英薦阮大鋮，令冠帶陛見，萬象言：「輔臣薦用大鋮，或以愧世無知兵者。然大鋮實未知兵，恐燕子箋、春燈謎即枕上之陰符，而袖中之「黄石」也。伏望許其陛見，以成輔臣吐握之意；禁其復用，以杜邪人覬覦之端。」

時御史王孫蕃亦疏劾孔昭、大鋮，有直聲。久之，忽自言定策功，爲孔昭所駮，論者鄙之。南都亡，俱不知所終。

左光先，桐城人，光斗弟也。崇禎時，以御史巡按浙江，與平許都之亂。弘光時，阮大鋮冠帶陛見，光先疏言：「大鋮線索逆黨，殺臣兄光斗及魏大中、楊漣。士英云，冒罪特舉，明知無復有罪之者矣。皇上忍改先帝之政，臣忍忘不共之讐邪？」既而許都餘黨復亂，大鋮黨乃以光先激變逮問，光先間行走徽嶺，緹（綺）〔騎〕索不得，乃止，不知所終。

吴适，字幼洪，號静齋，長洲人。崇禎丁丑進士，以知縣行取。南都立，官户科給事中，疏言維新五事：「一曰信詔旨。朝廷之有綸綍，所以彰示臣民，俾知遵守。邇因事變錯出，前後懸殊，用人之途，始慎而繼以雜；誅逆之典，初嚴而終以寬。禁陳乞矣，而矜功、誦冤者章日上；重爵賞矣，而請蔭、乞封者望日奢。鎮帥屢責進取，而逡巡不前；軍需頻督轉輸，而庚癸如故。欲期畫一，宜重王言。一曰核人才。人才爲治道所從出，頃者典籍無稽，錢神有徑。人思躍冶，初任輒冀清華；官多借題，行間每增監紀。羶逐之謀愈切，卸擔之術偏工，起廢而薰蕕並進，懸缺則暮夜是求，以致薦牘日廣，啓事日登。今後求才務寬，用人務覈，寧重嚴於始進，毋追恨於僨轅。一曰儲邊才。將帥之略，豈必盡出武途？如唐之節度使，文武兼用，内外互遷。請飭中外：蓬蓽之彦，非韜鈐之略勿講；辟舉之選，非軍旅之才勿登。技勇騎射，日日講求，共激同讐，以振積懦。一曰伸國法。陷北諸臣，已有定案，但恐此輩輦金求翻，既以寬其不死者，昭皇上之浩蕩，尤當以絶其覬用者，明臣子之大防。一曰明言責。祖宗設立六垣，與六部相表裏，是故糾彈之外，復有抄參。倘掖垣僅取充位，則白簡只貴空懸。抄發本章，一胥吏事，豈先王設官意哉？望陛下亟進讜言，見諸施行，毋批答徒勤而實効罔著。」又疏言：「國恥未雪，陵寢成墟，豫東之收復無期，楚、蜀之摧殘頻甚。又況畿南各省，到處旱災，兼之臣鄰消長多虞，將帥玄黄搆釁。伏惟陛下始終兢惕，兼倣祖制，早、午、晚三朝，勤御經筵而親儒臣，尚茅茨而省工作，嚴爵賞而重名器。諸凡無藝之征，一概報罷，被災之地，確覈酌緩，墨吏必懲，蠹胥必殛。根本之計，孰大於此！」尋又疏請：「定期日講，俾博聞有道之臣，朝夕左右，舉行午朝，俾閣部大臣以及臺垣散秩，咸得躬膺清問。即於披對之餘，採疾苦以疏民隱，核功罪以勸疆臣，明是非以黜邪佞。」及姜曰廣、劉宗周去位，适又抗疏言：「曰廣、宗周歷事五朝，忠心亮節，久而彌勁，應亟賜留。」疏入，皆不聽。

有上書言開化德興雲霧山可開採助國者，太監李國輔具疏請往。适疏言：「雲霧山即封禁山，北通徽、池，南連八閩，東抵衢、嚴，西界信州。唐、宋以來，每爲盜藪。其間深谷窮淵，虎狼接迹，險阻極目，無徑可攀。且地接祖陵龍脈，爲神京右臂，歷朝禁止樵牧，封禁所由名也。英宗初年，遣官採木於是，地方棍徒，互相煽惑，攘奪小民，兼多内外官屬供億之費，數邑坐困，民不聊生，近山良民，遂鳥獸散。大盜鄧茂七等聚衆數萬，藉以爲窟，合四省兵力討之，十四年，乃戡定，奉旨照舊封禁。往禍可鑒也。臣竊以界通四省，境地相歧，内阻峻嶺，外多絶谷，緜延重疊，箄路崎嶇，封禁既久，開鑿維艱，不便一。林莽高深，重嶂疊峰，毒蛇猛獸，生育繁滋，一旦開伐，奔突狂噬，傷人必多，不便二。邃深幽奥，迴絶恒區，水不通舟，陸難移運，不便三。乘傳驛騷，有司困於供億，誰籌正賦？且吏胥假公行私，何所不至，而力田小民，棄本逐末，消磨歲月，土田有荒蕪之慮，力役多死亡之憂，不便四。興朝舉動，天下仰望，以卜安危，今以無益害有益之事，而特遣重臣，摇動人心，傾危四省，垂之青史，貽譏後世，不便五。遠邇傳聞，必且蜂屯蟻聚，兢營巢穴，居奇召禍，約束無方，是使盜賊復生，而殺戮再見，不便六。況臣訊之父老，僉云此山地連陵寢，自正統初開伐，致傷地脈，釀土木之難，洩山川靈氣，不便七。舉此數端，有害無利，伏惟陛下採擇！」國輔亦疏請中撤，俱不許。馳視，如适言，報罷。

時忻城伯趙之龍薦陳爾翼，适抄參爾翼頌魏忠賢、薦崔呈秀，不可用。之龍再疏争之，适言：「祖制科臣專封駁之權，未聞勳爵參駁正之司。勳臣黨邪求勝，不幾背明旨而蔑祖訓乎？」尋安遠侯柳祚昌薦程士達督理京營，适抄參：「祚昌非有標營之責，何得侵樞戎職，奪銓部權？」懷慶知府郭儀鳳疏言掛冠勤王，且誣巡撫方震孺貪狀，适駁參：「郡守無勤王之例，掛冠非入援之名。儀鳳不候憲檄，非奉明綸，擅離職守，飾詞妄瀆。察撫臣清執有素，儀鳳穢迹著聞，必懼題參，先行反噬，自應嚴究，以杜刁風。」光禄寺署丞張星疏求考選科道，适參：「星以縣令躁進，掛察典，不惟清華望斷，亦已仕進階絶，無端幻想，欺君實甚。」中書舍人張鍾齡以監軍請給部銜，适參：「職方何官？監軍何事？若果報國有心，何官不可自效！藉口贊畫，輒請高銜，躁進尤甚。」保定侯勳衛梁世烈請襲爵，适參：「國難以來，雖王侯重臣，悉罹鋒刃，而其間脱身圖存、埋名溷俗者，固亦不乏。該勳何以逆料其家之必殲，而忍以子嗣乎？萬一本宗匹馬來歸，將奪諸該勳而授之乎，抑姑仍之且兩封乎？該勳世受國恩，誠恢復有志，何難倡諸勳舊，破家從軍，上爲先帝復讎，下爲諸勳雪恥。爾時訪問本支有無存否，然後請諸朝命，光復祖爵，不亦休乎！昔李晟收復長安，令軍中五日内不得輒通家信，今長安未復，非諸臣問家之日也。」尋遂安伯勳衛陳濬請襲，适又參：「自都邑變遷，山河阻絶，世次無憑，單詞莫信。該勳一請再請，視五等之封，同土塊之乞，將與菜傭都督一辭，告身可以乘時拾芥而攘取乎？」适於疏劾抄參，不少假借，而部臣竟置不理，旋駁旋用，於是職掌掃地矣。

迨左兵犯闕，适疏參：「總兵牟文綬縱兵譁掠，致建德、東流摧陷，方國安於銅陵西關及南陵城外，聚兵攻擊，赤子何辜，遭此塗炭，此與叛逆何異？」蔡奕琛票旨切責，謂适巧爲左良玉出脱，下之獄。張孫振言适爲東林嫡派，復社渠魁，宜速正兩觀之誅。會南都亡，适乃遯去，不知所終。

李模，字子木，太倉州人。（承禮謹案：原稿一本用南疆繹史本傳，作吴縣人，按紀年亦作吴縣人。）天啓乙丑進士，知東莞縣，有聲，行取御史，以巡按真定劾分守中官，謫南京國子監典籍。

弘光時，勳臣以翊戴功交鬨於朝，尋進階蔭子，内監韓贊周、盧九德與焉。模疏曰：「今日諸臣能刻刻認先帝之罪臣，方能紀常勒卣，蔚爲陛下之功臣。日者廟廷之爭，幾成鬧市，傳聞遐邇，不免輕視朝廷。原擁立之事，皇上不以得位爲利，諸臣何敢以定策爲名？甚至侯、伯之封，輕加鎮將。夫鎮將事先帝未收桑榆之效，事陛下未彰汗馬之績，按其實，亦在戴罪之科，而予之定策勳，其何以安？倘謂勸進有章，足當夾輔，抑以勗勉敵愾，無嫌溢稱，然而名實之辨，何容輕假。夫建武之鄧禹，猶慙受任無功；唐肅宗之郭子儀，尚自詣闕請貶。願諸大臣立志倡率中外，力圖贖罪，必大慰先帝殉國之靈，庶堪膺陛下延世之賞。一概勳爵，俱應辭免，以明臣誼。至於絲綸有禮，勿因大僚而過繁；拜下宜嚴，勿因泰交而稍越；繁纓可惜，勿因近侍而稍寬。然後綱維不墮，而威福日隆也。」疏入，報聞。尋復爲河南道御史。

馬、阮亂政，歎曰：「事不可爲矣！」請告歸，里居三十餘年而終。

喬可聘，字君徵，寶應人。天啓壬戌進士，官御史。崇禎時，出按浙江，行部至金華，水漲舟阻，索挽夫不得，蘭溪知縣盛王贊持手版，立雨中，大聲曰：「村民方事東作，縣令請以身代役。」可聘立乘肩輿冒雨去，而薦縣令於朝，時人兩賢之。尋以屬吏坐贓敗，貶三秩。

南渡，起故官，掌河南道事，疏陳宜罷廠衛、停燕飲，不省。御史黄耳鼎外遷，疏詆都御史劉宗周，牽連朝士甚衆，可聘言：「宗周正色立朝，實社稷臣。耳鼎厭外轉，盡誣善類，以暢己私，非人臣也。請以耳鼎所轉官换臣爲之！」事乃止。

御史黄澍之面劾馬士英也，士英銜之入骨，而澍按湖廣有穢聲，故錦衣衛劉僑希士英旨，訐之。章下法司，宗周怒僑，將救澍，可聘曰：「僑希時相旨，固也，而澍貪亦有跡，請行巡撫何騰蛟覈奏。」時謂得體。宗周初劾臺臣從賊者三十三人，及李沾代事，欲翻其議，可聘抗不可。其在臺班，與掌科章正宸持論侃侃，羣小憚之，乃起戍籍張孫振爲河南道。孫振貪横，與馬、阮比陵，厲出沾上，凡壞法亂紀事，争先爲之，臺綱始掃地矣。

左良玉犯闕，士英盡撤江北兵以禦。時我大清兵日逼，可聘與大理少卿姚思孝、御史成友廉合疏乞留江北兵固守淮、揚，控扼潁、壽，命劉良佐還鎮。士英於御前戟手詈之，舉朝氣懾。南都亡，歸老於家。

姚思孝，字永言，江都人。崇禎戊辰進士，改庶吉士，授給事中。以言事忤旨，謫江西布政司照磨，遷南京助教，陞太僕寺丞。弘光時，轉光禄少卿，再轉大理少卿。阮大鋮之搆僧大悲獄也，思孝在五十三參中。獄成，未上。左良玉犯闕，馬士英調黄得功、劉良佐禦之，淮、揚空虛，我大清兵乘之南下。上召對羣臣，思孝與尚寶卿李之椿、御史喬可聘、工科吴希哲合詞請備淮、揚，上意然之，而士英厲聲謂皆良玉死黨，爲遊説，不可聽，議遂罷。後爲僧終。

李清，字映碧，揚州興化人，大學士春芳五世孫，禮部尚書思誠之孫也。舉崇禎辛未進士，授寧波府推官，擢刑科給事中。請宥績溪李世選假敕之獄，遷工科左給事中，出封淮南。

會國變，復命南京，進本科都給事中。上言：「陛下自中州播遷後，櫛風沐雨，備極辛苦，漢光武之不忘麥飯、豆粥，唐太宗之不忘質衣、僦舍，皆從安樂憶艱難，以勵儉也。陛下亦宜持此自勵，則安不忘危，侈源塞矣。否則奢用必至多藏，多藏必至厚斂，厚斂必至煩刑，恐全盛之天下，膏血亦殫，況今日乎。乞申飭内外，廢無用之金玉，罷不時之傳奉，勿謂奢小而爲之，勿謂儉小而不爲，則宗社幸甚，臣民幸甚！」又言：「當今各鎮自爲守土計，增設兵馬，需求器械，曾不念司農之艱；各監局辟爲御用計，增索金錢，務求華靡，曾不顧司空之匱。公私交困，何以應之？乞敕各部察現徵之數，通行會計，量入爲出。」皆報聞。

是時，廟堂但修文法，飾太平，無復有報讐討賊之志，而清於其間，亦請追謚開國名臣，武、熹兩朝忠諫諸臣，加成祖朝姦諛大臣胡廣、陳瑛等惡謚，更請追封馮勝、傅友德爲王，賜之謚，皆議行。懿文太子時已尊爲孝康皇帝，清請與興獻並祀别廟，奉孝宗爲不祧之宗，不聽。北都之陷，鎮遠侯顧肇迹等十五人爲賊所殺，勳臣朱國弼等請如殉難例，贈蔭廟祭。清言：「肇迹等或禁或拷，半膏賊刃，非殉難也。同時文臣如内閣邱瑜、方岳貢等何嘗不以拷、禁死，而褒譏相半，祠祭猶懸，何獨文武異施？」乃已。又請裁宫中獸炭，歲省費一千八百餘金。議者謂時政雖亂，言官尚有權，惜所争者細，無裨大計也。

清在省中，號爲清正，嘗陳内治之説，引規時事，言：「子胥之揣句踐曰：『爲人能辛苦。』何謂辛苦？毋荒於燕觴，毋荒於瓊宫、瑶臺、南金、和寶是也。」

明年，二月，晉大理寺卿，請改思宗廟號，修實録及惠宗實録，並允之。四月，遣祭南嶽。南都亡，歸隱於家，以著述自娱，閱四十年乃卒。

錢敬忠，字孝直，鄞縣人，萬曆己未進士，臨江知府若賡子。若賡初官禮部，論選妃事得罪神宗，幾不免。既出守，以會勘張居正所陷故御史狀，權貴誣爲酷吏，詔置之死。法司申救，不得；臨江士民數千人連年赴闕，亦不得。閣臣請緩決，遂長繫獄者三十有七年。

若賡三子皆授經於獄。下獄時，敬忠祇一歲。既成進士，不赴大對，爲文誓墓、省父還，具疏籲冤，至千萬言。會熹宗新即位，廠臣尼之，乃自囚服，泣血跪午門前，丐閣部諸臣轉請江右人之在官者徐良彦、姜曰廣、吳士元輩爲出公揭，同榜生姚希孟、孔開運、陳子壯等亦力與當道謀，刑部尚書鄒元標促議，以入，得旨：「汝不負父，將來必不負朕。准將若賡免死，放還鄉里。」遂馳赴江西，奉父歸浙。

壬戌，補奉大對，謁選，授刑部主事，尋以憂歸。璫禍熾，服闋不起，座師馮銓招之，絶不往。後南都御史沈希韶疏言：「敬忠泣血長安，精誠上通帝座；馮銓炙手可熱，而不肯一爲俯首，如水不波。宜亟加擢用，以重學使銓衡之選。」詔起原官。會以母田氏病，乞休。奉母幾二十年，再補原官，出知寧國府，已罷還。

崇禎十七年，五月，南都立，敬忠以六月朔上疏，凡千數百言，略曰：「皇上所親遘之難，與三月十九日爲開闢未有之變，纔一念及，則蹐地跼天，行屍走肉，不覺魄已離魂，生不如死。獨念國破君亡，雖陵寢震驚，鐘簴非故；而皇上淵躍天飛，依然有君。則自監國以來，登基以後，皇上一大事因緣，朝野一正經題目，除卻討賊復讐外，更無與爲第二義者。今觀舉朝諸臣，似以三月十九事亦未爲地覆天翻、千古非常之奇變也。如以爲奇變，當必有洗胃刮腸一番痛心之設施。乃兩月來立綱陳紀，張官置吏，亦既濟濟彬彬，章滿公車，言滿朝聽；而討賊復讐一事，未聞有痛哭流涕，爲皇上一贊決者，亦未見有單肩赤脊，爲皇上一亟圖者。臣不敢深言，亦不忍深言。百年以來，功利之毒，淪入骨髓，已成膏肓，乃有書破萬卷，官躋一品，未識『君父』二字者，致有今日。以今日世道人心，恢復大事，諸臣已不足恃，獨有皇上不共戴天一念，果可徹地通天，反風卻日，決不愁神靈不護訶，羣力不輻輳也。臣昧死，請我皇上無煩再計，不俟終朝，推瞿然失席之情，挺身蹶起，效素服哭郊之事，灑淚誓師，懸詔國門，布告天下，親率敢死之士，一往無前，滅此朝食。四海之内，義稱臣子者，躅貲賈勇以佐軍，現有職司者，練兵轉餉而接濟，萬事不理，單刀直入。即有謂萬乘之孝，與匹夫不同，孤注之危，非萬全良策者，彼雖陳議甚高，吾思吾父，不能顧矣。即今殘破地方，姑置弗論，其未經兵火者，南直十數郡外，江、浙、閩、廣皆雄藩也。誠早以訓練、轉輸專責之，師帥之，任十數萬子弟兵，數百萬糧草，何慮不首尾接應？只須掀翻格套，使鞠鬱盡舒，寬假便宜，令膽智畢吐，庶幾真才爲我作使。若復一瓢衆輿，十羊九牧，徒相與蒿目而憂無兵無餉，真是向飯籮邊愁餓死耳。在事諸臣，必詆臣腐儒，不諳時務，不曰祖宗社稷爲重，必曰輕舉躁動爲殃，臣亦敢不謂然。獨恨功利之毒，自錮錮人，聽其所言，洋洋至理，捫心自揣，或非本懷。從來誤人家國，貽羞千載，何嘗不據一面之理。唯願皇上存敝蹝草芥之心，不緩被髮纓冠之舉，思伍員夜泣之悲，早決枕戈待旦之計，除兇雪恥，遠跡康、宣，抑亦懼亂賊，扶綱常，正人心，息邪説，否則無父無君，不知其所終矣。」得旨：「錢敬忠有何異謀，可足兵食，著再奏！」敬忠溯典引經，復得千數百言，再上之，報聞。已又陳第三疏，備論齊、魯重輕之勢，且云：「廟堂諸老，非有張良之智，裴度之忠，李德裕之才與識，不過以定策而枋國耳。昔者楚、漢之争，勢重在楚，不在漢，比三老董公遮説，義帝之喪發，而天下大勢盡歸重於劉。楚、漢輕重之勢，亦即今日我與賊、及廷臣諸鎮輕重之勢。漢高能早握其機，以成帝業，此我今日君臣所當共念者也。晉欒郤殺厲公，立十四齡之悼公，勢在欒郤，已悼公召羣大夫誓之，稽首唯命，而晉勢得盡歸於公。夫悼公能早握其機，以致中興，此又我皇上今日所當獨念者也。舍此一著，何言宗祐百年，即欲爲皇上圖一身亦無計矣；何言恢復一統，即欲爲皇上保半壁亦無計矣。蓋皇上一失此機，則浸假而移於柄臣，落於雄鎮，且浸假而倒授於賊。今登、萊等處未睹詔書，猶爲我大明堅守，民之思漢可知。乃當事諸臣，四顧躊躇，動憂兵食，且勰勰乎奇謀異計，借箸以籌。此機一失，此勢不回，天下事未知稅駕，偏安且不可得，臣從此不復敢言矣。」敬忠連上三疏，待命逾月，而馬士英輩以其累瀆，終不上，遂怏怏失志歸，自稱崇禎遺臣，臥病不出。

次年，我大清兵渡江，敬忠病甚，每索邸抄讀之，撫膺慟哭，自歎其不幸而言中也。乃勿藥，以六月望後一日卒。生平喜聚書，終日丹黃不倦，手批書至數千卷。子二：光繡、昭繡。光繡自有傳。

小腆紀傳卷第十五

前翰林院檢討加詹事府贊善銜六合 徐鼒 譔

列傳第八

左懋第 袁繼咸 張亮 祁彪佳 子理孫 班孫 吴伯默

左懋第，字仲及，號蘿石，萊陽人。崇禎辛未進士，爲韓城知縣，有聲。父喪，三年不入内，事母盡孝，擢户科給事中。庚辰，大旱，請賑畿南，天果雨。十七年春，奉命督兵湖、襄，聞變，誓師而北。會南京建號，入見，流涕陳中興大計，命以右僉都御史巡撫應天。

時我大清兵屢破闖賊，朝議遣使通好，并册封吴三桂，而難其人。懋第以母喪，請終制，不許。因請使北，詔加兵部右侍郎兼僉都御史，與左都督陳洪範、太僕寺少卿兼職方司郎中馬紹愉偕往，而令懋第經理河北，聯絡關東軍務。紹愉，崇禎時與陳新甲通款事於我朝，爲懋第劾罷者也。懋第疏言：「臣此行致祭先帝、后梓宫，訪求東宫、二王蹤跡，誼不敢辭。但經理、通和，兩事也。如欲用臣經理，則乞命洪範、紹愉出使，而假臣一旅，偕山東撫臣收拾山東以待；如用臣與洪範北行，則去臣河北經理之銜，而罷紹愉勿遣。」皆不許。臨行，又言：「臣此行生死未知，敢願以辭闕之身効一言。臣所望者恢復，而近日朝政，似少恢復之氣。望陛下時時以先帝之讎、北都之恥爲念。瞻高皇之弓劍，則念成祖、列宗之陵寢見有離黍之傷；撫江左之遺民，則念河北、山東之版圖不免陸沈之禍。更望嚴諭諸臣整頓士馬，勿以臣北行爲議和必成，勿以和成爲足恃。必能渡河而戰，始能扼河而守；必能扼河而守，始能畫江而安。」又言：「先帝殉難臣少，由諫諍臣少也。遠如幽、燕之地，勿以在遠而忘；近如汲真之流，勿以逆耳而棄。惟陛下察之！」衆韙其言。齎金千兩，銀十萬兩，幣數萬端，吏卒三千人護行。時史可法駐泗州，與懋第相見，謂曰：「經理具文耳，通和詔旨也。公宜疾行無留。」以故所至豪傑稽首願效驅策者，皆不敢用，慰遣而已。

八月，渡河，次滄州，聞吴三桂已改封平西王，乃遣使以策命先授三桂，喻來意。三桂不發書，緘册上攝政王，王怒。

十月，至張家灣，令以百人入，授四夷館，洪範無言，懋第曰：「夷館授我，是以屬國見待也。我必不入。」争之再四，乃改鴻臚寺，且遣官騎迎之，建旄乘車，肅隊而入。懋第斬縗大經，迎者訝曰：「吉禮也，而凶服將之，可乎？」懋第曰：「國喪也，並有母喪。國喪臣所同，母喪所獨也。」迎者不能詰。

十四日，戊辰，我内院大學士剛林至，戎服佩刀，坐堂上，責朝見，懋第欲以客禮，反覆折辨，聲色俱厲，洪範、紹愉俱戄然色變，乃曰：「此大事，非一日可決，姑徐之。」剛林出，明日索國書，懋第不答，以所齎金幣及陵工之犒先之。時我朝初定中原，中朝故事猶未深晰，所往復辨論者，皆諸降臣之指。而懋第慷慨不撓，剛林歎曰：「此中國奇男子也！」厚爲客禮待之。懋第既不得謁陵，乃陳太牢於寺廳，率將士喪服三日哭，攝政王聞而益重之。

已而悉歸使臣，甫出京，抵滄州，忽追懋第及紹愉還，獨遣洪範歸。蓋洪範已潛納款，請身赴江南招劉澤清，且請留懋第勿遣也。改館懋第於太醫院。久之，上我攝政王啓曰：「某奉命通好，無故羈我使臣，則後之持節者誰復不避險阻，以勤國事？」不報。

明年，正月，滄州將士劉英、曹遜、金鑣入見，懋第曰：「生爲明臣，死爲明鬼，我志也。」因以蠟丸奏之，未至，而南都陷。懋第聞變，慟哭。從弟懋泰，以投降授官者，來勸降，懋第叱之出，曰：「汝非我弟也！」

閏六月，十五日，以江南平，再下薙髮令，副將艾大選首自髡，懋第怒殺之。十九日，收下獄，參謀兵部司務陳用極、游擊王一斌、都司張良佐、王廷佐、守備劉統俱從入。守者來訊，懋第曰：「我頭可斷，髮不可斷！艾大選違我節度，我自行我法，殺我人，與若何與？」

越日，攝政王見之內朝，數以僞立福王、勾引土賊、不投國書、擅殺總兵、當庭抗禮五大罪，懋第侃侃不屈。攝政王顧在廷漢臣云：「何？」陳名夏曰：「爲福王來，不可赦。」懋第曰：「汝先朝會元，何在此？」金之俊曰：「先生何不知興廢？」懋第曰：「汝何不知羞恥？」攝政王揮出斬之。臨刑，顧用極等五人曰：「悔乎？」用極曰：「求仁而得仁，又何怨？」懋第南向再拜曰：「臣等事大明之心盡矣！」題絕命詞云：「漠漠黃沙少雁過，片雲南下竟如何？丹忱碧血消難盡，蕩作寒煙總不磨。」端坐受刑，五人同見殺。

是日，風沙四起，捲市棚於雲際，屋瓦皆飛，觀者泣下。門下士葬之彰義門白馬寺。陳用極，崑山人，王一斌，寧國人，張良佐、王廷佐、劉統皆上元人。我朝賜懋第專謚曰忠貞，用極通謚曰忠節，一斌、良佐、廷佐、統俱節愍。

袁繼咸，字季通，號臨侯，宜春人。天啓乙丑進士，授行人，遷廣東道御史，以監會試疎縱，謫南京行人司副，遷禮部員外郎。

癸酉，典廣東鄉試，遷山西提學。科臣李世祺以劾温體仁左遷，繼咸未出都，上言曰：「養雞欲鳴，養鷹欲擊。今鳴而箝其口，擊而紲其羽，臣所深憂也。」中官張彝憲總理户、工二部，檄諸曹郎以謁尚書儀注見，繼咸争之曰：「士有廉恥然後有風俗，有氣節然後有事功。今諸臣未覲天子之光，先拜内官之座，安得有廉恥邪？」崇禎帝切責之。

既蒞任，巡按御史張孫振以請託不應，銜之，誣劾以贓，逮問。陽曲諸生傅山者，以學行師表晉中，約其同學曹良直等詣闕訟冤，得釋。由武昌參議薦陞鄖陽巡撫，以賊陷襄陽，逮問遣戍。

明年，起總理河北屯政。大學士吴甡將出視師，議設總督於九江，加繼咸兵部右侍郎，兼右僉都御史，總督九江軍務。至蕪湖，遇左良玉索餉東下，繼咸激以忠義，挽良玉西行。時張獻忠蹂躪楚地，繼咸指江中屍，示良玉曰：「將軍忍見此乎？」左變色。因責之曰：「將軍功雖多，過亦不少。朝廷不督過之，一歲兩遣中使宣諭，開國徐中山所未有也。奈何不圖報稱？且人孰無死，張睢陽死，賀蘭進明亦死，吾寧爲睢陽死，不爲賀蘭生也。」良玉大感動，遂旋師復武昌。

繼咸至九江，申明軍實，聯絡柯、陳諸大姓兵，扼瑞州，窺賊所向。會吳甡得罪，又改屯田，以呂大器代之，與良玉不睦，軍中大鬨。帝曰：「今日袁，明日呂，諸臣何紛紛也？」乃復以繼咸代大器。

京師陷，史可法遣人約勤王，繼咸遽率師至安慶，而福王監國詔至。繼咸慮良玉左右無正人，必生異議，亟致書言福王倫序之正，邀同入朝。良玉得詔，果不拜，聞繼咸言，開讀如禮。既晉四鎮伯爵，繼咸入見，面陳：「封爵以勸有功。無功而伯，則有功者不勸；跋扈而伯，則跋扈者愈多。」上深然之。繼咸又言：「皇上即位之初，雖以恩澤收人心，尤當以紀綱肅衆志。蓋君德剛毅爲先，不可使太阿倒持。竊慮冬、春之間，淮上未必無事，臣雖駑，願奉六龍爲澶淵之行。」上有難色。閣臣姜曰廣在側，曰：「所言非遽爲此事，要不可不存此心。」又詣榻前密奏曰：「左良玉雖無異圖，然所部多降將。陛下初登大寶，人心危疑，意外不可不防，臣當馳還汛地。」上是之。

繼咸赴閣，責史可法不當封高傑等，疏陳政治守邦大計，言：「金陵之界限在大江，而淮南、江北爲之屏蔽；金陵之咽喉在潯陽，而湖南、襄、樊爲之門户。今淮南、江北無恙也，叛將潰兵盤踞其間，小民囂然，喪其樂生之心，此不可不加意措置。湖南新經喪亂，千里蒿萊，宜遣重臣撫治，選補廉吏，緝和難民，招徠商賈，通巴蜀、黔、粵之貨。襄陽爲古今必争之地，必設重鎮，重鎮必宿兵，兵必責餉，修城置器，諸費不貲，皆不可不早計也。夫襄、樊守，則可由宛、葉以圖關中；淮南、江北守，則可由歸、德以圖河南，亦可由彭城以圖河北。攻守之大勢如此也。」又言：「致治必先得人。高宗知李綱、趙鼎之賢而不能用，用而不能信，而以汪伯彥、黄潛善、秦檜、湯思退諸小人參之，以致主勢日卑，親恥不雪，其得偏安一隅，猶幸耳。國難雖殷，老成未謝，以臣所知，若劉宗周、吴甡、黄道周、楊廷麟、葉廷秀諸人，著名先朝，至今思其議論，於後之禍敗，灼如蓍龜，使先帝早用其言，豈有今日？」馬士英以爲刺己，深恨之。

會湖廣巡按御史黄澍監良玉軍，挾其勢劾士英罪可斬，士英遣緹騎逮之，澍乃諷將士譁，繼咸爲留江漕十萬石、餉十三萬金給之，且代澍申理。劉澤清之誣奏姜曰廣也，繼咸又馳疏申辨。士英愈怒，欲敗壞其事，凡所陳奏及題用監司郡縣官，悉停寢。而阮大鋮在兵部，於繼咸奏調部將，必俟行賄，方給敕印。由是諸將愈解體。

先是楚將楊國棟、張先璧、黄朝宣等潰兵數萬人劫掠蘄、黄間，繼咸陰以恩撫之，使無爲良玉用，疏請湖南總督速蒞任收士卒心。而士英不聽，令良玉鎮全楚，良玉得盡收先璧等軍，勢愈張。繼咸貽書朝臣：「左兵不可不備，宜稍加督撫權，示相維勢。」士英終不省。

繼咸乃因賀元旦上疏曰：「元朔者，人臣拜手稱觴之日，陛下當以爲嘗膽臥薪之時。念大恥未雪，宜以周宣之未央問夜爲法，以晚近長夜之飲、角觝之戲爲戒，省土木之工，節浮淫之費，儆諭臣工後私鬭而急公讎。臣每歎三十年來，徒以三案葛藤不已，要典一書，先帝已經焚毁，何必復理其説？書未進，亟寢之；書已進，亟毁之。至王者代興，從古亦多異同，平、勃迎立漢文，不聞窮治朱虚之過；房、杜決策秦邸，不聞力究魏徵之非。固其君豁達大度，亦其大臣公忠善謀，翊贊其美。請再下寬大之詔，解圜扉疑入之囚，斷草野株連之案。」上降旨俞其言。而士英等方以要典排善類，益不喜，裁其餉六萬，軍中有怨言。繼咸爭之，不得；因力求罷，又不許。

黄澍再被逮，不至，袁弘勳因劾繼咸庇護三案，公然忤逆。繼咸疏辨。上曰：「袁繼咸身任封疆，自有本等職業，不必藉題尋釁。」

會繼咸議造戰艦，檄九江僉事葉士彦於江流截買材木，士彦家蕪湖，與諸商暱，封還其檄。繼咸恥令不行，疏劾士彦。士彦同年御史黄耳鼎亦劾繼咸，疏中有「繼咸心腹將校勸良玉立他宗，良玉不從」之語，蓋欲搆繼咸於良玉也。而良玉常以不拜監國詔自疑，聞耳鼎疏中語，益懼，因上疏明與繼咸無隙，耳鼎受人指使，且言要典宜再焚，上諭解之。由是羣小益銜繼咸，將召入害之，推爲刑部右侍郎。上曰：「彼地須繼咸耳。」不允。又推爲户部右侍郎，上慮無以牽制良玉，亦不許。

已而有北來太子事，繼咸疏言：「太子居移氣，養移體，必非外間兒童所能假襲。王昺原係貴族，高陽未聞屠害，何事隻身流轉到南？既走紹興，於朝廷有何關係，遣人蹤跡召來？望陛下勿信偏詞，使一人免向隅之悲，則宇宙享蕩平之福矣。」又疏言：「東宫真僞，亦非臣所能臆揣。真則望行良玉言，假則請多召東宫舊臣識認，以釋中外之疑。」疏未達，而良玉軍已東下矣。

初，繼咸聞闖賊南渡，令其部將郝效忠、鄧林奇等守九江，自統副將汪碩畫、李士元等援吉安。甫登舟，而左兵至，復還。士民泣言：「我兵不及十之三，激之，禍且不測，且令諸將斂兵入守。」繼咸曰：「入城示之弱，不可。」良玉抵北岸，書來願一握手爲别。繼咸至其舟，言及太子事，良玉大哭，袖出太子密諭，集諸將盟。繼咸正色曰：「先帝舊德不可忘，今上新恩亦不可負。密諭從何來？公今以檄行之，是讐國也，請改爲疏！」良玉不得已，約不破城，駐軍候旨。繼咸歸，集諸將城樓，涕泣曰：「兵諫非正也。晉陽之甲，春秋所惡，我可同亂乎？當與諸君城守，以俟朝命。」而兩營諸將有相通者，左營蘉入縱火，袁營裘世勳、郝效忠夜半斬關出。繼咸冠帶欲自盡，黄澍入，泣拜曰：「寧南無異圖，公以死激成之，大事去矣！」副將李士春亦密白繼咸：「隱忍到前途，王文成之事可成也。」繼咸乃止，出城欲面責之，而良玉病革，尋死。乃勸其子夢庚旋師，不聽，則已與黄澍輸款於我大清矣。

繼咸遣人語部將鄧林奇、汪碩畫、李士元等毋爲不忠。林奇等避湖中，遣逆繼咸，而繼咸爲郝效忠所紿，赴其軍，劫之北去。軍中自銘曰：「死事也易，成事也難；爲嬰弗克，爲臼維艱。張死匪先，許死匪後；臣心靡他，靖獻我后。」抵大勝關，我豫王傳語袁總督隨行，與以大官作，又自銘曰：「大官好作，大節難移。成仁取義，前訓是依；文山、袁山，仰止庶幾。」袁山，繼咸自號也。見豫王，長揖不拜，爲設宴，不飲亦不言。在道自縊，不死；絶粒八日，又不死。入京就館，内院學士剛林勸之朝，且曰：「朝廷爲明討賊，今賊未絶，君入仕，可爲明帝報讐。」繼咸曰：「討賊，新朝之惠也。今弘光何在，而臣子圖富貴乎？」剛林又言弘光不道事，曰：「君父之過，臣子何敢知！」乃改館，邏卒守之。幅巾衲衣，兀坐讀書，終不薙髮。

明年，六月二十四日，出至菜市就刑，曰：「吾得死所矣！」年四十九。鄉人李元鼎爲我兵部右侍郎，收其骸骨歸袁州。子一藻，不仕，亦早卒。我朝賜專謚曰忠毅。

張亮，四川人，崇禎某科舉人，歷官榆林兵備、參議，有能聲。薦改安廬兵備，討賊有功，擢右僉都御史，巡撫其地。南都立，亮疏言：「南北只隔一河，賊若從山東來，則淮、徐據黄河之險，我能守之；若從河南來，則無險可守。今茫無稽察，致壟斷者飽載而販於賊巢，濱河者所司何事，而疎玩若此哉？乞飭嚴加盤詰販賣者，治以通賊之罪。」又言：「賊勢可圖，請解職視賊所向，督兵進討。」而馬士英意殊不在賊，詔亮還任。明年，四月，左夢庚陷安慶，被執，挾與俱北，乘間赴水死。我朝賜通謚曰忠節。

祁彪佳，字幼文，一字弘吉，又號虎子，山陰人。年十七，舉於鄉。又四年，成天啓壬戌進士，授興化府推官，吏易其年少，操土音侮之。彪佳買二龘婢密詢之，浹旬，升廳事，遍召諸吏，聲其罪，衆驚以爲神。故事：巡按御史率倚推官爲耳目，其胥吏奸惡無問者。彪佳倡議訪犯先從推官左右始，人服其公，政績大著。遭父喪，去職。

崇禎初，擢福建道御史，進封事，略云：「凡文武内外大小諸臣，必使之安其位，而後盡其心。邇來六卿、九列之長，詰責時聞，引罪日見，因而周章急遽，救過不遑。竊恐當事諸臣，怵於嚴旨，冀以迎合揣摩，善保名位。臣所慮於大臣者此也。人才中下參半，藉上感發其忠義，鼓舞以功名，今司道有司，或欽案之累由人，或錢穀之輸不足，降級住俸，十居二三。必至苟且支吾，急功赴名之心，不勝其掩罪匿瑕之念。臣所慮於羣臣者此也。陛下聞鼓鼙而思將帥之臣，倘得真英雄，即推轂設壇，夫豈爲過；或奬拔之術未盡，則冒濫之竇將萌。臣所慮於武臣者此也。陛下深懲惰窳，特遣内臣，撫按之事，多令監視。正恐同罪同功，反使互蒙互蔽，開水火之端其患顯，啓交結之漸其患深。臣所慮於内臣者此也。」忤旨切責。

軍興，上合籌天下全局疏，帝善之，下所司，出按蘇、松。宜興翰林陳于鼎、陳于泰暴於其鄉，民乃聚焚其廬，發其祖墓，併及首輔周延儒祖墓，洶洶不散。彪佳單騎往捕，治如法，而於延儒無所徇，延儒憾之。吴中姦民結黨，立「天主」名號，横行鄉里，有司不能制。彪佳廉得其魁四人，召紳士父老會鞫城隍廟，杖殺之。民大稱快，表禮郡中。清修之士歸子慕、朱升宣、張基等奉羊酒鼓吹騎從，到門以見，並疏其學行於朝，請授翰林院待詔。士林以爲盛事。

既而回道考覈，延儒風主考者鐫一級，帝察其無罪，祇令降俸。尋請終養，歸從劉宗周遊，其學益進。家居九年，母服闋，召掌河南道事，請留宗周表率百官。又以京察不當，面斥吴昌時。於朝十六年，佐大計，絶請謁。尋以刷卷南畿，乞休，不允，便道還家，聞京師陷，慟哭赴南都。

福王至，羣議援宋高宗故事，立爲兵馬大元帥，彪佳曰：「今與宋不同：宋時徽、欽固在也，今海内無主，盍如景泰稱制監國。」議乃定。首陳紀綱法度爲立國之本，次及發號、用人二事，又疏陳政治大本，語甚剴切，王嘉納之。

五月三日，王監國。俄有傳登極者，蓋吕大器以異議懼禍，請登極以自媚也。彪佳曰：「監國名甚正。遽登極，何以服人心，謝江北將士？且今日監國，明日即位，事同兒戲，宜待發喪除服議之。」

乃止。

高傑掠揚州，士民奔避，無賴者乘間剽奪，廷議彪佳按吳有威望，命往宣諭，斬倡亂者數人，宣布赦文，甄別有司臧否，一方遂安。

六月，遷大理寺丞，轉右僉都御史，巡撫蘇、松。先是北京之變，諸生檄討其搢紳授僞職者，姦人因之以爲利。蘇州僉事項煜、大理寺正錢位坤、通政司參議宋學顯、禮部員外郎湯有慶四家，蕩洗無遺；又焚常熟給事中時敏家，三代四棺俱毁。彪佳奏：「民情嚻動，借名義憤，與其振之使懼，不如威之使服，國法既伸，人心自正。宜將從逆諸臣先行處治，使士庶無所藉口，則焚掠之徒可加等治。」許之。彪佳復榜諸衢曰：「叛逆不可名，忠義不可矜。毋藉鋤逆報私怨，毋假勤王造禍亂！」未幾，嘉定華生家奴客，句合他家奴及羣不逞近萬人，突起劫奪，各暴其主，且踞坐索身券，縛而杖之。彪佳捕斬數人，餘盡掩諸獄，令曰：「有原主來保者，得貰死。」於是諸奴搏顙行丐原主，以免。因募士爲蒼頭軍。

尋詔復設廠衛緝事官，彪佳上言：「洪武初，官民有犯，或收繫錦衣衛。當事者因非法凌虐，高皇帝乃於二十年焚其刑具，送囚刑部，是祖制原無詔獄也。後以鍛鍊爲工，羅織爲事，雖朝廷爪牙，實權臣鷹狗，舉朝知其枉，而法司無敢雪，慘酷等於來、周，平反從無徐、杜，此詔獄之弊也。永樂間，設立東廠，始開告密，無籍兇徒，投爲廝養，誣告遍及善良，赤手立致鉅萬，招承多出於拷掠，怨憤充塞於京畿。欲絶苞苴，而苞苴彌盛；欲清姦宄，而姦宄益多。此緝事之弊也。若夫刑不上大夫，祖宗忠厚立國之本，及逆瑾用事，始去衣受杖，刑章不歸司敗，撲責多及直臣，本無可殺之罪，乃加必死之刑。血濺玉階，肉飛金陛，班行削色，氣短神摇。即衈録隨頒，已魂驚骨削矣。朝廷徒受愎諫之名，天下反歸忠直之譽，此廷杖之弊也。三者弊政，當永行禁革。」疏入，羣奄共撓之，大學士姜曰廣力争之，乃命五城御史察訪，不設緝事官。

督輔部將于永綬、劉肇基、陳可立、張應夢領馬兵千人，駐防京口；浙江入衛都司黄之奎亦部水陸兵三四千戍其地。馬兵以賤值攫小兒，爪傷兒額，浙兵不平，縛馬兵而投之江。馬兵大恨，馳馬來鬭，浙營守備李大開訶之不下。大開抽矢射數人，馬兵遂大閧，射殺大開，恣焚掠，死者四百人，譁而曰：「四鎮以殺、搶封伯，吾何憚不爲讐殺哉！」彪佳聞之，擐甲馳往，永綬等遁去。疏劾四將罪，衈難民，民大悦。自是兵將調集，聽本處撫臣節制，著爲令焉。

時高傑、劉澤清開藩江北，顧未嘗忘情江南也。憚彪佳威望，以書通問，彪佳報書感以大義，自是無一卒渡江者。傑駐瓜洲，嘗以書尅期會於大觀樓，意彪佳文士畏縮，必不敢輕渡江。至期，風大作，彪佳掉小舟，從小吏數人，出没波浪中，須臾泊岸。傑大駭異，撤兵衞，下拜曰：「不意公之勇亦如是也！」彪佳披肝膈，勉以共奬王室，慷慨流涕，傑曰：「傑閲人多矣，如公者甘爲之死。公一日在吴，傑一日遵公約矣。」張筵驩飲而别。

馬士英輩嫉彪佳甚，嗾私人朱統鏷劾之，御史張孫振希士英旨，亦劾彪佳，謂：「初沮登極者，立潞王也。」彪佳乃移疾去，吴民泣而送之，遂隱於雲門山。

明年，南都不守，我貝勒以貂蔓聘之，因絶粒。妻商氏慮其死，防守之，乃紿之曰：「此非詞命所能卻，當身至杭辭以疾耳。」家人信之。閏六月四日，至寓園，與其友祝山人飲至夜分，攜燭書几上曰：「圖功爲其難，潔身爲其易，吾爲其易者，聊存潔身志。含笑入九泉，浩然留天地。」又書曰：「已治棺寄蕺山戒珠寺，可取斂我！」投梅花閣下淺水中，端坐死，年四十有四。

隆武時，贈少保兵部尚書，謚忠敏，我朝賜專謚曰忠惠。妻商氏另有傳，子理孫、班孫。

班孫，字奕喜，小字季郎；其兄曰理孫，字奕慶。以大功兄弟次其行，故世呼曰祁氏五、六兩公子。班孫生時，母商氏夢一老衲入室。生有美姿，白如瓠，而雙足重趼，日行數百里無倦。又時時喜跏趺坐。

彪佳盡節未二旬，東江兵起。其羣從之長曰鴻孫者，嘗與彪佳同學劉宗周門下，將兵江上，冀有申從父志，於是理孫、班孫罄家餉之。與黃氏世忠營勒，事敗，鴻孫走死。

班孫之婦翁朱兆宣者，故總督爕元公子也。戒班孫曰：「勿更從事焦原矣！」弗聽。祁氏淡生堂藏書甲江、浙，其諸子尤豪，憙結客。洎二子兄弟，自任以故國之喬木，雖屠沽販豎，有一技長，亦兼收並蓄。家居山陰之梅墅，其園亭在寓山，複壁大隧，莫能詰。慈谿布衣魏耕者，狂走四方，思得一當，二子與稱莫逆。耕酒色有奇癖，禮法之士莫敢許，而二子獨以忠義故，曲奉之。每至，則盛陳越酒，呼若邪谿娃以薦客。又發故藏壬遁劍術編，遍約同里朱稚、張宗觀輩，密謀大計。

壬寅，耕蠟書通海，事發，捕者曰：「苕上，耕婦家；梅墅，耕死友。」官兵亟發，果得耕，遂併縛二子去。兄弟争承其獄。友人納賂宥其兄，以班孫遣戍遼左。理孫竟以痛弟鬱鬱死。

丁巳，班孫脱身歸，里社中漸物色之，乃祝髮於吴之堯峯，尋主毗陵馬鞍山寺，稱呪林明大師。士大夫相傳曰：「是何浮屠氏？但喜議論古今。」每及先朝，則掩面哭，然終莫有知之者。嘗於曲簺座上摩其足，喟然發（難）〔歎〕曰：「使我困此間者，汝耳！」

癸丑，冬十月，旬又一日，忽沐浴竟，曳杖繞堂走，曰：「我將西歸也。」入暮，跏趺坐，垂眉久之，既復張目周視，又久而後逝。發其篋，有所著東行風俗記、紫芝軒集，且得遺教：欲歸祔。人始知爲山陰祁氏子之自關外來者，遂如其教歸葬焉。

吴伯默，字志訥，泰順人。倜儻尚義，才智過人，商於蘇。甲申，三月，聞國變，傾裝助軍，効力行間，巡撫祁彪佳授太倉營千總，奉檄教蒼頭軍戰法。江蘇破，不知所終。（泰順林用霖增補。）

小腆紀傳卷第十六

前翰林院檢討加詹事府贊善銜六合徐鼒譔

列傳第九

高倬 何應瑞　**劉成治**　**黃端伯**　**吳嘉胤**　**龔廷祥**　**陳龍正**

陳于階 葛徵奇等　吳可箕等

高倬，字枝樓，忠州人，天啓乙丑進士。崇禎初，以知縣入爲御史。薊督曹文衡與總監鄧希詔相奏訐，倬言：「宜撤希詔，安文衡心。若文衡不足任，宜更置，勿使中官參之。」疏入，貶一秩。尋以草場火，坐巡視不謹下吏。逾年釋歸，起上林署丞，遷大理右寺副。十一年五月，火星逆行，倬請疏刑部積案，累遷南京太僕寺卿。十六年二月，擢右僉都御史，提督操江。其秋，操江改任武臣劉孔昭，召倬別用，未赴而北都陷。

弘光帝立，改工部右侍郎。御用監內官請置龍鳳几榻諸器，及宮殿陳設寶玩金玉，計費數十萬；光祿寺請辦御用器，至萬五千七百有奇。倬上言：「國家草創，民愁財匱，宜力行節儉，爲天下先。昔衞之亡也，文公大布之衣，大帛之冠，通商務農，故能立國。今百萬之師，嗷嗷待哺，司農無以應之，致觖望掠食。即君臣縞素，示以匱乏，彼未必信也，而乃雕鏤華彩，欲飾美觀乎？」不納。既解學龍被劾削職，擢爲刑部尚書。

南都不守，投繯死。我朝賜通謚曰忠節。

何應瑞，出身籍貫不可詳。崇禎時，官南太常寺卿。南都以與擁戴功，擢工部右侍郎，晉尚書。其年八月，太后至自河南，諭部臣修行宫，備賞賜，應瑞與侍郎高倬合疏言：「點金無術，懇祈崇儉！」不納。南都陷，自縊，不死，復自刎，爲其子所持，不知所終。

劉成治，字廣如，漢陽人。崇禎甲戌進士，以知縣補國子監助教。弘光時，歷陞户部郎中。趙之龍將出降，入户部封庫，成治拳毆之，之龍走免。聞豫王命百官謁見，寅往午歸，慨然曰：「國家養士三百年，無一忠義以報朝廷邪！」題壁曰：「鍾山之氣，赫赫洋洋，歸於帝側，保此冠裳。」自縊死。我朝賜通謚曰節愍。

黄端伯，字元公，新城人。崇禎戊辰進士，雜治儒、墨、百家之學，性冲淡夸曠，虚懷下士。官寧波、杭州推官，每出，則諸生以經、史、文藝及語録、禪旨、金丹、符籙裒然競進者恒數百人，端伯應接從容，莫不厭服而去。治行報最，徵入京，以憂歸。乃屏棄一切，潛心儒學。少時自署印文曰「海岸道人」，至是改其篆曰「忠孝廉節之章」。益王居建昌，與鄭芝龍結姻，勢横甚。端伯疏論之，益王亦劾端伯離間親藩，及出妻、酗酒事，有詔候勘，端伯乃避跡廬山。

弘光時，大學士姜曰廣薦起之，授禮部儀制主事。南京覆，或曰：「公如老衲，盍浮沈山野！」端伯曰：「臨難〔毋〕苟免，先聖訓也，我豈藉口釋氏以苟活乎？」百官迎降，端伯獨不赴，從者固請，乃書一帖與之曰：「大明忠臣黄端伯。」豫王命趣召之，兵往，先捶其妾，端伯毅然不顧，曰「殺即殺耳，我不投謁也。」繫之去，方巾不冠，亦不拜，王甚重之。授以職，不可；以方外禮，亦不可。王問：「弘光何君？」曰：「聖君。」問：「何以指昏爲聖？」曰：「子不言父過。」問：「馬士英何相？」曰：「賢相。」問：「何指奸爲賢？」曰：「不降即賢。」遂下獄。

臨刑詩曰：「問我安身處，刀山是道場。」一卒左刃之，手顫，棄刀走；一卒右刃之，亦顫，棄刀走。端伯厲聲曰：「吾心不死，頭不可斷，盍刺吾心！」卒如之而絶。一僕拱立其側，揮之不去，亦見殺。魯王贈太常卿，謚忠節，我朝賜通謚曰烈愍。

吴嘉胤，字繩如，松江華亭人。天啓甲子舉於鄉，歷官户部主事，管理新餉。奉使至丹陽，聞變，亟馳還。從者曰：「往則投死耳，幸而不遇難，且歸爲後圖。」嘉胤曰：「是何言歟！君亡則率土皆非明有也，我歸欲安之？」止車城外報恩寺，上書求存明社稷，不報。冠服自縊於方正學祠。一僕欲解之，一僕曰：「嗟乎！主人有成言矣，解之必不聽，不如已也。」此僕亦從死。我朝賜通謚曰節愍。

龔廷祥，字伯興，無錫人，馬世奇門人也。崇禎癸未進士。弘光帝立，廷祥不欲出，既念母老，冀得誥命以榮之，乃赴選，授中書舍人。乙酉，四月，命始下，旬日間，揚州不守，南都覆。慟哭曰：「吾固知國祚必移，而不意如是其速也！吾豈背恩乎？」遺書戒其子善事祖母，詣文廟肅衣冠拜孔子訖，大呼曰：「吾不負師友馬君常、劉湛六也。」自投武定橋下死。我朝賜通謚曰節愍。

陳龍正，字惕龍，嘉善人，爲高攀龍弟子。崇禎甲戌進士，授中書舍人。十一年五月，熒惑守心；十二年十月，彗星見；冬至，大雷電雨雹；十三年二月，京師大風，天黄日眚。龍正皆應詔條奏，大旨在聽言用人。又請墾荒。時中原殘破，有田不得耕，龍正據常理言之，給事中黄雲師、御史黄澍遂詆爲僞學，帝不問。御史葉紹容謂堪任督輔，主事趙奕昌舉爲真賢才，亦不用。久之，遷南京國子監丞。弘光時，用爲祠祭員外郎。南都陷，絶粒死，或曰病死。

陳于階，字瞻一，上海人，嘗從大學士徐光啓學曆法，薦授欽天監五官挈壺正。南渡，令督造火器。及大清兵至，歎曰：「吾微員也，可以無死。然他日何以見徐公哉！」遂自經於天主堂。我朝賜通謚曰節愍。

又有葛徵奇，官光禄卿；劉光弼，官户部郎中；劉萬春，官禮部郎中；陳爊，官中書舍人：皆死於南都之難者，詳不可聞。徵奇字無奇，海寧人，崇禎戊辰進士。

士民死者，則吴可箕，國子監生，休寧人，寄居南都，弘光帝出走，乃題詩衣襟，自縊於雞鳴山之關壯繆祠；黃金璽，江寧武舉人，題壁自經死；陳士達，布衣也，投水死。跡最奇者，則投秦淮河之馮小璫，題詩百川橋之乞兒也。詩曰：「三百年來養士朝，如何文武盡皆逃？綱常留在卑田院，乞丐羞存命一條！」

小腆紀傳卷第十七

前翰林院檢討加詹事府贊善銜六合 徐 鼒 譔

列傳第十

張伯鯨 徐汧 王瑞枏 葉尚高等 夏允彝 兄之旭 子完醇

林逢經 弟逢平等 李魯 鄒宗善 李世輔

張伯鯨，字繩海，江都人。萬曆丙辰進士，歷知會稽、歸安、鄞三縣事，内遷户部主事，出督延、寧二鎮軍儲。

自黄甫川西抵寧夏千二百里，不産五穀，賀蘭山沿黄河漢、唐二渠，東抵花馬池，皆沃土，而荒蕪甚。伯鯨疏陳其狀，爲通商惠工，轉粟麥，倣邊商中鹽意，立官市法以招之，軍民稱便。延、綏盜起，擢兵備僉事，轄榆林中路，擊破賀思賢。巡撫陳奇瑜上其功，擢右參政，仍視兵備事。

七年春，奇瑜遷總督，擢伯鯨爲右僉都御史，代之擊破插漢部及套寇。明年，以事罷。十一年，起户部侍郎，駐襄陽，理兵餉，坐餉不至貶秩。十五年，擢兵部添設左侍郎，攝行尚書事。召對萬歲山，步行中寒，足疾作，伏地不能起，帝命中官扶出之，遂乞休。

南渡後，家居不出。左兵起，馬士英盡撤江北兵以禦。伯鯨歎曰：「天下事不可爲矣！」揚州受圍，與當事分城堅守。城破，身被數創死。妻楊氏、子婦郝氏俱從死。我朝賜通謚曰忠節。

徐汧，字九一，號勿齋，長洲人。爲諸生，有時譽。天啓中，魏大中、周順昌先後就逮，汧與里人楊廷樞斂金資其行，順昌歎曰：「國家養士三百年，如徐生，真歲寒松柏也！」

成崇禎戊辰進士，選庶吉士，授檢討，遷右諭德。黄道周疏救錢龍錫貶官，倪元潞請代謫，不允。汧力頌道周、元潞賢，自請偕斥罷，忤旨切責，乞假歸。久之還朝，遷右庶子，充日講官。尋奉使江西，封益藩，便道旋里。

周延儒之再相也，招之，不應，久之，始行。抵鎮江，聞京師陷，一慟幾絶。汧雅好交遊，蓄聲伎，至是悉屏去，獨居一室。

南都立，起少詹事。汧以國破君亡，臣子不當叨位，具疏固辭，移書當事，言：「今日賢奸之辨，不可不嚴；而異同之見，不可不化。在諸君以君民爲心，以職掌爲務耳。其忠君愛民、清白乃心者，君子也；否則，小人。修職就業、竭節在公者，君子也；否則，小人。執以爲衡，流品明澄，叙當矣，豈必挾異同哉？先帝十七年之中，憂勤乾惕，有如一日，卒使海内鼎沸，社稷邱墟，良由頻年來是非混淆，士大夫精神智慮，不爲君民，不念職掌，乃至膜視主上，委身寇仇，豈不痛哉！禍及君國，身亦隨之。然則朋黨相傾，亦何利之有？今喪敗之餘，人思危懼，宜戒前事，勿蹈覆轍。尊耿介特立之人，尚悃愊無華之士，並建賢哲，明試以功，未有人心不正而能支撑傾側者也。」

既就職，即陳時政七事，曰辨人才、課職業、敦寅恭、勵廉恥、核名實、納忠讜、破情面；復惓惓以化恩讐、去偏黨爲言。安遠侯柳祚昌希馬、阮旨，疏攻之，言：「前者潞藩在京口，汧朝服以謁。自恃東林巨魁，與復社諸奸張采、華允成、楊廷樞、顧杲等狼狽相倚。陛下定鼎金陵，彼公然爲討金陵檄，所云『中原逐鹿，南國指馬』，是爲何語？乞置於理！」幸士英不欲興大獄，寢其奏，乃移疾歸。

南都不守，謂二子曰：「國事不支，吾死迫矣。」出居郊舍。聞蘇州不守，夜自縊，僕救之甦，其友朱薇曰：「公大臣也，野死可乎？」汧曰：「郡城非吾土也，我何家之有？」肅衣冠，北向稽首，投虎邱之新塘橋死，時乙酉閏六月十一日也。閱三日，顏色如生。一老僕隨之死。我朝賜通謚曰忠節。長子枋另有傳。

王瑞枏，字聖木，永嘉人。天啓乙丑進士，授蘇州推官，兼理兑運。軍民交兑，恒相軋啓釁，瑞枏調劑得宜，歲省浮費三萬金，上官爲勒石著令。尋改河間推官，入爲工部主事，轉兵部職方員外郎，擢鄖、襄兵備僉事。

會張獻忠據穀城乞撫，總理熊文燦許之。瑞枏以爲非計，謀於巡按林銘球、總兵官左良玉，將俟其至執之，文燦固以爲不可。瑞枏言：「賊以撫愚我，我豈可以撫自愚？」文燦恚，以爲撓撫局。瑞枏曰：「非撓撫，實濟撫也。今良玉等力能辦賊，南漳、費一選、光化周士鳳四面分防，皆爲勁敵，當召布於穀城近郊，下令會勦。夫賊未創而遽撫，彼將無所懼，惟示之以必勦之勢，乃心折不敢貳；否則玩而嘗我，我何以制其變也？」文燦不從。瑞柟知事必敗，亟陳隨征、歸農、解散三策，又不從。乃自爲檄諭獻忠，獻忠恃文燦庇己，不聽。瑞柟曰：「天下事可知矣！」繼而羣盜混世王、整世王、託天王、小秦王、過天星逼處均、房間，復乞撫，文燦又力持之。瑞柟曰：「爭撫必墮賊計。且倉卒間前後受撫，鄖、襄爲賊藪矣。」

明年，獻忠果反，瑞柟已以憂去。獻忠留書於壁，言己之叛，總理使然，列上官姓名及取賄歲月、多寡於下，題其末曰：「不受獻忠錢者，鄖襄道王瑞柟一人耳。」由是名大著。

南都立，授太僕寺少卿，極陳有司虐民狀，旋告歸。隆武帝召赴福建，仍故官，督理兵餉。未幾，閩地全失，温州亦不守，避之山中。

丁亥，五月十五，爲瑞柟生日，從容拜家廟，置酒高會，良久不出，則縊死寢室矣。遺命五日而殮，及有司驗視，恰五日云。我朝賜通謚曰忠節。

同時，諸生葉尚高於上丁釋奠日倚廟柱詈當事，鞭箠下獄死；鄒欽堯、鄒之琦俱赴水死。

夏允彝，字彝仲，華亭人。弱冠舉於鄉，博學，工屬文。長洲楊廷樞、太倉張溥等結復社，允彝與同邑陳子龍、何剛、徐孚遠輩亦結幾社相應和，名重海内。

崇禎丁丑，與子龍同成進士，授長樂知縣，善決事，他郡邑疑獄不能決者，上官多下長樂。居五年，邑大治。吏部尚書鄭三俊薦天下廉能知縣七人，允彝爲首，大臣方岳貢等亦力稱之，將特擢，丁母憂歸。

北都亡，走謁尚書史可法，謀興復。弘光帝立，乃還。是年五月，擢吏部考功主事，疏請終制。馬、阮重其名，屢招之，不赴；服闋，猶不起。而御史徐復陽者，故逆案中人，希馬、阮意，劾允彝與其同官文德翼居喪授職，以兩人皆東林也。兩人實未之官，無可罪，吏部尚書張捷遽議貶秩調用，時論爲之不平。

乙酉，八月，我大清安撫官入郡，允彝投之書曰：「大清革命，萬物維新，故明廢臣，理應芟除，其何所逃死。顧有一言爲盛朝陳之。昔金人渡江，下三吳，抵温、寧，還師以授宋高，即中原之地，亦舉以授張邦昌、劉豫者，誠以南土庳溼多疫，海險江深，毒蛇匝地，聚蚊若雷，嘔吐霍亂，以時而發。凡同居中國，北人之吏於南者，猶以爲病，況自塞外來邪！昔蒙古之爲南吏者，以三月至，九月歸，一切吏治，惟中土人是問，其賦税漕糧，盡由海運，未及八十年，而吳、浙劇寇蝟毛以起，江南大亂，河北瓦解，是江南爲元累不爲元利矣。向使割江南以予宋，歲輦金繒以實北地，則元之疆場正未艾也。今爲盛朝計：明之支系綴若懸絲，莫若以淮河爲界，存其宗社，則可收千百世興滅繼絶之功；責其歲幣，亦可獲數萬里盟主睦鄰之利。於名甚隆，於利可久，惟執事裁之！」書入，不報。

總兵吳志葵起兵吳淞，允彝入其軍，爲之飛書走檄，四方響應，然皆文士，不知兵，迄無成。松江破，或説之入海趨閩，允彝曰：「我昔吏閩，閩中八郡咸德我，今往圖再舉，策固善。然舉事一不當，而遯以求生，何以示後世哉？不如死也。」

嘉定侯峒曾遇害，允彝經紀其喪，歸聞徐石麒、黄醇耀、徐汧之死也，欲自經。其兄之旭諷投方外，允彝曰：「是多方求活耳！」乃作絶命詞，自沈松塘死。

越三日，黄道周奉隆武帝命，以翰林侍讀兼給事中召，至則方殮矣，使者哭而去。贈左春坊左庶子，諡文忠。所著有幸存録，爲絶筆。

之旭，字元初，爲邑貢生，有聲。丁亥，四月，與於陳子龍之獄，官兵捕之，縊死文廟復聖顔子位旁，遺令云：「余自舍弟殉節，即欲偕死，彼以孤寡見託，未忍也；然不向城市坐者，兩年於兹矣。今日吴鎮効忠，一時趨附，幾事不密，變且中作，搜求餘黨，坐以叛名。嗟乎！新朝之所謂叛，乃故國之所謂忠也，夫何傷哉？余幼讀聖賢書，今死聖賢地，夫亦死於聖賢之教，非死於法也。」其詩曰：「嗟予薄祜，少遭不造，皇路多虞，撫膺思報。穰穰國人，藩之垣之，惴惴縲絏，抗章白之。余一介儒，曾霽天顔，歲寒之義，至死勿遷。仲也懷沙，身無貶屈；惜哉臥子！何不早決？故君曰逝，故友云亡，吾將安歸？敬附首陽。從容自引，魯壁蹌蹌，遐哉尼父！余敢對揚。」

子完醇，字存古，七歲能詩文，年十三，擬庾信大哀賦，才藻横逸。魯監國授中書舍人。監國航海，完醇拜表慰問，爲邏者所得。亦以子龍事下獄，賦絶命詩，遺母與婦，臨刑，神色不變，年甫十八。我朝賜允彝通諡曰忠節，完醇節愍。

林逢經，字守一；逢平，字守衡：閩之長樂人。兄弟切劘，相師友，以文雄一時。逢經性剛急，或面摘人過；逢平性冲和。閩中建文社，八郡人士悉集西湖之荷亭，二林領袖之，從逢平問難者數十人，從逢經十數人而已。時以伯醇、伊川事擬之。

兄弟皆執贄黄道周門下。道周當國，薦逢經補中書舍人，累轉翰林院檢討，修威宗實録，逢平爲兵部司務。道周殉節金陵，逢經請出使覓其齒髮，或難之，逢經曰：「若得營厝三尺，使忠魂時望孝陵，吾即殉師，何憾哉！」已聞南都有收葬道周者，乃已。

閩敗，披緇入山，除夜賦詩曰：「已拚身與汨羅遊，不謂殘年託此邱。何處角聲吹世换，一龕燈影覺生浮。妻孥杜曲對如夢，日月斜川望更幽。回首玉堂人散後，爐中商陸總添愁。」

戊子，永福陷，赴海死。逢平亦鬱鬱死。先後殉節者，永福人給事中鄢正畿投水死，長樂人御史王恩及妻李氏服毒死，詳不可聞。我朝賜逢經、正畿、恩及通謚俱節愍。

李魯，字得之，上杭人。幼穎慧，塾師以「執竿驅雀」屬之對，魯應聲曰「拔劍斬蛇」，塾師異之。

天啓甲子，舉於鄉。甲申，國變，山寇蜂起，上杭尤甚。當事議募鄉兵，魯曰：「四鄉皆寇出没之區，召募之兵，慮即寇也。兵寇雜伍，此以城與寇耳。在城者當大户捐貲結義以固城，在鄉者當大户鳩宗築砦以固鄉，無瑕可攻，寇當潛寢耳。」乃上書於巡撫張肯堂曰：「治病者，未進藥石，先調臟腑；獵獸者，未加擊刺，先布網羅。臟腑固，而後藥石有效；網羅設，而後擊刺無虞。寇即病與獸也，兵則藥石、擊刺也，民則臟腑、網羅也。欲勦寇，必使民有固志；欲固志，必先有守禦；欲守禦，必先築砦堡。何也？鄉民各戀身家，心膽易摇，平時團集易，聞警驚潰亦易，團集適爲累耳。若鄉砦四布，家累悉有憑依，耕芸不廢，寇至，清野，掠無所得，且疑設伏扼隘，進退狼顧，不必交鋒，而氣已銷阻過半矣。然後以大兵夾勦之，譬網羅設而擊刺隨，獸即奔突，安往乎？不然，崇山複谷，深入則虞墮伏中，持久則運饋難繼，我往賊去，我去賊來，勞逸之致，便皆在賊。且賊害如梳，兵害如櫛，生趣既窮，民盡爲賊矣。即今賊起一年，而民情已三變：始而人皆避賊，一變而貧者通賊，再變而從賊矣，近則富民亦不得不通賊矣。往綏寇初發，事亦類此，禍延宗社，可不畏哉！夫上失其道，民散久矣，聽民自爲結約，不可得也。董勸責在上耳。宜令鄉之大户各歸之寨，不立寨者以通賊論；賊來量力戰守，有備牛酒、金錢媚賊贖屋者以接濟論；奸民從賊，聽寨長公結，與衆棄之，官留難者以縱賊論；官兵所至，不許入砦，強入砦者以擄掠論。如此極力施行，不出期月，可保太平百年也。」書上，肯堂稱善，諭邑令舉行，而城中富民交口謂魯張皇多事。

及乙酉夏，南都、江西皆破，魯誅茅於幅員山，蜚語謂魯倡逃，魯曰：「桐江子陵之釣，南陽諸葛之耕，山居非聖朝所禁也，何以此禁魯乎？」自題草廬曰「采薇深處」，聯句曰：「風摇彼黍聲如訴，雨漬山薇淚不乾。」又曰：「時事浮雲留不住，我心匪石確難移。」蓋將躬耕以老也。

閩中建國，閣部曾櫻貽書譙曰：「嫠不卹緯，匹婦猶知之。志士仁人，乃宴宴居息邪？」魯乃詣行在，上封事：「其一曰簡忠誠之士，以救時艱。近世論人，動曰救時之才，至問所謂救時者，儇巧通方士耳。夫儇巧通方，乃改身鬻面之别名，破滅人國則有餘矣，可謂救乎？臣愚以爲天下無無才之人，但心有誠僞耳。心誠，則大才可大用，小才可小用；心僞，則小才害及小，大才害及大也。凡處必擇便安，言豫持兩可，微長即欲自炫，護短惟恐人知者，僞人也；受職而蹇蹇匪躬，奏對而侃侃不回，功與人同而不私，過與人見而不諱者，誠士也。親誠、遠僞，在人主力持其衡而已。一曰加守令之權，以練土兵。今寇賊所至，在在崩潰者，無他，守令不兼兵，土著之師少也。既無兵權，寇至束手，惟有逃耳，雖其人之不肖，亦事勢使然也。昔成周卒旅軍帥統於鄉遂大夫，漢則郡國民兵領於太守，唐則諸道府兵領於刺史。臣愚謂宜慎擇守令，假以兵權，省召募而專料土兵。古者五家爲比，五比爲閭，四閭爲族，此民數也；五人爲伍，五伍爲兩，四兩爲卒，此兵數也。然則五與十者，先王所以分民，即將之所以治兵也。守令治民，即治其伍，有故則猝然爲百人之集；守令治兵，但治其隊，有故則猝然爲千萬人之集。以民食膳民兵，久則守令皆良將，而郡邑皆金城。昔句踐以生聚教訓殪夫差，光武以舂陵子弟殲尋邑，小如馮驩之用薛，尹鐸之用晉陽，皆未嘗募烏合以戰豺狼者，得强富之本計也。一曰達小民之情，以禁貪暴。夫天之去地，不可計道里，然天所爲者皆及於地，而地之物無一不暴於天，中無障隔故也。人主高居如天，天下之情僞，與萬物之求暴於天無以異。乃上澤不下於民，民恫不達於君者，則中間之障隔者多也。今牧吏殃民罔極，監司未必知，知未必言，甚有貓鼠而倒置黑白者，天地之通永絶矣。臣愚謂宜頒詔中外，許民詣闕自陳，或見耆老而詢之，則吏奸無可藏，而貪暴之風可戢矣。民之利害得，則守令之賢否得，舉錯之得失亦得，故詢事在下，而萬情可盡也。周禮外朝列庶人之位，而太僕有鼓以達窮民，故君安坐而見天下之事。文、武、成、康稱明君，由此道而已。高皇帝微時，親見貪官毒民，及定天下，於府、州、縣制申明亭老人，頒聖令一道；官有爲民患者，耆老奉令至公廳直諫，三諫不悛，耆老赴京奏聞，以憑拏問。高皇帝豈樂民之以下訕上哉？不得已也。願陛下力復祖制也。一曰罷捐借，講屯練，以足兵食。國初，九邊腹裏各有屯田，有官屯、民屯、商屯、腹屯、邊屯諸法，所謂養兵百萬，不費民間粒粟者此也。承平既久，侵没難問，然按籍履畝，大半可稽。法當清覈故田，簡汰軍衛，漸復祖制。今軍寇蹂躪之餘，必有無田之人與無人之田，誠得忠勤廉幹之人，或民屯如虞集之策，或兵屯如李泌之謀，此皆可計歲責效者。不然，變通屯練之法，合計一城分幾坊，坊有長；一坊分幾甲，甲有長。甲統於坊，坊統於屯練之官，陰以兵法部勒之，官訓其長，長訓其屬，有技、有試、有董勸。平居各食其食，無額支之糧；有警各伍其伍，戰守相敵而動。在城守城，在鄉守鄉，法似保甲，而警策過之，意似雄邊，而不煩抽丁貸粟。因民各保身家之心，爲捍衛封疆之用。又就簡練什伍中，密察才力出羣者，假以事權。於是貴介得以撫用健兒，單寒得以僱募於殷富，即睚眦可化爲同澤同袍，萬衆一心，於强寇何有乎？此則隨地隨時可施行者。否則捐助、借助，於上似無賴而薄廉恥，於官則貪婪而廢國法，於民則斂怨愁而生意外之虞，可爲憂危者此也。一曰審形勢以圖恢復。明詔初下，決計親征，謀者多謂直指錢塘。臣愚以爲魯國畫疆而守，文武不憚征繕，宜下温詔，即以兩浙委之。夫漢高捐齊、楚以與信、越，光武委河西以與竇融，究之齊、楚、河西皆歸於漢。今北軍分道以攻江南，闖豈能分道禦之？使宗子果能人自爲戰，豈非維翰維城之藉哉？大兵惟當直取江右，江右披山襟湖，可東提兩浙，西挈荆、湖，控閩、粵，三方輻輳，據上游以望孝陵。不然，則急駐荆南，控湖北以制中州，引滇、黔而接巴蜀，庶幾風雲空闊，豪傑必攀附而來。若羈旅閩中，指臂不靈，兵食肘露，恐日月逾邁，朝氣漸衰，非日闢百里之洪謨矣。一曰奮乾健之行，以作士氣。臣愚，謂中興之君，視創業尤難。創業之君臣，同起於患難，志有進而無退；今共事者大半承平優養之餘，捐軀意少，懷土情多，稍見凶危，輒生退阻。臣嘗恨宋高有李綱爲之相，韓、岳爲之將，卒奄奄不振者，本其苟且偷安之心，牢伏於中，故汪、黃、秦檜得窺見其隱而牽制之也。光武起自舂陵，不數年而天下定，雖其恢廓大度，委任得人，究其根本，乃在戰昆陽，渡滹沱，歷濱危阨而不阻，及其拔邯鄲，擊銅馬，徇燕、趙，皆親履行陣，熟習艱險，有以鼓勵將士之氣也。今六飛遠駕，雖曰天子自將行邊，實同草昧起義之舉也。鑿凶秉鉞者，文也；共飢渴，同甘苦，自夷於士卒者，實也。禮下召對，降抑神聖者，文也；分痛癢，同禍福，自偶於庶僚、偏裨者，實也。臣願陛下戒宋高，法光武，則忠智效死，天下歸心，南北不混一者，未之有也。」疏入，上大悦，謂魯留心世務，乃有用之才，授工部主事。

十二月，移蹕建寧。時三關單危，禁旅不滿千，所調之兵，隨到隨遣，新募者或未成旅，一路有警，輒空營赴之。魯奏言：「不定營制，不簡精鋭，聽其逍遥逐隊，雖源源踵至，恐左右終無一兵。語云『葵猶衛足』。豈有萬乘而孤露無衛乎？」明年，六月，魯監國棄浙航海，魯奏言：「藩籬已撤，即重兵扼險，猶慮不濟，況關兵撤近安海，四境蕩無鎖鑰，人情泮涣，忠義灰心，去閩當如避焚抉網，别任格人，以共濟大業。」上以疏語指斥鄭芝龍，留中不發。

會汀州報流寇攻上杭，魯因言：「急守莫如汀城，急練莫如汀兵，此爲嶺嶠咽喉，務令呼吸相應。陛下果即東幸，臣當執殳前驅。」上嘉歎之。改職方主事，以新銜領敕印，兼道抵汀，而流寇已圍上杭，時七月下旬矣。魯與汀帥周之藩謀，謂：「大駕且幸汀，而上杭圍不解，則禍變且生意外。」乃投檄賊營譬曉之，賊果捧檄色動。魯乃單騎詣賊壘，把其魁張某之臂曰：「幸甚！諸君值魯，乃富貴催人也。」賊愕然問故，魯曰：「天子早晚入粵東，諸君部勒一軍爲護衛，便爲禁旅親軍矣，恩賚逾他營一等。粵地繁富，十倍閩中。諸君食國餉，佩將印，豈非富貴逼人乎！」諸賊合聲稱善。魯曰：「客營淡泊，當取豚酒相勞。」因刑牲歃血曰：「從此爲一家人矣。」安插定，乃入杭，宣布屯練節目，即前封事中所條陳者。杭民丁某獨不欲，曰：「驅羣羊而搏猛虎，此自詒伊戚耳。」魯罵之曰：「爾生父且不識，又識保衛鄉里邪！」蓋丁嘗棄其父而謀爲富民之繼子者也。

俄而汀州變聞，魯負敕印痛哭入幅員山。丁某昌言於衆曰：「大清兵至，拒命者屠城，滿城血肉，豈易李宧數莖頭髮邪？」衆惑之，擁魯還城，嚴衛之，將以獻於我貝勒。魯曰：「我自行我意，關若何事！此豈狂國，人人浴矢，不許一人潔身邪？」因椎心大哭，血淚迸落，久之，聲氣不續，則絶吭死矣，時丙戌九月五日戊申也。上杭人始有太息悔之者。

諸生鄒宗善聞之，走明倫堂痛哭，伺家人熟睡，書衣裾曰：「先王之教，曰忠、曰孝；聖賢之訓，曰仁、曰義。殺身成仁，舍生取義，孝子忠臣，含笑相視。」衣冠自縊死。宗善，字本初，或曰名嘉善，亦上杭人。

李世輔，字左宜，亦號我持，寧化諸生，博學能文。漳南兵備道李大典嘗頒世輔文於學宮，式多士，士無間言。

天啓丁卯，中鄉試副榜；崇禎癸酉，再舉北闈副榜。明年，選貴州銅仁知縣。銅仁僻處萬山中，流寓者十之七，胥吏多亡命，苗、夷時出剽掠，世輔訓練追捕，農民復業。己卯，遷雲南昆陽州。州城自崇禎五年夷難之後，册籍燬於火，世輔釐剔隱占，免故丁，豁虚糧，民困復甦。癸未，遷南雄府同知。

隆武改元，召用故相何吾騶。丙戌，二月，道出南雄，問世輔曰：「公閩人也，閩遂贊中興乎？」世輔曰：「可。敵兵雖勁，遠則遼土、燕、齊之人，近則左良玉、劉澤清之降卒耳，何遽不相勝乎？」吾騶曰：「然則東晉、南宋乎？」曰：「未也。東晉自永嘉後，諸胡相呑，百年未定，故王導、謝安乘其閒暇，修安和寛簡之政，亦卒不能與劉、石争長；南宋有韓、岳諸將，趙、張諸相，彌縫補苴，故金人屈就和議。今清并有中原，耿耿志在江南耳，而我跼蹐閩中，駕馭不遠，欲爲晉、宋，豈易言哉！」吾騶曰：「然則駐贛州乎？」曰：「是其次也。漢高不拒武關，終難滅項；太祖不戰鄱陽湖，豈能驅元？以備、亮之才，退保益州，不能越祁山寸武，況以八閩乎？」吾騶曰：「魯藩逼近金、衢，將無梗乎？」曰：「是乃所爲中興之藉也。恨岷、蜀諸藩不悉倡義西北耳。凡兵勢有分合，彼合則亦利合，彼分則亦利分。今清以合力取山、陝，而以分兵取江南，使諸藩人自爲戰，疆自爲守，即令爲錢鏐，爲竇融，亦僅爲聖主驅除耳。漢追楚至固陵，信、越之兵不至，張良曰：『君王能與共天下，可立致也。』於是捐齊、楚予兩人，既併天下，而兩人之地終歸於漢。今舉朝不患敵人，而欲服屬魯國，是所謂倒持也。」又曰：「相國入閩，兩勳忮愎，其可協乎？苞官苴將，其可汰乎？宿衛兵不滿萬，兩關兵不滿三萬，建寧、汀、邵，罅可縫乎？能使天子擐甲冑，鏖平世文貌，行草昧開創事乎？寇、賈、岳、韓，相國意誰屬乎？即大駕駐虔，胸背單危，一萬督撫可支天乎？楚督招降之卒，可出湖迎駕乎？蜀、黔、滇、廣苗、狼之兵，可調集乎？」吾騶無以答，第曰：「人才無如君者。比覲天子，當召君以匡吾不逮也。」及陛見，所引薦二十人，皆故吏媢娖，無世輔名。

是年夏，奉檄監兵五千，出梅關迎駕。聞贛州警，乃率所統兵援贛，以策干總督萬元吉，不見用，遂辭去。旋擢貴州鎮遠府知府，赴任抵靈山，而汀州變聞，將詣永曆帝行在。丁亥，四月，土寇猝發，遂及於難。

小腆紀傳卷第十八

前翰林院檢討加詹事府贊善銜六合徐鼒譔

列傳第十一

楊文驄　衛胤文　吳爾壎　傅鼎銓 徐敬時　張家玉 安弘猷等　林洊

楊文驄，字龍友，貴陽人。天啓辛酉，舉於鄉。崇禎時，官江寧知縣，御史詹兆恒劾其貪，奪職。弘光時，戚人馬士英當國，起兵部主事，歷員外、郎中，監軍京口。以金山踞大江中，控制南北，請築城以資守禦，從之。

乙酉，遷兵備副使，分巡常鎮，監大將鄭鴻逵、鄭彩軍。及大清兵臨江，文驄駐金山，扼大江而守。

五月朔，擢右僉都御史，巡撫其地，兼督沿海諸軍。乃還京口，合鴻逵等軍，劄南岸，與大兵隔江相持。大兵編巨筏，夜置燈火，放之中流，南岸軍虛發礮石，以爲克敵也，日以捷聞。初九日，大兵乘霧潛濟，迫岸，諸軍始覺，倉皇列陣甘露寺，鐵騎衝之，悉潰，文驄走蘇州。十三日，南京破，百官盡降，命降臣鴻臚丞黄家鼒往蘇州安撫，文驄襲殺之，遂走處州。

隆武帝立，遣使奉表稱賀，鴻逵薦其才，拜兵部右侍郎兼右僉都御史，提督軍務，令圖南京。

初，上在鎮江，與文驄交好。其子鼎卿，爲士英甥，士英遣迎弘光帝，與上遇於淮安，上寠甚，鼎卿賙給之，上與定布衣交。及鼎卿上謁，以故人子待之，寵甚，特授左都督，太子太保，獎其父子，擬以漢朝大小耿。

明年，衢州告急，令與誠意伯劉孔昭合兵爲援。七月，大兵至，文驄不能禦，退至浦城，與監紀孫臨並爲追騎所獲，説之降，不從，同被殺。

文驄善畫，有文藻，跌宕風流，豪邁自憙。好推獎士類，干士英者緣以進，故爲世所詆諆。其死也，衆論亦許之。

衛胤文，字祥趾，韓城人。崇禎辛未進士，授庶吉士，歷編修、司業、中允、諭德，告歸。十四年，闖賊入關，全省瓦解，胤文方在里，星夜赴都，痛哭陳勦賊計，言「西土之危，將延社稷」，併請召四大鎮翼衛王室。連上十五疏，捐資犒軍，帝以其剴切，召對，褒勞之。京師陷，匿民間，賊搜得，拷訊備至。乘間南奔南都，仍故官，擢御史。希馬士英意，奏罷督師兵，詔切責之。士英遂與之暱。尋詣興平營謁高傑，傑以同里故，疏請留監己軍。傑死，士英薦之，即以兵部右侍郎總督興平所部，經略開、歸軍務，兼徐、揚巡撫。揚州破，胤文赴水死。

吴爾壎，字介子，崇德人。崇禎癸未進士，改庶吉士。京師陷，降於賊。賊敗，南還，謁史可法，請從軍贖罪。時其父之屏方督學福建，爾壎斷一指畀故人祝淵曰：「君歸語我父母，悉出私財畀我餉軍。我他日不歸，以指葬可也。」又作死臣傳以見志，有云：「被犀甲，操吴戈，氣之雄騰天河；鶩廣野，捐愛戚，志之決頭匪恤。我心赤，我血碧，長城雖壞，白虹貫日。」語多，不具録。尋從高傑至睢。傑死，寓祥符，遇一婦，言是福王妃童氏，因守臣附疏以聞，詔斥爲妄，逮之，可法爲救免，分守新城。城破，投水死。故人某斂其屍寄佛寺，燬於火，家人函所寄指葬之焉。

傅鼎銓，字維衡，臨川人。崇禎庚辰進士，官檢討。北都之變，不能死，出謁賊，爲鄉人所訕。乙酉，大學士曾櫻以鼎銓與揭重熙並薦，隆武帝重違櫻意，召重熙而予鼎銓知府銜，令赴贛州軍前自効。重熙輒與鼎銓偕入閩，乃令以故官統義師，由泰寧出關招募。丙戌，八月，福州不守，鼎銓借兵於寧都田海忠，不應，自集義勇，復宜、黄，駐樂安。閩亡，偕重熙同入武夷山。

戊子，王師圍南昌，重熙入粤求援，鼎銓兼督兩軍，與張自盛合營援南昌。戰於三江口，敗績。被命内召，不願往，請再舉，終江西事，重熙亦疏留之，乃拜兵部右侍郎兼翰林院侍讀學士。鼎銓令監軍陳化龍馳檄浙東，有徐孝伯者引軍來會，駐徐、博。庚寅冬，張自盛敗死，惟曹大鎬一軍在廣信，往依之。

辛卯，四月八日，俗稱浴佛日也，山中作浴佛會，鼎銓與焉，爲守將所執。諭降，不從；令作書招重熙，亦不從。在南昌獄閱月，賦詩見志。或欲爲薙髮，曰：「無庸，留此與頭俱去也。」八月，乙巳朔，得處決旨，衆爲涕泣，鼎鋐揚揚如平時。聞吹角聲，曰：「可以行矣。」語左右曰：「我不畏死，不可縛！」徐行至順化門，南向再拜，行刑者請跪，叱曰：「自被擒來，爲誰屈膝者！今日欲我跪邪！」坐橋上整領衣就刃，行刑者手顫墮淚。

初，鼎鋐以污賊命，爲鄉人所鄙，嘗欲求一死所以自滌，預置木主，書死年而空其月日。死後得之笥中，於是鄉人又爭賢之。

徐敬時，上饒人。甲申以進士候選京師，污賊命。賊敗，南還。越十年，甲午，與友人楊文、李克升舉兵廣信之九仙山，屢抗王師。寨破，皆死之。

張家玉，字子元，東莞人。崇禎癸未進士，授庶吉士。闖賊陷京師，被執，上書於賊，請旌己門爲「翰林院庶吉士張先生之廬」，請褒卹范景文、周鳳翔等，隆禮劉宗周、黄道周，尊養史可程、魏學濂。自稱殷人從周，願學孔子，稱李自成大順皇帝。自成怒，召之入，長揖不跪；縛午門外三日，怵以極刑，卒不動。曰：「當磔汝父母。」乃跪。時父母在嶺南，而遽自屈，人咸笑之。賊敗，南還，阮大鋮等攻其薦賢於賊，遂被逮。南京破，脱歸，從隆武帝入閩，擢翰林院侍講，監鄭彩軍，出杉關，謀復江西，解撫州圍。

丙戌，大兵至，彩奔入關，家玉走新城，與知縣李翺共城守。出戰，中矢，墮馬折臂，走入關。

尋以右僉都御史巡撫廣信。廣信失，請募兵惠、潮，說降山賊數萬，將赴贛州之急，會汀州破，乃還東莞。

明年，與舉人韓如璜結鄉兵攻東莞，知縣鄭霖降，籍前尚書李覺斯家，貲以犒士。甫三日，而大兵至，敗走。聞永曆帝立，奉表賀，進兵部尚書。無何大兵至，戰又敗，如璜死，家玉走西鄉，祖母陳、母黎及妹石寶俱赴水死，妻彭被執不屈死，鄉人殲焉。西鄉大豪陳文豹奉之取新安，襲東莞，戰赤岡。大兵大至，復敗走銕岡，文豹等皆死。覺斯怨家玉甚，發其先人壟，毀其廟，盡滅其族，村市爲墟。家玉過故里，號哭而去。途次得衆數千，取龍門、博羅、連平、長寧，攻惠州，克歸善，還屯博羅。大兵來攻，乃走龍門，復募兵萬餘人，據增城，分其衆爲龍、虎、犀、象四營。

十月，大兵以步騎萬餘夾擊，家玉三分其衆，犄角相救，倚深溪高崖以自固。大戰十日，力竭而敗，圍數重，諸將請潰圍出，歎曰：「矢盡礮裂，欲戰無具；將傷卒斃，欲戰無人。烏用徘徊不決，以頸血濺敵人手哉！」偏拜諸將，自投野塘死，年三十有三。

家玉性任俠，好擊劍，多草澤豪傑交，故屢敗而所至輒能得衆。所部數千人從死，無降者。我總督佟養甲方坐堂上，召廣州諸紳觀磔陳子壯以怖之，而家玉首適至。李覺斯請審視，勿爲所欺，養甲曰：「此貌清正，固是義士，必家玉也。」

明年，李成棟歸明，乃贈家玉少保，武英殿大學士，吏部尚書，增城侯，謚文烈。父兆龍猶在籍，以子爵封之。

弟家珍，字璩子，年十六，從兄歷戎行，騎黄馬，摧鋒陷陣，馬死，哭之慟。十年後，忽夜夢騎馬如昔，覺而爲詩弔之，聞者悲焉。

安弘猷，靈璧人，官南海指揮；張治，程鄉人，官訓導；張恂、尹斌，皆舉人。起兵襲東莞，誅典史張元鼎，知縣鄭鋈自殺，復會家玉取新安。增城之敗，弘猷戰死，治、恂、斌自縊死。

林洊，爵里不可詳，家玉之業師也。與於起兵之謀。臨刑，吟詩曰：「願續當年李侍郎，遺言謝世報高皇，獨憐一片忠精骨，不死沙場死法場。」

小腆紀傳卷第十九

前翰林院檢討加詹事府贊善銜六合 徐 鼒 譔

列傳第十二

周鑣 弟鍾 項煜 光時亨 武愫 雷縯祚 邱磊（補） 陳謙 子六御（傳闕）

周鑣，字仲馭，號鹿溪，金壇人。父泰時，雲南布政使。鑣舉鄉試第一，中崇禎戊辰進士，官禮部主事。抗疏論不當寵任内臣，罷斥言官，帝怒，斥爲民，自是知名。

鑣伯父尚書應秋，叔父御史維持，以黨附魏璫，列逆案。鑣深恥之，通籍後即交東林，矯矯樹名節。阮大鋮之廢居金陵也，鑣與諸名士爲留都防亂揭帖以逐之，大鋮懼而匿身牛首山。或謂大鋮曰：「周鑣之名以訐公而重，諸名士之黨又以訐公者媚鑣。」於是大鋮怨鑣刺骨。南都之議立君也，吕大器、姜曰廣並主潞王，鑣與雷縯祚嘗往來遊説，故馬、阮欲以是致二人於死。

縯祚字介公，太湖人，崇禎庚午舉於鄉。帝思破格用人，命舉、貢悉就銓用，凡二百六十三人，時號庚辰特用。縯祚得刑部主事。踰年，擢武德兵備僉事，劾督師范志完縱兵淫掠，折餉行賄，召入朝，與志完面質於中左門，縯祚因言周延儒招權及其幕客董廷獻通賄狀。延儒由是被放，志完誅，而令縯祚回任。縯祚初覬得總憲，故極意攻擊，及是頗沮喪，廷臣遂以是忌之。

及馬士英欲逐姜曰廣，乃令朱統𨥙誣劾之，指鑣、縯祚爲曰廣私黨，士英亦劾周鍾從逆，牽連及鑣，於是鑣與縯祚及鍾等俱逮治。鑣之叔父維持與鑣弟前蕭山知縣銓奏言：「家門不幸，鑣、鍾兄弟成隙。鑣私刻燕中紀事、國變録諸書，僞撰勸進表、下江南策，以誣鍾。且鑣於陛下登極，首倡異謀，是鍾罪止一身，鑣實罪在社稷也。」詔所司并勘焉。獄急，鑣屬御史陳丹衷致書幣求解於士英，爲邏者所獲，丹衷坐謫。御史羅萬爵上疏痛詆鑣，且遍詆東林；而光禄卿祁逢吉與鑣同邑，以詈鑣得爲户部侍郎。

明年三月，誅妖僧大悲，御史王懩因言：「斬百大悲，不如斬周鑣、雷縯祚。二人者，妖所由興也。夫真主既出，海内帖然，乃今日冒稱皇子，明日冒稱皇后，希踵王郎故智，實由二人譏訕新政，造謗宫闈，故訛言繁興。若不立斬二人，恐魚腹藏書，狐號叢野，乘間竊發。」大鋮亦曰：「陛下龍飛之初，可爲寒心，曰廣尚不敢爲賈充，而縯祚公然欲爲成濟，宜立正西市。」會左良玉犯闕，檄中有「搆陷鑣、縯祚」語，士英、大鋮益怒，謂二人實召左兵，趣賜自盡。乃各作家書，互書「先帝遺臣」於腹，投繯死。遺命勿葬，如伍子胥抉目事，置棺雨花臺側，未浹月而南都破矣。

鍾字介生，鑣從弟也。爲諸生，有聲復社中。舉崇禎癸未進士，改庶吉士。甫半載，闖賊陷京師，鍾出降，賊徒顧君恩薦之牛金星，用爲檢討。賊敗，南歸。

周氏，金壇貴族，而其父子兄弟悉有離心。鑣與鍾尤以才相忌，各招致生徒，立門户，兩家弟子遇於途，不交一揖。鍾既降賊，鑣門人徐時霖等益被以惡名，朝中傳其自稱勸進表「獨夫授首，萬姓歸心，比堯、舜而有武功，邁湯、武而無慙德」等語，爲牛老師所賞，遠近切齒。

初，鍾與弟某遇阮大鋮於酒肆，弟與語不合，推案壞座，坐者皆失色，鍾徐引去，不爲謝。劉澤清之鎮山東也，慕鍾名，奉五百金以交歡，拒勿納。以此二人深恨之。故馬、阮謀必欲殺鍾。

其年八月，士英言：「給事中光時亨力阻南遷，致先帝身殞社稷，而身先從賊，爲大逆之尤。庶吉士周鍾者，勸進未已，又勸賊早定江南，聞其嘗驟馬於先帝梓宮前，臣聞不勝髮指。其伯父應秋、維持皆魏忠賢鷹犬，今鍾復爲闖賊忠臣，梟獍萃於一門，逆黨鍾於兩世，宜加赤族誅。其胞兄銓尚廁衣冠之班，從兄鑣儼然寅清之署，均宜從坐，用清逆黨。」鍾遂被逮。

士英之起大鋮也，爲廷臣所阻，大鋮語人曰：「彼阻逆案，我當立順案相對。」以闖僞號順也。鍾既繫獄，數求解於士英，不可得。及六等定罪，刑官解學龍置鍾次等待繫，士英擬旨詰問。學龍不得已，改從一等，而以停刑請，士英怒，學龍削籍去。

明年四月，刑部尚書高倬用新竹篦杖之數十，御史張孫振再鞫，再杖。居數日，左兵檄至，人情洶洶，遂與光時亨、武愫同棄市。鍾猶謂行刑者曰：「殺我，天下遂太平乎？」

項煜，字仲昭，號水心，吴縣人。天啓乙丑進士，授庶吉士。嘗抹江西艾南英文，爲所詆，怒，因磨勘，陷之停科。甲戌，分校會闈，抑陳大士而進李青，羣論大譁。煜故以經藝名天下，恥之，納賄於嘉定伯周奎，求再入闈雪恥，而癸未會元所得又爲陳名夏，聲譽頓減，累遷少詹兼侍讀。

甲申，三月，疏請南遷，爲給事中光時亨所持。城陷，與鄉人痛哭，將自裁，忽其甲戌門生黎志陞者排闥入，呼曰：「今日魏徵，非師而誰？」志陞固以山西學道降賊爲僞尚璽卿者。煜方恨罵，而志陞竟挾之上馬去。煜既不死，即對衆曰：「大丈夫名節既不全，當立蓋世功名，如管仲、魏徵可也。」已得僞太常寺丞，大沮。奉賊命祀泰山，馳驛微服走南都。

適弘光帝登極，雜入朝賀班，爲衆所逐。尋與周鍾等同下獄，刑部尚書高倬爲煜乙丑同年，爲援助餉例，斂金出獄。而故里居已爲鄉人之討賊者所燬，不敢歸，走慈谿門生馮元飈之鄉村。

明年，薙髮令下，衆揭竿起，擁煜入縣署。令王玉藻者，亦癸未門生也，將爲煜地，衆復擁之西門外之太平橋，繩繫擲激湍中，譟曰：「今日真項水心矣。」元飈奔救之，氣已絶云。

光時亨，祁門人。崇禎甲戌進士，官刑科給事中，疏論練餉之非。甲申，三月，帝召對平臺，大學士范景文、都御史李邦華、少詹事項煜請奉太子撫軍江南，時亨叱之曰：「奉太子往南，意欲何爲？將爲靈武故事乎？」議遂格。已奉命分守東直門，城陷，首迎降，賊獎諭之，以原官視事。時亨寄書其子云：「諸葛兄弟，分事三國；伍員父子，亦事兩朝。我受恩大順，汝等可改姓走，（肖）〔尚〕讀書，以無負南朝科第。」云云。賊敗，南歸，與周鍾、武愫同伏法。

武愫，涇陽人。崇禎末，以進士候選京師，值城陷，迎降，授淮安防禦使。方愫之吉服迎賊也，有僕某大慟曰：「奴聞主憂臣辱，主辱臣死，此何時，不奔喪哭臨，而吉服事賊乎！」叩頭出血。愫叱之去，僕曰：「李賊貪淫無道，上干天怒，下拂人情，吾不忍見主人之失身且罹禍也。」遂絶粒死。愫後竟伏法南都。

邱磊，鄒平人。少爲諸生，有才名，走遼東，詣軍門上書。嘗與左良玉從軍摽掠，坐法論斬，磊願以身獨任罪，而免良玉於死。磊繫刑部獄，崇禎十三年，良玉捐萬金救之。

侯恂再出督師，奏以磊爲山東總兵，與劉澤清不相能。澤清之南下也，過安東，磊掠其輜重，澤清慮爲儕輩笑，匿不以聞。會南都立，因請命磊渡海收登、萊，磊於白沙祭海，將以眷屬輜重北發，澤清搆之於督師史可法，謂其有異謀。

甲申，冬十月，初六日，庚寅，磊以百餘騎至安東，副總兵柏承馥紿磊進署，突兵擒之，下淮安獄。澤清自往唁之；置酒，把臂嗚咽，諭獄吏小心承值，會當疏請。無何，得旨賜自盡，議者多冤之。良玉之東下也，蓋亦因磊死云。（補）

小腆紀傳卷第二十

前翰林院檢討加詹事府贊善銜六合徐鼒譔

列傳第十三

徐弘基 從子仁爵　李昇 族人錫祚　錫貢　鄧文昌　常延齡 常元亮　湯南金　劉永錫　劉文炤　沐天波

徐弘基，字紹公，中山武寧王達之後，世居大功坊里。崇禎時，襲爵魏國公，守備南京。甲申，夏四月，率諸大臣迎福王於江浦。五月，庚寅，王監國，奉寶以進，尋奉使祭告孝陵，晉左柱國。與馬、阮忤，決志乞休，以子允爵嗣職。

明年，南都亡，允爵出降，弘基率幼子文爵及家人避之吴江進士袁世奇家，郡紳多從之，勸作匡復計，弘基即樹幟募練鄉勇，得千數人，按户出資助餉。有陸醇儒者，雄於財，其弟某偕客過莊舍，弘基邀致之，踞坐相見，抑之跪，勒之書餉。某堅弗承，乃縶諸暗陬困苦之，客脱歸，以告醇儒。時總兵黄蜚潰降，部下田勝嘉收合散亡，出入泖、湖間，覸事剽敚。醇儒具厚幣乞援，復得亡命三百人，乘夜發難，登世奇屋，劫其弟出。乃集衆進攻袁、徐兩姓家屬及避兵諸紳，長幼悉被戮，而沈屍於湖。弘基挺矛奪門出，投分湖葉氏，葉懼禍，縛而致諸陸，陸趣軍士叢槍擊斃之。子文爵，年十五，被圍，登屋頂，發三矢，殪三人，被執，亦叢箭死。永曆帝聞弘基之倡義被害也，閔之，賜謚壯武。從子仁爵，初從魯藩於台州，監國後以功封定南伯。江上師潰，扈從入海。甲午，偕張名振攻崇明，戰敗，没於海。

李昇，字東君，岐陽武靖王文忠十七世孫。短小精悍，耽吟詠，善騎射。崇禎甲申，年才十有四，襲官都督同知。史可法檄召諸鎮兵北上勤王，昇請以五百人爲前鋒，可法壯其言，然以童子也，姑置之。翌日，大閱京營，昇彎勁弩，一發九矢，皆破的，可法大喜。師未濟而凶問至，遂已。

南都立，誠意伯劉孔昭與馬、阮濟姦害正，昇憤甚，遇孔昭於塗，戟手毒詈，孔昭大恨，劾罷之。可法招往揚州，參軍事，昇積勞，得嘔血疾歸。

明年，南都亡，走天臺山削髮爲僧。丙戌，浙東不守，魯監國航海，作詩傷之，云：「陡聞絳幘離淝水，旋見青衣出洛陽。」又：「天下猶懸唐日月，海中莫恃漢金湯。」遂痛哭發狂死。

其族人錫祚與弟錫貢以勇聞。庚寅，偕謁舟山，命佐蕩湖伯阮進守螺頭門。辛卯秋，大兵三路下舟山，進敗於横水洋，錫祚趨救被創，同投水死。城破，錫貢勒兵巷戰，被執至四明，見殺。

鄧文昌，字汝言，寧河武順王愈之後，魏國公徐弘基之女夫也。弘光時，任後軍都督。左兵東下，馬士英盡撤防河諸軍以禦，文昌詣朝門力争之，反復陳説利害。士英語塞，厲聲曰：「公勳臣，無預國家大事！」文昌歎息出，遂棄官隱於繖山之天開巖。既聞隆武帝立，航海赴闕，襲封定遠侯，加中府，屢疏請上出關，爲恢復計，上優旨答之。比幸建寧，命與大學士曾櫻留守福京。大兵至，櫻避之海，文昌慷慨誓義，妻徐氏先仰藥死，文昌扼吭以卒，年僅一十九。閩人哀之，合葬於城北芙蓉嶺下。徐氏見列女傳。

常延齡，字喬石，開平王遇春之十二世孫也。襲封懷遠侯，官錦衣指揮。崇禎中，疏陳時政，凡十二上，帝嘉納之。熊、姜獄起，抗章請釋二臣罪，又致書周延儒，以文彦博救唐介故事相激勸，朝論韙之。南都之起阮大鋮也，與廷臣交章劾之，不報，遂掛冠去。南都亡，與妻氏徐魏國公女偕隱金陵，種菜爲生。歿無以殮，友人醵金葬之雨花臺側。

又有常元亮者，亦開平王孫，與東甌王湯和十三世孫南金爲詩友。南金於崇禎時官錦衣衛指揮。南都馬、阮亂政，乞放歸。聞永曆帝入緬甸，斷粒卒。南金既卒之明年，元亮訣妻子，告墳墓，將航海説朱成功大舉。之瀲浦，之乍浦，之舟山，覓渡不得，遂發憤蹈海死。

劉永錫，誠意伯孔昭子，世所稱郁離公子也。南都亡，孔昭以所部操江兵斬關奔太平，尋入海。癸巳，甲午，張名振再以舟師入長江，掠瓜洲，抵儀徵，登金山，望祭孝陵，孔昭偕永錫以其軍會。丙申，八月，王師復攻舟山，永錫隨英義伯阮駿禦之橫水洋、金塘間，風發舟膠，投水死。論者謂其能幹蠱云。孔昭自有傳。

劉文炤，號雪舫，新樂侯文炳之弟，時稱爲新樂小侯者也。甲申之變，文炤年十五，方侍母杜氏飯，家人報城陷，文炤盥脱地，遽起，從母登樓就縊，繯墮不死。文炳牽其手曰：「汝幼，可無死，留延劉氏祀也！」遂逃回海州故里，已復流寓高郵，鬭畦種菜，與一二遺老爲觴咏，嘗有句云：「去住向誰商出處，飄零到我負平生。」聞者傷之。

沐天波，字星海，昭靖王英之十二世孫。崇禎初，襲爵，鎮滇、黔，歲貢方物，紓誠無間，帝手詔褒美。家饒於資，遊士多出其門。

乙酉，秋八月，元謀土司吾必奎反，連陷武定、禄豐、楚雄諸郡縣，天波檄調官軍及各土司會勦。冬十月，寧州土官禄永命、石屏土人副將龍在田，偕官兵擊必奎，擒之。時阿迷土司沙定洲亦以奉調領兵至，必奎誅而定洲未即歸，豔天波之富，結羣不逞之徒，於十二月朔日入城，突起焚劫。禄永命部將周鼎止留防在城中，止天波勿逃，留討賊，天波疑其與謀，殺之，而自水竇逸走楚雄。弟都司天澤巷戰死，母陳氏、妻焦氏走城北普吉邨之金井里，舉火自焚死。定洲引兵追天波於楚雄，金、滄副使楊畏知教天波走永昌。定洲再攻楚雄不克，乃東陷迤東諸郡。

是時，獻賊死，其黨孫可望、李定國、劉文秀等以殘卒由遵義入黔。龍在田遣使告急，可望因詐稱黔國焦夫人弟，引兵復讐。雲南苦沙亂久，延頸望之，而不知其僞也。

丁亥，三月，定洲大敗於革泥關，遁歸阿迷，可望亦受楊畏知之約，入楚雄，具書迎天波歸省。天波未之信，遣其子顯忠至營曰：「得守永昌足矣，不敢望故位。」劉文秀言於衆曰：「沐世子來，猶沐國公來也。請以國公禮禮世子。」歸，以二十騎送之，悉返所得沐國世寶，天波則大喜過望。倏二十騎中有兩人歷階上者，顯忠視之，愕然謂其父曰：「此即撫南劉將軍及王將軍某也。」匆匆不知所爲，遂偕之至會城。沙黨余錫朋、阮韻嘉等先後伏誅。

明年，戊子，定國得罪於可望，可望令取定洲自贖。定國進兵洱革竜，禽定洲、萬氏凡沙氏之屬數百人，械至省，剥皮號令通衢。天波具禮謝雪讐，滇人亦靡不稱快，而定國自是日強，不復爲可望下。可望乃遣使詣行在乞封，尋奉上駐安龍。久之，謀逼上禪位，忌定國在，乘其爲王師所敗，襲之。定國用其客金維新、曹延生謀，敗之於田州，遂趣安龍，奉上走雲南。天波迎蹕於馬龍驛，晉柱國，少師，時丙申三月也。

丁酉，八月，可望犯闕，其黨王尚禮將内應，天波以兵守之，不得發，省城以安。

明年，戊戌冬，王師入滇，定國三路兵皆潰，或請上幸蜀，或請入雲南蠻峒。天波曰：「自迤西達緬甸，糗糧可資，出邊則荒遠無際，萬一追勢稍緩，據大理兩關之險，猶不失爲蒙段也。」馬吉翔、李國泰咸是之。

己亥，正月，上發雲南，由木邦土司以入騰越，命天波護行。警至，乘夜走南甸，僅攜一妾夏氏隨諸宫眷以行。及抵緬境，上命天波趨入銅壁關，以敕書諭之，緬人啓關，勒從官盡去甲仗而後入。進至蠻漠，土官思緜迎之，而緬以敕寶差小，不之信，天波乃出黔國公鐵券較之，始肯具舟來迎。及抵井亘，緬戒勿進。時定國兵駐孟艮，白文選兵駐木邦，祁三昇兵駐蠻漠，緬人疑之，求敕止各道兵，毋許更進。天波與綏寧伯蒲纓謀奉上乘間走户臘二河，不得。比入赭硜，緬人乃編木爲城，築土爲臺，板屋十數間，爲上居，結草數十架，棲從官，不足，則各自誅茅散處，聊庇風雨而已。初猶供給如禮，寖衰，羣從有三四日不火食者，采木子、蔬果以慰飢。天波乃盡出所有分畀之，潛與錦衣指揮趙明鑑等謀密奉太子出坎。時龐天壽已卒，李國泰代掌司禮監印，與馬吉翔左右作奸。衆議：逸出後并殺翔、泰。事洩，不果。緬俗：八月十五日羣蠻贄見緬酋，張嘉會以享之。時將誇示諸蠻，來招天波渡河，並索禮物，上欲爲好於酋，命天波往。至則脅令白衣、椎髻、跣足，領諸海郡棘夷酋而拜，不得已，從之。歸而泣曰：「國體何存，辱及吾祖！我所屈者，恐驚憂皇上耳。否則彼將無狀，吾罪滋大矣。」禮部楊在、行人任國璽劾天波屈節於夷，疏留中不發。

辛丑，七月，咒水禍作，諸王、勳戚、文武、内監諸臣死者凡四十二人，天波與焉。妾夏氏亦自經。是冬十二月，上遂爲緬人所執。我朝賜天波通謚曰忠節。

小腆紀傳卷第二十一

前翰林院檢討加詹事府贊善銜六合 徐鼒 譔

列傳第十四

黄得功 翁之琪 杜文焕 高傑 劉洪起 孫守法 王光恩等

黄得功，字滸山，開原衞人，其先自合肥徙。早孤，與母徐氏居。年十二，母釀酒熟，竊飲至盡，母怒之，笑曰：「償易耳。」時遼事方急，得功持刃雜行伍中，斬首二級，中賞率，得白金五十兩，歸奉母曰：「兒以之償酒也。」既而執鞭役屬人，值響馬，手提兩驢蹄禦賊，無不披靡，由是勇名震遠近。年壯，出關投經略，爲帳前親軍，積功至游擊。入援山東，擢參將，旋充副總兵官。得功臨陣，飲酒數斗，頭縛巾，目瞳突出，持鐵鞭入敵營，鞭血漬手腕，以水濡之，久不脱，軍中呼黄闖子。嘗命小卒以金鑼戴額上，射之，百發百中，而人不傷。

崇禎十一年，以禁軍從總理熊文燦擊賊於舞陽、光固間，又破賊馬光玉於淅川之吴邨、王家寨，詔加太子太師，署總兵銜。

十三年，從太監盧九德破賊於板石畈，與劉良佐等大破張獻忠於潛山，斬首六千級。獻忠之在巢湖也，焚樅陽，奪商舟百餘艘，謀南下。聞得功兵至，走而營於古城長嶺，潛山之險阨處也。得功夜半至，緣山背譟而升，賊大擾，越崖澗奔，追擊之，自古山、天井湖、老鸛頭、黄泥港六十里，横屍無算，斬賊將闖世子王馬武、三鷂子、王興國。三鷂子，獻忠養子，最號驍勇者也。得功箭傷面，氣愈厲，轉戰十餘日，追及獻忠，距丈許，欲生致之，馬蹶，獻忠逸去。

於是散而便道攻桐。桐有關曰北峽，爲賊出没地。安廬道鄭二陽命部將廖應登自舒守桐，應登不敢入關，賊出山逆之，應登兵大潰。得功有愛將林報國，威名亞於得功，賊左金王、老回回、革里眼等數憚之。賊趙虎者，設伏誘報國深入，殺之。羣賊正相賀，得功匹馬突入陣，斬虎，賊衆潰而走。有號無敵將軍者呼於陣曰：「吾爲汝曹擒黄將軍。」方大呼，馳至，得功已擒之，横置馬上，賊大驚。於是應登潰兵乃得會於桐。

十五年，十一月，得功駐兵鳳陽，桐城縣令張利名告急於得功，得功則兼程進，自鳳陽三日行六百餘里。賊有自北來者，呼：「走，走！黄家兵至矣！」及得功至，則賊已走數里，追獻忠又及之，獻忠呼曰：「黄將軍何相扼也？吾爲將軍取公侯，留獻忠勿殺，不亦可乎！」得功曰：「吾欲得汝頭耳。」急擊之，賊以輜重、牛馬、遺民男女塞道，逸去。得功乃收所擄男女萬餘人，令各回鄉土，以甲仗輜重歸諸朝。明年，移鎮廬州，討平叛將劉遷。

十七年，封靖南伯。弘光帝立，推恩，進爲侯。尋與高傑、劉澤清、劉良佐爲四鎮，分守江北。得功轄滁、和等十一州縣，駐廬州，未赴鎮，而督師史可法慮高傑跋扈，請移置得功於儀真，陰相牽制。傑素忌得功。登、萊總兵黄蜚與得功同姓，稱兄弟，道出維揚，乞兵爲護，得功率輕騎三百，出高郵以迎之。三汊河守備胡茂楨遽以報傑，傑疑其圖己，伏精卒中道邀擊之，而别遣千人間道襲儀真。得功行至土橋，解鞍下馬作食，伏兵猝起，出不意，亟舉鞭上馬，而飛矢雨集，所乘馬值千金，中矢踣，騰上他馬逸去。傑之遣兵也，戒必生致得功。有梟健十七騎舞槊直前，得功大呼反鬭，奪其槊，人馬披靡；發腰間所餘七矢，殪七人；矢盡，揮長刀，復殪其三；跳入頹垣中，哮聲如雷，追者不敢逼。乃及於大軍以免，惟從行三百騎皆歿。

傑所遣千人襲儀真者，夜至，守將邱鉞、馬岱偵知，相與謀曰：「高兵以主帥他出也，姑以舊城委之，天明主師至，内外夾擊，吾事濟矣。」令士卒飽食，且休，於城外碁置炬火，爲疑兵。傑兵疑，不敢進，望見炬火，以爲營盤也，礮矢齊發。夜半，與火藥俱盡，馬岱開門出擊，盡殲之。

得功還，聞知，益大怒，自以於同事無纖芥嫌，一朝見襲，瞋目切齒，誓與傑決死戰。可法命監軍萬元吉解之百端，而詗者謂得功兵且至，傑大言曰：「曩千人，維揚猾少，吾故驅之，假手黄君。吾之士卒，詎至於敗也？」會得功有母之喪，可法入弔，立而語之曰：「土橋之釁，無愚智，知傑不義。今將軍以國故親故蠲盛怒，使歸其曲於高，而將軍收名於天下也。」得功色稍和，然以失亡三百騎爲憾。可法命監紀應廷吉等如傑營曰：「靖南聽我矣，君何愛數百騎而害大事乎！」傑如命償馬，馬羸多斃。可法自出三千金代之償，又令傑以千金爲得功母賵，得功不得已，聽焉。

是年冬，傑北征，詔得功偕良佐進屯邳、徐，得功憾傑，未即行。明年正月，傑死，得功引兵趨揚州，攘袂言曰：「固當以此州還我！」可法在徐州，聞之，馳還揚州，遣同知曲從直、中軍馬應魁入營問故。得功曰：「吾爲大將，功最多，僻處瀕江小邑，高傑有何勞績，而食數城？姑念其死，割以高郵、寶應、江都三縣養其妻子足矣，餘非高有也。」可法曰：「吾非不知將軍功，又非愛高而右之也。徒以彼士馬多，令不一，今日驟奪，明日必亂，是將軍首難也，其異於興平者幾何！」得功揮其衆少卻，會朝廷遣盧九德持諭來，不得已，復罷去，移鎮廬州。

北來太子之獄，得功疏言：「東宮未必假冒，不知何人逢迎，定爲奸僞。先帝之子，即陛下之子，不明不白，付之刑獄，將人臣之義謂何？恐諸臣諂狗者多，抗顏者少，即明白識認，亦誰敢出頭取禍乎？乞多方保留，若驟處死，即果詐僞，天下必以爲真矣。」

四月，左良玉竟以奉太子密詔爲名，引兵犯闕，至九江，病死。其子夢庚順流下，詔得功禦之江上，駐師荻港。尋破夢庚於銅陵，命得功移家太平，一意辦賊，進封靖國公，加左柱國。而我大清兵已連破揚州、鎮江，上倉卒出奔。得功方收兵蕪湖，見上驀然入，泣曰：「陛下死守京城，臣等猶可盡力。奈何聽奸人言，倉卒至此，進退將何所據？此陛下自誤，非臣負陛下也。」無已，願効死。將奉上幸浙，未行，而追兵至。時傷臂幾墮，衣葛衣，以帛絡臂，佩刀坐小舟，督麾下總兵迎敵。忽劉良佐大呼岸上，招之降，得功怒裂眥，罵曰：「汝其降乎！」降將張天禄從良佐後射得功中喉，得功知不可爲，呼良佐曰：「花馬兒，黄將軍男子，豈爲不義屈！不濟，命也。」擲刀拾所拔箭，刺喉死。其妻某氏沈軍資於江，亦自刎死，麾下總兵翁之琪投江死。左軍田雄遂負上出降。

得功麤猛，不識文義。時詔書多出羣小，得功見詔紙，或對使罵，裂之。然忠義出天性，聞以國事相規戒，輒改，不旋踵。舊制：宰相閲邊，雖總兵封侯，戎服庭參。可法之督師也，四鎮私議見禮，曰：「吾輩已封侯伯矣。」得功曰：「有舊制在。」戎服先入，高、劉不得已，亦戎服繼之。

微時，出大學士蔣德璟門下，貴後雖入後堂，仍行跪禮。嘗受飯肆老媪恩，事之如母。早年戰河北，馬驚幾蹶，有小卒任姓者持之，不得墮。得功見其嚴冬無袴，因名之曰「有袴」。及得功駐儀真，任已爲守備，後爲副總兵，賜蟒玉焉。軍行，紀律嚴，所過無犯。廬州、桐城、定遠立生祠祀之。葬儀真方山母墓側。我朝賜得功專謚曰忠桓，之琪通謚曰忠節。

杜文煥，崑山人，總兵桐之子也。文煥在延、綏，火落赤諸部頗畏之。天啓元年，奉詔援遼，乃出兵搗河套，以致寇深入，大掠，命解職候勘。自後屢起用，率無功。子弘域，於天啓初歷延、綏副總兵七年。文煥以寧夏提督援遼，即擢弘域爲總兵官，代鎮寧夏，積資至右都督。崇禎中，督池州、浦口二營，遏賊南渡有功。十三年，移鎮浙江。甲申，南都建國，命文煥督巡捕。是年秋，改定京營，如北都舊制，爲五軍、神樞、神機三大營，以弘域等六人分統之。上之出奔黄得功營也，將自蕪湖走浙，弘域以扈從先發。王師猝至，挾上去，弘域乃偕文煥歸崑山，久之卒。

高傑，字英吾，米脂人。初與李自成同起爲盜。崇禎七年，閏八月，參將賀人龍以救隴州被圍，自成令傑遺書人龍，勸之降，不報。使者歸，先見傑，而後見自成。比圍城兩月不下，自成心疑之，遣他將代傑，令歸守老營。自成妻邢氏，趫武多智，掌軍資。傑每日支餉仗，過氏營，分合符驗，氏偉傑貌，與之私，懼誅。明年八月，遂竊氏以降，隸人龍麾下，令破賊立效爲信。

十三年，隨人龍破獻賊於鹽井。十五年，人龍誅，實授傑游擊。十月，孫傳庭至南陽，自成與羅汝才西行逆之，傳庭以傑與魯某者爲先鋒，敗賊於冢頭，追奔六十里。汝才見自成敗，來救，遶出官軍後，後軍左勷怖而奔，衆軍皆奔，遂大潰，傑所亡失獨少。

十六年，進副總兵，與總兵白廣恩爲軍鋒。兩人皆降將，不奉約束，而傑尤凶暴。朝廷以其爲自成所切齒，故命隸孫傳庭辦賊。九月，從傳庭克寶豐，復郟縣。時官軍深入，乏食，降將李際遇通賊，自成率精騎大至。傳庭問計於諸將，傑請戰，廣恩不可。傳庭謂廣恩怯，廣恩不懌，引所部遁去。既接戰，陷伏中，傑登高望之曰：「不可支矣。」亦麾衆退，軍遂大奔，死者數萬，廣恩不救，走汝州，傑隨傳庭走河北。已而自成渡河，轉入潼關，廣恩已先至。十一月，自成攻關，廣恩力戰。而傑怨廣恩之不救己於寶豐也，亦擁衆不救，廣恩戰敗，關遂破，傳庭遇害。自成據西安，別遣李過追傑，傑東走宜川，河冰適合，遂渡，入蒲津以守。賊至，冰解，不得渡，乃免，而廣恩以固原降。

十七年，進傑總兵，令隸總督李化熙，馳救山西，而蒲州、平陽已陷久，不可進。傑退至澤州，大掠。

三月，京師陷，傑遂渡河大掠而南，衆號四十萬，邳、泗之間驚呼「高兵至」，居者喪失魂魄。過揚州，士民登陴拒守。

尋弘光帝立，封傑興平伯。尋與黄得功、劉澤清、劉良佐爲四鎮，傑轄徐州豐、沛、蕭、碭等十四州縣，駐泗州，而傑未即赴鎮，固欲駐揚州。進士鄭元勳者，鋭然出爲遊説，傑置酒款之，具陳無他意。元勳以語衆，大譁，殺元勳於城上。傑怒攻城，剽奪廂村，日殺人以百數。會督師史可法渡江誓師，傑稍戢，可法奏以瓜洲予之，乃罷。未幾，以懷疑襲黄得功於土橋，幾大鬨，可法又親往解之，詳可法、得功傳。

傑感可法恩，頗心動，可法亦愈奬借之。有僧德宗者，談禍福奇中，傑折節稱弟子，問曰：「弟子他日得免於禍乎？」僧曰：「居士起擾攘，今歸朝爲大將，爲通侯，此不足爲居士重。惟率衆從史居士——儒家稱聖人，我法所謂菩薩，與之一志併力，可謂得所歸矣。徒問老僧，無爲也。」傑不覺斂容服，邢氏亦言史公出至誠，背之不祥。傑因請可法調得功、良佐屯潁、亳，自率所部趨開、歸，且瞰宛、洛、荆、襄爲根本。疏言：「今日大勢，守江北以保江南，人能言之。然從曹、單渡，則黄河無險，自潁、歸入，則鳳、泗可虞。猶曰有長江天塹在耳。若何而據上游，若何而防海道，豈止瓜、儀、浦、采爲江南門户已邪？伏乞通盤打算，定議速行，中興大業，庶幾可觀。」又云：「得功與臣，猶介介前事。臣知報君雪恥而已，肯與同列較短長哉？」遂令總兵李朝雲赴泗州，參將蔣應雄、許占魁、郭茂榮、李玉先赴徐州防守，奏留北歸給事中衞胤文爲監軍。抵徐州，土賊程繼孔渡河來迎，斬以徇，論功加太子少傅，蔭一子。

時我大清豫親王多鐸已分兵從孟縣渡河，傑乃致書澤清曰：「清兵號二十萬，實七八千，齊駐濟寧。近日河南撫鎮告警，一夕數至，開封北岸，清兵問渡甚急，恐一越渡，則天塹失恃，長江南北盡爲戰場。時事如此，應接不暇，惟有殫心竭力，直前無二，於萬難之中，求其可濟，以報國恩而已。」澤清以聞。

先是我副將唐起龍之父虞時與傑有舊，致書招之，有「大者王，小者侯，世世茅土」之語，傑不爲動。身先士卒，沿河築牆，專力備禦。致書我肅親王豪格曰：「逆闖犯闕，危及君父，痛憤於心，山川俱爲羞色，豈獨臣子義不共天！關東大兵能復我神州，葬我先帝，雪我深怨，救我黎民，前者朝使謹齎金帛，稍抒微忱，獨念區區一介，未足答高厚於萬一。兹逆成跳梁西晉，未及授首，凡係臣子，及一時豪傑忠義之士，無不西望泣血，欲食其肉而寢其皮，晝夜臥薪嘗膽，惟以殺闖逆、報國讎爲亟。貴國原有莫大之恩，銘佩不暇，豈敢苟萌異念，自干負義之愆！傑猥以菲劣，奉旨堵河，不揣緜力，亟欲會合勁旅，分道入秦，殲逆成之首，哭奠先帝，則傑之忠血已盡，能事已畢，便當披髮入山，不與世間事。一腔積憤，無由面質。若傑本念，千言萬語，總欲會師勦闖，以成貴國卹鄰之名。且逆成凶悖，貴國所惡也；本朝欲報大讎，貴國念其忠義，所必許也。本朝列聖相承，原無失德，正朔承統，天意有在，三百年豢養士民，淪肌浹髓，忠君報國，未盡泯滅，亦祈貴國之垂鑒也！」

明年，乙酉，正月，抵睢州。初，總兵許定國負其功不得封，上書詆傑爲賊，傑曰：「吾見許，必手刃之。」傑之北征也，定國懼見討，既遣子爾安渡河投誠，而又貽書可法求自全計。可法語其使曰：「許總兵何地不可居，而必睢州乎？」既聞程繼孔被誅，益懼。傑至睢州，定國先數十里跪馬首迎，傑扶之起曰：「若總兵，奈何行此禮？顧爾衆安在？」定國故毁其軍，以羸見。明日，傑召定國而詢之曰：「若豈不知我之將殺汝，而顧不去，何也？」定國頓首曰：「固知公之怒也，然不知其罪。」傑曰：「若累疏名我爲賊，安得無罪？」曰：「此定國之所以不去也。定國目不知書，倉皇中假手記室，誤入公名，定國不知疏中爲何語。以此殺定國，不亦冤乎？」傑索記室者姓名，定國曰：「彼知公之怒也，先期遁，迹之不獲。彼先去而定國不去，以明向之名公者，非定國意也。」傑見其詘服，憐而信之。有千户某投牒云：「定國謀汝。」傑故示以不貳，馬前笞六十，送定國誅之，遂刑牲約爲兄弟。定國飾美姝進，傑屏不御，笑謂之曰：「軍中無所事此，弟畜之，俟我成功後以娱老也。」定國唯唯退。

時傑大營去城二十里，懸王命旗於城闉曰：「非有令，不得入！」從入者左右驍健三百人而已。傑語定國北行，曰：「山妻偶恙。」傑曰：「弟人傑也，何無丈夫氣？兒女子願去則去，否則殺之以絶他念。弟不忍，吾爲弟除之。」定國驚曰：「此結髮婦，非他比，當即隨行。」十三日，丁酉，定國燒燈、張宴、具樂，已侍傑飲，而令其少弟許四者飲諸將於别所，婦女賓客相雜坐。酒酣，坐者覺有異，起而耳語傑曰：「許四志意失常，將毋謀我乎？」傑推之以手，曰：「去！夫何敢。」其人退，意亦安之。於是三百人皆醉。傑所居者，睢人甲第也，垣牆高，而四周有重廊、複室；將佐就别所擁妓卧。傑榻畔惟二三治文書者與傳事小兒。漏將殘，屋瓦歷然有聲，傑驚視，則壯士數十輩踰垣入。傑索所備身鐵杖，則已烏有，倉卒奪他人刀步鬬，傷脅被執。定國踝血南面坐，曰：「三日來被汝挫辱已盡，今何如？」傑大笑曰：「吾乃爲豎子所算。呼酒來，當痛飲死。」三百人者聞礮聲，欲起，則爲妓所嬲，無脱者，惟一人伏牀下免。明日日中，城不啓，李本深、王之綱、郭虎攻南門入，則定國已渡河降矣。

初，傑誓師祭旗，疾風折大纛，西洋礮無故自裂。傑曰：「此偶然耳。」遂於十月十四日登舟。推官應廷吉私謂人曰：「旗斷礮裂，已爲不祥。今十四日俗稱月忌，又爲十惡大敗，何故登舟？」已而竟敗。

傑性淫毒，揚之人聞其死，至酹酒相賀；然感可法恩，鋭意進取，又頗知大義。劉澤清之攻劉宗周、姜曰廣也，以疏稾示傑，傑驚曰：「我輩武人，乃預朝事邪！」澤清薦逆案及降賊諸臣；而傑薦黄道周、王志道、解學龍、劉同升、趙士春、章正宸爲衆正，吴甡、鄭三俊爲萬世瞻仰，金光宸、熊開元、姜埰無愧社稷臣，金聲、沈正宗夙儲經濟。可法聞其死，大哭，知中原之不可復爲也。倉卒間，請以傑子元爵爲世子，甥李本深提督軍馬，與諸裨將分屯梁、宋間，一軍始安。而詔書久不下，得功、澤清、良佐爭欲分其軍將之，上亦不許。尋左良玉疏言「忠胤將同壓卵」，袁繼咸亦疏言「興平有可念之勞」，詔贈傑太子太保，許其子襲爵焉。

劉洪起，西平鹽徒。崇禎間，河南羣盜起，與其弟洪超、洪道及諸劉之洪勛、洪禮者，結寨自保。嘗夜遣人入賊營，取其馬，賊憚之，呼爲劉扁頭。官權授爲西平都司。奉巡按御史楊繩武檄，捕泌陽盜郭三海之黨張五平、侯鷺鷥，誅之。與汝寧沈萬登、登封李際遇並雄河南羣寨間。沈萬登，真陽大俠也。

七年，甲戌，汝人盛之友者起岳城，萬登聚衆應之，稱順義王。之友等尋破滅，萬登乃請降。際遇，登封人。幼讀書，不應童子試，而以飲食結交礦徒。有陳金斗者，自謂受天書，能占望氣候，際遇信之，乘旱荒以倡亂，官軍擒金斗並際遇妻子殺之。際遇乘馬走脱，與于大忠等各結土寨：際遇踞登封之玉寨，大忠踞嵩之屏風寨。大忠凶慘，而際遇差平善，以故鄰寨多歸之。

十五年，壬午，李自成陷汝寧，授萬登爲僞威武大將軍，萬登不受，而與洪起等謀收復，鳳督馬士英承制命爲副總兵。自成既連陷河南州郡，際遇等請降，而洪起兄弟獨不可。洪超、洪道留守寨，洪起一日夜走七百里，求救於左良玉，棘刺破足不知痛。

十六年，二月，洪起在西平數與老回回戰，誅汝州僞官，土寇趙發吾等歸之，有衆十萬，以忠勇稱，而際遇亦殺僞官自効，帝下詔褒奬。自成在襄陽命一隻虎出河南殺袁時中，大置僞官。僞防禦使金有章虐於汝州，萬登計縛之，並僞汝寧府尹鄧璉等磔於市，太監盧九德以聞，得旨優叙。

當是時，自成圍際遇於玉寨甚急。會督師孫傳庭之兵出潼關，圍乃解，諸將亦莫能出兵助督師戰，而以其間完守入保。

十七年春，萬登之中軍王民表殺洪起弟洪禮而攫其金，洪起稱兵復讎，合其黨郭黄臉、金皋、趙發吾以圍萬登於汝州。汝人糧糗、牛馬俱盡，掘野草，煮瓦松，終之以食人。彰德推官陳朱明，後改名潛夫，爲兩家議和，萬登顧不從。五月朔，城破，洪起執萬登並其黨磔之，乃自稱左平南麾下副將軍，南至楚、潁，北抵大河，無不奉約束。

六月，自成僞權將軍袁宗第聞洪起破汝，自德安馳而至，洪起棄城復走左良玉軍。宗第踞城五日，移營入陝西，洪起乃自楚歸，擒南陽、開封諸僞官，傳送南都，詔加際遇、洪起總兵官，潛夫巡按御史。潛夫以諸將中惟洪起最効忠，請予掛將軍印，不許。洪起自稱受敕書，進宮保，州縣以下皆聽其署用，即汝寧御史公署設棨戟旌旗爲帥府。

明年正月，敗闖賊於襄城，先後斬獲三千級，詔晉二級。三月，王師取西平，洪起撤兵入楚，已復入守之。已而潁州、太和相繼陷，洪起奏：「北兵勢如破竹，恐爲南京憂。」馬士英以方禦左軍，置不問，加洪起提督開封、汝寧等處援勦總兵官。南都陷，猶支持光、黃間不下。

六月，王師再攻西平，不支，走平頭堞，我將孔希貴圍之，洪起中流矢死，其下遂散。我朝賜通謚曰節愍。

孫守法，咸陽人，有勇略。崇禎末，以功授陝西副總兵，加都督同知。甲申，賊陷京師，踰月，爲我大清兵所敗，走陝西。守法棄妻子，入終南山，聚衆討賊。時賊拔興安州，守法與鄖陽總兵王光恩合兵攻破之，又克平利、白河、上津等縣。

乙酉，五月，我大清命吴三桂率兵入關，徇秦地，守法復入終南山。久之，奉秦藩第四子稱漢中王者開邸五郎山，檄召西溪、鳳平、延慶等郡兵將，薄西安，遣副將賀珍以義勇三千復鳳翔，於是盩厔、鄠渭、涇陽、三原、臨潼、澄城、白水諸縣次第來歸，軍聲大振。

守法之初起也，武大定、劉文炳、賀弘器、郭金鎮、黄金魚、焦容，仇璜等俱應之。大定本固原舊將，功最多，守法推重之。

十二月，攻西安，郃陽舉人姚翀霄、千總衞天明、康姬命、朝邑諸生王知禮、李世仁等各戕守令以應。

時王師之守西安者不過七百人，總督孟喬芳懼甚，亟調山西兵五百爲援。甫過河，知禮命朝邑百姓僞持羊酒迎於道，醉而殲之，喬芳益懼，更召榆林兵二千人入援。二十八日，守法率衆攻城，平陽人曹三俊、王英、師可宗謀以城應，事洩被殺。

丙戌，正月五日，援師至，守法部將賀珍、胡向化等謀曰：「我兵少，攻之猝未易拔，安能復戰？」乃解圍去。

二月，寧夏、甘肅、神木、靖邊各以兵來附，隆武帝聞之，遣使間道封守法、大定俱爲伯。然是時大兵之徇秦地者衆，守法所復郡縣旋復失，聲勢寖衰。六月，守法退回五郎山。八月，大定敗於興安，尋遁走入蜀。九月，光泰等敗歸鄖城，又敗走房縣。

丁亥正月，守法走石子城；二月，走長安石鼈谷。三月朔，復與高鄖等破寧州，拔興安之蕎麥山。喬芳引兵來勦。四月八日，伏甲深林，以輕騎誘守法出，擒之。守法執鐵鞭格殺百十人，乃死，傳首西安。翀霄等先後論死。

王光恩，均州降賊，號小秦王者也。初與張獻忠、羅汝才爲賊。獻忠降而復叛，均州五營之降者，懼見討，自疑，又慮爲獻忠所併，光恩斂衆據險居，久之，乃降。按察使高斗樞察其忠勇，招之同守鄖陽。

崇禎十四年，六月，獻忠自陝而東，光恩及弟光興分扼之，戰頻捷。十五年冬，李自成陷襄陽、均州，逼鄖陽，光恩擇要口築砦。賊逼砦而營，積木與砦平，光恩火焚之，賊不得近；礮裂砦，光恩泥塗板護之，且守且築，夜縋壯士斫其營，賊驚遁。十七年正月，僞將路應標以三萬人來，大舟載礮遡流上。光恩設水砦於漢江深處，而以輕舟往來截殺，因風縱火，賊棄礮奪路走。光恩令別將循江鼓噪，賊擠入水，江水爲赤。又遣人入均州燒其蓄積，賊乃退。

明年三月，自成棄陝西入楚，擁衆二十萬，水陸並進，光恩遣別將禦之江渚，自率輕騎營城外，伏步卒榛莽間。賊至，苦路險，不得馳突，而步卒出没如神。薄暮，縛荻樹杪，火光參差上下，親帥死士衝賊壘，伏兵四起，喊聲震天，賊衆大潰。乃循江回擣賊水營，與別將之營江渚者前後夾擊，賊棄舟從北岸遁，盡獲其精騎飛艦。蓋前後四至，皆大創，賊自是不敢窺鄖矣。

後王師收楚，光恩勢迫投誠，而陰與明通，爲我道臣李之綱所訐，被逮。弟光泰遂於丁亥四月據襄陽反正，永曆帝封爲鎮武伯，進踞鄖陽，結陝西賀珍、武大定爲援。我提督孫定遼亦降將也，率兵援襄、鄖陽，敗没。我侍郎喀喀木會師進討，光泰走房縣。尋走四川，與弟光興崛強楚、蜀間者十餘載。

小腆紀傳卷第二十二

前翰林院檢討加詹事府贊善銜六合徐鼒譔

列傳第十五

劉肇基 乙邦才 莊子固等

魯之璵 蔡祥 徐福 吴志葵 陳梧

周之藩 閔時 林深 鄭雄

劉肇基，字鼎維，遼東人。嗣世職指揮僉事，遷都司僉書，隸山海總兵尤世威麾下，多戰功。世威罷，肇基分領其衆，破賊汝州。而所部皆邊軍，久戍思歸，譟而走，坐是解職。尋起爲遼東副總兵，擢都督僉事。

十七年春，加都督同知，提督南京大教場。南都立，史可法督師淮、揚，肇基請從征自効，屢加左都督，太子太保。可法分布諸將，令肇基駐高家集、李棲鳳駐睢寧以防河。棲鳳本甘肅總兵，以地失留淮、揚者。督師前鋒則用張天禄，駐瓜洲。十一月，肇基與棲鳳復宿遷。越數日，我大清兵圍邳州，軍城北，肇基軍城南，相持半月，始解去。

明年四月，大兵抵揚州，可法（邀）〔檄〕諸將赴援，棲鳳、天禄不至，尋叛降；獨肇基自白洋河以兵四千趨赴。過高郵，不見妻子。既入城，請乘北軍未集，背城一戰；可法持重，不可。肇基乃分守北門，發礮傷我軍無算。城破，率所部死士四百人巷戰，格殺千餘人。兵來益衆，力不支，流矢貫額死，一軍皆覆。我朝賜通謚曰忠烈。

乙邦才，青州人；莊子固，遼東人；馬應魁，貴池人：俱從史可法軍前，官副總兵。

邦才初以隊長擊賊於河南、江北間。黄得功與賊戰霍山，單騎陷淖中，賊圍而射之，馬斃，得功徒步鬭。天將暮，僅餘一矢，邦才大呼衝賊走，得功乃得出。邦才授以己馬，分與矢，且走且射，連殪追騎，始得及其軍，得功自是知其能。六安圍急，鳳陽總督馬士英命邦才與張衡者往六安取知州狀，兩人簡精騎二百，夜衝賊陣，遶州城呼曰：「大軍至矣。」城中恃之，守益堅。得狀後，復突圍出，不損一騎。凡大小十餘戰，咸有功。可法鎮揚州，用爲副總兵，分徇江北。聞揚州急，率所部趨援，分門守禦，既破，力戰自刎死。

子固，字憲伯。年十三，殺人亡命。後從軍，積功至參將。可法令之興屯徐州、歸德間，募壯士七百人，立旗幟，以「赤心報國」爲號。率衆馳救揚州，三日而至。城垂破，可法自刎不殊，子固與内營參將許謹共抱持之，將擁以出，遇我兵，格鬭力竭死，謹亦中流矢死。

應魁，字守卿。初爲小將，巡行村落，賊至，從者懼而奔，應魁呼曰：「無怖死！死亦命也。」連發二矢，殪二賊，賊即退。可法拔之，俾領旗鼓。每戰，披白甲，大書於背曰：「盡忠報國」。城破，巷戰死。

同時，副將樓挺、江雲龍、李豫、王思誠、馮國用，副旂鼓參將陶國祚，前營參將陳光玉、徐純仁、李隆，游擊李大忠、孫開忠，都司姚懷龍、解學曾等，皆以巷戰死。我朝賜邦才等十六人通謚烈愍，思誠節愍。

魯之璵，蘇州衞人。官福山副總兵，爲總兵吴志葵前鋒。志葵合太湖義師攻蘇州，所將海上軍怯不任戰，獨之璵領三百人先登，斬胥門入，縱火焚公署，居民號呼相應，火光接天。我侍郎李延齡、巡撫土國寶以騎兵千餘屯城之東南隅，登盤門瑞光寺浮屠以望曰：「敵雖衆，烏合耳。俟過日中，其氣必怠，選騎蹂之，破其前鋒，餘必潰散，不足慮也。」乃匿其騎於府學宫中。良久，見外兵有棄仗運財物者，乃選兵百餘，張旗幟，環城而轉，揚言「江寧援兵至」。而之璵入城行四五里不見敵，亦内自疑。我騎突出馳之，矢發如雨，遂大潰，之璵與三百人皆死。我朝賜通謚曰節愍。

蔡祥，亦名喬，吴淞游擊也。降將李成棟以王師圍嘉定，城中求救於吴志葵，志葵命祥率七百人赴之。持鐵簡，登岸步戰，圍數匝。東關有徐福者往救，與俱斃。

吴志葵，官吴淞總兵。乙酉，六月，王師南下，郡縣多望風降。志葵爲夏允彝門人，蘇、松士大夫多與往來者，故志葵獨不屈，頓兵松江之申浦。

松之人以爲義旅也，大喜。既乃令箭四出，提富室銀米，縱兵大掠，公署獄鋪盡燬，松人大失望。聞吴易、陸世鑰兵起，乃偕參將魯之璵、守備蔣若來帥舟師三千，自吴淞入澱、泖，會諸義軍，薄蘇州。之璵以三百人先登，爲城中王師所襲，敗死。城外兵聞之，争赴船走，沸聲若雷，志葵不能止，退師泖中，氣大沮。

松江破，志葵與總兵黄蜚俱泊城外，不能救，謀航海遁。王師以小舟薄之得勝港，火器齊發，煙燄漲天，遂大潰，與蜚同被執，乞降。尋被殺。

陳梧，字膚公，上虞人。官都督僉事，定遠將軍。嘉興屠象美、錢棅起兵拒守，苦文士不知兵，迎梧爲帥。顧所將多市井子，與王師遇於三塔灣，大敗，象美等死。梧率衆依魯監國，與鎮倭將軍王鳴謙謀趨金塘、岱山爲犄角，不果。部衆掠餘姚，梧不能制，爲署知縣王正中所殺。

周之藩，字長屏，井研人。崇禎中，爲福建參將。隆武帝之將赴贛州也，晉之藩總兵，命以所部由汀州抵南昌，授御營右先鋒，封福清伯。未行，而王師逼，上由延平倉卒出奔，之藩與給事中熊緯率兵五百隨行。中途，曾后鞭墜地，之藩下馬檢獻，上不名其官，惟呼：「我兒。」上口渴覓飲，之藩以小桶汲之，曰：「願陛下一統！」上喜飲之，袍袖俱溼。

八月二十七日，抵汀州。明日五鼓，之藩朝行在，加總督御營。俄有十餘騎稱扈蹕者踵至，則追兵也，呼問：「誰是隆武？」之藩挺身呼曰：「吾乃大明皇帝也。」羣射之，之藩拔箭，手殺數十人，俄腦後中箭，墜馬被殺。時方溽暑，死五日而肌色瑩然。汀人葬之羅漢嶺。我朝賜通謚曰忠烈。

有閔時者，字聖之，汀州衞百户，隆武帝奔汀州時守麗春門。八月，辛丑，昧爽，王師入時，挺身疾呼，騎矢發，洞胸死。

林深、鄭雄二人，福建撫標把總也。甲申，十月，漳州賊犯汀州，粤寇閻王總亦自贛州來，汀郡告急。巡撫張肯堂檄二人將五百人往援，未抵汀，而賊已陷古城鎮。二人固健鬭，誓破賊後會食，不傳餐而進。至觀音鋪，墮伏中，左山右澗，急據山，則峭不可登，裹創死戰。賊乃舉火，風烈蓬枯，殲者三百十二人，深、雄皆死之。初，賊輕官兵，既知其敢戰也，退入贛州境，汀郡獲全。郡人感之，斂死事之骸，瘞之羅漢嶺，寧化李世熊表以碑焉。

小腆紀傳卷第二十三

前翰林院檢討加詹事府贊善銜六合徐鼒譔

列傳第十六

黄道周 趙士超等 王加封 洪京榜

黄道周，字幼平，漳浦之銅山人也。銅山在孤島中，有石室，自幼坐臥其中，故其門下士稱爲石齋先生。少家貧，讀書羅浮山，山水暴漲，墜澗中，遡流而出，遇異人授讀書法，過目不忘。爲文典奥，原本經術。登天啓壬戌進士，改庶吉士，歷編修，與修國史實録。故事：經筵展書官奉書膝行。道周謂膝行非禮，平步進。魏忠賢目攝之，不爲動。以母憂歸。

崇禎初，起原官，疏言：「邇年來諸臣日營心計，不過推求報復而已。爲逆黨而翻邊疆，爲讎隙而翻科場，至邊疆之要塞利害，科場之源流清濁，實無一言及之。萬曆末年，林下諸臣如鄒元標、趙南星等二十餘人廢棄廿年，釀成門户之禍，今又無故取諸搢紳，稍有意識者，舉網投穽，而緩急何所得士乎？夫絶餌而去者，必非鰌魚；戀棧而來者，必非駿馬。以利禄豢士，則所豢者必市利之臣；以箠楚驅人，則就驅者必駑駘之骨。陛下必欲振作人材，當敦尚風節，表章仁義，勿使猥瑣小人，挫辱文章廉隅之士。昔太祖品隲人才，以執古而不知變者爲最下，蓋指庸碌學究而言，非謂崇尚聖賢、規模先正之士也。」尋以疏救故相錢龍錫，貶三秩。

九年，以薦擢右中允。給事中李如燦直言下獄，道周言：「陛下詔求直言，而直言者輒斥；清刑獄，而下獄者旋聞。」帝不懌，切責之。道周疏陳己有七不如，内有「文章意氣坎坷磊落，臣不如鄭鄤」語。帝詰責，道周疏辨，謂：「臣與鄭鄤爲庶常時，文震孟疏論魏忠賢，鄭鄤抗疏任之，削籍入山。臣心愧鄤，每執筆不能明白，心輒思鄤，以爲不如，真不如也。」帝念道周起廢未久，有旨不究。

十一年，三月，帝御經筵，問諸臣以用人、理財，道周語甚切直，帝亦名重之，呼「先生」者三。尋楊嗣昌以奪情爲兵部尚書，入閣，陳新甲亦以奪情爲宣、大總督；道周謂：「國家即無人，奈何數以墨縗從政？」仰視熒惑逆行，太白晝見，嗣昌所籌寇事滋失策，顧謂給事中馮元飈等：「天象如此，此人必誤國，宜率同列争之。」中夜讀書至宋史真德秀傳，拊几歎曰：「古人立朝，一月三十六封事，而吾儕默然已乎！」每見詔書有不便，輒屏人削牘；一字未安，即曰「此誠不足以格主」，屏弗奏。

其欲糾嗣昌也，爲數劄子，論邊事、寇事，其一言奪情，並論新甲，未上也。會命部院推閣員，元飈謂「枚卜無出道周右者」。獨苦其好言事，疏入或觸忤；即推，且弗用。遣所知日守之，曰：「公得政，所挽回者大，奈何必以口舌争？即輕宰相，獨不爲天下計乎？」以此久不發。已而竟相嗣昌等五人。道周自恨爲同列誤，竟就初稿爲三疏以上。帝召對羣臣於平臺，問道周曰：「無所爲而爲之，謂天理；有所爲而爲之，謂人欲。爾疏當枚卜不用之時，果無所爲乎？」道周曰：「臣心爲國家，自周信其無所爲。」又極詆嗣昌。嗣昌曰：「臣不生於空桑，豈遂不知父母？臣再辭，而明旨迫切。道周學行，臣實企仰之，今謂不如鄭鄤，臣始歎息絶望。」道周辯論不少屈。既對畢，叩頭入班，帝目而斥之，曰：「佞口。」道周叩頭復奏曰：「忠佞二字，臣不敢不辨。獨立敢言爲佞，讒諂面諛爲忠乎？」帝怒甚，然終以儒者，優容之，謫江西布政司都事。巡撫解學龍疏薦之，帝怒爲黨，併逮治，予杖八十，下詔獄；户部主事葉廷秀、太學生涂仲吉疏救，皆予杖。

道周繫獄，吏日奉紙筆乞書，爲書孝經百二十本。感明夷事，著易象正、方草十二圖。錦衣校促行，道周恬然謂曰：「俟吾畫一圖成，就逮耳。」獄具，擬瘴戍，嚴旨斥駁。刑部尚書劉澤深疏言：「道周以建言誅，非皇上覆載之量也。」遂戍辰州。道出杭大滌山，與諸生極論朱、陸同異。已而嗣昌敗，道周復故官，遂稱病歸。

甲申，南都起吏部右侍郎，道周不欲出，馬士英遣人諷之曰：「人望在公，公不起，欲從史可法立潞王邪？」道周不得已，乃趨朝，陳進取九策。九月，陞禮部尚書，掌詹事府事。見朝政日非，乃自請祭告禹陵，臨行上言：「今欲東收兖、濟，北略漳河，西取應、安，然後問洛陽之鐘簴，掃成德之松楸，上規天壽，此曠日持久，其道誠難。臣愚計：得一沈鷙之將，簡士三萬，齎糧百日，出贛榆、韋橋，東踰破車，度臨朐，歷博興，直上鹽山，抵滄州。此間千四百里，皆荒曠，如升虚邑，惟臨朐、安邱、樂安、陽信之間，稍有屯聚，可因糧而食。盡七晝夜，至武清，渡白溝，出其不意，從天而降。然後致陛下哀痛之意，祭告灑掃於十二陵，與長安士民抆淚而覲九廟。還則分兵兩道：一下臨清，以收兖、濟；

一下邯鄲，以收彰、衛。其用力甚少，奏功甚鉅，此耿弇所發憤於祝阿，劉裕所歡呼於大峴也。」

南都陷，道周與巡撫張肯堂、總兵鄭芝龍、鄭鴻逵奉唐王聿鍵建號福州，以本官兼武英殿大學士，參贊機務。時政出鄭氏，廷臣日請出關，而芝龍輒以餉絀辭。會賜宴，芝龍自以侯爵，欲位首輔上，道周爭以祖制武職無班文臣右者，終先道周，由是文武不睦。有諸生上書詆道周迂，不可居相位，上知出芝龍意，下督學御史撻之。

道周見芝龍無經略志，謂坐而待亡，不如身自出關，奏請「以師相募兵，江西多臣門生故吏，必有肯効死力者。且可連楊廷麟、何騰蛟爲進取計。」遂率門生中書蔡春溶、賴繼謹、陳駿音、兵部主事趙士超、通判毛至潔併子弟可千人以行。次芋源，賦責躬詩曰：「天地何高深，日月猶循環。星宿陳其領，動静恒無端。舉翼不能翔，而作醯雞觀。大命一以至，不能復研鑽。鬼神欲告之，翕吸近告難。傷哉草木頹，不得留朱顏！」至延平乏糧，請餉，芝龍靳之，上不得已，給空劄數百道。道周親書劄付獎語，得之者榮於誥敕。進師建寧，駐崇安，遣通楊廷麟、萬元吉爲聲勢。尋有以「外交諸藩」飛語聞者，上遣使馳示，道周自陳疏曰：「臣田無一畝，居止一椽，幸以是見憫於主上，見信於親友，然不能以是見諒於犬豕豺狼。臣行年六十，無險心詖語爲凶人所讎，無奇功異能爲要人所嫉，獨恃一片肝腸，爲高皇列宗與天下黎獻共對白日耳。臣雖庸下，遭逢陛下，魚水相期，一月之内，四疏乞師。至若子弟慕義勤王，雖天性使然，亦恐臣孤身隻手，陷身絶域，每一相見，涕泗漣洳。邇因溽暑未收，毒水四下，臣兵自延過寧，渴而谷飲，病者八九，一日下操，十隊之士，呼半不起。遂損去健將陳伯輿，念其雄略，十射九破，千觔之力，盡於盆水，四顧環堵，何能不哀！今稍稍平復，遂相對勸臣出關。嗚呼！此亦臣子也，顧曾受朝廷之寵眷，而攄憤至此！今在廷諸臣，不滌腸剖胸，誓同分膽共薪，而瀹瀹詍詍，望影射沙，欲何爲者？陛下不屑爲昭烈，臣亦不屑爲孔明；陛下不屑爲宋高宗，臣亦不屑爲李伯紀。取法不高，則庸佞狎來；視人太卑，則奸豪四至。古今讒賊，偏中於高明，近代人才，沈淪於苟賤，惟陛下垂督！」上覽表，手劄慰之。

至廣信，聞徽州破，遣將守馬金嶺，勸諭捐助，得萬人，乃部署分道進兵。游擊黃奇壽戰捷於牛頭嶺，遂營之。其出婺源者，參將王加封戰死，游擊李忠被執，奇壽與參將李瑛、倪彪亦潰於童家坊。道周遂馳疏請兵，曰：「臣今年六十有二，才能智勇，不過中人，而自請行邊，拮据關外。譬之雞然，風雨如晦，雞鳴不已，有不寤之人，起而刀俎之，亦無可奈何而已。臣少而學道，於物無競，於人寡怨，直以出師之故，爲異志所排。寡識之人，羣起和之，千端百出，以阻其成，旁句曲引，以幸其敗。或叩關門，數日不達。飢疲之衆，寧死中野。臣何所營而坐困於此哉！臣遭會風雲，未及一月，五疏求去，直以皇上洞燭遐邇，嘗鑑臣於言語形迹之外，所以苒苒煩曉，瘁毛鎩羽，以爲朝廷守一日藩籬，非曰能之，亦各盡其義而已。今敵之來日以盛，衆之附日以攜，蠢冥何知，惟利是視。貪生怖死，則前後異致，信州閭巷，雞犬方集，今復翻然欲舍而去。據徽人來者咸云：敵一百六十騎守婺境，自海口煖水，焚掠殆盡。煖水距廣信一百餘里，臣師屯八都者，僅千五百人，皆村落新募，月食一兩之卒。其東出馬金嶺者，僅七百餘人，又千二百人，西去饒、撫，馳收未回，所餘帳下千二百人而已。臣自八月以來，東弭臺、寧之釁，西消金嶺之孽，精力瘁於文告，歲月馳於期會，未有一智一謀佐於其內，一膂一力助於其外，空以老瘁，一意報主，爲愛己所憐，異己所笑。今事勢甚急，可亟命方國安以萬衆從嚴州出老竹嶺，直擣徽州，乘其西馳，可以破敵；即不然，亦可解信州之危，成牽制之勢矣。」上覽表不能答。道周計窮。婺源令某者，亦門人也，僞致降書，道周信之，決計深入，集門人、諸將議曰：「敵人雖衆，虛聲耳。若延來春，則彼弓弛馬懈，可破也。奈糧餉不繼何！與其半途潰散，不如決戰以報朝廷。」因相持泣下。

十二月，進兵童家坊，忽報樂平已破，信州士大夫致書相迓。道周以成師既出，義不反顧，遂前次明堂里，僅三百人，馬十四，糧三日。

壬寅，天微曙，降將張天禄率兵猝至，道周揮賴繼謹等鏖戰，參將高萬榮請引兵登山，憑高可恃。正移師間，騎兵從間道突出，箭如雨，從者俱散。道周曰：「吾死此矣！」遂被執。輿至婺源，天禄勸之降，道周罵不絕口。未幾，門人趙士超、賴繼謹、蔡春溶、毛至潔亦解至，道周絕粒，作自悼詩八章。發婺源，過新安，絕粒十四日不死，復進水漿。

至金陵，幽於禁城，已改繫尚膳監。諸當道承貝勒意，勸降，道周曰：「吾手無寸鐵，何曾不降？」勸者曰：「降須薙髮。」佯驚曰：「汝薙髮邪？幸是薙髮國來，若穿心國來，汝穿心邪？」洪承疇親詣求見，道周喝曰：「承疇死久矣。松山之敗，先帝痛哭遥祭，焉得尚存？此無藉小人冒名耳。」承疇上疏乞貸死，朝旨不許。道周在館，與門人講習吟詠如常，著詩文數卷。素善書翰，人爭求之，終日握管不辭也。門人寄家書，道周書蔡春溶書函曰：「蹈仁不死，履險若夷。有隕自天，舍命不渝。」又書賴繼謹書函曰：「綱常萬古，性命千秋。天地知我，家人何憂。」

明年，三月，壬子，赴市曹，過東華門，坐不起，曰：「此與高皇帝陵寢近，可死也。」既見市有豎福建門牌者，指曰：「福建，吾君在焉，死於此可也。」南嚮再拜，遂受刑。上聞之，大哭，贈文明伯，謚忠烈。

道周精天文、曆數、皇極諸書。所著三易洞璣、易象正，學者窮年不能通其說，道周以之推驗治亂，其說多中。自推行年，終於六十二歲丙戌，至是竟驗云。

士超等皆從死。士超，字淵卿，福州人，官職方主事；賴繼謹，字敬儒，官中書；蔡春溶，字時培，諸生：皆漳州人。或作賴雍，蔡紹謹者，誤也。毛至潔，字去水，六合人，官廣信通判，曾割股愈親疾。或作玉潔，亦誤也。諸人死後，門人星散，惟餘杭何瑞圖，字羲兆，紹興呂叔倫，字漢嵩，二人者抱道周遺書入山，終身不出，節最高。餘附見他傳。我朝賜道周專謚曰忠端，士超、春溶、繼謹、至潔通謚俱烈愍。

王加封，字抱赤，建寧右衛副千户之臣子。之臣富而儉，老且死，命昇巨篚廳事，召親友告之曰：「吾以儉起家，與諸君子分甘絕少。然吾豈吝者哉？欲善用吾財耳。」開篚散千金。加封故豪俠，甲申國變，募義勇從軍婺源死。黄道周爲文祭之。又有洪京榜者，龍溪廩生。隆武改元，投劾戎行，道周題授中書舍人，兼監紀推官。道周殉難，京榜不知所終。

小腆紀傳卷第二十四

前翰林院檢討加詹事府贊善銜六合徐鼒 譔

列傳第十七

蔣德璟 曾櫻 路振飛子澤溥 朱繼祚 湯芬 林嵋 都廷諫 曾世衮

熊開元 林增志 方以智 徐人龍子咸清

蔣德璟，字申葆，號若椰，晉江人。天啓壬戌進士，改庶吉士，授編修，累擢庶子。敏於掌故、典禮、曆術，條奏詳明。崇禎十五年，以禮部尚書兼文淵閣大學士。

時楊嗣昌已死，而練兵、加餉之弊未革，又造鈔發賣，京商騷然，卷篋而去。德璟皆力言其非，不見聽。最後以給事中光時亨追論練餉殃民之咎，德璟擬旨云：「向時聚斂小人，倡議搜括，致民窮禍結，誤國良深。」帝不悅，召閣臣及吏、户二部臣入文華殿，取時亨疏，詰以聚斂小人主名，德璟不敢斥言楊嗣昌，以原任户部尚書李待問對。帝曰：「朕如何是聚斂？只欲練兵。」德璟曰：「皇上豈肯聚斂。因既有舊餉五百萬，新餉九百餘萬，復增練餉七百三十萬，當時部科，實難辭責。」帝責其朋比，諸輔臣申救，意乃解。復具疏言：「邊臣練餉立説，或數千，或數百，抵塞明主；而全鎮新舊餉、兵馬數萬，概言不足。是因有練餉而兵馬反少也，臣私心恨之。又近日直省各官，每借練餉名色，追比如火，致百姓困窮，遇賊輒迎，臣又私心恨之。蓋致外無兵，内無民，且並餉亦不能完，故推咎於練餉之人。冒昧愚戇，罪當死。」因引咎出直。都給事中孫承澤、汪惟效力争之。德璟初以山西新陷，未敢輒去。又以廷臣連章見留，避嫌，具疏辭朝。至三月二日，得旨賜銀幣乘傳歸。

弘光時，以原官起，德璟上疏以三大罪自責，不拜。隆武帝就起諸家，不得已入賀。見鄭師逗遛，請行關，確察情形，至則事無可爲，稱病去。丙戌，九月，王師至泉州，德璟不食卒。或曰：吞金死。

曾櫻，字仲含，江西峽江人也。萬曆丙辰進士，授工部主事，監興造，爲中貴所憚。

天啓二年，由郎中出知常州府。時御史巡視鹽倉、江漕及提學、屯田者，皆操舉劾權，文牒日至。櫻具狀南京都察院曰：「他方守令奔命一巡按，獨南畿者奔命數巡按，請一切飭罷！」比屯田御史索屬吏應劾姓名，櫻不應。索者危言恐之，答曰：「僚屬無可劾，止知府無狀。」因自署下考，杜門待罪，撫按爲慰留，始起視事。織造中官李實迫知府行屬禮，櫻不應；既檄至，侮以「爾汝」，櫻亦以「爾汝」報，卒不屈。魏忠賢禍作，高攀龍、繆昌期、李應昇被逮，櫻助繆、李貲，攀龍死，經紀其喪。宜興毛士龍、武進孫慎行以忤奄遣戍，櫻諷士龍逃，而緩慎行之行，忠賢敗，事遂解。

崇禎戊辰，以參政分守漳南，禽斬九蓮山土寇幾盡。母憂歸。服闋，進按察使，分巡福寧。海寇劉香與紅夷寇掠沿海，總督熊文燦欲遣鄭芝龍往討，疑香與芝龍有舊，櫻以百口保之，遂平海寇。

逾年，東廠獲一男子，言爲櫻行賄，謀遷秩。帝震怒，命逮治。御史葉先春曾爲屬吏，知其賢，於他疏附白之，詔詰問，因具陳櫻賢。然不知賄所從來，乃命閩撫沈猶龍、巡按張肯堂覆按。廠檄有奸人黄四臣名，芝龍前曰：「四臣我所遣，我感櫻恩爲之。」猶龍、肯堂遂據以入告，芝龍亦上疏請罪，士民詣闕擊登聞鼓聲其冤，得旨免入獄，削芝龍都督銜，仍令櫻以故官巡視海道。未行，改湖廣按察使，兼右參政，賜敕分守湖南。故事：分守無敕。爲櫻賢，特賜之也。衡、永故多寇，州縣殘破，櫻至，疏薦蘇州同知晏日曙、歸德推官萬元吉才，兩人方坐事罷，以薦俱赴官。調芝龍討賊，賊多降，一方以安。遷山東右布政使，分守登、萊，旋擢南京工部右侍郎，乞假歸。

初，大清兵入山東，巡撫王永吉所部濟、兗、東三府盡失，匿不聞，兵退，以恢復報，擢兵部侍郎。登、萊所失無幾，以實奏，遂下刑部獄。京師陷，櫻微服遁，詣南京刑部法司，以贖徒論。隆武時，召爲工部尚書兼東閣大學士，尋進太子太保，吏部尚書，文淵閣。時政在鄭氏，櫻不能有所爲，然性廉勁，遇事敢言，持銓政，絶請謁。上幸延平，留守福京。

閩亡，乃浮家廈門島中。陳泰、阮文錫從櫻講心性之學，躬行實踐，終日無倦容。嘗坐席少偏，命文錫移之，曰：「席不正不坐，正身所以正心也。」

辛卯，二月，城將陷，家人請登舟，櫻曰：「此一塊乾净土，正吾死所。豈泛海求活邪？」自經死。越五日，泰負骸走三十里入殮，顔如生。子四人，俱完節不仕。我朝賜通謚曰忠節。

路振飛，字見白，曲周人。天啓乙丑進士，除涇陽知縣。大吏諂魏忠賢，將建祠涇陽，執不從。邑人張問達忤奄，坐追贓十萬，故遷延之，奄敗，事乃解。流賊入境，擊卻之。

崇禎初，徵授御史，疏劾首輔周延儒：「卑污奸險，黨邪醜正，啓宵小奔競之門，短豪傑敢言之氣，祈立斥以清揆路。」被旨切責。復陳時事十大弊。尋出按福建。海賊劉香者，數勾紅夷入犯。懸千金激勵將士，於是鄭芝龍等破之。詔賜銀幣。俸滿以京秩録用，疏請暫止錢穀刑名之奏，深思安危治亂之幾。

八年，將簡用輔臣，上言：「枚卜聖典，使夤緣者竊附，則不光。如嚮者周延儒、温體仁等，公論俱棄，宅揆以後，民窮盜興，辱己者必不能正天下。」時延儒已斥，而體仁方居首揆，大恨。已巡按蘇、松，除輸布、收銀、白糧、收兑四大弊，民困以甦。常熟奸民張漢儒訐鄉官錢謙益、瞿式耜貪狀，體仁主之，坐振飛以失糾，擬旨令自陳。乃白謙益、式耜無罪，而語刺體仁，體仁益恚，激帝怒，謫河南按察司檢校。入爲上林丞，屢遷光禄少卿，已擢右僉都御史，總督漕運，巡撫淮、揚。

十七年，流賊陷山西，遣將金聲桓等分道防河，團練鄉兵，犒以牛酒，得兩淮間勁卒數萬人。福、周、潞、崇四王避賊，同日抵淮，大將劉澤清、高傑等亦棄汛地南下，振飛接之，不失其歡。

弘光帝立，故河南副使吕弼周受賊僞命，以防禦使來代振飛，任進士武愫以僞防禦使，招撫徐、沛，賊將董學禮據宿遷。振飛擊走學禮，禽弼周，繫於竿，置法場，命軍士人射三矢，乃磔之，縛愫徇諸市，鞭八十，檻車獻於朝，時論快之。

馬士英之以兵入朝也，過淮安，振飛遏其兵，不令上岸。士英既用事，用所親田仰來代，適振飛亦遭母喪，流寓蘇州。録功，即旅次加副都御史。初，督漕時謁鳳陽皇陵，望氣者言「高牆中有天子氣」。時隆武帝方以罪錮，守陵中官虐之，振飛疏乞寬罪宗，竟得請。楊維垣謫戍淮安，振飛待之薄。及是附馬、阮用事，嗾撫寧侯朱國弼劾其私語鳳陽王氣，心懷異圖，行人朱統鑛復詆之，遂免官。

南都失守，隆武帝立於閩中，進左都御史。時音耗隔截，募能致振飛者，官五品，金三千。振飛乃赴召，中道拜太子太保、吏部尚書兼文淵閣大學士。至則大喜，與燕，抵夜分，撤燭送歸，解玉帶以賜，官其子職方員外郎，又録守淮功，蔭錦衣，世襲千户。上每責廷臣怠玩，因進言曰：「上謂廷臣不改因循，必致敗亡；臣謂上不改操切，亦未必能中興也。上有愛民之心，而未見愛民之政；有聽言之明，而未收聽言之效；喜怒輕發，號令屢更；因羣臣庸下，而過於督責；因博覽書史，而務求明備。凡上所長者，皆臣所甚憂也。」其言皆曲中上短云。

丙戌，秋八月，大兵進仙霞關，上走汀州，追赴不及。汀州破，走安平，依朱成功。丁亥，有誤傳上在粵者，偕主事萬年英泛海求之。抵虎門，始知爲上弟聿鐭，已敗死，乃回廈門。後赴永曆帝召，卒於途。或曰：自縊於邵武山寺。

長子澤溥，字安卿。亂後奉母居太湖。顧炎武嘗曰：「險阻備嘗，與時屈伸，吾不如路安卿。」弟太平，從振飛至閩，官光禄寺卿。閩敗，奉永曆帝命徵兵於外，晚隱於吴門。

朱繼祚，莆田人。萬曆己未進士，授庶吉士，進編修。天啓中，與修三朝要典，尋罷歸。崇禎初，復官，遷禮部右侍郎，充實録總裁。給事中葛樞言其纂修要典，得罪清議，不可總裁國史，因謝病去。旋起南京禮部尚書，又以人言而罷。

弘光時，起故官，協理詹事府事，未赴。隆武帝立，召拜東閣大學士，從至汀州。事敗，奔還鄉里。戊子春，魯監國在閩安鎮，鄰近州縣多下，繼祚亦舉兵應之，與同安伯楊耿合攻興化城。守者監司彭遇颸，故南都御史也，招繼祚入守之。

三月，大兵至，城復破，繼祚及參政湯芬、給事中林嵋、知縣都廷諫並死之。我朝賜通謚曰忠節。

湯芬，字方侯，嘉善人。崇禎癸未進士，嘗爲閣部史可法監紀推官。閩中授御史，魯監國以爲參政，分守興泉。城破，緋袍坐堂上，被殺。我朝賜通謚曰烈愍。

林嵋，字小眉，莆田人。崇禎中進士，制義文奇逸。詩原本漢、魏，於唐獨宗李白，外此不屑也。闖賊犯闕，嵋間道渡江，上書閣部史可法，言賊中事，可法奏留之。隆武時，授兵科給事中，魯監國亦授吏部郎中。大學士朱繼祚之舉兵興化也，嵋與其事。城陷，賦絶命詩三章，嘔血死。嵋磊落負奇節，見時事已非，輒寄悲憤於詩。著蟛蜞集十二卷。從子佳璣字衡者，質樸修志行，詩文能世其家法云。都廷諫者，杭州人，官莆田知縣，城破自縊死。我朝賜嵋、廷諫通謚俱節愍。

曾世衮，字長脩，興化平海衛人，尚書楚卿子也。天啓甲子舉於鄉。戊子，破産起兵，從大學士朱繼祚復興化。事敗，遁廈門，憂憤死。

熊開元，字元年，號魚山，嘉魚人。天啓乙丑進士，除崇明知縣，調繁吴江。崇禎朝，徵吏科給事中，以官知縣時徵不及額，貶二秩外用，不赴。久之，起山西按察司照磨，遷光禄寺監事，行人司副。劾首輔周延儒，與給事中姜埰同受廷杖，下獄，所謂熊、姜之獄也。卒遣戍杭州，事詳明史。

南都立，起吏科給事中，丁内艱，不赴。閩中以工科召，疏請終喪；連擢太常寺少卿，僉都御史，再疏辭。詔曰：「天地生才，祇有此數。邇者老成凋喪，宗周、彪佳、石麒等既皆捐軀，鄭三俊又損目，故於開元之至，旦夕以冀。既在郊坰，慰予飢渴。」及入對，眷禮有加。開元請罷捐助、停事例、重爵禄、簡刑罰、急親征、實聽納、散朋黨，俱嘉納之。越日，授御營隨征東閣大學士，兼行在右副都御史，權理院事。時方破格用人，躁競者多以口舌得官，開元惡之，力持資格。丹徒諸生錢邦芑言事稱旨，特授御史，開元請改兵部司務，上重違其意，命以司務得非時言事，實同御史權。上之在建寧也，外雖優禮輔臣，而事輒獨斷，開元遂乞罷歸，不許。已而邦芑復授御史，開元力争之，不得，乃引疾。

汀州破，棄家爲僧於蘇州華山巖，師事南嶽和尚。又住休寧仰山，自號蘖菴。卒葬徽州之丞相原。

林增志，瑞安人。崇禎中進士，官右中允。隆武時，以入閣召，未赴。閩亡，爲僧，住温州之頭陀寺。有僧來受戒者，問：「曾殺人否？」僧自言少時從闖賊，曾刺殺某官，增志怒，以錫杖撞殺之。山民喧「大和尚殺人」，乃潛入泰順峯門山中，闢田造寺，曰香林，隱居焉。與遺老董龍溪父子多唱和詩，自稱讓菴和尚。死葬寺之對山。

方以智，字密之，桐城人。崇禎時，嘗避地南都，與楊廷樞、陳子龍、夏允彝相友善。成庚辰進士。父孔炤，方以楚撫被逮，以智懷血疏，跪朝門外，叩頭號呼，求代父死。帝歎曰：「求忠臣必於孝子之門。」並釋之，擢檢討。

北都陷，父子爲賊所掠，瀕於死。南都馬、阮當國，誣其汙僞命，入之六等罪中，舉朝大譁，乃已。歎曰：「是尚可爲邪！」褫衣散髮，賣藥五嶺間。隆武帝召之，未赴。永曆時，以翰林院學士知經筵，尋命入閣。以智知不可爲，乃爲僧去，號無可，最後自號曰浮山愚者。大兵嘗物色得之，令曰：「易服則生，否則死。」袍服在左，白刃在右，乃辭左而受右。帥起謝之，爲之解縛，聽其以僧終。乃披緇詣天界事俍公。同時有嘯峯者，亦皖人，嘗官都給事中，與並師俍公。時稱爲皖江兩大師。

徐人龍，字亮生，上虞人。萬曆丙辰進士，授工部主事，出爲湖廣荆襄道僉事，尋遷湖南提學副使。故事：使車按，止義陵。自桃源南入，接嶺連山，高險，輿挽不得前。故辰、沅、郴、靖官師子弟皆就試。人龍乃獨往，每度一關，必詢視形勢，及抵辰龍關，徒行，盡得其要害。後勦臨藍大盜，輒用，有功其地。辰郡稍稍能文，漵、沅則歌謠雜出，至靖川，與峒夷相半，有通論語一章者，即舉茂才。人龍乘傳所至，人多化之，且驚喜，以爲開國來無此事。已擢湖南道參議，瑠難起，乞終養歸。

崇禎乙亥，服未闋，即起爲嶺北道，增拓城垣十數處，以能聞於朝，調蘇、松兵備道、按察司副使，虔民留之。會郴、桂賊起，圍長沙，攻衡州，詔命兩廣、江、虔會楚合勦，檄人龍爲監軍，累戰奏功，破諸寨，斬級萬餘，禽賊渠十有八。捷聞，遷武昌道，晉參政，特召賜對。道臣繇無特召，召自人龍始。

時楊嗣昌以奪情起官入閣，兼本兵，因人龍曾任楚官，載拜執手，指所坐曰：「以此待公。」人龍初應召，疏論時政，與嗣昌忤。至是見其墨經在坐，連矚之，且言己終養歷十二年。嗣昌瞪眙不知所對，遽引退。先是虔饑，人龍輸粟爲賑，民賴以蘇。召對時，帝問：「所全活者幾何？」曰：「以十萬計。」帝喜，顧左右曰：「活人至十萬，亦幾矣！」嗣昌遽曰：「虔户版幾何，而動言十萬，此罔上也。」帝默然，然嘉其能，諭吏部遇督撫缺推用。遂超拜右僉都御史，巡撫山東。陛辭日，賜幣，遣中官四人扶肩輿出都，道路榮之。

孔有德之亂，引朝鮮船至，軍吏告急。人龍治事不輟，密檄津門、山海爲犄角，遣標將焚其船，奪大銅礮三十餘架，賊氛頓息。因是慮阻漕，欲疏膠河故道，傍入於海以通運，親視有成畫，具疏入告。嗣昌謂漕非所職，嚴敕之，且中以他事，奪俸。人龍知事不可爲，乞放歸。無何，嗣昌死。會兵部增設右侍郎，備邊關制督之選，廷推起用，疏辭，不允。

甲申，晉户部尚書，以倪元璐薦，特旨兵部。比至淮，聞國變，慟哭草檄討賊。

南都立，馬士英兼本兵，仍爲副。每同堂坐，機事一決於士英，人龍心不平，求去。且每在堂，正色危坐，士英踧踖不自安，遂分部事判兩堂，人龍督理駕庫漕運。既而人龍語侵士英，復極言：「安置四鎮，不宜以廬、鳳、淮、揚祖宗湯沐重地遽予擁兵自衞之人。夫帶礪之盟，俟有成績；即事在急遽，爭先歆賞，亦必策以自効。使恢一城，即予以是城，復一地，即授以是地，當前激勵，未爲不是，乃兵未動而遽剳内地畀之，則江南尺寸土可勝剳哉！」士英惡其言，諷臺臣劾之，無可劾，乃使御史何綸糾其年耄拜舞失儀，勒致仕。時人龍年六十有九，進止矍鑠，實無少誤。

浙東魯王監國，起工部尚書，與王之仁分屯江口。隆武帝以武英殿大學士、兵部尚書召，命人龍門下士閩撫吳春枝齎詔促行。比入閩，力辭不受事。杜門卻埽者又七年而卒。卒之日，流涕曰：「吾頗知兵事，且官兵當國家需兵時，竟不得爲國家用兵以死，吾自恨矣！」

子咸清，有神童之譽，一歲識字，五歲通經，與妻商偕隱以終。商與祁彪佳妻景蘭，女兄弟也，世稱仲商夫人云。見列女傳。

小腆紀傳卷第二十五

前翰林院檢討加詹事府贊善銜六合 徐 鼒 譔

列傳第十八

傅冠　顧錫疇　楊廷麟 彭期生　吴世安　彭錕　蘇觀生 梁朝鍾

傅冠，字元輔，進賢人。天啓壬戌進士，歷官禮部尚書，兼文淵閣大學士。崇禎十一年，乞休歸里，家居者六年。

乙酉夏，南都既覆，闖黨王得仁導王師入進賢，掠冠家，殺其孫鼎。冠潛行入閩，隆武帝遣官存問，手詔冠督師恢復江省，專理湖南勦撫事宜，賜尚方劍，便宜行事。師至邵武五福關，逗留不前，冠知事不可爲，十二疏乞罷。適職方江隨者，以薦舉進身，思立名自重，乃疏言：「冠擁兵糜餉，玩敵擾民。」冠請解兵柄益力，詔杖江隨，予冠致仕。冠遂寄寓泰寧門人江亨龍家。亨龍，小人也，初以閣部名，執弟子禮，既懼爲居停累，乃自首，而遣其子養源走告冠曰：「江隨父子白清帥，欲生得公矣。養源家百口，公是視耳。」冠不悟其詐也，但曰：「一死報國。」徑自投繯。養源跪抱冠曰：「公不生見清帥，江氏百口立碎矣。」顧指莊客輩曰：「即此族何辜，忍令爲血池乎？」遂舁冠就道。夜宿溪頭，冠私起，欲投溪，爲守者所覺。

至汀州，降將李成棟延之上坐，曰：「公大臣也，但遵制薙髮，保公無他。」冠詫歎曰：「自冠裳以來，有髠頭宰相否？」成棟復曰：「公髮種種矣，與髠何異？但稍加鈹，掩衆目，即可婉曲報聞耳。」冠厲聲曰：「汝知千古有文文山乎？我鄉先進也。吾鄉無髠頭宰相，但有斷頭宰相耳！」成棟自是不復言，然禮待甚厚，飲食必偕。成棟既率兵入廣，鎮將李發待冠如初。

一日，對奕，局罷，發閱文書，忽請曰：「公必不順命者，今奉令旨收公矣。」冠欣然起曰：「早畢吾事，爾之賜也。」整衣冠向南拜曰：「臣負國無狀，死不足贖。」復向西拜曰：「祖宗暴骨，惟冠之辜。」題詩壁上曰：「白髮蕭蕭已數莖，孽冤何必更相尋？拚將一副頭顱骨，留取千秋不貳心。」又曰：「憤血已成空，往事徒回首，國難與家讎，永訣一杯酒。幻影落紅塵，倏忽成今古，名望重如山，此身棄如土。」題畢，引頸受刑，無忍加刃者，賞之，亦不應，惟知府李蘭友家丁某受賞而施刃焉。

是日，晝晦，悲風震瓦，汀人無不掩涕。家人傅國楨葬其骸於羅漢嶺，與周之藩墓相望。首在函中忽吐白光，時示夢於獄囚，祈卜皆奇驗。

己丑，三月，冠之子乞骸歸葬，始合身首殮之。竟體作黃金色。舊衣二領棄墓側，風雨經年，帛色如故，行道見者呼爲「相公衣」。後寧化邱、賴二生被襲而歸，每以示人，蓋有歎且泣者。我朝賜通謚曰忠烈。

顧錫疇，字九疇，崑山人。萬曆己未進士，改庶吉士，授簡討。天啓四年，以忤璫削籍。

崇禎初，起原官，歷遷國子監祭酒，乞終養歸。服除，起少詹事，進詹事，拜禮部左侍郎。列用人五失，曰銓敘無法、文網太峻、議論太多、資格太拘、鼓舞未至，又以抗言撫流寇事與楊嗣昌大忤，復削籍。用薦起南京禮部左侍郎。

弘光時，進尚書。東平伯劉澤清言：「宋高宗即位，以靖康二年五月爲建炎元年，從民望也。乞以甲申五月爲弘光元年。」錫疇言：「明詔已頒，不可追改」，乃止。時議郊祀，錫疇言：「合祀分祀，後先互異，但議禮於今，物力告匱，當删繁就簡，從高皇合祀之制爲便。」又議廟祀恭皇帝，錫疇請別立專廟。又請上建文、景泰謚號，賜文震孟、羅喻義、姚希孟謚，而追奪温體仁謚，並見從。吏部尚書張慎言去位，命錫疇攝之。時馬士英當國，錫疇雅不與合，遂乞祭南海去。明年春，逆黨張孫振追頌温體仁功，劾錫疇憸邪，命致仕。

南都失守，錫疇鄉邑亦破。時方遭父喪，間關赴閩，隆武帝進東閣大學士，加督師銜，不拜，寓居温州江心寺。

丙戌秋，總兵賀君堯與督學相結，取事例銀供餉，諸生鼓噪，君堯殺之。錫疇怒，將以聞，君堯乘夜縛而投之江，子鎣走免。我朝賜通謚曰節愍。

楊廷麟，字伯祥，清江人。崇禎辛未進士，授庶吉士，轉編修，勤學嗜古，聲震館閣。與都御史黄道周善。皇太子將出閣，簡充講官，兼直經筵，乃具疏力讓道周，不許。

明年春，帝御經筵，問：「保舉、考選之法，何者能得人？」對曰：「保舉當嚴舉主，如唐世濟、王維章爲温體仁、王應熊所薦，今二臣敗而舉主無恙，是連坐之令，先不行於大臣，欲收保舉效，得乎？」帝爲動容。

是年冬，畿輔告警，因疏劾兵部尚書楊嗣昌，言：「陛下有撻伐之志，大臣無禦侮之才，謀之不臧，以國爲戲。嗣昌及薊、遼總督吴阿衡内外扶同，朋謀誤國，倡和款議，武備頓忘，以至於此。今可憂之在外者三，在内者五，督臣盧象昇以禍國責樞臣，言之痛心！夫南仲在内，李綱無功；潛善秉成，宗澤殞命。乞陛下赫然一怒，明正嚮者主和之罪，俾將士畏法，無有二心；召見大小諸臣，咨以方略；諭象昇集諸路援師乘機赴敵，不從中制。此今日之急務也。」嗣昌大恚，詭薦其知兵，改兵部職方主事，贊畫象昇軍。象昇得之，甚喜，即令往真定轉餉濟師。及象昇戰死，賈莊、嗣昌亟問楊贊畫死未，偵卒以奉使在外對，爲不懌者久之。取所在軍中報曲折事，擬旨責其欺罔，欲中以危法，帝察其無罪，僅貶秩。黄道周獄起，詞連，將逮治，旋獄釋，言者交薦，仍故官。未赴，都城陷，廷麟與翰林修撰劉同升集兵勤王。

弘光帝立，御史祁彪佳薦之，授左庶子，辭不就。宗室朱統𨨲誣劾大學士姜曰廣，併誣廷麟招健兒，有不軌謀，曰廣内應，語絶狂誕，上置不問，然所募兵竟以散去。

乙酉，南都破，我大清兵下南昌，袁州、臨江、吉安俱投誠。已又取建昌，惟贛州孤懸上游，岌岌獨存，而兵力單寡，人懷洶懼。廷麟乃與同升謀邀南贛巡撫李永茂享士大夫於明倫堂，勸輸兵餉，刻期大舉，隆武帝手詔嘉獎，擢吏部右侍郎。比有粤東入衛兵過境，即疏留之。立忠誠社，得二萬餘人。

九月，廷麟領兵偕同升取萬安，抵泰和，復吉安全郡，又收臨江，具表以偏安海甸爲非計，請上移駐贛州，進兵部尚書兼東閣大學士，賜尚方劍，便宜行事。未幾，上召永茂爲兵部右侍郎，以張朝綖來代；俄朝綖召還，即以同升代。十月，吉安告警，副將徐必達戰敗，赴水死。援師至，大兵退屯峽江。十二月，同升卒，總制萬元吉自閩至贛，遂兼巡撫事，與廷麟協力規畫。

明年正月，廷麟赴贛招降峒蠻張安等四營，復得四萬人。安驍勇善戰，賜名龍武新軍。三月，聞上將蒞贛，趨往朝之，甫行，吉安告警，留屯郊外，馳疏陳援吉防贛事宜。

時元吉代守吉安，城復失，元吉退保贛州。四月，大兵逼城下，廷麟遣使調廣西狼兵，已往湖西邀新軍還。五月望日，巡撫劉廣胤與我兵再戰梅林，再敗，廷麟乃散遣其軍，而身入贛城，與元吉誓守。六月，李永茂遣副將吴之蕃率廣東兵數千至，戰於李家山，圍暫解，已復合廷麟等分門堅拒如初。上獎勞之，賜名忠誠府。七月，尚書郭維經、御史姚奇胤、雲南援將趙印選、胡一青及大學士蘇觀生、兩廣總督丁魁楚部將各以兵五千至，廷麟收合散亡，復得數千人，先後抵贛，營城外，軍聲頗振。八月，水師羅明受戰江上，大敗，雲、廣軍氣奪，不戰自潰，他營亦稍潰去。會聞汀州破，人情益震懼，守者疲甚。

十月四日，天霧且雪，大兵用鄉導乘夜登城，廷麟督鄉勇巷戰。黎明，礮炸城裂，遂走城西清水塘自沈死。我將有賈熊者歎爲忠臣，以門四扇舁之，瘞東關外，我朝賜通謚曰忠節。

彭期生，字觀民，海鹽人。萬曆戊辰進士，以教授歷遷濟南知府，坐失囚被謫，轉南京兵部主事，進郎中。獻賊亂江西，遷湖西兵備僉事，駐吉安拒守。不支，走贛州，楊廷麟偕與招降峒蠻，隆武帝加太常卿，仍視兵備事。城破，冠帶自經死。守備楊大器瘞其屍於萬安之百家邨。後鄉人胡樞官其地，夢期生屬歸遺骸，乃資遣之。子女以血漬骨，皆沁入，哭而葬焉。說者比之温序之思歸云。我朝賜通謚曰節愍。

吴世安，字求寧，歸化諸生，以孝聞。隆武帝之召楊廷麟於吉安也，世安謁之途次，廷麟奇之曰：「變故以來，功名之士，樹頤頦，插齒牙，顧盼淩厲，以示可用，君獨不然，叩乃後鳴，言必中窾。吾所求於天下士者，惟神志堅定，萬馬疾馳中能駐足者耳，君非其人歟！」奏授監紀推官。將赴贛，客尼之曰：「古人見險則止，危邦可入乎？」世安歎曰：「楊公知我，可相負邪！」既入見，廷麟鼓掌曰：「吾知君不負我也。」乘城分守，戰多捷。而汀州變聞，援師潰散，客又以微行出險勸之，世安曰：「以身許人，臨危而去之，犬豕不食吾餘矣。」扶病登陴，彈貫左膊死。我朝賜通謚曰節愍。

彭錕，字劍伯，寧都諸生。從督師楊廷麟治兵有績，奏授兵部員外郎。廷麟敗，以幼子爲屬，錕厚撫之。庚寅春，寧都被圍，錕治具廣召親故，酒過半，謂之曰：「此城必破，我義不可辱，行與諸君決矣。且我與楊公共事，久當死，所以不死者，以楊氏孤也。今孤少長，我即死，人必無虐忠臣後者。」揖其友某以楊氏孤託之，索衣冠，燒燭於庭，呼妻李氏冠帔出，北面再拜，引繩就東西偏同經死。我朝賜通諡曰節愍。

蘇觀生，字宇霖，東莞人。年三十，始爲諸生。崇禎中，由保舉授無極知縣，遷永平同知，監紀軍事，已擢户部員外郎。

京師陷，脱走南京，進郎中，督餉蘇州。南京覆，走杭州，途謁隆武帝，與語大悦，聯舟赴閩，與鄭芝龍、鴻逵兄弟擁戴，擢翰林學士，進禮部右侍郎，兼學士。設儲賢館，分十二科，招四方士，令觀生領之。觀生矢清操，稍有文學，而時望不屬，上以故人恩眷出廷臣右，乃超拜東閣大學士，參機務。觀生數贊上出師。見鄭氏不足與有爲，且事權悉爲所握，請上赴贛州，經略江西、湖廣，上議遣之先行。

明年，觀生赴贛，大徵甲兵，餉不繼，竟不能出師。三月，吉安破，總督萬元吉乞援，遣二百人往，協守緜津灘，戰敗。大兵圍贛州，觀生走南康，贛數告急，不敢援。六月，大兵退屯水西，始發三千人馳入贛助城守。久之，我兵再攻城，三千人皆引去。八月，觀生移駐南安，閩中急，亦不能赴救。上殂汀州。十月，贛州亦破，觀生退入廣州。監紀主事陳邦彦勸以疾趨惠、潮，扼漳、泉，兩粤可自保，不從。聞丁魁楚等立永曆帝，觀生欲與共事，魁楚素輕之，且欲專定策功，慮其以舊相居己上，拒不與議，吕大器亦以其出身非兩榜，叱辱之，觀生愠甚。

時隆武帝之弟聿鐭嗣封唐王者，與大學士何吾騶自閩至廣州，番禺梁朝鍾、南海關捷先首倡兄終弟及議，觀生遂與吾騶及侍郎王應華、曾道唯、布政使顧元鏡以十一月二日擁聿鐭監國，建元紹武，就都司署爲行宫。即日封觀生建明伯，掌兵部事，拜東閣大學士。時倉猝舉事，亟治宫室、服御、鹵簿，通國奔走，夜中如白晝。不旬日，除官數千，冠服皆假之優伶，市人傳以爲笑。

永曆帝命給事中彭燿、主事陳嘉謨齎敕往諭，燿至廣州，觀生執殺之，嘉謨亦不屈死。乃治兵日相攻，敗肇慶兵於三山口，觀生意甚得，務粉飾太平，而惟捷先、朝鍾是任。有楊明競者，潮州人，好爲大言，詭稱精兵滿惠、潮間，可十萬，即特授惠、潮巡撫。觀生器此三人，事必咨之。又有梁鋆者，妄人也，觀生謂其才，用爲吏科都給事中，與明競大納賄賂，日薦數十人。觀生本乏猷略，既兼綜内外事，益惽瞀。所招海盜，白日殺人，刳肺腸懸諸貴官之門以示威，城内外大擾。

時大兵已下惠、潮，長吏皆降附，即用其印移牒廣州報平安，觀生信之。是月望日，聿鐭視學，百僚咸集，或報大清兵已逼，觀生叱之曰：「昨潮州報無警，烏得遽至此？妄言惑衆。」斬之。如是者三。兵臨城下，猶疑爲海盜。已自東門入，始召兵搏戰，精鋭者皆西出，倉猝不能集，城遂陷。觀生走鋆所問計，鋆曰：「死爾，復何言！」觀生入東房，鋆入西房，各拒户自縊。觀生慮其詐，稍留聽之，鋆故扼其吭，氣湧有聲，且推几仆地，久而寂然，觀生信其死，遂自經。明日，鋆出，獻其屍以降。吾騶、應華、元鏡等悉降。

梁朝鍾，番禺舉人，善談論，與南海關捷先同爲觀生所倚。捷先由進士歷官監司，小有才，便筆札。倡議擁戴聿鐭，擢爲吏部尚書。朝鍾浹旬三遷，至祭酒，嘗語人曰：「内有捷先，外有楊明競，強敵不足平也。」聞變，投於池，爲鄰人救出，復自剄。捷先出降。我朝賜朝鍾通謚曰節愍。

小腆紀傳卷第二十六

前翰林院檢討加詹事府贊善銜六合 徐 鼒 譔

列傳第十九

曹學佺 胡上琛 張兆鳳 李國英 鄭羽儀 林説等 何楷 姜一洪 熊緯 徐復儀 陸清源

曹學佺，字能始，侯官人。弱冠，舉萬曆乙未進士，由户部主事調南大理寺正。居冗散七年，益肆力於學，累遷南户部郎中，出爲四川右參政。蜀府燬於火，估修資七十萬金，學佺以宗藩例卻之，中察典議調。

天啓二年，起廣西右參議。初，梃擊之獄，劉廷元主瘋癲，學佺著野史紀略，直書本末。至六年秋，遷陝西副使，未行，而廷元附魏忠賢，大幸，劾學佺私撰野史，淆亂國章，遂削籍，燬其書。廣西大吏疑忠賢且殺之，羈留以待，久之，乃釋歸。

崇禎初，起廣西副使，不赴，著書所居石倉園中，結社談讌，著有十二代詩選、石倉全集，閩人士以爲歸。嘗謂：「二氏有藏，儒何獨無？」採輯四庫書爲儒藏，功未竣。

兩都繼覆，隆武帝立於福州，拜太常寺卿，遷禮部右侍郎，兼侍講學士，晉尚書，加太子太保。丙戌春，徐孚遠上水師合戰之議，請上親征，而已招吴淞諸義軍相犄角。學佺謂：「徼天之幸，在此一舉。」捐餉萬金，速其行。

八月，王師入福州，奔鼓山佛前問休咎，甫下拜，見繩一縷，攜之歸，題壁上曰：「生前一管筆，死後一條繩。」自縊死。友人徐英者，亦奇士也，哭之，伏屍嘔血死。我朝賜通謚曰忠節。

胡上琛，字席公，世襲福州右衛指揮使。好讀書，能詩。年十八，赴京襲職，復舉武鄉試。隆武時，官錦衣衛指揮，署都督僉事，充御營總兵官，從至汀州。遇變，奔還福州，謂家人曰：「吾世臣也，不可苟活。」其妻劉，年甫二十，願與俱，上琛喜曰：「爾婦人，亦能之邪！」遂冠帶，同仰藥死。我朝賜通謚曰節愍。

張兆鳳，長汀人，長身偉貌，使鐵刀重六十觔。崇禎壬午、癸未，聯捷武科，以游擊用。丙戌，王師入福州，帥聞其勇，欲官之。兆鳳杜門不出，強之再三，辭曰：「吾故明進士，不能樹尺寸，何面目出而相見乎？」束髮整冠，投井死。又李國英者，汀州衛人，崇禎中以功授守備，亦死於難。我朝賜兆鳳、國英通謚俱節愍。

鄭羽儀，字敬生，閩縣人。崇禎癸未進士，授中書舍人，典試粵中。閩亡，殉難死。我朝賜通謚曰節愍。

林説，字傅公，莆田人。性恬淡，嗜學，舉崇禎鄉薦。敝衣徒步，遇山水、友朋樂處，輒賦詩見志。閩亡，挈家入深山，絕粒死。時同死者：文臣則懷遠知縣泰寧江振鵬，及其子白龍、懷龍，前建陽知縣臨潁崔攀龍；未仕者，進士則永定吳煌，舉人則莆田林曾賓、福清林化熙、卓震，貢生則侯官元綸，麇生則同安張璇光，武舉則永福趙子章，民人則閩縣趙卯。雖其事不可詳述，而姓名猶可考焉。我朝賜振鵬、攀龍通謚俱節愍。（補）

何楷，字元子，漳州鎮海衞人。生有異質，讀書過目不忘，尤邃於經學。舉天啓乙丑進士，值魏奄亂政，不謁選，歸建紫芝書院，講學其中。

崇禎時，授户部主事，進員外郎，改刑科給事中。賊燬皇陵，疏劾巡撫楊一鵬、巡按吴振纓罪，言：「振纓爲温體仁私人，一鵬爲王應熊座主。逆賊犯皇陵，神人共憤，陛下輟講避殿，感動臣民；而二輔臣漫然視之，欲令一鵬、振纓戴罪自贖。情面重，皇陵輕，朋比深，而天下譏刺且不恤，臣所以憤發於中，言不能已。」忤旨，鐫一秩視事。已應熊疏辨，楷復言：「臣疏未奉旨，應熊先一日摭引臣詞，必有漏洩禁中語者。」帝意動，應熊竟以是罷，累遷工科給事中。

十一年五月，帝以火星逆行，減膳修省，尚書楊嗣昌方主款議，歷引前史以進，楷乃案條駁奏。比嗣昌奪情柄政，楷又劾其「入閣視事，吉服爛然。臣恐天下士民，有以窺輔臣深淺也。」復忤旨，貶二秩爲南京國子監丞，就遷禮部郎中，母憂歸。

弘光時，擢户部右侍郎，督理錢法，兼工部右侍郎，連疏請告，不許。南都破，走杭州，從隆武帝入閩，進户部尚書。時鄭芝龍、鴻逵兄弟横甚，郊天時稱疾不出。楷言：「禮莫大於郊，二勳臣不陪祀，無人臣禮，宜正其罪。」上獎其風節，命掌都察院事。已而鴻逵揮扇殿上，楷呵止之。二鄭交惡，知不爲所容，請告去，中途遇盜，截去一耳，蓋芝龍使部將楊耿爲之也。後漳州破，抑鬱而卒。

姜一洪，字開初，餘姚人。萬曆丙辰進士，歷禮、户二部員外郎，轉郎中，出守江西，遷河南兵備，分巡汴梁。時流寇犯河北，一洪設法防禦，葉縣、鄢陵、彰德、懷慶千里之内，賴之以安。叙功擢福建按察使，轉廣東布政使，左參議，遷太僕卿。甲申之變，與左都御史劉宗周議舉義旗，不果。隆武時，大學士黄道周薦之，晉吏部侍郎，旋陞户部尚書。丙戌秋，奉命赴贛，在道聞上出奔，徒步追從之。抵贛之木梆菴，力竭，慟哭赴江死。有同行陳若水者，亦竭蹶力盡死，而爵里不可考。

一洪子二：長天植，次廷梧。偕走四千餘里，負榻櫝以還。中途屢遘官軍，械天植爲逃丁。而廷梧方總角少年也，輒膝行馬前，求爲兄代，一時以孝友稱。後亦齎恨卒。廷梧妻祁德淵自有傳。

熊緯，字文江，南昌人。崇禎癸未進士，官行人。兩都既覆，每飲酒，輒涕泗横流。其友曰：「昔狼瞫有言：『吾未獲死所。』子既有志，盍求所乎！」緯乃走謁隆武帝於延平，擢兵科給事中。扈行至汀州，遘變，從官迸散，緯獨號哭入行宫。説之降，不屈，乃被殺。我朝賜通謚曰烈愍。

徐復儀，字漢官，上虞人，崇禎癸未進士，兵部尚書人龍族子也。南都授刑部員外郎，按治逆臣罪，有能聲，出典雲南鄉試。未至，南都破，人心洶洶，而復儀講賓興禮如故。夜謁黔國公沐天波，使陳兵衛鎮撫之，土夷遂不敢肆。乙酉，閏六月，閩中起翰林院編修。丙戌，八月，閩敗，復儀幅巾草履，走千里，歸辭父母妻妾，獨居山中，日誦離騷。或從危崖攛身下，累不得死。一日，風雨晝晦，慟哭，急投谷中死，目猶張，其父承寵趨視，持其首哭之，乃瞑。我朝賜通謚曰節愍。

陸清源，字嗣白，平湖人。崇禎甲戌進士，由知縣擢雲南道御史，巡按福建。隆武時，奉命犒浙東軍，爲馬士英部將趙體元所殺。或曰：江上兵潰，清源投水死。我朝賜通謚曰忠節。

小腆紀傳卷第二十七

前翰林院檢討加詹事府贊善銜六合徐鼒譔

列傳第二十

萬元吉 楊文薦 唐周慈 黎遂球 朱永盛等 郭維經 子應銓 應衡 應煜 姚奇胤 劉同升 子季鑛 詹兆恒 揭重熙 張自盛 曹大鎬 洪國玉 李安民等

萬元吉，字吉人，南昌人。天啓乙丑進士，授推官，補歸德，捕盜有聲。崇禎時，計典鐫級爲永州檢校，尋遷大理評事。楊嗣昌薦爲軍前監紀，倚之若左右手，諸將亦悦服。馳驅兵間，未嘗一夕安枕，以憂歸。服闋，起南京職方主事，進郎中。

弘光帝立，仍故官。時高傑欲擁兵渡江，元吉奉命扁舟造傑壘，告之以戢兵聽朝命。傑曰：「吾欲寄家江南耳。」元吉曰：「公等將進取淮北，而併孥淮南，甚便。過江逼天子輦轂地，非公等兼爲國家意也。」諸將應曰：「諾。」顧皆眈視揚州。既傑卒駐揚，黄得功以兵争之，不勝。朝議以元吉能輯睦諸將，使監江北軍，元吉致書得功，期共戮力王室。得功報書，自明無他，欲聯絡各鎮鼓勇殺賊。元吉録藁傳示，傑、澤清始稍戢。元吉之陛辭也，疏言：「主術無過寬嚴，道在兼濟；官常無過任議，義貴相資。先皇帝初蒞海宇，懲逆黨用事，斲削元氣，力行寬大，諸臣狃之，争意見之玄黄，略綢繆之桑土，大患當前，束手無策。先帝震怒一時，宵壬遂乘間抵隙，中以用嚴之説，凡告密、廷杖、加派、抽鍊，新法備行，使在朝者不暇救過，在野者無復聊生，然後號稱振作。乃中外不寧，國家多故，小人用嚴之效如是。先帝悔之，更崇寬大，悉反前規。諸臣復思競賄賂，恣欺蒙，每趨愈下，再攖盛怒，誅殺方興，宗社繼没。蓋諸臣之孽，每乘於先帝之寬，而先帝之嚴，亦每激於諸臣之玩，則以寬嚴之用偶偏也。昨歲孫傳庭擁兵關中，識者以爲不宜輕出，然已有逗撓議之者矣。賊既渡河，臣即與閣臣史可法、姜曰廣請撤關、寧吴三桂，俾隨路迎擊，先帝召對，亦曾及此，然已有蹙地議之者矣。及賊勢薰灼，廷臣勸南遷，勸出儲監國南都，語不擇音，亦權宜應爾，然已有邪妄議之者矣。由後事而觀，咸追恨違者之誤國；設事幸不敗，必共服議者之守經。天下事無全害，亦無全利。當局者心怵無全利之害，誰敢違衆獨行；旁觀者偏見無全害之利，必欲強人就我。年來督撫更置，專視苞苴，封疆功罪，悉從意見，禦寇實著，概乎未聞，國事因之大壞，則以任議之途太畸也。」又言：「朝廷不當偏安，宜仍南京故名，示不忘恢復；而減錦衣旗尉，罷南北鎮撫，以杜告密。」又言：「賊今被創入秦，垂涎東南，轉盼秋深，出漢、商，則徑抵襄城，出豫、宋，則直窺江北。兩處兵民，積怒深怨，民必爭迎賊以報兵，兵更退疑民而進畏賊，恐將士之在上游者，卻而趨下，在北岸者急而渡南，金陵武備單弱，何以當此！臣入都將近十日，竊窺人情，皆積薪厝火，安寢其上，舌戰徒紛，實備不講，一旦有急，不識諸臣置陛下於何地，得毋令三桂等竊笑江左人物乎？從來戰勝首廟堂，在廷無公忠共濟之雅，未有能立功於外者。中外大小臣工，宜洗前習，猛勵後圖，毋急不可居之功名，毋冒不可違之清議，捐去成心，收集人望，萃衆志以報大讎，集羣謀以制大勝，社稷身名並受其福矣！」

元吉身在外而心於朝廷，前後論奏甚多，如請修建文實録，復尊號，褒祀靖難時及近日北都、四方殉難諸臣。又以先後目擊、訪問最真者，陣亡之總兵猛如虎、調護秦兵之監軍副使曹心明未蒙褒録，薊、遼舊督趙光抃未蒙昭雪，請推恩，朝議多從之。

及高傑欲赴河南討賊，方擬請速予餉，傑乃襲得功於土橋。元吉心傷之，因言：「古大將保功名以恭順爲本，今朝廷新立，綱紀未尊，恐從此相沿，恭順日替，輕朝廷，隳綱紀，臣罪滋大。」因自請罷斥，不許。

南都覆，入閩中。大兵下江西，諸郡望風降附，惟贛州城守。隆武帝命元吉以兵部右侍郎兼右副都御史總督江西、湖廣諸軍，及抵贛，劉同升已卒，遂兼巡撫事。

明年春，代督師楊廷麟守吉安。先是中書張同敞於崇禎末奉命赴雲南調兵，及抵江西，而南都且失，因退還吉安，廷麟留與共守，待以客禮。其將趙印選、胡一青頻立戰功，元吉約束嚴，不少假貸，諸將漸不用命。元吉以新軍張安爲足恃也，蔑視雲、廣軍，雲、廣兩軍因解體。然安故蠻寇，受降後淫掠自如，廷麟遣救湖西，所過殘破。大兵逼吉安，諸軍皆内攜，不戰而潰。元吉奔皁口，檄諭贛州，極言雲南軍棄城罪，雲軍因而西去。大兵乘勝逼皁口，元吉不能禦，趨入贛城，大兵圍之。

元吉素有才，蒞事精敏，及失吉安，神志惛然，令益嚴，日坐城上，與將吏不交一言。隔河大營遍山麓，而指爲空營；兵民從大營中至，言敵勢甚盛，輒叱爲間諜，斬之。給事中楊文薦，其門生也，奉命往湖南，過贛，見事急，因自任守禦，事少辨。既而雲南、兩廣援師畢集，軍威一振，諸將請戰，元吉必待水師至併擊之。水師帥羅明受者，故海盜也。兵部主事王其弘言：「明受桀驁難制，若慈母之奉驕子。今且水涸，巨舟難進，豈能如約？」不聽。及水師至，大兵夜截諸江，焚巨舟八十，死者無算，明受遁。於是雲南、兩廣軍皆自潰，諸營散走一空，城中惟郭維經等部卒四千餘人，城外水師後營二千餘人而已。廷麟初調廣西狼兵八千人，已踰嶺，不及至；參將謝志良駐雩都，擁衆萬餘，觀望不敢進。旋聞汀州之訃，全城氣索，城遂陷。

先是元吉禁婦女出城，其家人潛載其妾縋城去，飛騎追還，縛家人痛捶之，故迄於城破，竟無一人出者。是時，部將擁之奪門出，元吉歎曰：「爲我謝贛人，使闔城塗炭者，我也。我何可獨存！」遂投贛江死，年四十有四。我朝賜通謚曰忠節。

楊文薦，字幼宇，京山人，由進士爲兵科給事中。隆武時，奉命往湖南，過贛，萬元吉留之城守，題授兵部右侍郎兼右僉都御史，巡撫南贛。城破，因病不能起，執送南昌，絕粒死。我朝賜通謚曰忠節。

唐周慈，字穉純，原名虞一，零陵諸生。性英偉，好吟詠。既與同里諸子講良知之學，徒步走麻城，謁蕭繼忠，留一年，歸倡同社講習。萬元吉司理永州時甚重之。流賊之亂，永城陷，走廣西，乞師總兵楊國威，郡賴以復。元吉開府江西，承制拜爲郡判，委主軍餉。贛破，與元吉同沈江死。

黎遂球，字美周，番禺人。天啓丁卯舉於鄉，崇禎初進士。鄭超宗嘗會名士百人，賦黄牡丹詩，遂球第一，時號黄牡丹狀元。隆武帝授兵部主事，守贛州。城陷，不屈，被殺。我朝賜通謚曰烈愍。

朱永盛，汀州衛正千户，官長寧營參將。王師圍贛州，同官皆降，永盛獨不可。城陷，延頸受戮，顏色自若。我朝賜通謚曰節愍。

此外文臣可紀者：兵部主事周瑚被磔死，推官署府事吴國球、贛縣知縣林逢春、通判郭寧登、同知王明汲、訓導徐君鼎、胡董明皆被執，見殺。君鼎一門殉焉。武臣可紀者：副將馬觀鵬方乞假歸娶，聞警力戰死。都督僉事劉天駟，衛千户孫經世與其弟緯世、紘世，監紀軍務聶邦晟與其子士燫、士煥，俱闔門死。參將陳烈有弟某先降，衆疑之，烈誓死疾鬭，及被縛，其弟勸降，不聽。臨刑，顧謂贛人曰：「今日方知我無二心也。」在籍及流寓之官紳可紀者：兵科給事中萬發祥、吏部主事龔棻、户部主事林琦、兵科主事王其弘及弟其寉、曾嗣宗、錢謙亨、于斯昌、工部主事柳昂霄、中書舍人袁從諤、劉孟鍧、劉應試、廣東提學副使符遡中及其兄述中，皆不屈被戮死。前南河同知盧觀象一門男婦沈水死，馬平知縣謝讚及子胤繡、從子胤斗自縊死，判官周世光攜幼孫赴水死。士民可紀者：舉人劉曰佺、貢生楊萬言、諸生、董纘卿、馮復京、余學義、歐陽麗天、諸生郭必昌、金之杰、袁汝健、莊某咸舉家死，王統、王純自經文廟死，周葵、陳君猷自焚死。流寓之廬陵諸生段之渾、新喻蕭瑛、寧都楊燧亦及於難。其微賤可紀者：鄉約謝明登攜妻子投於井，書工趙廷瑞自盡。又有熊國本，織人也，亦入忠誠社，最力。被執，見贛令，令舉人也，叱之曰：「爾織人，何知義？」國本曰：「我織人不知義，舉人顧當不義邪？」遂斬之。我朝賜瑚、國球、逢春、寧登、明汲、君鼎、觀鵬、烈、發祥、琦、其弘、嗣宗、謙亨、斯昌、昂霄、從諤、孟鍧、應試通謚均烈愍，棻、觀象均節愍。

郭維經，字六修，江西龍泉人。天啓乙丑進士，授行人。崇禎初，遷御史，疏陳時弊，有所舉刺，責令指實，乃極言順天府尹劉宗周之賢，詆吏部尚書王永光谿刻及用人顛倒罪，不省。六年秋，温體仁代周延儒輔政，復言：「執政不患無才，而用之排擠正人，不以之籌國事。國事日非，則委曰我不知。坐視盜賊日猖，邊警日急，止與二三小臣爭口舌是非，平章之地，幾成聚訟，可謂之有才邪？」帝切責之，尋以憂去。久之，起故官。

北都變，南京諸臣議立潞王，維經力主福王。王立，進應天府丞，仍兼御史，巡視中城，維經以加銜爲魏忠賢陋習，力辭，不允。俄上言：「聖明御極將二旬，一切雪恥、除凶、收拾人心之事，絲毫未舉。今僞官縱横於鳳、泗，悍卒搶攘於瓜、儀，焚戮剽掠之慘，漸逼江南，而廟廊之上，不聞動色相戒，惟以慢不切要之務，盈庭訾議，致啓旁門，闖捷足，營鑽窺之穴隙，作富貴之階梯。舉朝人心，如狂如醉，匹夫匹婦，呼天憤鬱，釀成裁祲。乞令内外文武諸臣洗滌肺腸，盡去刻薄偏私及恩怨報復故習，一以辦賊，復讎爲事。」報聞。阮大鋮之起用也，廷臣力爭，史可法進調停之説，謂：「前監國詔有逆案不許起用一則，爲臣删去，後來何故復入此，示人以隘？」維經駁之，以爲失言。士英、大鋮等深嫉之。尋遷大理少卿，左僉都御史，命專督五城御史，察非常，清輦轂。

明年二月，隆平侯張拱日劾其迎恭皇帝御容日，託疾不赴，是不欲觀盛典也。保國公朱國弼復言其署大理事：「刑部以僞防禦使武愫案會題，輒以未經覆讞駮之。愫已受僞命，何矜何疑？執法之官，甘心庇逆，乞重懲。」乃下部院勘議，令回籍。隆武帝召爲吏部右侍郎。子應銓、應衡、應煜舉兵臨川，大小數十戰，頗有斬獲，授應銓、應衡兵部郎中，應煜户部主事。

丙戌，五月，贛圍急，命維經以吏、兵二部尚書兼右副都御史，總理湖廣、江西、廣東、浙江、福建軍務，督師往援。遂與姚奇胤募兵得八千人，入贛，與楊廷麟、萬元吉協力堅守。應銓等駐兵龍泉爲犄角，而聲勢不相屬。城破，維經偕奇胤入嵯峨寺自焚死。

明年，大兵攻龍泉，應銓設伏拒卻。部下裨將劉文燿者潛引軍入城，兄弟同就執。應銓投崖，不絶，縛至，不順命，扼吭死。應衡至吉安，我巡撫劉一鵬欲降之，飲以酒，乃擲其飲具鑿齒斷臂以死。應煜見我巡按董學成，踞地極口駡，抽腸而死，死尤酷。我朝賜維經通謚曰忠烈。

姚奇胤，字有僕，錢塘人。由進士授南海知縣。地饒多盜，力絶苞苴，政聲大起，行取爲兵部主事，改御史，巡按廣東。未任，郭維經偕之赴援，同自焚死。我朝賜通謚曰節愍。

劉同升，字晉卿，吉水人，祭酒應秋之子。崇禎丁丑，廷試第一。帝問：「年幾何？」對曰：「臣年五十一，老矣。恐無以報聖恩。」帝曰：「爾尚似少年，勉之！」授翰林修撰，乞假省墓歸。後以論楊嗣昌奪情，謫福建按察司知事，未赴而國變，痛哭馳檄，遍告十三郡鄉官士庶，興義復讎，縞素辭墓。至會城，與楊廷麟遇，大集澹臺祠，爲思宗發喪，誓師啓行。

會南都立，以左中允召，不赴。明年，南都亡，與廷麟邀巡撫李永茂共建義旗，保守贛州。隆武帝聞而嘉之，詔加國子監祭酒，轉詹事，遂建忠誠社，招致四方豪健。鄉官王其弘、劉明保、趙曰諏等各率家丁，齎糧相從，幾二萬人，克復吉安、臨江。既而永茂內召，即擢同升兵部左侍郎，總理江西，尋命巡撫其地。

時益宗永寧王慈炎復建昌、撫州諸路，約並下省，而同升拮据勞瘁，已疾作。是冬十二月，徇至雩都，卒於道，封廬陵伯，贈東閣大學士，謚文忠。

子季鑛，從父起義閩中，授翰林待詔。閩亡，入廣西，歷官兵部右侍郎。戊子，五月，統衆至鄗縣，逐我大清所置官而居之。已而衆散，有羣盜來就撫，統之至樂昌，四出剽掠，禁之不止，反爲所殺。

詹兆恒，字月如，江西永豐人。崇禎辛未進士，知甌寧縣。民居失火，延及學宫，兆恒率諸生突煙抱木主出，治績有聲。十一年，徵授南京御史，屢陳時事，並見採納。

南都立，疏言：「目前大計，兵餉爲急。今北漕已漸入南，而停泊江、淮者尚衆，運弁旗甲，折乾盜賣。宜申敕計臣在淮者，令督臣路振飛督之，在京口者，令漕臣白抱一督之，星夜銜尾入南，除補給京軍月糧外，立運登庾，無露泊江干，以資盜糧。」從之。未幾，擢大理寺丞。

阮大鋮之冠帶入見也，兆恒疏言：「自崔、魏煽禍，毒危宗社，幸先帝入繼大統，芟除內難，慮奸人凶黨，窺伺生心，於是欽定逆案，頒行天下，以首惡正兩觀之誅，黨從列春秋之案，懔如也。然御極十有七年，此輩日夜合謀，思煽溺灰，幸先帝神明内斷，堅持不移。夫黨人巧爲蒙蔽，妄謂憐才，賊亂之才，適足敗國。陛下駐蹕龍江，痛心先帝，與諸臣抱頭痛哭，百姓莫不灑血搥胸，願思一報。近聞燕、齊之間，士紳皆白衣冠，籲帝呼天，驅殺僞官，各守關隘。此誠先帝德澤在人，有以激發其忠義耳。今梓宫夜雨，一坏未乾；太子諸王，六尺安在？國讎未報，悲痛常在聖心，而忽召見大鋮，還以冠帶，使屢年欽案遽同糞土，豈不上傷在天之靈，下短忠義之氣哉！陛下試取書觀之。應亦悔左右之誤國矣。」疏入，命取逆案進覽，兆恒即呈進，而馬士英亦於是日進三朝要典，大鋮卒起用。蝗蝻録之作也，兆恒與焉。

九月，以大理寺少卿奉命祭告。事竣，遂引疾歸里。

隆武帝立于福州，兆恒表賀，拜兵部左侍郎，進尚書，佐督師黄道周出關，與兵科給事中胡夢泰協守廣信。

丙戌，八月，廣信破，夢泰等皆死，兆恒奔懷玉山，聚衆數千人。明年三月，進攻衢州之開化縣，降將李榮逆戰於馬嶺，兆恒兵敗，死之。我朝賜通謚曰忠烈。

揭重熙，字祝萬，臨川人。崇禎丁丑，以五經成進士，時稱異才。授福寧知州，建蔆湖書院，與諸生講學不倦，居官以廉敏稱。北都陷，與副總兵洪日升起兵勤王，南都授吏部考功主事，以憂歸。

南都陷，集鄉勇徐組綬、萬民望、王弘等起兵湖東。會益藩兵起，重熙走謁，請急臨省會，事不果。王師圍建昌，隆武帝命重熙援之，戰於滸灣而敗，吏部主事王兆熊劾之。既而大學士曾櫻掌吏部，疏薦重熙及前翰林傅鼎銓，上以鼎銓嘗降賊，獨召重熙入見，授考功員外郎兼兵科給事中，從大學士傅冠辦湖東兵事。永寧王慈炎自瀘溪告警，冠不能救，重熙劾其逗留。冠去，兵事遂專屬重熙。永寧既敗，重熙復趨福州，統諸將進克金谿，復撫州，有衆十萬。捷聞，授右僉都御史，代劉廣胤巡撫湖東。以諸將進止不協，退保瀘溪，與王師戰於銅蒲隘、師姑嶺及高田、孔坊，俱捷。

丙戌，八月，聞王師入仙霞關，提兵赴援，在道聞上將赴贛州，倍道趨之，爲我兵掩擊，大潰。急收散卒，攻撫州，中軍洪深歿於陣，兵士僅存千人。乃退次王洞間，令安東、金貴諸砦聯絡以待，而身爲日者裝，入南昌，以覘虛實。閩亡，與鼎銓俱解兵入武夷山。

戊子，金聲桓、王得仁據南昌叛，歸於明，首迎二人出，重熙請任閩事。王師攻南昌，重熙以軍付鼎銓兼督之，而身赴肇慶求援。永曆帝將留之內用，重熙不可，加兵部尚書，兼右副都御史，總督江西軍務，與鼎銓同援南昌。至則聲桓、得仁已滅，戰於程鄉，大敗，身中三矢，僅免，監軍桂洪戰没。

時諸軍盡散，惟平西伯張自盛、威武侯曹大鎬及洪國玉、李安民四人者，收金、王餘衆，入山自保，頑民不歸命者多從之，所謂四大營也。聞重熙奉新命出湖東，争來歸，兵大集，駐寧都、石城間，與鼎銓徐博一軍相犄角。庚寅，重熙入閩，赴自盛軍，約大鎬自廣信並進。甫入閩界，王師圍之數重，重熙部分諸將，戰數合，佯北引王師入伏中，前後夾擊，大捷，幾獲我師，遂循諸邑，皆下之。是年冬，自盛掠邵武，兵敗，死瀘溪山中。

辛卯，四月，鼎銓亦被執，重熙軍益孤，乃走依曹大鎬。至百丈磜，適大鎬還軍鉛山，惟空營在，衆就營炊食。游騎偵得，猝招大兵圍之，射重熙中頂，大呼曰：「我揭閣部也。」擁去，至崇安，邑令勸之降，叱曰：「小子亦讀書，不識綱常名教邪？」抵建寧，兵備道某者與有舊，重熙瞪目詈之，遂下獄，門人陳士道、朱國龍隨之入，賦詩慷慨，拜呼高皇帝，祈死。

十一月，丙子，斬於市，僕人鄧貴、戴鳳亦殉之。未幾，大鎬兵敗，被執於岑陽關。自重熙、鼎銓死，四大營亦先後就俘駢首，誅者多文秀儼毅之士，而姓名不可考焉。我朝賜重熙通謚曰忠烈。鼎銓另有傳。

張自盛、曹大鎬、洪國玉、李安民四人者，金聲桓、王得仁之裨將也。自盛封平西伯，大鎬貴池人，封威武侯。金、王死，四人收殘卒入山，出没邵武、廣信間，頑民不歸命者多歸之，與揭重熙、傅鼎銓相犄角，所謂四大營也。自盛死瀘溪山中，未幾，大鎬被執於岑陽關，械至南昌，被殺，諸營遂皆潰。時别營降者，就邵武聽撫。行之朱口，一魁獨不肯前，伸頸就其黨索殺，曰：「不能俯仰於官，寧死汝手！」其黨難之，即奮袂裂眥，抽刃相擬曰：「不殺我者，今當殺汝。」其黨乃揮涕刃之，瘞骨而去。我朝賜大鎬通謚曰忠節。

小腆紀傳卷第二十八

前翰林院檢討加詹事府贊善銜六合徐鼒撰

列傳第二十一

瞿式耜 徐高

瞿式耜，字起田，常熟人，禮部侍郎景醇孫，湖廣參議汝説子也。舉萬曆丙辰進士，授永豐知縣，有政聲。天啓元年，調江陵，永豐民乞留，命再任，以憂歸。

崇禎元年，擢户科給事中，陳七事，言：「起廢宜覈，升遷宜漸，會推宜慎，謚典宜嚴，刑章宜飭，論人宜審，附璫者宜區別。」又論館選奔競之弊，乞臨軒親試。比定逆案，請發紅本準其情罪輕重。又疏頌楊漣、魏大中、周順昌之清忠，請賜謚。帝皆嘉納。已以會推閣臣，坐錢謙益黨貶謫。又嘗頌貴州布政使胡平表破賊功，平表以不謹敗，以薦舉不實，坐貶，遂廢於家。未幾，謙益爲奸民張漢儒所訐，併逮式耜下獄，謙益削籍，式耜得贖徒，言官疏薦，不納。

十七年，南都立，九月，起應天府丞，再擢僉都御史，代方震孺巡撫廣西。明年夏，甫抵梧州，而南都已陷。

隆武帝建號福州，靖江王亨嘉不拜即位詔，自稱監國，舉兵將東。式耜移書責之曰：「兩京繼覆，大統懸於一髮，豪傑睥睨逐鹿；閩詔既頒，何可興難爲漁人利！」又移書總制丁魁楚爲之備，而陰檄思恩參將陳邦傅防梧，止狼兵勿應亨嘉調。亨嘉再遣桂林道井濟促式耜入桂林，俱弗應。亨嘉至梧，謁者促式耜入朝，式耜曰：「王也而朝，禮也。」謁者曰：「易朝服。」式耜曰：「王烏用朝服？以常服，禮也。」一日，迓式耜語，挾之登小艇，指揮曹升持刀加頸，索敕印，拽過數舟，數仆數起。坐稍定，曰：「敕印可刀求邪？我開府重臣，若欲爲帝，曾廬陸之漁户不若矣。」亨嘉既不獲敕印，而魁楚兵且至，乃挾式耜上桂林，塞其艙竇，不令見人。至則閉之王邸，式耜日凝坐，不與邸人語，進之食，亦不食。

初，式耜以隆武之立也非序，不勸進。夫人邵氏在幽所日夜哭，因遣家人齎疏間道至福州，賀即位，并乞師，曰：「嶺表居楚、豫上游，嶺表失，則豫無所憚，楚未得通，天下事益不可爲矣。臣式耜朝以死，則粤中夕以亡，豈惟一省之憂。」因陳亨嘉有必敗狀，上大喜。會丁魁楚遣陳邦傅進討，亨嘉與戰而敗，返桂林，餽式耜衣服、飲食，瞑目不應，乃送式耜於距城五里之劉仙巖，而以王符調狼兵，不應。邦傅攻之急，乃復迓式耜入，返其敕印。中軍官焦璉爲亨嘉黨總兵楊國威旗鼓，密輸款於式耜，夜縋城入邦傅營，合謀擒亨嘉并國威、推官顧奕，檻送福州。論功加式耜兵部侍郎，協理戎政，式耜曰：「國家禍變，搆難同室，臣子奚以功爲！」固辭，不許。尋命晏日曙來代，乃僦居廣東。

丙戌，九月，汀州變聞，式耜與丁魁楚、前兵部尚書吕大器、巡按御史王化澄、巡撫李永茂奉桂王由榔監國肇慶。進式耜吏部右侍郎兼大學士，掌銓事。頃之，贛州報至，魁楚與太監王坤將奉王走梧州，式耜謂：「今日之立，爲祖宗雪讎恥，宜奮勇以號召遠近。外棄門户，内釁蕭牆，國何以立！」不聽。既聞蘇觀生立隆武弟聿鐭於廣州，魁楚謂不定大位，無以厭人心，乃從式耜謀，奉王還肇慶，於十一月庚申即皇帝位。晉式耜文淵閣大學士。

是時，太監王坤弄權恣肆，侍郎林佳鼎兵敗於三水，内批以王化澄代督師，式耜奏：「内批非興朝舉動。」李永茂知經筵，疏薦十五省人望，御史劉湘客與焉。坤塗抹而黜之，永茂怫然去位，式耜言：「大臣論薦固其職，司禮輒去取其間，何以服御史？何以安大臣？」坤又疏薦兩朝人望數十人，式耜言：「司禮抑人固不可，薦人更不可。」給事中劉鼒亦疏論内臣薦人之非，上怒，奪鼒官；御史童琳以疏劾都御史周光夏，下廷杖。式耜皆力争之。雖不盡聽納，然上甚重之。

十二月，降將李成棟以王師取廣州，聿鐭遇害，上奔梧州，式耜夜棹小舟留駕曰：「我兵水陸晁至三水，可上下搤也。」上不能用。請留守肇慶，亦不許。部署五日，始追扈抵梧，而上西行又五日矣。至平樂，丁魁楚、王化澄、李永茂、晏日曙皆棄上去，左右惟式耜一人。會都御史張家玉、給事中陳邦彦合師攻廣州，佟養甲呼成棟還救，乘輿得安。抵桂林，加式耜太子太保。式耜諭諸鎮曰：「粤西居山川上游，敵不能仰面攻明矣。兵士雲屯湖南、北，南寧、太平出滇，柳州、慶遠通黔，左、右江四十五洞土狼標勇，讋國家威惠，三百年悉受銜橛，足資内備。」時朝廷新創，式耜修紀綱，布威武，抑權閹，招俊傑，一時倚以爲重。

丁亥，二月，梧州、平樂相繼失，坤勸上入楚，式耜疏言：「半年之内，三四播遷，兵民無不惶惑。

上留則粤留，上去則粤亦去。今日之勢，我進一步，人亦進一步，我退速一日，人來亦速一日。故楚不可遽往，粤不可輕棄。今日勿遽往，則往也易；輕棄，則入也難。且海内幅員，止此一隅，以全盛視粤西，則一隅似小；就西粤恢中原，則一隅甚大。若棄而不守，愚者亦知拱手送矣。」不聽。則請留蹕全州，以扼楚、粤之中，内外兼顧。已而警報狎至，上趣式耜治裝，謝曰：「君以仁，臣以義。臣奉命守土，當與此土共存亡。」於是從官皆行，進式耜文淵閣大學士兼吏、兵二部尚書，留守桂林，以焦璉兵隸之。

三月，乙卯，王師從平樂長驅入，式耜檄召璉於黄沙鎮，方遣人運糧太墟，而王師數萬猝至。一卒倉皇奔報，氣急舌結，手東西指，式耜笑曰：「敵兵至邪？何張皇若是！」俄數十騎乘虚突入文昌門，登樓瞰留守署，矢集綸巾，式耜叱曰：「何敢爾！」呼焦璉，璉袒背控弦，提刀引騎兵開門出，直貫我營，衝王師爲三，諸將白貴、白玉亦開城出，追奔數十里。總兵劉承胤時奉上駐全州，聞桂林急，亦遣兵三千來援。兵譁索餉，式耜搜庫藏、捐囊金與之，不足，夫人邵氏則又捐簪珥數百金與之，譁如故。素與焦璉兵主客不和，乃交鬨掠市而去。式耜檄誅二十餘人，劾承胤馭兵無狀。

五月，乙丑，王師偵知城中兵變，猝薄城，環攻文昌門，吏士失色。式耜與璉分門嬰守，用西洋銃擊中騎兵，大雨，王師稍卻。璉乃開城出戰，自辰至午，不及餐。式耜括署中米蒸飯，親出分哺，將士益用命。向晡，雨未息，收兵。明日，復出戰，璉奮刀直入衝陣，王師棄甲仗而奔。式耜先令援將馬之驦隔江發大礮，助聲勢，王師間道從栗木嶺來者，之驦疾馳運槊提鞬，連斃三人，遂大北。我定南王孔有德望虞山樹木，疑爲兵焉。論守桂功，進式耜少師兼太子太師，封臨桂伯，焦璉新興侯。式耜疏辭曰：「本朝文臣封拜，自王威寧、王新建外，指不多屈。或憐臣死守孤城，破格以行鼓勵，其如貽笑四方何！」不許。

時承胤劫上如武岡，從官多受挫辱，式耜疏請返蹕，不得，則請告曰：「自二月十五日移蹕之後，以迄五月二十九日，凡百有六日矣。此百六日中，遇敵兵者二，遇兵變者一，皆極危險，萬死而無一生之望者，總辦一『死』字，亦遂不生恐怖，不起愁煩。惟是臣之病不徒在身而在心，不徒在形而在神，身與形之病可療也，心與神之病不可醫也。臣所依恃者皇上，皇上駐全，猶有見天之日，今幸武岡，臣復何望乎！」既焦璉復陽朔、平樂，陳邦傅復梧州。梧州，興陵之所在也。式耜言：「粵西全定，請昭告陵寢，還蹕桂林。」上制於承胤，不能從也。

八月，辛卯，王師逼武岡，承胤舉城降，上奔靖州，式耜遣人間道齎疏，請由古泥還象州，入桂林，極言：「不可他移一步。黔、滇地荒勢隔，忠義心涣。三百年之土地，僅存粵西一綫，返蹕收復，號召聯絡，粵師出粵，以恢江、贛，楚師出楚，以恢武、荆。且粵西山川形勝、兵力人情俱有可恃。」既聞駕幸柳州，乃增將吏，備餱糧、車馬，表請還蹕。上諭曰：「西陲朕根本地，先生竭力守此，待朕駐軍，使朕不至顛沛。異日國家再造，先生功實多。」

時湖南盡失，南安侯郝永忠、宜章伯盧鼎各率所部入桂林，式耜加禮撫慰。又與督師何騰蛟、大學士嚴起恒、御史劉湘客議分地給諸將，俾各自爲守。適騰蛟有全州之捷，式耜乃疏言：「柳州傜、僮雜處，地瘠民貧，不可久駐。慶遠壞鄰黔、粵，南寧地逼交夷，不可遠幸。邇來將士瞻雲望日，以桂林爲杓樞；道路臣僚，疲趼重繭，以桂林爲會極；江、楚民情，以桂林爲拯救之聲援。騰蛟與永忠、鼎、璉分防住汛，恢復可望。」會王師逼梧州，上欲自象州往南寧，中途爲亂兵所阻，乃命王化澄、吴貞毓、龐天壽護三宫往南寧，而與馬吉翔遡十八灘返桂林。式耜郊迎，上念式耜功高賞薄，慰勞備至。進見，上殿賜坐，以比諸葛武侯、裴晉公。

先是司禮監龐天壽奉敕催兵，久在桂林，王坤既被承胤逐，復入自武岡。上之幸柳幸象，票擬皆錦衣衛馬吉翔手也。式耜勸上攬大權，明賞罰，親正人，聞正言。五鼓，肅衣冠而起，黎明入閣，夜分始歸。視上動静，上不食，不敢先食，猶孝子之事嚴親也。各路奏使，計道路遠近，給口糧。遠方蠟表月數至，遠人亦以桂林爲歸。而諸將主客不相能，上命騰蛟督師，焦璉走平樂，郝永忠壁興安，不相顧。式耜以不能輯和勳鎮，深自咎責。

戊子，二月，丁亥，永忠與王師戰於靈川，敗績，奔還桂林，大掠。左右近臣勸上幸南寧，式耜曰：「不可。督師警報未至，營夜驚，無大恐。二百里外風塵，遽使九五露處邪？播遷無寧日，國勢愈弱，兵氣愈不振，民心皇皇復何依？候督師歸，天威咫尺，激厲將士，背城借一，勝敗未可知。若以走爲上策，桂危，柳不危乎？今日至桂，明日不可至南、太乎？」反復千言。上曰：「卿不過欲朕死社稷耳。」式耜泣下。嚴起恒曰：「明晨再議。」五鼓，式耜進御用銀三百兩，而乘輿已發矣。

先是，焦璉遣人謂式耜曰：「強敵外逼，姦宄内訌，勢不能兩全。願移師至桂，保公出城，俟賊乏食，統兵四面擊之，賊兵可盡。然後以全爲保障，以梧爲門户，協力守之，事可萬全。」式耜以治兵相攻，恐傷百姓，且虞敵騎擣虛，不聽。至是時，趨出送駕，永忠以兵遮之，不得行，掠署中冠服、圖書咸盡。家人以何督師令箭送眷屬出城，式耜裸坐署中，持令箭者逼之登舟。永忠乃縱火大掠，捶殺太常卿黄太元。日中，滇營兵亦自靈川入，煙火高於樓櫓。式耜舟泊城外三里之樟木港，刑部侍郎劉遠生、給事中丁時魁、萬六吉、劉湘客皆至，謂：「兵變倉卒，請下平、朔，催焦璉兵入援。檄遠近毋内恐，檄紳士毋驚疑薙髮，檄一吏入城息煙火，收倉儲，毋爲亂人所盜。」式耜然之，舟至豆豉井，入民舍草檄分發。明日，以小艇入城，督師騰蛟亦被召入援，焦璉自平樂至，楚鎮周金湯、熊兆佐、滇鎮胡一青先後至，軍勢復振。王師聞城中亂，三月丁巳，抵北門。騰蛟率諸軍力戰卻之。

當是時，江西金聲桓、廣東李成棟皆叛我復歸於明。王師聞變北旋，桂林少安，然兵火之後，監司、府、縣俱散。式耜撫循收拾，疏達行在，候天子三宫起居。上聞式耜尚在，大喜，璽書旌美，賜紗段、銀兩，并「精忠貫日」金圖書一方，太后亦賜夫人邵氏紗段、銀兩。式耜念南寧鑾蹕，不可久蹕，爲上清蹕道，朝政有闕，必馳疏論諫。嘗曰：「臣與皇上患難相隨，休戚與共，原不同於諸臣，一切大政，自當與聞。朝議可否，衆指所歸，本亂而求末治者，未之有也。」

當武岡之亂，言官彈周鼎瀚以附承胤入直，式耜司票擬曰：「王沂公云：進賢退不肖，皆有體。瀚係大臣，應聽自謝免。」已而鼎瀚擅假，式耜曰：「不謝免而擅假，毋乃不可乎！」疏論之。廣西巡撫魯可藻自署銜稱巡撫兩廣，奏駁之。陳邦傅父子恃迎駕功，請世守廣西，駁之曰：「海宇剥削，只粵西一隅爲聖蹕之地，滇、楚數萬之師，取食一省，輒曰獨擁，豈老臣所知哉！」又以經筵不御，無由聞得失，手書八箴於箑，進之。檄諸將乘機進取。勞師全州時，李成棟遣官迎駕，式耜慮成棟之挾上自專，如劉承胤也，疏曰：「興陵兩載陷風塵，成棟令地方官修葺陵殿，巍然天壽，彼數年想見天子漢官，一旦奮不顧身，具移山超海之力，更非有所疑也。但事權號令，宜歸於一。茲軍中爵賞、署置若歸於朝廷，則事權中擾，閫外不能專制；不歸朝廷，則徒虛拱。且楚、黔雄師百萬，騰蛟翹首威靈，如望雲霓，聖駕既東，軍中將帥謂皇上樂新復之土，成棟亦有邀駕之嫌。號令既遠，人心涣散。請上一見東諸侯，俾共瞻天子音容，慰勞指屬，然後責其盡意於東，刻期出師，一切決於外，不中擾也。」三疏令簡討蔡之俊、給事中蒙正發先後迎駕，曰：「前日粵東未復，宜駐桂以扼楚；今日江、廣反正，則宜駐桂以圖出楚。事機所在，毫釐千里。」上意未決，吏部侍郎吴貞毓力言成棟忠誠，乃決計幸粵東。

八月，癸巳朔，上還駐肇慶，成棟以翊明大將軍執政，疏言：「式耜擁戴元臣，應召還綸扉。」上手詔促之，式耜因乞骸骨，乃留守如故。

九月，何騰蛟復衡、永，監軍余鯤起復寶慶，式耜疏言：「天下大勢，在楚不在粵，粵東三面險阻，易入難出。臣不敢争者，以成棟一片血忱，方倚爲江右聲援，阻其望幸之心，何以勸忠。今衡、永恢復，粵西之背愈厚；而江圍未解，粵東之齒尚寒。皇上宜去危就安，俾成棟無内顧之憂，得畢力圖贛；楚師得萬乘親臨，亦勇氣十倍矣。」疏上，未報，而堵胤錫與常德守將馬進忠不協，湖南州縣復陷。

己丑，正月，騰蛟兵潰被執，李成棟、金聲桓亦相繼敗没，公卿集政事堂議代騰蛟者，僉曰：「惟留守望尊德鉅，足以折制諸將。」上是之，賜式耜彤弓、鐵鉞，永、寶、鄂、岳上下三軍之任行間者，生殺予奪惟命。式耜辭不獲，乃戒期誓衆，建元帥旗鼓，申號令，疏請兵科給事中吴其靁爲監軍，薦張同敞知兵得士，總督軍務。滇將趙印選、胡一青、王永祚以騰蛟死，率所部來依，大喜，遣使郊迎，請封三人爲侯、伯，分守全州、永寧。

七月，王師取永寧，一青退守榕江，式耜檄印選出全州，顧無所取餉。

十二月，王永祚敗績於永州，軍貲盡散，式耜聞之，頓足曰：「我蓄鋭兩年，一朝崩潰，豈天果不祚明邪！」是時，疆事大壞，而朝端吴、楚黨局，鬩如水火。

庚寅，正月，王師克南雄，惡李元胤者請上幸梧州，式耜疏曰：「粤東水多於山，良騎不能野合，自成棟反正，始有寧宇，賦財繁盛，十倍粤西，材官兵士，南北相雜，内可自強，外可備敵。且肇慶去韶千里，強弩乘城，堅營固守，亦可待勤王兵四至。傳曰：『我能往，寇亦能往。』以天下之大，止存一隅，退寸失寸，退尺失尺，今乃朝聞警而夕登舟，將退至何地邪！」疏再上，而上已移德慶，抵梧州境矣。

尋金堡、劉湘客等下獄，嚴鞫追贓，式耜言：「中興之初，宜保元氣，勿濫刑。詔獄追贓，乃熹廟魏忠賢鍛鍊楊、左事，何可祖而行之？」上頒敕布諸人罪狀，式耜封還，謂：「法者天下之公也，不可以蜚語飲章横加考察，開天下之疑。」疏凡七上，不聽。諸鎮將亦相争不協。既全州失，印選、一青託分餉入桂，桂焦璉營安樂，猝呼之，不能至。

十一月，甲寅，王師大舉，入嚴關，式耜檄印選爲戰守計，不應；再促之，則盡室逃。王永祚迎降；胡一青、楊國棟、蒲纓、馬養麟等馳出小路勒兵，兵自潰，乃皆逃。式耜危坐府中，總兵戚良勳操二騎至，跪而請曰：「公爲元老，係國安危，身出危城，尚可號召諸勳，再圖恢復。」式耜曰：「四年忍死留守，其義謂何？我爲大臣，不能禦敵，以至於此，更何面目見皇上提調諸勳乎！人誰不死，但願死得明白耳。」家人泣請曰：「次公子從海上來，一二日即至，乞忍死須臾，一面訣也。」蓋式耜次子元鏡間關入粵，時已至永安州矣。式耜揮家人出，曰：「毋亂我心！我重負天子，尚念及兒女邪！」俄總督張同敞自靈川回，入見曰：「事急矣，將奈何？」曰：「封疆之臣將焉往！子無留守責，曷去諸！」同敞曰：「死則俱死耳。」乃呼酒對飲。四顧茫然，惟一老兵不去，命呼中軍徐高至，以敕印付之曰：「完歸皇上，勿爲敵人所得也。」

是夜，雨不止，城中寂無聲，兩人張燈相向。黎明，有數騎腰刀挾弓矢入，式耜曰：「吾兩人待死久矣。」偕之出，見定南王孔有德，有德踞地坐，舉手曰：「誰爲瞿閣部先生？」式耜曰：「我是也。」顧曰：「坐！」式耜曰：「我不慣地坐，城陷，求一死耳。」有德曰：「甲申之變，大清國爲明復讎，葬祭成禮。今人事如此，天意可知。吾斷不殺忠臣，閣部毋自苦！吾掌兵馬，閣部掌糧餉，一如前朝事，何如？」式耜曰：「我明之大臣，豈與汝供職邪？」有德曰：「我先聖後裔，勢會所迫，以至今日，閣部何太執？」同敞厲聲曰：「汝不過毛文龍家提溺器奴耳，毋辱先聖！」有德怒，自起批其頰，叱左右刀杖交下。式耜叱之曰：「此宮詹張司馬，國之大臣，死則同死耳，不得無禮！」有德遽命還其衣冠，因曰：「某年二十，起兵海上，南面稱孤。投誠後，擁旄節，爵名王，公今日降，明日亦然矣。語曰：『識時務者爲俊傑。』清自甲申入中國，五年之間，南北一統，至縣縣破，至州州亡，天時人事蓋可知矣。公守一城扞天下，屢挫強兵，能已見於天下，不轉禍爲福，建立非常，空以身膏原野，誰復知之？」式耜曰：「汝爲丈夫，既不能盡忠本朝，復不能自起逐鹿稱孤，爲人鷹犬，尚得以俊傑時務欺天下男子邪？昔少康、光武恢復中興，天時人事未可知也。本閣部受累朝大德，位三公，兼侯伯，常願殫精竭力，掃清中原。今大志不就，自痛負國，刀鋸鼎鑊，百死莫贖，尚何言邪！」有德知不可屈，館二人於别所，供帳飲食如上賓。有臬司王三元、蒼梧道彭爌皆式耜里人，有德使說以百端，不應；勸薙髮爲僧，亦不應。曰：「爲僧者，薙髮之漸也。」兩人日賦詩，求死，不獲。式耜謂同敞曰：「偷生未決，爲蘇武邪，李陵邪？人其謂我何？」乃草一檄，命老兵馳諭焦璉曰：「城中滿兵無幾，若勁旅直入，孔有德之頭可立致也。」有降臣浙人魏元翼者，曾任桂、平督糧道，以貪墨爲兩人所劾，布邏卒，獲其檄，獻之有德，有德震恐。

閏十一月，丙申，有數騎至繫所，請式耜出，曰：「已知之。乞少緩，待我完絶命詞。」援筆書云：「從容待死與城亡，千古忠臣自主張。三百年來恩澤久，頭絲猶帶滿天香。」肅衣冠南向拜訖，步出門，行至獨秀巖，曰：「吾生平愛山水，願死於此。」遂與同敞並遇害。同敞屍不仆，首墜地，躍而前者三。頃刻，大雷電，雪花如掌，空中震擊者亦三。有德股栗，觀者靡不泣下。

同死者，旗鼓陳希賢、錦衣衛楊芳齡；家人陳祥先、齎印之徐高，被獲於陽朔山中，亦同死焉。吴江楊藝衰麻跣足，肩背楮錢，跪軍門號哭，請殮故主屍，有德歎曰：「有客若此，不愧忠良矣！」許之。藝撫屍曰：「忠魂儼在，知某等殮公乎？」忽張目左右視。藝撫之曰：「次子來見邪？長公失所邪？」目猶視。門下士御史姚端叩首曰：「我知師心矣。天子已幸南寧，師徒雲集，焦侯無恙。」目始瞑。遂具衣冠，淺葬兩人於風洞山之麓，端與陽羨清凝上人廬墓不去。

先是，式耜知桂林不守，遣其孫中書舍人昌文詣梧州陳狀，辭世襲爵。上授昌文翰林院簡討，賜式耜黄鉞龍旌，節制公侯伯大小文武。甫撰敕文，而東西省亘齊陷。昌文走山中，叛將王陳策挾之至梧州。大學士方以智時爲僧於大雄寺，言於我鎮將馬蛟麟曰：「瞿閣部精忠，今古無兩，其長孫來，汝以德綏之，義聲重於天下。」蛟麟厚遇之。魏元翼恨不已，搆昌文於有德，將甘心焉。一日，聞鐵索鏗然，繞室有聲，元翼伏地請罪，忽吴語曰：「汝不忠不孝，乃欲殺我孫邪！」七竅流血死。有德嘗以事遣一卒禱於城隍，恍惚見同敞南面坐，有德聞而大駭，爲雙忠神位祀之，因厚禮昌文，還式耜柩而改葬之。清凝上人亦遷同敞柩與夫人合葬焉。事聞，贈式耜粤國公，謚文忠。我朝賜專謚曰忠宣。同敞另有傳。

徐高，廣西巡撫標將也。瞿式耜察其忠實，厚撫之。靖江王亨嘉之將作亂也，式耜命高僞輸誠於亨嘉者，陰察其動静，高幼子因得出入府中，暨式耜在幽所，進饘粥焉。庚寅冬，王師逼桂林，諸營皆潰，式耜知必死，以敕印付高，令間道詣行在。至陽朔山中，被獲，與式耜同死。

小腆紀傳卷第二十九

前翰林院檢討加詹事府贊善銜六合徐鼒譔

列傳第二十二

陳子壯 麥而炫 朱實蓮　何騰蛟 楊某等 楊鴻 鴻弟鶚　堵胤錫

陳子壯，字集生，南海人。萬曆己未進士第三人，授翰林院編修。天啓甲子科，典浙江鄉試，發策刺奄，魏忠賢怒，假他事削其籍，并免其父吏科都給事中熙昌官。

崇禎初，起故官，累遷禮部右侍郎。流賊犯皇陵，帝素服召對廷臣，因言：「今日所急，在收人心。宜下罪己詔，激發忠義。」納之。乃會同列上蠲租、清獄、赦過、宥罪十二事。時温體仁當國，盛稱主上神聖，臣下不宜異同。子壯曰：「世宗最英明，然祔廟之議，勳戚之獄，當日臣下執持不已。皇上威嚴有類世宗，公之恩遇孰與張、桂？以將順而廢匡救，非善則歸君之意也。」體仁意沮，遂成嫌隙。帝以天下多故，思破格求才，欲召見宗人遴才授職，如高皇帝階换之制，授所司議。子壯曰：「將軍、中尉皆一品官，如此則三公九卿一朝而盈廷者數百人，非所以爲法。」帝怫然曰：「親親任賢，古之道也。」卻其奏。子壯力陳五不可，言：「宗族改授，適開僥倖之門，隳藩規，溷銓政。」唐王聿鍵引前代故事歷詆之，遂下獄，坐贖徒歸。已用薦起故官，協理詹事府，未赴。

南都立，以禮部尚書召，至蕪湖而南都失守，乃馳還。時桂王常瀛避難梧州，子壯謂王神宗子，宜立，與總督丁魁楚方集議，而唐王已立於福州，改元隆武矣。議遂寢。召子壯入閣，以前議宗室事，有宿憾，辭不行。

丙戌，汀州破，丁魁楚、瞿式耜等立永曆帝於肇慶。蘇觀生以不與擁戴而怒，議立隆武之弟聿鐭於廣州，子壯阻之不得，遂退居南海之九江村，而致書式耜，請兵東馘觀生。永曆帝授太保，中極殿大學士，兼兵部尚書，總督兩廣、福建、江西、湖廣軍務。會大清兵入廣州，聿鐭被執死，子壯止不行。

明年春，張家玉、陳邦彦及新會王興、潮陽賴其肖先後舉兵，子壯亦以七月起兵九江村。兵多蜑户、番鬼，善戰，與邦彦約共攻廣州，結故指揮楊可觀等爲内應。子壯兵先至，城中不敢動，事洩，可觀死，子壯退駐五羊驛。

時降將李成棟攻張家玉於新安，邦彦與子壯謀：伏兵禺珠洲側，伺成棟還救會城，縱火焚其舟，己軍以青旂朱斿爲號。子壯如計，果焚舟數十，成棟走下風，引而西，邦彦尾之。會日暮，子壯不能辨旂幟，疑皆敵舟也。陣動，風忽轉，我大清兵順風返擊，大潰，長子上庸死焉。子壯走還九江村。會故御史麥而炫破高明，具書來迎，乃入高明，以故主事朱實蓮攝縣事。

八月，高明破，實蓮戰死，子壯、而炫俱被執，檻至廣州，我總督佟養甲處以極刑，寸磔之，投骨四郊。

後成棟反正，養甲亦降，朝議贈子壯太師，番禺侯，謚文忠，即以養甲爲諭祭使。養甲愧欲死，乃通使歸朝，爲成棟子元胤所殺。先數日，恍惚見子壯抽矢射之云。

麥而炫，字章闇，高明進士，歷官上海、安肅知縣。隆武時爲御史。朱實蓮，字子潔，由舉人歷官刑部主事，子壯同邑人。我朝賜子壯專謚曰忠簡，而炫、實蓮通謚均烈愍。

何騰蛟，字雲從，貴州黎平衛人，天啓辛酉舉人。崇禎中，授南陽知縣，地當要衝，流寇出没，練兵堵禦，數挫去。從巡撫陳必謙破賊安皋山，斬首四百餘級，土賊發，亦討平之。能聲大著，遷兵部主事，進員外郎，出爲懷來兵備僉事，調口北道。丁内艱，巡撫劉永祚薦其才，將奪情，固辭歸。服闋，起原官，兵備淮、徐，擒斬土寇，境内肅然。

癸未冬，晉右僉都御史，巡撫湖北。時湖北盡陷，止武昌一郡爲寧南侯左良玉屯軍所。騰蛟之任，與良玉交驩，一軍帖服。

甲申，五月，弘光帝立，詔至，良玉部下有異議，騰蛟乃以劍自隨曰：「社稷安危，繫此一舉，倘不奉詔，當以身殉之。」會江督袁繼咸亦以書勸，正紀盧鼎言於良玉，力請開讀如禮。「正紀」者，良玉所置官名也。

八月，朝議將遷騰蛟他省，而命總督丁魁楚兼撫湖北。兵部員外郎李向中，楚人也，疏言：「騰蛟一腔忠義，千里干城。小民依之，若嬰兒之求慈母；將士信之，若手足之應腹心。乞命照舊和衷撫楚。」乃命騰蛟仍舊職，加兵部右侍郎，兼撫湖南，尋命總督湖廣、四川、雲南、貴州、廣西軍務。

乙酉，三月，南都有北來太子事，朝議沸然，抗疏言：「太子到南，何人奏聞？何人物色至京？馬士英何以獨知其僞？既是王昺之姪孫，何人舉發？内官公侯，多北來之人，何無一人確認而泛云自供？高夢箕前後二疏，何以不發鈔傳？明旨愈宣，則臣下愈惑。此事關天下萬世是非，不可不慎。」

無何，良玉舉兵，稱奉太子密詔清君側，將邀之偕行，騰蛟堅不可。良玉謀奪其印，殺城中人以劫之。士民争匿其署，遂身坐門屏間，聽民入。左兵輒破垣縱火，騰蛟急解印付家人，令速出城，毋爲所得，拔劍將自刭，左兵擁之去。良玉邀與同舟，不從，因置以別舟，以副將四人監之。舟次漢陽門，乘間躍入江，四人亦自沈。騰蛟漂泊十數里，至竹簰門，漁船救之登岸，則漢壽亭侯廟也。家人懷印者亦在，相視大驚。覓漁船，忽不見。遠近共詫爲神助，益歸心焉。

騰蛟乃由寧州轉瀏陽，抵長沙，集舊將屬吏痛哭盟誓，分士馬、舟車、糧餉，各分任之權。令堵胤錫爲湖北巡撫，傅上瑞爲湖南巡撫，章曠爲總督監軍，周大啓提督學政，嚴起恒故衡永道，即督二郡軍食，吴晉錫以長沙推官攝郴桂道事，就遣曠往諸路調兵。副將黄朝宣自燕子窩、張先璧自漵浦、劉承胤自武岡先後俱至，兵勢稍振。而是時，良玉抵九江已死，南都亦亡，閩中隆武帝立。上居南陽時，稔知騰蛟才且賢，委任益至。

旋闖賊李自成死於九宫山，其將劉體仁、郝摇旗等有衆四五萬，以無主，將歸騰蛟，驟入湘陰，距長沙僅百里。城中初不知其來降也，懼甚，朝宣即率兵還禦。上瑞請避之，騰蛟曰：「死於左，死於賊，一也。何避爲！」長沙知府周二南以千人往偵之，賊疑來襲，射殺之，從行者盡死，民益洶洶。騰蛟與曠謀，以部將萬大鵬等二人持書往撫，賊見止二騎，迎入演武場，飲以酒，二人不交一言。相與痛飲畢，賊問來意，二人曰：「督師以湘陰褊小，不足容大軍，請即移駐長沙。」因出書示云：「公等歸朝，永保富貴。」搖旗等喜，即隨二人至。騰蛟開誠撫慰，宴飲盡驩，以牛酒犒其從者，命先璧以卒三萬出郊馳射，旌旗蔽天，搖旗等大喜，悉招餘黨來歸，驟增兵至十數萬，聲威大振。

未幾，自成後妻高氏與其弟一功、從子李錦擁衆數十萬，逼常德乞撫，騰蛟馳檄令巡撫堵胤錫往撫之，安置荆州。慮錦等跋扈難制，受降日，過其營，請見高氏，執禮甚恭。高悅，戒錦毋負何、堵二公，因是卒無異志。錦後賜名赤心，一功賜名必正，號其軍爲忠貞營。自成亂天下者二十年，陷帝都，覆廟社，其衆數十萬，一旦盡歸騰蛟，無不詫爲異事。而騰蛟上疏，但云：「元凶已除，宜告謝郊廟。」卒不言己功。上大喜，立拜東閣大學士，兼兵部尚書，封定興伯，仍督楚師，而微疑自成死未確。騰蛟言：「自成實死，身首已糜爛。」固辭封爵，不允，且命規取兩江。於是部置降卒，參以舊軍，題授朝宣、先璧爲總兵官，與承胤、赤心、郝永忠、袁宗第、王進才及董英、馬進忠、馬士秀、曹志建、王允成、盧鼎並開鎮湖南、湖北間，所謂十三鎮者是也。永忠即搖旗，英、志建故中軍，餘皆良玉舊將也。

騰蛟鋭意東下，丙戌，正月，拜表出師，赴湘陰，期大會。諸鎮觀望不進，獨赤心自湖北至，遇大兵，三戰三北而還，諸鎮兵遂罷，騰蛟威望亦頓損。諸鎮漸驕横，朝宣貪殘尤甚，劫人而剥其皮，永忠效之，騰蛟不能制。上數議出關，爲鄭氏所阻，騰蛟屢疏請幸贛州，協力取江西，令永忠以精騎五千迎扈，永忠逗留不即前。

駕陷汀州，尋贛州亦失，騰蛟聞之慟哭，厲兵保境如常。既聞永曆帝立，乃稍安。尋進武英殿大學士，加太子太保。騰蛟之建十三鎮也，以爲衞長沙計。及丁亥春，大兵下楚，則諸鎮復起而爲盜，長沙不能守。騰蛟單騎走，更爲先璧等所挾，展轉衡、永間，尋與侍郎嚴起恒遇，走白牙市。

五月，上遣中使來，密告劉承胤罪狀，召詣行在。六月朔，詣武岡謁上，上及太后皆召見，慰勞再三。

初，騰蛟薦承胤由小校至大將，稱門生，已漸倨肆。在長沙時，徵其兵，怒不應，馳入黎平執騰蛟子，索餉數萬，更命章曠招之，始以衆至。騰蛟爲請封定蠻伯，且與爲婣，承胤益驕。既爵安國公，勳上柱國，賜尚方劍，翻嫌騰蛟出己上，欲奪其權。自請爲户部尚書，專辦餉務，上弗許，因密召騰蛟爲計，然固無如承胤何也。

騰蛟無兵，命以雲南援將趙印選、胡一青兵隸之。及辭朝，賜銀幣，遣廷臣郊餞，承胤伏甲將襲之，印選、一青力戰，殲其衆，還駐白牙。

八月，武岡破，承胤降，上走靖州，尋走柳州，常德、寶慶、永州相繼盡失，騰蛟退入桂林，南安侯郝永忠、宜章伯盧鼎亦先後至。騰蛟與留守瞿式耜等議分地給諸將，俾各自爲守，與桂林守將焦璉、滇營趙印選分路防全州。

十一月朔，王師自湖南逼全州，騰蛟督諸軍分戰，斬級無算，獲名馬、駱駝而還。諸將連營並進，闊道亘三百里，王師始退駐湖南。

十二月，上還桂林，晉騰蛟爵爲侯，太師，上柱國，兼兵部尚書，督師駐全州。而永忠兵與璉軍主客不和，璉走平樂，永忠壁興安。

明年二月，永忠敗績於靈川，遂大掠桂林，上倉卒出奔，召騰蛟入援。王師乘之，克巖關，軍士死者萬餘人。

三月，王師進攻桂林，騰蛟督諸將分三門出：胡一青以滇師出文昌門，周金湯、熊兆佐以楚兵出榕樹門，焦璉出北門，大敗王師，追奔二十里，幾獲我帥。王師北渡甘棠去，騰蛟乃列營榕江。未幾，金聲桓、李成棟叛大清，以江西、廣東地内附，王師亦棄湖南，騰蛟遂克復全州，合諸將攻永州。圍城百日，大小三十六戰。九月，壬午，克之。未幾，監軍御史余鯤起、職方主事李甲春取寶慶，諸將亦取衡州，馬進忠取常德，所失地多復。

方議進兵長沙，而督師堵胤錫與進忠有隙，招忠貞營李赤心軍自夔州至，令進忠以常德讓之。進忠大怒，焚常德，走武岡，進才亦棄寶慶走，他城守將亦潰去。赤心所至，皆空城，亦棄之，東趨長沙。

時騰蛟駐衡州，聞之大駭，檄進忠由益陽至會垣，期與諸將爲大會。親詣忠貞營邀之入衡，而部下將士畏怯，不護行，僅攜吏卒三十人往。至則赤心已東，即尾之，至湘潭。湘潭空城也，赤心不宿而去。騰蛟乃入居之，撫膺痛哭曰：「督師五年，所就若此，天邪，人邪？」緋衣冠帶坐堂上，降將徐勇引軍入。勇故部將，率衆羅拜勸降，大叱之，遂擁以出。至長沙，絶粒七日，不死，乃見殺。

事聞，上哀悼甚，至賜祭九壇，贈中湘王，謚忠烈。其子文瑞，以蔭官僉都御史。相傳騰蛟所居有神魚井，井故無魚，騰蛟生，魚忽滿井，五色粲然；既死，井復空。黎平人猶能言其處也。我朝賜專謚曰忠誠。

宣威伯楊某，鄂國公馬進忠部將也。己丑，正月，楚中諸將棄營東走，督師何騰蛟將親詣忠貞營邀李赤心入衡州，部下將士慮爲赤心所襲，不護行。騰蛟見事急，攜吏卒三十人往。進忠方奉檄進發，聞督師輕身往，大駭，遣某追護之。至湘潭，則騰蛟已爲降將徐勇擁去。某急入城求之，凡七出七入，最後出至橋，遇伏兵，矢中其吭，自擲橋下以死。

余鯤起，字南溟，鄞人。初以明經從何騰蛟幕，累功薦授御史，監其軍。嘗與職方主事李甲春克復寶慶，會兵下長沙，圖進取，而騰蛟受執死，遂重趼還桂林，仍以御史用。桂林破，入野寺絶粒卒。

楊鴻，字子漸，天啓壬戌進士；鶚字子玉，崇禎辛未進士：武陵人，故督師嗣昌之從父行也。鴻以救唐紹堯觸魏璫怒，削籍。崇禎中，累官副使，領鹽運使，以病免。鶚由御史累擢順天巡撫。

永曆時，粵事大壞，起鴻嶺西兵備道，擢大理寺少卿，進禮部尚書，加太子太保，東閣大學士，與鶚同奉命募兵烏羅土司，被執，皆不屈，遇害於佛神山。寺僧感異夢，醵金葬之，改寺爲雙烈祠。

獻賊之犯常德也，鶚妻鄭氏率二妾樊氏、陳氏暨三子嗣遠、嗣時、嗣炯督宗人守城，罵賊同遇害。伯兄鷺以歲貢歷官中書舍人，鴻臚寺少卿，亦殉城死。

總督何騰蛟請旌疏曰：「故閣部楊嗣昌家禍最慘，而忠愈烈。」是也。顧終以嗣昌故，不見重於清議焉。

堵胤錫，字仲緘，無錫人。崇禎丁丑進士，除南京户部主事，遷郎中，授長沙知府。山賊擾境，督鄉勇破滅之，又殺醴陵賊渠，遂以知兵名。

弘光時，授湖廣參政，分守武昌、黄州、漢陽。左良玉犯闕，總督何騰蛟奔長沙，令胤錫攝湖北巡撫事，駐常德。

隆武帝立，拜右副都御史，實授巡撫。李自成死，衆推其兄子錦爲主，奉自成妻高氏及高弟一功驟至澧州，言乞降，號衆三十萬，遠近大震。胤錫議撫之，騰蛟亦馳檄至，乃躬入其營，開誠慰諭，稱詔賜高氏命服，錦、一功蟒玉、金銀器，厚犒其軍，皆踴躍拜謝，就軍中宴之，導以忠孝大義。明日，高氏出拜，謂錦曰：「堵公，天人也。汝不可負！」別部田見秀、劉汝魁等亦來降。上大喜告廟，加兵部右侍郎，兼右副都御史，總制其軍，手書獎勞。賜錦名赤心，授御營前部左軍，一功名必正，爲右軍，並掛龍虎將軍印，封列侯，他部帥封賞有差，號其營曰忠貞。封高氏貞義夫人，賜珠冠綵幣，命有司建坊，題曰「淑贊中興」，嘉獎甚至。胤錫遂與赤心等深相結，倚以自強。已而袁宗第、劉體仁諸營先歸騰蛟者亦引與赤心合，衆益盛。胤錫以芻糧難繼，令散處江北就食。

明年，丙戌，正月，騰蛟大舉，期與諸將大會岳州，獨赤心先至，餘逗留，卒不進。永曆帝立，晉兵部尚書，總制如故。

丁亥春，赤心等奉命攻荆州，大兵來援，赤心等大敗，步走入蜀，數日不得食，乃散入施州衞，聲言就食湖南。時上在武岡，劉承胤懼爲所并，計非胤錫不能禦，乃加東閣大學士，賜劍，便宜從事。承胤謀殺騰蛟，胤錫疏劾其罪。

八月，武岡破，寶慶、常德、辰、沅俱失，胤錫走永順司，尋赴貴陽，抵遵義，乞師於皮熊、王祥，又入施州，詣忠貞營軍。

會楚宗人朱容藩僞稱監國、天下兵馬副元帥，居夔州。戊子，正月，胤錫率馬進忠由施州乘舟入蜀，詰責容藩，檄散其黨，蜀人始知容藩之僞。

是時，金聲桓、李成棟據地歸明。於是進忠及王進才、李赤心、高必正等乘間取常德、桃源、澧州、臨武、藍山、道州、靖州、荆門、宜城諸州縣，進忠、赤心、必正等皆封公。

未幾，胤錫與進忠有隙。進忠駐常德，而胤錫以是冬十月招赤心自夔州至，欲令進忠以常德讓之。未至百餘里，與進忠椎牛歃血盟，誓共奬王室。進忠固知其謀，終盟無一語，入城，即命起營，驅百姓出城，縱火，不遺一椽，走武岡。王進才聞之，亦棄寶慶走，列城聞風驚潰。赤心至，見空城，亦棄之，引兵而東，所至守將皆燒營走，湖南新復州縣爲之一空。胤錫乃率赤心等入湘潭，期與騰蛟會。

明年正月，騰蛟至，而赤心已棄湘潭去。騰蛟被執，諸軍遂散。赤心等潰於茶陵，由道州走廣西，緣路剽掠。胤錫與胡一青守衡州，王師攻之，陣於草橋，自辰至酉，斬殺相當。王師以輕兵截出陣後，衆遂潰。旋報永興陷，從子正明死之，全家遇害，乃以數千騎退入龍虎關，依守將曹志建。宗室朱謀烈搆之曰：「堵公將召忠貞營圖公也。」志建大恨，即夜發兵圍之，殺其從者千餘人，胤錫及子逃入富川傜峒。志建索之急，傜懼，潛出胤錫於監軍道何圖復家，圖復送之，間關達梧州。時上在肇慶，遣大臣嚴起恒及劉湘客來安輯忠貞將士，至則赤心已走賓、横二州，乃載胤錫以謁上。

六月，朝行在，進文淵閣大學士。給事中金堡劾其喪師失地，且面責其結李赤心爲援、張筵宴孫可望使者事，曰：「滇與忠貞，皆國讎也，厥罪滔天，公奈何獨與之昵？」胤錫失色，徐曰：「我鞅掌邊事，如君言，竟無功？」堡曰：「勞則有之，功於何有？」胤錫由是大惡李元胤黨，欲激赤心東來以去之。而朝士之讎五虎者，又交搆其間，胤錫乃移書瞿式耜，言奉上密敕，式耜復之曰：「我輩不力視封疆，聽人皋牢而啓釁端，非社稷福也。」胤錫無以答，乃止。上聞密敕言，頗不悦，顧以胤錫素有威望，令督師梧州，節制忠貞、忠武、忠開諸營，降敕封光化伯。胤錫謂：「廷臣立門户，師旅齮齕無成功。」上疏力辭，乃賜四代誥命以奬之。

時陳邦傳部將胡執恭矯詔封孫可望爲秦王矣，而大理寺卿趙昱復奉景國公之敕，知可望必不受也，謀之胤錫。胤錫疏曰：「可望割據西川，盡有滇、黔，曷能禁其不自王！今可望尚知請命，當即降敕封之，使恩出朝廷，令縛胡執恭歸朝正法誅之，則賞罰之權，庶不倒置。不然，是驅之爲變也。」

首輔嚴起恒、尚書吴貞毓、侍郎楊鼎和、給事中劉堯珍、吴霖、張載述堅持不可，胤錫密疏曰：「廷臣謂異姓封王，非祖制，不當自可望變亂始，持論良正，然不爲今日言。可望固逆獻養子，凡逆獻滔天之惡，與有力焉。今姑取其歸正，冀收其將來之用，安可泥頒爵之常法哉！且可望已自稱平東王，一旦封以公爵，彼必不樂受，因而爲逆，謂天子威靈何！謂天下事勢何！若謂收其用而反損國體，非良策也，臣竊有一説於此。謹按開國功臣徐達、常遇春等侑食太廟，稱六王，皆進封也。乞量封可望爲二字王，即於敕書中明載舊制，示破格沛恩，而勉以中山、開平之功。如此，可望必能感激用命，揆之祖制亦無背謬。國家今日，於可望善收之，則復有滇、黔；不善收之，則增一敵國。利害無兩立，得失不再圖，不可不熟慮也。」制曰「可。」胤錫曾賜空敕便宜行事，乃鑄印封可望平遼王，而可望仍不受。胤錫既與廷臣水火，每有奏請，輒掣肘，發憤成疾，遺疏曰：「臣不自量，擬再合餘燼，少收桑榆。不料請兵則一營不發，若曰堵閣臣而有兵，則豐其羽翼也；索餉則一毫不與，若曰堵閣臣而有餉，則資其號召也。致臣如窮山獨夫，坐視疆埸孔亟而無如何，一病不起，遂快羣腹。臣但恨以萬死不死之身，不能爲皇上畢命疆埸，而死於枕席，是爲恨也。臣死之後，乞皇上簡任老成，用圖恢復，如以李元胤、劉湘客、袁彭年、金堡、丁時魁、蒙正發作皇上心腹股肱，成敗可虞，臣死不勝遺憾矣。」

冬十一月卒，贈中極殿大學士，太傅，兼太子太師，潯國公，謚文襄。

妾葉氏，有遺孕，屬部將常某，竟負託。可望之至粵迎駕也，執而數之曰：「堵制臺何人，傭奴敢爲此邪？」鞭之百，遺孕得不死云。

小腆紀傳卷第三十

前翰林院檢討加詹事府贊善銜六合徐鼒譔

列傳第二十三

王應熊　吕大器子潛　文安之

王應熊，字非熊，巴縣人，萬曆癸丑進士。天啓中，歷官詹事，以憂歸。崇禎三年，召拜禮部右侍郎，疏論中官事，而語皆迎合帝旨，以是蒙眷注。給事中馮元飈發其貪汙狀，帝不省。應熊博學多才，熟諳典故，性谿刻強很，人多畏之。周延儒、温體仁援以自助，及延儒罷，而體仁援益力。

六年冬，廷推閣臣，應熊不與，特旨擢禮部尚書兼東閣大學士，命下，朝野胥駭。

八年，正月，流寇陷鳳陽，毁皇陵。巡撫楊一鵬，應熊座主也；巡按吴振纓，體仁姻也。二人恐帝震怒，留一鵬、振纓疏未上，俟恢復報同上之，擬旨令撫、按戴罪。范淑泰劾其改一鵬疏月日欺誑狀，應熊亦屢疏辨。最後，給事中何楷奏言：「故事：奏章非奉旨，邸報不許抄傳。臣疏於十四日奉旨，應熊乃於十三日奏辨，旨未下，應熊何由知？且旨未由科鈔，先送錦衣堂上，是疏可不由科鈔矣。」應熊始具疏引罪，因言「以閣臣鈔閣疏，與外廷少異；身受指摘，與探他人事少異。」帝卒惡其漏洩，下應熊家人及直日中書七人於獄。獄具，家人戍邊，中書貶二秩，應熊乃乞休去。延儒再召，力引之,應熊未至而延儒已罷歸。比應熊至,請召對,不許;請歸田,許之,乃慙沮歸。

南都立,以張獻忠殘破四川,改應熊兵部尚書兼文淵閣大學士,總督川、湖、雲、貴軍務。應熊疏言:「蜀境西北接鄖,東抵夷陵,西南由建昌通雲南,東南由遵義通貴州。今寇踞成都,蜀人殆無孑遺。議者謂李賊在陝,獻忠必不北向。然李賊自七月入蜀,虛喝保寧、順慶之吏民而制之,一旦爲獻賊所驅,則獻忠之無顧畏可知矣。川、陝總督宜提兵復保寧,牽賊北顧,臣得合黔、滇之力以搗其空虛。廣西、鄖陽許臣節制,則緩急可以呼應。臣名總督四省,而兵止於黔,餉止於滇,不幾輕視巨寇乎!」乃命楚、鄖、貴、廣悉聽節制。應熊又劾巡撫馬體乾縱兵淫掠,下所司逮訊,命未達而南都亡。應熊在蜀,不能有所爲。曾英請屯田重慶,亦不許。久之,參將楊展等復川南州縣,應熊始會總督樊一蘅檄諸路並進,駐遵義。

丙戌冬,獻賊死,其黨孫可望以餘衆陷佛圖關,犯重慶,英與體乾皆力戰死,而應熊棄遵義遁入畢節衞,未幾卒。一子陽禧死於兵,竟無後。

呂大器,字儼若,四川遂寧人。崇禎戊辰進士,授行人,擢吏部主事,乞假歸。以邑城庳惡,倡率修築,工甫完而賊至,佐有司拒守,城獲全。增秩一等,出爲關南道參議,遷固原副使,討長武賊,以穴地火攻法滅之。十四年,擢右僉都御史,巡撫甘肅,劾罷總兵柴時華,數破敵,西陲略定。

十五年,六月,擢兵部添注右侍郎。大器負才,性剛躁,善避事,見天下多故,懼當軍旅任,以五不堪、四不可自揭吏科，言己好酒色近財，必不可用。給事中某劾之，詔趣令入京，詭稱疾不至；嚴旨切責，亦不至，命所司察奏。

明年三月，始至。命以本官兼右僉都御史，總督保定、山東、河北軍務。螺山之敗，大器所部無失，增俸一等。未幾，以保定息警，罷總督官，特設江西、湖廣、應天、安慶總督，駐九江，大器任之。左良玉以侯恂故，疑大器圖己，劄九江，稱疾不進，大器詣榻前慰勞，疑稍釋。已而所部兵與良玉兵私鬬，焚南昌關廂，廷議改大器南京兵部右侍郎兼禮部事，以袁繼咸代之。

南中之議立君也，大器主錢謙益、雷縯祚言立潞王常淓，議未定，而馬士英及諸將擁福王至。王既立，遷大器吏部左侍郎。李沾以惡張慎言故，遷怒大器，上勳臣憤激有因疏云：「當馬士英手札迎立皇上，黎明集議，大器綰禮、兵二部印，紆回不前。劉孔昭怒形於色，臣等面折大器，因得俯首就列。清晨迎駕，大器又欲停留。文臣啓事屢登，武臣封爵未定，所以有殿上之争也。」上曰：「効忠定策諸臣，朕已鑒知，餘不必深求。」大器遂乞罷，不許。既士英與孔昭比，欲盡起逆案諸人，先薦阮大鋮，大器知必不爲時所容，乃倡言以攻士英，疏曰：「近年温、周擅權，老成凋謝，奸庸僨事，中原陸沈。皇上中興，一時雲蒸蔚起，不意馬士英濁亂紀綱，顛倒邪正。士英非以賄敗遣戍、借名知兵而爲鳳督者哉？重兵入朝，靦顏政府，南國從來藹藹，一經唆撥，而殿陛喑啞叱咤者，藐至尊爲贅旒矣。逆案一書，先帝手定，而士英悍然不顧，目無先帝，何論陛下。且士英有何勞績，倏而尚書宫保，倏而金吾世蔭，其子以銅臭列銜都督，女弟之夫未履行陣，冒授總戎。若越其杰、田仰、楊文驄等，皆先朝罪人，盡登膴仕，名器僭越，莫此爲甚。總之，吴甡、鄭三俊臣不謂無一事之失，而端方亮直，終爲海内正人之歸；士英、大鋮臣不謂無一技之長，而奸回邪慝，終爲宗社無窮之禍。」疏入，上勗以和衷體國。會劉澤清又劾其心懷異圖，遂致仕去。大器慮有後禍，以手書監國告廟文送内閣，明無他意。士英憾未釋，嗾李沾復劾之，遂削籍，命法司逮治，而蜀地盡失，無可蹤跡焉。

丙戌，八月，隆武帝殂於汀州，兩廣總督丁魁楚、巡撫瞿式耜議奉桂王監國，大器與推戴，進東閣大學士兼兵部尚書。王奔梧州，大器棄官入蜀。戊子，督師王應熊卒於畢節衞，進大器少傅，代之，賜劍便宜行事。

時朱容藩謀據蜀，自稱監國，蕩寇將軍李占春爲其所惑。按部至涪州，占春來謁，大器察其可用，深相結，勸其誅容藩自贖，占春感悟，容藩因敗死。大器欲遍觀諸將能否，入遵義，王祥具櫜鞬迎，甚恭。大器知其無能爲，太息謂李乾德曰：「楊展志大而疏，袁、武忍而好殺，祥尤庸懦不足仗，蜀事尚可爲乎！」

一日，於石柱司夜遁，走黔之獨山州，鬱鬱疽發背。明年，卒於都勻，謚文肅。子濳，字孔昭，癸未進士，隱居湖州，不仕。

文安之，字汝止，夷陵人。天啓癸戌進士，授庶吉士，進檢討，改南京國子司業，轉祭酒，爲薛國觀所搆，削籍歸。弘光時，起詹事，隆武時，拜禮部尚書，皆以兵戈轉側，辭不赴。

永曆帝立，以瞿式耜薦，與王錫袞並拜東閣大學士，亦不赴。庚寅，六月，上在梧州，嚴起恒爲首輔，王化澄、朱天麟次之。安之至，起恒讓之居首輔，而已處其下。孫可望再乞秦封，安之持不予。後桂林破，上奔南寧，大兵日逼，雲南又不可往，念川中諸鎮兵頗強，欲結之共奬王室，自請督師，加諸鎮封爵。上從之，加太子太保，兼吏、兵二部尚書，總督川、湖諸路軍務，賜尚方劍，便宜從事。進諸將王光興、郝永忠、劉體仁、袁宗第、李來亨、黨守素、王友進、塔天寶、馬雲翔、郝珍、李復榮及譚宏、譚詣、譚文等十六營爵皆公侯，即命安之齎敕印行。可望聞而惡之，又銜其阻封議，遣兵伺於都勻，止之，奪諸將敕印。留數月，安之乘間走貴州，將謁上於安龍，可望坐以罪，戍之畢節衞。

先是，可望設六部、翰林等官，以任僎、范鑛、馬兆義、萬年策爲吏、户、禮、兵尚書，並加行營之號。而僎最寵，後與方于宣屢詞勸進，可望令待上入黔議之。上久駐安龍，可望遂自設内閣、九卿等官，以安之爲東閣大學士，安之不爲用，走依劉體仁等以居。

時李赤心、高必正竄廣西賓横、南寧間。赤心死，養子來亨代領其衆，推必正爲主。已而必正亦死，食且盡，畏大兵來逼，率衆走川東，分據川、湖間，耕田自給，川中舊將王光興、譚宏等附之，衆猶數十萬。

及己亥正月，上奔永昌，安之率體仁、宗第、來亨十六營由水道襲重慶以救滇。會譚宏、譚詣劫殺譚文，諸將不服，安之欲討之，宏、詣遂以所部降於我大清，於是諸鎮盡散去。時上已入緬甸，地盡亡，安之鬱鬱，尋卒。

小腆紀傳卷第三十一

前翰林院檢討加詹事府贊善銜六合 徐 鼒 譔

列傳第二十四

吴炳 侯偉時等　嚴起恒 楊鼎和等　張載述　朱天麟　楊畏知 王錫衮

吴貞毓 張鑴等　任斗墟　郭之奇 楊祥

吴炳，宜興人。萬曆丙辰進士，授蒲圻知縣，歷官江西提學副使。江西失，流寓廣東。永曆帝擢爲禮部右侍郎，從至桂林，令以本官兼東閣大學士入直，仍掌部事。又從至武岡，警報至，上倉卒奔靖州，命炳扈太子出走城步，吏部考功司主事侯偉時從焉。既至，城已失，同被大兵所獲。説之降，不屈，械送衡州。炳自盡於湘山寺，偉時補官纔數月，亦死之。我朝賜通謚曰忠節。

侯偉時，公安人。崇禎中進士，官吏部主事。京師陷，污賊命，敗，南還。永曆丁亥，授考功司。八月，王師入奉天府，與吴炳同被執，不屈死。趙廷璧，内鄉人，官長沙僉事，率妻古氏、子熑、子婦馬氏俱自盡。劉佐，嵋峨人，官湖廣布政司參議；邱懋樸，新添人，官荆州僉事：俱遇兵死。我朝賜偉時通謚烈愍，廷璧、佐、懋樸俱節愍。

嚴起恒，字震生，浙江山陰人。崇禎辛未進士，除刑部主事，歷員外郎，出爲廣州知府，遷衡、永兵備副使。廣州民感其惠，閉城不使去；上官慰諭，乃得行。獻賊躪湖南，吏民悉竄，起恒獨堅守永州，諭門吏鼓吹如常，永人恃以安，賊亦不至。

乙酉，左良玉犯闕，總督何騰蛟赴水不死，奔長沙，大集僚屬，起恒與盟，主轉粟以贍兵食。隆武時，擢户部右侍郎，總督湖南錢法。永曆帝立，命兼督軍餉。

丁亥，上駐武岡，拜禮部尚書兼東閣大學士，仍領錢法。上走靖州，不及從，已知駐柳州，即間道馳往。尋還蹕桂林，復走柳州，走南寧，俱間關相從。

時君臣資斧斷絕，起恒懸示通衢，廣爲開選，二十四土州檳榔、鹽、布諸賈及土户、樂籍，皆得注仕籍，又有考貢之令，郵師、巫童能握管書字者投呈就試，章服錯亂，漫無等威。論者頗以咎起恒，然實不獲已也。

既李成棟反正，上還肇慶，起恒與王化澄、朱天麟同入直。成棟子元胤入爲錦衣衛指揮使，專決朝政，都御史袁彭年、少詹事劉湘客、給事中丁時魁、金堡、蒙正發五人附之，攬權樹黨，人目爲「五虎」。起恒處其間，不能有所匡救。未幾，化澄、天麟皆罷去，舊輔何吾騶、黄士俊入代之。吾騶旋亦罷，士俊居首輔，起恒次之。在位廉潔持平，與馬吉翔、龐天壽患難共事，久無所忤，而五虎憾之，詆爲邪黨。

庚寅，上在梧州，尚書吴貞毓等十四人合奏五虎之罪，下湘客等獄，將置之死，起恒且力救之，至長跪上舟側。貞毓等並惡之，乃請召化澄還。給事中雷德復劾其二十餘罪，比之嚴嵩，上不悦，奪德復官。起恒力求罷斥，上挽留至再，不得，放舟竟去。會鄖國公高必正、興平侯黨守素入朝，貞毓欲藉以傾起恒，郊迎四十里，牛酒犒師，必正大悦。貞毓因言：「朝事壞於五虎，主之者嚴公也。公入見，請除君側奸，數言決矣。」庶吉士錢秉鐙，起恒門生也，在座，笑曰：「五虎攻嚴公，嚴公翻力救五虎，此長者，奈何以爲奸？」必正悟，比入對水殿，力言「起恒虚公可任」，請手敕邀與俱還，上從之。尋文安之入，起恒讓爲首輔。

時國事大壞，逍遥水殿，無策可施。民間爲之謡曰：「漢宫秋，昭陽愁。」蓋起恒字秋冶，化澄字昭陽也。桂林破，從上奔南寧。

初，孫可望請封，起恒沮之；再使求真封，又沮之。可望大怒，聞上在南寧，遣其將賀九儀、張勝、張明志等率勁卒五千迎扈，直上起恒舟，怒目攘臂，問：「王封是秦非秦？」起恒曰：「君遠迎主上，功甚偉，朝廷當有隆恩。若專問此事，是挾封，非迎主上也。」九儀怒，拳毆之，起恒急赴水死，給事中劉堯珍、吴霖、張載述並被殺，兵部尚書楊鼎和殺於崑崙關，時辛卯二月也。鼎和、堯珍以阻議故，而霖與載述以曾劾主秦封者也。

初，起恒在舟中望山色，愛之，歎曰：「滿目猙獰，願骸骨葬此！」既死，屍流三十里，泊沙渚間，突有虎負之登崖，守視不去。賊衆驚悸下拜，禮而葬諸叢山之麓，南寧彭生爲立石，題曰：「山陰嚴先生之墓」，至今人稱「虎墳」云。

鼎和，初名鼎甲，江安人，以進士官歸化知縣，歷官雲、貴部院，進兵部尚書。堯珍，鎮雄人，官兵科都給事中。霖，歙人，官兵科給事中。我朝賜起恒、鼎和通謚忠節，堯珍、霖烈愍。

張載述，涇縣人，官瀘溪知縣。乙酉，王師下江西，逐載述，而以李光者署縣事。貢生魏一杜縛光，送鄭彩所磔之，與載述晝策守瀘，敗王師於密潭。丁亥，王得仁至，載述走粤，謁永曆帝於肇慶。值袁彭年用事，載述久不得官，心不平。太監夏國祥，鄉人也，探知上厭彭年，屬載述伏闕疏其罪，尋擢給事中。孫可望之請王封也，載述亦力持不可。辛卯，二月，與嚴起恒等同被害於南寧。我朝賜通謚曰烈愍。

朱天麟，字游初，崑山人。崇禎戊辰進士，授饒州推官，屢攝屬邑，咸有聲。考選，授部曹。帝御經筵，講官並爲稱屈。比臨軒親試，改翰林院編修。

甲申，正月，奉命祭淮王，抵山東而京師陷。南都破，與邑人共城守。崑山再破，走福州謁隆武帝，擢少詹事，署國子監事。見鄭芝龍跋扈，乞假至廣東，聞汀州變，又走廣西，入安平土司。

丁亥，永曆帝幸武岡，以禮部右侍郎召，辭不赴，具疏請上自將爲先鋒，倡率諸鎮，毋坐失事機。明年春，上在南寧，擢禮部尚書，旋拜東閣大學士，又自請親率土兵略江右，不聽，乃趨朝入直。會李成棟反正，從上至潯州。潯帥陳邦傅已邀封慶國公，復請世居廣西，如黔國公故事，天麟執不許，邦傅怒，以所賜印劍擲天麟舟中，不爲動。上駐肇慶，天麟謂機勢可乘，復勸頒親征詔，規取中原，上優詔答之，而不能行也。

當是時，朝臣樹黨分局，天麟暨嚴起恒、王化澄、晏清、吴貞毓、張孝起爲廣西扈從舊臣，與從成棟反正之曹燁、耿獻忠等勢不相能。尋以天麟擬旨譏金堡，堡黨丁時魁鼓言官十六人譁登殿陛，擲印棄官出，語具堡傳。天麟即日辭位，慰留再三，不可。陛辭，叩頭泣，上亦泣曰：「卿去，予益孤矣！」時魁等論之不已，并其弟大行人天鳳、子御史日生、中書舍人月生皆坐斥。天麟去，移居慶遠。化澄向無物望，亦爲衆逐，何吾騶、黄士俊入輔。頃之，吾騶又爲五虎所排，獨士俊、起恒在。上復召之，天麟力辭不赴，上言：「今國勢累卵，路人皆知，而建言者絶不問；瑣屑一人一事，則掉頭以争，曰我古遺直也。今而後，請勿以四方無利害者執爲極重大事，獨願主上爲社稷憂則憂之爾。」

庚寅，上幸梧州，五虎敗，上遣使再召，天麟復拜疏極言：「年來百爾搆争，盡壞實事。昔宋高宗航海，猶有退步，今則何地可退？陛下當奮然自將，使文武諸臣盡擐甲胄，臣亦抽峒丁，擇土豪，募水手，經略嶺北、湖南爲六軍倡。若徒責票擬，以爲主持政本，試問今之政本安在乎？」

時大兵日逼，上不能從，惟趣令入直而已。未幾，廣州、桂林皆失，上奔南寧，孫可望疏請移蹕雲南。先是起恒沮封議，獨天麟謂宜許。及迎扈疏至，亟召廷臣集議，閣臣吴貞毓、御史王光廷、徐極等勸幸欽州依李元胤，天麟力請幸滇，言：「元胤屢敗之餘，衆不滿千，棲依海濱，其不足恃明矣。雲南山川險阻，雄師百萬，北通川、陜，南控荆楚，亟宜移蹕以堅可望推戴之心，慰中外臣民之望。」貞毓等力持不可，遂寢其議。天麟既不得請，遂奉命經略左、右兩江土司，以爲勤王之助。兵未集，南寧告警，上倉皇出走，復扶病從之。抵廣南，上已先駐安龍，病劇不得入覲。

壬辰，秋八月，卒於西坂村，諡文靖，蔭一子中書舍人。

楊畏知，字介夫，陳倉人。崇禎丙子舉陝西鄉試第一，以部郎督餉真定，遷川北巡道，改雲南副使，分巡金、滄。

乙酉秋，土司吾必奎反，畏知督兵復楚雄，駐其地。必奎誅，而沙定洲繼亂，沐天波走楚雄，定洲追之。畏知謂天波曰：「公所在，賊必專力困之，城其危矣。公不如西走永昌，使楚雄得爲備。賊西追，則恐吾斷其後；攻楚雄，則恐公自西來。首尾牽制，斯上策也。」天波從之。畏知紿賊曰：「若所急者，黔國耳，今已西走，待若定永昌還，朝命當已下，予出城以禮見可耳。今順逆未分，不能爲不義屈也。」定洲與盟而去，分兵寇大理、蒙化，畏知乘間清野繕堞，徵鄰境援兵，姚安、景東俱響應。定洲聞，不敢至永昌，還攻楚雄。畏知日坐雉堞間，多方繕守，定洲力攻不下，輒發巨礮擊之，煙燄衝城上，羣蠻周麾而呼曰：「楊公死矣。」頃之，煙散，畏知則端坐如故也。驚歎爲神。畏知視賊懈，出奇兵奮擊，殺傷甚衆，賊逡巡稍卻，引兵寇迤東去。已復還，分兵七十二營，每七營設一大屯，環城鑿濠，示久困計，畏知守益堅。隆武帝嘉之，授右僉都御史，巡撫雲南。

明年，丁亥，孫可望等入黔，詐稱黔國焦夫人弟來報讎，兼程馳至，解楚雄圍，定洲戰敗，遁歸阿迷。可望遂進據會城，法令苛切，百姓失業，愈於沙賊之亂。顧以畏知同鄉故，甚重之。遣李定國徇迤東，己與劉文秀西略。畏知領兵出祿豐拒戰敗，至啓明橋投水不死，踞而罵，可望下馬慰之曰：「聞公名久，吾爲討賊來，公能共事，相與匡扶明室，非有他也。」畏知瞪目視之曰：「給我爾！」曰：「不信，當折矢以誓。」曰：「果爾，當從我三事：一不得仍用僞西年號，二不得殺人，三不得焚廬舍、淫婦女。」皆許諾。乃偕至楚雄，定大理諸郡，使文秀至永昌迎天波歸。迤西八郡免屠戮者，畏知力也。

時永曆帝已立，而詔書未至滇，可望乃自稱國主，然雖自尊，劉、李固儕輩也，不肯爲之下。既聞肇慶有君，李錦、李成棟等並加封爵，念得朝命加王封，庶可相制。

己丑春，遣畏知及故兵部郎中龔彝赴肇慶進表請王封，金堡等持之。畏知疏曰：「國事危矣，不以此時虛名爲招徠，而竟自樹強敵乎？且可望固盜之渠也，曏者屠毒海内，廟社淩夷，今一旦投誠向義，豈朝廷威德所能制，蓋列聖神靈陰以啓之也。倘因其來而明示以異等之恩，彼必踴躍聽命，庶幾收用於萬一，奈何信及一二腐儒，使坐失大計！夫法有因革，勢有變通，今土宇非昔，百務俱隳，而獨於區區封議，必欲執舊法以繩之邪！」既而宗人朱議淚以把持誤國劾堡，則又駁之曰：「斯論亦否也。給事争之，朝旨予之，使歸恩主上，而憚朝内之有人。懷德畏威，不更兩得乎！」朝議久不決，畏知乃曰：「可望欲權出劉、李上，今晉之上公，而卑劉、李爲侯可也。」乃議封景國公，賜名朝宗，文秀、定國皆列侯，命大理卿趙昱爲使，加畏知兵部尚書，彝兵部侍郎，同行。

時堵胤錫曾賜空敕，得便宜行事，昱就與謀，矯命改封可望平遼王，易敕書以往。武康伯胡執恭者，慶國公陳邦傅中軍也，守泗城州，與雲南接壤。畏知假道入朝，執恭知其故，欲自結强援，與邦傅言，請先矯命封爲秦王。邦傅乃笵金爲印，文曰「秦王之寶」，填所給空敕，令執恭齎往，可望大喜，郊迎。亡何，畏知等至，可望駭，不受，曰：「我已得秦封。」畏知曰：「此僞也。」執恭曰：「彼亦僞也。所封實景國公，敕印故在。」可望怒，辭敕使，畏知、執恭並下獄，遣使至梧州問故，廷臣始知矯詔事。馬吉翔請封爲澂江王，使者云：「非秦不敢復命。」大學士嚴起恒力持不可，兵部侍郎楊鼎和助之，且請卻所獻南金、玉帶、良馬諸物。可望怒益甚。

明年九月，親率兵至貴州。十一月大兵連陷廣州、桂林，上走南寧，事急，遣編修劉蒞封可望冀王，仍不受。畏知曰：「秦、冀等耳，假何如真？」不聽。定國等勸可望遣畏知終其事。

明年二月，先令部將賀九儀等赴南寧索沮秦封者，起恒、鼎和及給事中劉堯珍、吳霖、張載述俱被殺。無已，乃真封可望秦王。畏知入朝，見九儀凶悖，痛哭自劾，極言可望擅殺大臣罪，遂留爲東閣大學士，與吳貞毓同輔政。可望聞之怒，使人召之，上欲執其使，畏知曰：「臣聞猛獸當人則止。若得臣而止其逆，臣焉避之！」上揮涕而別，手賜金章，鐫「忠貞直諒」四字，畏知泣謝曰：「苟利社稷，死生以之。願陛下廓清天地，正位二京，臣即瞑目矣。」至貴陽，繫獄，士民數萬哭請，乃出之黑神廟調疾。

先是，原任河南道御史任僎諂附可望，既議爲國主，以干支紀年，鑄「興朝通寶」錢，可望生男，乞恩如生皇太子例。龔彝亦希可望旨，啓陳十事，欲租外增賦，賦內編馬。畏知憤甚，輒抵掌謾罵。

二人亟搆之，可望呼而詰之曰：「遣汝作何事，反作宰相邪！」畏知曰：「爲大明宰相而死，不愈於從亂賊而生乎！」可望令杖之，畏知除頭上冠撞之曰：「誰敢辱大臣？有死而已。」乃被害。楚雄人以其有守城功，立祠以祀焉。事聞，贈少保，謚文烈。我朝賜通謚曰忠節。

王錫衮，字龍藻，禄豐人。天啓壬戌進士，改庶吉士，歷南京國子監司業、諭德、庶子、少詹事。崇禎十三年，擢禮部右侍郎，掌部事。帝禁内臣干預外政，敕禮官稽先朝典制，錫衮備列諸監局職掌，而不及東廠，抗疏請罷之。帝又納真人張應京言，加尊天、地、水三官爲大帝，諭中外一體尊奉慶賀，錫衮言：「三官號不經，且邇來奸民竄入白蓮、無爲諸教，所在充塞，若許慶賀，害不可勝言。請斥應京，清輦轂。」皆不納。尋調吏部，以尚書李日宣下獄，掌部事。帝嘗以秋夜感念聖母孝純太后，欲終身蔬食，錫衮疏諫，帝嘉其寓愛於規，進秩一等。

十六年，以憂歸。閩中拜禮部尚書兼東閣大學士。

丁亥，永曆帝申前命，道阻不克赴。沙定洲作亂，執錫衮至會城，詭草錫衮疏，請以定洲代黔國公鎮雲南。疏既行，而以稿示，錫衮大恨，愬上帝祈死，數日卒。或曰：錫衮起兵討定洲，兵敗被殺。我朝賜通謚曰烈愍。

吴貞毓，字元聲，宜興人。崇禎癸未進士。隆武時，授吏部文選主事。永曆帝立，預推戴，進郎中。上駐全州，加太常少卿，仍掌選事，已擢吏部右侍郎，從至肇慶，拜户部尚書。尋廣東、廣西會城先後失，上徙潯州，再徙南寧，皆從。

孫可望乞封王爵，大學士嚴起恒、給事中金堡持不可。南寧與廣南錯壯，可望書有「不允封號，即提兵出戰」語。陳邦傅大懼，遣武康伯胡執恭矯詔先封爲秦王。可望知其僞，復遣使求真封，貞毓與起恒共阻之。可望怒，竟殺起恒於途，貞毓以奉使獲免。及還，進東閣大學士，代起恒輔政。

可望自滇至黔，疏請移蹕，其將曹延生者，甚貞毓，言不可移。既王師日逼，上召諸臣集議，或請走海濱就李元胤，或請入安南避難，或請航海依朱成功，惟文安侯馬吉翔、司禮太監龐天壽素結可望，堅主赴黔議。貞毓因前阻封，又入延生言，不敢決。元胤疏請出海，上固不欲就可望，又以海濱爲遠，再下廷議。頃之，趙印選、胡一青殿後軍戰敗奔還，請上急由水道走土司。抵瀨湍，追兵相距百里，上下失色。適可望遣兵來迎，遂於明年壬辰正月移蹕安隆。宮室卑陋，服御麤惡，守護將吏亦罕盡人臣禮，上已不堪其憂，隱忍之。

時吉翔掌戎政，天壽督勇衞營，詔事可望，惡貞毓不附己，令其黨交章彈劾，且曰：「秦王宰天下，我具啓以内外事盡付戎政、勇衞二司，大權歸我，君等爲羽翼，貞毓何能爲也！」既可望果以朝事悉委吉翔、天壽。於是給事中徐極、員外郎林青陽、蔡縯、主事張鐫、胡士瑞連章發其奸，上大怒，二人求救於太后，以免。既可望逆節益著，上密謂中官張福禄、全爲國與極、青陽、縯、鐫、士瑞合謀召西寧王李定國入衞，皆許諾，引以白貞毓。貞毓曰：「主上阽危，正我輩報國之秋。諸君中誰充此使者？」青陽請行，乃計遣之。定國接敕感泣，許以迎王。

明年夏，將擇使往促，貞毓復舉翰林孔目周官，而出吉翔往梧州南寧謁祭陵寢。青陽還至南寧，密令親信劉吉復命於上，上喜，改青陽給事中，諭貞毓再撰敕鑄「屏翰親臣」金印賜定國，即遣劉吉還付青陽。行次高州，與周官遇，遂偕往，定國拜受命。

初，吉翔在道，微知有密敕事，遣人赴定國營偵之。適主事劉議新者遇吉翔於途，意其必預謀也，告之，吉翔則大駭，以報可望，可望令其將鄭國執吉翔與諸臣面質。國乃至朝房械貞毓及刑科給事中寧國張鐫、中軍都督府左都督歙縣鄭允元、大理寺丞湖廣林鍾、太僕寺少卿袁州趙賡禹、翰林院檢討晉江蔣乾昌、善化李元開、吏科給事中贛州徐極、江西道御史錢塘周允吉、廣西道御史南昌宗室議浘、福建道御史進賢胡士瑞、兵部郎中四川朱東旦、工部郎中九江蔡縯、內閣中書廬陵易士佳、吏部員外郎直誥敕房事鄞縣任斗墟等十四人，繫私室。福祿、爲國愬於太后求救，天壽入宫禽之以出。貞毓曰：「凡事皆宰相主持，吾約晉軍討孫可望，與諸臣何與！」而吉翔等必欲彰此獄，乃語國嚴刑拷掠，衆不勝楚，號呼二祖列宗，且極口罵。會日暮，風雷忽震烈，縯厲聲曰：「今日吾等直承此獄，少見臣子報國苦衷。」由是衆皆自承。國又問：「皇上知否？」縯大聲曰：「未經奏明。」乃復收繫，以欺君誤國、盜寶矯詔爲罪報可望，劫上親裁，下廷議。吏部侍郎張佐辰及蔣御曦、冷孟銋、蒲纓等謂國曰：「此輩盡當處死。留一人，將爲後患。」擬旨以鐫、福祿、爲國三人爲首，凌遲，餘爲從斬。上以貞毓大臣，言於可望，改絞，遂駢死北關之馬場。尋林青陽逮至，亦被殺，獨周官走免，時甲午三月也。

居二載，定國竟奉前敕護上入雲南，追贈貞毓少師兼太子太師，吏部尚書，中極殿大學士，謚文忠，蔭子錦衣衛僉事。鄭允元武安侯，謚武簡，張鑴、徐極兵部右侍郎，林鍾、蔡縯、趙賡禹大理寺卿，蔣乾昌、李元開、陳麐瑞侍讀學士，周允吉、朱議浘、胡士瑞、李頎副都御史，易士佳、任斗墟太常少卿，朱東旦、劉議新太僕少卿，各蔭一子入監讀書，張福禄、全爲國弟姪一人錦衣衛指揮僉事。遣官諭祭，即馬場建廟立碑，大書曰「十八先生成仁處」，互詳紀年。我朝賜貞毓通謚忠節，允元、鑴、極、鍾、縯、賡禹、乾昌、元開、允吉、議浘、士瑞、士佳、斗墟、東旦、青陽均烈愍。

任斗墟，鄞人，以明經入瞿式耜幕，薦爲中書舍人。桂林失守，從上入安隆，歷吏部員外郎直誥敕，與於密敕十八人之獄。對簿時，大聲曰：「死耳，大丈夫豈求免於賊臣者！」從容賦絶命詞以就刑。其十六人行事不可詳。

郭之奇，字仲常，揭陽人。崇禎戊辰進士，選庶吉士，以忤温體仁左遷禮部主事。久之，遷福建提學副使。

時鄭芝龍已貴顯。子森，即延平王成功也，方爲諸生，歲試，欲餼於庠，兩院、三司爲緩頰，之奇不可。寧化李世熊在幕，語之奇曰：「以芝龍氣力，欲他途進身，何所不得？今沾沾以廩生爲榮，意良佳。且朝廷不惜以一品官縻其父，其子以能文食餼，何傷！」之奇曰：「不然。命官是朝廷事，衡文是學道事，子意在調停耳。夫埋没正性，與世周旋，一事不可爲也。」竟以二等置森。福州知府莫逮徵廩銀入官，之奇糾之，巡撫張肯堂以同鄉力庇不獲，遂大忤。尋以病去官。南都擢詹事。隆武帝立，之奇以芝龍、肯堂有夙嫌，家居不詣朝。

永曆三年，起故官，兼禮部右侍郎。上親試劉𦶜等八人，之奇與同官黄奇遇俱教習庶吉士。之奇謂：「黄由推知考選，安知庶吉士典故？」奇遇亦以他事相訐。輔臣黄士俊解之，乃已。

明年，上幸梧州，進之奇東閣大學士。孫可望之殺嚴起恒也，之奇知事不可爲，行遯交阯。上入緬甸，光澤王儼鐵、總兵楊祥亦亡入其地，交人懼禍及，并執送廣西。兩司以下官多之奇門下士，委曲諭降，不從。壬寅，八月十九日，被殺。我朝賜通諡曰忠節。

楊祥，四川人。官總兵，不識字，而以忠義自許。永曆帝入緬甸，祥與光澤王儼鐵亡入交阯。交阯人執之送廣西，與郭之奇同日遇害。望西叩頭謝恩，危坐就刑，神色不變，觀者無不流涕焉。

小腆紀傳卷第三十二

前翰林院檢討加詹事府贊善銜六合徐鼒譔

列傳第二十五

劉遠生 陳純來 毛鳳池 張時規 **錢邦芑** 程源 龔彝 冷孟鈺 **劉湘客** 吴德操 **金堡** **高勷** 金簡 **李如月** **任國璽**

劉遠生，西安人，初名廣胤。弘光時，官江西巡撫。乙酉秋，益王由本起兵湖東，遠生募兵三千人，命中軍張琮領之，由寧都前往。甫行，而王師薄贛州，遠生亟出城，躬往雩都邀琮還救。贛人疑其遁也，焚其舟，拘其妻子，俄而遠生率琮兵至，贛人乃悔罪。琮渡河抵梅林，中伏，大敗，還至河，争舟，多墮水死，遠生憤甚。五月朔，渡河復陣，身先士卒，被執，復逃歸。

丁亥，二月，永曆帝擢爲刑部侍郎，劉承胤以同姓故，親之，故多調護力。上幸南寧，遠生與閣臣瞿式耜俱留桂林。金聲桓之反正也，式耜請「慎選大臣往諭聖德。遠生久於節鉞，名聞江右，可遣也。」弗聽。

尋李成棟亦反正，迎駕南寧，式耜慮成棟挾上自專，促遠生入朝阻之，而事不獲已。遠生奉命勞成棟軍，成棟議改兩廣軍門爲行宫，遠生謂之曰：「天子者，天下主也，爵賞征伐自天子出。脱上駕此，則有隱令寄政之嫌。且江、廣同時反正，六師當不日下金陵。上不返桂林，謂可從南韶出江右耳；若幸廣州，則示天下以苟安矣。」成棟然之，乃還蹕肇慶。

庚寅冬，桂林陷，式耜死，遠生與族人劉湘客入傜峒以終。

陳純來，奉化人。以監生赴桂林，官工部主事。永曆時，尊皇考端王墓爲興陵，命往監造。戊子冬，降臣佟養甲祭陵，密詔純來殺之。庚寅冬，桂林失，上自肇慶出奔，或勸之走，曰：「吾當守陵寢以待吾君之還，死且未敢，況行乎！」乃削髮爲浮屠裝，居陵下，後不知所終。

毛鳳池，字薇垣，泰順人。崇禎時諸生，幕遊於粤。永曆時，以薦爲縣令，歷糧儲道，晉大理寺卿。上入黔，不及從，伏肇慶山中。我大吏跡得之，勸之仕，曰：「吾大明世家子，何忍辱祖父！」力辭不獲，絶粒死。

張時規，字必式，亦泰順諸生，以博學宏通知名。入粤，辟爲象州學正，升本州知州，擢兵部員外郎。從弟時斌，字吉甫，乙酉選貢。永曆時爲修仁令，以言事入獄云。（補）

錢邦芑，字開少，丹徒諸生。隆武中，上書言事，授御史，閣臣熊開元請改兵部司務；上重違開元意，命以司務得非時言事，尋復授御史。魯都督陳謙奉使入閩，忤旨下獄，鄭芝龍救之，邦芑奏：「謙爲魯心腹；與鄭氏交最深，不急除，恐生内患。」上即誅謙，芝龍以是益萌叛志。

丙戌，六月，元子誕生，進諸臣爵，大赦。邦芑言：「浙東新破，脣亡齒寒，舉朝正切齒同讎之日，非蒙恩受賞時也。」不報。

永曆帝立，以原官巡按四川。丁亥武岡之變，川中不知乘輿所在，宗室容藩乘機僭稱監國，邦芑疏劾之，移書督師堵胤錫、吕大器聲言其罪，諸將從逆者多解散。

戊子，春正月，上川中諸將楊展、王祥等收復州縣功，擢右僉都御史，巡撫其地。遣使致書孫可望，勸其歸朝，可望大喜，謂差官王顯曰：「從來朝廷文官與我輩爲讎，今錢公遣使通問，何敢自外；封我爲王，我舉全滇歸朝廷矣。」邦芑復以書，謂本朝無異姓封王者，而具疏稱可望歸順。既可望逆謀益著，心憂之，察其部將白文選忠誠可用，私語之曰：「忠義，美名也；叛逆，惡號也。孺子且辨之，丈夫可身陷不義乎？」文選大感動，與忠國公王祥盟於烏江，邦芑爲執牛耳。既而可望襲遵義，祥走死，文選晤邦芑，愧汗不能仰視，邦芑曰：「非公賣國，他人賣公耳。」因言帝在安龍，主辱臣死，泣數行下。文選怒裂眥，折箭誓殺可望。邦芑尋以憂歸，隱黔之蒲邨，可望强官之，至於封刃行誅，不爲動。

甲午，二月二十三日，爲邦芑誕辰，同人釃酒，可望使者復至，山陰胡凫奄在座賦詩，有「痛哭花前莫相訝，不如往泛五湖船」之句，邦芑乃祝髪爲僧。可望怒不已，拘於大興寺。兵部尚書程源、都察院鄭逢元二人，固可望黨，且嘗爲邦芑劾罷者也。邦芑察其不忘朝廷，乃私結之，教之以言詞，激發鎮將。此輩朴魯武人，無避忌，酒酣耳熱，駡可望曰：「剥一張賊皮，又生一張賊皮邪？」邦芑知其可用也。

丁酉，秋九月，可望謀犯闕，邦芑與二人計曰：「馬寶、馬進忠、馬維興雖隸可望麾下，然皆朝廷舊勳，圖報無路；至白文選，決不相負。今可望入滇，從中用計圖之，如反掌耳。」源以告文選，文選然之。與逄元私見馬寶定約，從容謂可望曰：「使功莫如使過，將才無出文選右者。」可望信之，釋文選，以爲大總統。交水之役，邦芑實陰啓焉。論功，擢都御史，掌院事，馬吉翔忌之。

時督理晉王軍事者爲金維新，秩左都御史，位在邦芑上，邦芑鬱鬱，浮沈朝請而已。上入緬後，以僧終，世所稱大錯和尚云。

程源，四川人，崇禎末進士。慷慨識機變，好談功名，以躁進爲清議所擯，故終不顯用。與凌駉善。駉之以職方主事從李建泰出師也，源謂之曰：「此行也，兼程抵太原收拾三晉，猶可濟也；三晉失守，無可爲矣。」

寇逼京師，以書勉天津理餉部臣唐廷彥曰：「糧廣兵衆，據賊腹而俟恢復，中興之奇勳也。」廷彥即邀源入城，議戰守。比源至，則防海兵大噪，劫餉庫盡，毆廷彥幾死。復致書山東巡撫邱祖德曰：「江南財賦之地，子弟多豪，賊不先窺而以貽我，彼豈能舍步騎而與我争長江之險邪？況蜀據其首，楚、豫横其腹，甘、寧蝕其心，江東老成尚有人，義旗一舉，彼擣此擊，克復直指顧間耳。議者不察，以賊有成焉，其亦借賊爲富貴之資邪！」時祖德已爲叛將所劫，無能爲。

丙戌冬，永曆帝立於肇慶，源與推戴，進兵科給事中。宗人朱容藩者，誕妄喜事，源與交甚懽，謂之曰：「川中諸將，兵不下數十萬。吾兩人各請總督之職，公督東北，我督西南，賊不足平也。」容藩喜，具疏請之，加源太常寺少卿，經理三省，容藩爲兵部右侍郎兼右僉都御史，總督川東軍務。及上移蹕桂林，容藩覬覦入閣，受命不即行，私屬給事中唐誠疏劾丁魁楚私逃，謂：「扈從單弱，如容藩、程源皆擁戴重臣，不宜出外。」上怒，削二人職，王太后爲容藩請，得復官。源入貴州，以經理三省劄付沿途鬻官，贓巨萬。巡按御史錢邦芑以聞，削職逮問。久之，用薦起兵部侍郎，爲給事中金堡所劾，銜之次骨。

庚寅春，上幸梧州，五虎失勢，源乃與吳貞毓等十餘人合疏論五虎十大罪，下錦衣獄。閣臣嚴起恒長跪沙際，爲求免刑，源立御舟側，揚言曰：「金堡即『昌宗之寵方新，仁傑之袍何在』二語，當萬死。」聲達慈寧舟中，蓋堡駁御史吕爾璵疏中有是語，源欲因是殺堡也。

上駐安龍，源雖自結於孫可望，官僞兵部尚書，而不忘朝廷，離間逆黨，激發忠義，於交水之役有功焉。授禮部尚書。源功名自許，入朝，即發馬吉翔之奸，吉翔嗾言者劾其臣事可望，源發憤杜門不視事。上入緬甸後，不知所終。

龔彝，雲南人。崇禎戊辰進士，歷官揚州副使。甲申，以事入都，城陷，逃歸。南都定降賊諸臣罪，或言其受賊官者，劉澤清爲之稱枉，是非莫能辨也。

丁亥，孫可望入滇，彝與在籍御史任僎、主事方于宣首附之。又希可望旨，啓陳十事，欲租外增賦，賦内編馬。楊畏知抵掌駡之，以是成嫌怨，畏知之死，彝與有力焉。

丙申，春三月，李定國奉上入滇，擢彝爲户部左侍郎，彝言「在雲南受可望十年厚恩」，辭不受。舉朝大譁，詰之曰：「爾中本朝進士，官至司道，可望入滇，爾首迎降，忍忘明朝三百年之恩，而不忍忘可望十年之恩，何也？」彝恬然未之恥也。

及上就俘，吴三桂居之故都督府，嚴兵守之，彝具酒餚進謁。守者不許，彝厲聲曰：「此吾君也。君臣之義，南北皆同，拒我何爲！」三桂許之入。設宴堂上，行朝禮畢，進酒，上痛哭不能飲；彝伏地哭，再勸，上勉飲三爵。彝拜不止，觸地死，上撫之，慟幾絶。彝以黨逆爲世詬病，其死也，論者予之。

冷孟銋，不知何許人。黨於孫可望，密敕之獄，盡置十八人於死者，孟銋勸之也。及李定國奉上入滇，黨逆諸臣皆不問，授孟銋兵部左侍郎，巡撫貴州。戊戌，王師取貴陽，守將馬進忠遁，孟銋被執，諭薙髮，駡不絶口而死。

劉湘客，西安人。爲諸生時，有盛名。崇禎末，上海何剛以薦舉爲職方主事，疏言湘客與某某皆憂時有心，乞詔起之。未及行，而北都陷。

永曆帝建號粤西，湘客爲御史，大學士李永茂疏薦十五省人望，湘客與焉。太監王坤不悦，黜之，永茂怫然去。瞿式耜與湘客亦以文墨相知，疏論之，改湘客爲編修，充經筵講官，尋復爲御史。劉承胤之劫上如武岡也，湘客與同官毛壽登、吴德操、萬六吉疏請還蹕桂林，承胤銜之。既承胤請封錦衣衛郭承昊、馬吉翔、嚴雲從爲伯，壽登駮之，吉翔疑疏出湘客，嗾承胤逼上下廷杖，諸臣申救，仍落職。久之，起少詹事。

李成棟歸明，湘客與給事中金堡、丁時魁、蒙正發因袁彭年以納交於成棟之養子元胤，時謂之「五虎」。五人中，堡守清操，爲衆所憚；彭年自恃先朝臺諫，好争體統；時魁貪狠使氣；正發則聽受諸人指揮，不能有所爲；惟湘客多狡智，工窺瞷，閣中事，彭年、時魁等動必咨之。又由薦舉起家，以少詹事兼副都御史、知講筵，而隨彭年輩資格繩人，人益不服。故五虎中，湘客爲虎皮也。

庚寅，正月，上幸梧州，五虎失勢得罪，湘客不勝拷掠，贖配追贓。桂林破，與族人刑部侍郎劉遠生隱傜峒中，著有行在陽秋，言粤事甚悉。

彭年、堡另有傳。時魁亦起家進士，桂林之破也，叩首乞降，即日補廣東提學道，不數日竟死。正發事不可聞。

吴德操，字鑑在，桐城人，由諸生仕至大理寺丞。永曆時，官御史，嘗疏劾陳邦傅。庚寅，桂林破，被執，不受官，盡其槖中裝以免。

金堡，字道隱，仁和人。崇禎庚辰進士，授臨清知州，坐事罷。十六年，吏部尚書鄭三俊薦其才，未及用，而都城陷，堡南還，丁内艱。

乙酉，杭州失守，偕里人姚志倬起兵山中，與浙東諸軍遥爲聲援。隆武帝立，堡入朝陳志倬戰功，勸上棄閩幸楚，謂何騰蛟可依，鄭芝龍不可倚，且言：「中興之國，須馬上成功。湖南有新撫諸營，陛下親往效光武故事，此皆精兵百戰，可得其力；若乃千騎萬乘，出入警蹕，是承平威儀，宜且屏不用。」上大喜，語廷臣曰：「朕見金堡，如獲異寶。」即授兵科給事中，封志倬仁武伯。堡以服未終，力辭，請賜敕印，聯絡江上師，從之。

既至浙，入大將方國安軍，諸事於魯監國者詆曰：「堡已北降，來爲間諜耳。」監國語國安，國安執堡。御史陳潛夫曰：「堡何罪？彼與志倬起兵，公所知也。今其家且渡江來，何罪見執？」國安曰：「此鄭氏意。」因出芝龍書示之，且曰：「今我釋之去，去勿入閩，入閩必殺之，我不敢得罪鄭氏也。」潛夫以告堡，堡曰：「我必入閩繳敕印，倘中道死於盜，亦命耳。」

明年夏，再入閩，以敕印上，上欲奪情，堡固辭，不許。芝龍謂將大用之也，嫉愈甚。大學士曾櫻曰：「果欲保全堡，莫若聽其辭。」遂以秋八月辭朝去。

閩亡，堡流寓他所。及戊子冬，詣肇慶謁永曆帝，授禮科給事中。堡抗直有鋒氣，不畏強禦，遇事敢言。甫授職，疏陳八事，劾慶國公陳邦傅十可斬，文安侯馬吉翔、司禮監太監龐天壽、大學士嚴起恒、王化澄等並與焉。吉翔氣焰方熾，至是頗懼，盡謝諸務；化澄與起恒並疏乞休。由是堡直聲大振，諸輕剽喜事者南陽伯李元胤、左都御史袁彭年、少詹事劉湘客、給事中丁時魁、蒙正發咸與交懽。

當是時，朝臣各分黨類：從李成棟來歸者，兵部尚書曹燁、工部尚書耿獻忠、吏部侍郎洪天擢、大理寺卿潘曾緯、通政使毛毓祥、太僕卿李綺爲一類，自誇反正功，氣凌朝士。從廣西扈行至者，大學士起恒、化澄、朱天麟、吏部尚書晏清、户部尚書吴貞毓、給事中吴其靁、洪士彭、雷德復、尹三聘、許兆進、張孝起爲一類，自恃舊臣，詆曹、耿輩嘗事異姓。久之，復分吴、楚兩局：主吴者，内則天麟、貞毓、孝起、給事中李用楫，外則督師大學士堵胤錫、化澄及兵部侍郎萬翶、程源、禮部侍郎郭之奇，皆内結馬吉翔，外結邦傅以自助。主楚者，彭年、時魁、正發，而湘客以秦人、堡以浙人爲之輔，皆外結瞿式耜，内結元胤以自強。元胤，惠國公成棟子，爲錦衣衞指揮使，進封南陽伯，握大權，以彭年與同反正，倚爲腹心，勢張甚。時有「五虎」之號，又謂之「假虎邱」，以彭年爲虎頭，時魁爲虎尾，湘客虎皮，堡虎牙，正發虎喉，假者，元胤本姓賈，譏諸臣之假以張威耳。後堡與時魁等復相繼攻起恒、吉翔、天壽無已，太后召天麟面諭曰：「武岡之㞒，賴吉翔左右之。」令擬旨嚴責堡等，天麟乃爲兩解，卒未嘗罪言者，而彭年輩怒不止。上知羣臣水火甚，令盟於太廟，然黨益固不可解。

明年正月，邦傅怨堡，因奏言：「堡謂臣無將無兵，請即令監臣軍，觀臣十萬鐵騎爲何如。且堡昔官臨清，曾降賊受僞命。」疏至，天麟抵几笑曰：「道隱善罵人，今亦遭人罵也。」因擬旨：「金堡辛苦何來，實所未悉。所謂監軍，可即集議。」蓋用杜甫「辛苦賊中來」語。堡固未嘗降賊，見之大恚憤，時魁乃鼓言官十六人詣閣詆天麟曰：「堡論邦傅，即令之監其軍；若請其頭，亦即與邪？」相與登殿陛大譁，棄官擲印出，鬨曰：「我輩不復仕矣！」上方坐後殿，與太僕馬光論事，大驚，兩手交戰，茶傾於衣，急命天麟取還所擬旨，諭諸臣供職，天麟遂辭位，慰留之，不可。

尋召何吾騶、黄士俊入輔。吾騶爲元胤所薦，既至，知時魁等意不屬，亦引退，元胤強留之。秉政數月，卒不爲楚衆所喜，交章詆誹，至八月去。時魁等又劾王化澄貪鄙無物望。會經筵傳班，堡面叱之，化澄憤，碎其冠服，立辭去。

堡等既連逐諸臣，益橫肆，往往入内閣指揮授意，閣臣患之，請於殿旁建文華殿，上出御，輔臣侍坐擬旨，於是覬覦之風少止。

堵胤錫自湖南入朝，堡劾以喪師失地，面責其結李赤心爲援、張筵宴孫可望使者事，且曰：「滇與忠貞皆國讎也，厥罪滔天，公奈何獨與之昵？」胤錫失色，徐云：「我鞅掌邊事，如君言，竟無功？」堡曰：「勞則有之，功於何有！」朝士因多不直堡。孫可望遣使乞封，堡以異姓無封王例，七疏力争；及胡執恭矯詔封可望爲秦王，又請立斬執恭以正國法。可望怨恨，愈跋扈。堡之爲言，多循資格，拘小數，不能權衡時勢以濟艱難。後更連劾貞毓及萬翺、程源等，廷臣無不掊擊，一月章至六十上。由是諸臣必欲置之死，徒恐元胤爲援，未即發。

庚寅春，上赴梧州，元胤留守肇慶，陳邦傅統兵入衛。貞毓、之奇、翺、源輩咸修舊怨，乃與給事中張孝起、李用楫、李日煒、朱士鯤、御史朱統鑰、王命來、陳光胤、彭全等合疏論彭年、湘客、時魁、堡、正發把持朝政、罔上行私、朋黨誤國十大罪。上以彭年反正有功，特免議，餘下錦衣獄，瞿式耜再疏申救，不聽。大學士起恒請對水殿，不得入，乃長跪沙際，爲求免刑，程源立御舟側，揚言曰：「金堡即『昌宗之寵方新，仁傑之袍何在』二語，當萬死。」聲達慈寧舟中，蓋堡駁御史吕爾璵疏中語也。都督張鳳鳴受密旨，欲因是殺堡於古廟中，陳刑具，用廠衛故事嚴鞫之，拷掠慘酷，堡大呼二祖列宗，餘皆哀祈，招賄以數十萬計。獄成，堡、時魁並謫戍，湘客、正發贖配追贓。

已而李元胤、高必正入朝，咸爲堡申雪，上意漸解。一日，召對廷臣，忽曰：「金堡畢竟是君子，是小人？」再問無對者。明日，庶吉士錢秉鐙疏言：「臣昨侍班次，惡堡者皆在列，而皇上再問無對者，則天良難滅，堡之不爲小人可知。堡受刑最重，左腿已折，相隨一僕，復墮水死。今遠戍金齒，以孑然殘廢之身，蹣跚於荒郊絕域之外，去必不到，到亦必死，雖名生之，實殺之也。乞量改近邊。」乃改清浪衛。高必正以百金爲堡藥資，不受；馬寶自德慶來，親爲洗創。堡竟不死，祝髮桂林爲僧，名性因。

瞿式耜、張同敞之殉難也，陳屍未葬，堡上書孔有德曰：「山僧梧水之罪人也。承乏掖垣，奉職無狀，繫錦衣獄，幾死杖下。今夏編戍清浪，以路道之梗，養疴招提，皈命三寶，四閱月於兹矣。車騎至桂，咫尺階前，而不欲通，蓋以罪人自處，亦以廢人自棄，又以世外之人自恕也。今且有不得不一言於左右者，故總師大學士瞿公，總督學士張公，皆山僧之友，爲王所殺，可謂得死所矣。敵國之人，勢不並存，忠臣義士，殺之而後成名，兩公豈有遺憾於王，即山僧亦豈有所私痛惜於兩公哉！然聞遺骸未殯，心竊惑之。古之成大業者，表揚忠節，殺其身而敬且愛其人，若唐高祖之於堯君素，周世宗之於劉仁贍是也。我明太祖之下金陵，於元御史大夫福壽既葬之矣，復祠祀之，又曲法以赦其子，盛德美名，於今爲烈。至如元世祖祭文天祥，伯顏卹汪立信之家，豈非與聖人禮教共植彝倫者邪！山僧嘗私論之：衰世之忠臣與開國之功臣，皆受命於天，同分砥柱乾坤之任。天下無功臣則世道不平，無忠臣則人心不正，事雖殊軌，道實同源。兩公一死之重，豈輕於百戰之勳哉！王既已殺之，則忠臣之忠見，功臣之功亦見矣，此又王見德之時也。請具衣冠，爲兩公殮。瞿公幼子，尤宜存卹，張公無子，益可矜哀，並當擇付親知，歸葬故里，則仁義之舉，王且播於無窮矣。如其不爾，亦許山僧領屍，隨緣藁葬，豈可視忠義之士如盜賊寇讎然，必滅其家，狼藉其支體而後快邪？夫殺兩公於生者，王所以自爲功也；禮兩公於死者，天下萬世所共以王爲德也。山僧以生死之交情，不忍默然，於我佛冤親平等之心，王者澤及枯骨之政，聖人維護綱常之教，一舉而三善備矣。山僧跛不能履，敢遣侍者以書獻，敬候斧鉞，惟王圖之！」書上，未報，二人亦獲葬。堡爲僧二十餘年而終。

高勷，字無功，紹興人。永曆時，歷官光禄少卿。馬吉翔媚事李定國，入閣，與龐天壽重握中外權，定國、劉文秀每相與入二人家長夜驩飲。勷與御史鄔昌琦患之，合疏言：「二王功高望重，不當往來權佞之門，蹈秦王故轍。」疏上，二人怒，不入朝，吉翔激上怒，命各杖百五十，除名。金維新走告定國曰：「勷誠有罪，但不可有殺諫官名。」定國悟，偕文秀入朝救之，得復官。

及定國敗孫可望兵，自以爲無他患，武備頗弛。勷與郎官金簡進言曰：「今内難雖除，外憂方大，伺我者頓刃以待兩虎之斃，而我酣歌漏舟之中，熟寢㸐薪之上，能旦夕安邪？二王老於兵事，胡泄泄如此！」定國艴之上前，詞頗激，擬杖勷等以解之，朝士多争不可，移時未決，而三路敗書至，定國始逡巡引謝出。

簡字禹藏，與勷同里，後扈行入緬，並歿於道。我朝賜勷、簡謚均節愍。

李如月，東莞人。永曆時，官山東道御史。孫可望之殺叛將陳邦傳及其子曾禹也，去其皮，傳屍至安龍。如月疏劾可望不請旨擅殺勳鎮，有不臣心，罪同莽、操；又請加邦傳惡謚，爲不忠者戒。上知可望必怒，留其疏，召如月入，諭以「謚本褒忠，無惡謚理，小臣妄言亂制。」杖四十，除名，意將以解可望也。可望輒大怒，遣人至上所，執如月至朝門外，抑之使跪。如月憤甚，乃嚮闕叩頭，大呼太祖高皇帝，又極口罵，執者剥其皮，斷其首及手足，揎草於皮，紉而懸之市。我朝賜通謚曰烈愍。

任國璽，福建人。永曆時，官雲南道御史。戊戌冬，王師三路入黔，上將出奔。時國璽官行人，獨疏請死守，下廷議。李定國等言：「行人議固是，但前途尚寬，今暫移蹕，他日捲土重來，再圖恢復未晚也。」乃扈上入緬。

既白文選以上左右無重兵，率所部入緬迎扈，緬人請敕阻之，議遣使，國璽與總兵鄧凱請行，馬吉翔陰阻之，不果。文選不得上耗，乃引去。

初國璽因東宮開講，纂宋末賢奸利害爲書進呈，吉翔見而切齒，上覽一日，竊袖以出。已而上久於緬，吉翔復與李國泰請進講，國璽言：「上年開講，遷延不行，今勢如累卵，禍急燃眉，泄泄然不思出險，而託言講貫。夫日講須科道侍班，議軍務則有皇親、沐國，豈〔吉〕翔、〔泰〕二人之私事哉！」

吉翔大恨，擬旨著國璽獻出險策，國璽言：「能主入緬者，必能出緬。今乃卸肩於建言之人，抑之使箝口乎！」一內官出曰：「爾上千萬本，何益也！」後死咒水之禍。我朝賜通謚曰節愍。

小腆紀傳卷第三十三

前翰林院檢討加詹事府贊善銜六合徐鼒譔

列傳第二十六

傅作霖　李若星　張同敞（于元燁　程峋）　章曠　米壽圖　耿廷籙

郭承汾（許藎忠）　張孝起　洪淯鼇

傅作霖，武陵人。由鄉舉仕閩中，大學士蘇觀生薦爲職方主事，監紀其軍。觀生歿，依何騰蛟於長沙，改監軍御史。

丁亥，永曆帝駐全州，擢兵部左侍郎，掌部事，尋進尚書，從至武岡。作霖夙與劉承胤善，故得驟遷。及大清兵逼武岡，承胤將降，作霖勃然大駡曰：「吾始以汝爲人。汝挾天子，作威福，惟所欲爲，致天子蒙塵，罪已不容於死；擁兵數萬，糜餉十年，平日誇謂天下莫當，今議降，真狗彘不如也！」承胤不顧。

王師入城，作霖冠帶坐堂上，承胤又與偏、沅巡撫傅上瑞勸之降，作霖唾其面，遂遇害。妾鄭氏，有姿色，被執，過橋躍入水死。我朝賜通謚曰忠節。

李若星，字紫垣，息縣人。萬曆甲辰進士，由知縣擢御史。巡視庫藏，陳蠹國、病商四弊；巡按山西，請撤税使，再劾南京兵部尚書黄克纘爲沈一貫私人、湯賓尹死友；皆不報。出爲福建右參議，移疾歸。

天啓初，起官陝西，召爲尚寶少卿，遷大理右少卿。三年春，以右僉都御史巡撫甘肅，陛辭，發客、魏之奸。明年，遣將討河套、松山諸部鎮番，斬二百四十級。會有譌傳若星起兵清君側者，魏閹誣以賄趙南星得節鉞，除名，下河南撫按提問，擬杖戍廉州。

崇禎初，赦還，起工部右侍郎兼右僉都御史，總理河道，追論甘肅功，進秩二品。黄河大決，請修祖陵，徙睢寧縣治，從之。病歸，丁父憂。久之，召爲兵部右侍郎兼右僉都御史，代朱燮元總督川、湖、雲、貴軍務，兼巡撫貴州，討安位餘孽有功。聞京師戒嚴，遣兵入援，未至而南都立，諭止之。尋受代解職，僑居貴州。

永曆帝遷武岡，召爲吏部尚書，未赴，遭亂死於兵，或曰死武岡之難。我朝賜通謚曰忠烈。

張同敞，字別山，江陵人，大學士居正之曾孫也。崇禎中，都御史鄒元標、禮部侍郎羅喻義先後訟居正冤，同敞得以武蔭補錦衣衛，改中書舍人。同敞負志節，感恩，益自奮。

十五年，奉敕慰問湖廣諸王，因令調兵雲南，未復命而北都陷，攜所懸牙牌，徒步南奔。妻許氏亦奉居正神主自江陵來，遇於江西。痛思宗之死，服喪三年，誓不仕。

南都陷，走福建。時隆武帝博求先朝舊臣，宰臣以同敞言，召見，命之官，力辭。上曰：「此爾祖蔭，今不受職，此爵湮矣。爾縱欲報先帝，奈祖爵何？爾文臣，不當授武職，強爲朕服錦衣官，毋過辭！」未幾，堵胤錫收降李赤心，表至行在，上謂同敞曰：「爾家世有名於楚，今賊在楚地，爲朕撫之。」

汀州破，依何騰蛟於武岡。永曆帝以廷臣薦，改翰林院侍讀學士；劉承胤忌之，言翰林吏部督學，必用科甲，乃改尚寶卿。武岡之變，爲亂兵所掠，避入黔中。時粵、黔隔絕，數月不聞行在消息，川、黔官紳議立榮、韓二藩，同敞與錢邦芑、鄭逢元、楊喬然力爭之，衆議乃沮。

戊子，間道赴行在，擢詹事府詹事。瞿式耜薦其知兵得士心，乃命以兵部侍郎兼翰林侍讀學士，總督諸路軍務。王師敗王永祚於永州，同敞馳扼全州，檄武陵侯楊國棟救之，乃解去。

同敞健瘦而髯，有膽氣，詩文數千言，援筆立就。年四十無子，蕭然一榻。每督戰，輒躍馬爲諸將先。或敗奔，則危坐不去；諸將復還戰，取勝。還自全州，遇庶吉士錢秉鐙於灕江，悲歌痛飲，自誓必死，手詩文一卷，曰：「余無子，此即余子也。」秉鐙慰之曰：「往時封疆，朝廷爲政；今者我爲政，我在，則失者可復也。」同敞曰：「無可爲矣。往時兵敗，吾不去，將士去而復回，取勝者有之；昨兵敗，踣我而去矣。士心如此，不死何爲！」

桂林破，與瞿式耜同殉難，事詳式耜傳。絕命詩云：「一日悲歌待此時，成仁取義有誰知！衣冠不改生前制，名姓空留死後詩。破碎山河休葬骨，顛連君父未舒眉。魂兮懶指歸鄉路，直往諸陵拜舊碑。」事聞，贈江陵伯，謚文烈。我朝賜通謚曰忠烈。

于元燁，東阿人，大學士慎行子也。永曆帝建號，以蔭生起家，歷官兵部右侍郎，督粵西軍，被劾去，留守瞿式耜庇之甚力。明年，奉命督楚軍。楚地失，請復督廣西，頗與式耜相忤。滇將開國公趙印選方強，元燁欲結以自助，有少女許字寧遠伯王永祚之子矣，乃改嫁爲印選子婦。由是趙、王不睦，諸將心益離。庚寅，十一月，王師逼桂林，微服遁，甫出城，爲亂兵所殺。

程峋，吉安進士。崇禎末，官蘇、松糧道。南都立，大理寺卿鄭瑄薦峋才可大用，適以争妾事與鄉紳彭某相訐，弘光帝命部臣嚴議。峋去官，猶擁鄉勇三百人自隨，用是不爲鄉里所喜。隆武帝授爲惠、潮巡撫，因盡室至粵西。永曆時，擢兵部侍郎。

己丑，正月，江西已陷，行在猶不知，命峋齎敕趣李赤心往援。赤心佯言清兵已逼，當亟入衛，因自爲殿，而以子女行裝托峋護之先行。界口守將張祥利其貲，發礮斃峋而取之。事聞，以不戒軍士，誅其將領楊弘遠焉。或曰：李元胤惡峋，召忠貞營入行在，使祥殺之。（補）

章曠，字于野，華亭人。崇禎丁丑進士，授沔陽知州。十六年，賊陷州城，同知馬飈死之，曠走免，謁總督袁繼咸於九江，署爲監紀推官。從諸將方國安等復漢陽，署推官兼攝府事，尋署分巡道。

明年四月，承德巡撫王揚基檄曠守德安，城空無人，有衛官數人齎印送賊，曠收而斬之，日夕爲警備。居三月，代者李藻至，巡撫何騰蛟檄曠署荆西道。曠去，藻失將士心，城復失。曠亦以沔陽失城罪爲給事中熊汝霖、御史游有倫所劾，候訊黄州，用騰蛟薦，令戴罪立功。

乙酉，夏四月，左良玉犯南都，騰蛟脱身至長沙，以曠爲監軍。副將黄朝宣者，故巡撫宋一鶴部將也，駐燕子窩；張先璧以精兵三千屯漵浦。騰蛟悉令曠召之來，留先璧爲標下親軍，而以朝宣戍茶陵。又令曠召劉承胤於武岡。闖賊死，其黨劉體純等六大部擁衆數萬，逼湘陰，乃用曠謀，盡撫其衆。會良玉亦死，部將馬進忠、王允成無所歸，突至岳州，偏、沅巡撫傅上瑞大懼。曠曰：「此亦無主之兵，可撫也。」入其營，與進忠握手，指泉爲誓，進忠皆從之。進忠，即賊中渠魁混十萬也。

南都既覆，王師逼湖南，曠悉力禦之，隆武帝擢爲右僉都御史，巡撫湖北。曠有智略，行軍不避鋒鏑，嘗戰岳州，以後軍不繼而還。又大戰於大荆驛，身扼湘陰、平江之間，湘南恃以無恐。永曆帝加兵部右侍郎。

丁亥，四月，長沙之失也，何騰蛟走衡州，曠亦走寶慶，尋至祁陽與騰蛟會。騰蛟將謁上武岡，乃以兵事屬之，駐東安，已復移駐永州。見諸大將擁兵，聞警輒走，抑鬱成疾。徇永安，卒於軍。

子有謨，字載謀，孤露無所歸，衡陽王夫之招之同居雙髻山。飯糗然脂，三年學成，爲夫之高弟子焉。

米壽圖，宛平人。崇禎中，由舉人知新鄉縣，破土賊，斬千二百級，以治行徵授南京道御史。楊嗣昌倡練兵之議，壽圖疏陳十害；尋劾偏、沅巡撫陳睿謨、廣西巡撫林贄貪黷，監軍張若騏冒功罔上；帝皆納之。

甲申，五月，南都建國，壽圖與推戴。馬士英之薦起阮大鋮也，壽圖論之。時川省已爲獻賊所據，命壽圖巡按，又命吏部簡堪任監司、守令者從之西行。至則與督師王應熊、總督樊一蘅聯絡諸將，收復川南郡縣。

隆武帝擢爲右僉都御史，巡撫貴州。

丁亥春，獻賊餘黨孫可望由川入黔，布政使張耀請發民兵守禦，壽圖難之。俄賊奄至貴陽，出奔沅州。尋沅州亦陷，死之。我朝賜通謚曰忠節。

耿廷籙，臨安河西人，天啓甲子舉人。崇禎中，以知州疏陳時政，言：「將多不若良，兵多不若練，餉多不若核。」又言：「諸臣恩怨當忘，廉恥當勵。」優旨褒納，擢山西僉事，改監宣府軍。京師陷，走南都。以張獻忠亂蜀，加太僕少卿，赴雲南監沙定洲軍，由建昌入川討賊。尋命以僉都御史代馬乾爲巡撫，未赴而定洲亂作，蜀地亦盡失，遂止不行。丁亥，三月，李定國陷河西，廷籙赴水死，妻楊氏被執不屈，亦見殺。我朝賜通謚曰忠節。

郭承汾，字懋衮，晉江人。崇禎癸未進士，由淮安府推官入爲浙江道御史。隆武帝命以原官巡按貴州，與定番侯皮熊、總制范鑛協力勦撫。閩亡，粵中命未下，熊、鑛疏留，詔晉太僕卿兼僉都御史，巡撫黔南。孫可望之納款也，令李定國與承汾等會盟於龍里。可望入貴州，承汾貽書責之，謂：「牛耳之血未乾，北門之師夜至，君父可欺，天地神明不可昧也。」可望襲執之。同執者見可望皆跪，承汾與平越知府黃應運獨挺然不屈，曰：「頭可斷，膝不可屈。」可望羈之民舍中，餓十四日死。或曰：與應運等同日遇害，總兵許蓋忠瘞其屍焉。我朝賜通謚曰節愍。

許蓋忠，不知何許人。永曆時，官平虜將軍。孫可望之殺郭承汾、黃應運等六人也，蓋忠賂張護衛使説可望曰：「大王將建大業，宜祓除不祥，陳屍四衢，非宜也，曷瘞之！」乃列葬六棺於貴陽之毛家菴側。葬畢，語所親曰：「猘犬飢狼，逢人即噬，吾肉喂犬狼何益！」潛入頂耙苗峒，不復出。辛丑之春，應運子培鼎扶櫬歸，見蓋忠率卒屯田，自食其力，猶服舊時衣冠云。

張孝起，吴江人。舉於鄉，爲廉州推官，避兵海隅，舉兵謀恢復，戰敗，被獲，妻妾俱投海死，孝起羈軍中。久之，李成棟歸附，得脱去。永曆帝以爲吏科給事中，清介不與流俗伍，從至梧州。時劉湘客、丁時魁、金堡、蒙正發失李元胤援，並辭職，乃以孝起掌吏科印。高必正爲劉湘客鄉人，疾孝起之排湘客黨也，怒駡於朝，上爲解之，始已。尋擢右僉都御史，巡撫高、廉、雷、瓊四府。城破，走避龍門島；島破，被執，不食七日死。我朝賜通謚曰忠節。

洪淯鼇，字六生，晉江人。崇禎間拔貢生。謁隆武帝於閩，授衡州通判。督師何騰蛟奇之，請改知道州。

閩亡，李赤心等十三鎮以所部奉使稱臣於粵，出道州。淯鼇迎説曰：「兵所以異賊者，畏法，受官節制也。今縱劫，則依然賊耳。」諸將皆瞋目，獨郝永忠奇之，曰：「子非百里才，行當佐吾軍。」偕之見永曆帝，擢右僉都御史，監諸鎮軍，駐湖南。何騰蛟死，孫可望入滇，朝問阻絶，乃與十三鎮退入西山，據楚之夷陵、歸州、巴東、均州、蜀之巫山、涪州等七州縣，屯田固守。久之，得安龍駐蹕信，間道上書，言：「十三鎮公忠無二，今扼險據衝，窺晉、楚、蜀有釁，隨時而動。」議者多其功，詔加淯鼇兵部右侍郎，總督粵、滇、黔、晉、楚、豫軍務。緬甸既覆，淯鼇猶偕諸鎮崛強湖、湘間。

康熙三年，王師分道定巴東，李來亨自焚死。或曰：「子未可以去乎？」淯鼇曰：「師亡與亡，去將何之！」遂被執，諭降，不從。臨刑之日，神色不變，投屍巫峰三峽中。我朝賜通謚曰忠節。

小腆紀傳卷第三十四

前翰林院檢討加詹事府贊善銜六合徐鼒譔

列傳第二十七（補）

陳士奇 陳纁 王行儉 王錫 顧景 龍文光 劉佳允 劉之渤 馬乾 李乾德 弟升德 樊一蘅 范文光 詹天顔

陳士奇，字平人，漳浦人。天啓乙丑進士，授中書舍人。崇禎四年，考選，授禮部主事，歷官贛州兵備參議，進副使，督四川學政。本文學士，而廷臣以知兵薦。

十五年秋，擢右僉都御史，巡撫四川，軍政廢弛。石砫女將秦良玉嘗圖全蜀形勢，請益兵守十三隘，不能用，蜀以是擾。朝議命川北道龍文光代之。

十七年春，甫謝事，而夔州告陷，或勸之去，士奇不可。重慶下流四十里曰銅鑼峽，江路所必經，士奇宿重兵以守。獻賊既入涪州，分舟師泝流犯峽，而已則登山疾馳百五十里，破江津縣，掠其船順流下，不三日而奪佛圖關，銅鑼峽反出其下。兵驚擾，不能支，遂潰。賊傅城下，士奇日夜登陴，以火罐滚礮擊賊無算。賊裸婦人向城而罵。城三面臨江，皆石壁，西南有磚城數十丈。賊發民墓凶具，負以穴城。

六月，丁丑，陰雲四合，賊藏火藥於城角，晨起，箭礮齊發，磚石皆飛，城遂陷。士奇及副使陳纁、知府王行儉、知縣王錫俱被執，士奇罵不絕口而死。我朝賜士奇通謚曰忠烈。（補）

陳纁，不詳何處人。官關南兵備副使，護瑞王入蜀，死於難。我朝賜通謚曰節愍。（補）

王行儉，字質行，宜興人。崇禎丁丑進士，授南京户部主事，歷郎中，出知荆州府，改重慶。乙酉，六月，獻賊自涪州犯重慶，城陷罵賊死。我朝賜通謚曰忠烈。（補）

王錫，字子美，新建人。崇禎庚辰進士，知巴縣，嘗平姚、黄巨寇，斬其渠黑虎馬超。獻賊之破墊江也，錫復之；及攻重慶，又敗之銅鑼峽。被執，顧瑞王曰：「事至此，死耳，膝不可屈。」賊箝其口，刲其左臂，縛樹上射之，又臠而烙之。我朝賜通謚曰忠烈。（補）

顧景，官指揮。城陷，入瑞王府，以己馬乘王，鞭之走。遇賊，呼曰：「寧殺我，毋犯帝子！」王被戕，景亦死之。我朝賜通謚曰烈愍。（補）

龍文光，馬平人，天啓壬戌進士。崇禎十七年，以川北參政擢右僉都御史，代陳士奇巡撫四川。時賊已逼成都，文光自順慶偕總兵劉佳允率兵三千馳赴之，入城設守，而王宗、大姓逸去者半。

八月之五日，賊騎兵自資陽，水兵自洪雅、新津，薄城下，佳允出戰，敗還。文光見濠涸，急遣郫縣主簿趙嘉煒決灌縣堰水以益之。

初九日，大雷電，雨如注，守陴者不能立，賊火攻如取重慶法。西北陬錦江樓崩，木石飛空，賊蜂擁入，不踰時，灌縣水至，而城已陷矣。文光投浣花溪死，或云戮於濯錦橋。佳允，川北進士，亦同赴浣花溪死。我朝賜文光通謚曰忠節。（補）

劉之渤，字安侯，鳳翔人。崇禎甲戌進士，授行人，擢御史，能直言，出按四川。

十七年正月，獻賊大破川中郡邑。四月，聞都城失守，人心益洶懼。舉人楊鏘、劉道貞等謀擁蜀王至澍監國，之渤不可，躍入池中，議乃寢。

七月，南都擢右僉都御史，巡撫四川，未聞命而賊已逼，請蜀王出貲募士，不聽。王謀遷滇，之渤持不可，與内江王至沂争，而城中已洶洶，不成行。

城陷，賊以同鄉，欲用之。之渤罵，不屈，賊縛於端禮門外攢矢射之。之渤厲聲曰：「寧多剮一刀，少殺一百姓！」賊磔其屍。我朝賜通謚曰忠烈。同時殉難者詳忠義傳。

馬乾，一名體乾，昆明人。崇禎癸酉舉人，知四川廣安州。夔州告警，巡撫邵捷春檄乾攝府事，獻賊攻圍二十餘日，固守不下。會督師楊嗣昌兵至，圍始解，擢川東兵備僉事。成都陷，龍文光死，蜀人共推乾攝巡撫事。

乙酉，三月，檄副將曾英擊走賊將劉廷舉，復重慶，率所部守之，英守佛圖關相犄角。時乾已爲督師王應熊所劾，而道阻詔命不至，視事如故。賊遣劉文秀以數萬衆來攻，乾固守，英援之，賊敗還。

丙戌，冬十二月，大清兵追賊餘黨至重慶，乾出禦，敗死。我朝賜通謚曰忠節。（補）

李乾德，西充人，崇禎辛未進士。十六年，歷右僉都御史，撫治鄖陽，未赴，改湖南。時武昌已陷，乾德駐岳州。獻賊來犯，乾德令民他避，匿壯士健馬，詭稱父老約降。賊入，伏發，殲其前部。賊怒，悉衆仰攻。城陷，乾德走長沙，轉徙衡、永。賊至，輒先避，長沙、衡、永皆隨陷。

弘光時，以失地謫赴督師王應熊軍前自効。

丁亥，永曆帝擢兵部右侍郎，總督川北。乾德入蜀，其鄉邑已陷，父亦被難。察諸將中，惟許袁韜與武大定，欲與就功，結二人爲心腹。適蕩寇將軍李占春有湖灘之捷，九月，韜亦攻佛圖關，取重慶，奉乾德駐之。

冬十一月，楚宗室容藩率占春至重慶。時容藩謀據蜀，會乾德，諷其推戴己，乾德若不解者，而禮復不相下。適長至，行朝賀禮，袁韜自賊中出，素不知禮，與容藩同班拜舞，容藩怒，占春尤不平。容藩命占春襲韜，並害乾德。乾德少遇異人授天書，善占驗。是夕，坐船屋仰視星氣，覺有異，咄咄謂此主急兵，走匿崖谷間。頃之，占春襲韜不克，搜乾德船，止一妾一女，乃大驚。韜聞，恐乾德之亡也，大哭。既迎至，即大喜，集兵與占春相讎殺，數戰不解。川南總督楊喬然、巡按錢邦芑爲兩營解釋，占春亦歸乾德孥。

既韜、大定久駐重慶，士卒飢，乾德遣人説嘉定守將楊展與合兵，因其餉。展大喜，誓爲兄弟，資之食。已而惡展，搆韜殺之，據嘉定。衆論咸不直乾德，諸將愈解體。孫可望在滇，聞展死，始有圖蜀心，上書爲展訟怨，遣劉文秀等分道入川。

辛卯，十月，至嘉定，韜、大定拒戰不勝，就禽，遂降。乾德以其父明舉死西充之難也，語其弟御史升德曰：「吾不可以再辱。」闔家赴水死。而蜀人惡其殺楊展，曰：「賊入川，實彼召之。」雖死無稱之者。我朝賜乾德通謚忠節，升德節愍。（補）

樊一蘅，字君帶，宜賓人。萬曆己未進士，以知縣入爲吏部郎中。崇禎三年，遷榆林兵備參議。賊多榆林人，又久荒，飢民益相挺爲盜。一蘅撫創殘，修戎備，討斬申在庭、馬丙貴，平不沾泥，累遷右參政，分巡關南。總兵曹文詔敗没，羣賊迫西安，總督洪承疇令一蘅監左光先等軍，連破賊，又屢挫賊於漢中。

十二年，擢僉都御史，代鄭崇儉巡撫寧夏，被劾罷歸。十六年冬，用薦起兵部右侍郎，總督川、陝軍務，道阻不達。

南都立，復申前命。時張獻忠已據全蜀，諸郡惟遵義未破，大學士王應熊駐節焉。一蘅至，命諸郡舊將會師大舉。會巡撫馬乾復重慶，松潘副將朱化龍、同知詹天顏復龍安、茂州，一蘅乃起甘良臣爲總統，副以侯天錫、屠龍，合參將楊展、游擊馬應試、余朝宗所攜潰卒三萬人。

明年，乙酉，三月，攻敘州，斬賊數千級，走僞都督張化龍，復其城。馮雙禮來争，又敗之。孫可望來援，相持一月。一蘅糧盡，退屯古藺州，展退屯江津，賊乃截朱化龍於羊子嶺。化龍率番兵衝擊，賊驚潰，遁去。化龍以軍孤，還守舊地，他將復連破賊於摩泥、滴水。

明年三月，一蘅乃命展、應試盡復嘉、邛、眉、雅諸州邑。於時，故總兵賈聯登及其中軍楊維棟取資、簡，侯天錫、高明佐取瀘州，李占春、于大海守忠、涪。其他據城邑奉征調者：洪、雅則曹勛及監軍范文光，松、茂則監軍詹天顔，夔、萬則譚宏、譚詣。一蘅乃移駐納溪，居中調度。會督師應熊於瀘州檄諸路刻期並進，獻賊始懼，盡屠境内民，沈金銀於江，大焚宮室，火連月不滅，將棄成都順流東下，展逆戰於彭山之江口，大破之，走還成都。會大清兵西征至漢中，賊將劉進忠降，又曾英、王祥兵日逼，乃決意走川北。

九月，入西充之鳳凰山，十二月，大清兵奄至，射殺之。其黨孫可望等擁衆突佛圖關，曾英逆戰，死於江，賊遂陷綦江。踰月，陷遵義，入貴州。大清兵追至重慶，巡撫乾敗死，遂入遵義，以餉乏旋師。王祥等復取保、寧二郡。

時應熊已卒，一蘅再駐江上，爲收復全蜀計。疏列善後事宜及諸將功狀，永曆帝晉一蘅太子太傅，户、兵二部尚書，其實全省分崩離析，號令各擅，一蘅所保者叙州一府而已。

明年七月，李乾德殺楊展，一蘅怒，移書誚讓乾德，諸鎮亦皆憤，有離心。既王祥敗死烏江，諸鎮兵多散，一蘅益孤，遂謝事居山中。繼聞范文光、詹天顔之歿，憂鬱遘疾，於壬辰九月卒。（補）

范文光，内江人，天啓初，舉於鄉。崇禎中，歷官南京户部員外郎，告歸。獻賊亂蜀，文光偕邛州舉人劉道貞、蘆山舉人程翔鳳、雅州諸生傅元修、洪其仁等舉義兵，奉鎮國將軍朱平㮤爲蜀王，推黎州參將曹勛爲副總兵，統諸將，而文光以副使爲監軍。勛敗賊於龍鸛山。

明年，乙酉，率參將黎神武攻雅州，不克。僞監司郝孟旋守綿州，文光遣間使招之。孟旋襲殺守雅州賊，以城來歸，文光等入居之。獻賊死，文光保境如故。

戊子，永曆帝擢爲右僉都御史，巡撫川南，而以監軍僉事詹天顔巡撫川北。天顔，永定人，或曰龍巖人，以貢生起家，爲松潘同知。嘗與副將朱化龍擊斬獻賊僞將王運行，復龍安、茂州，歷擢安綿道。時川北報恢定，故與文光並命。而政令不一，諸將亦不受約束。李乾德之殺楊展也，文光憤入山，不視事。

壬辰，二月，大清兵取嘉定，文光聞之，賦詩一章，仰藥死。六月，王師取石泉，天顔兵敗，亦不屈死。我朝賜文光、天顔通謚俱忠節。（補）

小腆紀傳卷第三十五

前翰林院檢討加詹事府贊善銜六合徐鼒譔

列傳第二十八

秦良玉　楊之明（補）　馬京弟亭等（補）　龍在田　禄永命王克猷　那嵩子燾　龍吉兆弟吉佐

秦良玉，忠州人，石砫宣撫使馬千乘之妻。萬曆二十七年，征播州蠻，良玉夫婦功稱最。千乘死，良玉代領其職。爲人饒膽智，善騎射，兼通詞翰，儀度嫺雅。每行軍，號令嚴肅，所部號白桿兵，爲遠近所憚。

泰昌時，以援遼功，賜三品服，兄邦屏授都司僉書，弟民屏守備。天啓元年，邦屏渡渾河戰死，民屏突圍出，良玉自統精卒三千赴之，所過秋毫無犯，詔加二品服，予封誥，子祥麟授指揮使。良玉陳邦屏死狀，兵部尚書張鶴鳴亦言渾河血戰實石砫、酉陽二土司功，贈邦屏蔭子祠祭，民屏進都司僉書。奢崇明之亂，諸土司皆貪賊賂，逗遛，獨良玉破樊龍兵，解成都圍，克佛圖關，復重慶。錫夫人誥命，授都督僉事，充總兵官，祥麟、民屏及邦屏子翼明、拱明咸進秩。良玉益感奮，先後攻克賊巢。川賊定，復援貴州。

三年，六月，言：「臣率翼明、拱明提兵裹糧，累奏紅崖墩諸捷，乃行間諸將，未睹賊面，攘臂誇張，及乎對壘，風聞先遁。敗於賊者，惟恐人之勝；怯於賊者，惟恐人之強。如總兵李維新渡河一戰，敗衄歸營，反拒臣不容一見，以六尺軀鬚眉男子，忌一巾幗婦人，亦當愧死。」優詔報聞。

崇禎三年，永平四城失守，良玉率翼明奉詔勤王，捐貲濟餉，帝優詔褒美，召見平臺，賜良玉綵幣羊酒，賦詩旌其功。會四城復，命良玉歸，而翼明留駐近畿。

時流賊日熾，良玉自京師還，不復遠出，惟專力辦蜀賊，四破羅汝才之衆，奪其大纛，禽其副渠，賊勢漸衰。而督師楊嗣昌盡驅賊入川，巡撫邵捷春以弱卒二萬守重慶，所倚惟良玉及副總兵張令二軍。緜州知州陸遜之過良玉營，酒次，良玉歎曰：「邵公不知兵。吾一婦人，受國恩，應死，恨與邵公同死耳！」遜之問故，良玉曰：「督師以蜀爲壑，無智愚皆知之，邵公不以此時争山奪險，令賊無敢即我，而坐以設防，此敗道也。」既張令戰死竹箘坪，良玉所部三萬人亦略盡，單騎見捷春曰：「事急矣！盡發吾溪峒卒，可得二萬，我自餼其半，官半之，猶足辦賊。」捷春見嗣昌與己左，而倉無見糧，謝其計不用，良玉乃歎息歸。

十六年冬，張獻忠盡陷楚地，將入蜀。良玉圖全蜀形勢，上之巡撫陳士奇，請益兵守十三隘，士奇不能用；復上之巡按劉之勃，之勃許之，而無兵可發。

明年正月，賊犯夔州，良玉馳援，衆寡不敵潰。及全蜀盡陷，良玉慷慨語其衆曰：「吾一婦人，受國恩二十年，今不幸至此，其敢以餘年事逆賊哉！」與所部約曰：「從賊者，族無赦。」乃分兵守四境，賊遍召土司，無敢至石砫者。後獻忠死，而良玉竟以壽終。

楊之明，世爲天全六番招討使。乙酉，三月，獻賊至雅州，知州王國臣者，初通闖將馬爌，繼又歸於獻賊，與下川南道胡寅不睦，將執以與賊，寅逃入土司高克禮家。而之明族姓與高世鏕，互鏕殺，弟之喬又欲因亂殺之明以降賊，遂執胡寅並家口數十人送獻賊殺之。之明乃與宗室朱奉鉀、舉人鄭延爵合謀起兵，與賊戰於飛仙關，兵敗被殺。延爵收兵再戰，歿於陣。我朝賜之明通謚烈愍。（補）

馬京，漢將馬岱後也。世爲黎州宣慰司。初，獻賊入蜀，以蜀人易制，惟黎、雅間土司難於驟服，用降人爲招誘，鑄金印齎之。京時年十六，擲印於地，誓不屈。

僞游擊苗某赴黎、雅任，京密調番衆與弟亭攻之，擒僞弁七十餘人，斬之演武廳，祭旗討賊。令白通使及白寰翠招致富莊頭人姜、黃、柰、李、蔡、包、張七姓子弟，土千户李華宇亦率衆至，京即以七姓畀之。而海棠堡指揮使丁應選、寧越守備楊起泰，以道臣胡恒之檄引兵入援，聞恒死，遂與京兄弟合。得兵萬餘，與賊大戰於雅州龍觀川，殺數千人，陣擒僞帥方總兵斬之。餘賊遁還，遂復黎、雅，自是不被寇者數年。京少年好酒色，踰年竟卒。亭襲爲千户。

庚寅，九月，劉文秀至，竭力拒守，被執不屈死。華宇苦戰，賊禽而尚之，年八十四矣。應選亦以年老歿於陣。同時起兵之七姓子弟、頭人俱戰死，無一降者。（補）

龍在田，石屏土官舍人也。天啓二年，與阿迷普名聲、武定吾必奎平滇賊安效良等，由土守備擢坐營都司。

崇禎八年，應詔擊楚、豫流寇有功，擢副總兵。十年三月，禽大盜郭三海。十一年九月，破賀一龍、李萬慶於雙溝，進都督同知。明年三月，破賊固始，斬首三千五百有奇。張獻忠之叛也，熊文燦命在田駐穀城防賊東突，中讒罷歸。行至貴州，擊平叛賊安隴壁。

十五年夏，中原盜益熾，疏言：「臣捐貲募精卒九千五百，戰象四，戰馬二千五，載捷二十有八，忌口中阻。自臣罷歸，親藩辱，名城陷，蓋諸將所統多烏合，遇寇即逃，乏餉即譟。滇兵萬里長驅，家人父子同志，非若他軍易潰也。一歲中秋冬氣涼，賊得馳騁，春夏則入山養鋭。夫平原戰既不勝，山蹊又莫敢攖，蕩平何日！滇卒輕走遠跳，善搜山，臣願整衆掃寇，望速給行糧！」下部議，竟不行。

乙酉，八月，吾必奎叛，在田與寧州土知州禄永命討禽之。未幾，沙定洲據雲南，迤東諸郡盡陷，在田與土官許名臣走大理，遣使告急於孫可望。定洲破滅，而可望遂不可制。後在田死於難。

禄永命，寧州土知州也。崇禎中，從總理熊文燦討流賊有功。乙酉，秋八月，元謀土知州吾必奎反，永命偕石屏龍在田討禽之。十二月，沙定洲作亂，黔國公沐天波自水竇逃。時永命方與必奎餘黨相拒，留其將周鼎止防禦城中。鼎止勸天波留討賊，天波疑爲誘己而殺之，走楚雄，永命遂率所部歸。明年，寧州破，死之。又嶍峨土官王克猷者，亦死沙賊之難。我朝賜永命通謚曰節愍。

那嵩，世爲沅江土知府，循法敬事。永曆帝之入緬也，過沅江，嵩與子燾供奉甚謹，設饌用金銀器，宴畢即斂以獻，曰：「聊以佐缺乏耳。」及李定國用敕印招土司，嵩授總督銜，傳布各土司，延長伯朱養恩、將軍高應鳳、總兵許名臣、土司龍贊陽皆既降而復與嵩合。吴三桂統大兵自雲南至，石屏州土司龍榮率贅壻黔國公之子沐忠顯赴軍前降，嵩固守不下。己亥，十一月，癸亥，城陷，闔室自焚，士民巷戰死。那氏藏書甲於滇中，灰燼無一存焉。我朝賜通謚曰烈愍。

龍吉兆、龍吉佐，皆麻哈土司也。辛丑春，吴三桂遣馬寶、高啓隆、趙良棟攻之，吉兆等守七十餘日不下。栅破，被執，三桂問：「何反？」兩人曰：「我受國恩三百年，仗義守死，何名爲反？」又問：「獨不畏死邪？」曰：「我兩人盡忠而死，不賢於爾之不忠不孝而生邪？」同聲極駡。三桂怒，截其舌斬之。

小腆紀傳卷第三十六

前翰林院檢討加詹事府贊善銜六合徐　鼒譔

列傳第二十九

李元胤 李建捷　王承恩　**焦璉** 劉起蛟等　朱閔如　**趙印選** 胡一青等　**侯性** 謝復榮　王景熙　**曾英** 李占春　于大海（傳闕）　**楊展** 袁韜　武大定（傳闕）　**王祥**（傳闕）　**皮熊**（傳闕）　**王興**

李元胤，成棟之養子也。本姓賈，河南人，或曰姓孫。戊子，四月，從成棟歸明，授錦衣衛指揮使。成棟征贛州失利，佟養甲密令人齎表北行，爲邏者所得，上與元胤謀遣祭興陵，殺之德慶道上。進元胤吏部尚書。通政司疏陳乞官，日以千計，閣臣票擬，惟「著議具奏」四字，非奉成棟劄咨，不得除授，文選司擁空名而已。

元胤武人，性忠實，而不知政體，袁彭年、劉湘客、金堡、丁時魁、蒙正發之徒輒倚以淩侮朝官，當時有「假山圖」、「五虎」之號，以元胤本姓賈，故曰「假」，然元胤爲五虎所愚而不自知也。成棟敗没，元胤益感憤圖報。副將楊大甫驕悍不法，棄南雄，巡撫羅成耀怯懦，棄韶州，元胤稱上命誅之，軍政稍肅。

庚寅，正月元旦，晉車騎將軍，封南陽伯，元胤力辭不得，乃勉受車騎將軍印，而章疏多不改元銜。

丁巳，王師克南雄，報至，舉朝大駭，惡元胤、五虎者勸上幸梧州，太監夏國祥趣上登舟，百官倉皇就道，元胤乃奏曰：「百官皆去，將委空城以待敵邪？上自西來，今日仍西歸，元胤留之，恐宵人謂臣有異志。一朝不戒，生劫入舟，至今思之，猶背負芒刺。但廣東一塊土，臣父成棟立功於此，殞命亦於此，皇上若猶顧念東土，臣願留督肇慶，與江寧伯杜永和互相堵禦，以壯聲援，此元胤之職也。」上手詔元胤留守，督理各營軍務。時永和已棄廣州，走海口，元胤移書切責，永和復入城固守，總兵吳文獻、張月、李建捷亦屢有斬獲，行在少安。

是年，五月，元胤與鄖國公高必正、興平侯黨守素先後入朝，慈寧王太后垂簾，上東向召三帥入對，元胤伏地請死，曰：「金堡等非臣私人，有罪不處分於端州，必俟到此地，是以臣與堡等爲黨也。向以封疆事急，不敢請罪；今事稍定，請正臣罪。」上慰勉再三，曰：「卿大忠大孝，朕不疑卿。」元胤曰：「皇上既不疑臣，何爲以處四臣之故，賜臣敕書，令臣安心辦事乎？」太后遽曰：「卿莫認堡等爲好人，卿如此忠義，他卻謗卿謀反。」元胤曰：「謗臣謀反，有本乎？面奏乎，抑傳言乎？」上不能答，慰諭而已。

既廣州、桂林相繼失守，疆事大壞，上復走南寧，叛將陳邦傅劫之中途，百官星散。元胤命所部扈駕，而身至南海檄舊旅。至欽州，爲土兵王勝常所劫，械送廣州。見孔有德，不屈膝，令作書招杜永和，亦不從。既聞永和降，慟哭三日夜，有德怒，殺之，投屍江中。

李建捷，亦成棟養子，與元胤義兄弟也。封安肅伯。嘗從杜永和先登陷陣。廣州破，走蒼梧，與元胤同巵蹕。時已登舟出海，聞元胤被執，遂歸與同死。

王承恩，大興人，世襲錦衣指揮使。永曆時，封宣忠伯。戊子冬，奉命齎敕召弋陽王於建陽山中，不至。其標下彭鳴京願爲之用，田闢有衆數千，亦願隨之。李成棟聞之，忌且怒。明年正月，丁卯，相遇於英德舟中，邀之歡飲，夜闌，佯醉，即席殺之。（補）

焦璉，字國器，山西人。精悍絶有力，初隸征蠻將軍楊國威麾下。崇禎十六年，獻賊陷湖廣，永明王爲賊所執，繫道州獄，璉以兵至，踰城入獄破械出之。王以驚怛致病，不能行，璉乃背負登城，手短兵，躍下，輕捷如飛，賊不敢逼，遂疾趨渡河以免。即永曆帝也。

乙酉，八月，靖江王亨嘉拒隆武帝登極詔，自稱監國，國威從逆，幽巡撫瞿式耜於桂林。總督丁魁楚遣思恩參將陳邦傅討之，亨嘉戰敗，退入城。國威偕璉來援，入城守。璉素善式耜，且知亨嘉不義，夜縋城出，與邦傳定計，復縋城入，執亨嘉、國威等送福州，亂遂定。

丙戌，永曆帝立，擢參將，以前拯己功，優厚之。

丁亥，式耜以大學士留守桂林，璉軍隸焉。三月，乙卯，王師從平樂長驅入，桂林虛無甲兵，式耜檄召璉於黃沙鎮，璉率三百人赴之。時山水汎溢，士卒從水中行百里，水及馬腹。至江，得漁舟二艇，次第渡之，以初十日薄暮抵留守府。明日，方遣人赴文昌門，登樓瞰留守署，矢及式耜綸巾。急呼璉，璉袒背控弦提刀至，發數矢，應弦倒。璉士卒閉城門，王師之入城者不得出，繞城走，璉復殺數人，乃棄馬越城下，璉麾三百人開門追之。王師自渡江來，未有抗衡者，見璉出，方錯愕，而璉引騎直貫其營，自寅至午，斬首數千級，衝王師爲三。已復合而圍之，璉大呼入，戈刃所及，血雨肉飛，追奔數十里，桂林獲全。已而劉承胤部兵之助守城者，與璉兵不和，鬨而去。王師偵有變，猝薄城，吏士失色，璉出戰，自辰至午，殺傷無算。向晡，雨未息，收兵。明日復出，王師棄甲仗而奔，别部將馬之驦亦渡江來援，遂大北。論功封新興伯。旋克復陽朔、平樂。

戊子，正月，晉爵爲侯。二月，郝永忠之亂，上出奔，式耜亦被劫。璉聞變，自平樂馳援，而王師已乘亂抵北門。督師何騰蛟令滇師出文昌門，楚師出榕樹門，自與璉出北門。戰未合，璉横矛直奔我營，王師圍之，矢如雨下，璉左右衝擊，勢如游龍，王師合而復散者再。其部將劉起蛟、趙興、白貴亦大呼陷陣，與璉合擊，殺數百人，貫營而出，王師大奔，大帥幾獲，而白貴戰死。論者謂桂林三捷，南渡以來所未有也。

己丑，八月，王師逼全州，起蛟以深入敗績於興安。

明年二月，上幸梧州，璉將兵入衛，晉封宣國公。王師之再入全州也，道遠不能救，桂林遂以不守。

辛卯，秋九月，陳邦傅以潯州叛，璉不知也。邦傅誘之入營，説之降，璉大駡，自刎死。我朝賜通謚曰烈愍。

劉起蛟、趙興、白貴，皆焦璉部下驍將也。起蛟嘗戰虞山下，首級垂馬項纍纍如貫珠。焦兵最弱，戰輒勝者，三人功最多。

戊子三月之役，貴戰死，焚其屍，獲箭鏃數升。興好剛使氣，滇將趙印選部衆多劫掠，興怒而攻之，殺四五人，幾大鬨，璉不得已，斬興以謝滇將。

己丑，八月，王師逼全州，璉臥病陽朔，起蛟以全營疾趨興安，深入重地，敗績，璉按軍法斬之。自三人死，而焦營遂弱。璉每與瞿共美言之，淚輒簌簌下也。

朱閔如，臨桂人。永曆時，官左軍都督，掛鎮西將軍印。辛卯，十二月，降將陳邦傅至平樂，閔如嬰城堅守。城陷，南望再拜，先殺妻子，自刎死。我朝賜通謚曰烈愍。

趙印選、胡一青、王永祚三人，皆滇將。崇禎末，滇督命三人將象兵應詔入援。乙酉夏，甫抵江西，而南都已陷，假道建昌旋師。會益王由本兵起，留之共事。保寧王通於王師，戰甫合，以火箭傷象兵，遂大潰亂。道遇降將高進庫，三人襲其老營，殺進庫家屬，進庫怒，戰益力，印選等敗走湖南，永曆帝命隸何騰蛟。劉承胤之襲騰蛟也，印選、一青力戰，殲其衆，騰蛟倚以自強。

丁亥，十月，上幸柳州，騰蛟率之入衛。十一月，戊戌，大敗王師於全州，還蹕桂林。

戊子，正月，論功封印選新寧伯，一青興寧伯。二月，郝永忠兵亂，掠桂林，上復出奔，騰蛟奉詔以一青兵入桂林。三月丁巳，王師聞永忠之亂，乘虛抵北門，騰蛟命滇兵出文昌門，楚兵出榕樹門，焦璉兵出北門。戰方酣，一青從東至，騰蛟撫其背曰：「兒好爲之！」一青應聲躍馬馳擊，諸軍乘之，王師大奔，幾獲我帥。

明年正月，騰蛟被執湘潭，王師平楚地，印選等相謂曰：「閣部死，軍新破，不可復振。將死封疆乎？則吾無封疆責。將降乎？則當日之出滇者謂何。瞿留守仁慈好士，可與共當一面，盍往焉。」收殘卒萬餘人，走桂林。式耜大喜，遣使郊迎，請晉印選、一青爲侯，永祚爲寧遠伯，分守全州、永寧以衛桂林，謂之滇營。又命永祚會張明剛等圍永州。

七月，王師取永寧，一青退守榕江，式耜檄印選出全州，糧匱不克進。

十二月，永祚敗績於永州，軍聲益不振，猶晉印選開國公、一青衛國公以慰勞之。

印選魁然雄桀，然驕蹇不奉法，與一青爭大總統，大鬨；一青出守榕江，從事頗勞，印選則居老營，擁姬妾自娱；又與永祚爭聘粵督師于元燁之女爲子婦：由是三人不睦。王師入嚴關，莫有鬭志。式耜再檄印選，則盡室逃；永祚迎降；一青與楊國棟、蒲纓、馬養麟馳出小路勤兵，兵自潰，乃皆逃。桂林遂陷。

一青短小便捷，馬上騰擲如飛，能標鎗取人數十步外，百發百中。每乘馬，必翦其鬃，王師認爲牛，曰：「此騎牛蠻子，不易當也。」朱治憪嘗作胡將軍臨陣歌云：「將軍用槍如擲梭，上馬殺賊功最多。馬頭一卒鷙鳥過，往來拔刃誰敢何。果下之馬山頭坡，有時奪取紫橐駝。將軍神勇孰同科？除是漢代雙伏波。我書露布盾筆磨，比田僧超壯士歌。」蓋一青於三將爲最雄。己亥，滇都亡，竟降。

侯性，不知何處人。永曆時，以總兵銜駐劄古泥關。丁亥，上幸武岡，性往來迎駕，自三宮服御至宮人衣被，皆辦。上喜，口授商邱伯。既劉承胤逆狀日著，太后刺血書詔，召性入衛，性遣部將謝復榮以五百人至行在。八月，承胤降於我大清，上與三宮倉卒出奔，承胤導王師追襲，復榮戰死。上徒步不能前，幾瀕於殆，性率兵奄至，請上御小轎先發，陳兵峽口，承胤乃引去。上已兩日不食，宮眷狼藉泥淖中，飢無人色，性供帳甚盛。越五日，抵古泥，晉封祥符侯。

謝復榮，不知何處人，侯性部下參將也。劉承胤劫永曆帝幸武岡，性命復榮以五百人入衛。承胤旋降於我大清，復榮與錦衣衛馬吉翔奉上及三宮斬關出。承胤導王師追襲，相距才三里，復榮請上疾馳，而身自斷後，力戰，與五百人俱歿。又總兵王景熙，亦以武岡破戰死。我朝賜景熙通謚節愍。

王興，漳州人。其先以世勳開鎮海疆，駐守廣東之文村。文村處萬山中，左聯戈壁，右挹大洋，惟鳥道一線，略可通人，而灌木叢莽，陰翳天日，雖健卒短兵，不得徑入。當永曆帝播遷時，帥鑾部累抗大兵，論功晉虎賁將軍，爵廣寧伯。

庚寅，兩粵繼陷，上入滇，興還守文村，且耕且屯，負固踰十一年。我大帥屢購之，終不得要領。我平南王幕下客金光者，奇士也。興聞其名，使將卒嫚罵曰：「若陳兵百萬，亦奚益！金某來，則我出矣。」守陴者以告，帥置弗問，積日嫚駡如故。金聞之，浩然請行，帥曰：「蠻語耳，烏乎信？」金請之堅，帥欲以兵從，曰：「兵則吾豈敢，吾無生還矣。」乃呼老兵一，跨羸馬，導至村口。守者見之，恖恖入，有頃，令易笱衋進，徑數里，甲仗糗芟積如山。興出迓，問：「騎幾何？」曰：「一。」「從者幾何？」曰：「一。」興笑曰：「子何信之深也？」金曰：「公先我信，我安得不信！」乃升堂燕飲，驩若平生。酒半，興起揮涕曰：「吾祖宗累世受明恩，約束外藩，於玆二百八十餘年矣。曩者借兵雪故主讎，今天不祚明矣！雖然，興豈能爲降將軍者邪！」語未既，突一人啓扉出，則故侍郎王應華也。金與有舊，攜手載拜，於邑不能聲。

飲凡三日。既而興復舉酒曰：「吾之所以必乞君蒞玆土者，將以明吾不背故主之誠耳。子謹厚有膽，既來，吾當踐所説。」命其五子出拜，洗盞更酌，撚鬚裂眦大呼曰：「興不能回天，命也。死而有靈，藉子以『大明虎賁將軍王興之墓』作十字碑，則幸矣！」乃大集所部，給資使散歸農，自召妻及妾十五人登層樓，手爇連珠礟焚死。金攜其五子，納敕印、田土、户籍，願降者以次赴軍前聽用，然大半皆浮海去焉。我朝賜通謚曰烈愍。

小腆紀傳卷第三十七

前翰林院檢討加詹事府贊善銜六合徐鼒譔

列傳第三十

李定國 白文選 劉文秀

李定國，字鴻遠，延安人，與孫可望、艾能奇、劉文秀同爲獻賊義子，賜張姓。獻賊性喜殺，亂蜀時立賞格：凡部卒日得男壯手二百雙者，授把總，女倍之，童稺不計，官以次進階。寅出酉還以爲常，可望輩遂皆至將軍。

歲丙戌，我大清兵戮獻賊於西充之鳳凰坡，定國時僞稱撫南將軍，與可望、能奇、文秀及僞都督白文選、馮雙禮等招集殘寇，由重慶南竄。

明年，丁亥春，破遵義，入貴州。可望赴雲南救沙定洲之亂，令定國分兵襲臨安。臨安爲沙部李阿楚駐守，拒戰甚力。定國穴地置礮，崩其城，阿楚赴火死，城中士民悉被屠。遂圍晉寧及昆陽、呈貢、歸化，晉寧知州冷陽春、呈貢知縣夏祖訓等俱死之。江川知縣周柔強率兵拒於撫仙湖，戰敗，一軍盡殲。迤東諸郡屠戮之慘，不亞於蜀也。

時永曆帝立肇慶，詔令不及至滇，可望乃妄自尊，還至黔中，自稱平東王，定國等亦皆自名爲王，置四王府，盡撤昆陽、呈貢二城磚石爲之。可望謀竊大號，然定國、能奇輩猶儕視之，定國尤倔強，遇事相抗。可望思所以示威，與文秀密爲計，於己丑春以演武當場縛定國，聲其罪，杖之百，已復相抱哭，令取沙定洲自贖。定國心憾之，念兄事久，未可造次發難，輒領所部馳至普洱討定洲，圍以木城，絶其水道，閲五旬，諸蠻懼降者相續，乃禽定洲及其屬數百人以出，回至省，剥其皮號令通衢。黔國公沐天波來，具禮謝雪不共讎，凡滇人之攖沙毒者，咸稱快焉。定國既并蠻部，聲勢益強，可望遂無以爲制，獨霸之念，於是乎沮。會聞粤東有君，乃具表奉朔，求封爵，孫、李之隙自此始。永曆帝初封定國爲侯，尋進公。

壬辰春，上居安龍。我大清遣定南王孔有德統師南伐，有德分重兵駐柳州爲聲援，已以七百騎趨河池州入黔。可望請以定國出楚，征虜將軍馮雙禮副之，率步騎八萬，出楚，連復沅、靖，殺我總兵楊國勳，進攻湖南，我續順公沈永忠棄寶慶，退保湘潭。定國時駐兵武岡，偵知桂林空虚，乃分遣西勝營張勝、鐵騎右營郭有名率精兵，由西延大埠頭便道趨嚴關，而令雙禮率前軍都督高存恩、鐵騎前營王會、武安營陳國能、天威營高文貴、坐營靳統武合兵先進，敗王師於驛湖，斬驍將李四，進薄全州。定國自率右軍都督王之邦、金吾營劉之講、左協營吴子聖、武英營廖魚、標騎左營卜寧合兵繼進。途接驛湖之報，慮全州之衆奔逸，并力於桂林也，傳令全州傳城者無急攻。令未至而全州已下，乃令己軍過全州者急過毋入，雙禮諸軍亦出城合進。

時張勝、郭有名已至嚴關，與定國軍相距十里。約曰：「敵至則舉礮傳警。」薄暮聞礮，諸軍欲赴之，定國曰：「無庸！」俟之寂然，蓋有德遣救全州之兵，見明兵已營關上，旋退去也。明日，王師至關下，勝傳礮，定國令諸軍蓐食傳麾，甫交鋒，象僨歸，定國斬馭象者，諸軍奮勇前進，象亦突陣，王師大奔，死亡不可勝計。天大雷雨，横屍遍野，追及於大榕江。有德急入桂林，定國晝夜環攻。七月，癸酉，克之。有德自殺，叛將陳邦傅及其子曾禹、祖祕希、孔承先、孫龍、孫延世、曾盛、董英、袁道光等被執，並伏誅。庚辰，取永州，殺我守將紀國相、鄧胤昌、姚杰等數十人，進復梧州。

十一月，辛巳，克衡州。我大清命敬謹親王尼堪督師進討，遇於衡州城下，大戰竟日，定國不能支，敗走。尼堪乘勝逐北，遇伏殁於陣，定國收兵屯武岡。

方捷書發自桂林也，其人窮日夜易馬而奔，既至貴陽，直入殿墀，下馬臥地不能起，灌以湯藥，乃甦，探懷中出捷書。於是大宴三日，可望題請封定國爲西寧郡王兼行軍都招討，馮雙禮爲興國侯，遣檢討方于宣、中書楊惺光齎敕犒軍。行有日矣，而諸軍之入楚也，獨可望之護軍稱駕前軍者不發。駕前軍者，固選鋒，聞桂林之捷，生妒心，曰：「北兵本易殺，我輩獨不得一當。」又定國多取金帛，上所鹵獲，惟孔有德金印金册人葠數捆，官庫財物估價僅盈萬，馮雙禮以是不服，密啓可望，言：「定國專，後恐難制。」諸往來使命者，又多增飾喜怒，謂：「定國聞郡王封，滋不悦，曰：『封賞出自天子，奈何以王封王？』」於是可望益忌之。

而是時，定國軍威壯盛，不復可制，可望忿甚。已聞衡州之敗，遣使召赴沅州議事，説者曰：「此僞遊雲夢計耳。」龔彝亦致書定國曰：「來必不免。」定國因止不行，率所部走廣西，涕泣謂其下曰：「不幸少陷軍中，備嘗險阻，思立尺寸功，匡扶王室，垂名不朽，今甫得斬名王，奏大捷，而猜忌四起。且我與撫南弟同起雲南，一旦絓誤，輒遭廢棄，忌我當必尤甚。我妻子俱在雲南，豈得已而奔哉！」諸營聞之，有引軍從者。

明年，可望自將精騎追之，猝與大兵遇於寶慶，大敗，大兵亦引還，定國遂據守粤西。

時上在安龍，日就窮促，而可望逆謀益亟。上乃密與大學士吴貞毓、中官張福禄、全爲國等謀遣給事中林青陽齎敕赴定國營，進封晉王，令統兵入扈。定國奉詔感泣，許以身報。上復鑄「屏翰親臣」金印賜之。已而馬吉翔洩其謀，自貞毓而下十八人俱被害。可望憾定國益深，定國亦恐其來襲，出掠廉、雷以避之，破高州，進攻新會，爲大兵所敗。可望聞定國敗，駐柳州，命馮雙禮襲之，定國燒糧走。雙禮謂其怯也，追之，遇伏被擒，定國禮而釋之，由是雙禮傾心於定國焉。

明年，定國退駐南寧，衰弱不振，可望遣總兵張明志、關有才襲之。定國計無所出，中書金維新、曹延生曰：「明志等兵雖多，皆帥主舊部下，安敢相敵！今以奇兵襲之，彼不虞我之至也，且驚而潰。我乘勝至安龍迎皇上入雲南，美名厚實兼收之矣。」定國然之，率靳統武、高文貴等集兵萬人，拔寨從小路行五日，出明志營後，猝衝之，明志軍大亂，降其衆三千人，進趨安龍。可望偵知，趣令白文選劫上赴黔，文選竟與定國連和，奉上由安南衛西趨雲南。滇中守將劉文秀亦怨可望，共迎上入城，居可望第。定國亟令收吉翔，吉翔復媚事之，以免，詳吉翔傳。論功，封文秀爲蜀王，文選鞏昌王。文選還黔，可望怒其二於定國也，奪其衆而羈之，然以家口在滇，未敢反。

丁酉夏，上命張虎歸其妻子，秋七月，遂舉兵反。九月，定國、文秀禦之交水，白文選暨馬進忠、維興等悉叛可望來歸，賊狼狽入黔，挈妻子奔長沙，投我經略洪承疇軍前以降，詳可望傳。雙禮、進忠俱晉爵爲王，其餘諸將進秩有差。

戊戌，二月，王師自蜀、楚、粵三路會兵入黔，定國分遣其將劉正國、楊武等扼守三陂、紅關諸險要，馬進忠駐貴州。四月，王自奇、關有才反，定國自將討平之。我楚師入鎮遠，貴州告急，不及救，自奇等誅，而貴州遂不守矣。蜀師至三陂，正國遁，遵義亦失。五月，蜀師破楊武兵於開州之倒流水。秋七月朔，上拜定國爲招討大元帥，賜黃鉞。粵師抵獨山州。十月，三路兵俱集，戒期入滇，定國與文選、雙禮等亦分三路禦之，連戰皆敗，大營、妻子俱散失，諸將北走不相顧，馬寶等降。報至，上奔永昌。

己亥，正月三日，大兵入雲南，上下詔罪己，定國還鉞待罪，請削秩，不許。二月望日，大兵抵大理之玉龍關，文選戰敗，定國令總兵靳統武以兵四千扈上奔騰越，已乃伏兵磨盤山，即高黎貢山也。大理寺卿盧桂生叛降於我，洩其謀，復大敗。報聞，上與馬吉翔、李國泰等連夜走緬甸。定國收餘衆追扈，則上西行去騰越已百里。念君臣俱死無益，聞文選屯兵木邦，就之謀曰：「主上入緬，敕漢兵無入關，我若深入，恐生不測禍。萬一北兵有警，此地無險要可禦，莫若妥擇邊境，屯集作後圖。」而文選以上左右無重兵，請身入捍衞，意不合。定國遂自引所部從孟艮抵猛緬駐劄，前此潰衆陸續至，勢稍振。未幾，移營孟連，賀九儀邀文選部將張國用、趙得勝等歸之。孟艮有女酋長懼爲所并，糾衆抗拒，定國滅之，據其城。以敕印招土司，謀恢復，沅江土司那嵩受總督印，密爲傳布，各土司亦有聽命者。會吴三桂破沅江，那嵩自焚死，事不果。九儀妻子在滇，爲三桂所得，令作書招之，九儀將出降，定國杖殺之，國用、得勝皆怏怏有二志。總兵唐宗堯，姦弁也，守磨艿，凡告奮勇投孟艮者已悉收隸麾下，商賈往來者財貨悉被劫，由是南北道梗，滇中阿瓦消息絶不通。已文選别由木邦舉兵薄阿瓦，再舉皆不克，乃還兵至孟艮會定國，合兵進逼錫箔江，即堈坦也。

辛丑，夏四月，定國遣使入城求上，不許。相持久，乃退屯三十里。緬人於郊外立木城，逼寨拒戰，定國、文選大破之，決計渡河，駕浮橋濟師，爲緬所斷。復遣都督丁仲柳等於上流造船，工將竣，緬出奇兵焚擊，仲柳棄船走，復不果。

初，定國屢購夷民具奏密請上速計出坎，且言：「臣等兵不敢深入者，激則恐生内變也。必善諭緬人送之出境，方爲上策，諸臣在内，何泄泄不以爲意也！」上以璽書奬慰之。先後凡三十餘疏，半爲緬人所獲，不得達。尋與文選議分兵進，次桐塢，以十六舟攻之，緬人鑿沈其五，遂引還。而國用、得勝以九儀之死銜定國，挾文選北走，將出降。抵耿馬，遇定國部將吴三省。三省於安龍之敗，尋獲定國家口，來詣孟艮，至則定國已移營。及至磨艿，知宗堯姦，殺之，兵弱不敢深入，流連孟定、耿馬間。文選見三省，不言而涕，三省察有變，説以情，質以義，諸將心動，復合軍屯於錫箔。吴三桂偵知之，亟令馬寶率兵追文選，且招之，文選倉猝遂降。

是冬，十二月朔，緬人執上及兩宫獻於三桂。

明年，壬寅，四月戊午，上殂於雲南，明亡。自戊戌二月以後事，互詳本紀及紀年。

上之舟行入緬也，從官雲散，馬九功入古剌江，國泰入暹羅。二國與緬爲世讎。暹羅以女爲定國妃，令國泰間道通殷勤，謀連兵攻緬；九功亦爲古剌招潰兵三千人，致書定國，相犄角。方尅期進兵，而滇訃聞。定國躃踊號哭，自擲於地，不食三日，表於上帝以祈死，於六月十一日生辰病作，謂其子嗣興、部將靳統武曰：「任死荒徼，無降也！」越數日，定國卒。未幾，統武亦卒，嗣興竟以所部降，古剌、暹羅之師失望而返。後有自緬至者，曰：定國所葬地，至今春草不生，蠻人過之，輒跪拜而去云。

白文選，陝西吳保人。獻賊僞前軍府都督，與王尚禮、王自奇爲同儕。獻賊死，從孫可望潰走川南。庚寅，秋九月，可望自滇回黔，命文選副劉文秀圖蜀，克遵義。明年，文秀還，留文選守嘉定，降將吳三桂以王師入川，文選不能抗，走黔中。

壬辰，五月，復由遵義出重慶，將向成都，會劉文秀敗於保寧而罷。十一月，以玀倮兵五萬列象陣，攻辰州，克之，我總兵徐勇、參將張鵬、游擊吳光鼐先後陣歿，自是威聲頗著。然文選雖爲可望用，心不直其所爲，前巡撫錢邦芑因而説以大義，大感動，折箭自誓殺可望。

既可望聞田州之敗，知李定國必至安龍，疾召文選將兵迎上入貴州。太后聞之哭，從官皆哭，文選因以情告曰：「姑遲行，且俟西府至。」西府者，定國也。遂以輿徒不集報，陰留候之。數日，定國至，遂共扈上入雲南，封鞏國公，奉命回貴陽宣諭可望。可望大怒，欲興兵與定國決戰，文選曰：「天子在彼，戰非策也。盍兩和之。」可望謂文選畏定國強，猶未知其同謀也，又以妻孥在滇，未敢爲逆，乃復遣議和。文選白上，謂張虎爲可望心腹，不可令在輦轂下。上命虎送可望妻孥還貴州，同謀事始洩。文選還自滇，可望奪其兵而幽之。

丁酉秋，與諸將謀犯闕，馬寶紿可望，謂：「使功莫如使過，文選才足任也。」釋之爲大總統。既渡盤江，率所部奔曲靖，單騎見定國、文秀於朝曰：「諸將已有成約，宜速出戰，遲則不可爲矣。」定國未之信，文選誓之曰：「誑皇上、負國家者，身死萬箭下。」言畢，上馬馳，定國遂悉師出陣。甫交綏，而文秀之驍將李本高馬蹶被殺，定國、文秀色懼欲退，文選怒曰：「張勝已往雲南，我退則彼精騎躡吾後，不鳥散，亦蹂爲肉泥耳。死於陣，不愈死於走乎！況馬維興輩必相應也。」率所部直衝維興營，維興開營納之，合兵繞可望陣後，定國、文秀繼進，大破之。可望狼狽降於王師。論功，進鞏昌王。

明年，戊戌，王師分三路入滇，定國亦分三路拒之，命文選出西路，率衆四萬守七星關，抵生界立營，示欲攻遵義者，以牽制吴三桂之師。聞三桂已出遵義，於十一月二十日自生界回七星關守險。四山壁立，水勢洶湧，山上樹木參天，名曰天生橋。三桂厚養嚮導，由苗疆繞渡，出天生橋之背，扼七星關大路，文選偵知，棄關走可渡橋，而守橋之馬寶亦奔，乃焚橋走霑益。已而三路兵皆潰，上倉猝西行，文選走大理，列陣下關，衆尚萬餘。定國以數百騎赴之，文選憤涕叱之曰：「主上以全國、全師畀王，一旦至此，誰執其咎！」定國南向叩頭，願一死贖前罪，文選收涕謝曰：「王幾許人，死敵何益！王行矣，文選以一身當之耳。」定國乃引兵追扈。王師至玉龍關，文選與張先璧、陳勝之師又敗，由沙木和走右甸，尋走鎮康，入木邦。

時上已入緬，定國求之不獲，乃就文選，謀屯邊隘，圖再舉，而文選以上左右無重兵，恐緬人生心，由間道渡隴川、潞江，踵上所在求之。以兵臨阿瓦城，不得實耗，乃罷。時去上所在纔六十里，寂無知者。

庚子，秋七月，再由木邦舉兵薄阿瓦。阿瓦有新舊二城：上居舊城之者梗，而緬酋自居於新城。緬人謀以敕書止之，令毋進兵，文選不奉詔，謂使者曰：「前者祁將軍來，詔云已航閩。若前詔爲真，則今敕爲贋；使今敕爲真，則航閩後何自而來？君非臣何以威衆？臣非君何以使人？蠻人不足信也！」急攻新城，垂克矣，緬人紿之曰：「三日後出新城讓王。」文選信之，卻兵十里，城中得固備，攻之反爲所敗，望鷓鴣城痛哭而去。

已聞定國取孟艮，并有賀九儀之衆，移書責以大義，定國遂全師而西。中途遇文選，購緬人密奏上，璽書慰勞。文選造浮橋迎蹕，距行在纔六七十里，緬人斷其橋，計不行。乃刑牲歃盟，誓必克緬。緬酋拔其豪邊牙鮓、邊牙倮爲大將，集兵十五萬，遇於錫箔江。定國、文選兵不及十一，且戎器耗散，惟操長刀、手槊、白棓以鬭。定國前隊稍卻，文選 警衆橫截之，緬兵大敗，僵死萬計，遂渡錫箔江。既濟，乃謀渡大金沙江，不克。尋與定國分兵進，次桐塢，以十六舟攻之，緬人鑿沈其五。部將張國用、趙得勝以賀九儀之死也，銜定國，謂文選曰：「王毋爲九儀之續！」挾文選入山，尋挾之北走。

路過耿馬，文選見定國部將吴三省，不言而涕出，三省察有變，因言：「雲南軍降者，皆怨恨不得所，人心思明，甚於往日。」張、趙復心動，與三省合，屯於錫箔江。

會副將馮國恩被獲，軍情盡洩，三桂選前鋒疾馳三百里，至江濱，文選毁橋走茶山。三桂慮其窺木邦後路，乃自與愛星阿結筏渡江，而令馬寶分兵追文選，及於孟養，單騎説之，乃降，隸漢軍正白旗，封承恩公，見貳臣傳。

祁將軍者，咸陽侯祁三昇也。嘗上表迎蹕緬甸，馬吉翔以敕書止之，痛哭撤師。後以與定國不和，走户臘，三桂招之，乃降。

劉文秀，籍貫不可詳。獻賊義子，爲僞撫南將軍，掠川南諸郡。獻賊死，稱僞撫南王，與孫可望同儕，而能下之。

庚寅，九月，可望自滇回黔，聞楊展死，遣王自奇偕文秀圖蜀。忠國公王祥戰於烏江，不勝，自刎死。文秀降其衆，盡收遵義地，遣别將盧名臣取重慶，而己引兵渡金沙江，攻建昌，連陷越嶲、黎、雅。王自奇至川南，袁韜、武大定拒之，聞文秀至，撤兵還戰，文秀以大兵壓其前，自奇泝流擊其尾，大敗就擒，遂降。既取嘉定，順流東下。而前破遵義時所遣别將盧名臣者，入涪州，李占春逆戰於羣豬寺口而敗。于大海在忠州聞之，知不支，遂放舟出夔門，入楚，降於王師。諸將盡散，無敢應敵者，譚宏、譚詣、譚文亦皆降於文秀。乃留白文選守嘉定，劉鎮國守雅州，還師雲南。

壬辰春，降將吴三桂以王師入蜀，文選、鎮國不能支，退入黔中。可望復命文秀，討虜將軍王復臣副之，將步騎六萬，出叙州、重慶以向成都。文秀善撫士卒，蜀人聞其至，所在響應，諸郡邑爲三桂所克者次第收復。戰於叙州，圍之數重，三桂走緜州，擒我都統白含貞、白廣生，三桂退守保寧。捷聞，封南康王。

初，文秀引兵追躡，惟恐失敵，復臣諫曰：「三桂勁敵也。我軍驕矣，以驕軍當勁敵，能無失乎？」不聽。至保寧，又諫曰：「毋圍城！圍則師分而弱。」文秀曰：「三桂坐守孤城，計日可下，將軍何怯也！」令張先璧軍其西南。先璧，驍將也，號黑神，然勇而輕敵。三桂登城見之，曰：「是可襲而破也。」出精騎犯其壘，果驚潰，轉戰而南。復臣營爲亂軍所擾，又阻以水勢，不支，三桂乘勝奮擊。復臣手斬數人，曰：「大丈夫不能生擒名王，豈可爲敵所辱！」遂自刎。文秀撤圍退，三桂不敢追，曰：「生平未嘗見如此惡戰。令如復臣言，吾軍休矣。」

報至貴陽，可望擬詔曰：「不聽良謀，損大將，劉撫南罪當誅，念有復城功，罷職閒住。」文秀歸雲南，諸軍或分守蜀，或調征楚，從者百餘人而已。諸軍以廢處文秀太過，咸有怨心，自是不樂爲可望用矣。會有勸可望招定國者，南寧鎮朱養恩言之尤切，可望終忌之，乃謀起文秀。文秀聞之，單騎見可望，言己下劣，恐不勝，可望强起之，疏請爲大招討。

乙未，五月，由川南進攻常德，敗績。

丙申，春三月，定國奉上由安南衛西走雲南，抵曲靖。時文秀守滇，亦素怨可望，聞定國至，陽與都督王尚禮、王自奇、賀九儀等議守城，而私以數騎詣定國曰：「我輩以秦王爲董卓，但恐誅卓後又有曹操耳。」定國指天自誓，遂偕奉上入滇都，論功，晉爵蜀王。

明年，丁酉，秋九月，可望舉兵犯闕，破於交水，文秀引兵追之，至貴陽，收潰卒得三萬人，屯守邊隘。定國聞而忮之，召之還，並召諸將之在邊者，論功小大，爲分兵多寡之地。及王師猝至，兵失其將，將不得兵，迄於大潰。文秀在滇，鬱鬱不自得，每屏人語曰：「退狼進虎，晉王必敗國。」病革，上遺表曰：「臣精兵三萬人，在黎、雅、建、越之間，窖金二十萬，臣將郝承裔知之。臣死之後，若有倉猝，請駕幸蜀，臣妻操盤匜，臣子御羈靮，以十三家之兵出營陝、洛，庶幾轉敗爲功也。」

戊戌，夏四月，庚寅，卒。是冬十二月，定國敗於炎遮河，倉卒議移蹕，部將陳建舉文秀遺表請幸蜀，議者以爲不可，乃止。

小腆紀傳卷第三十八

前翰林院檢討加詹事府贊善銜六合徐鼒譔

列傳第三十一

朱成功 子經 孫克壓 克塽 鄭鴻逵

朱成功，南安人，鄭姓，本名森，鄭芝龍娶倭婦所生子也。生有異表。芝龍引之謁隆武帝，見而大悦，賜國姓，改名成功，命曲禁旅，侍左右，輒以駙馬都尉體制尊寵之，自是中外稱爲國姓云。

丙戌，春三月，封忠孝伯，掛招討大將軍印。福州破，母死於兵，號慟不已。厥後芝龍議降，持裾泣諫，不納。及北去，成功與其客及所部乘巨艦入海，收集餘衆數千，據南澚居焉。

是時，監國魯王頒曆海上，成功以唐、魯舊嫌，不欲奉之，又未聞粤中即位詔，乃於丁亥十月頒隆武四年戊子大統曆，從前大學士路振飛、曾櫻之謀也。聞永曆帝立，乃歸自南澚，泊鼓浪嶼，寇海澄，與叔父鴻逵合攻泉州，敗我守將趙國祚於桃花山，復攻同安、漳浦。

戊子秋，遣中書舍人江于燦、黄志高奉表行在，封威遠侯。己丑春，下雲霄，薄詔安，屯分水關。秋七月，上遣使詣島，封爲廣平公。

庚寅，五月，討碣石鎮總兵蘇利，不克，旋師圍潮州。我軍乘之，復取雲霄、詔安，部將柯宸樞戰死盤陀嶺。遂解圍，軍於潮陽。尋乘流至中左所，即廈門，從兄彩、聯所據也。成功至，聯方醉臥萬石巖，不得通，詰朝相見，笑曰：「兄能以一軍假我乎？」聯不及答，諸鋭突前輓其舟，部下皆讋服，莫敢動，遂并其軍。初，彩聞成功至，將全軍出避，聯阻之，而又不爲備，故及。金門，浯州也，與廈門並隸同安爲兩島。成功馳至，夜襲之，遂雄踞兩島間，兵勢日強，海寇之在東南者盡歸心焉。

是冬，大兵破廣州，總督杜永和奔瓊州，詔成功入援。

明年，成功率舟師南下，降臣黄澍時受職爲福建巡道，垂涎金穴，密與撫臣張學聖謀，邀鎮將馬得功乘隙襲廈門，傾其家。成功還救，得功棄廈遁歸。成功誅守將鄭芝莞，三軍股栗，乃稱索償，并力轉攻沿海屬邑，皆下之。

壬辰春，魯定西侯張名振、大學士沈宸荃、兵部侍郎張煌言奉魯監國航海入廈門，成功禮待頗恭。三月，進圍漳州。凡七閱月，城中糧盡，人相食，死者枕藉。有士人飢死，鄰舍兒竊食之，剖其腹，歷歷皆故紙，字蹟可數，鄰舍兒亦一慟絶。

秋九月，與援師戰於九龍江，敗績，解圍，退保海澄。王師乘勝進攻，城壞百餘丈，成功親冒矢石，悉力堵禦。一日，聞空礮遞發，令曰：是將臨城矣。勒兵挺巨斧，視敵之緣城者斫之。王師渡壕，大呼登城，城上衆斧齊舉，隨斫隨落，壕爲之平，城獲全。

癸巳，有搆魯監國於成功者，禮待少懈，監國乃徙居金門，自去其號。

甲午，我朝下令招安，芝豹等皆就撫，成功不順命，乘機登岸措餉，大擾福州、興化等郡。冬，再遣使招之，成功迄不應。

乙未，寇仙遊，破舟山，暨惠安、同安、南安等邑。丙申，進略溫、臺，還攻寧德，殺我守將阿克襄。戊戌，永曆帝命周金湯航海至，進封成功爲延平郡王。時聞王師入滇，遂議大舉入寇。從行甲士凡十七萬，以五萬習水戰，五萬習騎射，五萬習步擊，以萬人爲往來策應，以萬人爲鐵人。鐵人者，披鐵甲，繪朱碧彪文，聳立陣前斫馬足，最堅鋭。以侍郎張煌言爲監軍，抵浙境，陷樂清、寧海等邑。比次羊山，颶風怒發，碎巨艦百餘，漂没士卒八千餘人，義陽王者亦溺死，成功廢然返。

明年，己亥，五月，復出崇明，入江抵京口，奪瓜洲，圍鎮江。大軍分五路疊壘而陣，成功令周麾傳礮，金鼓震作，與江聲相沸騰，士卒皆下馬殊死戰，郡中懼，走降相繼，屬邑皆下。部將甘煇進曰：「斷瓜洲則山東之師可扼，據北固則兩浙之路不通。但須坐鎮於此，南都可不勞而定也。」弗納，竟薄金陵，至觀音門。已而登陸，屯岳廟山，輕敵不備，縱酒爲歡，煌言與煇並苦諫以「嚴城師老，猝不得拔，必生中變。」復不納。久之，大軍由儀鳳門穴城出，銜枚疾走，直擣中堅，別以騎兵數萬繞出山後，夾攻之，遂大潰。甘煇以數騎奔江口，被執死之。成功急麾兵退入於海。攻崇明不下，棄而歸。冬十月，還島，痛哭甘煇而後入，曰：「試從其言，吾不及此夫！」立廟旌其忠。

庚子夏，王師進討，以廣東降將爲導，大小數陣，殺傷相當。洎戰海上，成功手自搴旗，風吼濤湧，軍士踏浪如飛，我軍不諳海性，暈眩不能軍，遂大敗，將軍達素者自殺。

初，芝龍與羣盜出没臺灣，就撫後爲紅夷所據。成功自江南敗歸，勢漸蹙，亟思拓地。適紅夷甲螺何斌懼罪來降，陳臺灣可取狀，乃於辛丑三月百艘泊澎湖，次鹿耳門，潮水驟漲，高丈餘，揚帆直達，夷人驚怖莫措，遂克赤嵌城，進逼王城。城爲荷蘭所居，久不下。

冬十月，我朝棄芝龍於柴市，鄭氏子孫之在京者無少長皆伏法。

十二月，成功悉力攻荷蘭城，曰：「斯爲先人故土，所志在城，餘以歸汝。」荷蘭乃出降。成功既克臺灣，制法律，定職官，興學校，修武備，大起池館，延納名流，以赤嵌城爲東都，曰承天府，縣曰天興、萬年。

康熙元年，壬寅，五月，卒，年三十有九。

長子經嗣立。經卒，長子克壆嗣，爲其下所殺，次子克塽嗣。康熙二十二年，癸亥，秋七月，王師克臺灣，克塽降。自成功起海上，迄克塽，凡三十八年，皆稱永曆年號，事繁不具録，詳見延平春秋及紀年。

鄭鴻逵，芝龍弟。崇禎庚午武舉人，爲天津巡撫鄭宗周部將。以芝龍平紅夷功，蔭錦衣衛千户。尋中庚辰武進士。故事：勳衛射策甲科加三級。進都指揮使。癸未，授副總兵。

弘光帝即位，檄守采石，掛鎮海將軍印，尋與從子彩、監軍楊文驄守鎮江。

乙酉，四月，以擊高傑亂兵功，封靖虜伯。王師渡江，不能禦，由海道入浙，遇隆武帝於杭州，大奇之，令副將江美鼇、鄭升衛之入仙霞關，偕芝龍奉以監國。鴻逵欲早正大位以繫人心，諸大臣以爲不可。鴻逵曰：「不正位無以厭人心而杜後起。」議遂定。論翊戴功，與芝龍并進爵爲侯，賜號「奉天翊運中興宣力定難守正功臣。」上行郊天禮，二鄭稱疾不陪祀，鴻逵又揮扇殿上，爲尚書何楷所劾，由是文武不和。芝龍以不出師無以厭衆望，乃請以鴻逵出浙東，彩出江西。冬十月，上親征，以鴻逵爲御營左先鋒，彩爲右先鋒，登壇行推轂禮。當授鉞時，風雨晦冥，鴻逵出城，馬蹶踣地，識者以爲不祥。鴻逵出關，候餉未即行。

明年六月，浙東潰，鴻逵棄關徒跣奔，王師遂抵仙霞。事聞，行在大震，削其封爵。未幾，以元子誕生，復爵，晉漳國公，尋改定國公。芝龍之北降也，鴻逵諫，不聽，請備之，亦不聽，乃以其衆入金門。冬，王師乘間入安平，朱成功自金門逐我師而守之。鴻逵謂安平彈丸，無險可恃，勸成功取泉州。會師桃花山，攻泉州，不克。

辛卯，二月，我鎮將馬得功以成功出師廣東，乘虛襲廈門，成功還救。得功扼險不能退，舊嘗爲鴻逵標下守備，故相識也，計窮，乃冒死駕小船見鴻逵，説之曰：「得功奉令過島，今無舟可渡，必死，但恐得功死，此島人民萬不能全耳。公兄在京，眷口在安平，乞熟思之！」鴻逵乃逸之去。成功以爲大恨，既誅守將鄭芝莞，飭鎮將不許赴鴻逵衙署。而鴻逵見成功能行其法，殊不爲怒，將所部付之，謝權歸隱，築寨白沙，搆亭沼，藝花木，笙歌自娱。後爲我將王進功所攻，成功移之居金門。

丁酉，三月，遘疾卒。

小腆紀傳卷第三十九

前翰林院檢討加詹事府贊善銜六合徐鼒譔

列傳第三十二

張國維　朱大典傳巖等　吳邦璿　劉中藻連邦琪等

張國維，字玉笥，東陽人。天啓壬戌進士，知番禺縣。崇禎元年，擢刑科給事中，劾罷魏黨，陳時政五事，進禮科都給事中，遷太常少卿。

七年，授僉都御史，巡撫應天、安慶等十府。是冬，賊犯桐城，官軍覆没。國維年方壯，一夕鬚髮頓白，請於朝，割安慶、池州、太平別設巡撫，以史可法任之。安慶之不隸江南，自此始也。又於蘇、松間捍海築塘，濬渠通漕，民德之，入爲兵部尚書。

十六年，大清兵入畿内，檄趙光抃拒戰螺山，師潰，言者交詆之，逮下獄。國維知庫藏空虚，首急軍餉，乃倡開事例一法：殺人行劫，皆得輸金贖罪。謂已一至江南，數百萬可立致。帝惑其説，會蘇民詣闕乞貸，即宥出，召對中左門，命以原官馳赴江、浙督餉。出都十日，而都城陷。

弘光帝立，召以原官協理戎政，追叙平山東盜李青山功，加太子太保，廕子錦衣僉事。國維請建三輔，以藩南京，以京口爲東輔，蕪湖爲西輔，京師爲中輔，各設重兵鎮守，不果行。徐石麒之去位也，廷議以國維代之，阮大鋮私取中旨，用張捷，國維知事不可爲，遂乞省親歸。

南都亡，起兵鄉里，朝魯王於台州，奉以監國，進少傅，加太子太傅、兵部尚書、武英殿大學士，督師江上，連復富陽、於潛。樹木城，守緣江要害，聯合方國安、王之仁、鄭遵謙、熊汝霖、孫嘉績、錢肅樂諸營，爲持久計。

冬十月，諸軍禦王師於錢塘江上，大戰十日而罷。會隆武帝命給事中劉中藻頒詔浙東，將吏恇惑，監國將避位。國維自江上馳還，令勿宣讀，議曰：「唐、魯同宗，無親疎之別，義兵同舉，無先後之分，惟成功者帝耳。若一稱臣，則江上諸將須聽命於閩，如王之號令何！」上疏閩中曰：「國當大變，凡爲高皇帝子孫，咸當協力，誓圖中興。成功之後，入關者王，監國退守藩服，禮制昭然。若以倫敘叔姪定分，在今日原未假易。且監國當人心潰散之日，鳩集爲難，一旦退就藩服，人無所依，閩中鞭長莫及，猝然有變，則脣亡齒寒，悔將何及！臣老矣，惟社稷是圖，豈若朝秦暮楚者舉足左右爲功名計哉！」隆武帝覽疏，無如何也。

尋馬士英請朝監國，國維劾其十大罪，不許。士英乃入方國安軍中，阮大鋮亦至，搆國安使殺閩中槁師僉都御史陸清源，奪其餉。國維聞之，歎曰：「自我戕毒，禍不遠矣！」監國亦以清源之死，慮閩中問罪，令國維抽師西禦，自是江上之師愈弱。

丙戌，六月，諸軍盡潰，國安劫監國南行，國維振旅追扈，而國安已與馬、阮謀執監國北降。監國乃航海，傳命國維遏防四邑，以圖再舉，國維遂歸東陽。俄報義烏破，有勸入山觀變者，歎曰：「誤天下者，文山、疊山也！」作絶命詩三章，有「時去仍爲朱氏鬼，精靈長傍孝陵墳」之句，衣冠躍入池中死，年五十有二。我朝賜專謚曰忠敏。

朱大典，字延之，一字未孩，金華人。家世貧賤，大典始讀書。爲人豪邁，好談兵。舉萬曆丙辰進士，除章邱知縣。天啓二年，擢兵科給事中。客、魏假保護功，予蔭襲，大典抗疏諫，出爲福建副使，進右參政，以憂歸。

崇禎三年，起故官，蒞山東，尋調天津。毛文龍之死也，其部將李九成、孔有德、有時、耿仲明、毛承禄等據登州叛，圍萊州，山東巡撫徐從治中礮死。

五年，四月，擢大典右僉都御史，代之督主客兵數萬，分總兵金國奇等爲三路，攜三日糧，抵新河南岸，亂流以濟，大敗有德兵，圍始解。追至登州，築長圍守之。城三面距山，一面距海，牆三十里而遥，東西俱抵海，賊不能出。

十一月，李九成出戰，降者洩其謀，官軍馘之於陣。賊糧絶，恃水城可走，不降，大典命參將王之富、祖寬以輕騎奪其水門外護牆，賊大懼。大典謂賊必入海，請伏兵海道邀之，朝議未許，有德、仲明果於六年春先後載子女、財帛由海道以降於我大清。游擊劉良佐復穴城以火藥崩其水門，降僞將七十五人，自縊投海死者無算。賊平，進大典兵部右侍郎，世蔭錦衣百户，巡撫如故。

八年，正月，流賊陷鳳陽，毀皇陵，總督楊一鵬被逮，詔大典總督漕運，兼巡撫廬、鳳、淮、揚四郡，移鎮鳳陽，在任三年，累著戰功。

十三年，以救援湖廣功，晉左侍郎。十四年六月，命大典總督江北及河南、湖廣軍務，仍鎮鳳陽。賊袁時中衆數萬，横潁、亳間，大典率總兵劉良佐等擊破之。

是時，盧象昇、洪承疇皆以忤楊嗣昌受齮齕，而大典獨無恙，論者頗以此啓疑。大典有保障功，而公私橐橐無所戒，爲給事中方士亮等所劾。事未竟，而東陽、許都之亂作，大典請出家財募兵勦寇自効。居京口，集材官、劍客，西洋火藥三百餘箭。

賊圍金華，大典子萬化募健兒禦之，賊平而所募者不散，大典自京口馳歸。知縣徐調元、在籍給事中姜應甲與大典有隙，閱都籍有萬化名，乃言大典縱子通賊，詔逮治，籍其家充餉，會國變止。

劉宗周勸其募兵勤王，乃率兵三千至南京。給事中熊汝霖奏充爲事官，吏部尚書徐石麒言：「大典雖貪，其人材足倚也。今湖南殘破，可令爲巡撫，練士卒，具糧糗，立功自効。」馬士英覬其賄，擬旨切責。不得已，乃乞援於馬、阮，始收其兵入衞，召爲兵部左侍郎。御史鄭瑜劾其前爲總督時侵贓，得旨：「大典創立軍府，士馬豈容枵腹！歲餉幾何，不必妄訐。」尋進尚書，兼都察院右副都御史，提督上江漕糧軍務。用是不能自絶於馬、阮矣。

尋左兵犯闕，奉命偕大鋮監黄得功軍禦之，加太子太保。得功死，走杭州；潞王亦降，乃還金華，據城固守。監國魯王就加東閣大學士。

金華與閩相近，隆武帝之在高牆也，大典爲淮撫，嘗白其冤。屢書招之入閣，辭曰：「錢塘一江扼要，吾去則誰司餉？脣亡齒寒，閩又何恃焉！」乃就加文華殿大學士，封婺安伯，督師浙東。或勸其子媳先行，爲善後計，曰：「吾子媳去，則一境無固志，是教之叛也。爲天下者，烏得及其家！」

大鋮搆之方國安，稱大典家多財，索餉四萬，圍攻一月，監國傳旨至再，始解散。比國安、大鋮降，言願破金華以自効，大典殺招撫使，與部將吴邦璿、何武固守三月。監軍御史傅巖爲義烏強宗，請以子弟兵爲援，泣許之，夜縋而出。國安以大礮攻城，城中亦以礮應，日鬭如雷。已守者漸疲，城西門有新築土未堅，大鋮識其處，礮專攻之，城遂崩。子萬化巷戰力盡見執。

大典麾其愛妾、幼子及萬化妻章氏投井。邦璿曰：「城中火藥尚多，不可資敵，不若焚之爲吾輩死所。」大典袖火繩示之曰：「此吾意也。」環坐庫中，賓從侍者二十餘人皆焚死。

同時死者：同知葉向榮，城破投野塘死，傅巖還至義烏死，都督蔣若來力盡自刎死，浦江諸生張君正自經於明倫堂死。又武進人鄭邠館大典家，亦死。我朝賜大典通謚烈愍，巖節愍，若來忠烈。向榮自有傳。

吴邦璿，字睿玉，山陰世家子。習孫、吴法。受知於朱大典，魯監國時薦之守金、衢，官都督同知。監國航海，或約偕之閩，邦璿曰：「奉命守此而他之，吾不知也。」與大典協守金華至二十日，勢不支，邦璿曰：「城中火藥多，不可資敵，當爲吾輩死所。」大典曰：「固吾意也。」即環坐武庫中，舉火，火發，作霹靂聲，外兵駭而卻走。妻傅氏亦投繯死。

劉中藻，字薦叔，福安人。崇禎庚辰進士，授行人。甲申之難，被搒掠，賊敗，南歸。隆武帝立，以兵科給事中宣諭浙東，張國維、熊汝霖不奉詔。還至金華，朱大典客之，薦其才，召對稱旨，擢右僉都御史，巡撫金、衢，團練僚民，時稱能軍。

閩敗，竄入括蒼山中，糾衆復慶元、泰順、壽寧、福安、寧德、古田、羅源七縣，請命監國，進兵部尚書兼東閣大學士。中藻善撫循，激勸富人出財佐餉，士卒樂爲用。鄭彩專政，心勿善也。

先是，隆武帝殂於汀州，其總兵官涂登華尚守福寧拒監國，命中藻移師攻之，登華未即降；錢肅樂以書曉之，登華遂詣鄭彩降。彩使私人守之，中藻愠不可，遂有隙，監國使大學士沈宸荃解之，彩不聽。中藻移駐福安，彩反掠其地。大兵乘之攻城，中藻善守，所殺傷四五千人。

戊子，冬十月，我軍距城十里，下掘壕，環樹以栅，城中求戰不得。

明年，四月，食盡，中藻知必陷，遂冠帶坐堂上，爲文自祭，吞金屑死。我朝賜通謚曰烈愍。

同死者：兵科給事中錢肅範，肅樂弟也。邑舉人連邦琪、繆士埛、方德新、貢生郭邦雍、陳瀚迅、幕友甌寧吕天䁑、部將盧某、董世上、張先皆同日死。中藻子思沛，時羈浦城獄中，聞父死，曰：「父死節，子可不繼先志乎！」亦死。或曰：思沛即畫網巾先生也。肅範另有傳。

小腆紀傳卷第四十

前翰林院檢討加詹事府贊善銜六合 徐鼒 譔

列傳第三十三

孫嘉績（補） **熊汝霖** 俞元良 陳希文 陳希友 **錢肅樂** 弟肅範 肅遴 肅典 肅繡 從弟光繡 **沈宸荃** **張肯堂** 蘇兆人 汝應元

孫嘉績，字碩膚，餘姚人，大學士如游孫也。崇禎丁丑進士，授南京工部主事，召改兵部，擢職方員外郎，進郎中。以弗予太監高起潛世蔭，被劾下獄，獄中從黄道周學易。會諸生有疏救道周者，帝益怒，立移錦衣獄，向與往來者皆詭詞以脱，嘉績獨直陳不諱，坐長繫。刑部尚書徐石麒出之，戍金陵。

南渡，起九江僉事，未赴而金陵亡。

時郡邑已降，令役民修道，嘉績葛衣徒步，私巡里中，諸役皆泣下，曰：「盍逃乎？」曰：「逃者死。」曰：「役死，逃亦死，獨不念死地求生乎？」役者曰：「將安計？」嘉績曰：「江東事未可知。爾等皆壯士，斂手就死，死無名。今鄰邑舉義，誠能合衆畫江守，則大有功；脱不勝，猶緩旦夕死。況未必然邪！」衆曰：「唯命。」於是率所役三百人，突入縣治，鳴鐘鼓，斬令以徇，與熊汝霖共治軍，分爲兩營：嘉績主左，汝霖主右。

爲，將待何時！」疏奏，停俸。尋補吏科給事中。及大鋮起佐兵部，復言：「大鋮以知兵用，當置有用地，不宜處中朝。」不聽。

踰月，以奉使淮南，陛辭，言：「朝端議論日新，官府揣摩日熟，少宰樞貳悉廢廷推，四品監司竟進詹尹，追贓定罪無煩司寇。蹊徑疊出，謡諑繁興。一人未用，便目滿朝爲黨人；一官外遷，輒訾當事爲可殺。市井狡獪，眈眈得官，置國䘏於罔聞，逞私圖而得志，黄白充庭，青紫塞路，六朝佳麗，復見今時，獨不思他時税駕何地邪！」不聽。

未幾，南京亡，汝霖偕劉宗周縞素渡江，議發羅木營兵拒戰，且守獨松關，而潞王定策迎降，不納，於是東歸。宗周絶粒，以兵事屬汝霖，既卒之又明日，汝霖兵起，乃哭於旐前以行。閏六月二十五日，會軍西陵，駐龍王塘，列營數十。汝霖軍最弱，而戰最勇，每出必爲大兵所首衝，或敗，輒再整，不少挫。魯監國擢右僉都御史，加督師銜。

十月，張國維連江爲陣，汝霖與陳潛夫合營進，部將盧可充、史標、魏良及從子茂芳先後皆有功。凡四戰，勝負相當，而魏良陣殁。

先是汝霖以江面仰攻不易，議從間道入内地爲攻心策。會海寧查繼坤、繼佐兄弟至，爲言臨平陳萬良之勇，汝霖請於監國，以書幣招之至，授萬良平吴將軍。適平湖馬萬方亦至，遂令西渡，復遣部將徐明發以兵策應。明發往而萬良方受大兵困，援之免。於是西行殺臨平務官，合軍劄五杭，敗嘉湖道佟國器兵，焚其舟，集海寧父老豪傑，激揚忠義，灑淚誓衆，聞者莫不感動，集拜轅門者且萬人。列行伍，分汛地，以本邑進士俞元良司餉，指揮姜國成主兵，由是浙西、吴中響應，一時號爲「熊兵」。加兵部右侍郎兼左副都御史，總督義師。

閩中詔使劉中藻至，議開讀禮，汝霖持不可，言：「主上原無利天下之心，唐藩亦無坐登大寶之理，有功者王耳。若我兵能復杭城，主上即膺大號，已是有名；若其不能，使閩兵克復武林，直取建業，功之所在，誰敢與争！此時而議迎詔未晚也。」張國維亦持此議，於是人心始定。

十二月朔，國維命將西渡，以所部應之，分流劄營，大兵不出。二十四日，議分道出戰，方國安敗走，汝霖與陳潛夫、王之仁血戰下流，相持久之，而諸軍氣已自沮。汝霖憤甚，因乞師於永豐伯張鵬翼、宣義將軍裘尚奭，仍與萬良合軍出，稍有斬獲。乃請封萬良爲平吴伯，以吴易爲總督，朱大定、錢重爲監軍。大定至，請期，且云：「嘉善、長興、吴江、宜興間，皆密有成約，瑞昌王在廣德，亦引領望。」汝霖因是請由海寧、海鹽直趨蕪湖，以梗運道。又慮二郡可取不可守，則引太湖諸軍以爲犄角，踞浙西肩背。萬良言：「但得兵三千，餉半月，即可有成。」顧汝霖軍實不滿千，餉又減給，他營足兵食者咸坐視，莫之應，惟孫嘉績遺餘姚知縣王正中獨進乍浦，不克還。萬良三疏請行，乃力爲措餉，又無舟，由陸路冒矢石以進，幾克德清，内應之民兵潰，部將徐龍達死之。及吴易領軍來會，則汝霖兵以無繼，已渡江返。萬良入山自保，請兵急援，鵬翼、尚奭暨開遠伯吴凱皆毅然請行。萬良尋亦敗死，汝霖軍遂不振。

丙戌，六月朔，江防潰，從監國航海入閩，晉東閣大學士。時國事皆專於鄭彩，彩暴横，汝霖每折之。彩與定遠伯周瑞交惡，汝霖票擬恒右瑞。彩積恨已深，會義興伯鄭遵謙與彩爭洋船，守將李茂又與汝霖奴有隙。元夕，熊、鄭兩家相問遺，茂即以合謀告變，彩遣兵潛害汝霖併其幼子琦官，投海中。我朝賜通謚曰忠節。

俞元良，字綏穀，海寧人，崇禎進士。浙東既奉魯王監國，熊汝霖獨以數百人渡海襲海寧，士民迎者萬計。汝霖欲擇一人爲主兵，縉紳多首鼠持論者，元良慨然曰：「事豈公一人事哉！元良敢獨後！」遂任守城，尋敗歿。我朝賜通謚曰節愍。

陳希文、希友，福州人，蓋兄弟也。以兵科給事中從魯監國航海。戊子，正月，鄭彩殺大學士熊汝霖，衆莫敢言，希友揭參彩逆惡。先是希文知不爲彩所容，祝髮去官，以母病留舟山。聞汝霖死，絶食哭數日，弔以詩曰：「數載風濤絶溯遊，驚聞砥柱折中流。半肩日月魂猶在，九族衣冠夢入泅。沙掩殘軀潮作淚，靈招窮嶼水爲愁。何時破浪乘風去，灑血橫戈易水頭？」同時，科臣熊曰繪、鄔正畿、檢討崔相、推官陳豸均以汝霖死，棄官去。

錢肅樂，字希聲，一字虞孫，號止亭，鄞縣人。幼穎異，讀書過目不忘。成崇禎丁丑進士，知太倉州。州瀕海而富，貴族豪奴與黠吏相緣爲奸。有殺人而焚其屍者，肅樂痛懲之，皆斂跡。又以朱白榜列善惡人名，械白榜者至階下，予大杖。久之，杖者少。有母訴其子者，請置之死，乃重責之，而謂其母曰：「汝止此子，殺之，則將以他人爲子邪？或未必勝所生，汝且悔。」有兄弟訟者，曰：「爾以小忿傷天性，吾一人撻，則爾終身怨矣。爾三日思，再就案。」乃皆悔。推官周之夔與張溥、張采相惡，以太倉折色，思牽連起黨禍，憚肅樂，終不敢發難。常欲行義倉法。庚辰，歲稔，言於長官，令民畝輸米升，得數萬石。明年，旱蝗，賴以濟。素病咯血，禱雨走烈日中，幾殆。嘗攝崑山令事，方大旱，民揭竿圍知府朱大受第，而州中亦告變，遂急集兵禽其渠誅之，而嚴飭上户之閉糴者，不三日，兩地皆安堵。其攝崇明也，以濱海多盜，練鄉兵擊斬其魁，洋面以靖。先後在太倉五年，俗大化，遷刑部員外郎，以憂歸。

乙酉，六月，杭州不守，寧波官吏已迎降，肅樂慟哭絶粒，以死誓。會鄞有諸生董志寧、陸宇爗、張夢錫、華夏、王家勤、毛聚奎號「六狂生」者，首倡義，徧謁諸鄉老，莫之應。聞肅樂至，挽之入城，以十二日大集紳士於城隍廟，開陳大義。降吏故同知朱之葵新命晉級，治府事，偕通判孔聞語亦馳至，諸紳議未定，多降階迎。肅樂拂衣起，遽碎其刺，觀者數千人，驩聲動地。布衣戴爾惠呼曰：「何不竟奉錢公起事？」擁之入巡按署。俄而海防道二營兵、城守兵皆不戒而至，請受約束。肅樂遂封府庫，收符鑰，以墨縗視師。遣諸生倪懋熹以書勸定海總兵王之仁來歸，之仁遂拒降臣謝三賓之請而締盟，共城守。

十八日，遣舉人張煌言赴台州表迎魯王監國，會餘姚、紹興亦舉兵，王乃至紹興行監國事，畫江防守。途中，加太僕寺少卿。二十八日，再奉箋勸進，晉右僉都御史，四疏固辭，請以原銜視事，其諸弟姪授爵者，并辭之，且言：「爵賞宜慎，不可蹈赧王覆轍。」

當是時，浙西諸郡縣並起義兵，蘇、松、嘉、湖列營數百，與浙東首尾相應，惟杭州孤懸。肅樂請由海道作窺吴計，不聽。未幾，分地、分餉之議起，肅樂所領兵遂無所取給，詳監國本紀。屢疏入告，不能答，但叙十捷功，再加右副都御史。復疏言：「臣郡臣邑，因臣起義兵，桑梓膏血一空，曾莫之救，而今日遷官，明日加級，是臣無惻隱之心也。沈宸荃、陳潛夫之才略機謀，方端士之勇，官階並出臣下，而臣翻受賞，是臣無羞惡之心也。臣部將鍾鼎新等斬級擒囚，臣以未取杭，不欲爲請殊擢，而臣自受之，是臣無辭讓之心也。臣少見史册所載冒榮苟禄，惡之若讎，而臣自蹈之，是臣無是非之心也。」又言：「臣近者十道並舉，冀杭城可復。聞主上起行中廷，盼望捷音，不能安坐，臣今不能入杭，誓不再受一官。」監國不許。

隆武帝立，閩中詔至，張國維、熊汝霖主不奉詔，朱大典與肅樂議以「大敵在前，未可先讎同姓，宜權稱皇太姪報命。若我師渡江，向金陵，則大號非閩人所能奪。」於是議大不合。方、王輩忌之，遂言：「肅樂初不受副都之命，爲懷二心於閩也。」不得已，鬱鬱受官，而餉仍不至。旋以奄人客鳳儀、李國輔兼制軍需，因力言「中官不可任外事」。由是諸藩、内臣交惡之，隨事中梗，兵至斷餉四十日，行乞於塗，徒以肅樂忠義感激，相依不散，卒無叛者。

疏凡數十上，略曰：「國有十亡而無一存，民有十死而無一生。翹車四出，無一應命，賢人肥遯，不肖攘臂，一也。憲臣劉宗周之死，關係甚鉅，贈謚廕卹，未協輿情，敕部改正，遲久未上，二也。張國俊以戚畹倚強權，侔人主，三也。諸臣以國俊故，相繼進言，主上以爲不必，幾於防口，四也。新進鼓舌摇唇，罔識體統，朝章甲令，委諸草莽，五也。反覆小人，借推戴以呈身，闒茸下流，冒薦舉而入幕，六也。楚藩江干開詔，息同姓之争，李長祥面加斥辱，凌蔑至此，七也。咫尺江波，烽煙不息，而越城褒衣博帶，滿目太平，燕笑漏舟之中，迴翔焚棟之下，八也。所與託國者，强半南中故臣，鴟鳥怪聲，轉徙可惡，飛蛾滅燭，至死不改，九也。此猶枝葉也，請言根本：今七月，雨水不時，漂廬舍千百，以水死；滷潮衝入，西成失望，以饑死；壯者殞鋒鏑，弱者疲轉輸，以戰死；文武衙門，票取牌索，一日數至，以供應死；澤國倚舟爲命，今調發既煩，小民皆沈舟束手，以無藝死；入鄉鈔掠，雞犬不遺，此營未去，而彼營又來，以掠死；富室輸金，當以義勸，而動加羈囚，有甘心雉經者，以財死；大軍所過，沿門供億，淫污横行，以辱死；劣衿惡棍，羅織鄉里，以爲生涯，百毒齊起，以憂死。今也竭小民之膏血，不足供藩鎮之一吸，繼也合藩鎮之兵馬，不足衛小民之一髮，懍懍乎將以不薙髮死。由前九亡，并此而十。若不早圖變計，臣不知所税駕矣。」

時國俊外仗方、王，内與客、李二奄比，見疏恨甚。既謝三賓以重金啖國俊，引爲禮部尚書，直閣事，遂併力擠之。尋加兵部侍郎，辭不受。諜言大清兵將自海道來，乃移守瀝海。時餉終無所得，疏言：「臣師二千，既無分地，勢須遣散；但臣以舉義而來，大讎未復，終不敢歸安廬墓。願率家丁數人，從軍自効，濟則君之靈也，不濟則以死繼之。」監國温旨慰留，而諸將益蜚語，謂將棄軍逃閩。

先是閩頒詔入浙，並賜倡義諸臣勑命，加官爵，肅樂奉表謝，遂爲羣小口實，甚有遣客刺之者。於是拜表棄軍以行，言：「臣披髮入山，永與世辭，主上請加蹤迹，斷不入閩，以取殄滅。」遂之温州。

監國得疏大駭，知不可留，降旨令往海上同藩臣黄斌卿、鎮臣張名振共取道崇明以復三吴，加吏部尚書，兼理户部事，辭之。是爲丙戌五月。不三旬，而江上破。

初肅樂之解兵也，閩使召之，以嫌不赴。及江上破，由海道入閩，請急提兵出關，不可。退入廣東，疏陳越中十弊爲戒，隆武帝優詔答之，以右副都御史召。

未幾，閩中亦破，與諸弟避至福清，展轉文石、海壇之間。米不可得，食麥；麥不可得，食薯；薯亦不可得，則采其枯者屑之拾青茆作薪。嘗夜涉絶谷，足盡裂。無已，則祝髮爲僧。漸有從之問學者賴其脩脯以給。

明年，丁亥，鄭彩扈監國至鷺門，來往諸島，禡牙舉事。六月，駐琅江，肅樂入覲，監國大喜。時從亡諸臣在側者，熊汝霖、馬思理、孫延齡。思理位汝霖上，同直閣；延齡即嘉績子，年尚少。彩自署兵部，及肅樂至，推以自代。肅樂泣陳無功，請以侍郎行部事，不許，因疏言：「兵部之設，所以統理羣帥，歸其權於朝廷。今雖未能盡復舊制，然當申明約束，使臣得行其法，不相凌辱，可乎？國家多難，大帥往往揜敗爲功，江干王之仁報捷諸書，其餘習也。臣願海上諸臣，持『勿欺』二字，以事主上，可乎？臣在化南，有感臣忠義，願攜貲來投者，有願奪降臣家財以充餉者，聚之可數百人，臣亦不敢私以自衞。藩臣入關，當驅臣兵爲先鋒，但願諸將稍存部臣體統，一切争兵、并船，不相加遺，以爲朝廷羞，可乎？敘功之舉，往往及官而不及兵，誰肯致死！臣請凡兵有能獲級奪馬者，竟授守把等官，可乎？」又言：「近奉明旨，江上之師，病在不歸於一。今宜以建國公彩爲元戎，登壇錫命，平夷、閩安、蕩湖諸鎮，此建國之左右手，令其選擇偏裨，或爲先鋒，或爲殿後，合而爲一，弗令異同。其次則編定什伍，弗令雜然而進，雜然而退，孟浪以戰。」並得旨允行。又疏言：「主上允臣前疏，委任建國，則兵出於一矣，復命建國合挑各營之兵，選其健者。請自今以往，停止一切封拜，懸一印，令於衆曰：『有能爲建國所挑之兵爲先鋒立功者，不論守把等官，竟與掛印。』如此則奇傑之人至矣。或謂各藩私兵，安肯令挑，即令各藩自挑敢死善戰之士，各爲一營，各懸一印，令曰：『有能將本營所挑之兵立功者，竟與掛印。』可邪，否邪？」監國以爲然。於是兵威頓振，連下興化、福清、連江、長樂、羅源三十餘城。侍郎林汝翥、御史林垐皆起兵以應，金聲桓部將郭天才以所部援閩，亦來降，遂圍福州。

故太僕卿劉沂春、廣東糧道吴鍾巒時皆隱遯，疏乞召用，得旨以沂春爲右副都御史，鍾巒通政使，二人猶不起。肅樂貽以書曰：「時平則高洗耳，世亂則美褰裳，司徒女子，猶知君父，東海婦人，尚切報讎。嗟乎！公等忍負斯言！」二人始翻然就道，由是閩中遺臣無不出矣。福州之敗，請卹宗臣統鐈、諸將葉儀等。

監國之初至閩也，招討朱成功修浙中頒詔之怨，待以寓公禮而不稱臣，仍稱隆武三年，肅樂奏頒明年戊子監國三年曆，海上遂有二朔。肅樂嘗與成功書，奬其忠義，勉以恢復，故成功不爲忤。監國始愧歎，知前此江上之謗，非有貳也。

戊子，監國次閩安，肅樂請立史官紀事。尋晉東閣大學士兼吏部尚書，四疏力辭，不許，乃與馬思理、林正亨同入直。

時鄭彩恣横，連害熊汝霖、鄭遵謙，逆節大著。肅樂每日繫艑於駕舟之次，票擬章奏，即其中接見賓客，封進後，則牽船别去。彩初與肅樂頗相睦，自汝霖死，并疑之。

先是，隆武帝殂，其將總兵官涂登華尚守福寧，督輔劉中藻移兵攻之。登華欲降，未決，謂人曰：「豈有海上天子，舟中國公！」肅樂曉之以書曰：「將軍獨不聞南宋之末，二帝並在海上，文、陸並在舟中，後世卒以正統歸之，而況不爲宋末者乎！今將軍死守孤城，以言乎守義，力已盡也；以言乎保身，策未善也。據沸鼎以稱安，巢危林而自得，何計之左邪！」登華遂詣鄭彩降。彩使私人守之，中藻愠不可，彩翻掠其地。肅樂與中藻書，不直彩。彩使人刺得之，恨甚，以爲樹外援圖己，朝見之次，輒故誦書中語。

肅樂向有血疾，至是憂憤交至。而彩自知爲同列所惡，不復協力，逍遥海上。連江失守，肅樂聞之，以頭觸枕祈死，血疾大動，因絶粒，監國賜藥亦不肯進，六月五日，卒於琅江，年四十三。訃聞，監國震悼，輟朝三日，親製文，賜祭九壇，贈太保、吏部尚書，謚忠介。我朝賜通謚曰忠節。

肅樂少時，嘗夢日墮其手，扶之稍稍上，終不支，漸小漸晦，心異之。竟以盡瘁卒。遺命以部郎章服殮。子兆恭，蔭尚寶丞，弟御史肅圖、檢討肅範挈之依劉中藻於福安。城陷，肅範死之，肅圖以兆恭走舟山。庚寅，六月，兆恭亦卒。又七年，弟推官肅典死。又一年，弟職方肅遴死。外舅董光遠嘗參幕府事，肅樂家被籍，自破其家，爲輸餉，既聞入海，自經死。鄞多忠義士，而錢氏父子、兄弟、翁壻并死海上，旅櫬飄泊，尤可感。肅樂歿後六年，故相葉向高孫進晟、海寧職方姚翼明，爲乞地黄蘗山僧隆琦而葬焉。著有正氣堂集、越中集、南征集，亂後多不存。諸弟惟肅範、肅遴、肅典、肅繡、從弟光繡最著，並附傳焉。

肅範，字錫九，肅樂之第五弟也。受經於兄，尤工書。肅樂起兵，諸弟之從軍者，監國並授監紀，肅樂辭不受。江防潰，偕之浮海而南。時監國從臣缺略，誥敕文字多出肅範手。已肅樂請置史官，紀起居，大學士馬思理請以肅範爲之，授檢討。

肅樂歿後，諸子弟或之瑞安，或之舟山，未去者亦避地秦川、長水之間，遵遺命也。而肅範與第四兄御史肅圖，獨徘徊未去。或問之，曰：「行者全宗，止者報國，不相背也。」大學士劉中藻遣人來迎，親友以王師已定閩地，福安必不保，勸肅範毋往，不聽，竟偕肅圖挈肅樂子兆恭赴約，中藻奏兼兵科給事中。

未幾，長圍四合，助中藻城守凡六閱月，戰屢勝，王師乃不復傳城，築栅以守之。肅圖先時出城募兵，縋使入問，肅範復書曰：「吾兵猶利，足以一戰，但枵腹枕戈，勢焉能久！城中望援，以刻爲歲，南向望草飛塵起，謂此援兵來也，聞風聲鶴唳，謂此援兵來也，而卒寂然。吾惟以一死待之而已。」城陷，望百辟山歎曰：「此宋少帝入海處也！」投繯未絶，被執不屈死，僕張貴殉焉。肅圖復挈兆恭走舟山。無何，兆恭亦卒。肅圖還里幾三十年，始舉一子，以爲肅樂後，名之曰濬恭。又數年，有遊僧至鄞，冒稱肅範，叩之，語不符，乃遁。而焦甲者，在圍城中親見肅範死狀甚悉，濬恭乃行招魂禮以葬焉。

肅遴，字兼三，肅樂第七弟；肅典，字叶虞，第九弟也。甲午，張煌言以定西侯張名振軍入長江，二人間道赴之。煌言倒屣迎曰：「段文鴦邪，江子四邪？尊兄爲不死矣！」師退，肅遴歸。

乙未，復至海上，時復潛行中土，結内應。丙申，大兵再下滃洲，二人先驅入海以告，中途爲追兵所執，肅典死焉。

時同祖兄弟有通籍我朝者，恐肅遴出入焦原，爲家門累，頗相齮齕，無已，復挈眷之崑山，思得間爲入海計。

己亥，煌言再入長江，又從之。兵敗相失，流轉太倉、嘉定間，怏怏不自得。一日，嘔血數斗，大呼不絶死，年僅三十也。

肅繡，字文卿，肅樂第八弟，世稱之爲錢八將軍。錢氏以簪纓禮樂著，肅繡獨能射虎命中，飲酒可數斗，飲愈醉，膽愈壯，仰天振纓，意氣橫舉。

肅樂起兵，其同産弟之從軍者四，從子一，又族弟二，曰肅文、肅度。忽於衆中見肅繡仗策請自效，以其年少恃勇，恐至蹉跌，遏之不許列名。乃變姓名，注籍諸將幕下，肅樂誓師始見之，駭曰：「汝必欲隨征邪！」江上出戰，爲先鋒，浮白大呼，挺矛直前。嘗中利刃，腸出不及納，一手攬之，一手格鬬不止，卒連斫二人仆地，始還營，一軍皆大驚，而意氣自若，若無傷。其時，肅樂軍中多魁士，如都督江漢、王征、南某，皆百夫之特，而肅繡以兄弟，尤勤護衛，幾如魏武之有許褚也。顧肅樂時時憤諸營濫邀爵賞爲偏裨樹恩澤，故肅繡在行間積功多而官止參將。

事敗後，窮老桑麻間，掩關不輕出，而日飲亦就減。無何，鬱鬱死。

光繡，字聖月，號蟄菴，肅樂從弟。少負異才。既盡交浙西、江左諸名士，而四方豪傑遊江、浙者因得盡交之，故年甫冠而時譽甚重。

流寇逼京師，上書南樞史可法，請急引兵勤王，以救京師之困，而先以飛騎追還漕艘，勿賫盜糧。可法答以「具曉忠懷，即圖進發。」

弘光時，累言於當道，深以立馬量江爲憂。陳潛夫按河南，檄光繡知舞陽縣，以親老辭。

乙酉，夏六月，肅樂舉兵江上，光繡獨居硤石，竟不赴。吳中起義，硤中人舉兵應之，光繡亦不豫。蓋逆知事之不可爲也。既肅樂被籍，光繡欲爲紓難，往見招撫嚴我公，嚴因召以贊畫，且薦之修玉牒，因辭絕焉。肅樂既殉，光繡操文致祭，悽感行路。從兄肅凱，向有隙，以江寧推官罹刑，懼家門不保，託以幼子，竟力任之。

時吳、越諸野老多以不仕養高，而牧守干謁仍不廢，因作長謡諷之云：「昔日夷、齊以餓死，今日夷、齊以飽死，只有吾鄉夷、齊猶昔日，何怪枵腹死今日。」聞者惕然。

平居蘊藉性成，困阨不少減。

丙戌以後，生平師友所在有山陽之痛，乃頹然自放，以佞佛晦之，别署號曰寒灰道人，而情所不禁，呈露本色，輒又旦旦啖黿羹，炙牛心，飲醇酒不置。久之，感懷家國憔悴，竟成心疾，以自裁死。

沈宸荃，號彤菴，慈谿人。崇禎庚辰進士，授行人，奉使旋里。弘光時，擢山西道御史，疏言五事，曰破方隅以立臣表，端品望以立臣模，礪廉潔以清臣操，殫心力以供臣職，息凌躁以安臣分，皆切時病。又言：「疆埸之情形日變，臣下之泄沓日深，儀文興作，粉飾太平，黨邪醜正，喜譽惡直，幾不知宗社孔棘，國事阽危也。餉入六百餘萬，而淮、徐四鎮及督師歲計，已需二百四十餘萬，江、楚藩鎮、督撫、各標、京營、京口、浦口各鎮，其所需又豈淮、徐比哉！即小民賣男鬻女，有司敲骨剥髓，亦不能足，非陛下臥薪嘗膽時邪？且北望山陵，麥飯無展，中原、河北，淪爲異域。今西北風塵，尚有東南託足，倘東南復起烽火，則將税駕何方？觸目心悲，又何暇計及服御儀文之間乎！」又言：「經略山東、河南者，王永吉、張縉彦也。王永吉失機之將，先帝拔爲總督，貸其罪，隆其任，恩亦渥矣，乃擁兵近甸，不救國危，奉身先竄；縉彦以部曹驟典中樞，乃不念先帝特達之知，而率先從賊，視息偷生。此二人者，即加以赤誅，亦不爲過。陛下以封疆故，屈法用之，自宜奮力圖功，洗滌前恥，而逡巡觀望，逗遛淮、海間，至今未聞荷戈先驅也。死何以見先帝？生何以對陛下？昌平巡撫何謙，失陷諸陵，罪不容赦。至都城既陷，先帝賓天，守土臣皆宜礪兵秣馬，俟新君復讎。賊塵未揚，顧先去以爲民望，如河道總督黄希憲、山東巡撫邱祖德、魯化龍等，尚可容偃臥家園乎！」疏入，命俱逮治。冬至日郊天，中旨改期，宸荃引洪範天人感應之理及體元行政之事，以明祀天之必不可緩，不聽。俄又陳禦敵實策，下所司議。

是時朝政大亂，宸荃獨持正，羣小恨之，掌道張孫振尤甚。

明年，以年例出爲蘇、松兵備僉事。宸荃之初入考選也，有鄉人語之云：「公以千金贄省中，可得也。」宸荃曰：「吾豈賄進哉！」已復云：「不須金矣，貴陽方收人望，稱門下士可也。」曰：「埽門求仕，吾亦恥之。」至是，吏復以千金要之，言：「部疏上，從否惟内閣得以轉移。」或又轉以告，宸荃曰：「誠如吏言，我將爲吏用矣。」

南都亡，舉兵邑中，魯監國擢爲僉都御史，從至閩，晉工部尚書。戊子冬，與劉沂春並進東閣大學士，從之舟山。壬辰，又從之泛海，抵中左所及金門。後艤舟南日山，遭風失維，不知所之。當宸荃從亡時，其父家居，當事者每齮齕之，父亦强直，莫能加害。宸荃思其親，輒吟詩慟哭，聞者憐之。我朝賜通謚曰忠節。

張肯堂，字載寧，號鯤淵，松江華亭人。天啓乙丑進士，知濬縣，弭盜安民，大著聲績。崇禎七年，擢御史。流賊陷鳳陽，皇陵震驚，疏劾閣臣，條上滅賊方略。尋出按福建。時巡撫沈猶龍亦松産，同心勦撫，寇氛少戢。還朝，掌河南道，條奏時事，帝多嘉納，事詳明史。

十五年，遷大理寺丞。頃之，以右僉都御史巡撫福建。漳南大盜鄭芝龍以授撫，官至總兵，私招盜五十餘人，報肯堂請留標下，肯堂曰：「勦盜，元戎職也。未有朝命而擅受降，不可。」具疏入告，得嚴旨，悉論斬，芝龍以此銜之。

南都立，選兵三千入衞，璽書褒美。時汀、漳間有賊數萬，出没剽掠，肯堂勦撫並用，踰年悉平。南都亡，芝龍弟鴻逵奉唐王至水口驛，肯堂具啓迎王，王復以書，言：「兩京淪没，陵寢暴露，懷枕戈復讎之志而無其地，流離蹈海，幾作波臣，惟天南一片土，先生保障，以待中興，高皇在天之靈，實式憑之。」會尚書黄道周自浙馳至，議奉王監國，芝龍意猶豫，而以弟鴻逵所迎，勉就約。

秋七月，王稱制，進兵部尚書，尋改左都御史，掌都察院事，面陳恢復大計，言：「江干之禍，皆由罪輔馬士英，又加以棄主而逃，法所不赦。」以故上登極詔中即發其罪，士英叩闕自理，七疏皆不納。而芝龍力爲之請，詔令恢復杭州始申雪，芝龍益恨。旋以曾后參與政事，具疏諫，后恚，肯堂以是見疏。

時芝龍無意恢復，亦惡肯堂日以親征進勸，用其私人郭必昌代爲巡撫，奪其兵，猶以翊戴功，晉太子少師，令總理留務，造器轉餉。八月，命監臨福京鄉試，蓋外之也。已而故尚書曾櫻至，詔肯堂以冢宰專掌院事，而以銓事屬之櫻。

丙戌，正月，累疏請兵，詔加少保兼户、工二部尚書，總制北征，賜尚方劍，專理兵馬、糧餉，撫鎮以下，許便宜從事，其實皆空言也。孫茂滋方家居，遣部下汝應元歸省之。會吴淞兵起，主之者夏允彝、陳子龍也。應元固雄俊人，即以肯堂命奉茂滋發家財助軍，上授應元爲御旗牌總兵官。

未幾，兵敗，徐孚遠浮海來，茂滋亦與應元至。爲言吴淞事雖無濟，而猶保聚相觀望，倘有招者，可一呼集，遂上水師合戰之議，請上親征，由浙東，而已以舟師由海道抵吴淞，招諸軍爲犄角。

部臣曹學佺力贊之，謂：「徼天之幸，在此一舉，當乘風疾發。」即自捐餉一萬，速其行。肯堂請以太常卿朱永祐及趙玉成、徐孚遠參其軍。有周之夔者，故蘇州推官，舊與東林有隙，至是起兵於家，報國甚勇，且熟海道，亦用之。以平海將軍周鶴芝將前軍，定洋將軍辛一根將中軍，樓船將軍林習將後軍。詔晉肯堂大學士，行有日矣，而芝龍密疏止之，以郭必昌將步卒先發。必昌受命，不出三關一步，令肯堂待命島上逾半載，朝事不復相聞，郵筒亦隔絶。

六月，復下督師之命，然軍資、器械並餉三萬盡爲芝龍所取，於是自募得六千人，屯鷺門。

是秋七月，聞上親戎，出延平，且幸贛州，方引領望消息，而芝龍已降，上殂汀州，乃痛哭誓不欲生。會鶴芝軍至，勸之，以爲：「封疆之臣，封疆失則死之。今公奉使北伐，非封疆也，不如振旅以爲後圖。」肯堂因入其軍。鶴芝亦以盜起海上，至大將，然忠順，非芝龍比。芝龍將降，以書招鶴芝計事，道與肯堂遇，止之，不信。既知其降已決，遂與肯堂謀出師破海口諸城。大兵勢盛，鶴芝度不能抗，由閩入浙。

有周洪益者，蕩湖伯阮進部將也，劫肯堂於路，跟當入舟山，總兵黃斌卿留之。斌卿無遠略，雖外致隆禮，而凡所進言，皆弗納。不得志，栽花種竹，作寓生居記以見志，曰：「張子以視師之役，航海就黃侯虎癡於翁洲侯館。余參戎之署中，有舊池臺焉，張子葺治之，踰兩春秋，稍成緒。忽自咎曰：『余何人也？兹何時也？不養運甓之神，而反躬灌園之事，余其有狂疾哉！』偶讀本草，寓生之木，一名續斷，則又憮然歎曰：『有是哉，是木之類余也！夫是木之植本也，不土而滋，有似於丈夫之志四方；其附物也，匪膠而固，有似於君子之交。有是哉，是木之類余也！雖然，是木之自託其生也甚微，而利天下之生也甚溥，余安能比於斯木哉！余也生世寡諧，而姓名時爲人指，以故不能爲有用之用，如楩枏栝柏之大顯於時；而又不能爲無用之用，如臃腫拳曲之詭覆其短。以至戴鼇三傾，檠曦再昃，疆孤撐而羣撼之，蝥先登而下射之。浸假而朝宁之上荆棘生焉，余因爲溝斷；浸假而棄置之餘風波作焉，余因爲梗飄；浸假而師旅之命湯火蹈焉，余因爲槎泛。斯時身萍世絮，命葉愁山，直委此七尺以幾幸於死之得所，而吾事畢矣，寧計海上有島，島中有廬，廬傍有圃，又有地主如黄侯舍蓋公堂下孺子榻乎！夫既適然遇之，則亦適然遇之而已。聞之：三宿桑下，竺乾氏所訶，而郭林宗逆旅一宿，無問焚掃。余嘗校其意趣，以爲竺先生似伯夷，蓋視天下無寓非累，而是處欲祛之者也；郭先生似柳下惠，蓋視天下無寓非適，而是處欲安之者也。今余將空無生之累，以就有道之安，則文山之牽舟住岸，其視易京、郿塢，將孰險孰夷邪？彼共榮悴於同臭之根，而保貞萎於特生之幹，亦若是則已矣。若夫死不徒死，必有補於綱常，生不徒生，必有裨於名教，如兹木之佐俞、扁而起膏肓，則余方以此自期，世亦以此相責，非兹言所能概也，然而感慨係之矣。』」貽書都御史黄宗羲曰：「銅槃之役，僕惡敢後，顧飄梗隨流，安假黄鵠之一羽哉！皆爲斌卿擅命，不與諸軍協力發也。」

無何，張名振奉魯監國至，力勸斌卿奉迎，不聽。諸軍興問罪師，斌卿戰敗，求肯堂爲救，爲之上章待罪，名振等不可。斌卿死，監國入舟山，拜東閣大學士，遂虚所居邸以爲王宫。太保沈宸荃以肯堂耆德宿望，讓爲首揆，自以疾請休。肯堂獨相，進文淵閣，加太傅。張名振之殺王朝先也，力解之而不能得，國事盡歸名振，肯堂不得有所豫，飛書發使，每多所沮，終日咄咄，至憤恨不食。然老成持重，中外倚之。滃之人有將納女入宮者，聞其嘗字人，上疏諫，監國遽卻之。

邸中築雪交亭，夾一梅一梨，花開則兩頭相接，歎謂汝應元及門下士蘇兆人曰：「此吾止水也！」兆人曰：「公死，兆人必不獨生。」嘗撫茂滋顧應元曰：「下官一綫之託，其在君乎！」應元曰：「諾。」於是驀然去，披緇普陀寺，而兆人始終相從居。

二年，辛卯，八月，大兵至，名振奉監國擣吳淞，命肯堂留守，城中兵六千，居民萬餘，協力堅禦。城陷，先一夕，少保禮部尚書吳鍾巒至，與作永訣，因謂家屬曰：「毋爲人辱！」比晨，集雪交亭，蟒玉南向坐，視其四姬方、周、姜、畢，及冢婦沈氏，即茂滋母，女孫茂漪，並先後就縊、投水死，諸婢僕婦之從死者復十九人。呼茂滋曰：「汝不可死。然得全與否，非吾所能必。」已甫引繯，家人報蘇儀部縊廡下，亟呼酒往酹之，曰：「君少待我！」遂復入繯以卒，九月二日也。

中軍將林志燦、林桂掖茂滋行，甫出門，而亂兵集，茂滋脱去，志燦、桂等格鬬死，守備吳士俊、家人張俊、彭歡皆絶脰死。茂滋尋被執，賴應元與鄞諸生陸宇燝、前户部董德偁等救之，以免。

肯堂生平以用世爲學，顧未得展其所用，論者惜之。臨難絶命詞曰：「虚名廿載誤塵寰，晚節空愁學圃間。難賦歸來如靖節，聊歌正氣續文山。君恩未報徒長恨，臣道無虧在克艱。留與千秋青史筆，『衣冠』二字莫輕删！」我制府購此手蹟，一老兵得以獻，賞之，曰：「吾不忍没忠臣，非羨金也。」竟不受。我朝賜專謚曰忠穆。

蘇兆人，字寅侯，吴江諸生。少爲張肯堂弟子。江南失守，亡命至海上，魯監國授中書舍人，進禮部主事。嘗謂肯堂曰：「先生他日必死國事，兆人請先驅。」比江陰黄毓祺殉節，兆人和其獄中詩，有「不改衣冠可爲士，誤移頭面即成魔」句。時海上諸老晨夕聚處，惟以一死相期。舟山陷，兆人書絶命詞於襟上曰：「保髮嚴臣節，扶明一死生，孤忠惟自許，義重此身輕。」乃拜辭肯堂曰：「兆人行矣。」即縊於雪交亭之右廡。我朝賜通謚曰節愍。

汝應元，字善長，華亭人，爲僧後名行誠，字無凡，張肯堂麾下總兵官都督同知也。少讀書，通文筆，頎大魁碩，有勇幹，善料事。以貧故，且與肯堂爲同里，遂服役。時年尚未二十，肯堂一見異之，曰：「此非隸役中人。」及巡撫福建，應元在幕府，最荷委任，往來海上，指麾諸將，以捕盜積功至都司僉書，然尚侍左右，未分閫也。

乙酉，四月，以肯堂命奉孫茂滋同歸松江。適南都亡，考功夏允彝倡義吴淞，總兵吴志葵故出夏門下，以麾下應之，薦紳則尚書沈猶龍、給事陳子龍、中書李待問，皆松之望也。應元遽以便宜，盡發張氏家丁，出家財，爲支軍一隊，與志葵合。或駭之曰：「此大事，子何恖恖爲？」笑曰：「我公志也。」於是允彝、子龍納袍笏列拜營前曰：「斯四十年領袖東林之錢尚書所不肯爲，而君爲之。」應元名遂大震。

未幾師敗，仍護茂滋入閩。隆武帝知之，大喜，即授御旗牌總兵官，都督同知。已從肯堂浮海至舟山依黄斌卿，適監國魯王方失浙東，叩關求援，斌卿不納，肯堂力争不應，應元曰：「斌卿意叵測，

請使死士刺之，奪其軍，以迎監國。」肯堂曰：「危道也，汝姑止！」張名振之應松江也，應元亦踴躍

欲赴，肯堂曰：「事未可知，吾今不可一日離汝。」嘗撫茂滋謂之曰：「我大臣，宜死國，一綫之寄，其在君乎，他日幸無忘！」曰：「謹受命。」

忽一日大風雨，呼之，則已空閣不知所往，肯堂大驚，如失手足。次日，有普陀僧入城，曰：「昨有一偉男子來，腰間佩劍猶帶血痕，忽膜拜不可止，亟求薙度，麾之不去，不知何許人。」其儕輩聞之，亟歸告肯堂曰：「此必吾家應元也。」已而以書來，謝曰：「公完髮所以報國，應元削髮所以報公，息壤之約，弗敢忘也。」自是遂爲僧於普陀，號無凡，居茶山，築寶稱菴。

辛卯，舟山破，肯堂闔門二十七人死之，獨命茂滋出亡。無凡遽入城，則已失茂滋所在，乃詣轅門求葬故主。諸帥欲斬之，提督金礪故好佛，憐其僧，以好語解之曰：「汝亦義士，然此骨非汝所得葬，不畏死邪？」無凡曰：「僧固帶頭來，願葬故主而死，雖死不恨。」金曰：「吾今許汝，葬畢來此。」曰：「諾。」乃殮肯堂，并諸骨爲一大塚，瘞之，徑詣轅門請囚，諸帥咸驚異，命安置太白山中。

無凡既不得自由，密遣人四出詗茂滋，聞其羈鄞獄中，乃令同院僧之出入帥府者爲金礪言：「無凡精曉禪理，可語也。」金喜，延與語，相得甚驩，則乘間爲言「茂滋忠臣裔，可矜，且孺子無足慮，乞往一視。」許之。求出之，不得；以合山行衆請之，又不得；請以身代，亦不得。會鄞義士陸宇燝等以闔門四十餘口保之，茂滋乃得出，無凡又爲之力請，竟得放歸華亭。

後數年，茂滋以病卒，無凡遂終其身守張太傅墓下，老死於普陀云。

小腆紀傳卷第四十一

前翰林院檢討加詹事府贊善銜六合徐鼒譔

列傳第三十四

于穎　莊元辰王玉藻　董守諭邵之詹　王正中　徐孚遠　陳士京

于穎，字穎長，金壇人。崇禎辛未進士，累官工部員外郎，出知順德府，移西安，以事罷。尋起復爲工部郎，授紹興知府。越人重水利，前守築三江應宿閘，而越水治。然閘在下流，能禦潦而無以處旱。崇禎末，苦旱，左都御史劉宗周家居，謂惟通麻谿壩，更於麻谿壩之上流通茅山閘，潦則閉之，是爲良策。而蕭山愚民挾形家言阻之。長吏諮於穎，穎曰：「劉總憲言是。」捕蕭民之梗令者杖之，事得集，雖大旱不爲災，民復翕然誦穎。

乙酉，遷分巡寧紹臺道。馬士英挾太后入浙，宗周泣曰：「非斬士英無以收既潰之人心。」穎於是再疏請誅士英，不報。宗周曰：「明府竟申大義於天下可矣。」穎自以外臣未可擅殺宰相，乃止。

偕宗周歸結熊汝霖輩共起兵，而我大清兵已至杭，宗周絶粒，穎亦馳入雲門山觀變，紹興通判張愫以城降。會鄭遵謙起兵，斬愫迎穎，穎馳回，望城哭，城中人呼曰：「于公來，吾事濟矣。」

先是，穎密遣在事軍官募兵備敵，至是絡繹率衆至，鄉官前太僕蕭山來方煒、前職方來集之等亦各以兵會。潁乃操小舟，西徇蕭山，新令陳瀛出謁，執之，焚招降榜，鳴鼓誓師，大集都亭，時閏六月旬有三日也。即夕，以五百人趨固陵，前所遣諸生莊則敬等以江船百餘艘來迎。蕭人沈振東爲導，盡驅西岸之船而東至中流，大兵劄西岸，無所得船。潁率衆登岸大譟，遂畫江以守：一軍扼潭頭，一軍扼橋司，一軍扼海門，一軍扼七條沙。尋大兵拽内河舟百餘，木簰填土，擬渡，潁遣死士陳勝等鑿沈之，風起潮湧，簰盡漂，各營鈎致以爲用，時以爲神助。

潁謂諸將曰：「杭已有重兵，攻不易，莫若於下流由橋司入海寧，出海鹽以通震澤；上流由潭頭入富陽，通餘杭以扼獨松關。」比海寧兵起，而富陽爲降將郎斗金所據，遣副將劉穆夜襲之，餘杭之道得通。故餘杭令邱若濬、故瓶窰副將姚志倬來會，穆乃駐師清風亭爲聲援。大兵突至，克富陽，穆子肇勷等死之，王宗茂、阮維新等并力以禦，潁自漁浦渡江救之，富陽復定。方國安之得駐七條沙，自此始也。魯監國晉按察使，行巡撫事，旋進右僉都御史，督師江上，遂自爲一軍，守漁浦。

時諸軍交訌，争兵争餉，潁支拄其間爲最苦，王之仁尤惡之。一日，會於潭頭，語不合，之仁拔劍擬之，馬士英卻以身蔽，乃免。已而諜言大兵自海道至，命移軍三江口。江上師潰，航海扈從不及，還京口，以黄冠終。

莊元辰，字起貞，晚字頑菴，鄞人，學者稱爲漢曉先生。賦性嚴凝，不隨人唯阿，下筆千言，亦倔強，睥睨一切。成崇禎丁丑進士，授南太常博士，八載不遷。

甲申之變，一日七至中樞史可法之門，促以勤王。

弘光帝立，朝議選科臣，總憲劉宗周、掌科章正宸皆舉元辰爲首，而馬士英密遣私人致意曰：「博士曷不持門下剌上謁相公？掌科必無他屬。」峻拒之。或謂士英：「是故劉、章之私也。」中旨僅授刑部主事，公論爲之不平。已而阮大鋮欲興同文之獄，元辰曰：「禍將烈矣！」遽出都，賦招歸詩十章志感。未幾而留都陷。

錢肅樂之起事也，元辰破家輸餉。時降臣謝三賓爲王之仁所脅，以餉自贖。及肅樂與之仁赴江上，三賓潛招兵於翠山，衆疑之，明經王家勤謂肅樂曰：「公等竟欲西行乎？何其疏也！」肅樂驚問：「計將安出？」家勤曰：「浙東沿海，皆可以舟師達鹽官，倘彼乘風而渡，北來擣巢，列城且立潰矣，非分兵留守不可。」肅樂曰：「是無以易吾莊公者。」於是共推元辰任城守事，分兵千人屬之，以四明驛爲幕府，家勤及明經林時躍等參其事。元辰日耀兵巡諸堞，里人呼爲「城門軍」，三賓不敢動。乃以翠山之衆迎魯王於天臺，自七月至十月，鄞始解嚴。晉吏科都給事中，遷太常少卿，再遷正卿，仍兼吏科如故。

尋上疏言：「殿下大讎未雪，舉兵以來，將士宣勞於外，炎威寒凍，沐雨櫛風，編氓殫藏於內，敲骨吸髓，重以昔年秋潦，今兹亢旱，臥薪嘗膽之不遑。而數月以來，頗安逸樂，釜魚幕燕，撫事增憂，則晏安何可懷也。敵在門庭，朝不及夕，有深宮養優之心，安得有前席借箸之事，則蒙蔽何可滋也。天下安危，託命將相，今左右之人，頗能內承色笑，則事權何可移也。五等崇封，有如探囊，有爲昔時佐命元臣所不能得者，則恩膏何可濫也。陛下試念兩都之毁，黍離、麥秀之悲，則居處必不安；試念孝陵、長陵銅駝荆棘之慘，則對越必不安；試念青宫二王之辱，則撫王子何以爲情；試念江干將士、列邦生民之困，則衣食可以俱廢。」疏入，報聞。已又言中旨用人之非，累有封駮，監國不能用。

時三賓貪緣居要，而馬士英又至，元辰言：「士英不斬，國事必不可爲。」貽書同官黄宗羲、林時對云：「蕞爾氣象，似惟恐其不速盡者。區區憂憤，無事不痛心疾首，以致咳嗽纏綿，形容骨立，願得以微罪成其山野。」遂乞休。

未幾，大兵東下，乃狂走深山中，朝夕野哭。元辰故美鬚眉，顧盼落落，至是失其面目，巾服似頭陀，一日數徙，莫知所止，山中人亦不復識。忽有老婦呼其小字曰：「子非廿四郎邪？」因歎曰：「吾晦迹未深，奈何！」

丁亥，疽發背，戒勿藥，曰：「吾死已晚；然及今死，猶可。」其門人林奕隆曰：「請爲吾師作大還詞以祖道。」曰：「試歌之！」曰：「洶洶天狼，綏綏野狐，逐人駓駓，白日幽都。敦脄血拇，肝膽横屠，懸人以娭，如跖之脯。六千君子，與白日殂，五千甲楯，與東流楛。往哉浩然！逃之太虛。火宅既離，毒苦可除，帝且餉公，九光五銖。小子歌此，以當驪駒。」歌畢，元辰首頷者三，遂卒。

王玉藻，字螺山，江都人。崇禎癸未進士，授慈谿知縣，民不擾而事集。不數月，北都亡，前令汪偉以翰林院檢討殉國，玉藻率官吏士民爲大行哭臨畢，別爲位哭之三日。尋故少詹事項煜以從逆亡命至，玉藻與邑人馮元飂皆出其門，馮氏匿之夾田橋別業，慈谿人擒而撲之橋下，置不問。或以爲過，應之曰：「吾不能爲向雄之待鍾會哉，顧懼負前日大臨一哭耳。夫君臣之與師友，果孰重哉？」聞者聳然。

乙酉夏，大兵下江南，浙中守令或去或降，而玉藻與沈宸荃起兵奉魯監國，晉御史，募義勇，請赴江上自効。乃解縣事，以兵科都給事中往軍前任事，邁往江上。諸帥惡之，不予以餉，歎曰：「是將剚刃於我也！」力請還朝。在垣中維持正議，又不爲諸臣所喜，乃力求罷斥，太常卿莊元辰留之。

丙戌夏，浙東再破，以黄冠遯於剡溪，久而不歸，資糧盡，慈民及浙東義士時爲周之。每臨流讀所作詩，激厲慷慨，仰天起舞。與客談島上事，輒歎曰：「今猶靖康、建炎際耳，若以祥興擬之，則下矣！」其崛強如此。辛卯後，歸故鄉，以餓死。

董守諭，字次公，鄞縣人。天啓甲子舉人，與翁鴻業、姜思睿齊名，所謂「浙東三俊」也。魯王監國，召爲户部貴州司主事。當是時，熊汝霖、孫嘉績首事起兵，然皆書生，不知調度，乃迎方國安、王之仁，授之軍政，凡原設營兵、衞軍俱隸之，孫、熊所統，惟召募數百人。方、王兵既盛，反惡當國者有所參決，因而分餉、分地之議起。分餉者：正兵食正餉，田賦之出也，方、王主之；義兵食義餉，勸捐無名之徵也，熊、孫諸軍主之。分地者：某正兵支某邑正餉，某義兵支某邑義餉也。監國令廷臣集議，方、王司餉者皆至殿陛譁争，守諭曰：「諸君起義旅，咫尺天威，不守朝廷法乎！」乃稍退。户部主事邵之詹等議：紹興八邑各有義師，專供本郡；以海寧給王藩，金華歸閣部，五府歸方藩。守諭進曰：「是議皆非也。夫義餉者，有名無實，以之饋義兵，必不繼，即使能繼，誰爲管庫？今請以一切稅供悉歸户部，計兵而後授餉，覈地之遠近，酌給之後先，則兵不絀於食，而餉可以時給也。」方、王雖不從，然所議正，無以難也。

之仁請收漁船稅，守諭曰：「今日所恃者，人心耳。漁户已辦漁丁稅矣，若再苛求，民不堪命，雜販小夫且不自安。人心一摇，國何以立！」久之，又請行稅人法，請塞郡之金錢湖爲田，請官賣大户祀田以贍軍，三疏皆下部議，兵士露刃其門以待覆。守諭力持不可，之仁大怒，謂：「行朝大臣，尚不敢裁量，幕府户曹小臣，敢爾阻大事邪！」上言：「得孟軻百，不如得商鞅一；得談仁講義之徒百，不如得雞鳴狗盜之雄一。」檄召守諭，將殺之。監國不能禁，令且避，守諭慷慨對曰：「司餉守正，臣分也。生殺出主上，武寧雖悍，將何爲者！臣任死王前，聽武寧以臣血濺丹墀可耳！」於是舉朝憤怒，曰：「之仁反邪？何敢無王命而害餉臣！」之仁乃止。

明年，烈皇帝大祥，守諭請詣朝堂哭，三軍縞素一日。遷經筵日講官，兼理餉事。六月，監國航海，守諭不及從，遂浮沈閭里間。

少受業於漳浦黄道周，講學大滌山房，著有擘蘭集。國亡，遯跡荒郊十九年，卒年六十九。

邵之詹，餘姚人。錢塘破，悲憤疽發背死。守諭哭以詩，極哀，稱有建義之功、借箸之策，然不可詳。

王正中，字仲撝，直隸保定人，武寧侯之仁從子。崇禎丁丑進士，授長興知縣。國變，流寓紹興。魯王監國，命以兵部職方主事攝餘姚縣事。

時義軍猝起，市魁、里正得一劄付，則入民舍，括金幣，甚至縶累呼號，交錯道路，郡縣不敢問。正中率所練鄉兵之任，既視事，令各營取餉必經縣票品覈資産以應，否者以盜論，民間稍靖。總兵陳梧敗於嘉興，渡海掠餘姚，正中遣民兵擊殺之，諸營大譁。忌者劾正中擅殺大將，黄宗羲言於監國曰：「梧借喪亂以濟其私，致犯衆怒，是賊也。正中守土，即當爲國保民，何罪之有！」議乃息。張國柱、田仰、荆本澈各率所部過姚江，舳艫蔽空，以正中嚴備，不敢犯。國柱後從定海入，縱兵淫掠，正中單騎入其軍呵止之，國柱迄不得逞。嘗率輕騎渡海鹽，奪澉浦，縣人倚之若嚴城焉。擢監察御史。

喜星象、律呂、度數之學，故與宗羲善，造監國魯元年丙戌大統曆以進。浙東亡，隱山中，貧甚，賃田以食，佐以醫卜。丁未八月卒。

徐孚遠，字闇公，華亭人，崇禎壬午舉於鄉，故太師階之支孫也。與同里夏允彝、陳子龍、何剛以經濟學有聲幾社中。以寇禍，亟求健兒、俠客，聯絡部署，爲勤王之備。及子龍任紹興推官，孚遠引東陽許都見之，使其召募義勇，西行殺賊；又令剛疏薦之。既而東陽激變事起，子龍單騎入都營，許以不死，招之降，大吏持不可，竟殺都。孚遠貽書子龍曰：「彼以吾故，始降。今負之，天下誰復敢交子龍哉！」以故子龍以功遷給事中，而力辭不赴。

弘光時，馬、阮亂政，杜門不出。

南都亡，贊允彝起兵閩中，授福州推官。已而以張肯堂薦，進兵科給事中。閩亡，浮海入浙，而浙亦潰。遇錢肅樂於永嘉，慟哭偕行。會魯監國再出師，孚遠周旋諸義旅間，欲協和其事，而悍帥如鄭彩、周瑞之徒咸勿聽。因勸肅樂早去，而諸軍方下福寧，圍長樂，肅樂冀其有功，不納。孚遠復返浙東，入蛟關，結寨於定海之柴樓。比監國入舟山，孚遠入朝，以勸輸充貢賦，遷左僉都御史。

辛卯，舟山破，監國復入閩，孚遠亦航海從之。是時，朱成功啓疆禮士，雄冠諸島，老成耆德之避地者咸往歸之。孚遠領袖其間，以忠義相鏃厲，成功娓娓聽，終夕不倦，有大事，輒諮而後行。嘗自嗟曰：「司馬相如入，夜郎教盛，此平世事也。以吾亡國大夫當之，傷如之何！」

戊戌，滇中遣漳平伯周金湯晉諸勳爵，遷孚遠爲左副都御史。是冬，隨金湯入覲，失道安南。安南王要以臣禮，乃大駡。或曰：「且將以相公也。」則愈駡。安南王歎曰：「忠臣也！」厚資之，卒完節歸。

明年，成功敗於江寧，還師臺灣，未幾卒。孚遠無復有望，浮沈島上，與葉后詔、鄭郊輩結爲方外七友，久之卒。或曰：癸卯，王師取廈門，孚遠將還華亭不果，入潮州饒平山，我提督吳六奇匿之，完髮以死海外。生一子，扶櫬至松江，未葬，子亦死。

陳士京，字齊莫，鄞人。少任俠。見天下多故，挾策浪遊，北走燕、雲，南抵黔、粵，躑躅無所遇。

中國史學基本典籍叢刊

小腆紀傳

下

〔清〕徐鼒撰
〔清〕徐承禮補遺

中華書局

小腆紀傳卷第四十二

前翰林院檢討加詹事府贊善銜六合徐　鼒譔

列傳第三十五

余煌　王思任　陳函輝　陳潛夫　吳從魯　何弘仁 傅日炯

高岱 子郎　葉汝蒀　謝震龍 楊守程　楊雲門　朱瑋　方炯　倪文徵　八十九等

李山　劉穆 子肇勣　肇勷等　張國紀

余煌，字武貞，會稽人。天啓乙丑，舉進士第一，授翰林院修撰。崇禎時，以庶子充經筵講官。給事中韓源劾其與修三朝要典，煌疏辨，然由是不得顯用。户部尚書程國祥請借京城房租，煌力争不可，乞假歸。

煌事親孝，登第後猶俯仰受杖。家居不妄謁當事，南都累徵不起。魯王監國，起禮部侍郎，再起户部尚書，皆不就；嗣以武將横恣，拜兵部尚書，始受命。

時内閣田仰與義興伯鄭遵謙争運餉，兩軍格鬬，喋血禁門，煌至，申嚴軍令，將士斂戢。煌上言：「今國勢愈危，尺土未復，戰守無資。諸臣請祭，則當思先帝烝嘗未備；請葬，則當思先帝山陵未營；請封，則當思先帝宗廟未享；請蔭，則當思先帝子孫未保；請謚，則當思先帝光烈未昭。」時以爲名言。

監國以陸清源之死，恐閩興問罪之師，令張國維抽師西禦，煌代國維督師江上，因是江上之師愈單弱。

是年，諸軍皆潰，監國航海，有議據紹興城抗者，煌歎曰：「數萬軍猶不能戰，乃以老弱守孤城，是聚肉待虎也！」亟開九門縱民出，賦絶命詞，投城東渡東橋下死。我朝賜通謚曰忠節。

王思任，字季重，山陰人。母唐氏夢太白入懷而生，故小字金星。年二十，成萬曆乙未進士，歷官九江僉事。

乙酉，南都亡，浙中猶未知弘光帝就擒也。馬士英以黔兵挾太后至紹興，思任上疏太后曰：「戰鬭之氣，發於忠憤，忠憤之心，發於廉恥，事至今日，人人無恥，在在不憤矣。主上寬仁有餘而剛斷不足，士英公竊太阿，肆無忌憚，窺上之微而有以中之。上嗜飲，則進醺醁；上悦色，則獻淫妖；上喜音，則貢優鮑；上好玩，則奉古董。巧卸疆埸於史可法，而又心忌其成功。招集無賴，賣官鬻爵，門下狐狗，服錦横行，朝廷篤信之，以至於斯也。今事急矣，政本閣臣可以走乎？兵部尚書可以逃乎？不戰不守，而身擁重兵，口稱護太后之駕，則聖駕不當扈邪？及今猶可號召之際，太后宜速趣上照臨出政，斷絶酒色，臥薪嘗膽，斬士英之頭，傳示各省，以爲誤國欺君之戒，下哀痛之詔，以昭悔悟，則人心士氣猶可復振也。」復致書士英曰：「閣下文采風流，才情義俠，某素欽慕。即當國破衆疑之際，援立今上，以定時局，以爲古之郭汾陽、今之于少保也。然而氣驕腹滿，政本自由，不講戰守之事，只知貪黷之謀，酒色逢君，門牆固黨，以致人心解體，士氣不揚；叛兵至則束手無策，強敵來而先期已走，致令乘輿播遷，社稷邱墟。閣下謀國至此，即喙長三尺，亦何以自解？莫若明水一盂，自刎以謝天下，則忠憤氣節之士，尚爾相諒無他。若但求全首領，亦當立解樞機，授之才能清正大臣，以召英雄豪傑，呼號惕厲，猶可冀望中興。如或逍遥湖上，潦倒煙霞，仍賈似道之故轍，千古笑齒，已經冷絶。再不然，如伯嚭渡江，吾越乃報讎雪恥之國，非藏垢納污之區也，某當先赴胥濤，乞素車白馬以拒閣下。上干洪怒，死不贖辜。閣下以國法處之，則束身以候緹騎；私法處之，則引領以待鉏麑。」士英愧憤不能答也。

魯王監國，擢僉事，遷禮部右侍郎，進尚書。嘗極言官亂、民亂、兵亂、餉亂、士亂之失。乞休，不聽，歎曰：「江上之事不臘矣！」城破，不食死。或曰：思任已病，避至秦望山丙舍以卒。

陳函輝，字木叔，臨海人。崇禎甲戌進士，知靖江縣，好交遊，事詩酒，御史左光先劾罷之。其友曰：「子盍止酒簡事乎？」函輝曰：「昔龐士元非百里才，彼雖廢事，猶獲大用。今吾縣事不廢也，友朋詩酒，何害於事？左君摭拾小過以立威，子謂我遂無所樹立乎？」後以計典復，坐贓削籍。

北都陷，函輝慟哭刑牲，馳檄勤王。時四方起義者，臨川僉事曾益、吳郡諸生王聖風、徐珩等，各有檄文，並不著録，函輝檄文亦宂濫，獨爲世所傳，曰：「嗚乎！故老有未經之變，禾黍傷心；普天同不共之讎，戈矛指髮。壯士白衣冠，易水精通虹日；相君素車馬，錢塘怒擊江濤。嗚乎！三月望後之報，此後盤古而蝕日月者也。昔我太祖高皇帝手挽三辰之軸，一掃腥羶；身鍾二曜之英，雙驅誠、諒。歷年二百八紀，何人不沐皇恩；傳世一十五朝，寰海盡行統曆。迨我皇上崇禎，御宇十有七年於兹矣。始政誅璫，獨勵震霆作鼓；頻年禦敵，咸持宵旰爲衣。九邊寒暑，幾警呼庚呼癸之嗟；萬姓啼號，時切己溺己飢之痛。雖舉朝肉食之多鄙，而一人辰極之未遷，遽至覆甌，有何失序！嗚呼！即爾紛然造逆之輩，疇無累世休養之恩？乃者啖逼神京，九廟不獲安其主；腥流宫寢，先帝不得正其終。罪極海山，貫知已滿；慘深天地，誓豈共生。嗚呼！誰秉國成，詎無封事！門户膏肓，河北賊置之不問；藩籬破壞，大將軍置若罔聞。開門納叛，皆覲軍容使者之流；賣主投降，盡弘文館學士之輩。亡歸便云有恥，徒死即係忠臣，此則劫運真遭陽九百六之爻，而凡民並值柱折維裂之會矣。安禄山以番將代漢將，帳中豬早抽刀；李希烈自汴州奔蔡州，丸内鴆先進毒。鳳既斬於京口，剖屍之僇安逃；景亦斃於舟中，跛足之凶終盡。無強不折，有逆必誅。又況漢德猶存，周曆未過。赤眉、銅馬，適開光武之中興；夷羿、逢蒙，難免少康之並戮。臣子心存報主，春秋義大復讎。業賴社稷之靈，九人已推重耳；誠憤漢賊之並，六軍必出祁山。嗚呼！還跡金人，亦下銅盤之淚；隨班舞馬，猶嘶玉陛之魂。矧具鬚眉，且叨簪紱。身家非吾有，總屬君恩；寢食豈能安，務伸國恥。握拳透爪，氣吞一路鼓鼙；嚙齒穿齗，聲斷五更鼓角。共灑申包胥之淚，誓焚百里視之舟。所幸澤、綱張翼宋之旗，協恭在位；顧如恂、禹挾興漢之鉞，磨厲以須。二三子何患無君，金陵咸尊正朔；千八國不期大會，江左賴有夷吾。莫非王土，莫非王臣，吾請敵王所愾；豈曰同袍，豈曰同澤，咸歌與子同讎。聚神州、赤縣之心，直窮巢穴；攄孝子、忠臣之憤，殲厥渠魁。班馬叶乎北風，斿常紀於南極。以赤子而扶神鼎，事在人爲；即白衣而效前籌，君不我負。一洗欃槍晦蝕，日月重光；再開帶礪山河，朝廷不小。海内共扶正氣，神明鑒此血誠。」

會南都立，不許草澤勤王，乃已。尋起職方主事，監江北軍。事敗，奔還，謁魯王於台州，曰：「國統再絶矣，王亦高皇帝子孫也，雪恥建邦，於是乎在，盍急圖之！」王謝曰：「國家禍亂相仍，區區江南尚不能保，更何冀乎？」函輝曰：「不然。浙東沃野千里，南倚甌閩，北據三江，環以大海，士民忠義知勇，句踐之所以霸也。」會張國維起兵來迎，乃與柯夏卿從王入紹興。既擢少詹事，而忌之者謂函輝掛察典，不宜侍左右，遂棄官歸。

尋復原官，遷禮部右侍郎，進禮、兵二部尚書。時諸軍不習行陣，華衣呵殿相誇耀，又日事爭餉，義兵漸散，歎曰：「大事去矣！無種、蠡之才而有伯嚭之佞，安能久乎！」

明年，江上師潰，從監國航海，中途相失，馳回台州，哭入雲峰山僧舍，賦絶命詩六言十章，沈池中死，年五十七。我朝賜通謚曰忠節。

陳潛夫，初名朱明，字元倩，仁和人，崇禎丙子舉人。好大言以駴俗，廣交遊，臧否人物。里人陸培與相惡，爲文逐之，潛夫不與較，避居華亭，曰：「士貴自立，垂不朽，豈以翰墨爭是非哉！」

十六年冬，授開封府推官。時大河以南五郡，盡爲賊蹂躪，開封被河灌，城虚無人，諸持節者皆寄居封邱。有勸潛夫勿往者，不聽，馳之封邱。

甲申，正月，奉周王渡河，至杞縣，檄召旁近長吏，設高皇帝位，歃血誓守，聞西平寨副將劉洪起勇而好義，躬往説之。五月五日，方誓師而京師報陷，乃慟哭縞素，率洪起兵先驅至杞，俘賊僞官，大破賊將陳德於柳園，獲牛馬輜重無算。時李自成已敗走山西，潛夫傳露布至南京，朝中大喜，即擢監軍御史，巡按河南。潛夫乃入朝言：「中興在進取，王業不偏安，山東、河南地尺寸不可棄。其間豪傑結寨自固，大者數萬，小亦千人，莫不引領以待官軍，誠能分命藩鎮，一軍出潁、壽，一軍出淮、徐，使天下知朝廷有不忘中原之心，則衆心盡奮，争爲我用。更頒爵賞鼓舞，計遠近，畫城堡，俾以自守，而我督撫將帥屯鋭師於要害以策應之，寬則耕屯爲食，急則荷戈乘墉，一方有警，前後救援，長河不足守也。汴梁義勇，臣聯絡已定，旬日可集十餘萬衆，稍給糗糧，容臣自將，臣當荷戈先驅，諸藩鎮爲後勁，則河南五郡可盡復。五郡既復，畫河爲固，南聯荆楚，西控秦關，北臨趙、衞，上之則恢復可望，下之則江、淮永安，此今日至計也。兩淮之上，何事多兵，督撫紛紜，並爲虚設，若不思外拒，專事退守，舉土地、甲兵之利委之他人，臣恐江、淮亦未可保也。」

是時，開封、汝寧間列寨百數，劉洪起最大；南陽列寨數十，蕭應訓最大；洛陽列寨亦數十，李際遇最大。諸帥中獨洪起志在効忠，潛夫請予掛印爲將軍，馬士英不聽，而用其妹夫越其杰巡撫河南。潛夫自九月入覲，便道省親，五日即馳還河上，所建白皆不用，諸鎮兵亦無至者。其杰老憊不知兵，兵部尚書張縉彦總督河南、山東軍務，止提空名，不能馭諸將，他寨聞潛夫來，頗有歸意。

十月，蕭應訓復南陽及泌陽、舞陽、桐柏諸縣，遣其子三傑來獻捷，潛夫飲之酒，爲授告身，鼓吹旌旗前導出；三傑喜過望。謁其杰，其杰謂其勢衰而來附也，故爲尊嚴，倨辭色以見之，且詆爲賊；三傑泣而出，大恨，萌異心。潛夫按行諸寨，皆列旗帳鐃吹迎送；其杰間過之，諸寨閉門不出。其杰恚，謂潛夫實使之，日夜譖於士英。士英怒，歲終，召潛夫還，以凌駉代，潛夫亦遭外艱歸。

明年三月，給事中林有本疏劾御史彭遇颽，并及潛夫。遇颽爲士英私人，置不問，令議潛夫罪。上之遣迎太后於河南也，潛夫奏童妃故在，上不問，妃詣其杰自陳，劉良佐具禮送之。會潛夫至壽州，見車馬騶從，傳呼皇后來，亦稱臣朝謁，上謂其妄謁妖婦，逮治。

南京潰，脱歸。魯王監國紹興，潛夫往謁，復故官，加太僕寺少卿，監軍浙西，乃自募三百人，與孫、熊諸家軍列營江上。尋改大理寺，兼御史如故。

丙戌，夏五月，防江師潰，潛夫與其妻二孟氏投化龍橋下死，年僅三十有七。監國賜謚忠襄，我朝賜通謚曰忠節。二孟氏自有傳。

吴從魯，字金堂，山陰人。萬曆丙辰進士，由南陽知縣歷任監司。丙戌春，禮部侍郎王思任薦之補通政司左參議。浙東不守，野服避入山，設棺於庭曰：「有蹤跡我者，即蓋棺。」旋病，櫛沐衣冠，含笑入臥，命家人蓋之，氣絶。謚襄愍。

何弘仁，字仲淵，山陰人，劉宗周弟子也。崇禎丁丑進士，由知縣授御史，監江上軍。越破，追扈監國不及，過關山嶺，書衣帶間曰：「有心扶日月，無計鞏河山。弘仁間關奔行在，聞臺又失守。已矣，無復可爲！身非吾身，吾何家爲？爲吾子者，食貧守節而已。明御史何弘仁絶筆。」遂投嶺下死。或曰：弘仁死而復甦，有士人負之入陶介山，削髮苦行，往來縉雲、義烏諸山間，尋病卒。遺命暴骸三日，野火焚之。

傅日炯，字仲黄，諸暨人，劉宗周弟子。於江上師潰，徧别所親赴池死。叔平公與日炯誓同死，其母不許，乃養日炯母終身。

高岱，字魯瞻，會稽人。崇禎中，以武學生舉順天鄉試，被黜，久之辨復。魯王監國，授兵部職方主事，禁兵伍打糧、送劄等弊，民賴以蘇。及紹興失守，慨然曰：「上恩厚矣。國家重文輕武，佔嗶小生，持議廟堂，而戮力疆場者，指爲麤人，以致神州陸沈。我武學，授文職，尚不能以一死報國乎？」絶粒八日。薙髮令下，子朗泣辭其父曰：「大人決志棄世，兒願先往泉下掃除。」岱瞠目曰：「有是哉！若能先我乎？」朗巾服北面再拜，躍入海，舟子入水救之，嚙臂始脱，幘欹，復出水正巾而没。岱聞之一笑而絶。我朝賜通謚曰節愍。朗妻潘氏以節稱，自有傳。

葉汝蒀，字衡生。會稽人，崇禎庚午舉人。浙東監國授行人，監軍江上，加職方主事。與高岱同里，每抵掌共言忠孝事。聞變，偕妻王氏出居桐塢墓所，岱送之曰：「君殆隱是乎？」曰：「非也。我無城守責，我死墓耳。」謂其妻曰：「吾得死所，子奈何？」氏曰：「我豈不能從子！」汝萓遽投地拜之曰：「成吾者子也。」乃同赴水。氏被救，里人勸以食，不可，越日，復投水死。我朝賜通謚曰節愍。

謝震龍，字雲生，會稽人。魯監國時以舌辯授官，命聯絡各鎮，尋擢兵部主事。丙戌，江上師潰，團練兵縛送我巡撫，訊之，則自稱部院。曰：「若兩榜乎？」曰：「曾見兩榜不屈者幾人？明朝天下，壞於兩榜，監國特用我輩以壓倒之。今雖就死，亦爲諸公作榜樣耳。」叱之跪，不屈，踞坐慢罵。巡撫怒，令以尺木勒兩頤，深入寸許，使勿能有聲，血流被面，乃就斬。

楊守程，字雪門，蕭山諸生。丙戌，江上師潰，度不可存，乃與妻湯氏及子各抱石投村之去虎池死。族人雲門者，亦諸生，自經死。又山陰諸生朱瑋、會稽諸生方烱亦殉難死。

倪文徵，字舜年，山陰諸生，或曰醫士也。避亂入鄉。已而自賣藥囊，易二缸，以餘貲置酒食，召里中少年飲，既酣，曰：「吾明人；今不鬼，鬼不明矣。請以二缸覆我！」諸少年笑其妄，文徵跪地搏顙，彊再三，姑應之。翌日，舁缸坎祖墓旁，諸少年至，遽躍入，自題句云：「五湖四海逍遥客，四海無家浪蕩身。」曰：「候至矣，請覆！」少頃曰：「開，開！」諸少年復大笑出之。曰：「否，吾坐未正也。」既正坐，乃覆，衆環走呼之，初輒應，久之漸微，又久之而絶。諸少年歎息泣下，封土去。

八十九者，姓沈。江防既潰，劄寨榆青嶺死守。久之，殺我一裨將，王師遂合攻之，乃獨持篢筅鬭，所至披靡，衆弁驚謂曰：「好蠻子！再得十餘人，江東不吾有矣。」戰酣，渴甚，趨澗飲，索者從後搠之，墮水死。同其事者有張鋸匠，掄大斧爲左右翼，以力竭死。官軍初駐義橋，聞二人死，乃長驅以入。二人皆蕭山人。

又鍾阜隸，會稽人。舊爲縣隸，已從海上齎黄斌卿檄往山寨團練，事露被縛。我鎮將責之跪，不聽；撾兩膝，乃坐而向外。鎮將怒，痛撻之，曰：「輕則斫，重則凸，法不當杖斃也。」檻送省，倔強如故，磔於市。

李山，字少華，長洲人，寄家白下。以廩貢生教授井里，有文名，兼能繪事，及門最盛。性峭絜篤誠。官南京太常寺博士。

弘光時，以故官應召，馬士英讋其名，意頗下之，索所製，不報。同僚笑之曰：「李山，直頑石耳。」因又號頑石居士。士英亦少解畫，嘗面乞爲代，不獲已，作郭忠恕天外數峰與之，然心以爲恥，掛冠歸。卜居吴中之盠墅，足不踐城市，與徐汧、楊廷樞、顧所受輩訂莫逆交。

族人有名采者，爲我大帥幕府客，偶密示一册，乃松江兵事株連獄也。大府屬采訪實，凡郡中聲望所歸之户均在列，得三百餘姓，讀之怛然。會日暮風雨至，亟呼酒，采故善飲，醉如泥，命僕扶置他所臥，就地自火其廬。及撲滅，采亦醒，索册，册已灰，相對懊歎，因誡之曰：「安知非天意假火以銷其獄乎？或因此册而遂有此火乎？」采悟，棄官颺去。

初，張國維撫吴時知山名，薦之魯監國，以太常卿召至浙，未幾病歸。及聞國維事敗且歿，監國出海，乃處分家事曰：「吾將報知己於地下矣。」時汧、廷樞、所受俱殉節，山斷粒九日而終。子天民精曆數之學，痛父介節，以浪走四方卒。

劉穆，字公岸，山陰人。貌修偉，善射，舞大刀，中崇禎丁丑武進士。南京兵部尚書史可法知其才，由上海把總檄補江南水師參將。南都破，募兵五百，歸紹興，爲魯監國守潭頭，以功開府晉爵。丙戌，六月，監國航海去，穆一夕暴卒，目不瞑。子肇勣，行八，字子膚，以游擊從父軍，乃與諸弟長跪牀下，刺「盡忠報國」四字於腹，涅而誓之，目乃瞑。

肇勣之弟曰肇勷者，行九，字子讓，先一年戰死。勷短悍有膽識，幼亦隨父任，識大盜畢昆陽於獄。昆陽，歙人，善用槍，世稱之爲畢家槍。勷與兄勣咸慕之，日賂守者，進以飯，經年不怠。昆陽出，遂以槍法授，由是劉氏兄弟以畢槍名天下。後從父命，分領一軍守江干。

乙酉秋，兄弟合兵渡江戰，肇勷騎而據嶺，連殪十數人，矢盡，控弦作霹靂聲，皆反走。會伏兵起，叢射之，矢集如蝟，猶僵立不仆。肇勣號而上者三，勿應，視之，則死矣，抽矢出鏃，至斗許，負以歸。一時同死者：義士王胤賢、陸建夔、郡吏印玉及掾吏、壯士又十六人。

張國紀，字羽儀，山陰人。官都督同知，掛襄毅將軍印。南都潰，馬士英稱奉母后奔越，國紀白於長吏，請誅之，不聽。歎曰：「壞天下事者，必此人也！」慟哭而退。丙戌，江干兵潰，不食死。

遯跡海濱，憤士大夫多失節，因作十願齋説寄意：一曰吾願子孫世爲儒，不願其登科第；再曰吾願其讀聖賢書，不願其乞靈於西竺之三車；終曰吾願其見危授命，不願其偷生事讎。又集累朝革命諸忠，上自夷、齊，下迄遜國，名曰歲寒松柏集，序之曰：「客有問云：『諸君子死節，誠忠矣，然無救於國之亡也，子何述焉？』應之曰：『子不云乎，歲寒知松柏，歎知之晚也。夫諸君子皆公忠直亮之臣，較然不欺其志者也。臨難而能勵其操，必受命而能盡其職，使人主早知而用之；用爲宰執，則如中國相司馬而遼邊息警；用爲諫議，則如漢廷有汲黯而淮南寢謀；用爲鎮帥，則如軍中有范、韓而西賊破膽，又安得有亡國事乎！惟不知而不用，且用之而不柄用，且憚其方正而疏之，惑於讒佞而斥之，甚且錮其黨，而並其同道之朋一空之；於是高爵厚禄，徒以豢養庸碌貪鄙之輩，相與招權納賄，阻塞賢路，天下之事，日就敗壞，而不爲補救。及其亡也，奉身鼠竄，反顏事讎。嗟嗟！烈女不更二夫，況薦枕席於手刃其夫之人乎！若輩之肉，尚足食邪！』又問曰：『諸君子抗節者誠清矣，曷不死之？』應之曰：『記云：謀人之國，國亡則死之；謀人之軍，軍敗則死之。諸君子皆不柄用，未嘗與謀軍國事。易曰：「介於石，不終日。」儉德避難，夫安得死之，守吾義焉耳。』曰：『然則恢復可乎？』曰：『事去矣，是非其力所能及也，存吾志耳。志在恢復，環堵之中，不污異命，居一室，是一室之恢復也；此身不死，此志不移，生一日是一日之恢復也。尺地莫非其有，吾方寸之地終非其有也；一民莫非其臣，吾先朝之臣終非其臣也。是故商之亡，不亡於牧野之倒戈，而亡於微子之抱器；宋之亡，不亡於皋亭之出璽，而亡於柴市之臨刑：國以一人存，此之謂也。子謂空言無補，將謂春秋之作曾不足以存周乎！』客乃慨然而退。」時流離海上，有勸之歸者，復作止歸説以謝之。

丁亥，鄭彩奉監國魯王至中左所，用錢肅樂薦，召爲通政使，不起。肅樂貽以書曰：「時平則高洗耳，世亂則美褰裳。司徒女子，猶知君父；東海婦人，尚切報讎。嗟乎！公等忍負斯言！」鍾巒亦翻然曰：「出固無益，然不出則人心遂涣。濟不濟，以死繼之。」乃就職，疏言：「今遠近章奏，武臣則自稱將軍、都督，文臣則自稱都御史、侍郎，三品以下不屑署也。至所在遊食江河者，則又假造符璽，販鬻官爵。偃臥邱園，而云聯師齊、楚；保守僕御，而云聚兵十萬。以此聲聞，徒致亂階。請自今嚴加核實，集兵則稽其軍籍，職官則考其敕符。」監國是之。晉禮部尚書，原官如故，兼督學政。從監國幸浙，所至録其士之秀者見諸監國，人笑其迂。鍾巒曰：「濟濟多士，維周之楨，可以亂世而失教士邪？」

鍾巒初見朝政盡歸武臣，歎曰：「當此之時，惟見危授命是天下第一等事，避世深山亦天下第一等事。」都御史黄宗羲嘗招之居四明山，答以書曰：「故人有母，固應言歸；老生從王所在，待盡而已。」遂退居普陀。

辛卯，舟山師潰，慷慨謂人曰：「昔吾師高忠憲公、吾弟子李仲達死璫禍，吾友馬君常死國難，吾皆爲詩哭之；吾門生錢希聲從亡死，吾子福之倡義死，吾亦爲詩哭之。今老矣，不及此時尋一塊乾净土，即旦夕疾病死，吾何以見先帝、諸君於地下哉？」乃渡海入城，與張肯堂訣曰：「吾於前途待公。」至文廟右廡，奉先師神位舉火自焚死。賦絶命詞云：「只因同志催程急，故遺臨行火浣衣。」

我海中以志恨。」我大帥捕之，衰絰入見，問曰：「召君不來，捕始來，何也？」曰：「召則恐諭降，捕則僅就戮耳。」翔武而出，乃就戮。行刑者爲舊部人，投之海中以成其志云。長子善毓，從死。我朝賜通謚曰忠節。

朱永祐，字爰啓，上海人。崇禎甲戌進士，授刑部主事，調文選司，罷歸。乙酉，預於松江夏、陳之師，事敗，航海。隆武帝進郎中，改户、兵二科都給事中，遷太常寺卿。張肯堂薦爲北征監軍，詔監平海將軍周鶴芝營，屯於鷺門。

鄭芝龍之降也，棄福州，入東石。東石與鷺門近，永祐偕鶴芝流涕諫，不聽，乃謀遣客刺之。常熟趙牧者，勇士也，嘗謁幕下，密召之曰：「足下往見芝龍，詭稱欲降北自効，彼必相親，乘隙擊殺之，以成千古名。」牧欣然去，累謁不得通，而芝龍已悤悤行。於是永祐以鶴芝軍移劄海壇。

明年，復海口、鎮東二城，以牧與林籥舞守之。四月，王師攻海口，牧出戰，累勝，旋以衆寡不敵，城破，牧與籥舞皆死之。

監國再出師，加刑部侍郎，監軍如故。尋與肯堂及都御史徐孚遠航海至舟山，依黄斌卿，轉吏部侍郎。斌卿誅，晉工部尚書，仍兼吏部事。永祐初不以學問名，在舟山輒與吴鍾巒講顧氏東林之學，或笑其迂，答曰：「然則厓山陸丞相亦非邪？」時諸鎮各以私意相讎殺，文臣左右之，多致禍，永祐回翔其間，能得所驩以自保。

辛卯，九月，城破被執，令薙髮，曰：「我髮可薙，何待今日！」斫其脅死。僕負屍出城，血涔涔不止，僕哭曰：「主生前好潔，今無知邪！」血應聲止。我朝賜通謚曰烈愍。

董志寧，字幼安，鄞人。以廩貢入太學，素以名節自勵。乙酉，六月，大兵長驅入浙，偏謁同里薦紳，勸起兵，聞者笑爲狂，獨刑部員外郎錢肅樂是之，顧事莫能集。

閏六月，餘姚、會稽皆起兵，鄞人始會議，然莫敢主，最後肅樂力疾至，請獨任。而故太僕卿謝三賓新以迎降歸，惡之，貽書定海總兵王之仁曰：「將軍以所部來，斬六狂生，事即解矣。僕請以千金爲壽。」「六狂生」者，陸宇爃、張夢錫、華夏、王家勤、毛聚奎，而志寧其首也。之仁初亦迎降，既而悔之，詳之仁傳。魯監國次會稽，授志寧大理寺評事，視師瓜瀝，三賓亦以賂結戚畹張氏，由散寮驟躋東閣，且假勸輸義餉名，乾没里中軍需。志寧惡之，棄官歸。江上師潰，三賓復降。

時浙地盡歸版圖，衹舟山、石浦未下，而監國航海之軍至長垣，連破閩海州縣，且逼福州。於是王師之備浙者抽以備閩，殘明遺老蠭起結寨於浙東，李長祥、王翊兩軍爲主盟。志寧與華夏輩計：將以翊軍下寧波，而已以翻城應之，復連長祥軍下紹興，則監國故疆可復。夏與家勤輩皆喜，御史馮京第聞之，亦請以舟山軍刻日來會。部署定，復爲三賓諜知，發其事，搜捕四出，志寧逃之舟山。尋監國至，晉兵科都給事中，聯絡山寨諸軍，以爲海上應，諸山寨感其孤忠，資糧不戒而集。

辛卯，舟山破，志寧自刎死。宇爃葬其遺骸。先一夕，夢志寧曰：「吾刖一足，奈何？」啓視，果失右趾，大驚，束蒲補之。

妻羅氏，繼室也，聞訃仰藥死。子二：士駿、士驤，爲兵部高宇泰所匿。及長，痛父之志，皆蹈海不返。又其僕文周者，當志寧入舟山時，妻孥在急捕中，文周匿之，挺身赴官，鍛鍊幾死，而卒不言，乃獲免。後悼其主之祀絶也，以縞衣蔬食終其身焉。我朝賜志寧通謚曰忠節。

朱養時，江陰人，魯監國授爲兵部郎中。辛卯，二月，我台州分守道耿應衡遣奸細入舟山，託於日者，謂：「監國禄命，宜禳災星。」定西侯張名振設醮禳之，養時疏争曰：「如此舉動，貽笑敵人。」不聽。九月，舟山破，自縊死。我朝賜通謚曰節愍。（補）

劉世勳，字胤之，上元人。崇禎末，以武進士歷官都督僉事。監國駐舟山，進安洋將軍。辛卯，九月，大兵分道下舟山，張名振奉監國出海，而命世勳城守。世勳料簡城中步卒，尚有五千，麾下死士五百，居民助之，乘城而守。大兵屢攻屢卻，乃益兵攻之。城陷，世勳朝服北面望海再拜，自刎死。我朝賜通謚曰烈愍。

同時殉難者，多於南、北兩都。論者謂王師南下，所不易拔者，江陰、涇縣合舟山而三。文臣可紀者：通政使會稽鄭遵儉、定西監軍御史餘姚梁隆吉俱全家自殺，吏部主事福建林瑛與妻陳氏分梁自縊死，楊鼎臣投井死。户部主事蘇州江用楫、禮部主事會稽董元、兵部主事福建朱萬年、長洲顧珍、臨山衞李開國、工部主事長洲顧宗堯、所正鄞縣戴仲明，中書舍人山陰顧玢、陳所學、副使馬世昌或全家投井死，或全家自焚死。太醫院副使章有期率御醫童廣等自焚死。武臣則左都督張名揚，名振弟也；錦衣衛李向榮、總兵馬泰、副將單登雲、杜芳、夏霖、解龍、朱起光、沈雲、曹維周、韓紹琦、夏時霖、張聖治、薛三胄、任則治、童自齡等率兵民巷戰死。諸生則張名甲，名振之兄也；順天顧明楫，名振之幕賓也。名甲奉祖先木主自焚死；明楫衣巾入太廟，題詩壁上，扼吭死。又有福建林世英，亦諸生也；馬呈圖、貢圖，名振妻馬氏之姪也。此外則湮没無可考焉。我朝賜遵儉、瑛、用楫、元、萬年、珍、開國、宗堯、仲明通謚俱節愍，名揚謚烈愍。（補）

沈履祥，號復菴，慈谿人。崇禎丁丑進士，知侯官縣，調甌寧。南都立，上治安、責成二疏，頗見採納。魯王監國，授御史，督餉台州。辛卯，八月，王師攻舟山，道出台州，城陷，走山中，被獲不屈，殺於野。家人求其屍，得首於桑園，得身於積屍中，以其有服帶可據，合而紉之以葬焉。我朝賜通謚曰節愍。

小腆紀傳卷第四十四

前翰林院檢討加詹事府贊善銜六合徐鼒譔

列傳第三十七

陳子龍　沈廷揚沈始元等　林汝翥林堃　葉子器　陳世亨　張煌言羅子木等

陳子龍，字臥子，華亭人。幼穎異，善今古文，偕郡人立幾社，海内宗仰之。與江右艾南英争詆，不相下。登崇禎丁丑進士，授惠州推官，改紹興，折節下士。

東陽諸生許都者，副使達道孫也，見天下將亂，陰以兵法部勒賓客子弟，思得一當。同郡舉人徐孚遠見而奇之，謂子龍曰：「許都國士，朝廷方破格求才，倘假以職，隱然干城也。」子龍因與都遊，數薦之，上官不能用。東陽令姚孫棐，桐城人，以備亂斂士民資，坐都萬金，不得。適義烏奸人假中貴名招兵，事發，令謂都結黨謀逆，持之急。時都有母喪，會葬山中者數千人，令疑爲變，遽告監司王雄，遣使收捕。都黨執令痛笞之，旬日間聚衆數萬，下東陽、義烏、浦江，遂逼郡城。巡按御史左光先急調撫標兵行勦，民各保寨拒敵，官兵大敗。雄欲撫之，語子龍曰：「賊聚糧據險，官兵不能仰攻，非久持不克，我兵萬人，止五日糧，奈何？」子龍曰：「都，舊識也，請往察之。」單騎入都營，諭令歸降，待以不死，乃挾都見雄，復挾之徇山中，散遣其衆。都乃以二百人隨子龍來降，光先竟殺都等六十餘人於江滸，子龍救之不得，大恨。以招撫功，擢兵科給事中，子龍深痛負都，不赴也。

南都立，以原官召用，子龍疏言：「自古中興之主，如少康、周宣，皆躬親武事，三代之後，漢之光武，唐之肅宗，莫不身先士卒，故能光復舊物，從未有深居法宮，屨安處順，而可以戡定禍亂者。臣瞻拜孝陵，依依北望，不知十二陵尚能無恙否，而先帝、先后之梓宮何在。興言及此，陛下當嘗膽臥薪，宵衣旰食，羣工庶尹，亦宜砥礪鋒鍔，奮發意志，以報讎雪恥是務。竊聞山東、河北義旅雲集，拭目以望南師，朝廷晏然置之度外，何以收三齊抗手之雄，慰趙、魏悲歌之士乎？臣恐天下豪傑知朝廷不足恃，不折而歸賊，則羣然有自王之心矣。伏望陛下速幸京營大閱，復弭節江滸，大集舟師，分命武臣一至蕪湖，一至京口，以視險要，固根本；令一軍由歸、亳以入汝、雒，次潼關；一軍由襄、鄧以攻武關，出廣、漢；巴蜀之甲，燕、晉之師，則用之爲奇兵，爲聲援。逆賊授首，可計日待矣。」又言：「臣入國門再旬矣，人情泄沓，無異昇平，清歌漏舟之中，痛飲焚屋之內，臣不知其所終矣。其始皆起姑息一二武臣，以至凡百政令，皆因循遵養，臣甚爲之寒心也。」

時廷臣懲劉孔昭殿上相爭事，無敢言者。太僕少卿馬紹愉陛見，言及陳新甲主款事，上曰：「如此，新甲當恤。」羣下愕然相顧，少詹事陳盟曰：「可。」因命予卹，且追罪嘗劾新甲者，子龍偕同官李清交章力諫之，乃獲已。未幾，請召還故尚書鄭三俊、御史易應昌、房可壯等並可之。又上防守要策，言：「防江之計，莫過水師，海舟之設，更不容緩。請專委兵部主事何剛訓練。」又疏備邊三害，請收復襄陽，皆當時至計，而莫之能用也。尋戶部尚書張有譽以內批陞用，子龍疏言：「計臣清端敏練，百僚所服，但古制爵人於朝，與衆共之，墨敕斜封，覆轍可鑒。萬一異日有姦邪乘間左右先容，銓司不及議，宰輔不及知，而竟以内降出之，臣等不争，則倖門日開，争之，則已有前例。立國之始，願陛下慎持之也。」尋命采選淑女、中官，子龍言：「中使四出，有女之家，黄紙帖額，閭井騷然，明旨未經有司，殊非法紀。又收選内員，慮市井無賴自宫希進，先朝若瑾、若賢，皆壯而自宫者也。」皆不聽。明年，二月，以時不可爲，乞養去。

南都不守，閏六月十日，松江兵起，子龍設太祖象誓衆，稱監軍，左給事中沈猶龍稱總督、兵部尚書，邀致水師總兵黄蜚、吴淞副總兵吴志葵、故巡撫王家瑞、蘇松兵備李向中等爲守城計。閩中授子龍兵部右侍郎，左都御史，浙東授兵部尚書，節制七省漕務。

八月三日，松江破，子龍以祖母在，匿深山。吴勝兆事，獄詞連子龍，子龍亡命，同夏之旭奔嘉定，告急於侯岐曾，匿其僕劉馴家，已遷崑山顧天逵所。當事跡至嘉定，執岐曾，别遣兵圍天逵家，獲子龍，鎖舟中，泊跨塘橋下，乘間入水死，時丁亥四月二十四日也。猶戮屍。弟子王澐收而葬之。澐字勝時，時稱義士。我朝賜子龍專謚曰忠裕。之旭等自有傳。

沈廷揚，字季明，崇明人。爲人多智，好談經濟。崇禎中，由國子生爲内閣中書舍人。時山東運道多梗，議復海運，廷揚疏言其便，輯海運書五卷，因户部尚書倪元璐以呈，請以廟灣六船試之。不一月，廷揚上謁，元璐驚曰：「我已言公去矣，奈何尚在？」廷揚笑曰：「糧至矣。」元璐即入奏，帝大喜，授户部郎中，往登州與巡撫徐人龍計海運事。向來寧遠軍餉，用天津船自登州候東南風轉至天津，又候西南風轉至寧遠，廷揚請從登州直達寧遠，省費甚多。尋命赴淮安專督海運事宜，累加光禄寺少卿。王師之下松山也，繞出經略洪承疇後，糧道斷絶。帝召廷揚議，請行，乃由天津口經山海關左達鴨緑江，半月，抵松山，軍中呼萬歲。比還而後餉不繼，城遂陷。

甲申，闖賊犯京師，廷揚以部檄馳至淮上借漕糧二十萬，甫發運而凶問至。南都立，命以原官督餉饋江北諸軍，疏言：「臣歷年海運，有舟百艘，皆高大完好，中可容兵三百人，水手皆熟知水道，便捷善鬭。今海運已停，如招集水師加以簡練，則二萬人之衆，足成一軍，亦長江之衞也。」疏上，不報。時廷臣有請由海道出師北伐者，歎曰：「誠使是策得用，願爲前軍。」已皆不行，但命運米十萬餉吴三桂軍。劉澤清在淮上，欲得其舟，廷揚曰：「須俟朝命。」澤清縱兵奪之。

時漕撫田仰爲馬士英私人，一切軍務置不問，淮上瓦解，遂率部下歸崇明。大兵下江南，廷揚航海入浙。

魯王監國，加户部侍郎兼右僉都御史，總督浙、直，令由海道窺三吴。時田仰爲相，忌之，乃至舟山依黄斌卿。隆武帝在閩，授官亦如之。

時諸軍無餉，競起剽掠，浙東之張國柱、陳梧爲尤甚。乃密謂斌卿曰：「師以恢復爲名，今若此，則賊已。將軍其戒之！」斌卿曰：「公言固是，然將何以足食？」廷揚因爲之定履畝勸輸法，於是軍士不復敢掠。松江提督吴勝兆之將舉事也，送款舟山，斌卿猶豫不欲應，廷揚曰：「事機之來，間不容髮，奈何坐失之？」定西侯張名振慨然請行，邀之爲導，乃謂之曰：「兵至，必以崇明爲駐劄地，禁打糧然後可。」名振許之。至崇明，食盡，名振違約，登岸掠食。舟泊鹿苑，五更，颶風大作，自相擊，軍士溺死者過半。大兵逆岸上，合呼「薙髮者不死」，名振與監軍都御史張煌言、馮京第雜降卒中逸去。廷揚歎曰：「風波如此，其天意邪！吾當以一死報國，然死此無名。」乃呼謂遊騎曰：「吾都御史也，可解吾之南京。」時丁亥四月十四日也。

至蘇，我巡撫諭之降，不可，曰：「事之不濟，命也。」至江寧，洪承疇以松山事與有舊，使人說之曰：「公但薙髮，當大用。」問：「誰使汝來？」曰：「經略。」廷揚曰：「經略死松山之難，先帝賜祭十三壇，建祠都下，安得尚有其人？」遂與部下贊畫職方主事沈始元、總兵官蔡德、游擊蔡耀、戴啓、施榮、劉金城、翁彪、朱斌、林樹、守備畢從義、陳邦定及從子甲十二人同日被刑死。其親兵六百人斬於蘇之婁門，無一降者。訃至舟山，哭聲如雷，就地立祠祀焉。贈户部尚書。我朝賜通謚忠節。

林汝翥，字大葳，福州舉人，知沛縣。天啓時，緝妖人王普光黨有功，擢御史，巡視京城。有民人曹大妻與富家奴角口服毒死，内奄曹進、傅國興以衆掠富家，用大錐刺其主，刑官不問。汝翥捕得進，進懼，劾請受杖，杖之五十。國興怒，邀汝翥於道，罵不已，復杖之如進。魏忠賢聞之，大怒，立傳旨，收汝翥廷杖。先數日，羣奄毆殺萬燝。汝翥懼，乃逸至遵化。巡撫及同列交章論救，不得解，卒杖之，削籍歸，一時強直之名大著。

南都授雲南臨沅道，旋坐貶。魯監國徵爲兵部右侍郎，總督義師，與族人林塗攻福清。

塗字子野，崇禎癸未進士，知海寧縣。邑有妖人以劍術惑衆，能緣壁走，伏水中一二日不出，聚黨千人，聞都城陷，將舉事，塗捕殺之。杭州不守，兵士乘亂鼓譟乞餉，塗罪其首者而如所請。以城孤不能存，棄官歸。隆武帝召之。黄道周督師，命以户部員外郎司餉，改御史，往諭浙西。行至贛州，召還，授吏部文選司員外郎，請託遂絶。從扈汀州，倉卒不能及，號慟返山中。

丁亥，七月，魯監國航海至長垣，郡邑起兵應之。塗别其父曰：「兒當死久矣。作令，城不守當死；扈駕，事不終當死。若再苟延，是以不令之名貽父母羞。」乃易履負戈，雜旅徒中，攻福清，身被數創，猶勒兵戰，中流矢死。汝翥被執，服金屑死。

塗之友人葉子器者，掌營中記室事，被執，使作書招塗子器，揮絶命詞與之，亦被殺。我朝賜汝翥通謚忠節，塗烈愍。

陳世亨，不詳何處人，官中書舍人。丁亥秋，魯監國入閩，世亨以一旅復瑞安，援兵莫繼，被執不屈死。

張煌言，字元箸，號蒼水，鄞縣人。崇禎壬午舉於鄉。父圭章，刑部員外郎，母趙，感異夢生。生而神骨清遒。豪邁不羈，能文章，善騎射。帝以天下多故，令諸生於試經義後試射矢，三發三中。常感憤國事，願請纓。

及錢肅樂集師檄會諸鄉老，煌言獨先至，肅樂且喜且泣，即遣之天臺迎魯王，授行人。紹興監國，賜進士，加翰林院編修，入典制誥，出籌軍旅。閩中頒詔之役，自請爲使釋二國嫌，既歸，累有建白。

丙戌，師潰，泛海，將之舟山，道逢富平將軍張名振，偕扈監國入閩。招討朱成功不奉命，乃勸名振還石浦，與威虜侯黄斌卿爲犄角。加右僉都御史。斌卿恒以降乩炫才能。一日，賓僚咸集，乩降思瀷，煌言微笑之。斌卿問故，煌言曰：「僕亦有仙，可不速而至。」斌卿固請，煌言請出十題，限十韻，援筆立就，一座歎服，斌卿呼爲張大仙云。

明年，松江提督吴勝兆請以所部來歸，斌卿不樂從，乃與故都御史沈廷揚、御史馮京第共説名振應之，遂監其軍以行。至崇明，颶風覆舟，廷揚死，名振墮水，諸軍皆潰，有百夫長者，導煌言走間道，復還入海。時肅樂已奉監國出師於閩，浙東山寨羣起遥應，煌言復集義旅，劄上虞之平岡。諸山寨咸事鈔掠，獨大蘭王翊、東山李長祥與煌言而三，履畝勸税，相安無擾。

己丑，從居健跳。庚寅，斌卿誅，監國入舟山，召所部入衛，加兵部右侍郎。辛卯，降將田雄官浙江提督，以書來招，峻拒之。

是秋，舟山城破，扈監國再入閩，次鷺門。時朱成功縱横海上，軍獨強，遥奉永曆帝爲號，於監國則修寓公之敬而已。惟煌言與名振以軍爲衛。成功因之有加禮，煌言亦極推其忠，嘗曰：「招討始終爲唐，真純臣也。」成功亦曰：「侍郎始終爲魯，與吾豈異趣哉？」

癸巳冬，復間行入吴淞，尋招軍天臺。明年，軍吴淞，以上游有夙約，會名振之師入長江，趨丹陽，掠丹徒，登金山，望石頭城遥祭孝陵。烽火連江，江南震動。而上游失期不至，左次崇明。

甲午，再入江，掠瓜洲、儀真，薄燕子磯，而所期終不至，遂乘流東返舟山。是役也，故南都誠意伯劉孔昭亦以軍會，或謂煌言宜絶之，煌言曰：「孔昭罪誠與馬、阮等，然馬、阮再賣浙東，而孔昭以操江親兵棲遲海上者累年，則其心尚可原。疾之已甚，使爲馬、阮浙東之續，將何補乎！」聞者服之。

是年，名振卒，遺言以部下歸之，於是軍容始盛。乙未，成功書約大舉。丙申，駐天臺。冬，又駐秦川。丁酉，大兵遷舟山之民，煌言還軍舟山。既魯王去監國號，乃通表滇中。

戊戌，永曆帝遣使進成功延平郡王，加煌言兵部左侍郎兼翰林院學士。我江督郎廷佐以書招之，煌言復以書曰：「夫揣摩利鈍，指畫興衰，庸夫聽之，或爲變色，而貞士則不然。其所持者天經地義，所圖者國恨君讎，所期待者豪傑事功、聖賢學問，故每䆄雪自甘，膽薪彌厲，而卒以成功，古今來何可勝計。若僕者，將略原非所長，祗以讀書知大義，痛憤國變，左袒一呼，甲盾山立，峗峗此志，濟則顯君之靈，不濟則全臣之節，遂不惜憑履風濤，縱横鋒鏑之下，迄今餘一紀矣。同讎漸廣，晚節彌堅，練兵海宇，祗爲乘時。此何時也？兩越失守，三楚露布，八閩羽書，雷霆飛翰，僕因起而匡扶帝室，克復神州，此忠臣義士得志之秋也。即不然，謝良、平竹帛，捨黄、綺衣冠，一死靡他，豈諛詞浮説足以動其心哉！乃執事以書通，視僕僅爲庸庸末流，可以利鈍興衰奪者，譬諸虎僕戒途，雁奴守夜，既受其役而忘其哀，在執事固無足怪，僕聞之怒髮沖冠。執事固我明勳舊之裔，遼陽死事之孤也。念祖宗之恩澤，當何如怨憤；思父母之患難，當何如動念。稍一轉移，不失爲中興人物。執事諒非情薄者，敢附數行以聞焉。」

七月，成功興師，以監軍會之北行，泊舟羊山。山故多羊，殺之則風濤立至。軍士不能戒，烹之，羊熟而禍作，碎船百餘，義陽王溺焉。遂返旆，之舟山治舟。

己亥，五月，會於臺，悉師以行，次崇明沙，謂成功曰：「崇沙爲江、海門户，有懸洲可守，不若先定之以爲老營，脱有疎虞，進退可據。」不聽，因請以所部爲前軍。時大兵於金、焦間以鐵鎖横江，謂之滾江龍，潭家洲岸皆西洋大礮。煌言孤軍出入其間，成功遣將助之，令善泅者截斷滾江龍，將奪上流木城，而舟多爲礮没，不得前。乃登舵樓，焚香祝天，飛火夾船下，遂以十舟翦江渡，木城俱潰。明日，成功至，城中出戰不利。成功欲趨金陵，煌言欲先〔取〕鎮江，成功曰：「我頓兵鎮江，金陵援騎朝發夕至，奈何？」煌言曰：「我以偏師水道薄觀音門，金陵自救不暇，豈能他顧！」遂襲儀真，未至五十里而士民迎降。

六月二十七日，成功來告鎮江之捷，煌言兼程還抵觀音門，致書成功，請以步卒陸行赴白下，乃成功從水道來。大兵之征黔者凱旋，聞信馳至，同城守，於是嚴備已具。

秋七月朔，以哨卒七人乘虛掠江浦，取之。初四日，成功水師方至。次日，蕪湖降書至。成功慮江、楚援師，屬煌言駐蕪湖以控上游。煌言乃相度形勝，一軍出溧陽，窺廣德；一軍鎮池州，截上流；一軍拔和州以固采石；一軍入寧國以逼徽州。傳檄郡邑，大江南北，相率送款，郡則太平、寧國、池州、徽州，縣則當塗、蕪湖、繁昌、宣城、寧國、南陵、太平、旌德、涇縣、貴池、銅陵、東流、建德、青陽、石埭、含山、巢縣、舒城、廬江、建平、高淳、溧陽，州則和州、廣德、無爲，凡得四府、三州、二十二縣。煌言考察官吏，黜陟廉明，江、楚、魯、衛人士多詣軍門受約束。

八月方詣徽郡受降，而江寧之敗聞，乃亟返蕪湖。

初，煌言貽書成功曰：「師不可老，老則生變。宜速遣諸將分徇近邑。如金陵出援，我則首尾相擊；如其自守，我則堅壁以待。倘四面克復，則收兵鱗集，金陵在我掌中矣。」成功以累捷自驕，又聞江北如破竹勢，謂城可旦夕下，但命八十三營牽連立屯，釋戈開宴，軍士捕魚縱酒爲樂。而官軍之各路援師已長驅至，偵其不備，以輕騎穴城出襲，破前鋒，擒其將余新，倉猝間士氣已餒，拔營遁。疊竈未安，大兵復傾城出，諸營瓦解，成功之良將甘煇馬蹶被擒死，遂大敗。成功亟登舟乘流下海，鎮江諸師并撤去。

先是鎮江之捷，有漕督以援兵中道溺死，松江水師提督馬逢知密以書請降，自巡撫而下皆欲出走，以故力勸成功持久觀變。至是江督郎廷佐復以書招，嚴拒之，廷佐乃發舟師扼其歸路。煌言與諸將議入鄱陽招集故楊、萬諸子弟，號召江、楚。

八月七日，舟次銅陵，與援師之自楚來者遇，奮擊之，沈其四舟。已而夜戰不利，義士魏耕請赴英霍山寨，乃焚舟登陸，士卒尚數百人。初之霍山，已受撫，乃轉入英山，甫度東溪嶺，而追者至。衆皆竄，相從止一童、一卒，迷失道路，茫茫無所歸，念皖有故人賣藥於高滸埠，姑投之，則故人無在也。故人之友亦以觀變自江上來者，識爲張司馬，憐其忠悃，教之由樅陽渡黃溢遡江而上，抵東流之張家灘，登岸走建德、祁門亂山間。比又病瘧，力疾趨休寧，買舟入嚴陵。已復山行，自東陽、義烏出天臺，達海壖，樹纛鳴角，招集散亡，成功聞之，亦遣兵來助。海上有長亭鄉者，多田而苦潮，乃募義民築塘捍之。遣使告敗於行在，且引咎，上專敕慰問，晉本部尚書。

庚子，駐師林門，尋駐桃渚。辛丑入閩，次沙關。時成功欲取臺灣以休士，已抵澎湖，乃遣幕客羅子木以書責成功，謂：「軍有寸進無尺退，今一入臺則兩島並不可守，是孤天下之望也。」不聽。會有遷界之役，煌言頓足歎曰：「棄此十萬生靈而爭紅夷乎？」復以書招成功，謂可乘機取閩南，卒不聽。乃遣書故侍郎王忠孝、都御史沈佺期、徐孚遠、監軍曹從龍勸其力挽成功，而終不能用。於是以孤軍徘徊兩島間。已聞滇中事急，復遣子木入臺苦口責之，成功以方得臺，不能行。無已，乃別遣職方郎中吳鉏挾帛書入鄖陽山中説十三家軍，使之撓楚救滇，而十三家已衰敝，不敢出。

壬寅，滇中陷，成功亦卒於臺，乃哭曰：「已矣！吾無望矣！」復還軍林門。會閩南諸遺老以成功卒，謀復奉魯王監國，貽書來商，喜甚，即以書約故尚書盧若騰而下勸以大舉。又擬上詔書一道，並約成功子經勸以亞子錦囊三矢之業，厲兵束裝以待。

是年，我浙督與安撫使各以書相招，煌言謝之，略曰：「不佞所以百折不回者，上則欲匡扶宗社，下則欲保捍桑梓，乃因國事之靡寧，而致民生之愈蹙。十餘年來，海上芻茭糗糒之供，樓櫓舟航之費，敲骨吸髓，可爲惕然。況復重以遷徙，訖以流離，哀我人斯，亦已勞止。今執事既以保民、息兵爲言，則莫若盡復濱海之民，即以濱海之賦畀我。在貴朝既捐棄地以收人心，在不佞亦暫息争端以俟天命，當與執事從容羊、陸之交，别求生聚教訓於十洲、三島間，而沿海藉我外兵以禦他盜，是珠厓雖棄，休息宜然，朝鮮自存，艱貞如故，特恐執事之疑且畏耳。則請與幕府約：但使殘黎朝還故土，不佞即當夕掛高帆，不重困此一方也。」又復督府書曰：「執事新朝佐命，僕明室孤臣，區區之誠，言盡於此。」

時閩南消息既杳，鄭經則偷安海外，因悒悒日甚。甲辰，六月，乃散軍居南田之懸嶴。懸嶴在海中，荒瘠無人煙，惟山南有汊港可通舟楫，其北則峭壁巉巖，人不能及。遂誅茅以居，從者祇故參軍羅子木、門生王居敬、侍者楊冠玉、將卒數人、舟子一人。朝議謂煌言不死，海盜且復逞也，奉旨購之。有司繫累其妻子、族屬以待，募得其故校，使投舟山之普陀僞爲行脚僧以伺。

會煌言告糴之舟至，糴人昵其故侣，且爲僧，不之忌，故校遽出刀脅之，駢殺數人，最後者乃告之曰：「雖然，公則不可得也。公蓄雙猿覘動静，船在十里外，猿輒鳴樹杪，公得爲備矣。」故校乃於夜半潛上山背，攀蘿踰嶺而入，暗中執煌言並子木、冠玉、舟子三人，七月十七日也。

越二日，至寧波，我提督張杰以客禮舉酒屬曰：「遲公久矣。」曰：「父死不能葬，國亡不能救，死有餘罪。今日至此，速死而已。」杰遣官護之入省，出寧波城，再拜曰：「某不肖，有孤故鄉父老二十年之望。」登舟危坐。夜半，有坐蓬下唱蘇武牧羊曲者，煌言披衣起，扣舷和之，酹酒勞曰：「爾亦有心人也。吾志已定，爾無慮！」叩其姓名，則防卒史丙也。渡泉塘，舟中拾一箋，句云：「此行莫作黄冠想，静聽先生正氣歌。」煌言笑曰：「此王炎午後身耳。」比至杭州，供帳如上賓，舊時部曲許存問，官吏願見亦弗禁，有賄守兵以一睹爲幸者。

九月七日赴市，遥望鳳凰山曰：「好山色！」賦絶命詞，挺立受刑，年四十五。子木、冠玉、舟子並從死。子萬祺械至鎮江，先三日死。

初，煌言之入海也，風飄至一荒島，夢金甲神告曰：「贈君千年鹿，遲十九年還我。」果得一蒼鹿，食一臠，積日不飢。比羅人未返，占課大凶，徘徊假寐，又夢金甲神來，方呼居敬告之，言未既而兵入，蓋十九年云。浙人張文嘉、萬斯大葬諸南屏山麓，子木等祔焉。

子木名綸，以字行，溧陽人。己亥，見煌言於江上。嘗參朱成功軍，不樂，奉父復就煌言。中道與王師遇，格鬭墮水，比救起，則父已被縛去，思出奇計救之，不得，嘔血瀕死。煌言勉以立功報讎，遂相依以及於死。冠玉，鄞人。制府以其年少，將脱之，固請從死。居敬，字畏齋，黄巖人，以計逸爲僧。故校以誘執煌言，功授千户，奉令巡海，猝遇煌言舊將，憤其害主也，突刺殺之。我朝賜煌言通謚曰忠烈。

小腆紀傳卷第四十五

前翰林院檢討加詹事府贊善銜六合徐鼒譔

列傳第三十八

王之仁子鳴謙 張鵬翼弟鵬飛 季熊 顧勛 張名振焦文玉 楊復葵
王朝先 阮進阮駿 周鶴芝弟瑞 鄭遵謙鄭彩

王之仁，直隸保定人，官定海總兵。弘光時，掛鎮倭將軍印。乙酉夏，南都既覆，鄞縣紳士錢肅樂與諸生華夏等六人起義，故太僕謝三賓家富耦國，方西行納款歸，密使貽書之仁曰：「翁翁詘詘，出自庸妄六狂生，而一稺紳和之，將軍以所部來，斬此七人，則事定矣。某當奉千金爲壽。」「稺紳」者，肅樂年未四十也。會肅樂亦遣諸生倪懋熹勸之仁來歸，之仁兩答之，期十五日至。至則大會諸鄉老，突出三賓書，數其罪，三賓叩首乞命，願出萬金助餉。之仁遂從肅樂締盟，共城守。

魯王監國，封武寧伯，分守西興，尋進侯。既江上諸軍與王師屢戰不勝，西望心灰，之仁上疏監國曰：「事起日，人人有直取黄龍之志，乃一敗後遽欲以錢塘爲鴻溝，天下事何可忍言！臣願以所隸沈船一戰。今日死，猶戰而死；他日即死，恐不能戰也。」

明年三月朔，王師驅船開堰入江，張國維敕各營守汛，命之仁率水師從江心襲戰。會東南風大起，之仁揚帆奮擊，碎舟無數，鄭遵謙獲鐵甲八百餘副，諸軍繼之，遂大捷。踰兩月，諸軍以糧乏潰。監國航海，之仁載其妻、妾、二子婦、幼女、諸孫，沈諸蛟門外，再拜捧所封敕印投焉。乃立旗幟，張鼓吹，揚帆抵松江，峩冠登岸。衆謂其降也，護至金陵，洪承疇令其易服薙髮，之仁笑曰：「我握兵柄，爵通侯，謀人國，事而無成，死固分也。然葬於波濤，身死不明，故就此以求死耳。」遂見殺。

子鳴謙，字益公。之仁既封侯，鳴謙襲鎮倭將軍，駐定海之蛟關。有張國柱者，劉澤清部將也，依鳴謙於海上，有弓箭手五百人，劫鳴謙掠餘姚，行朝震恐，亦署國柱以將軍。之仁死，黄斌卿誘殺鳴謙而並其衆，國柱再争之，亦敗。

張鵬翼，字耀先，諸暨人，世以軍功授職。弟鵬飛、季熊，皆有勇善戰。

鵬翼初以總兵掛淮海將軍印，遷中府左都督。乙酉，五月，南都亡，與右都督徐洪瑨率兵六千航海至越。江上師起，即斬將自守，駐江干，潮至帳淹，無敢離伍者。魯監國封爲永豐伯，出鎮衢州，明年，六月，大兵至，標下副將秦應科等約爲内應，城破，巷戰，與弟鵬飛同被執，不屈，自刎死，洪瑨亦死。

季熊禦嚴州，戰敗力竭，匿村巷中。追騎至，令村民獻之，季熊突出，大吼曰：「大丈夫肯避爾者邪！」復手刃數十人。援絶，躍上屋，拾瓦四擊，坐屋脊駡。攻益急，拔韡刀自剸，屍直立三日不仆。時稱「張氏三忠」云。我朝賜鵬翼通謚曰烈愍。

顧勛，會稽人，魯監國封忻誠伯。江上之敗也，勛守嚴州，與王師相拒累日，闔家慘死。

張名振，字侯服，江寧人。少伉爽有大略。壯遊京師，太監曹化淳延爲上賓。化淳以王安門下故，與東林親，名振亦遂得與復社諸人通聲氣。熊開元之廷杖也，名振陰屬杖者，得不死，而實未嘗識面也。

崇禎癸未，授台州、石浦游擊。

南都破，安撫使至浙東，不受命。魯王監國，加富平將軍。時黄斌卿鎮舟山，名振與相犄角，議由海道窺崇明，擾三吴，以爲錢塘援，未行而江上潰。監國脱方國安之危，走石浦、南田，名振棄石浦扈監國。會斌卿誘殺王鳴謙，叛將張國柱悉定海之衆以攻舟山，斌卿求救，名振破走之。名振既與斌卿爲兒女姻，又拯其危，乃勸斌卿納監國，斌卿不從。適永勝伯鄭彩至，以其軍扈監國入閩，名振得封定西伯，請歸浙中招部曲。及還，而石浦已歸附我大清，乃入舟山依斌卿，斌卿見其勢孤，稍侮之。

丁亥，我松江提督吴勝兆謀叛，通書舟山，請一軍合力向南都，斌卿猶豫不欲應，名振方有自遠之志，沈廷揚、張煌言等又慫恿之，遂自以其軍赴約。請之監國，給敕印二百道，命煌言爲監軍，太常寺丞任文正副之，賜給事中徐孚遠一品服，充行人司，聯艅二千餘北上。次黄連港，惡其名，將移之白沙，傳令洗礮，龍驚浪鼓，颶風大作，全軍盡覆，弟名遠被擒，死之。名振於洪濤中浮篷上，不死，登岸暗行二十里，遇僧一泓者爲剃髮易服。一泓爲王師所誅，而名振獲免，復入海。斌卿標將朱玖欲因是殺之，斌卿未之許，而以其無軍，益侮之。名振乃託言屯田，避之南山。及初，名振之救斌卿也，部將阮進最有功。斌卿不德名振，而忌進之爲名振用也，間進使叛。及北發，進以不習三吴水道辭，取船二十艘，脱歸閩海招軍，頗盛，得封蕩湖伯。既而監國所復閩地盡失，名振自南田復健跳所，招進復與合，扈監國駐健跳。斌卿既不奔問官守，進告糴，又不應，怒結平西伯王朝先，傳檄謂「海上諸島，滃洲稍大，共誅斌卿，奉王駐軍。」名振故與斌卿姻好，陽阻之，而諸軍卒擊殺斌卿。

己丑，冬十月，監國入舟山，名振晉侯爵，太師，當國。王朝先有標槍手八千，既誅斌卿，并其軍，一不以付名振，名振忌而襲殺之，其部將張濟明跳而降於王師爲前導。

辛卯，八月，分道並進。名振以蛟關天險，海上諸軍熟於風信，敵必不能猝渡，乃留阮進守横水洋，弟左都督名揚、安洋將軍劉世勛守舟山，自帥兵奉監國擣吴淞以牽制之。或謂曰：「物議謂公藉此避敵。」名振曰：「吾母妻子弟皆在城中，吾豈有他心哉！」尋阮進敗死。九月，丙子日午刻，諸軍力不支，城陷。

時名振會師火燒門外，離城六十里，候潮長還救，突見城中煙焰蔽天，知不可救，乃解維去。尋聞母范氏、妻馬氏、弟名揚偕其幼弟及妾闔户舉火自焚死，慟哭曰：「臣誤國誤家，死不足贖。」奮身欲投海，監國與諸將救之，乃止。乃復扈監國航於海。

明年春，次於鷺門，收餘燼，往見朱成功。成功大言曰：「汝爲定西侯數年，所作何事？」名振曰：「中興。」成功曰：「安在？」名振曰：「濟則徵之實勳，不濟則在方寸間耳。」成功曰：「何據？」祖而示之，背「赤心報國」四字，長徑寸，深入肌膚，成功愕然謝曰：「久仰老將軍大名，奈多憎之口何？」出歷來謗書，厚尺許，名振遽火之。成功待以上賓，行交拜禮，指腹聯姻，贈以萬金，哆囉呢五十匹，日本刀一口，爲名振聘王氏女。

秋，拜名振爲總制，犯漳泉。

戊辰春，名振請兵北上，與之兵二萬，糧三艘。獲叛將金允彦於金塘山，磔之，祭死事諸臣。仁武伯姚志倬、誠意伯劉孔昭偕其子永錫以衆來依。號召舊旅，破京口，截長江，駐營崇明。尋被讒撤回廈門，寧靖王術桂爲力辨於成功。及相見，語至夜分，更益以兵，而令陳輝、王秀奇、洪旭、周全斌偕行。至羊山，颶風折兵十之一，惟名振全軍無恙。

九月，復駐平陽。糧絶，名振與士卒同餓，有「太師枵腹、我輩忘飢」之謡，軍得不散。

十二月朔，我崇明駐防兵萬餘，馬三百匹，乘凍涉江，入平陽沙，名振鼓衆迎之。浴日將軍王善良挺矛當先，姚志倬、任麟、王有才以三百人衝其左，張煌言、王浚以三百人突其右，崇明兵大敗，無一返者。

甲午，春正月，名振以上游有蠟書請爲内應，率海艘數百遡流而上，再入京口，掠儀真，至觀音門。十三日，泊金山，遥祭孝陵，設醮三日，揮淚題詩云：「十年横瀣一孤臣，佳氣鍾山望裹真。鶉首義旗方出楚，燕、雲羽檄已通閩。王師桴鼓心肝噎，父老壺漿涕淚親。南望孝陵兵縞素，會看大纛禡龍津。」越二日，掠輜重東下，旌旗蔽江。

四月，復以海艘上鎮江，焚小閘，至儀真，索鹽商助餉金不得，焚六百艘而去。尋以海船六十入山東登、萊諸處，直抵高麗乃還。

乙未，成功拜名振爲元帥，陳輝、洪旭、陳六御副之，統二十四鎮，入長江，我寧波守將張洪德降，名振養爲義子。進攻舟山，我鎮將巴臣功之中軍陳虎力戰死，臣功降，授爲鐵騎鎮，改名臣興。名振徒步入城，痛哭以祭其母，哀動三軍。

是年十一月，我台州副將馬信降於名振，名振不之信；納母爲質，許之。將入見，而名振已寢疾。丁未戌刻，有大星隕海，光芒如電，有聲。亥刻，名振起坐擊牀，連呼先帝數聲而逝。葬於蘆花嶴，有白鶴成羣，盤旋數日而去。遺言以所部歸張煌言，論者謂陶謙之讓豫州，不是過也。

焦文玉、楊復葵，皆山西人，張名振標下副將也。以誅黄斌卿功，晉總兵。文玉善射，有膽略。後負重傷，自刎，屍不朽。妻張氏葬之畢，亦自刎，有夫忠婦烈之褒。復葵以標將挾之投誠，赴水死。

王朝先，舟山人，或云故土司，以調征塞上入內地。驍勇善戰。初從張國柱、王鳴謙入海。黄斌卿三書招之，朝先以二艦渡横水洋，斌卿標將朱玖、陸偉以假迎劫之，朝先跳水免，妻子死焉。既見斌卿，留之部下，而不以事任，鬱鬱不得志。張名振解衣衣之，贈千金，朝先心歸焉。請於斌卿，徇海邊，劄奉化之鹿頭鎮，有衆數千，名振以之歸魯監國。

己丑秋，朝先取糧温、臺，斌卿標將黄大振得罪，搆之曰：「將軍家口、標屬被本爵鈔没，以將軍久假不歸，有懷二心故也。某以苦諫獲戾，故出亡耳。」朝先久蓄恨，聞之，則大怒，厲兵誓師，奏斌卿罪狀，命與阮進水陸並進。名振泣諫曰：「臣與斌卿聯姻，路人所知，今以朝先一言而加兵，其如物議何！」監國手敕和解之，朝先卒與進擊殺斌卿，分其水陸、軍資、甲仗，一不以付名振，漸自恣。監國入舟山，封平西伯，標下吕廷詔、張濟明、王文龍俱總兵，范可師、萬時軫俱監軍郎中。鄭彩之爲朱成功所敗也，名振、進因而墮之，朝先又不與合，用是相水火。

辛卯，二月，名振僞爲治兵南田者，朝先不之覺，散遣士卒於民舍，名振猝至，朝先手格數十人而死。張濟明跳城奪哨船投誠於我大清，願充先鋒，定海氛，於是舟山虚實盡洩。論者謂舟山之亡，由朝先死也。

阮進，會稽人，舵工也。爲盜海上，善水戰，張名振拔爲水營將。嘗率一艦破賊船三十餘號，遂知名。黄斌卿之爲張國柱所攻也，求救於名振，進以四舟衝國柱營，乘濤發礮，所當輒糜碎，國柱僅以身免。斌卿既獲救，又忌進爲名振用，以計間之，進爲所惑。名振北應吴勝兆，進以不習三吴水道辭，取船二十艘，軍資、器械數萬，脱歸閩海，從魯監國於長垣，以功封蕩湖伯。

己丑，三月，監國所復閩地盡失，名振自南田復健跳所，招進合兵扈監國駐蹕。七月，壬午，王師圍健跳，進以樓船數百赴援，金鼓震天，王師解圍去。已而進軍飢，恃昔日有保全舟山功，以百艘告羅，斌卿不之應，進怒。平西伯王朝先方有憾於斌卿，聞之，與進相結，罪狀斌卿，傳檄致討。斌卿求和，名振故與斌卿姻好，已許之，進卒擊殺斌卿。監國入舟山，論功晉太子少傅。

辛卯秋，王師大舉，逼舟山，名振奉監國航海，進守螺頭門。八月，辛酉，王師試舟海口，進以三舟突陣，奪樓船一，戰艦十餘艘，獲十一人，縱之還。

丙寅，大霧，咫尺莫睹。王師以小舟探水，尾戰艦，直突螺頭門，進遇之橫水洋，以火毬擲我舟，風反師熸。進面創甚，投水死，亦曰被擒，舟山遂陷。

越五年，乙未，延平王朱成功遣英義伯阮駿圍舟山，我守將巴臣功降。明年八月，王師再至，駿力竭赴海死，距進之死蓋六年矣。又有英義將軍左都督阮美、阮騂、阮驥，皆進從子也，而駿尤著。

周鶴芝，號九京，福清之榕潭人也。讀書不成，去爲盜於海上。饒機智，能指揮其儕輩，往來日本。日本三十六島，各有王統之。國主居東京，擁虚位，權則大將軍掌之，其三十六國王則如諸侯之職。撒斯瑪王者，於諸島爲最強，大將軍昵焉。鶴芝既久於日本，與撒斯瑪王結爲父子。嘗微行至家，爲有司跡，繫獄三年，賄吏得解，爲盜如故。久之受撫，以黄華關把總稽查商舶。

乙酉秋，隆武帝加水軍都督，副黄斌卿駐舟山，遣人至撒斯瑪訴中國喪亂，願假一旅。撒斯瑪王慨然許之，約明年四月發兵三萬，戰艦、軍資、器械自取諸其國。自長琦島至東京三千餘里，馳道、橋梁、驛遞、公館，修輯以待中國使臣之至。鶴芝大喜，益備珠璣玩好之物以悦之。參謀林籥舞爲使，期以四月十一日東行，而斌卿止之曰：「大司馬余煌書來云：此吴三桂之續也。」鶴芝怒而入閩。張肯堂出師北征，以鶴芝爲前將軍。

鄭芝龍之將降也，以書招鶴芝計事，至則降已決。鶴芝與監軍朱永祐流涕諫，不聽。鶴芝曰：「某海隅亡命耳，無所輕重，所惜明公二十年威望，一朝墮地，爲天下笑。請得効死於前，不忍見明公之有此舉動也。」抽刀自刎，芝龍起奪之。數日，芝龍竟北去。遂與永祐移軍海壇。

明年，丁亥，二月，復海口、鎮東二城，以籥舞及總兵趙牧守之。魯監國封爲平夷伯。五月，海口復失，籥舞、牧皆死之。鶴芝度王師勢盛，不能抗，乃退守火燒嶼。七月，從魯監國會師攻福州，敗績。

己丑冬，監國駐蹕舟山，進侯，與其弟閩安侯瑞分屯温州之三盤嶼，以爲犄角。居無何，與瑞有隙，監國命武陵人胡明中往解之，至則搆之益甚，瑞遂南依鄭彩，鶴芝亦北依阮進。彩之阨於朱成功也，鶴芝欲結好成功，與進擊破彩衆。舟山亡，依成功以終。

瑞字雲麟，從魯監國禡牙舉事，得封伯，旋進侯，後亦依成功。庚子，五月，拒王師於海門，與五府陳堯策俱戰死。

鄭遵謙，字履恭，會稽諸生，山西僉事之尹子也。放誕，喜結客，扛鼎擊劍之徒，日盈其庭。妻嘗殺人，推官陳子龍論坐之，東陽許都救以免。後都作亂，遵謙將從事，其叔扃户不聽往。

乙酉，杭州降，乃集其徒，號義興軍，搴旗過清風里，殺我山陰知縣彭萬里，署紹興知府通判張愫，取庫中兵仗給士卒，表迎魯王監國，諸義旅一時並起。詔爲義興將軍，與熊、錢諸軍分守小亹，號衆數萬。

明年，偕諸軍戰江上，獲鐵甲八百餘副。後爲田仰、方國安、王之仁輩所扼，勢寖衰。江上潰，之尹投水死，遵謙從監國入海，晉封義興伯。偶與鄭彩爭洋船有隙；及彩讎殺熊汝霖，遵謙益不平。彩乃詐撲部將吴輝，令扶傷就遵謙求書投鄭鴻逵，遵謙過輝船送之，被擒。輝既擒而慚，伏艙底不出，遵謙呼曰：「汝鄭彩厮養，殺我豈出汝意，而相避乎？」輝出，遵謙乞隻雞盂黍，哭奠汝霖畢，蹈海死。

遵謙之妾金四姐者，痛夫之死，束藁像彩，每祭，寸斬以侑食。彩聞，又沈之。我朝賜通謚曰節愍。

鄭彩，芝龍從子，或曰鴻逵子者，誤也。弘光時，以水師副將偕鴻逵守鎮江。乙酉，四月，王師渡江，鴻逵、彩自杭州奉隆武帝入閩。福京立，封永勝伯，充御營右先鋒，出江西。明年四月，吉安陷，彩棄廣信奔入杉關，王師乘之，克撫州，永寧王慈炎死之。上震怒，削彩職，令戴罪圖功。閩敗，彩以所部入海。適張名振奉監國魯王至舟山，守將黄斌卿不之納，監國跋疐無所歸，彩乃奉之入閩。次中左所，芝龍已投誠，密令彩執監國歸命，彩匿監國，以南夷貌類者服監國冠服居舟中，謂守者曰：「事急則縊以示之。」監國獲免。時成功亦駐廈門，以唐、魯舊嫌，不欲奉監國，彩乃改次長垣。

明年，丁亥，正月，監國以彩爲元帥，封建國公，自是專横。大學士熊汝霖每折之。又與義興伯鄭遵謙爭洋船有隙。會戊子正月元夕，熊、鄭兩家相問遺，部將李茂遽以合謀告變，彩襲殺汝霖並遵謙。劉中藻攻福寧，彩掠其地，諸鎮遂大惡之。

己丑，閩地盡失，張名振自健跳所遣使迎監國，彩乃棄監國去，與弟定遠伯聯據廈門。將有事於海南，戒聯曰：「飢虎不可爲鄰，國姓揚帆往來，宜備之。」聯不之信。未歸，聞聯死，求援於張名振，名振方自結於成功，不應，而反以墮之。成功度彩已困，遣其將洪政折矢招彩，乃以所部付之，歸老廈門。

己亥秋，坐廳事，忽見熊、鄭擁兵入，驚撲階下，七孔流血死。

小腆紀傳卷第四十六

前翰林院檢討加詹事府贊善銜六合徐鼒譔

列傳第三十九

義師一

凌駉 從子潤生 馬元騄 謝陛 許來春 高桂等 沈迅 弟迓 劉孔和 殷淵 宋湯齊 郭珩 王拱辰 吴易 孫兆奎 沈自徵 弟自炳 弟自駉 華京 吴旦 趙汝珪 吴鑑 周瑞 張飛遠 陸世鑰 茹略文 周志韶 任源邃 徐安遠 朱旦 韋志斌 李伯含 盧象觀 弟象同 陳坦公 毛重泰 方明 潘文焕 葛麟 閻應元 陳明遇 許用德 馮厚敦等 黄毓祺 徐趨 顧杲 王謀 張龍文 巢之梁 朱某 沈猶龍 陸明永 李待問 章簡等 周室瑜 朱集璜 陶瑊 陳大任等 王湛 兄淳 蔡仲昭 魏虎臣 侯峒曾 弟岐曾 子元演 元潔 黄醇耀 弟淵耀 張錫眉等 金聲 江天一 姜孟卿等 邱祖德 沈壽蕘 麻三衡 吴太平等 尹民興 吴漢超 趙初浣 吴應箕 龐昌胤 吴源長 裘君量 謝琢 錢國華 司石磐 繆鼎吉 弟鼎言 周損 傅夢鼎 傅謙之 桂蟾等 王燝 侯應龍 馮弘圖 李虞夔 子弘 萬練等

凌駉，字龍翰，歙縣人。崇禎癸未進士，以主事贊畫督師李建泰軍。建泰降賊，駉遁至臨清，募兵三千，權州印，部署鄉勇，斬僞防禦使王皇極等三人，復臨清、濟寧。傳檄山東，遠近響應，於是土寨來歸者甚衆，與德州謝陛遥相應。已聞南都立，間道遣人上疏，言：「臣以鉛槧書生，未諳軍旅，先帝過簡，置之行間。遭值危亡，不能以死殉國，乃以萬死餘生，糾集義旅，討擒僞逆，誠欲自奮其桑榆之效。然不藉尺兵，不資斗粟，徒以忠義二字，激發人心。方今賊勢猶張，東師漸進，臣已上書彼國大臣，反覆懇切，不啻如秦庭之哭矣。然使東師獨任其勞，而我安享其逸，東師克有其土，而我坐受其名，恐無以服彼之心而伸我之論。爲今日計，或暫假臣便宜，權通北好，合兵討賊。名爲西伐，實作東防，俟逆賊既平，國勢已立，然後徐圖處置之方。若一與之抗，不惟兵力不支，萬一棄好引讎，并力南向，其禍必中於江、淮矣。臣南人也，即不肖，而有功名之想，尚可幾幸於南，但恐臣一移足，大河之北，便非我有，故忍苦支撑於此，以爲他日收拾河北、畿南之本。夫有山東然後有畿南，有畿南然後有河北。臨清者，畿南、河北之樞紐也。與其以天下之餉守淮，不若以兩河之餉守東。乞擇使臣，聯絡北方，以弭後患，宣慰山東，以固人心。」又言：「膠州對岸爲廟灣，宜設水師一旅，與青、齊義勇相結援，東郡可不勞而下。」而是時，朝議方以江北分四鎮，無一人計及山東者，疏入，不省。駉孤軍難自立，亦時與我大清通書問。東昌下，駉南走大名。我朝以兵科給事中印劄招之，駉懸之陳橋驛，獨身至南都。入對，授監察御史，代陳潛夫巡按河南。駉疏言：「臣今與各寨將領約，分地畫守，倣古人合縱之策：一寨破約，各寨致討。以長河爲邊垣，以各寨爲州縣，以守爲戰，以農爲兵。臣寢食於河，創痕風裂，不敢自逸。」詔吏、兵二部給空札百餘，以待歸正之人，實無一軍相策應。

迨許定國、李際遇既降，導我兵南渡，駉行部至歸德，以土兵數百守城，游擊趙擢説降，駉斬以徇。次日，率兵出西城斫營，而守者已開東北門迎降。我豫親王多鐸下令：須生致凌御史，否且屠。駉乃以兩印投井中，命參將吴國興齎敕旨並遺疏入奏云：「臣誓不受辱，屬者仰藥、引劍，兩被强持，因思慷慨而殃及小民，何如從容而善全大節。臣母年七十，登第未逞一省；子年四歲，尚未識面。受命疆埸，義不返顧。伏乞大奮乾斷，速定戰守之策，則臣死之日，猶生之年。」南向拜訖，單騎見豫王，從子潤生從焉。豫王曰：「御史私渡河復抗大軍，何也？」駉曰：「以大明官歸大明，何云私？職授監軍，恨兵微不得一戰，何云抗？」長揖不拜。豫王手金爵賜之酒，駉曰：「天性不飲也。」越日，無降意，乃取學道蔡鳳、監軍道吴琦於階前斬之，顧駉曰：「公以首領易虚名乎？」遺以大帽、貂裘、革舄，不受，强留之。中夜謂潤生曰：「吾忍死守此土，以爲江南屏蔽，今已矣！」遺書豫王曰：「願貴國無負初心，永敦鄰好，大江以南，不必進窺。否則揚子江頭，凌御史即錢塘江之伍相國也。」與潤生同縊死。豫王殯之察院署，吏民皆哭失聲。事聞，贈兵部侍郎，潤生御史。

馬元騄，德州貢生；謝陛，諸生也。時香河知縣宗室帥欽棄官走吴橋，僞防禦使閻傑因之德州，又酷比餉銀，民不堪命。元騄、陛因之一呼而起，執傑與僞州牧吴徽文，臠而食之。奉帥欽權稱濟王，移告遠近，殺僞官，兖、青、登、萊諸州皆堅壁自守。陛即南中謁傳以爲故相謝陞者也。

許來春，泰安州人。甲申三月，京師陷，知州朱萬欽聞之逃，僞防禦使牌示「軍至軍妻，軍去民妻」八字，州人大懼。來春與原任游擊高桂糾槍手百餘人，伏南城外。四月，丙戌，奪門入，執僞防禦並其黨數十人斬之。僞將郭昇自兗州來攻，陷州城，來春與桂死之。同死者：治中蕭協中、生員□國鉉投井死，舉人徐栯城頭駡賊死，生員王德昌巷戰死，房伯龍、黄應瑞、劉孔訓、蕭獻吉、楊應薦、胡會隆、趙聖文先後不屈死，布衣馮魁軒闔家自焚死。

沈迅，萊陽人；迓其弟也。迅中崇禎辛未進士，由知縣考選得刑部主事，大恚恨。結楊嗣昌，改兵部，尋擢兵科給事中，數言事，皆中旨。初，廷臣好言兵者，任事輒僨敗獲罪，於是更諱言兵。迅極言其弊，乞敕廷臣五日内陳方略，帝從之，擢禮科都給事中。尋以薦高斗光爲鳳陽總督，謫國子博士。復官，未赴而京師陷，家居，與迓設砦自衞。迓短小精悍，馬上舞百斤鐵錐，兄弟率里中壯士，捕土寇略盡。王師被砦，闔門死之。我朝賜通謚曰節愍。

劉孔和，字節之，長山人，故大學士鴻訓子也。長八尺，目炯炯如電，平居論天下事，輒憤激，鬚髯怒張。甲申三月，起兵長白山，殺僞官，率衆南下，劉澤清使客説之，乃以兵屬焉。澤清故武人，不知書；既貴，好爲詩。嘗大會，詑示坐客，衆交口譽之。孔和仰視不語，强問之，則大言曰：「國家舉淮東千里付足下，未聞北向發一矢。詩即工，何益國事！況未必工邪！」澤清怒，罷酒，坐客惶懼。孔和拂衣徐出，澤清益不平，遣壯士追及舟中拉殺之。時朝命孔和爲副總兵，命下而孔和死數日矣。處士閻再彭、靳壁星重金購遺骸，不可得。時年三十一，著有日損堂集。嘗贈友人王遵坦句云：

「都無殺者黃江夏，豈有食之嚴鄭公。」人以爲詩讖云。

殷淵，雞澤諸生。父太白，官監軍副使，以事爲督師楊嗣昌所殺，淵志欲報讎。賊破雞澤，尋陷京師，偕諸生黃公祐等約山中壯士誅賊所置官，僞令秦植踉蹌走。乃入城行服，臨禮義，聲大震。已爲奸人所乘，被殺。又宋湯齊、郭珩、王拱辰三人，皆肥鄉諸生，起兵討賊，爲賊將張汝行所殺。

吳易，字日生，吳江人。負文武才，跅弛不羈。中崇禎癸未進士，不謁選。弘光時，督師史可法題授職方主事，留之監軍。乙酉，奉檄徵餉未還，而揚州失守，易與舉人孫兆奎起義，諸生華京、吳旦、趙汝珪等皆從之。與陸世鑰、沈自炳諸軍合屯長白蕩，出没五湖、三泖間。松江盜首沈潘劫掠不常，易計擒之，降其衆，獲艘七十。王師之初至也，未習水戰，易使部卒狎於水者，雜農民散處湖畔。王師索人操舟，則散處者咸集，棹至中流，鑿沈之，溺死無算。時部郎王期昇、吳景亶等起兵西山，克長興，然兵不及易強，多棄之來歸。隆武帝授兵部右侍郎兼右僉都御史，總督江南諸軍。侍郎楊文驄奏易斬獲多，進兵部尚書，封忠義伯。魯監國亦授易兵部右侍郎，封長興伯。我總兵李遇春率兵五十四艘，自平望至白龍橋列陣三十里，易與兆奎會沈自炳、自駉之軍破走之。已而提督吳勝兆敗，盧象觀、葛麟遂引兵追，易、兆奎率鋭卒伏蘆葦中，襲殺甚衆。易衆方釃酒賀，俄勝兆合四郡兵至石樁橋，斷港汊，易軍無見糧，遂大潰。易與驍騎三十人潰圍走，父承緒、妻沈及女皆投水死，兆奎等皆戰死，一軍盡殲。易之潰圍走也，舟重，三十人盡覆。易泅水半里，從子某見水面紅快鞋，謂易已死，以追兵急，不得挐，取之繫舟尾，半里許始舉視之，尚未死，張目問曰：「吾兵尚有幾何？」左右曰：「百人耳。」易曰：「速返追擊，此去必獲大勝。」果奪其輜重而還。明年春，吳江人周瑞者復聚衆長白蕩，迎易入其軍。未幾，衆潰，飲孫璋家，偵者引王師至，被獲，殺於杭州草橋門。我朝賜通謚曰節愍。

孫兆奎，吳江舉人。佐吳易募水卒，旬日間得三千人。或阻之曰：「清起遼左，自神宗以來，竭中華全力，僅足措拄。江南所恃，惟水戰；而大衆深入，險要悉爲憑守，舟楫無所用其長。大勢若此，而妄有所圖乎？」兆奎曰：「我豈不知，但恨三百年養士，而義聲寂寂，我故欲以一身殉之，其成敗則聽之天耳。」時浙東人李九成者，假名建義，以戰艦千艘宵晝劫掠，兆奎與易密謀，僞結好以弛其備，約期兩軍合營。或以大敵方強，不宜自翦羽翼，兆奎曰：「不然。今日之事，正如寸刃剸鯨，空拳搏虎，所恃以號令人衆者，惟此區區之信義耳。若縱彼焚掠，則所在之民，誰非寇讎，是敵未至而先自敗矣。」八月七日，遣驍將許某統十三艘往討。先有黑氣如長堤，直撲李營而隕，北風大起，塵埃漲天；未幾，復大霧，咫尺不相覩。李營之衆以爲吳軍來合營也，俄而礮聲大起，兵四集，李衆大潰，九成就縛，斬之，所俘婦女皆遣還。時起事諸人，多驕暴爲民害，惟易、兆奎整戎卒，戒侵掠，衆頗效命。嘗敗王師於白龍橋，又敗之於八斥，衆釃酒賀，而兆奎戒其下謹備。八月二十四日，王師大集石椿橋，或勸兆奎走海，兆奎曰：「今四圍皆兵，海其可至乎？事之不濟，我將橫屍水上，豈能竄海苟活邪？」黎明，王師八面環攻。時陰雨連旬，舉礮，礮不震；持弓，弓絃解。兆奎往來督戰，自寅至午，王師益衆。易潰圍走，兆奎慮易妻女被辱，視其赴水然後行，遂爲追者所獲。械至江寧，見洪承疇，大言曰：「崇禎時有一洪承疇，身死封疆，先帝親祭哭之，今又一洪承疇，爲一人邪，兩人邪？」承疇曰：「咄！爾自爲一人事可耳。」驅出斬之。臨刑，顏色不變，年三十九。

沈自徵、自炳、自駉，皆吴江諸生，副使琉之子也。兄弟以詞翰聞江左，任俠自負。自徵嘗辟賢良方正，不就。見天下亂，造漁船千艘匿太湖，以備非常，未幾，歿。自炳、自駉收其船以集兵，吴易一軍所由起也。長白蕩之潰，皆戰死，或曰沈於湖。又華京、吴旦、趙汝珪，皆吴江諸生之有志行知名於時者也，從吴易舉兵。衆潰，京驅妻子入水，格殺數人，與大兵搏戰，相持不釋，同溺死。旦、汝珪亦死。

吴鑑，吴江諸生。乙酉，六月，王師徇吴江，縣丞朱國佐以城降。鑑入縣庭罵之，國佐執送蘇州知府，詢其黨，抗聲曰：「孔子、孟子、張睢陽、顏平原是也，何問爲！」遂殺於胥門學士街。吴易聞而哀之，率衆擒國佐，授鑑父汝延，令殺以祭鑑。

周瑞，一作周毓祥，蓋名字之互見也。長白蕩之師既潰，丙戌春，瑞復聚四保匯。王師討之，死者八百人，軍聲遂振，迎吴易入其營。五月五日，泛蒲飲酒，王師掩至，殺其將羅騰蛟。未幾，與吴易被執於孫璋家，見殺。

張飛遠，亦吴郡諸生，負膂力，聚衆與吴易合營。丙戌，五月六日，襲金山衛，我守將出戰，飛遠遁去。初，飛遠約城中内應者墨其鼻，飛遠遁，而城中人鼻尚墨也，悉就誅。

陸世鑰，吴江諸生，以財雄於洞庭東湖。有十將官者，集衆千餘，屯湖中，世鑰慮其爲亂，亦聚千餘人，名爲犄角，實防遏也。薙髮令下，鄉民駭愕，洶洶思亂，十將官因邀世鑰起兵，與吴易、沈自炳諸軍相應和。時兵多肆劫，惟世鑰毁家充餉，部下妄掠一錢者必死，故一軍獨戢。兵敗，爲僧去。

茹略文，字振先，餘姚人，吴易之部將也。驍勇善戰。初入太湖從徐雲龍破長興，屢戰有功；後歸易，奏授總兵。長白蕩之敗，略文手斫數十人，身被十餘創，血盡而仆，兵疑其佯死，連刃之。兵去，稍甦，捧其頭以走。至溽溪，休於野廟，廟祝故識之，傅以良藥，百日愈。後與大兵戰於麻湖，援絶，乃死。其將周志韜收餘衆自保，魯監國遥授爲參將。久之，兵敗赴水死。又有戴之儁，亦作戴武功；周謙，亦作周長吉，蓋名字之互見也。皆吴郡諸生，從吴易起兵。長白蕩兵敗，諸起義者皆死，二人降於提督吴勝兆，教之通舟山黄斌卿合力取南都。事敗，勝兆誅，二人亦見殺。

任源邃、吴福之、徐安遠，皆武進諸生，起兵與吴易軍相應者也。源邃深沈有大略，見所在起兵者，皆不當意，喟然曰：「天下事遂無可爲乎！我視諸軍皆兒戲耳！」及福之、安遠起兵，約源邃同就李總兵者合爲一軍，屢與王師戰，歷三月始潰，李總兵自刎死。源邃執至溧陽，官命之跪，源邃曰：「若非明臣邪？見我不愧死，而欲屈我乎？」曰：「子年少，姑待之！」源邃曰：「汝惟有待，故至此；我何待，速死耳！」乃見殺。安遠亦不屈死，妻楊氏、妾蕙香殉之。福之詳吴鍾巒傳，而李總兵者，名字里居不可詳。

朱旦，蘇州人。祖名鷺，世所稱白民先生者也，嘗撰建文書法疑，表章遜國諸臣，將進呈，請復革除年號，不果，隱於西華山。總兵吳志葵等之襲蘇州而敗也，旦奮然曰：「昔我祖作書忠建文帝，今我舉義忠先帝，死猶生也。」拜母訣别，走太湖説黄蜚，不應；再遺書促志葵，亦不應。乃偕西山徐雲龍等薄胥門，王師衝突而出，雲龍斷甲走，其弟君達、僧景嗤皆戰死，旦亦遇害。同時，邑人韋志斌、李伯含皆以武勇稱，志斌從魯之璵戰城中之南園死焉，伯含率衆至盤門墮水死。

盧象觀，字幼哲，宜興人，故宣、大總督象昇弟也。崇禎壬午舉鄉試第一，癸未成進士，官中書舍人。象觀習家學，以仕晚未獲用。乙酉，六月，大兵南下，與宗室盛瀝遇西湖，相與痛哭入于忠肅祠，誓同起兵。至茅山，以象昇故將陳坦公爲先鋒，謀攻南京。都人朱君兆，奇士也，爲之計曰：「南京雄深未易拔，況北兵四面萃於我，敗道也，盍謀内應者乎？願爲公先入結其豪，定期告我，我從中以火爲應。」已而遣僧詣君兆約期，僧乃密叩我大營告變，舉火誑之。象觀兵薄城下，燒太平門，騎兵突出衝擊，象觀駭敗，精鋭盡喪，盛瀝匿水竇中得逸。已復與象觀至宜興收士卒，攻溧陽，又敗。盛瀝亡入都司方明軍，象觀遂亡入太湖，與葛麟、王期昇合，有衆二萬，奉通城王盛澂居長興。八月二十八日，陣於小涠，鏖戰久之，麟敗歿，象觀知不免，起拜其衆曰：「我兄弟受國恩，無以報，空煩公等，死有餘愧！」躍入水，部下掖之出，歎曰：「愛我者不如成我義也！」復自沈以死。從弟諸生象同、先鋒副將陳坦公、總兵毛重泰俱死之。諸生象晉，象觀兄也，爲僧終。我朝賜象觀通謚曰忠節。

方明，字開之，廣德屯田都司也。起兵據廣德。宗室盛瀝之敗於溧陽也，明迎之入其軍，號召義旅，連破孝豐、臨安、寧國等縣，聲勢頗振，閩中封盛瀝爲瑞昌王，明等授官有差。無何，降將張天禄自徽州還師，明不能禦，棄營走浙東。明年，潛還長興，衆疑爲諜者，執付防將郭虎所，一小卒指曰：「此方明也。」遂斬之。初，明之敗也，有鎮江人潘文焕者，匿瑞昌王盛瀝於茅山民舍。其部曲喜正赴京口置弓矢，事覺，有司雜治之，遂殺盛瀝，事連文焕。文焕見喜正，切齒罵曰：「吾死何足惜！王能一日在，則人心一日未散，鼠子乃壞吾大計！」奮起批其頰。其子哭，文焕曰：「我死忠，汝死孝，傳之後世，有頌述焉。不然，一老氓也，誰復知！」械至金陵，洪承疇欲屈之，不可，乃被殺。一女亦不食死。

葛麟，丹陽人。與盧象觀同舉於鄉，有膂力，能開數石弓。弘光時，巡撫祁彪佳薦其才勇，授中書舍人，與鄭鴻逵協守京口，上便宜十二事，又請練兵江北，皆不報。京口破，過家門不入，走海上，佐總兵吴志葵起兵攻復青浦。志葵敗，潰卒無所歸，推麟爲帥，乃揚帆抵太湖，與郎中王期昇合營。未幾，象觀亦至，軍遂盛。期昇不能軍，惟以剽奪鄰近爲事。民苦之，引大兵焚其舟，期昇遁，象觀危甚，麟望見火光，率三舟衝之。軍吏曰：「衆寡弗敵，毋陷死地！」麟曰：「臨難不救，同盟之謂何？」手搦長矛，奮力戰，所當披靡，連殪百人於湖。大兵耳其名，羣目之，譟曰：「長而肥者葛中書也。」萬箭注之，麟揮矛如風，箭悉墜入水。乃更攻以火，舟焦，始自沈。

閻應元，字麗亨，順天通州人，崇禎中爲江陰典史。甲申，海盜顧三麻子以百艘乘潮至黃田港，應元率鄉兵拒戰，手射三人，應弦倒。以功加都司銜，遷廣東英德主簿，道阻未赴，寓江陰之砂山。乙酉，六月，薙髮令下，諸生許用德倡言於明倫堂曰：「頭可斷，髮不可薙。」衆曰：「然則城守乎？」以閏六月朔設太祖高皇帝像，衆拜且哭，遠近應者數萬人。推新典史陳明遇爲主，因知縣方亨，殺守備陳端之，以徽人邵康公爲將；前都司周瑞龍泊江口，相犄角。與王師戰，不利，徽商程壁出家貲二萬五千金充餉，而身乞師於總兵吳志葵。康公戰不勝，瑞龍水軍亦敗去，勢益危。明遇謂衆曰：「吾不如閻公智勇可屬大事。」馳騎迎應元，應元率家丁十四人夜馳入城，召士民盟之曰：「今日之事，非有所強於諸君者，諸君其無以生死計。」衆諾之。應元則料尺籍，治樓櫓，户出一男子登陴，餘丁傳餐，發前兵備道曾化龍所治火藥器，貯城樓，勸輸巨室，曰：「輸不必金，凡菽粟、芻稾、布帛、酒酤、鹽醢皆是也。城苟完，何患無財！」四門分堡而守，如南門堡內人，即一人守南門堞，戰則兩人守之，晝夜輪換。十人一小旗，一銃；百人一大旗，一紅夷礮；夜則五堞一燈。大兵之攻城者，空船及棺負之，蔽以牛皮，城上礮石碎之。一人駕雲梯上，城上一童子提而斬之。時大兵南下若破竹，守土官非降即走，間拒守，攻之輒拔。及至江陰境，輒多殺傷，乃相與大駭。於是薄城下者兵且十萬，列營數百，圍十重，依山起疊，瞰城中，矢集如雨。城上發礮石中之，夜遣壯士縋城下，順風縱火，軍亂，自相踐踏，死傷萬計，乃移營去。居民黃雲善作弩，傅以毒藥，中人則死；守備陳端之子某在獄，請以造軍器贖死，製木銃，投城下，近者輒糜爛；應元出新意，造鐵撾，繫以長繩，能城上刺人十步外。大兵發大礮，城裂，應元用鐵葉裹門板，貫鐵索護之，實空棺，以土障潰處。北城壞，於城内更築堅壘，一夜成。又嘗以矢盡，束藁爲人，人竿一燈立睥睨間，兵士伏垣内擊鼓叫噪，若將縋城砍營者，獲矢無算。王師攻既久，降將劉良佐與應元雅相善，遥語曰：「弘光已走，江南無主，君早降，可保富貴。」應元曰：「我一典史耳，猶不忘故國，君爵爲列侯，握重兵，不能捍衛疆圉，乃爲敵前驅，何面目見我邪！」李成棟既破松江，率所部十四萬至，驅降將吴志葵、黄蜚至城下，陳説利害，應元駡曰：「敗軍之將，被擒不速死，奚喋喋爲！」應元偉軀幹，性嚴毅，號令明肅，犯者不少貸；然輕財與中賞輒逾格，傷者親爲裹創，死則酹酒哭之。明遇以寬厚稱，毁家徇義，善撫循，往往流涕相勞苦，士故樂爲之死。會中秋，給軍民賞月錢，分曹攜具，登城痛飲，許用德製樂府五更轉曲，使善謳者曼聲歌之，其聲淒婉，北兵聞之，皆泣下。既知城中無降意，攻益急，礮聲徹晝夜，死傷日積，巷哭相聞。應元慷慨登陴，意氣自若。八月，辛丑，大雨如注，日中，有紅光一縷，起土橋，直射城西，城遂陷。應元自投於河，水淺不死，遂被執。劉良佐持之泣，應元曰：「死耳，何泣爲！」見我貝勒，不跪，一卒槍刺之，脛折踣地，擁入棲霞禪院。夜半，寺僧聞大聲呼「速斫我」者再，已乃寂。明遇搏戰被殺，手握刀，僵立不仆。用德於前數日驅妻子盡室焚死。訓導金壇馮厚敦自縊於明倫堂，妻王氏與其孀妹結袵投水死。邑人兵部主事沈鼎科，崇禎辛未進士，自縊死，中書舍人戚勳視妻女子婦投繯畢，北面再拜，舉火自焚死。流寓則武進舉人夏維新、諸生吕九韶、王華皆自刎死。踰月，有歸姜者入城自擲死。凡攻守八十一日，竟無一人降者，而大兵之死者亦七萬五千有奇。閩中聞報，隆武帝泣曰：「吾家子孫遇江陰三尺童子，亦當加敬也！」城中屍骸枕藉，街巷池井皆滿，薰臭不可近，有一女子題詩城牆曰：「寄語行人休掩鼻，活人不及死人香。」我朝賜應元通謚忠烈，明遇、勳烈愍，厚敦節愍。

黄毓祺，字介兹，江陰貢生。乙酉，閏六月，與弟子徐趨起兵行塘，與城中相應。魯監國授以兵部尚書敕印，隆武帝亦遥授爲浙、直軍門，得私署官屬。江陰破，乃亡命淮南，與其黨棲山中。明年冬，偵城中無備，率王春等十四人來襲，不克，十四人皆死，趨被獲。毓祺跳而逸，僞爲卜者，與常熟武舉許彦達遊通州，主湖蕩橋之薛繼周家，凡游擊、參將自海上來，雖滿裝，及入謁，則青衣垂手，衆疑之。將起義，遣江陰徐摩致書錢謙益，提銀五千，用巡撫印鈐之。謙益知其事必敗，卻之，持空函返。摩之友人徽州江純一，謂摩返必挾重貲，發之可得厚利，詣營告變，毓祺遂與彦達、繼周同就江寧獄。命其具供，奮筆書曰：「道重君親，教先忠孝。避禪已久，豈有宦情？義憤激中，情不容已。明主嘉誠，遣使授職，招賢選士，分所應然。哀憤曠官，死有餘辜，謹抱印待終，附子卿之義。」獄中賦小遊仙詩，自注之，以授門人鄧大臨。獄成，將刑，大臨告之期，命取襲衣自斂，趺足而逝，當事戮其屍。方徐趨之被獲也，毓祺子大湛、大紅被收，發配功臣家，鄉人醵金贖之，教授弟子，學行不愧其父。大臨，字西起，常熟人，既葬毓祺，變服爲黄冠去。徐趨，江陰諸生，與王春等十四人襲江陰，被獲。見縣令劉景綽，長揖不跪，左右叱曰：「非爾父母官邪！何不跪？」趨厲聲曰：「此故明降臣，何父母爲？」令壯其志，擬釋之，言：「吾知子非謀逆者，豈有所親在獄，欲篡取之邪？」曰：「我何親在？志不忘故國耳！」令曰：「若然，子必死矣。」曰：「我固不欲生，遂爲此也。」令曰：「子誠奇士，吾將薦之以官。」趨乃笑曰：「汝爲明進士，位至監司，亦不卑矣；今降而爲令。汝且不能自擇，而爲我擇官乎？」令曰：「吾以吏隱耳。」曰：「汝外吏，欲去則去，天壤甚寬，何致含羞苟活，貽青史玷哉！」令大慚，連呼送獄。丁亥，正月八日，殺於市。

顧杲，字子方，無錫人，光禄卿憲成從子。性豪邁，尚氣節。酒後與貴池吳應箕掀髯抵掌談天下事，輒痛哭；哭罷，輒狂歌。阮大鋮之僑居金陵也，思結納後進以延時譽，蓄聲伎，日置酒高會，附風雅者多歸焉。禮部主事周鑣惡之，倡議草檄以討，名曰留都防亂公揭，復社列名者百四十餘人，而難於爲首者，杲曰：「舍我其誰！」大鋮銜之次骨。及得志，將捕諸人興大獄，杲猶無所顧忌，爲萬言書，上於當事，巡撫祁彪佳嘉其義，保護甚至。大鋮嗾徐丞者具劾，馬士英擬旨逮問，副都御史鄒之麟與杲爲姻連，稽其駕帖。國亡，事得解。王師抵常州，知縣林飾遁，邑人王如玉、顧君起持册獻降。曾杲起兵應江上，遇之砂山，命所部執之，兩人大呼曰：「此賊也。」砂山人方團練禦盜，倉卒不加辨，羣起執杲。杲無以自明，乃曰：「願誅如玉、君起而後死。」砂山人聽之，於是被害。既而審其爲杲，衆大悔，就地立祠以祀焉。

王謀，無錫人。將起義，筮之不吉，再筮，兆益凶，怒擲課筒於地，率鄉兵萬人，於丙戌十一月十一日夜薄郡城。我知府蕭某登城望之，見白布抹首，曰：「賊夜至，烏合耳。」開門逆戰，擒一人，斬之，擲其首級。謀衆固不知兵，見首級飛墮，遂驚潰。謀被獲，駡不屈。久之，衆越獄，謀獨不去，遂見殺。又常州諸生張龍文者，於乙酉閏六月起兵謀復郡城，敗死。舉人巢之梁，嘗知曹州，歸里，亦以起兵，父子俱死。有朱某者，失其名，烏程朱國楨之孫也。辛卯，江南已大定，某忽起兵南潯，有衆數千，出没吴淞、泖、澱間，與我兵轉戰白龍橋北。被執，語不屈，我大帥斷其喉，友人某潛抱屍以楮封喉殮之。妻某氏，一慟而絶，既蘇，日夜哭，竟斷腸死。

沈猶龍，字雲升，華亭人。萬曆丙辰進士，由知縣徵授御史。崇禎間，進太僕少卿，拜右僉都御史，巡撫福建。時江西妖賊張普薇作亂，猶龍遣游擊黄斌卿協勦，大破之，增秩賜金。後以招降鄭芝龍，威名特著，遷兵部右侍郎，總督兩廣軍務，兼廣東巡撫。弘光時，召理部事，不就。明年，南京覆，列城望風下。閏六月，吴淞水師提督吴志葵自海入江，總兵黄蜚亦擁千艘由無錫來，共結水寨於泖湖。適大清遣安撫官至，有常指揮者，偏括郡人物，郡人殺之，共推猶龍起兵。猶龍乃偕邑紳陳子龍、李待問、章簡等募壯士數千城守，與志葵、蜚相犄角。八月初旬，我兵以輕舟截春申浦，大戰，乘風縱火，二將皆被執，遂圍郡城。降紳董廷對將内應，事覺，郡人磔殺之。已有假黄蜚兵號者突至，猶龍以爲信，開門納之，紅巾抹首者隨之入，俄而巾脱，皆辮髮也。衆人驚呼：「城破矣！」守卒盡潰，猶龍出東門，中流矢，死於濠。同死者，教諭眭明永，丹陽舉人，書示其子曰：「我父命我名：修短視明。」自縊於明倫堂。邑紳李待問，崇禎癸未進士，授中書舍人。初，待問夢袍服間有字曰「天孫織錦」，以爲中翰兆也，至是遇害於織染局。章簡，以舉人官羅源知縣，守南門，被執不屈死。尚寶司丞徐念祖與妻張、二妾陸與李俱投繯死。又有傅凝之者，亦舉人也，參吴志葵軍，黄浦之敗，與諸生戴泓赴水死。衣工陸厚元積薪於門，語其妻曰：「能完節乎？」曰：「能。」厚元舉火與其妻子女皆焚死。我朝賜猶龍通謚忠烈，待問忠節，簡、念祖節愍。

周室瑜，崑山舉人，嘗官儀封知縣；朱集璜，崑山貢生，以學行爲鄉里所推。南都亡，邑人方議拒守，而縣丞閻茂才已遣使投誠。衆乃殺茂才，以閏六月乙未推前狼山總兵王佐才爲盟主，參將陳宏勛、前知縣楊永言、邑諸生歸莊、顧炎武、嘉定諸生吴其沆，各自城外率壯士百人來助。室瑜、集璜與邑諸生陶琡、貢生陳大任舉兵應之，協守甚力。王師至，宏勛率舟師迎戰而敗，游擊孫志尹戰殁，城遂陷。永言等遁去，其沆死之，佐才縱民出走，冠帶坐帥府被殺。室瑜與子朝鑛、妻諸氏、朝鑛妻王氏同不屈死，集璜投河死。琡居雞鳴塘，去城二十里，率鄉兵赴援不及，還家自經死。大任始倡義迎佐才，以其宅爲帥府，與妻張氏、子思翰同死。同時殉難者：自集璜門人孫道民、張謙外，以守禦死者，蘇觀道、莊萬程、陸世鏜、陸雲將、歸之甲、周復培、陸彦冲；以代父死者，沈徵憲、朱國軾；以救母死者，徐洺；又有徐溵、王在中、吴行貞，皆不屈死焉。我朝賜室瑜通謚節愍，志尹烈愍。佐才另有傳。

王湛，太倉諸生，故相國錫爵之裔也。薙髮令下，語其兄醇曰：「弟誓與髮爲存亡也。」集里人陳説大義，從者數百人，與其友蔡仲昭、魏虎臣横刀前驅，圍州城。官吏登陴笑曰：「此烏合耳，何能爲！」礮擊之，衆皆伏地，不能傷，訝曰：「此知兵者。」傳令禁舉火，以虞内變。三日突煙不起，人聲寂然，衆謂其怯也，板扉遮矢石，薄城呼噪。時暑甚，自辰至未，飢且疲，解衣少憩，守者驟開門以十二騎突馳之，遂大潰。醇受傷赴水死，湛砍一騎未及，亦被砍死，仲昭、虎臣俱戰死。

侯峒曾，字豫瞻，太倉嘉定人，給事中震暘子也。成天啓乙丑進士。顧秉謙欲招之，畀以館選，不往謁。已授南京兵部主事，以憂歸。崇禎初，尚書張鳳翼薦爲職方郎中，辭，改南京文選主事，轉稽勳郎中，江西提學參議。時益王勢方熾，峒曾於歲試黜二宗生名，王怒，誚讓，不爲動。給事中耿始然奉命督賦，監司以屬禮見，峒曾獨與抗行，剛正之譽達京師。尋拜浙江參政，分守嘉、湖。漕卒擊傷秀水知縣李向中，峒曾請於撫按，捕戮首惡，部内肅然。吏部尚書鄭三俊舉天下賢能監司五人，峒曾與焉。擢順天府丞，未赴而京師陷。弘光時，起左通政，引疾不就。南都潰，走避鄉舍。乙酉，六月，降將李成棟以水陸兵駐吴淞，多剽敚。民憤甚，團練鄉兵，破成棟舟師於新涇，推峒曾主城守事。里人黄淳耀、張錫眉等慷慨誓師，分門固守，一敗成棟於羅店，再敗之於倉橋。成棟怒，大修戰具，破婁塘，逼太倉，自率鋭師來攻。峒曾乞師於總兵吴志葵，志葵遣游擊蔡祥以七百人赴援，一戰失利，外援遂絶。或謂大勢已去，宜爲十萬生靈計，峒曾推案痛哭，裂招降榜，督運磚石。七月三日，大雨，城崩一角，架巨木支之。明日，雨溢注，城大崩，成楝薄東門上，峒曾與其子元演、元潔猶立睥睨間，指揮巷戰。鄉民欲扶之去，峒曾曰：「我既與城守，城亡與亡，去何之！」趨歸拜家廟，將溺於池，叱二子速走避，二子痛哭，願從死，相抱入水，未絶而兵至，引出，并殺之。有金生者，夜竊峒曾首，藏篋中。家人方殮，有哭聲自外來者，則金生負篋至也。我朝賜通謚曰忠節。弟岐曾，太學生，少時與兄齊名。丁亥吴勝兆之變，陳子龍奔嘉定，匿岐曾之僕劉馴家。事洩，并遇害。

黄醇耀，字藴生。幼好學，性沖和湛静，喜怒不形於色。登崇禎癸未進士，寄弟淵耀書曰：「吾廷試時，鼎甲上殿，嘖嘖稱羡。天地間自有爲數千年一人、數百年一人者，今人不肯爲數千百年之一人，而欲爲三年之一人，可怪也！」遂賦詩南歸。弘光時，不謁選。大兵圍城，佐侯峒曾調兵禦守。城破，與弟淵耀入草菴。僧無垢曰：「君未受職，可無死。」醇耀曰：「忝名進士，宜爲國死，今託上人，死此清净土足矣。」索筆書曰：「進士黄醇耀死此。嗚呼！進不能宣力王朝，退不能潔身自隱，讀書寡益，學道無成，耿耿不没，此心而已。」與淵耀分左右就縊，年四十一，暴屍七晝夜，神色不變。淵耀諸生，律己嚴恪，與兄相師友，至是偕死。我朝賜醇耀通謚曰忠節。時同死者：邑舉人張錫眉自經死，妾何氏抱女赴水殉之；龔用圓，與兄諸生用廣自溺死。錫眉嘗孤館獨坐，一女子挑之，不爲動；用圓以經學知名。又馬元調、夏雲蛟、唐全昌三人者，皆諸生之有志行與城守死者也。又有王雲程者，亦貢生也。又唐景耀、唐培、朱霞三人，亦嘉定諸生，與李成楝戰於羅店鎮，同遇害。

金聲，字正希，其先爲休寧人，父客嘉魚，因寄籍。四歲就傅，問：「孔子何人？」曰，「聖人。」問：「何在？」曰：「没且二千年矣。」乃哭，不食。長工舉子業，多湛深之思，名傾海内。成崇禎戊辰進士，改庶吉士。明年十一月，我大清兵自大安口入，京師戒嚴，召對平臺，疏薦所知申甫有將才。申甫者，僧也，雲南人，能製戰車、火器。命取車器入覽，授申甫都司僉書，召對稱旨，擢副總兵，敕募新軍，便宜從事，以聲爲御史，監其軍。召募得數千人，皆市井遊手也。又爲總理滿桂所忌，委之當敵。甫不得已，結營於蘆溝橋，我兵遶出其後，御車者惶遽不能轉，殲戮殆盡。聲既痛甫之亡也，而又恥無功，請練兵收桑榆之效，不許；再疏請罷斥，不許；請頒詔朝鮮，聯絡東江，張海外形勢，亦不許。謝病歸。詔屢起之，不赴。以鄉郡多盜，團練義勇爲捍禦。十六年，鳳督馬士英遣使者李章玉徵貴州兵討賊，過徽州，大掠，吏民以爲賊，率衆破走之。士英信章玉言，謂聲與推官吴翔鳳主使，聲兩疏陳辨，帝察其無罪，置不問。是冬，起修撰，未赴。南都立，擢左僉都御史，堅不起。乙酉夏，王師破池州，奉太祖高皇帝像，率士民拜哭，謀起兵。門人江天一曰：「徽州形勝地，諸縣皆阻隘可守，獨績溪平迤，當孔道，宜築關隘以重兵據之，與他縣爲砥柱。」遂築叢山關，屯軍分守六嶺。於是寧國邱祖德、涇縣尹民興、徽州温璜、貴池吴應箕多應之。隆武帝授聲右都御史，兵部右侍郎，總督南直軍務，聲刊布詔書，曰：「使南中知閩地之有主也。」遂拔旌德、寧國諸縣。王師攻績溪，江天一登陴守禦，間出戰，殺傷相當。已而邱祖德、尹民興等多敗死，降將張天禄以少騎牽制天一於績溪。

間道從新嶺入，守嶺者先潰。九月二十日，徽故御史黄澍詐稱援兵，聲見其著故衣冠，而髮未薙也，信之，城遂破。聲被擒，呼曰：「徽民之守，吾使之，第執吾去，勿傷民！」揮天一去，曰：「君有老母。」天一不可，遂并執。至南京，諸大僚欽其名，館而加禮，聲呼洪承疇字曰：「亨九，豈有受恩如亨九而甘心降敵者！」承疇咄曰：「此老火性未除。」明日，驅出通濟門，謂刑者曰：「但絶我氣，毋斷我頭！」撚鬚仰面飲刃死。僧海明聞聲死，市棺抱屍而斂，呵之不爲動，載棺歸蕪湖。有閩人蕭倫者，賈客也，見棺惡，泫然曰：「此豈足斂公者！吾有善棺，值百數十金，此我公所安寢者也。」遂易之。閩中贈禮部尚書，謚文毅。我朝賜通謚曰忠節。

江天一，字文石，世居歙之寒江邨。爲文磊落閎肆，困童子試者二十年。聞金壇周鍾名，徒步往從，歸語其友曰：「周君非佳士也。」比爲博士弟子員，貧益甚，帬穿見尻，有謀脱官事者，啗以金百二十，不顧而唾。受徒淮上，淮之婦有截肝活姑者，請旌於守，守以其爲别郡生也，弗許，遂出橐金，以己名額其廬。適守出，鼓樂突前，衝其前導，守義之，置勿問。晚年，厭舉業，奉金聲講學里中。聲起義，參其軍事，守績溪，屢戰皆捷。聲被執，天一歸拜祖母、母及家廟曰：「吾首與金公舉事，義不使公獨死也。」追及之，大呼曰：「我金翰林參軍江天一也。」遂并執。見洪承疇，誦思宗諭祭文，承疇不能堪，揮之出。臨刑，有與聲耳語者，天一呼曰，「先生千秋在一刻也！」同見殺。閩中贈天一禮部主事，我朝賜通謚曰節愍。同時死者，自天一外，江孟卿、陳繼遇、吴國楨、佘元英。先後被執不屈死者，副將羅騰蛟、閔士英、都司汪以玉，諸生項遠、洪士魁，其可紀者也。

邱祖德，字念修，成都人。崇禎丁丑進士，授寧國府推官，以才調濟南，超授按察司僉事，分巡東昌，招撫土寇，多解散。十五年冬，以兵部尚書張國維薦，擢右僉都御史，巡撫保定，尋代王永吉巡撫山東。京師陷，闖賊以檄招降，祖德斬其使，謀發兵拒守，而中軍梅應元叛，率部卒索印。祖德將自刎，士民衞之出境，道遇魯王，同之過淮。南都御史沈宸荃劾其輕棄封疆，逮訊。久之，獲釋，而成都亦陷，無家可歸，流寓寧國。聞金聲舉兵績溪，乃與寧國舉人錢龍文、諸生麻三衡、沈壽蕘等舉兵應之。時郡城已失，祖德駐師華陽山，糾集別部顏苗、王一衡、金經、萬日吉等十餘部共攻郡城，不克，壽蕘陣歿，祖德退歸山寨。七月下旬，王師破山寨，獲祖德父子，送南京，不屈，磔死。事聞，贈太子太師，吏部尚書。我朝賜通謚曰忠烈。壽蕘，都督有容子也。

麻三衡，宣城人，布政使溶之孫。生有異相，好武事，以詩酒自豪。與旁近諸生吴太平、阮恒、阮善長、劉鼎甲、胡天球、馮百家號稱七家軍，駐兵稽亭。每戰策馬當先，舞大刀陷陣，人多望而畏之。後以衆寡不敵被獲，賦絕命詩，殺於南京。吴太平等七家皆死。

尹民興，字宣子，平陽人。崇禎初，由進士授寧國知縣，調涇縣，有神明稱，行取入都，爲陳啓新所訐，謫福建按察司檢校。尋以兵警，陳時務十四事，授職方主事，召對稱旨，擢本司郎中。周延儒之督師也，民興從軍贊畫；延儒被譴，民興亦下吏除名，久之始釋。南都立，起故官，疏言：「熹廟時崔、魏煽逆，士大夫喪志忘君，幾成苞孽之固，遂至先帝末載諸臣或匍伏而拜爵，或獻策以梯榮，皆忠孝不明之流禍也。聲罪討逆，司馬職也。今抗顏堂上者，一逆案之阮大鋮，即行檄四方，何以消跋扈將軍之氣？古者破格求才，惟曰使貪、使詐，不曰使逆。逆案可翻，則崔、魏亦可卹，周鍾諸逆皆可使才宥過矣。」未幾，謝病歸，流寓涇縣。南都亡，與諸生吳漢超、趙初浣起兵城守。民興善謀，漢超善戰，王師攻之，頗損傷，謂不亞於江陰也。城破，民興走入閩，授兵部郎中，行御史事。閩亡，卒於家。

吳漢超，宣城諸生，強直有膽。北都之變，與其友湯廷鉉謀募師赴難；南都立，乃止。既而南都又覆，慨然曰：「天下事遂已乎！」議保寧國境，無應者。乃走涇縣，與民興、初浣起兵城守，師潰。會當塗人有徐淮者，聚衆駐華陽山，聞漢超名，禮而致之，合兵連破句容、高淳、溧水、太平。漢超曰：「我兵少，聚而守城，則無以攻戰。我以遊騎四出，使彼疲於策應，此伍員報楚之智也。」以故所克州、縣皆不守。然是時民心已渙，漢超復無以撫定之，事愈無成。丙戌，正月四日，襲寧國，夜緣南城登，同知王家梁勒兵巷戰。漢超所部皆寧國人，各顧其家，莫有鬬志，遂潰。訊俘卒，始知漢超爲之主，於是圍其家，令曰：「不出且族。」漢超已出城，念母在，且恐累族人，乃歸死。臨刑不屈膝，剖其腹，膽長三寸。妻戚氏墜樓死。初浣，涇縣人，城破被殺。

吳應箕，字次尾，貴池人，善今古文詞，復社領袖也。崇禎壬午，以鄉試副榜貢入京，公卿咸加禮異。南都之以防亂揭帖逐阮大鋮也，應箕實倡之。周鑣下獄，應箕入視，大鋮急捕之，亡命去。乙酉秋，義兵蠭起，有奉宗室朱盛濃爲號者，應箕起兵應之，題壁曰：「韓亡子房奮，秦帝魯連恥。」攻池州，不克。同事者亡去，應箕獨募士以計復建德、東流，都御史金聲承制署爲池州推官，監紀軍事。聲敗，王師逼，應箕衆潰，匿婺源、祁門界，被獲，不屈。與官兵偕，輒踞上坐，衆亦敬其名，不加害。將戮之市，應箕曰：「此非死所。」至松林，曰：「可矣。」一卒以刀擬之，叱曰：「吾頭豈汝可斷邪！」伸頸謂總兵黄某曰：「以此煩公！然無去吾冠，將以見先朝於地下也。」其就刑處至今血跡猶存。所著有樓山堂前、後集，熹朝忠節録二卷，兩朝剥復録十卷，留都見聞録三卷，東林本末六卷，續觚不觚録二卷。分宜張爾公嘗稱「應箕人文似陳同甫」，時以爲知言。我朝賜通謚曰忠節。

龐昌胤，西充人。崇禎丁丑進士，知青陽縣。國亡，棄官隱九華山，與邑人孫象壯謀起兵，事洩被執。行至五溪橋旅店，夜扃户臥，明日呼之，則死矣。我朝賜通謚曰節愍。

吴源長、廣德州太學生。舉兵梭子山，與民人裘君量合兵攻廣德，破之。至湖州，戰敗被執，俱死。

謝琢，溧陽諸生，兵備僉事鼎新子也。與副將錢國華同日起兵。士卒欲取餉民間，琢毁家應之，不繼而潰。被執，命輸資，曰：「我大明諸生，豈以貨活哉！」乃飲刃死。國華遥奉宗室瑞昌王者，兵敗，至對埠見殺。又興化諸生張明聖十四人以起兵死。

司石磐，鹽城諸生。與都司酆某同領鄉兵，被執至淮安，見我大吏，挺立不跪。酆欲脱石磐於死，乃曰：「此儒生，吾劫之爲書記者。」石磐大呼曰：「吾實首事，奈何諱之？」下獄六十餘日，狂歌痛飲，酣詈不輟，皆見殺。我朝賜酆某通謚節愍。

繆鼎吉、鼎言兄弟，東塲鹽丁也。絶有力。淮人王翹林等奉新昌王攻克鹽城、興化，鼎吉、鼎言以其徒應之。與王師戰，鼎言持長矛掠陣，鋒不可當，以叢箭死。鼎吉復糾衆攻城，屢有斬獲，衝其營，不爲動。轉戰不息，飢不得食，遂被擒。我大帥爱其勇，欲釋之，不屈死，新昌王亦被殺於淮南。

周損，麻城人。崇禎癸未進士，授饒州推官，行取御史。王師入江西，損走福建，隆武帝授兵部尚書，歸家與猶子羽儀練鄉勇。戊子、己丑之間，英、霍間義旗雜樹，有「寨主」、「洞主」之號，共四十八所。損聞宗室石城王之孫統錡立飛旗寨，乃率卒數百人、馬數十匹歸之。傅夢鼎，貴州人，以選貢官泗州教諭，獻禦寇策，有功擢鳳陽同知，遷安慶知府。城破，走灊山，踞皖潤寨。傅謙之，故灊山典史；又有桂蟾者，鄱陽諸生，嘗從淮上起義；義堂和尚者，故公安貢生：偕歸統錡。事敗，皆死之。

王熼，字定安，羅田舉人，授淯川知縣。戊子秋，與友人曹胤昌起兵破廬州，不守，轉戰蘄、黄間。又與霍山侯應龍等合兵攻霍山。己丑，粤中授兵部尚書，總督鳳陽義軍。庚寅，連戰灊山、太湖間，兵敗，俘至江寧，不屈死。

侯應龍，霍山人。與其友張圖容、楊國士等聚衆萬餘人，佩義勝將軍印，與王熺合軍攻霍山不下，退取舒城、潛山。已而自劉家園出攻獅子寨及南關，拔之，營於管家渡，又移劄將軍寨。己丑，正月，大兵會勦，寨破被執，俱伏法。於是皖省義師略盡矣。

馮弘圖，廬州人。有誤言史閣部未死者，弘圖假其名召衆，遠近信之。戊子春，攻英、霍、六安皆下，大江南北欣然謂閣部尚存也。周損，傅夢鼎、王熺之屬聞風起應。未幾，弘圖敗歿，無爲州吴光宁、巢縣葉士章皆以内應誅。

李虞夔，字一甫，平陸人。天啓壬戌進士，累官右僉都御史，巡撫寧夏。國變後，家居不出。戊子冬，降將姜瓖以大同叛，其黨姚舉等劫殺官軍並運餉道臣王昌齡於平原驛，瓖自稱大將軍，易明冠服，諸在籍鄉官如萬練、劉遷、王永強輩皆舉兵應。瓖、練踞偏關，復寧武、岢嵐、保德；遷略鴈門關及代州、繁峙、五臺等縣；永強據榆林，窺西安。虞夔偕子弘乘勢起兵，克潼關及蒲、解二州。明年，瓖既伏誅，練、遷、永強先後敗死。王師至，平陸山寨不守，弘投崖死，虞夔奔陝西，匿王某家，跡得殺之。

小腆紀傳卷第四十七

前翰林院檢討加詹事府贊善銜六合徐　鼒　譔

列傳第四十

義師二

錢棅 錢栴 屠象美 鄭宗彝 弟宗琦 錢應金 項嘉謨 張𦐀 姚志倬 方元章 張起芬

金有鑑 王士麟等 李長祥 章有功 馮京第 王翊 王江 張夢錫

陸宇爃 弟宇㸌 毛聚奎 華夏 謝寅生 王家勤 楊文琦 弟文琮 文瓚 文球

杜懋俊 施邦炌 杜兆茁 屠獻宸 董德欽 李文纘

錢棅，大學士士升子也；栴，巡撫士晉子也。嘉善錢氏門第冠其鄉，而士升、士晉尤著。棅舉崇禎丁丑進士，栴舉癸酉舉人，皆官主事。乙酉，閏六月，薙髮令下，嘉興民揭竿起者數千人，翰林屠象美主之，棅毁家充餉，事敗殺於湖。越二年，松江吴勝兆事起，栴坐匿陳子龍遇害，妻徐氏殉之。

屠象美，平湖人。崇禎辛未進士，官翰林。乙酉，閏六月，嘉興之城守也，推象美主其事，顧文士，不知兵，迎都督僉事陳梧爲帥。倉卒起事，資糧、甲仗復不備，大兵自杭州遣騎兵襲之，城上聞笳角聲，已膽落。戰敗出走，爲亂民所殺。梧事别見。

鄭宗彝，嘉興諸生。屠象美、錢棅既死，宗彝復袒臂呼市上，從之者千人。城守十有六日，有通款於王師者，城遂陷。宗彝與弟宗琦戰死，一門皆盡，城亦被屠。又諸生錢應金，城陷，走郝居，遊兵掠於野，見其髮未薙也，殺之。

項嘉謨，秀水人。以文士投筆渡河出塞，官薊、遼守備。尋棄官入閩，登武夷。曹學佺録其詩，入十二代詩選。王師入嘉興，東生平所著詩、賦於懷，投天星河死。子翼、子心、妾張氏殉焉。我朝賜通謚曰節愍。又張翃者，諸生也。城破，整衣巾南面正席坐，兵以刃臨之，罵不已，遂遇害。

姚志倬，錢塘人，官瓶窰副將。乙酉，閏六月，與參將方元章誓義舉兵，閩中授平原將軍，浙東封仁武伯。以張起芬爲將，破餘杭，走於潛。戰敗，志倬逸去，元章死之。明年，丙戌冬，合餘衆攻江山，又不利，遁入括蒼山中。既而出懷玉山，其兄志元訛稱志倬已降，因得脱，而志元被戮。乃走依詹兆恒，同破永豐，兆恒敗，志倬遷徙無常。癸巳春，率所部依定西侯張名振。是冬，從名振破王師於崇明之平陽沙。明年，進攻崇明，殁於陣。起芬被執至杭，不屈，懸之樹間射殺之。平生不讀書，刑訊時有詩云：「頭能過鐵身方顯，死不封泥骨亦香。」

金有鑑，長興人，有膂力。乙酉，六月，率里人許昇、沈磊、沈士弘、金豔色等奉通城王盛澂爲號，自署總兵，一戰拔湖州。進攻長興不下，吏員王士麟引兵會之，再攻再敗，士麟戰死。十月，有鑑戰於吕山，盛澂遣金琪宇、毛蜚卿率兵二千來助，復不克；尋遣總兵賈應龍、楊象觀、吴永昌、參將金鋐鹿等合軍奪城，復大敗。回至梅溪，盛澂弟盛滌被圍急，有鑑單騎援之，身中七矢。遂收健卒數十人，走宜興山中，與岑元泰保守山寨。大兵逼之，三戰三北。明年正月，復攻長興，有鑑、元泰俱陷陣死。又有徐昌明者，初入盧象觀軍，署監紀推官，既敗，奔四安山，與有鑑合軍，亦死於長興西門。

李長祥，字研齋，達州人，崇禎癸未進士。獻賊亂蜀，以諸生練鄉勇助城守，賊中皆知名。後選庶吉士，吏部薦之備將帥之選。或曰：「天子果用公，計安出？」歎曰：「不見孫白谷往事乎？今惟有請便宜行事，雖有金牌，亦不受進止，待平賊後囚首闕下受斧鉞耳。」聞者咋舌。時首輔陳演以同里故，欲引爲私人，不可，因不得召見。賊日逼，上疏：「請急調寧遠鎮臣吴三桂兵入衛，新進士袁噩具將才，可輔之；令密雲鎮臣唐通與臣由太行入太原，歷寧武、雁門攻其後。首尾夾擊，賊可擒也。」議未定，而唐通至，詭請守居庸關，則縱賊直抵昌平。長祥復疏請急令大臣輔太子出鎮津門，以提調勤王兵，不果行而京師潰，爲賊所掠，乘間南奔。弘光時，改監察御史，巡浙鹽。魯王監國，加右僉都御史，督師西行。而七條沙之師又潰，監國航海去，長祥以餘衆結寨上虞之東山。時浙東諸寨林立，四出募餉，居民苦之，獨長祥與張煌言、王翊三營且屯且耕，井邑不擾。監軍鄞人華夏者爲之聯絡布置，請引舟山之兵，連大蘭諸寨以定鄞、慈五縣。因下姚江，會師曹娥，合偁山諸寨以下西陵。

僉議奉長祥爲盟主，刻期將集，而爲降紳謝三賓所發，大兵急攻東山，前軍章有功被執死。中軍汪彙者，與百夫長十二人，期以次日縛長祥入獻。晨起，十二人忽自相語：「奈何殺忠臣？」折矢扣刃，偕誓而遯。長祥匿丐入舟中，入紹興。城居數日，事益急，復遯至奉化依平西伯王朝先。朝先亦蜀人，得其資糧屝屨之助，復合衆於夏蓋山。一日，泊舟山下，有孽龍挾雷電將上天，濤湧蕩舟，士卒無人色。長祥令發巨礟擊之，雷電愈怒，水起立，長祥神色自如。俄而晴霽，由健跳移舟山，入朝監國，晉兵部左侍郎，兼官如故。請合朝先之衆，聯絡沿海，以爲舟山衞。張名振忌之，襲殺朝先，長祥僅免。辛卯，舟山破，亡命江、淮間，我總督陳錦捕得之，安置江寧。妻黄氏卒，大府疑之曰：「是子然者誰相保邪？」長祥微聞之。江寧有閨秀曰「鍾山秀才」，善墨竹，容色絶世，乃娶之，朝夕甚暱。大府曰：「李公有所戀矣。」未幾，乘守者之怠，竟逸去，由吴門渡秦郵，奔河北，遍歷宣府、大同，復南下百粤。天下大定，始還居毘陵，築讀易堂以老。

章有功，李長祥前軍將也。故會稽農家子，驍勇敢戰。所將五百人皆選鋒，屢戰有功。戊子，翻城事敗，大兵攻東山，被擒，拉脅抉齒，猶大駡而死。

馮京第，字躋中，慈谿諸生。乙酉，南都破，起兵湖中，魯監國授御史，戰敗，入舟山依黄斌卿。水軍都督周鶴芝時亦駐軍舟山，固與日本撒斯瑪王善，遣人以齊之存衞、秦之存楚勸之，撒斯瑪王許之。鶴芝大喜，備珠璣玩好之物，謀以參謀林籥舞爲使，斌卿止之曰：「此吴三桂之續也。」鶴芝怒而入閩。京第曰：「北都之變，並東南而失之者，是則借兵之害也。今我無地可失，比之前者，爲不倫矣。」斌卿於是使其弟孝卿偕京第往。抵長琦島，值日本與西洋人相讎殺，兵甫解，不聽登岸，京第於舟中拜哭不已，並致血書。撒斯瑪王聞長琦島之拒中國也，曰：「中國喪亂，我不遑卹，而令其使臣哭於我國，我之恥也。」與其國之大將軍謀發各島罪人，致洪武錢數十萬。長琦多官妓，孝卿樂之，若忘其爲乞師來者，日本人輕之，益無出師意。京第鬱鬱歸，師竟不出。自湖州間行入四明山，與王翊合軍守杜嶴，爲王師所破，翊走天臺，京第匿民舍，亦往來舟山，聯絡諸寨。監國晉侍郎。己丑，再出，破上虞。庚寅，九月，王師洗四明山寨，翊避入海，京第病不能行，居灌頂山中，爲叛將王昇所殺。

王翊，字完勳，餘姚諸生，有智略。王正中薦之魯監國，授職方主事，以軍事屬之。已而正中與黃宗羲合軍西渡，江上破，宗羲引殘卒入四明山結寨，山民攻之。時翊方走海隅，王師購之急，囚其弟翃以招之，翃與幕下諸生皆不屈死。翊泣曰：「是真不負完勳家也。」既與屠獻宸、華夏等謀襲寧波，不克，乃以所募衆入山。尋破上虞，殺攝印官，浙東震動。王師由清賢嶺入，敗翊衆於丁山，屠四百人。有孫説者，中流矢死，屍不仆。御史馮京第自湖中軍破，亦間行至四明，與翊合軍杜嶴，山民之團練者導王師攻破之，別部邵不倫亦見獲。京第匿民舍，翊以四百人走依威遠將軍天臺洞主俞國望，謂諸將曰：「是皆團練之罪也。北兵雖健，吾視其鋭則避之，懈則擊之，非團練爲鄉導，彼安敢行險地如枕席乎？吾卒雖殘，破團練尚有餘力。」遂自天臺至四明，擊散團練者，隨道收合得萬餘人，而京第亦出。明年，己丑春，再破上虞，走其知縣，告山中父老曰：「前此諸將横擾激變，今我軍足爲是山衞，而一無所擾，倘念故國，其許我乎！」遂結寨於山之西北境曰大蘭山，號大蘭洞主。當是時，浙東千里之間，山寨鱗次，蕭山石仲芳、會稽王化龍、台州俞國望、金湯、吴奎明、奉化袁應淲；浙西之湖州柏襄甫等亦應之。其餘小寨支軍，不下百數。然皆招集無賴，從事鈔掠，惟翰林張煌言軍上虞之平岡，御史李長祥軍上虞之東山，及都督章欽臣軍會稽之南鎮，則皆且耕且屯，而不擾於民，而又單弱，不如翊雄。列城畏之，若老羆當道，城門晝閉。六月，監國之健跳，翊發使奔問，附貢方物，監國遺官詣寨授翊河南道御史。副都御史黄宗羲上言：「諸營文則自稱侍郎、都御史，武則自稱將軍、都督，惟翊不自張大，而兵又最强，品級懸絶，非所以獎翊，且無以臨諸營也。」是秋，翊朝謁舟山，擢右僉都御史。時會稽嚴我公充我招撫使，徧歷兩浙，諸寨走降相繼。我公因渡海，發使入四明山。部下左都督黄中道謂翊曰：「田横不烹酈生於説降之時，其志屈矣；及其後而烹之，不已晚乎！」翊曰：「善。」執其使而烹之。我公懼，遁去。庚寅，春三月，再謁舟山，晉兵部右侍郎，破新昌，拔虎山。秋九月，我將軍金礪由奉化，提督田雄由餘姚，會於大蘭，仍用團練兵爲導，翊累戰不能抗，遂帥親兵避入海。京第以病不能行，居灌頂山中，爲降將王昇所殺。辛卯，秋七月，聞大兵三道下舟山，乃復入山集散亡爲援，而諸將死亡殆盡，旁皇故寨，父老勸之由奉化招兵榆林、白溪間。是夜，有大星墜地有聲，野鳥驚噪，父老憂之。詰朝，二十四日也，將由奉化出天臺，至北溪，爲團練兵所執，部下參軍蔣士銓從之。越日，過奉化，賦絶命詩，日束幘掠鬢，謂守者曰：「使汝曹見此漢官威儀也。」時我羣帥集定海，總督陳錦訊之。翊坐地抗聲曰：「成敗利鈍，天也。毋多言！」八月十四日行刑，羣帥憤其積年倔強，聚射之，中肩、中頰、中脅，洞胸者三，如貫植木，不少動。又截耳刲額，終不仆；斧其首，始仆。時年三十有六。從者二人：一曰石必正，一曰明知。不肯跪，掠之跪，則跪而向主，並死。懸翊首鄞之城西門，友人陸宇燝謀之義士毛明山、江漢，篡取以歸，藏之密室名不波航中凡十二年，每寒食、重九，招同志祭之，放聲慟哭，雖家人莫知爲誰祭也。癸卯，宇燝以海上事牽連入省獄，有司籍其家。既去，其女屏當遺棄，於櫃中得一錦函，啓之，則赫然人頭也。其弟宇㸌哭之曰：「此王侍郎首，而得不爲有司所録，天也。」遂束蒲爲身，瘞之城北。我朝賜通謚曰烈愍。

王江，字長升，慈谿諸生。與王翊倡義四明山之大蘭洞内，設五營、五司：五營主軍，翊統之，五司主餉，江任之。翊善治事，凡所剖決，靡不悦服，一時四明之有訟獄者，不之官而之翊。江善會計，量富以勸，履畝而税，兵無盜糧，以故四明二百八十峯之租賦，亦不之官而之江。強毅不如翊，而智略相埒。魯監國授户部主事。大兵之入山也，縛江母以招，江削其髮，以僧服見，得安置杭州。未幾母卒，江忽置一妾，昵之甚。妻日夜勃谿，江控之吏，出之；妻亦攘臂登車，歷數其隱微之過，渡江徑去。聞者無不薄其爲人。一日，江出遊湖上，守者以其妾在，不疑，久之不返，始知向者以術脱其妻也。江既得逸，攜妻復入海，朝監國於金門，定西侯張名振請爲監軍，再入長江。乙未，名振卒。丙申，有沈調倫者復起山中，江赴之，人聞其至，壺漿相迎。大兵恐其重爲舟山犄角，急攻之，調倫見殺，江中流矢卒。已復有休寧趙立言者，亦以餘衆棲山中，與江山諸生李國楹約取江山。明年元旦，立言以三百人攻克之，國楹失期不至。越日，大兵大集，立言獨戰，連殺數十人，馬蹶墜水死。其子禎恨國楹，詣其家欲手刃之，我兵掩至，乃與國楹同受執，亦不屈死。

張夢錫，字雲生，鄞縣六狂生之一也。董志寧、華夏輩皆文弱士，司書檄，奔走其間；夢錫則於弓矢戈矛皆習之，故嘗在戰陣中。初入幕府，魯監國授司務，尋晉御史。江上失守，山寨大起，曰馮家軍京第，曰王家軍翊，曰李家軍長祥，其餘小寨支軍，不可指屈，而平岡張煌言之軍與夢錫大皎軍相望，故諸營呼之曰大張軍、小張軍。庚寅，大兵洗山寨，大張軍航海入衛，李家軍潰，馮、王二家相繼死，獨小張軍五百人誓相守，不去。既而我軍合圍，夢錫挾長矛出鬭，夷傷略相等，力盡死。五百餘人亦從死，無一降者，有三人突圍出。翌日，大皎之南麓有負夢錫屍以葬者，即此三人也。

陸宇爆，字周明，鄞諸生，好奇計。乙酉，六月，同董志寧、華夏等六人倡義，薦紳無一許者，沈吟良久，曰：「是惟錢刑部可語，但彼以喀血，踰年不應客，吾當排闥往見。」肅樂強起，急應曰：「諾，諾，弗敢辭。」宇爆曰：「決乎？」曰：「決矣。」遂不告於家以行。事稍集，而降紳謝三賓致書王之仁，請殺六狂生，之仁顧與肅樂締盟，宇爆露章責三賓曰：「昔德祐之季，謝昌元贊趙孟傳誘殺袁進士以賣國，此執事之家風也。今幸總戎不爲孟傳，遂使執事不得收昌元効順之功，以是知賣國之智亦不能保其萬全也。」三賓慚憤而已。魯監國次會稽，授監紀同知，晉按察副使，仍監江上軍。時馬士英匿方國安軍，大書暴其十惡罪，乞梟首謝江左，詹事王思任、給事中莊元辰、御史黄宗羲皆助之，不報。歎曰：「即此已不堪立國矣！」遽棄官歸。江上潰，爲馮京第、王翊募兵榆林，未幾皆敗。脱歸里，則翊首懸城西門，謀之翊部將毛明山、錢肅樂部將江漢者篡取以歸，祀之密室。舟山破，閣部張肯堂孫以俘至，語其弟宇爆使計脱之。又於海上歸董志寧之喪以葬之。己亥，張煌言以孤軍入江北，密爲飛書發使，喜形於色，事又敗。壬寅，爲降卒所發，捕至錢塘。時已病，猶自用計得脱，出獄門而卒。遺言：「諸子雖貧，毋得妄求宦達。」子經異後竟以貧死。宇爆偕其兄力持苦節。張煌言之殁也，設祭慟哭於不波航中，一如其兄之祀王翊也。家貧如洗，而凡同難諸孤護之不遺餘力，時論高之。

毛聚奎，字象來，鄞縣人。慷直多節概，少與弟聚璧並有聲，稱「西皐雙鳳」。乙酉，與於六狂生之列，爲降人謝三賓所害，幸不死。行營將士争求識六狂生者，聚奎曰：「狂者，不量力之謂也。量力則愛身，愛身則君父亦不足言，若謝氏子者是矣。」尋參瓜里軍，以明經授户部郎司餉。魯監國既敗，奔走山海，累遭名捕，遯而免，而家亦遂落。晚歲始歸。所著杏月子集，有方石銘，詞甚奇偉，不具録，録其輿人、皁人、丐人傳曰：「輿人者，南都武定橋人，不詳其姓氏。乙酉之變，夫婦同日縊死，吾友吴于蕃親見其事，爲弔之。皁人者，于姓，江陰人。乙酉之變，傳新縣官至，往執舊役，諦視良久，歎曰：『此寡廉鮮恥者，吾不可以爲之役。』遂歸而縊。時新縣官者，湖州李某也。丐人者，姓氏與邑里俱未詳。闖賊陷北都，題詩養濟院自縊死。沓月子曰：『夫輿人、皁人、丐人也汲汲赴義若此，可異也。噫！無異也。夫輿人、皁人、丐人，人之微者也，然而人也，人則義其性之者也。則亦有人而不輿人、皁人、丐人者乎？夫人而不輿人、皁人、丐人者多矣，不輿人、皁人、丐人而人者，吾未數數見也。予之爲三人者立傳也，擬曰輿公、皁公、丐公三先生傳，既而思之：今所謂公之、先生之者，皆其不輿人、皁人、丐人者，舉輿人、皁人、丐人而公之、先生之，是不以人目之也。故從而人之者，人之也；人之者，則於不輿人、皁人、丐人而不人之者也。不異，固所以異之也。』

華夏，字吉甫，定海人，寄籍於鄞。以恩貢入太學，與同里王家勤齊名。初與家勤同受業於上虞倪元潞、漳浦黃道周，已又同事劉宗周，歸築鶴山講舍。夏通樂律，家勤精於禮，不與先儒苟同，浙東所稱「華、王二子」者也。夏一諸生，而有范滂、陳東之風，浙東資其清議以爲月旦。乙酉，六月，越中兵起，首與董志寧倡義，豫於六狂生之目，謝三賓欲殺之，不得。魯監國授兵部司務，晉職方主事，皆不受，請以布衣從軍。與太僕卿陳潛夫出戰牛頭灣，彈從頭上過，如雨，不少退。性素勁挺，即與督師錢肅樂議，亦不能盡合。江上既潰，浙東士大夫猶惓惓故國，山寨四起，夏謂「人心未去也」。及肅樂航海入閩，連下三十餘城，閩人告急，浙中抽兵去，備稍虛，夏又謂「此可乘之會」，謀之急。丁亥，始入舟山乞師於總兵黃斌卿，不應，憤而歸。未幾，慈谿有大俠以侍郎馮京第書往來海上，事洩牽連，捕夏入獄，家勤與其友董德欽悉力營救出之。旋復謁御史李長祥於東山，長祥曰：

「吾於會稽諸城，俱有腹心，一鼓可集，但欲得海師以張軍勢。」夏曰：「海師不足用也。」長祥以爲此間人以海師爲望，可因其勢用之，強夏再入舟山。會馮京第亦在坐，力勸斌卿，斌卿曰：「我軍弱，中土之助我者究得幾何？」夏慨然應曰：「布置已定，發不待時，何庸以寡助憂！將軍至蛟關，有范公子兆芝當以徐給事孚遠柴樓師會，可六百人。至鄞江，楊推官文琦當以王職方翊大蘭師會，可千人；王評事家勤當以施公子邦炌管江師助，可三千人；張屯田夢錫當以大皎師助，可四百人；而屠駕部獻宸當以城中海道麾下陳天寵、仲謨二營之師爲內應，可千人。至慈谿，馮職方家楨當以子弟親兵會，可五百人。至姚江，則李侍御長祥當已下紹興，遲於東山之寨，除道以俟；而張都御史煌言當以平岡之師會，可三百人。渡曹江，章都督欽臣以偁山之師會，可二千人。若急移小亹，合李侍御軍西渡蕭山，尚有石仲芳寨可千人。將軍以此衆長驅入杭，百里之內，牛酒日至，何庸以寡助憂！」斌卿輒不爲信，夏益恨，激之怒，斌卿奮拳來擊，曰：「吾今聽子，倘諸軍爽約，則取子肝以餉軍。」然特強許之，而終無出師意。無已，廢然歸。復令推官楊文琦往，京第等益勸斌卿，斌卿乃諾之。夏偕文琦、家勤等飛書發使，以爲功有緒也，而又爲謝三賓告變。三賓初欲殺六狂生，自度爲清議所不容，及再降，益決裂，刊揭四布，自言前此歸命之早，後爲王之仁所脅，今幸復得反正，見天日。然而卒不見用，乃益思所以徼功者。廣行賄賂，中途賺取夏貽大蘭帛書，告之我大府，密調慈谿兵襲大蘭，調定海兵勦管江，調姚江兵搗東山。三道兵皆潰，捕夏急，得之。屆期舟山兵果入關，抵三江口，諸軍無一至者，斌卿不敢進，亟引去。我巡按令知府大陳刑具，究黨與，夏慷慨曰：「心腹腎腸肝膽，吾同謀也。」問帛書所載楊、王、屠、董諸名，言「皆不預。」再拷之，則大呼曰：「太祖高皇帝造謀，烈皇帝主兵，聖安皇帝司餉，其餘甲申、乙酉殉節諸忠范景文、史可法而下，皆同謀也。」知府三拷之，終不屈。而是日謝三賓亦爲人所告，下之獄。謝之初欲害五君子，以求用於新朝也。不意我巡道孫枝秀豔其富，欲并殺之，取其室，密使人説夏曰：「汝於謝讎深，力引之，則汝怨可伸。」及庭訊，夏曰：「咄！斯反面易行、首先送款之人也，乃謂其不忘故國，而預吾事，吾目不瞑矣。」謝旁跪搏顙而呼曰：「長者，長者！」夏在縲絏中，鼓琴賦詩，自稱過宜居士。或叩之，曰：「周公之過，不亦宜乎？何有於夏？」臨刑，巡按曰：「非不欲活爾，奈國法何！」夏曰：「事成則吾不汝置，事敗則汝不吾置，理也。」受刑時，忽有白光一縷沖天去。妻陸氏刎其首以殮，自縊以殉。先數日，以次子名懔卮者密託夏之友人評事林時躍，獲免。有謝寅生者，素與夏不往還，在獄，忽往詢之曰：「吾願以女許配公子。」子長，竟分田宅以成立之，蓋亦義士也。監國還軍舟山，贈夏檢討。

王家勤，字卣一，鄞縣六狂生之一，而與於戊子五君子翻城之獄者也。初爲諸生；南都立，由選貢入太學。乙酉，六月，與華夏等同倡義，魯監國授大理寺評事。期年事敗，諸遺臣分界立寨，家勤主東南甄，踰姜山至管江。管江之豪施氏、杜氏破産募死士三千人，相與刺血誓師。約舟山水師入關，及諸山寨兵由陸路會於寧波城下，是爲翻城之獄。五君子者：華夏、楊文琦、施邦炌、杜懋俊及家勤也。而諸道所集，莫如管江爲盛。已爲降人謝三賓所發，諜至，家勤謂耳目有異，率衆擒諜者，搜得其檄，斬之。官軍旋至，施、杜乃據險鬭，密遣死士衛家勤入海乞援，中道見執。時顧子者從行，亦被縛。三賓私授意，謂：「多引薦紳，可自免。」家勤怒叱之，而顧子詐爲一紙，諸名下咸與列。由是衣冠之禍大作，家勤遭不白寃，華夏從獄中驚詢之，悉其故。三賓又布言曰：「王卣一靜默者，非若華子，必不可活。」我巡按乃急移獄於省，家勤曰：「吾豈望覆巢之完卵哉！惟華、楊、施、杜爲不可負。」累訊，瞠目不語，遂刑於市。

楊文琦，字瑶仲，與弟文琮、文瓚、文球，世所稱「甬上楊氏四忠」也。父秉鼐，素謹厚，而以名節勗諸子，里人呼曰楊太公。江上之役，秉鼐親帥諸子從軍。文瓚，崇禎己卯舉人，魯監國授監察御史，力言：「浙、閩宜合不宜分，即使主上屈節於天興，將來無損於配天之業。」時方以開讀禮爲爭，皆不謂然，行人張煌言尤力排之。文瓚乃入閩，隆武帝召對，又力言：「當聯絡閩、浙以爲同讎，不當啓争端。」上然之，賜食，撤御前燈送之還邸。丙戌春，泉州饑，按視，請發帑金三千賑給，歸而陳四難、十失諸疏。命巡按雲南，力辭，請如前旨以頒餉浙中，圖會師；鄭氏尼之，不果。尋命掌貴州道，扼防建、延三關，便宜招募。初文瓚賑泉州時，上詢知有兄，即召文琦臨軒試之，對言：「今日宜作馬上天子，未可狃承平積習。」上韙其言，以明經授惠安訓導，旋加監紀推官，監惠安諸軍。是年六月，浙東亡，仙霞告急，文球奉其父就兩兄商所向，亂兵突過，執父去，重索萬金，不則烹。文球散髮狂號，路人憐其孝，不數日得泉數千緡。齎入砦，賊以數不足，欲殺之；文球對父長號，賊感動，令奉翁以歸。閩事敗，乃偕避於泰順之竹園。時浙中止舟山未下，而寧、紹、臺山寨大起，文琦與大蘭寨主王翊最善。戊子翻城之議，文琦獨主西南一道，已爲降人謝三賓密揭告變，並列文琦、文瓚名，旁及文球。或勸之逃，文琦曰：「吾以義動，臨難不赴，且將陷父於危，安用義爲！然偕死無益，吾力任之。」因遣弟輩入閩，文瓚不肯，乃獨令季弟文球變服走。文琦就訊，慷慨無撓詞，但言文瓚不預謀，請釋之養父，而自請速死。時華夏已獨承是獄，欲盡脱諸同難，文琦獨不可，與夏同死於法。文瓚得釋歸，未幾復爲三賓所讎，逮辟，大呼高皇帝不絶而死。文琦妻沈氏、文瓚妻張氏皆殉之，詳列女傳。文球之入閩也，督師錢肅樂已卒，遂參閣部劉中藻軍事。次年，福安不守，亦殉之。時父秉鼒無恙，僅存仲子文琮。迨父卒，以降卒告其出海狀，且言將引海上軍趙彪者爲患，遂亦被逮。至省，賦絶命詞，自扼吭以死。文琮官職方主事，文球官都事，皆魯監國所授官也。我朝賜文瓚通謚曰烈愍。

杜懋俊，施邦炌，懋俊之仲父兆莅，皆鄞之管江人，世所稱「管江三烈士」也。懋俊爲寧波諸生，少憙言兵。流寇亂中原，海隅不逞之徒乘間起，乃謀於兆莅，請以土團之法陳諸有司，遂部勒族人，分隊瞭野，擊柝、行夜，閭黨爲之安堵，沿海諸村皆效之。丙戌，浙東不守，懋俊忽若病㾕，歌哭不常，家人從壁罅竊窺，則案無他物，惟進士黄醇耀臣事君以忠文一首，硃墨纍纍不絶。邦炌者，故都督翰之子。武世家，而爲文諸生，以蔭應襲而不赴。國難作，乃悔曰：「吾非襲爵，無以號召人。」會錢肅樂起兵，即毁家輸餉。監國許以左班换授部曹，未上而江防潰。戊子，預於五君子翻城之謀。

懋俊聞而喜，爲之集衆三千人，且約侍郎馮京第軍爲應。聞金峩山中有賣炭趙翁者，精星象，諳兵法，親往致之，置軍中，奉以爲帥。未及期三日，評事王家勤來奔，以事洩告，城中邏者踵至。邦玠即梟邏者首，與懋俊倉卒據山立寨，鳴鼓起事，而急令家勤先入海。意謂城中雖有備，而海師早晚必薄城，則勢未能分，故且部署軍士爲入海計。城中兵果不出，而我定海鎮將常得功豫遣舟師扼海口，分軍直抵管江，家勤中途被執。山寨頗阨塞，懋俊據險鬬三日夜，矢石雨集，夷傷殆盡。寨陷，猶以家丁力戰，頭目中矢如蝟，傷重，倚牆斃，屍屹立不仆者數日。邦玠縱火自焚其營，拔世遺佩刀自刎。兆茁被縛，斫其首十二刀而後墜。賣炭趙翁者跳而免。後辛卯、壬辰間猶往來海上銜其術，尋亦死。懋俊有子名憲琦，陸宇爆撫如己出，以父死國難，縞素禁酒肉，有妻不娶。宇爆以大義責之，始婚，旋病卒。

屠獻宸，字天生；董德欽，字若思：鄞人也。先世皆官兵部侍郎。南都亡，德欽痛哭納衣巾於文廟，獻宸西探行省消息。孫、熊兵起，參其事，更自募一軍屯瓜瀝之龍王堂，授車駕主事；德欽亦招軍輸餉，授監紀推官。屠氏之居，侍郎故第也，大兵渡江後，奪其半爲署。有海道中營游擊陳天寵、仲謨者，故史閣部麾下士。屠、董瞰知二將有異，微説之，二將乃屏左右言：「當閣部垂死，遺言屬我輩必無負明，心實勿忘，顧無所措力。今觀公等非碌碌者，願勿疑，當効死力。」遂從衣領間出史閣部遺牒示之，且曰：「城下倘有警，吾等縛兵備使以應。」二人大喜，用少牢祀閣部，盟於密室，與盟者：華夏、王家勤、楊文琦及陳、仲二將也。夏與家勤乃奔走山海諸道，合約大舉，德欽獨請任餉，先期斥賣家貲以待。方聚謀時，獻宸謂夏曰：「里中有外託氣節名而陰賊不可問者，宜慎之！」夏疏不甚防，已而果爲謝三賓所告，陳、仲二將猶秣馬待應，而諸道兵已盡爲官軍所截。事既洩，屠、董跳至天臺，三賓又力搆之，遂急捕下獄，與夏等同日死。我朝賜獻宸通謚曰烈愍。獻宸妻朱氏投繯以殉，詳列女傳。

李文瓚，字昭武，鄞人也。工詩、古文詞，兼書、畫。乙酉，從錢肅樂起兵，魯監國授兵部車駕司員外郎。丁亥夏，由天臺入舟山，將從監國於閩，舟山諸同志者倚以中土之事，勸其歸，遂與於戊子翻城之禍。時華夏欲獨承是獄，故諸人有遜詞求免者，文瓚顧強項不撓，在囚中與楊文琦分賦雁字詩，彙成卷帙。尋大吏分繫諸囚他所，獨留夏，文瓚請身伴之，司獄者大駭曰：「汝不畏死邪？」文瓚笑曰：「白首同歸，何恨！」適評事倪元楷以蓄髮下獄，三人共一狴户，相與歌傳奇中木公不肯屈魔鬼曲，聲撼獄壁，聞者益駭。再被拷，終不屈，而夏力辨之，乃放歸。文瓚歎曰：「過宜生我。過宜之義，我之慚也！雖然，我不求生，過宜自成其義耳。嗚呼！過宜何曾死，我虚生矣！」己亥，張煌言兵敗，微服走天臺，文瓚遇諸途，以死士衛之，煌言得復入林門。事去，乃遨遊四方以老。臨終，其子問遺言，取筆題曰：「衆人皆醒，非夫也。」瞋目而卒。

小腆紀傳卷第四十八

前翰林院檢討加詹事府贊善銜六合徐鼒譔

列傳第四十一

義師三

陳泰來 劉詔新等 李含初 倪大顯 曾亨應 弟和應 子筠 劉士楨 王寵 鄒文鼎 郭賢操等 胡定海 揭新 魏一柱 胡夢泰 萬文英 唐倜 余應桂 子顯臨 吴江 金志達 孔徹元 弟徹哲 蔡觀光 宋奎光 郭天才 陳邦彥 白常燦 朱學熙 彭燿 陳嘉謨

陳泰來，字剛長，新昌人。崇禎辛未進士，由知縣入爲户科給事中。嘗自請假兵一萬肅清輦轂，帝壯之，改兵科。出視諸軍戰守方略，奏界嶺失事狀，劾副將柏永鎮，論死。遷吏科，乞假歸。南都以刑科起，不赴。閩中擢爲太僕少卿，尋遷右僉都御史，督領江西義軍。闖賊餘黨掠新昌，泰來大破之。初益王之起兵建昌也，泰來將從之，同里按察使漆嘉祉、舉人戴國士持不可，曰：「公受闖命矣，今復從王，將奉王臣闖乎？王必不屈。將兩事乎？是懷二心也。公爲國事捐身家，本以教忠，而先示二心於人，人誰諒之？」乃止。已而建昌失援，新昌破，國士出降，翻爲金聲桓用，泰來恨之曰：

「吾乃爲賊所紿，彼固爲敵遊説也。均之國事，益與閩又何分乎？」意欲誅之，顧力薄不能抗，仍相通好。時有上高舉人曹志明與魯國祺、聶明時、黄瑛、黄國彦等兵起，泰來與相結。十二月，攻取上高、新昌、寧州，戮國士妻子及親黨數人，暴其罪。圍瑞州，不克，遂取萬載。聲桓引大兵逼新昌，守將出降。泰來至界埠，志明等從上高移軍會之，進攻撫州，俱歿於陣。或曰：國士與泰來爲姻聯，已降，權驛傳道事，金聲桓使之招泰來，而以重兵躡其後。國士入陳營，甫相見，大軍已壓壘陣矣，敗走黄氏祠中，自刎死。其同死者：瑞州劉詔新、諶廷椿、胡親民。我朝賜泰來通謚忠節。

李含初，德化人。乙酉，降將金聲桓入南昌，含初傾家起兵腹山，連破德化、瑞昌。未幾，部將王拐子私款於我九江守將余世忠，因襲腹山，含初死之。同死者：生員李映陽、武生唐扉、鄧士鳳、熊九鼎、宗麻子五人。

倪大顯者，樂平人，與兄大恢、大登俱以勇力聞。乙酉，饒州推官周損幣致之；損敗，歸督師大學士黄道周；道周敗，從廣信威武侯曹大鎬。後王得仁大發兵屠樂平，軍中聞大顯勇，争取之以爲功。有僧長八尺餘，下馬搏之，大顯斫僧，應手頭落。已官軍鱗集，度不支，抽刀自刎死。大恢、大登被執，皆死。

曾亨應，字子嘉，臨川人，廣東布政使棟之子也。成崇禎甲戌進士，官吏部文選主事。詔起廢，亨應以毛士龍、喬可聘、李右讜等十人上，御史張懋爵有夙怨，以納賄行私力攻之，遂坐謫。南都立，凡謫籍起者多驟貴，亨應獨不赴。乙酉，六月，降將金聲桓令王得仁以兵徇撫州，亨應乃命弟和應奉父入閩，已與舉人艾南英、前吏部揭重熙議守禦。募兵未集，騎已薄城下，衆皆散。會益宗永寧王慈炎以建昌敗，走閩、廣招連子峒土兵數萬，下建昌，入撫州，寓書亨應，請爲東道主。亨應喜，募卒數百，與相犄角。走書大姓勸助餉，張皇其事，以冀四方之有應者。一日，置酒高會，得仁偵得之，潛從祝家渡濟師，或馳以告，亨應不之信。言未既而兵大至，亨應趨避石室中，從弟某恨其賈禍，指穴出之，并執其長子筠，筠大罵不屈，立見殺。得仁解亨應縛，揖之曰：「公義士也，時不可爲，盍隨世以就功名乎！否則雞犬肉矣。」亨應箝口不一答。曳諸階下，撾數十，詢之，復如前；乃懸諸樹間，令射之，已復宛曲相慰，終不可。得仁歎曰：「此鐵石人也！」遂被戮。弟和應奉父入閩，閩失，避之肇慶，肇慶又失，乃拜辭其父投井死。同邑舉人王秉乾、諸生湯仲發亦以舉兵未集，事露，受刑最酷。仲發，顯祖孫也。我朝賜亨應通謚烈愍。

劉士楨，江西龍泉人。崇禎中，由進士歷官應天府尹。弘光帝立，擢通政使。是時，北歸諸臣思起用，行宮前章奏雜投，士楨請嚴封駁、參治之禁。宗室朱統鑛承馬、阮旨，劾大學士姜曰廣，並言士楨阻遏章奏，士楨抗疏言：「曰廣勁骨戇直，守正不阿。統鑛何人，揚波噴血，飛章越奏，不由職司，此真奸險之尤者，豈可容於聖世？乞置諸理！」上柔，不能問也。尋擢工部右侍郎。南都亡，士楨歸龍泉，起兵入泰和、廬陵。明年，吉安再陷，遣四子肇履入閩求援，而令季子稺升從李陳玉起兵信豐，爲贛聲援。贛破，避於南田。戊子，金聲桓、王得仁叛歸於明，復令肇履募兵從劉一鵬圍贛州，而令穉升趨南雄。金、王敗，歸匿龍泉，我郡守索之急，乃絶粒死。穉升後戰死長橋鋪。

王寵，吉水人。初從劉同升起兵，以所部不戢去，往來臨、吉、撫、贛間。一日，爲大兵所獲，寵詭降，夜半殺其伴，載其旗幟以行。過新淦，峽江令見旗幟，以爲本兵也，出迎江滸，寵禽殺之，連破二縣，乃遁。已同里鄒文鼎者與其從子敬起兵，寵與之合。大兵至，戰敗，文鼎赴水死，敬被執至省見殺。寵復走脱，別樹一幟，大書「追勦王寵」四字，譟呼殺賊而去，去既遠，我兵始知其即寵也。明年，金、王反正，遍招之，不得，寵已入山死矣。

郭賢操，德安人。乙酉，七月，起兵連克德安、建昌。部將高長子私款於我，執賢操以獻。時方議招撫，釋勿殺。明年四月，集衆圖再舉，王師偵得，環廬焚之，跳而逸。戊子，金、王之亂，復投袂起，爲我九江守將所執，死之。子七人，次良錫與從子良銓攻建昌，中流矢死；三良鐸從島兵營戰死。同起兵死者：諸生桂登魁、胡戒，登魁妾胡氏殉之。又武生胡伯仰亦死焉。

胡定海，亦作海定，南昌人。起家鄉貢，以薦授汜水知縣，操守廉潔。致仕歸，貧甚，移居德興之海口，授徒董氏。董亦義俠也，國變後，破家起兵金川、定海，爲之聯絡鄉勇。洎王師取婺源，金川兵絶我糧道，乘王師之退，攻婺源，殺我長吏。已聞王師將進討，徒步乞師於黃道周。比歸，海口已有兵，戰敗被執，論殺，首既殊，猶僵立不仆。同死者爲揭新，不知何許人。我朝賜定海通謚節愍。

魏一柱，瀘溪貢生。乙酉，王師下瀘溪，以李光者署縣事，一柱縛光送鄭彩所磔之，與前令張載述畫策守瀘，敗我師於密潭。丁亥，王得仁下令族瀘之丁、傅、魏三姓，一柱遂棄妻子走閩，襲破將樂，結永西、德化、興安諸宗藩攻克建寧。王師攻之，五閱月始破，一柱與諸藩皆死，惟興安王獲免。載述事別見。

胡夢泰，字友蠡，鉛山人。崇禎丁丑進士，知奉化縣。邑人戴澳，官順天府丞，其子怙勢不納賦，夢泰捕治如法。澳借他事陰劾之，給事中沈迅發其隱，澳下獄，夢泰聲益起。十六年夏，吏部舉天下廉能吏十人，夢泰與焉。帝念畿輔殘破，欲得治行已效者治之，夢泰因得爲唐縣。京師陷，南歸。黄道周之出師也，夢泰拜疏請出湖東，授兵科給事中，協守廣信。傾家募士，與侍郎詹兆恒、御史周定礽守鉛山。城陷，夫婦同縊死。我朝賜通謚曰節愍。

萬文英，字仲實，南昌進士。崇禎時，爲鳳陽推官，城破，子元亨代死，得脱歸。弘光時，以禮部主事召，不赴。隆武帝授兵部員外郎，從黄道周出關。王師逼廣信，道周令文英偕御史周定礽分兵援之，守鉛山。丙戌，四月，降將金聲桓逼鉛山，文英與主事唐倜合軍出戰，倜陣殁，文英挈家投前湖死，城遂陷。倜，太平諸生，以熊開元薦，授兵部主事。我朝賜文英通謚節愍。

余應桂，字二磯，都昌人。萬曆己未進士，知龍巖，調海澄。邑瀕海，多警，築溪尾、大泥兩磡臺，繚以周垣，而於中築闕聯絡之。沿溪砌石，爲腰城二百餘丈，置礟孔，賊艘入，擊之輒沈溺，相戒不敢犯。崇禎初，徵授御史，劾首輔周延儒納賄，貶三秩。七年，出按湖廣，守承天，捐贖鍰十餘萬，募壯士，繕城治器，賊不敢逼獻陵。十年，擢右僉都御史，代王夢尹巡撫湖廣，與總理熊文燦議撫勦，不合，搆之，逮下獄。應桂乃陳撫勦始末，白己無罪，而詆文燦，疏入，不省。應桂嘗貽書文燦，言「獻賊在穀城，必反，可先未發圖之」，爲獻忠邏者所得。文燦再糾應桂私書貽誤，應桂再疏辨，亦不納，竟遣戍。及獻忠反，文燦誅，起爲兵部右侍郎。十六年十月，督師孫傳庭戰歿，命應桂代之，應桂以無兵無餉，入見帝而泣。將至山西，則僞官充斥，逡巡不得前，疏言：「賊衆百萬，非全力勦之不可。請調天下鎮將會師真、保之間，如史可法、王永吉其人者，賜以尚方劍督師，庶賊可滅。」帝批其疏曰：「應桂既不入秦，又不防河，往來介、霍，庸怯可知。」奪職，以新擢陝西巡撫李化熙代之，化熙亦不能進也。應桂家居，每語人曰：「吾年六十四，官尊禄厚，復何恨。所未了者，欠先帝一死耳。」金聲桓之叛歸明也，應桂起兵援之，敗於落星湖。復傾貲募衆，星子諸生吴江兵潰，又援之。我九江守將楊捷以步騎奄至城下，應桂與子諸生顯臨同被執，見殺。於是江右義師略盡。我朝賜通謚曰節愍。

吴江，星子諸生。戊子，金、王歸明，江起兵應之。王師再定九江，乃返南康爲據湖計，結壘開先寺。已敗走都昌，得舊鎮張士彦之標將黄才潰兵二百人，部勒之，冀復舉。而才復款於我，執江以獻，論死。

金志達，九江諸生。戊子，金、王之變，與僧了悟等集萬餘人以應南昌，結營鄱陽、彭澤間，出戰池州，取東流、建德。尋俱敗歿。

孔徹元、孔徹哲，建昌人，家素封。戊子，與客蔡觀光起兵應金聲桓。及南昌被圍，徹哲往援之，潰歿，徹元勿能忘也。己丑，秋七月，詭傳瑞、德七邑奉靖武遺宗，徹元喜，遽入城戕令。已而各邑寂然，同黨執以獻，部衆迸散。觀光心憾之。庚寅，揭竿將起，跡露，走鄱陽，被獲論死。

宋奎光，不知何許人，金聲桓之中軍官也。戊子，正月，聲桓歸明，攻我將高進庫於贛州，以奎光爲左軍都督府都督僉事，留守南昌。奎光多機智，能肆應。五月，王師進討，聲桓兄成勛部將楚國佐及王得仁部將貢鼇將内應，奎光殺之，人心稍定。撤城外屋廬，設守具。王師急攻得勝門，城壞，奎光囊土壘石，隨壞隨補，出神槍火筒，焚攻具，王師少卻。聲桓自贛歸，奎光不納，曰：「吾未知爾心，爾果爲明者，戰捷則相見也。」既戰而入，聲桓與得仁主堅壁議，閉門不出。奎光謂如是且坐困，單騎渡江，按行地利，請「移兵二隊，一駐生米渡，一駐市汊，以達餉路，俟敵懈則大舉逐之，必獲算。」金、王不從。既城中飢，請背城一戰，又請獨將其家丁赴敵營，終不能得。念諸將言人人殊，不足與謀，庶幾神道可以威衆。得勝門關廟中有酬賽神馬，朝出就水草，夕還廟，調馴殊異。奎光揚言：「夜夢關帝賜吾馬破敵。」備香醴入廟，握馬不鞍而馳之，三十六營兵將皆驚喜，「願聽約束，從宋都督出戰。」金、王終欲待外援夾擊，奎光計復不行。城破，被執，諭降不屈，乃殺之。

郭天才，不知何許人，金聲桓部將也。魯監國攻福州，我巡撫佟國鼐乞援於聲桓，聲桓使天才將兵往。與國鼐不合，乃率衆降魯監國，封忠勤伯。戊子，監國所復閩地盡失，聞聲桓歸明，乃還江西。時王師逼南昌，聲桓謀撤兵入城，天才謂非計，争之不得，自劄黄泥洲爲犄角。所部盡川卒，長槍敢戰，精鋭無敵。鏖戰城下，與王師數十合，撓其長圍，見城中無出戰意，撤兵去。久之，糧盡，亦入城。城中斗米八十金，人相食矣。城破，與前鋒劉一鵬巷戰不屈死。

陳邦彦，字令斌，順德諸生。弘光時，詣闕上政要三十二事，格不用。隆武帝讀而偉之，既即位，即其家授監紀推官，未任，舉於鄉，以蘇觀生薦，改職方主事，監廣西狼兵，援贛州。至嶺，聞汀州變，勸觀生東保惠、潮，不聽。永曆帝監國肇慶，觀生遣之入賀。邦彦甫進謁，而觀生又别立唐王聿鐭於廣州，邦彦不知也。夜二鼓，上遣中使十餘輩召入梧州舟中，王太后垂簾坐，上西向坐，丁魁楚侍，語以廣州僭立事，邦彦請亟還肇慶正大位，以繫人心，且云：「彼强我弱，以戰則非計；彼曲我直，以和則非名。警報日迫，彼若知懼，必來求成。如其不然，則粤東十郡，我居其七，委其三於彼，以代我受敵，我復從而乘其敝，不亦可乎！」上大悦，立擢兵科給事中，令齎敕還諭觀生。及入境，聞使臣彭燿被殺，遣從人以敕授觀生，致書曉以利害，觀生猶豫累日，欲議和，不果。邦彦乃變姓名入高明山中。是年冬，廣州破，聿鐭與觀生死之，列城悉下。初，贛撫萬元吉遣族人萬年募兵於廣，得余龍等千餘人，未行而贛失，龍等無所歸，聚甘竹灘爲盜，他潰卒多附之，衆至二萬餘。丁亥春，大兵定廣州，克肇慶、梧州，抵平樂，上走桂林，勢危甚。邦彦乘間説余龍出圍廣州，而已發高明兵由海道入珠江與龍會，遺書張家玉曰：「桂林累卵，但得牽制毋西，使潯、平間可完葺，是我致力於此而收功於彼也。」家玉以爲然。大兵在桂林，聞亂還救，揚言取甘竹灘。龍卒素無紀律，且顧家，輒引退，邦彥亦卻歸。乃遣門人馬應芳會龍軍取順德，戰敗，應芳赴水死。三月，龍再戰於黄連江，亦敗歿。邦彥乃棄高明，收拾餘衆，據下江門。大兵於廣州之圍，訊降卒，知謀出邦彥，以輕兵襲其家，執其妾何氏及二子和尹、虞尹，令爲書以招之，邦彥判書尾曰：「妾辱之，子殺之！身爲忠臣，義不顧妻子。」佟養甲壯焉，頗以善遇。後郡紳李皇一、舉人杜璜帥兵攻肇慶敗死，邦彥家屬始被殺。秋九月，密與陳子壯約復攻廣州，邦彥後至，夜戰，大敗，詳子壯傳。邦彥奔三水，清遠指揮白常燦以城迎奉，乃入清遠，與諸生朱學熙嬰城固守。邦彥自起兵，日一食，夜則假寐，與下同勞苦，故軍最強，嘗分兵救諸營之敗者。至是精鋭盡喪，外無援軍。越數日，城破，常燦死，邦彥率數十人巷戰，肩受三刃，不死，走朱氏園中，見學熙自縊，拜哭之。旋被執，饋之食，不食，繫獄五日，被戮。事聞，贈兵部尚書，謚忠愍，蔭其子爲錦衣衛指揮使。我朝賜通謚曰忠烈。

彭燿，順德舉人。崇禎中，官陝西知縣，有能聲，歷兵科給事中。丙戌，永曆帝建國肇慶，而舊輔蘇觀生亦立唐王聿鐭於廣州。前大學士陳子壯移書瞿式耜，請興師東向，永曆帝曰：「先遣官諭之，俟其拒命，討之未晚。」乃遣燿與主事陳嘉謨宣諭廣州。燿奉命，過家拜祖廟，託子於友。至廣州，以諸王禮見，備陳天潢倫序，監國先後，語甚切至。且讓觀生曰：「今上神宗嫡胤，奕然靈光，大統已定，誰復敢争！且閩、虔既陷，強敵日逼，公不協心戮力爲社稷衛，而同室操戈，此袁譚兄弟卒并於曹瞞也。公受國厚恩，乃貪一時之利，不顧大計，天下萬世，將以公爲何如人也！」覩生怒，殺之，嘉謨亦不屈死。我朝賜燿、嘉謨通謚均節愍。

小腆紀傳卷第四十九

前翰林院檢討加詹事府贊善銜六合徐　鼒撰

列傳第四十二

忠義一

何剛　任民育 曲從直　王纘爵　周志畏　羅伏龍　楊振熙等　高孝纘等　文震亨 顧所受
殷獻臣 蘇州儒士等　陸培　王道焜　顧咸建 兄咸正　弟咸受　唐自綵 從子階豫
過俊民　王佐才 項志寧等　荆本澈　吴之蕃　侯承祖 子世禄　温璜　葉向榮
王景亮 伍經正　鄧巖忠　方召　李桐 子文杲　文昱　文暹　倪懋熹 族人元楷
鄭爲虹 黄大鵬　洪祖烈等　王士和　傅雲龍 金麗澤　涂世名　洪有楨　毛協恭（補）
郭符甲 諸葛斌　葉翼雲 弟翼俊　陳鼎　楊廷樞　劉曙　華允誠 從孫尚濂

何剛，字慤人，上海人，崇禎庚午舉人。英毅有才略。見海内亂作，與同郡士夏允彝、陳子龍、徐孚遠輩結幾社，講求濟世事。東陽許都，亦以豪傑自喜者，嘗從剛學，剛謂之曰：「子居天下精兵處，高皇帝嘗用之平亂矣。盍不令成一旅以待用乎！」都歸，散財結客，招致數千人。十七年春，疏陳選練、滅賊諸策，帝褒納之。又言：「國家設制科，立資格，以約束天下豪傑，此所以弭亂，非所以戡亂也。今救民生，匡君國，則莫急於治兵，然平生未嘗學問，一旦畀以兵戎，孰能勝任！臣願陛下親簡強壯英敏之士，命知兵大臣教習之，日講韜鈐，練筋骨，拓膽智，陛下時召試之，特優其秩，寄以兵柄，必能建奇功，當一面。臣嘗遊東陽、義烏間，見其人多智勇奮發，忠義慷慨，戚繼光書數言其兵可用，昔時名將勁旅半出其地。臣願以布衣奔走聯絡，準繼光遺法，申詳約束，開導勸率，并收徽、婺奇才，歲餘必可赴湯蹈火。使諸分布河南郡縣，則大寇不足平也。」因薦許都及進士杭州姚奇胤、生員桐城周岐、陝西劉湘客。時諸人多遠徙，而剛不知。帝壯其言，授兵部職方司主事，募兵金華。無何，許都爲邑令姚孫棐所逼，及於亂，募兵事無成。會賊逼京師，陳子龍、夏允彝以二千人聯海舟達天津，爲緩急計。南都立，子龍入爲給事中，言：「防江之策，莫過水師，海舟之設，更不容緩。臣昔召募得二千人，請委何剛訓練。」從之。九月，命防篙子港，轉本司員外郎。時朝廷草創，庶務繁興，剛言：「臣請陛下三年之內，宮室不必修，禮樂百官不必備，惟日求天下奇士：智謀者決策，廉明者理財，勇悍者臨戎。朝政、爵禄、軍務，不出三者，驅天下材能以圖之，求富必富，求強必強。若漫無經制，空言恢復，是卻行而求前也；優遊歲月，潤色偏安，是株守以待盡也。惟廟堂不以文辭取士，而以實用爵人，則真才皆爲國用，而朝廷亦少浮議矣。令大度之士，分兵四出，求草澤英雄，得才多者受上賞，則梟雄皆畢命疆場，而內地亦鮮寇盜矣。江南人滿，徙之江北地方，或以賜爵，或以贖刑，則豪右皆盡力農事，而軍資亦充實矣。臣竊觀廟堂經國者徒欲襲晉、宋之餘業，恐未必能及晉、宋也。」尋命以其兵隸史可法，可法甚奇其才，剛亦以遇知己，誓同生死。尋授遵義知府，未赴。大兵破徐、泗，泗軍退屯瓦窰鋪，剛以所部會之。及逼揚州，因率之入衞，可法曰：「城危矣，死無益也，不如出城號召援兵，以爲後圖。」剛歎曰：「剛計之熟矣，天命已去，民心瓦解，誰復應者！剛爲國家死，則死之；爲知己死，則死之。濡忍而無成，非智士也。」城陷，以弓弦自勒死。我朝賜通謚曰忠節。

任民育，字時澤，濟寧人。天啓時舉於鄉。善騎射，爲鄉里捍衞。真定巡撫徐標薦其才，用爲贊畫，經理屯務。真定失守，遂南還。弘光時，授亳州知州。兵燹後，户口死亡略盡，民育覈州田，計一萬九千頃，荒者半焉，乃併八十里爲四十里，止徵現户，民感其恩。擢揚州知府，督師史可法倚之。城被圍，以戎服守鎮淮門。城破，馳歸，易緋服，端坐堂上曰：「此吾土也，當死此。」左右皆奔散，獨吏陸某者侍。兵至，欲擁之出，不可，遂死之，闔家男婦俱投井死，吏亦自經以殉。我朝賜通謚曰忠節。

曲從直，字完初，遼東舉人。官揚州府同知，與其子分守東門，父子皆死。我朝賜通謚曰烈愍。

王纘爵，字佑申，鄞縣人，工部尚書佐孫。以蔭入太學，授應天府通判，攝溧水篆，清介剛直，忤上官，投劾歸。乙酉，請赴史可法軍前自効，授揚州監軍同知，尋擢按察僉事。時可法内困讒口，外惟諸鎮不用命，一日謂纘爵曰：「君書生不知兵，徒死此何益，吾當送君還留都作後圖，可乎？」對曰：「下官世受國恩，豈敢避難，願從明公死，不願從馬、阮生也！」可法改容謝焉。城破，遂從死。

子兆豸，有異才，痛父殉難，不忍家居，躑躅揚州，竟野死。我朝賜纘爵通謚節愍。

周志畏，字一畏，與王纘爵同邑。崇禎癸未進士，官江都知縣，年少氣高，果於決事。高傑將士在城暴横，志畏屢戢之，反受挫辱，不勝憤，求解職。會羅伏龍至，可法即命代之。伏龍，新喻舉人，曾知梓潼縣。代志畏受事甫三日，城陷，兩人皆死，而志畏妻子僕隸闔門殉義，無一脱者。其時兩淮鹽運使楊振熙、揚州監餉僉事黄鉉、通判吴道正、江都縣丞王志端亦皆死。振熙，臨海舉人；鉉，彭澤舉人；道正，餘姚人；志端，孝豐人；行事俱軼。我朝賜志畏通謚烈愍，伏龍、振熙、道正、志端均節愍。又李自明者，嘉興人，以歲貢除揚州訓導，亦死於難。

高孝纘，揚州諸生。城破，書衣衿曰：「首陽志，睢陽氣，不二其心，古今一致。」入學宫投先聖座下自經死。同時王士琇於新城垂破之日，設烈皇帝位，號哭載拜，與其弟並縊死。又有王纘、王績、王續者，昆季三人，俱自沈。醫士陳天拔、畫士陸愉、武生戴之藩、義勇張有德、市民馮應昌、舟子劉某皆死之。時士民死者，屍凡八十餘萬，而姓名多不傳。（補）

文震亨，字啓美，吴縣人，大學士震孟弟也。天啓中，與璫禍。崇禎初，以善琴供奉，官中書舍人。南都妖僧大悲之獄，阮大鋮造十八羅漢、五十三參、七十二菩薩之目，羅織朝野之異己者。其黨張孫振已具疏將以震亨爲汪文言矣，馬士英與震亨有文字交，力出之，即休致歸。乙酉，六月，王師取蘇州，避之揚城，聞薙髪令下，自投於河，家人救之，絶粒六日死。震孟二子秉、乘。是年，我巡撫土國寶獲吳易，偵卒言：「乘與諸生王伯時皆易黨，謀內應。」乘遂遇害。秉著有啓禎野乘。我朝賜震亨通謚節愍。

顧所受，長洲諸生。我安撫使黃家鼒至蘇州，所受賦絕命詞云：「身是明朝老布衣，眼前世界不勝悲。從容死向宮牆地，免使忠魂棄濁渠。」遂自縊學宮，遇救，仍赴水死。殷獻臣，亦諸生，避兵荻溪，見家人有薙髮者，號慟不食死。又蘇州儒士者，名姓不可詳聞，南都破，儒冠襴衫，躍入虎邱劍池死。常州石生暨賣扇歐姓者，投西廟池中死。文城壩賣柴人聞安撫使至，棄柴船躍河死，五牧有畜鴉鳥薛叟自經死，元妙觀前有賣麪夫婦對縊死。

陸培，字鯤庭，仁和人。少負俊才，美丰儀，行誼修謹。嘗客華亭，主人妾窺而悅之，培不答，即放舟去。登崇禎庚辰進士，不謁選，歸而讀書。所爲詩文，一時爭效之，號「西陸體」。性峻潔，有不可意，輒瞋目叱罵。與陳潛夫有違言，即爲文以逐之。於是傳者謂其任俠使氣。然與人交，重然諾，急困阨，雖患難死生不易也。南都授行人。乙酉，六月，大兵至浙，巡撫張秉貞與陳洪範謀挾潞王降，培慟哭攜家避橫山之桐嶺，道遇其友陳廷會，語以故，廷會曰：「君職行人，無守士責，且天下事未可知。無已，國亡與亡，不亦可乎？」培仰天歎息曰：「需乃事之賊，後日將有求死不得者，子不見北都某某乎？」將自裁，妻晝夜防之。一日，紿妻他往，脫身歸故居，鍵户自經，妻兄子破壁救之甦，培大恨曰：「奈何苦我！」夜上書辭母，作絕命詞，揖其二僕，以繩授之曰：「我爲烈士，若輩宜成我志。」坐方牀從容就縊死，年二十九。閩中贈尚寶司少卿，謚忠毅。我朝賜通謚曰忠節。

王道焜，字少平，仁和人。少豪宕，好聲伎，家藏書畫、尊彝、古器最夥，焚香賦詩，竟日無俗語。天啓辛酉舉於鄉，歷福寧州學正，陞南平知縣，南雄、邵武二府同知。光澤妖賊亂，道焜攝光澤縣事，單騎往諭降之。崇禎帝破格求材，盡徵天下廉能吏臨軒親試，撫按以道焜名上，吏部謂郡丞例不與選，授兵部職方主事。道焜不平，抗疏言：「皇上破資格以待非常，銓臣援故例而靳考選，非陛下搜羅賢豪之至意。」得旨許候考。會都城陷，微服南歸。聞陸培死，慨然謂子均曰：「我當死久矣。所以不死者，將以有爲也，今更何望哉！且向者銓曹以故事格我，卑我官也，今而不死，天下將謂屬吏中固無人矣。」乃投繯死。浙東監國，贈陸培謚，而不及道焜，董守諭曰：「兩人同死，豈以道焜非進士邪？」乃謚節愍。我朝賜通謚曰節愍。均舉崇禎壬午鄉試。

顧咸建，字漢石，崑山人，大學士鼎臣孫也。崇禎癸未成進士。兄咸正同科，授推官；咸建得知縣，選錢塘。時浙中連歲水浸，米價騰貴，民間削樹皮、採草根爲食，而三餉疊加，長吏以解額爲殿最，里甲往往雉經倉門。咸建分兩稅爲十限，令同甲自相曉諭，不以官符追攝，集父老告之曰：「寇患若此，征餉非得已也。爾曹受列聖深仁，獨不思急公分上憂，而煩我遺胥隸乎？」民歡曰：「使君愛我，我何敢以逋課負使君！」輸者填溢無後期。俄聞京師變，人情洶洶，咸建出令安民，戢奸宄，嚴警備。弘光時，御史彭遇颽爲馬士英私人，出按浙江，横甚，遣奴輩四出剽敚，民聚譁於署，遇颽出兵擊殺七十餘人，民激思變。咸建馳撫之，得已，遇颽旋劾罷。乙酉，南都失守，鎮江守將鄭彩率衆還閩，緣道劫掠，咸建出私財迎犒，率吏卒日夜防禦，乃斂威去。亡何，馬士英擁兵至，巡撫張秉貞命咸建往迓，咸建力請駐師城外。頃之，大將方國安兵亦至，咸建謀於上官，先期遣使行賂，兵乃不入城，四鄉被掠，而城中得無擾。時監司及郡邑長吏悉逋竄，咸建散遣其妻子，獨守官不去。既而大兵壓境，秉貞將挾潞王出降，使咸建犒師，既復命，即棄官出城去。追騎及於吴江，執以還，詞不屈。閏六月朔，殺於忠清坊，士民徒跣號泣，懸首城樓，一蠅不集。閩中贈太僕少卿，謚忠節。我朝賜通謚曰忠節。

咸正，字端木。崇禎癸未，與弟咸建同舉進士，授延安推官，屢擒劇盜，招降回賊張成儒等三百人，慶陽土賊潘自安等千人。孫傳庭之出關也，上書止之，不聽。已陝西全陷，咸正被賊縶之營中。吴三桂兵入秦，人多應之，韓城人推咸正爲主，已而知爲大清兵，遂入山中。久之南歸，以子天逵、天遴匿陳子龍事被逮，洪承疇問曰：「汝知史可法在乎不在乎？」答曰：「汝知洪承疇死乎不死乎？」乃父子同見殺。弟咸受字幼疏，天啓甲子舉人，崑山城陷，殉難。我朝賜咸正通謚節愍。

唐自綵，字西望，達州貢生。崇禎末，授臨安知縣。過俊民，無錫貢生，爲臨安訓導。臨安醇朴易治，自綵政暇，則與俊民飲酒賦詩，士民愛信之。乙酉，六月，大兵至，邑人震恐，自綵歎曰：「戰無兵，守無食，無徒苦父老爲也！册印俱在，聽邑人之所爲，我老矣，豈復北面事二姓哉！」與從子階豫攜家人入梅鄔，俊民亦同匿。士民齎册印赴省，大帥問曰：「若知縣安在？」曰：「賢父母也，憐我民之被干戈，不能守土，入山隱矣。」帥曰：「果賢邪，我還汝知縣，不遣他吏也。」民乃入山迎自綵。既閲兩月，堅不出，乃置新令。新令欲自媚，詭言「自綵受魯監國敕，陰集兵爲變」，總督張存仁遣兵捕之。時值八月下丁，俊民語山中諸生曰：「我爲學博，猶廟祝也，可令缺祀乎！」具牲醴入城。甫初獻，而執自綵之兵至，見冠帶執笏堂上者，問：「何人？」曰：「學官也。」因前繫之，俊民大罵，被殺。自綵至，不屈，洪承疇曰：「汝毋自苦！我知汝賢，行且薦於朝。」自綵語不屈，承疇指其下曰：「獨不念少妾幼子乎？」曰：「大丈夫豈以子女易大節乎！」當自綵被執時，麾其從子階豫走，不聽，竟同死。妾大呼曰：「主死，妾願從，幼子有乳媪在。」延頸受刃死。閩中贈自綵太常少卿，階豫貢生，贈太常博士，我朝賜自綵通謚忠節。

王佐才，字南揚，崑山人。官狼山副總兵，年老休於家。乙酉夏，南都亡，知縣楊永言逃之泗州參將陳弘勳家，縣丞閻茂才遣使投誠。已貢生朱集璜等起兵殺茂才，以佐才宿將，推爲主，永言、弘勳亦自泗橋率壯士數百人來助。未幾，弘勳以舟師戰敗，游擊孫志尹陣歿，城遂陷。佐才縱民出城，冠帶坐帥府，被殺。我朝賜通謚曰節愍。

項志寧、徐市、徐懌、徐守貞、馮知十，皆常熟諸生，乙酉城破殉難者也。先是邑人議城守，會總兵何沂奉宗室某王至，因以集衆。降將洪某引王師來攻，沂已遁，諸生中尚有躬冒矢石力戰於華蕩者，勢不支，各散去。志寧方食餅，聞變，餅墮地，扼吭死。市與懌歎曰：「我家世科第，可無義士邪！」題壁云：「不敢立名垂後代，但求靖節答先朝。」自縊死。守貞奉母避於鄉，兵至，母與妹投井，守貞急從之，兵挽其髮，乃踞坐謾駡，殺於井傍。知十見之，奮怒格鬭，叢射死。

荆本澈，字太徽，丹陽人。崇禎甲戌進士，官副使。南都破，起兵松江，與巡撫田仰、總兵張士儀、張鵬翼、太監李國輔以舟師奉義陽王進駐崇明沙，戰敗，率所部屯舟山之小沙嶴。其將士善射，爲黄斌卿所忌，本澈復不能戢其士卒，斌卿因民怒攻之，全家遇害。我朝賜通謚曰節愍。

吴之蕃，吴淞陸營把總也。父斗南，於崇禎時以討流賊死，之蕃嘗自謂忠孝之門。乙酉，南都亡，聞部下百户降，怒曰：「奴輩皆世職，降何易也！俟大明兵得汝，定鑿汝筋，抽汝骨也！」八月十六日，起兵至吴項橋登岸，謀攻嘉定。邑人武舉馮嘉猷者，以獻策降將李成棟，得署總兵，聞報，謂老營兵曰：「汝曹聞之蕃前日語邪？脱不利，我與汝皆碎首矣。」遣人焚之蕃舟。之蕃衆多烏合，見火起，遂潰。之蕃殺數人，不能定，呼天哭曰：「我父子並死王事，分也。所恨心力殫盡，得起義師，未戰而潰，我目不瞑矣。」挺鎗欲赴鬬，居民汪三者誘之同行，推之墮水，遂被擒。嘉猷陳鼓吹羊酒，犒得勝軍，縛之蕃駡之曰：「汝吴淞牧兒，何敢作此事？」之蕃大笑曰：「我朝廷世臣，父子忠節，汝曹逆賊，狗彘所不食，何敢以面目向人！」遂被殺。

侯承祖，字懷玉，世襲金山衞指揮。乙酉夏，松江兵起，以兵往，願襄事，提督吴志葵忌之，沮其謀。承祖恚曰：「然則府城聽之總戎，承祖以金山爲存亡耳。」拂袖歸，與子世禄治兵嚴禦。未幾，志葵敗，松江亦破，大兵進攻金山，承祖坐睥睨間，親冒矢石，緣城上者手刃立盡，屢進屢卻，久不能拔。既而降將李成棟自江陰還師來助，有内應者啓水門以入，承祖率世禄、親兵猶巷戰。踰時，衆且盡，世禄身受四十矢，被獲，罵成棟不絶口，見殺。承祖亦被執，説之降，曰：「吾家自始祖以開國勳，子孫不替，食禄二百八十年，今日不當一死報國哉！」至文廟前，曰：「此吾死所。」望先師再拜，飲刃死。我朝賜通謚曰忠烈。

温璜，字寶忠，初名以介，字于石，烏程人。幼而孤。母陸孺人苦節，姑沈氏老且病，貧無帷帳，坐臥一板箱，孺人事姑教子，種火煨芋以爲食。璜久爲諸生，有學行。母歿，廬墓，出入爲文以告。崇禎丙子，舉於鄉，祈夢于忠肅祠，始易名璜。爲首輔體仁之從弟，而夷然自守，與東林結契，名在復社第一集。南都之以揭帖逐阮大鋮也，璜曰：「阮大鋮爲真小人，錢謙益則僞君子，真者易知，僞者難測，斯人得志，即小臣亦當裂麻争之。」癸未，成進士，授徽州府推官，年五十有九矣。甫涖任，京師報陷，引佩刀曰：「此身當付汝矣。」募民兵，繕城堞，爲保障計。乙酉，南都覆，知府秦祖襄及僚屬皆遁，歎曰：「城無主，民且自相屠。」乃盡攝諸印，召士民慰諭之，衆感泣，願守，遠近從而保守者數萬家。與僉都御史金聲爲犄角，轉餉給其軍。徙家屬於瀹杭村，令諸吏不得通私問。凡四閱月，聲敗，嚴兵登陴，郡人故御史黄澍以城獻。璜抽刀將自刎，吏持之，請歸村舍。乃趨還，語妻茅以同死，茅無難色。具酒坐談，夜將闌，匿幼子於別室，急呼長女寶德起。女年十四，方熟睡，問：「何爲？」曰：「死爾。」女即延頸就帨，未絶，復刃之。茅整衣以臥，璜刀截其喉，有頃，呼曰：「未也。」再刃而絶。乃書遺令曰：「世受國恩，惟以死報，薄棺火葬，不必完屍。」投筆長嘯，即自刎。越日復甦，居人舁至我大帥幕府，進之食，揮之。又五日，兩手自抉其喉而死，時九月二十九日也。我朝賜通謚曰忠烈。

葉向榮，金華舉人。崇禎庚辰，以薦舉授寧都知縣，廉明有惠政。有賊邱旭東行劫鄰邑，向榮捐金購賊，獲其魁七人。闖賊寇江西，去寧都百里爲營，向榮晝夜登陴，賊知有備，不敢犯。既而賊屯馬羊坑，先伏十人於關下，向榮偵得，立殺之，陳屍於郊，自督鄉勇銜枚出擊，斬首二百餘，生禽賊渠十五人，餘賊竄去。弘光時，總督袁繼咸、御史周燦交章薦之，以忤馬士英意，量移吉安同知，向榮遂投劾歸。明年夏，金華城將破，具衣冠投項村之野塘死。

王景亮，字武侯，吴江人。崇禎末成進士，弘光時授中書舍人，隆武時擢監察御史，加太僕寺卿，巡按金、衢，兼視學政。衢乃唐、魯之交，政令不一，魯監國亦置官並守，景亮奉命通好於魯。居久之，未有以報命。城破，自縊死。伍經正，安福貢生，爲西安知縣。隆武時擢知衢州府事，兼攝道印，亦受命於魯。城破，赴井死。鄧巖忠，江陵人，由鄉舉官衢州推官，城破，自經死。方召，宣城諸生，署江山知縣。金華被屠，集父老告之曰：「兵且至，吾義不當去，然不可以一人故，致闔城被殃。」遂封其印綬，具冠帶北向再拜赴井死，士民爲之收葬立祠以祀。我朝賜景亮、經正、巖忠、召通謚俱節愍。

李桐，字封若，鄞人也。三歲而孤，事母以孝聞，讀書通大義，前輩董其昌、曹學佺深器之。甲申之變，桐於大臨所請發義旅次江干，以待撫臣勤王之師，守道盧若騰是之，然未能應也。桐日號咷當事馬前，並詰責諸鄉老，遂遭嗔怒，至有欲殺之者。尚書馮元飈曰：「諸公即力薄不能報國讎，奈何更殺義士！」與若騰共呵護之，得免。南都亂政，悒悒不得志，遁入白鷗莊。南都亡，昕夕祈死，疾遂篤。已聞錢肅樂起義，則霍然進食，遣長子文杲從軍，肅樂疏授兵部主事。已而事不支，疾復篤。丙戌，六月，江上潰，桐曰：「吾今定死矣。」於月之十九日卒，門人私謚曰貞愍。文杲哭謂其弟文昱曰：「汝知吾父所以死乎？」葬畢，相與墨縗赴海上，崎嶇兵間。文昱亦授户部主事。辛卯秋，舟山失守，從監國航海，舟覆，兄弟同溺死，惟少子文暹杜門養母，以孝稱云。

倪懋熹，字仲晦，鄞人。乙酉夏，郡中錢肅樂起兵，降人謝三賓密札定海總兵王之仁，請殺首亂者。時之仁已迎降，仍故官矣。肅樂欲通一言，而難其使，懋熹獨慨然請行。至定海，則路人洶洶言：「昨有陳秀才上箋詆大將軍降，大將軍殺之。」聞者股栗。俄三賓使繼至，懋熹神色不動。有頃，之仁召懋熹入曰：「君此來，大有膽。」懋熹曰：「大將軍世受國恩，賢兄常侍攀髯死國，天下所具瞻，知大將軍之養晦而動也。方今人心思漢，東海鎖鑰在大將軍，次之則滃洲黄將軍，石浦張將軍，左提右挈，須有盟主，大將軍之任也。」之仁遽遥手曰：「好爲之，且勿洩！」令其子鳴謙飯懋熹於東閣，而别召三賓使入見，報書亦云：「十五日至鄞議之。」三賓使出，乃遣懋熹歸，曰：「語錢公，當具犒師禮。」懋熹出，喜曰：「吾事諧矣。」翊日，之仁至，果脅三賓出餉萬金贖罪，肅樂勞懋熹曰：「此李抱真之招王武俊也，而君以三寸舌成之，功過之矣。」及畫江守定，魯監國授懋熹職方主事，參瓜里軍。閩中頒詔之釁，浙使陳謙入閩死，閩使陸清源入浙亦死，懋熹請往解之，隆武帝大悦，授僉事，分守建寧。時標兵爲鄭氏撤去，乃捐俸召募。丙戌，秋八月，大兵至城下，力戰不支死，一軍盡殁。其族人元楷，字端卿，同起江上，官評事。兵潰還里，以不薙髮被收論死，日坐囚中，與華夏、李文纘高歌木公不屈魔鬼一曲，聲撼獄壁。一夕，飲大醉，及醒，握髮，則禿矣。痛哭欲自裁，家人謂是母命，乃止，歎曰：「吾不得與仲晦白首同歸矣！」其後苦節四十年而卒。

鄭爲虹，字天玉，江都人。崇禎癸未進士，除浦城知縣。隆武帝之入閩也，道浦城，聞其爲廉吏，欲拔置左右，部民相率乞留，有十不可去之疏，乃令以御史巡視仙霞關，駐浦城。鄭芝龍部將奪商人米，爲虹繩以法，芝龍入訴，上諭解之。尋令巡撫上游四府，兼領關務，紀綱肅然，將士斂迹。迨芝龍既撤守關兵，仙霞嶺二百里間虛無一人，王師長驅直入，浦城百姓既獻城，乃擁爲虹見貝勒。令之跪，不屈，勸之薙髮，爲虹曰：「負國不忠，辱先不孝，寧求速死，髮不可薙也。」又責令輸餉，爲虹曰：「清白吏何處得金？」百姓欲代輸贖死，爲虹曰：「民窮財盡，烏乎可！」大駡，奪刀自刺胸膛不死，遂見殺。大鵬，字文若，建陽人。少孤貧，不能從師，從旁竊聽，遂知書，能屬文。崇禎庚辰進士，知義烏縣，有聲。隆武帝召爲兵科給事中，兼治兵餉。以仙霞重地，宜使閩人自爲守，令協爲虹守仙霞。被執，南向立，不屈死。浦城人皆廟祀之。我朝賜爲虹通謚忠烈，大鵬烈愍。又有洪祖烈者，吴江人，以武進士歷官京營神樞參將。南都陷，隨扈入浦，被執不屈死。浦城千户張萬明及其子都司翹鸞皆同日死。又同安破，都督同知義烏傅起燿，閩清破，知縣西安陳其禮偕子龍玉、婦吴氏、壻徐應宜，不屈死。我朝賜祖烈、其禮通謚節愍，起燿烈愍。

王士和，字萬育，金谿舉人。隆武時，避亂入閩，謁選，得吏部司務，陳時政闕失，凡六事，曰文職廣而妄銜者多，武弁驕而立功者少，陞遷驟而責任益輕，議論煩而實用惟寡，聽納博而精神愈勞，移蹕頻而民生日苦，疏列數千言。上讀之曰：「此苦口良藥也，朕朝夕省覽，爾諸文武亦共儆戒！」令刊所奏分賜之。丙戌夏，擢兵部主事。未一月，授知延平府。時延平爲駐蹕地重委之也。八月，仙霞關不守，上倉卒奔汀州，留兵部侍郎曹履泰偕士和居守。俄警報疊至，召父老告之曰：「郡守與城存亡，若等當自爲計，毋以數萬生靈膏斧鑽也！」衆泣，士和亦泣，退入内署，謂其友曰：「吾一介書生，數月而忝位二千石，恩亦厚矣。不死，人且謂主上不知人。」友勸止之，正色曰：「君子愛人以德，君何出此言邪！」從容自縊死。我朝賜通謚曰節愍。

傅雲龍、金麗澤，均不知何許人。崇禎末，雲龍官漳南道，麗澤知漳州府。有廖淡修者聚衆作亂，蹂躪漳、平、寧、洋、龍巖間，麗澤與參將顏榮討斬之。丙戌，九月，王師入漳州，雲龍、麗澤暨龍溪知縣涂世名同死之。我朝賜雲龍、麗澤通謚節愍。

涂世名，字仲嘉，新城人，天啓丁卯舉人，御史伯昌從子也。偉幹修髯，善飲，談古今事，慷慨激烈。隆武時，知龍溪縣。王師入漳州，世名被執，呼子常吉遣之行，常吉曰：「父在，兒焉往？」遂并死焉。僕黄錫、黄羊、王亨、蔣三同日俱殉。漳人士素德之，醵金三百兩歸其櫬，言之有泣下者。我朝賜通謚曰忠節。

洪有楨，字亮士，福建嘉禾里人也。早歲工書，賈人持售外國，得重價，蓋醇謹儒生也。丁亥，二月，忽從俠客糾海邊壯士數百人入據漳浦，魯監國嘉之，即以爲令，守之。未幾，城復陷，被執，見我大帥，不跪，瞋目駡不絕，磔於市，懸其頭於城之東門，數日色不變。一卒投諸濠中，夜狂叫，若有擊之者，乃羅拜而瘞之。同時有楊淶者亦不屈死。我朝賜有楨通謚節愍。

毛協恭，字端甫，武進人。崇禎庚辰進士，知寧德縣。南都授陝西道監察御史，隆武時命提督福建學政。丙戌，八月，王師入閩，協恭適試士興化，聞變痛哭，躍入水，遇救不死，轉徙泉州、建寧間。土寇發，力疾趨崇安。明年七月，在道爲王師所執，大帥欲降之，協恭厲聲曰：「若亦知毛提學乎？尚奚道！」乃被殺。妻周氏與其子女躍水死，僕鄒良、王大郎亦死。我朝賜通謚曰節愍。（補）

郭符甲，晉江人。崇禎癸未進士，官南京户部主事。國變後家居。丁亥，朱成功會師泉州之桃花山，符甲與邑紳沈佺期起兵應之戰歿，屍暴七日如生，鄉人義而葬之。我朝賜通謚曰節愍。

諸葛斌，晉江人，光禄卿倬從子也。隆武時，爲監紀推官，從朱成功起兵泉州之桃花山。我西門守將楊義謀内應，有成約矣，而我提督趙國祚召義守東門。斌不知，夜率衆臨城，與副將蔡參等全軍俱歿。

葉翼雲，字敬甫，同安縣廈門人。崇禎庚辰進士，知吴江縣。捕奸民朱和尚，文選司吴昌時貽書爲緩頰，拒不應。歲大旱蝗，翼雲按捕蝗法當於露翅溼濡時，乃夜行田間，令輕罪以捕蝗贖，災不爲害。時有議加賦者，條上其不便，縣省六萬有奇。十六年，東陽許都之亂，列郡大震，翼雲練壯士，治樓櫓。北都陷，廉得土匪主名捕殺之，一邑帖然。巡撫祁彪佳、巡按周元泰列其治狀爲上考，以催科不及格爲昌時所阻。吴民譁曰：「吾曹奈何累公！」争相輸納，不旬日，完二萬七千有奇。臺臣歎曰：「生祠、去思碑可作而致，惟卸事官不事敲朴，而完糧幾三萬，非得民心，胡致此！」起禮部主事，轉吏部，以親老歸。閩中擢稽勳司員外。閩亡，謁朱成功於安平，成功令以便宜視同安縣事，與訓導陳鼎助部將邱縉、林壯猷、金作裕城守。城陷，翼雲曰：「今日猶得死於明土，吾輩之幸也。」與其弟監紀推官翼俊同遇害，鼎、縉、壯猷、作裕皆死之。鼎字尚圖，天啓丁卯舉於鄉，同安人。我朝賜翼雲通謚烈愍。

楊廷樞，字維斗，吴縣諸生。天啓朝顔佩韋五人之難，廷樞實倡之。佩韋等死，廷樞獲免，舉崇禎庚午應天鄉試第一。國變，隱居鄧尉山，魯監國遥授翰林院檢討兼兵科給事中。丁亥，四月，以門人戴之儁通吴勝兆株連被逮，慨然曰：「子自幼慕文信國之爲人，今日之事，素志也。」舟中書血衣遺其孤曰：「惜時命之不猶，未登朝而食禄；值中原之多難，遂蒙禍以捐生。其年丁亥之建爲日，孟夏之終，方隱遁夫山椒，忽陷罹於羅網，雖云突如其來，亦已知之稔矣。但因報國無能，懷忠未展，終是人臣未竟之事，尚孤累朝所受之恩。」云云。綴以絶命詩十二首。五月朔，我大帥會鞫於泗州寺，巡撫重其名，欲生之，命之薙頭，廷樞曰：「砍頭事小，薙頭事大。」乃擁出，至寺橋，臨刑，大聲曰：「生爲大明人。」刑者急揮刀，首墮地，復曰：「死爲大明鬼。」監刑者咋舌，乃禮而殯之。己丑，永曆帝以尚書魯可藻薦，將召用，既聞其殉難，乃贈翰林院侍讀。我朝賜通謚曰忠節。

劉曙，字公旦，長洲人也。崇禎癸未進士。弘光時，授南昌知縣，未赴而南都陷，歸隱蠡口。監國魯王之駐舟山也，諸生欽浩疏吴中忠義之士二十餘人於册，首列曙名，將進之，曙不知也。渡海，爲松江提督吴勝兆邏卒所獲，勝兆藏之。既而勝兆事敗，巡撫土國寶搜得册，遂名捕曙，曙衣冠就縶，賦絶命詞曰：「孤臣孤子淚如泉，死傍君親即灑然；吾道直如弦上矢，此心清似水中蓮。枕戈未雪河山恨，濡筆空勞史册傳；欲戀春暉報慈母，登堂愁賦白華篇。」見國寶曰：「吾世受國恩，南都之變，已辦一死，特以父喪未葬，老母在堂，延喘至今，願速死見高皇帝耳。」國寶令具通海狀，曙曰：「起義吾素志，恨不手刃汝輩耳。」白梃交下，血灑地有聲，猶罵不絶口。械至南京，洪承疇霽顔相勞苦，答如前。承疇曰：「汝不念老母邪？」曰：「君親原非兩人，臣子豈有二理！」發按察使盧某鞫之，溽暑中匍匐十餘里，狂呼欲絶。盧聞而驚甚，進以水，問：「何故兩年不謁地方官？」對曰：「幼承祖宗清白之訓，爲秀才時便如此，若以不見官長爲罪，豈所以教天下之廉恥乎！」婉諭之，不屈，乃與崑山顧咸正、松江夏完淳同下獄。丁亥，九月十九日，赴市，同刑者三十餘人。我朝賜通謚曰節愍。

華允誠，字汝立，無錫人。早有志行，受易於同郡錢一本。中天啓壬戌進士，對策極陳奄寺之害，主者不敢進呈，置二甲。乃從同里高攀龍講學首善書院，傳其主静之學；旋從攀龍入京，授工部都水司主事。魏奄日熾，攀龍去官歸，允誠亦乞假同行。崇禎改元，起營繕主事，轉員外郎，命督琉璃廠，減經費數萬。明年冬，京師戒嚴，諸曹郎分守城門，以守禦不備，多杖下斃。允誠守德勝門，四十餘日不稍懈，帝微行察知之，賜白金，叙功，復加俸一年。久之，調兵部職方員外郎，疏攻閣臣温體仁、吏部閔洪學朋比植私，奪俸半年，詳明史。尋以終養歸里，居十二年，事母色養備至，母八十三而終。南都立，起驗封員外郎，署文選司事。莅官十三日，見高弘圖、徐石麒等先後去位，即引疾退。乙酉後，屏居墓田，杜門讀易。戊子，四月，有訐其不薙髮者，逮至江寧，滿、漢官並緩言款之，允誠直立南向舉手曰：「二祖列宗神靈在天，允誠髮不可薙，身不可降。」因賦絶命詩。臨刑，顧從孫尚濂曰：「心即太虛之心，太虛中何嘗有刀鋸斧鉞。清其刀鋸斧鉞不得加焉之心，亦安往不得哉！」遂見殺，年六十一。尚濂，字静觀，亦同死。僕薛成聞主被執，長慟不食，先一日死。訃至，僕宋孝號哭觸階死。我朝賜允誠通謚節愍。

小腆紀傳卷第五十

前翰林院檢討加詹事府贊善銜六合徐鼒譔

列傳第四十三

忠義二

夏萬亨，字元禮，崑山人。萬曆戊午舉於鄉，由婺源教諭遷西華知縣。時河南寇盜充斥，萬亨修備甚嚴。居三載，量移夏邑，地小不足以用武。賊有鈔掠城下者，單騎開門諭之，或不聽命，則曰：「寧殺我，毋殺我百姓！」賊乃相驚異，稱爲好官，不殺一人而去。永城劉超叛，督師丁啓睿率軍討之，屯聚者且數萬，軍需、器械不缺於供，萬亨力也。弘光時，奉命迎太后，擢江西布政使；，言者以爲驟，改僉事，分巡南昌、瑞州。初至，給兵餉贏十之一，詰之吏，吏曰：「故事：爲公所得。」正色曰：

「侵奪軍資，豈我所爲，況今何時乎！」有保寧王者避寇南昌，其舍人恣横無狀，執而笞之，一府洶洶，露刃作難。民憤怒，將焚王府，萬亨撫定之。尋遷按察使，署布政司事。南京潰，奉母至撫州，屬於門生。時南昌已爲降將金聲桓所據，列郡望風潰。萬亨乃入建昌，奉益王於建昌。城破被執。聲桓以其能得民，將藉以撫徇諸郡，曰：「公從我，當大任。」萬亨書絶命詞見志。聲桓不欲有害賢名，械送武昌，與王養正等同斬於市。妻顧子婦陸、孫一、女孫一，皆先赴井死，婢僕同死者三十餘人。我朝賜通謚曰烈愍。

王養正，字聖功，一字蒙修，泗州人。崇禎戊辰進士，授海鹽知縣，以憂歸。服闋，補秀水。計典，改河南按察司照磨，歷遷襄陽推官、刑部主事、員外郎、南康知府，平盜有功。南都立，進副使，分巡建昌。會布政使夏萬亨至，養正乃與知府王域、推官劉允浩、南昌推官史夏隆、建昌通判胡縝共起兵拒守。城破，被執，死於武昌。妻張氏聞之，絶粒九日而死。我朝賜通謚曰烈愍。

王域，字元壽，華亭舉人，除宿州學正。流賊至，佐有司捍禦有功，歷工部主事，榷税蕪湖。時上游道梗，商少而税額增，域疏請仍舊，從之。都城陷，諸榷税者多入己，乃歎曰：「君父遭非常禍，臣子顧因以爲利邪！」悉歸諸南京户部。弘光時，擢本部郎中，出爲建昌知府，以清正稱。南昌破，官民拒守，域曰：「事急矣，國無主不可以集衆。」乃與副使王養正等奉益王爲號，分守南門。城陷，被執，亦死於武昌。我朝賜通謚曰烈愍。

劉允浩，字集生，掖縣人，崇禎癸未進士。家居聞北京之變，欲南下說劉澤清舉兵，適賊至萊州，即領鄉勇擊走之，奉母南下。時寇盜接踵，聞允浩名，不敢害。抵淮，與黄得功相結，慨然有報國之志。史可法壯之，將留以參軍事，允浩不可。謁選南都，授建昌推官，助城守，督戰甚力，殺傷通當。城陷，猶率衆巷戰，中矢被執，死之。史夏隆，宜興人，與允浩同年進士，官南昌推官；胡縝，桐城人，官建昌通判；同被執。與夏萬亨等械至武昌，同斬於市，傳首江西，棄屍城下。建昌士民哀其忠，哀而瘞之沌砦河側，表曰「六君子之墓」。我朝賜允浩、夏隆、縝通謚俱烈愍。

李時興，福清舉人，由知縣歷官袁州同知，攝府事。乙酉，王師已下南昌，時興與士民悉力拒守。無何，守將蒲纓戰潰，湖廣援兵黄朝宣等五營亦譟歸，時興知不可爲，自縊於萍鄉官舍，一僕亦從死。我朝賜通謚曰節愍。

高飛聲，字克正，長樂舉人。初知玉山縣，遷同知，乞養去。隆武時，大學士黄道周以督師募兵，邀與之偕，令攝撫州事。王師逼，度力不支，乃遣家人懷印走閩，而身以守城死。隆武帝聞之嗟悼，贈按察司僉事。我朝賜通謚曰節愍。

梁于涘，字飲先，江都人。崇禎癸未進士，知萬安縣。乙酉秋，王師至，嬰城固守，援絶被執。金聲桓欲降之，不可，繫南昌獄者五十有三日。客有慰之者，于涘曰：「國破家亡，自天子、公卿、百官，北面受辱，余一令，所圖曷濟，然名節在人自立耳！」聲桓欲官之，客又來賀，于涘曰：「死我者，可賀而不可弔;官我者,可弔而不可賀。死者形亡,官者神滅,吾豈以神易形哉!」九月十三日,作絶命詞,自縊死。我朝賜通謚曰節愍。

李翺,字飈舉,邵武人。崇禎己卯,以鄉貢廷試,會詔求言,翺上書切直,幾得禍。隆武時,授新城知縣。先是永勝伯鄭彩駐新城,風聞大兵至,即走入關,舊令譚夢開具款降,借犒師斂民財,奸徒乘之,大擾。民乃導守關兵誅夢開,夢開之黨日與民兵相讎殺,彌月不靖。兵部侍郎吴春枝按部至邵武,以新令難其人,特薦翺可用。翺單騎入城,斬夢開黨一人,餘不問,人大服。有佃人以田主徵租斛大,聚數千人譟縣庭,諭之不解,且出抄掠。翺乃揚言彩兵還,密遣義勇三百人紅抹首,攝弓矢,從南門進,衆皆奔。明日復聚,翺曰:「烏合之衆,亦易與耳。一不懲艾,恐多效尤。」遂率兵出,斬首百餘,且戰且撫,亂乃定。初翰林侍講張家玉監彩軍,彩走而家玉留,與翺共城守。翺乃招新城涂伯昌共募義勇,日夜戒嚴,親督千人出演武場教戰。已而與大兵戰,家玉中矢墮馬折臂,遂走入關,義勇迸散,從翺返者僅三十人,及城下,則三人耳。翺直前斬三級,馳入,四顧傍徨,謂三人曰:「汝等去,我死矣。」策馬復出,大呼曰:「我新城新令也。」被執,送建昌,僵立不跪,勸以酒,舉杯擲地,遂被殺。贈光禄寺少卿,謚忠壯,我朝賜通謚曰節愍。

周定仍,字雪笠,南昌人,崇禎癸未進士。甲申之變,與楊廷麟哭臨澹臺祠,謀起義。弘光帝立,授刑部主事。南都亡，入閩，擢監察御史。大學士黄道周之督師也，命定仍監其軍，偕員外郎萬文英分兵援廣信，授右僉都御史，巡撫其地。王得仁攻安仁、貴溪，定仍督副總兵姜天衢往援，戰勝於連湖，已再戰小箬渡、河口，皆敗，總兵周朝鼎死之。朝鼎，定仍從子也。收兵還廣信，得仁兵薄城，守將熊尚仁夜遁，督師詹兆恒奔懷玉山。城陷，定仍見殺。或曰：幽別室自縊死。我朝賜通謚節愍。（補）

涂伯昌，字子期，江西新城人。崇禎庚午舉於鄉。幼穎敏，好學，聞杭州黄汝亨名，徒步涉江執弟子業。後汝亨視學至，招之，以方居憂，謝不往。人曰：「子昔千里相從，今咫尺自拒邪？」曰：「曩者求師，非見學使也。我豈以師故而越喪往哉！」嘗攜其子先春入山讀書，宵夜不輟。竟日食一瓜，冬披苧衣，怡然不屑也。隆武時，授兵部主事，遷監察御史，奉命督江西義旅，與李翱共守新城，敗走寧都。戊子，金聲桓反正，舉兵應之。聲桓敗，乃攖城爲守，受圍者一年。城破，自經，大書於壁曰：「讀聖賢書，但知守經死，不知達權生。」時庚寅二月十日也。先春初奉父命，挈妻匿山中。復返，則城已戒嚴，僕呼曰：「敵且至，速走！」先春曰：「吾大人在，吾舍是何之？」僕曰：「主往廣昌矣。」先春弗答，奮袖入，遂及於難。我朝賜伯昌通謚節愍。

霍子衡，字覺商，南海人。萬曆中舉於鄉，由教諭累遷袁州知府，解職歸。唐王聿𨮁稱制，召爲太僕寺卿。廣州破，語妾莫氏及三子應蘭、應荃、應芷曰：「禮：臨難毋苟免。若輩知之乎？」三子皆曰：「惟大人命。」子衡援筆大書「忠孝節烈之家」六字，懸諸中堂，易朝服北向再拜，又易緋袍謁家廟，先赴井。妾從之，應蘭偕妻梁氏及一女繼之，應荃、應芷偕其妻徐氏、區氏又繼之，惟三孫得存。有小婢見之，亦從井死。我朝賜子衡通謚烈愍。

廖翰標，龍門人。天啓中舉人，官江西新城知縣，廉惠，民爲建祠。丙戌，龍門破，以二子託從父某，從容自縊死。梁萬爵，番禺人，隆武丙戌舉於鄉。聿鐭立，授行人。是年城陷，慨然曰：「此志士殉節之秋也。」赴水死。我朝賜翰標、萬爵通謚節愍。

巫如衡，字宗岷，寧化人，以諸生遊太學。隆武時，補南海丞。廣州市賈侵官濠以益私廛，遇霖潦，官衢如涉，當道檄如衡查毁之。衆賈輸千金，乞仍舊，如衡拒之；賈急，則賄當道寢其事。廣人笑如衡愚，學使林佳鼎獨重其節操，薦於總督丁魁楚，委署海豐、化州，民皆愛之。丙戌，十一月，王師入廣州，逼肇慶，如衡扈永曆帝奔梧，命署蒼梧知縣。丁亥，正月，王師入梧州，巡撫曹燁降，僚屬皆稽首上印綬，如衡獨持印不與，曰：「天子以此屬我，胡可委之人！」再三諭，不屈，乃遇害。我朝賜通謚曰節愍。子學展，尚幼，聞凶耗，則惘惘如有所失。既長，徒步詣粵求父骸，以滴血法試之，最後一骸血蝕没，再試再驗，號哭裹負而返，題所居曰存莪意。

陳象明，字麗南，東莞人。崇禎戊辰進士，授户部主事，榷税淮安，以清操聞。歷遷饒州知府，忤巡按，被劾，謫兩浙運副，累遷湖南道副使。隆武時，奉何騰蛟令，徵餉廣西，未復命，永歷帝立，粵東盡失。象明檄調土兵，與陳邦傅連營，東至梧州榕樹潭，遇王師，戰敗，死之。我朝賜通謚曰烈愍。

蕭應，武昌人，以諸生爲劉承胤坐營參將，何騰蛟題爲總兵官，管黎平參將事。丁亥，八月，承胤既歸命，令降將陳友龍招之，不從。已而城破，應以短兵相接，力竭自剄死，友龍遂盡劫騰蛟眷屬以去。我朝賜通謚曰烈愍。

周震，官中書舍人，居全州，嘗佐何騰蛟軍。武岡失，全州危甚，震集文武將吏盟於神，誓以死拒。條上城守事宜，永曆帝擢御史，充監軍。無何，郝永忠等盡撤兵還，城虚不能守，諸將議舉城降，震力争不可，衆怒，曳出斬之。同難者，守備孟泰，本州人，以仰藥死，妻子俱自殺。時戊子二月也。我朝賜震通謚忠節，泰烈愍。

李興瑋，巴陵人，以教諭署臨武知縣。丁亥夏，王師破岳州，偕父赴省請援，母止之，勿聽。既全家遇害，興瑋乃隨巡撫章曠起兵衡陽，圖恢復，不克死。我朝賜通謚曰節愍。

邱式耜，字祈年，沅州諸生。嘗倡義團練，禦獻賊有功。永曆時，徒步詣行在上書，授翰林院待詔，持節招勳鎮，會閣部李若符，駐黔陽。褒衣大帶見我總鎮徐勇於辰州，被執送武昌。丁亥，十月，黔陽破，若符死。世祖章皇帝命宥式耜，而式耜志必死，爲文自祭，有「以汨羅之水，首陽之薇，致祭

於邱君之神」云云，因被殺。命下，已無及矣。若符事未詳。（補）

唐誼，字正之，武陵人。父紹堯，忤魏忠賢下獄，誼年十四，負鑕請代，人稱其孝。考授推官，隨父任汝南、陝西，勦寇有功。父臨終，命誼及其弟諴毁家勤王。諴字存之，崇禎癸未進士，官少詹事。助瞿式耜守桂林，進文淵閣大學士，督五省義師，與何騰蛟相犄角。湘潭破，奔肇慶。誼留楚奉母，保永州龍虎關，與粵中相應。庚寅，三月，我鎮帥馬蛟麟襲之，全家被執。脅誼作書招諴，誼大罵，見殺。蛟麟乃執其母入粵，諴號泣上印綬，自囚贖母，蛟麟禮而釋之。或薦之於朝，諴作詩謝之曰：「無如世相韓，此義不忍絶。」遂隱秦人山以終。次弟訪，字周之，以桂林籍中崇禎壬午鄉試第一。式耜薦授翰林院庶吉士，掌制誥，亦奉命入楚聯絡各鎮。知不可爲，乃痛哭祝髪，稱食苦和尚。（補）

田闢，河南人，崇禎甲戌進士。弘光時，以户部榷税虔州。隆武二年二月，募兵入衛，改都察院僉都御史，疏糾閣臣曾櫻，語連中宫，上含怒未發也。五月，遣錦衣衛王之臣往閱其師，之臣迎合意旨，疏糾詭兵冒餉，逮下詔獄。然兵籍皆實，餉亦自備，官所給尚未發也。衞臣王承恩婉轉辨白，班行亦多申救，上怒不解，旋以皇子生得釋。閩敗，乃擁衆山谷，崎嶇楚、粵間。戊子，九月，兵敗抗節死。（補）

鄭雲錦，字子素，莆田人。以明經起家，知靈山、合浦縣事。粵東陷後，漳平伯周金湯委署廣西左州知州。丁酉，十二月，李定國再復南寧，廣國公賀九儀檄雲錦署橫州知州。戊戌，正月十五日，城再陷，被執送潯陽，作馬上吟曰：「昨朝刺史出見客，騎馬城上點軍冊；今夜穹廬作楚囚，不信雄心旋落魄。熹微帳外獨徘徊，依依斜傍霜華白；笳吹倏動動人愁，聲聲催促營炊迫。獰狰扶我上馬行，簇簇護持無間隙；天地寬大難可量，此時伸展不盈尺。濃嵐橫抹斷城腰，慘淡煙雲天蹙額；北風拂面任欺淩，古樹棲禽驚振翮。孤臣馬上嘯一聲，曉山失曉顏如墨；回首羊腸路渺漫，我軍創病何狼籍！猶喜人人不攢眉，各向虜兒雄咤叱；朝廷豢養三百年，雖敗志氣不蕭索。河水縈環馬足遲，羨煞一派寒光碧；鳥聲上下叫黃昏，斜陽落浦荒郵僻。此宵夢醒何處也？瀟瀟風雨穿古驛。」遂檻軍置肇慶獄。諭降不可，絕食七日不死，乃復食，作從西山義士遊詩云：「虎豹山之獸，猶思文其身；皮骨蒸雲霧，耐飢過七晨。鬚眉丈夫子，忠孝以成名；時數值陽九，血軀何用生。君不見蘇武海上十九年，沙漠齧雪與呑氈？又不見常山舌，罵賊聲不絕？又不見文山三載坐小樓，正氣衝寒低斗牛？古人已往名存耳，時地各殊肝膽似。逍遥躡步首陽山，義士一去不復還；惟有青青薇蕨隨風長，歲久無人采自蕃。我踞山巔拜孤竹，不茹煙火洗心腹。一日、二日不食粟，慷慨能歌西山曲；三日、四日不食粟，斥罵獄吏無休息。五日、六日果何如？曉來曾把髮鬌梳，整冠理衣行矍鑠，作詩遂向壁間書。七日、八日枯胃腸，忠魂直至白雲鄉。帝廷從陟降，渣滓委道傍，任教飢肉啄鳶烏，到底何曾失故吾。人生自古誰無死，覓得死所幾人乎？」在獄三年，吏民勸其薙髮，雲錦曰：「吾辦死久矣，所未即死者：留一日鬢髮，即頂一日君恩；爲一日南冠之楚囚，即爲一日大明之臣子耳。」就刑之日，飲酒談笑如平時，觀者莫不悚歎焉。獄中著有廣恨賦、獄賦、縲絏者說、題獄詩像并贊、雜吟、雜論，共一卷，付其戚友宋祖誥。祖誥字爾錫，亦事永曆，署思恩同知。

王道光，江西舉人。永曆時，由雲南太和知縣歷擢廉州道。癸巳，二月，王師至，被執不屈死。（補）

小腆紀傳卷第五十一

前翰林院檢討加詹事府贊善銜六合徐鼒譔

列傳第四十四

忠義三

吳錫玉 黃克善 邱雟 項人龍 成啓 彭永春 徐可行 董四明 孫大華 徐永泰
王喬棟 周二南 俞一鱗 吳愉 周侯 陽鎮 龍孔蒸 洪業嘉 張繼孟 陳其赤 張孔教
鄭安民 方堯相 劉士斗 沈雲祚 趙嘉煒等 王勵精 賀允選 顧繩詒 胡恒 徐孔徒
朱蘊羅 蘇瓊 王萬春 陳君寵 單之賓 姚思孝 鄭夢眉 朱儀 秦民湯 艾吾鼎 黃儒
尹伸 竇可進 王起峨 王源長等 楊國柱 卜大經等 高宗舟 吳獻棐 董克治 蔣世鉉
梁士騏 雷應奇 通江童子 李含乙 李完 樊明善 陳懷西 馬孫鸞 王光先 王蘋 王爾讀
黎應大 熊兆柱 李師武 魚嘉鵬等 劉道貞 子睽度 葉大賓 余飛 陳登皞 向成功
高明（補） 王承憲 弟承瑱 高其勳 陳禎 王士傑 段見錦等 單國祚 張耀 吳子騏等
曾益 弟栻 顧人龍 曾異撰 程玉成 龔茂勳 羅國瓛 焦潤生 夏衍虞 陳六奇等 席上珍 金世鼎 何思段 伯美等 徐道興 楊于陸 王運開 弟運閎 劉廷標 子之謙 黃應運

吴錫玉，歙人，官南康通判。甲申秋，柯賊掠南康，錫玉手鐵鞭，率壯丁數百人禦之。賊隔水據岡爲陣，錫玉發一矢，中賊渠。賊拔嗅之曰：「未傅毒。」下岡返攻，錫玉躍馬獨出，鞭殺數賊。已賊大至，遂遇害。贈按察司僉事。我朝賜通謚曰烈愍。

黄克善，合肥人，官東湖守備。甲申秋，閩寇閻羅、宋三劫龜兹，官兵合勦，克善斬獲獨多，馬蹶被執。將死，捋其鬚曰：「勿令血染我鬚也！」賊壯之。我朝賜通謚曰烈愍。又四方死寇難者：邱㝡，寧化武進士，官泉州守備。解組歸，值田仰潰兵至，鄉人誤以爲寇，強㝡爲帥禦之，兵未交而衆潰，㝡與戚人吴維城同遇害。我朝賜㝡通謚烈愍。項人龍，連城人，以太學生授潮州推官，未赴而國變，遂隱不仕。戊子，楊齊雲掠河源里，人龍父時選禦寇陷於池，人龍赴水救之，並遇害。

成啓，應天人，以貢生官湖口縣主簿。乙酉春，左良玉兵東下，啓公服端坐於庭叱之曰：「國家養汝，將以靖亂，反爲亂邪？」兵索金，復叱曰：「吾寒官也，何金可索！」遂被殺。

彭永春，武陵人，官九江衞經歷。乙酉，四月四日，左兵突入城，永春曰：「我官雖卑，然食朝廷禄，不可不死。」命僕舉火焚其廨，大書於壁曰：「九江衞經歷彭永春死節處。」具衣冠率子女六人赴火死。

徐可行，九江衞指揮僉事。城陷，聞都司董四明於城樓自刎，其妻史、妾姚偕二子俱投水死，可行大呼曰：「我武臣亦有人哉！」入告其母汪氏，母曰：「我家何不若彼也？」即投於井，妻鄒、子婦陳繼之，可行於屏間大書曰：「世受國恩，闔門殉節。」投筆北向拜，自縊於望京門之城樓。我朝賜可行通謚節愍，四明烈愍。

孫大華者，德化民也。左兵肆掠，大華憤，殺一兵，其衆露刃而譟。總督袁繼咸不得已，命究殺兵者，市人大譁，大華慨然曰：「殺身以安衆，我何惜一死！」挺身出曰：「殺兵者我也，與衆何與？」斬以徇，一城得解。

徐永泰，南安人，以武舉累官守備。崇禎壬午，邑有山寇斗栳之變，永泰選驍卒自隨，單騎直入，擒其魁，餘黨悉解。南都立，官鎮江參將，擊高傑叛卒於江，力戰死。

王喬棟，雄縣人，舉進士，官朝邑知縣。縣人王之寀爲閹黨所惡，坐以贓，下喬棟嚴徵，喬棟不忍，封印於庫去。巡撫將劾之，士民擁署號呼，乃止。崇禎時，累遷湖廣參政。時楚地大亂，監司多不至，喬棟兼綰數篆。乙酉夏，闖賊棄秦入楚，據武昌，喬棟時駐興國州，城陷，自經城樓上。我朝賜通謚曰節愍。

周二南，字汝爲，蒙化人。由選貢爲長沙通判，擢岳州知府，士民固留，乃以新秩還長沙。乙酉，九月，闖賊餘黨劉體仁、郝永忠將求撫於何騰蛟，率衆四五萬突入湘陰，距長沙才百里，城中人不知其求撫也，大恐。二南率千人往偵之，抵瀏陽，賊以爲襲己，叢射之，二南與參謀吴愉、吉府指揮千户俞一鱗俱力戰死。一鱗，善化人。我朝賜二南通謚節愍。

吴愉，字去佛，善化貢生，嶁山先生道行之子也。與弟愀俱以文行顯。闖賊餘黨犯瀏陽，長沙知府周二南奉檄往，愉以參謀從行，戰於官渡，被縶不屈死。子寧訥痛父死，徒步號泣烈日中，覓遺骸歸，哀毁不食卒，人稱吴孝子。

周侯，湘潭人。以貴家子折節讀書，矜尚名義，用薦授攸縣教諭，遷推官，未赴。己丑，湖南羣盜降而復掠，侯殉城死。

陽鎮，湘鄉人，崇禎壬午舉人。雄於文，子淑亦能詩。戊子春，金、王之亂，父子俱殉焉。或曰：鎮官太僕。

龍孔蒸，湘鄉人。明末，與弟孔然先後舉於鄉。獻賊僞檄下；孔蒸攜瓢酒，登絶壁，悲嘯竟日。丁亥，潰兵掠湘鄉，以衛母遇害。孔然閉門授徒，洪承疇欲延之幕府，不就，以壽終。又有洪業嘉者，亦湘鄉名宿，死於潰兵。

張繼孟，字伯功，扶風人，萬曆末年進士。天啓二年，由知縣擢南京御史。未出都，奏籌邊六事，末言己被抑南臺，由錢神世界，公道無權。詔令指實，以風聞對，被詰責。左都御史趙南星請因繼孟言，思偏重之弊，敕吏部挽回。於是忌者目繼孟爲東林。尋以不建魏閹祠，削奪歸。崇禎二年，起故官，疏指吏部尚書王永光「人言踵至」一疏之謬，又劾南兵部尚書胡應臺貪污，永光深嫉之，出爲廣西知府。土酋普名聲久亂未靖，繼孟設計酖之，一方遂安。遷浙江鹽運使，忤視鹽中官崔璘，左遷保寧知府，進副使，分巡川西。甲申，八月，獻賊犯成都，佐巡撫龍文光設守。城陷，被執不屈死，妻賈氏殉之。我朝賜通謚曰忠節。

陳其赤，字石文，崇仁人。崇禎戊辰進士，以吏能擢兵備副使，轄成都，投百花潭死。我朝賜通謚曰節愍。

張孔教，字魯生，會稽舉人，官按察僉事，不屈死。子以衡祕不令母孔氏知，奉以南竄。踰年知之，駡曰：「汝父死二年，我尚偷生，使我無顏見汝父地下！」自刎死。我朝賜孔教通謚烈愍。

鄭安民，浙江貢生。歷蜀府左長史，分守南城。城陷，不屈死。我朝賜通謚曰節愍。

方堯相，黄岡人，官成都府同知。與劉之勃請餉於蜀王，不應，則投王府河，左右拯之起。城陷，遇害於萬里橋。我朝賜通謚曰節愍。

劉士斗，字瞻甫，南海人。崇禎辛未進士，知太倉州，有聲。州人張溥、張采與蘇州推官周之夔以事相爭，士斗右二張，之夔訐之總督。之夔罷，而士斗亦中計典，謫江西按察司知事，擢成都推官。十六年，巡按御史劉之勃薦爲建昌兵備僉事。明年八月，賊逼，之勃促之行，士斗曰：「安危死生同此耳。」城陷，被執。時之勃與賊語，士斗呼曰：「此賊也，公不可屈！」獻賊命捽以上，反顧語如前，遂闔門被殺。我朝賜通謚曰烈愍。

沈雲祚，字子淩，太倉人。崇禎庚辰進士，知華陽縣。賊破夔州，謁蜀王陳守禦策，不見用。城陷，與劉之勃、劉士斗俱幽於大慈寺，絶粒半月不死，賊餽之食，躍起大駡曰：「我欲食賊肉，豈食賊粟邪！」遂同遇害。友人某匿其幼子荀蔚山中，越二十年始歸。我朝賜通謚曰忠烈。

趙嘉煒，山陰人。官郫縣主簿，奉巡撫龍文光令，決灌縣堰水以繞城壕，遇賊射之，投水死。子慶騏，自浙走萬里求父屍，不得，遇堰夫告以死處爲三渡口，招魂葬焉。又成都教授何某，夫婦縊明倫堂上，籍貫名字不可詳。而成都知縣吴繼善者，太倉州人，嘗上書蜀王，請發藏金備守禦。城破後，或曰一家三十六人同遇害。族人吴偉業傳其事甚確，而顧炎武則謂繼善已遁去，其同年某在賊營招致之，授僞官，後爲賊草祭天文，紙兩幅相接，賊大怒曰：「渠不欲我天下一統邪？」夫婦受極刑。毛奇齡爲趙嘉煒作墓志，亦言繼善降賊云。武臣之最著者，劉佳允，川北進士，偕文光赴浣花池死。同死者：總兵張奏功，世襲指揮馬震、張卜昌、羅大爵、劉鎮藩、阮士奇、參將徐明蛟、都司僉書李之珍，或陷陣死，或巷戰死。紳士死難者：給事中吴宇英、工部主事蔡如蕙。聞蜀藩殉難死者：順天府治中莊祖詔同弟致仕按察司祖誥駡賊死，大理寺正王秉乾驅闔家投井死，宣化府同知王履亨被執投江死，東流知縣乾曰貞以磚斃一賊死，彭澤知縣張於廉與妻鍾氏同駡賊死。父子同死者二人：明經趙鴻偉及子進士昱，明經邱之坊及子庠生祖福，皆以不應賊召死。安縣監生李資生，宣、大總督鑑之子也，與妻董氏並自縊死。又有聞蜀藩殉難死者，則郫縣舉人江騰龍，不應賊召死者，則諸生劉繼皋、費經世、劉弘芳，皆姓名可考者也。我朝賜佳允、奏功、明蛟、祖誥、秉乾通謚均烈愍，宇英忠節，大爵、鎮藩、士奇、之珍、如蕙、祖詔、履亨、曰貞、於廉節愍。

王勵精，蒲城人。崇禎中，由貢生授廣西通判，遷崇慶知州，多善政。甲申，八月，成都陷，州人聞風避，其僕勸之去，勵精不可，具朝服北面拜，復西向如禮，從容於甬壁書「孔曰成仁」數語，登樓以利刃縛柱，貯火藥樓下。倏報賊騎渡江，縱火焚樓，觸刃貫胸死。賊壯其節，葬之。所書字風雨不滅。後二十餘年，州人建祠祀之，祀畢，壁即頹，遠近歎異。我朝賜通謚曰烈愍。

賀允選，丹陽舉人，官資陽知縣。甲申，城陷，被執不屈，賊處之別營。至乙酉冬，被殺，十七日俱死。我朝賜通謚曰忠烈。

顧繩詒，不詳何處人，官仁壽知縣。先是知縣劉三策以城陷死，贈尚寶司丞。越五年再陷，繩詒死之，而全省破壞，褒卹不可得。我朝賜通謚曰節愍。

胡恒，竟陵人，官川南道，駐節邛州。甲申，十月，獻賊至，恒命幕客汪光翰出調兵來援，未至而城陷。恒與其子之驊戰死，妻樊氏、妾成氏、馮氏、之驊妾周氏、僕京兒、砮來、婢女二人俱從死，惟之驊妻朱氏及幼子峨生得脱。徐孔徒，江西人，官邛州知州。賊欲生降之，不屈，怒其不順，孔徒曰：「不屈固不順，降則不忠。」遂死之。我朝賜恒通謚烈愍，孔徒節愍。

朱蘊羅，江夏舉人，知蒲江縣。城陷巷戰，被執，全家俱死。蘇瓊，石埭人，崇禎甲戌進士，知瀘州，死於寇。又有王萬春者，瀘州衞指揮也，兵敗被執，不屈，全家死之。我朝賜蘊羅、萬春通諡烈愍，瓊忠烈。

陳君寵，字簡之，新化人。萬曆戊午，舉鄉試第一，官羅川知縣，擢知潼川州。賊將馬科陷潼川，説之降，不屈，幽之五顯祠，從容賦絶命詩自經死。又單之賓，官中江教諭；姚思孝，官内江教諭；鄭夢眉，官南部知縣；皆以城陷不屈死。我朝賜君寵、夢眉通諡節愍，之賓烈愍。

朱儀，字象先，涇縣人。崇禎庚辰特用榜進士，官嘉定知州。獻賊入蜀，士民洶洶，或勸之去，儀不可。賊大至，蟻附攻城，儀束蒿灌脂，焚而投之，城陷而完者再。賊怒，攻益急，城中矢竭糧盡，謂其子命錫曰：「大義無過君親，不可爲不義屈。」妻胡氏奮然曰：「臣死君，忠也；子死父，孝也；妾獨不能爲夫死節乎？」以金簪刺喉死。儀朝服北向拜，命家人舉火，與子命錫及妻胡氏之骸同燼。儀善屬文，工書，湖北黄鶴樓有「飛鳴過我」四字石刻，今尚存。時先後殉難可紀者：榮縣陷，知縣秦民湯被執不屈，叢射死；興文陷，知縣艾吾鼎死之。民湯、吾鼎俱漢陽人，吾鼎，儀同榜進士也。又榮經知縣黄儒，福建舉人。庚寅，賊帥劉文秀來攻，城陷巷戰，被獲磔死。我朝賜民湯、吾鼎通諡烈愍，儒節愍。

尹伸，字子求，宜賓人。萬曆戊戌進士，工詩善書，由推官累遷兵部郎中，西安知府，陝西提學副使，蘇、松兵備副使，投劾去。天啓中，起分守貴州威清道，贊巡撫王三善軍。三善没，坐奪官，尋以普安三岊河之捷免罪，貶一秩視事。崇禎五年，以河南右布政使罷歸。伸强直不阿，所至與長吏忤，然待人有始終，篤分義。甲申，獻賊陷叙州，避之山中，被獲，大罵求死。賊重其名，欲生致之，舁至井研，罵益厲，賊不堪，乃殺之。南都起太常卿，伸已先死。我朝賜通謚曰忠節。

竇可進，安岳人。崇禎庚辰進士，官雲南兵備副使，告歸。甲申，城陷，罵賊，賊剥其皮，磔之。王起峨，可進同榜進士也，倡義得萬餘人，戰敗，歿於陣。我朝賜可進、起峨通謚烈愍。時蜀中士民殉難者：則新津拔貢王源長，爲賊所執，與妻徐氏並不屈死。彭縣諸生祝不傅，賊至負母逃；賊欲殺其母，求以身代，不許，遂大罵，同死。劉昌祚，亦諸生，被執不屈死。魯城隍者，失其名，被執至成都，大罵，割其舌，噀血復罵，寸磔死。業醫徐履端者赴水死。仁壽貢生顧鼎鉉、諸生陳素、陳應新、左灼拒賊死，灼妻閔氏殉之。汶川貢生高仲選偕子女投江死。龍安諸生梁道濟，城陷，偕妻楊氏避亂山中，遇賊皆不屈死。潼川舉人李永蓁稱病卧牀，舁至成都，張目不言，遂遇害。廩生李錦中以僞官考試，閉户自經死。遂寧諸生羅璋，奉母避山中，賊圍之，格鬬，殺數人，母得脱，而璋遇害。東鄉貢生冉璘挈家避天臺寨，賊追及，偕其子宗孔不屈死；母楊氏、妻向氏闔室自焚。廣元諸生李猶龍抗節死。又郭大年，嘉定州諸生也，爲賊所戕，妻楊氏自城上躍入江中死。周正，犍爲舉人，賊將任元祐强之官，不從被殺；其子成儒與少弟奔賊營抱父屍大哭，並見殺。珙縣舉人向科，前江陵知縣也，城陷，闔家死。慶符陷，民人張祖周投繯死。又瀘州陷，州人韓洪鼎者，原任澤州知州也，韓大賓者，原任推官也，俱不屈死。方旭及方伯元、曾薦祚、鍾子英，皆諸生也。賊掠生員至營中，有泣訴求脱者，旭叱之曰：「丈夫死即死耳，乞憐何爲！」賊支解之。伯元亦駡賊被殺，薦祚投水死，子英與妻同投江死。我朝賜向科通謚烈愍，洪鼎、大賓節愍。

楊國柱，緜竹貢生，可賢子也。崇禎庚辰，獻賊犯緜竹，獲可賢，挾之曰：「汝子國柱守城，召之降，則免。」可賢佯諾，臨城語其子曰：「賊不滿千，汝第堅守，勿以我爲念！」賊殺之。甲申，賊復至，城陷，國柱率士民數萬巷戰死。典史卜大經、鄉官户部郎中刁化神皆死之。諸生陶修吉偕妻龐氏被縛，中途投崖死。民人黄守學以孝聞，母柳氏自縊死，守學斂畢，亦縊死。我朝賜化神通謚節愍。

高宗舟，梁山副榜。甲申，正月，獻賊至，宗舟率鄉勇守北門。城陷，令妻孥自盡，作書付僕達父所，而身率家奴二十餘人巷戰，重傷死。

吴獻棐，萬縣貢生。獻賊自夔州至，值江水漲，留屯者三閲月，民皆逃。賊紿曰：「降者不殺。」既出，悉驅之入水。執獻棐，強以爲僞參軍，不受，斷臂解腕而死，其子之英痛父，亦被磔焉。

董克治，合州諸生。獻賊陷重慶，分兵來攻，克治傾貲募勇壯，與賊戰長安坪，不勝，退據硐中。賊誘以爵位，不動。相守月餘，賊鑿山梯硐薰之，凡三千人，感克治風義，至死無二心者，時比之田横云。

蔣世鉉，永川人。獻賊犯永川，世鉉集義勇二百人，攖城固守，戰於東門，被執。勸之降，瞠目大呼曰：「速殺我，不降也！」賊寸磔之。賊又欲授舉人梁士騏官，士騏怒罵被殺。雷應奇，井研人，素負俠氣，賊至，曰：「奈何郡縣無一殺賊者？」糾義勇拒戰於高境關，追至桑園，力殺數賊死。

通江童子，姓名不可詳。獻賊入蜀，知縣李存性守禦甚嚴，賊不能近，乃僞爲官兵，將襲城，道遇童子，紿之曰：「勿言我兵也！」童子佯諾之，及城門，乃大呼曰：「賊至矣。」遂被殺。存性爲文祭之。

李含乙，渠縣人，由進士任禮部郎中。甲申，獻賊躪蜀，含乙時丁憂里居，募軍士得數千人，圍廣安城。賊將馬元利來争，力戰被執。邑人王樹極從含乙爲裨將，已潰圍出，見含乙被獲，反戈殺數人，被執，同不屈死。又有李完者，西充人，以進士官御史，致仕歸，賊入城，亦不屈死。我朝賜含乙通謚忠烈，完節愍。

樊明善，南充諸生也。初聞北都陷，喪服見巡撫龍文光於順慶曰：「鼎湖新逝，臣子不共戴天，公聞變三日矣，而無所施爲邪？」文光深謝之。後破家禦賊死。陳懷西，邑武生也。賊誘之官，懷西曰：「寧作明朝武生，不爲逆賊元老。」賊斬之，懸首東門，其子某哀痛死。又有諸生馬孫鸞者，見賊殺懷西，大罵割舌死。王光先，營山諸生也。賊犯營山，光先率義勇戰於北關，被執不屈死。王蘋者，大竹武生也。聞賊入川，語父某曰：「食國家水土，力不能報，畢命可耳。」賊至，其父拔刀相迎，殺數賊，力竭死，遂擒蘋，罵不絶口死。又王爾讀者，儀隴王臯家僕也。賊追縣令李時開，將及之，爾讀奮身禦賊，令奔脱，爾讀被殺。黎應大，夾江貢生，潛結鄉鄰之倡義者圖恢復，事露，賊支解之。子照斗、照逵、照鸞同日遇害。

熊兆柱、李師武、魚嘉鵬，皆叙州諸生也。倡義討賊，兆柱被獲，駡曰：「天運至此，任爾戕戮。」賊剥其皮，輓鼓懸之城門。嘉鵬既殺僞官，被縛，拷訊其黨，厲聲曰：「自我爲之，恨不擒斬獻逆耳。他人何與！」與師武同磔死。舉人周元孝及諸生劉苞、晏正寅、王應世、郭大勳、李合宗、梁爲憲、余智俱抗節死。又周壩操舟人某，賊命之渡，不應；問船所在，亦不應。脅以刃，忿怒，拳擊賊，賊殺之。

劉道貞，字墨仙，邛州人，天啓辛酉舉人。獻賊陷邛，道貞走沈黎，與黎州指揮使曹勛合謀起兵。拒戰於雅州小關山，大破賊衆，斬千餘級。賊不敢南而還據邛，道貞命子暎度以兵來争。賊搜城中，得道貞妻王氏，環刀械頸，令招其子，大駡不從，支解之，舉家皆死。暎度亦戰歿。（補）

葉大賓，緜州諸生也。獻賊入蜀，脅大賓牧邛州。大賓佯受之，而密與紳民謀舉事，紿賊將曰：「蒲江要害，聞有警，宜調兵往。」賊信之，分千餘人往，又曰：「大邑隸邛，將軍責也，恐有變，亦宜調兵往。」又分千餘人。乃矯令殺賊帥，保護州民萬餘，奪西門而去。（補）

余飛，洪雅人。賊陷洪雅，飛伏壯士數百人於花溪山谷，而以羸弱誘之。賊入隘中，伏發不得出，截殺幾二千人，賊大沮喪，沿江遁去。庚寅，賊復至，飛單騎被圍，力殺十數人以死。（補）

陳登皞，眉州人也，綽號鐵腳板。丙戌，賊帥狄三品駐眉州，忽下令驅城中人集道姑巷原田壩上，至則以兵圍而殺之，凡五千餘人。登皞憤賊殘暴，裂衣爲旗，集四鄉遺民得數千人，樹栅醴泉河。賊來攻，登皞率衆白棓、耰鋤殺賊三百人，賊懼，間道移東館。登皞復遣壯士持酒米、雞豚迎於道，賊納之營中。夜半，襲賊營，壯士從中鼓譟出，賊駭奔，復斬數百級，賊乃遠遁。登皞自是以「鐵勝」名營，倡義者悉歸之，二年中無敢犯境者。後爲向成功所殺。向成功者，嘉定人也。嘗起兵拒獻賊。庚寅，大兵將至，成功以衆五千據石佛棧。王師破其栅，成功中流矢卒。（補）

高明，建昌衛人，原任長沙知縣也。庚寅，劉文秀將至，明集士民拒於焦家屯，兵敗自焚死。我朝賜通謚曰烈愍。（補）

王承憲，世襲楚雄衛指揮。舉武鄉試，擢游擊，爲副使楊畏知前鋒。沙賊攻楚雄，凡守禦事皆承憲綜理之。已賊再至，偕土官那簫等出城衝擊，賊披靡，俄中流矢死，弟承瑱亦戰殁。我朝賜承憲通謚烈愍。

高其勳，字懋功。初襲馬龍所千户，後舉武鄉試，爲黔國公標下中軍。吾必奎之亂，以功擢參將，守武定。及沙定洲再反，分兵來攻，固守月餘，城陷，衣冠服毒死。陳禎者，世爲大理衛指揮，未嗣職。城陷，巷戰，手馘數賊而死。我朝賜其勳通謚節愍，禎烈愍。

王士傑，太和縣丞也。太和爲大理附郭縣。沙賊圍大理，士傑佐上官竭力捍禦。城陷，死於城上。同時死者：大理府教授段見錦、經歷楊明盛及其子一甲、司獄魏崇治。而故永昌府同治蕭時顯解任，以道阻，寓居大理，亦自經。士民同死者：舉人則高拱極投池死，楊士俊闔門自焚死；諸生則尹夢旂、夢符、馮大成倡義助守，罵賊死，楊憲闔門自焚死，楊慈既死復甦，妻竟死。人稱太和節義爲獨盛云。我朝賜時顯通謚節愍。單國祚者，會稽人，通海典史也。城陷，握印坐堂上，罵賊被殺，印猶在握。縣人葬之諸葛山下。

張耀，字融我，三原人。萬曆中舉於鄉，由知縣歷官貴州布政使，得民心。獻賊死，其黨孫可望等率衆由川入黔，渡烏江，逼貴州，守將總兵官皮熊走都勻。耀言於巡撫米壽圖，請發民兵守禦，壽圖以衆寡不敵，難之。俄賊掩至，壽圖走沅州，耀率家衆乘城拒擊，城陷被執。可望説之曰：「公秦人也，若降，當位宰輔。」耀怒罵不屈。械其妻孥於前，曰：「降則一家免死。」耀罵愈毒，乃殺之，一家皆慘死。鄉官吳子騏，字九逵，亦萬曆中舉人，授興寧知縣。安邦彦之叛也，圍貴陽，子騏念母在，倉皇棄官歸，遂不復仕。崇禎十年，蠻賊阿烏謎作亂，總督朱燮元屬子騏走書召諸酋，曉以利害，相率降附。燮元上其功，璽書嘉獎。是時，聞可望將至，偕邑紳劉瑄、楊元瀛率鄉兵扼之要路，敗之。賊來益衆，力竭被執，俱不屈死。瑄字子佩，官户部主事；元瀛字蓬山，官同知：並鄉薦起家。同時殉難者：户部郎中譚先哲，前寧前兵備參議石聲和，俱平壩衞人。或曰：聲和死於安順。子吉諸生也，殉之。我朝賜耀通諡忠烈，子騏、先哲烈愍，瑄、元瀛、聲和節愍。

曾益，臨川人。以貢生特用，歷官司務主事，遷兵備僉事。貴陽陷，走定番州，與按察使唐勳調土兵守城，藥箭射賊將張能奇幾死。賊紿之曰：「與我斗酒，即退兵去。」城中以爲怯也，守稍懈，賊乘之，遂陷，益闔門死難。事聞，贈太僕寺卿。弟栻，爲蒲圻令，亦死於賊。或曰：益死於安平。又有顧人龍者，州人也。致仕家居，嘗助守破流賊，冠帶登陴，被執，罵賊死。我朝賜益通諡節愍，栻烈愍。

曾異撰，四川榮昌人。舉於鄉，知永寧州。孫可望既陷貴州，將長驅入雲南，異撰與其客江津進士程玉成、貢生龔茂勳謀曰：「州據盤江天險，控扼滇、黔，棄之不守，非人臣義也。」集衆登陴。城陷，異撰闔室自焚死，玉成、茂勳投火死。我朝賜異撰通諡烈愍。

羅國瓛，嘉定州人。崇禎癸未進士，官御史，巡按雲南。孫可望破曲靖，國瓛方按部其地，與知府焦潤生同被執。至昆明，國瓛自焚死，潤生與推官夏衍虞同不屈死。潤生，上元舉人，修撰竑之子也；衍虞，江津舉人。我朝賜國瓛通諡忠烈，潤生、衍虞節愍。又宗室壽鉥，見宗藩列傳。

陳六奇，字鳴鸞，龍江衞人。萬曆戊午舉人，初知景陵縣，以廉平稱，移知南寧。城破，被殺於東門。賊遂屠霑益，連陷廣通，在籍前渾源州同知張朝綱死之，妻馮氏同縊死，子耀葬親訖，亦縊死。

我朝賜六奇、朝綱通謚節愍。

席上珍，姚安舉人；金世鼎，大姚舉人。聞孫可望等入雲南，乃散家財，募壯士二萬人，與姚州知州何思率以乘城。繕備未周，可望突遣其將張虎掩至，一戰而敗，世鼎自殺，思及上珍同被執。可望欲降之。厲聲曰：「我大明忠臣，豈屈於賊邪！」罵不絕。刃其口，罵益厲。可望怒，剥其皮，思亦不屈死。我朝賜思通謚節愍。

段伯美，晉寧舉人；余繼善、耿希哲，呈貢諸生。聞李定國將至，起兵拒守。有昆陽孔師程者，以從軍得官，衆服其雄，推以爲主。及定國來攻，師程汎舟先遁。城破，晉寧知州石阡冷陽春、呈貢知縣嘉興夏祖訓與伯美等並死之。同時殉難可紀者：富民陷，在籍知縣陳昌裔不受僞職，爲賊杖死。貢生李開芳與其友王朝賀自經死，開芳妻及二子赴水死。楚雄舉人杜天楨初佐楊畏知拒沙賊，頻有功，後畏知督兵擊可望，敗績，天楨聞之，即自盡。臨安陷，進士廖履亨赴水死。又江川知縣周柔強率兵拒李定國於撫仙湖，敗績，死之，一軍盡殁。我朝賜陽春通謚烈愍，祖訓、昌裔、履亨節愍。

徐道興，睢州人，以經歷署師宗州事。曲靖被屠，道興集士民諭之曰：「城守乎？」衆曰：「力薄兵寡，何以禦之？」曰：「然若等何罪，徒膏兵刃，速去，毋顧我！我死，分也。」士民請與偕，厲聲曰：「失守疆土，安所逃死！」衆洒淚去。舍中止一僕，出白金二錠授之曰：「此俸金也，一以賜汝，一買棺斂我。」僕哭，請從死，曰：「爾死，誰收我骨？」舉酒自飲。賊令出迎其酋，擲手中杯擊之曰：「吾朝廷命吏，肯從賊求活邪！」遂被殺。我朝賜通謚曰烈愍。先是武定陷，同知楊于陸死之。于陸，劍州舉人。

王運開，字子郎，夾江人。崇禎庚午舉人，以推官署金騰道。劉廷標，字霞起，上杭人，以通判署永昌知府。孫可望既受楊畏知之約，乃移檄永昌，迎沐天波歸省，並索道府印。運開、廷標方守瀾滄江拒戰，天波止之，諭其以印往。兩人曰：「印往，則我亦降也。賊言何可信哉！」乃遣家屬避騰越。運開有弟運閎，字子遠，崇禎壬午舉人。運開謂之曰：「弟未仕，可無死，可將吾妾俱西，勿在此亂人意。」士民懼不降且屠，詣運開廳事哭。運開慰遣之，則又詣廷標。廷標曰：「賊伎倆吾素知之，他城之降而屠者屢矣，無益也。」衆哭益甚。廷標取毒酒將飲，衆始散。是夕，運開先自經。廷標歎曰：「男子哉！我老，當先死，王公乃先我邪！」沐浴賦詩三章，亦自縊。可望賢兩人之死，求其後，或以運閎對，召之。行至潞江，語僕曰：「此行將臣賊，吾與兄豈異趣哉？若收吾骨，與吾兄合葬，題曰『夾江王氏兄弟之墓』，吾無恨矣。」躍入江死。廷標子之謙，永曆時以父死國難，授趙州學正，遷户部主事。王師入滇，被執。主者索賂，之謙曰：「父子二十年苦節，漱滇南杯水耳，安得賂？」復令薙髮，曰：「禿頭鬼可見吾父乎！」遂礮烙死。我朝賜運開、廷標、之謙通謚俱節愍。

黄應運，字際飛，福建歸化人。邑令楊鼎甲奇其才，拔爲童子試第一。隆武二年，鼎甲已易名鼎和，官雲、貴部院，朝於福州，怪應運久滯經生，題爲監紀推官，攜之入滇，委管貴陽府刑務。永曆改元，思州苗叛，鼎和謂應運曰：「不遇盤錯，何知利刃？子努力爲之！」授應運思州推官兼監軍僉事。甫抵任，而平越所屬黄平諸苗交叛。應運由思州率兵抵黄平，苗解圍去，巡按郭承汾題爲平越知府，加參議銜。既而孫可望由黔入滇，復以應運攝威清道事以備之。應運置家口於平越，而輕騎赴安順。值川將王祥兵潰，掠食遵義，居民詣滇求救，撫按議遣官撫之，莫如應運才。可望聞應運遠出，遣李定國襲安順，據之。應運歸途聞報，徑詣定國説之曰：「將軍有事於安順，何不尺一相報，乃騷動貴部邪？」定國曰：「將出兵從，此武夫本色，勿怪也！」應運曰：「恨安順陿陋耳，若可屯駐車騎，何不啓聞天子，請此彈丸爲牧地？天子方懸爵賞以網羅英雄，未有不許將軍者，應運便當解職以鎖鑰相付矣。」定國色益和，遽曰：「正欲與貴道商之。」應運知其心動，又難之曰：「宿聞將軍神勇，敵萬人，又所部精鋭，一當百，乃前此所據地旋得旋失，何邪？」定國曰：「兵家得失無恒，不足論也。」應運曰：「不然。當是名義不正，人人得睥睨之耳。若藉三百年天子之名號，加以將軍之神威，統率羆虎，掃蕩不庭，而聞風義從者又絡繹交助，天下誰敵將軍者？他日分茅胙土，傳之弈世，中山、開平不足比也。今將軍舍萬世不朽之功業，而不王不霸，傳舍州、郡，非良圖也。」定國欣然曰：「貴道言是，即當與平東謀之。」應運曰：「平東在滇，遠未可期，應運當捧盤敦與將軍定約耳。」定國許之，乃歃血誓扶明室，無二心。可望聞之，不善也。偵知應運赴平越，襲而執之，厲聲詰曰：

「爾以茅土許安西，便當以九五尊我，何爲不舞蹈乎？」應運曰：「平東誤矣。平東不嘗貢獻天子求册封乎？應運爲天子命官，即同僚耳，何拜爲？」可望曰：「吾據滇、黔，帝制有餘，於册封何有！」應運曰：「如是則平東叛天子，即亂賊矣，王臣豈拜亂賊乎！」可望怒，並執承汾暨姚、劉總兵，同下貴陽獄。可望猶愛應運才，使護衛再三諭降，應運語益厲，乃與承汾等同遇害，時庚寅九月也。定國聞應運死，心怨之，自是不受可望節制矣。承汾自有傳，姚、劉總兵四人失其名。我朝賜應運通謚節愍。

小腆紀傳卷第五十二

前翰林院檢討加詹事府贊善銜六合徐鼒譔

列傳第四十五

義士

馬純仁 嚴紹賢　王臺輔 石樓寺僧(補)　許德溥 王解卒　祝淵　王毓蓍 潘集
周卜年 周瑞　徐啓睿　沈齊賢　趙景麐　張棟　鄧思銘 楊應和 楊居久
徐英 陳泰　楊履圜 李大載 吴士楫　畫網巾先生　鄺露　殷國楨　胡澹
劉永錫　魏耕 王寅生　薛大觀　吴炎 潘檉章

馬純仁,字朴公,六合諸生也。乙酉,七月,聞薙髮令下,囊石袖中,赴龍津橋下,大書橋柱曰:「與死乃心,寧死厥身,一時迂事,千古完人。」沈河死,屍逆流不腐。生平多著作,死之前一夕,取稿焚之。先是,有同研生汪匯者,約同赴難,而匯竟以順治己丑進士授景陵知縣,一日坐堂上,見純仁至,責以負義,驚懼成疾死。妻侯氏,詳列女傳。嚴紹賢,無錫諸生,聞薙髮令,題壁書「守義全歸」字,與妾張氏對經死。

王臺輔，邳州監生。崇禎末，聞宦官復出鎮，將草疏極諫。甫入都，都城陷，乃還。弘光時，東平伯劉澤清、御史王燮張樂大宴於睢寧，臺輔縗絰直入責之曰：「國破君亡，此公等臥薪嘗膽食不下咽時，顧置酒大會邪？」左右欲鞭之，燮曰：「此狂生也。」命引去。及南都陷，自視其廩曰：「此吾所樹，當盡此粟。」盡集親朋，哭祭就縊。石樓寺僧過其門，手持一麻鞭指之曰：「此常事，惡用是矜張爲！」未幾，僧自經死。（補）

許德溥，如皋布衣也。聞薙髮令下，刺字胸前曰：「不愧本朝。」又刺臂曰：「生爲明人，死爲明鬼。」被逮棄市。妻當徙，解卒王某者高德溥義，欲脱其妻而無術，終夜欷歔。妻怪之，語以故。妻曰：「此義舉也，得一人代之可矣。」王曰：「安得其人哉？」妻曰：「吾成子之義，代之可乎？」乃匿德溥妻於母家，王夫婦抵徙所，如官役解罪婦然。如皋人感其義，贖之歸，江陰陳鼎爲作王義士傳。或謂德溥死，妻朱氏殉之者，誤也。

祝淵，字開美，海寧人，崇禎癸酉舉於鄉。嘗借僧舍讀書三年，僧罕覿其面。壬午冬，入都會試，值劉宗周諍熊、姜獄削籍，抗疏申救，罰停會試，下禮官議。時與宗周猶未相識也。既得命，始走謁之，宗周曰：「子爲是舉，無爲而爲之乎？抑動於名心而爲之也？」因爽然自失，曰：「先生名滿天下，誠恥不得列門牆爾。」遂執贄爲弟子。明年，禮官議逮淵下獄，詰指使者姓名，慷慨對曰：「男兒死則死，安肯聽人指使！」未幾，都城陷，太常少卿吴麟徵殉難，親爲函殮，宿柩下者旬日。尋詣南京刑部，請竟前獄，尚書諭止之。已復草一疏，請誅奸輔，通政司屏不奏。時宗周再罷官歸，因數往從學。嘗有過，入曲室閉户長跪，竟日不起，流涕自撾。杭州失守，方葬母山中，趣速竣工，還家設祭，即投繯死，年三十有五。有月隱先生集。

王毓蓍，字元趾，會稽人。少爲諸生，跌宕不羈，已受業劉宗周門下，同門生咸非笑之，不顧。乙酉，六月，宗周絶粒未死，乃上書曰：「願先生早自裁，毋爲王炎午所弔！」宗周得書，呼其字曰：「元趾，吾講學數十年，得子隨之，足矣。」俄其友來視，毓蓍問曰：「子若何？」友曰：「有陶淵明故事在。」曰：「是不然，吾輩聲色中人，久則難持，及今早死爲愈。」乃召故交，張樂歡飲。既酣，攜燈出門，投柳橋下死。鄉人私謚曰正義。

潘集，字子翔，山陰人，劉宗周弟子。聞王毓蓍死，爲文祭之，袖二石及所著詩文，至東渡橋下自沈死。

周卜年，字定夫，山陰布衣也。聞劉宗周門人王毓蓍、潘集殉義，乃痛飲極酣，作五噫歌，趨至海濱，招牧牛兒出一緘付之曰：「家人來問，煩以此示。」遂蹈海死。父追至，發緘，爲辭親永訣語，屬其弟立後事也。父號哭曰：「兒死誠當，但屍不可得，奈何！」明日，怒濤湧屍而上，冠履不脱。又有周瑞者，亦投江死。

徐啓睿，字聖思，鄞諸生。負才任氣，嗜擊劍，臥起皆佩之。醉則拔劍起舞，謾罵座上貴人，以劍擬之，人莫敢忤視，相戒遠之。然肯規人過，至苦口泣下。一日，忽自埋故劍，髡其首，事徑山浮屠雪嶠，則又澄靜寡言，粥粥如真道者。甲申之難，哭七日夜不絶聲，既而曰：「江南半壁，我高皇帝龍興地，建武之業可望也。」則又閉關如初。踰年，南都再陷，則破關出，掘故所埋劍，趨督師錢肅樂營。肅樂故與之同社，亟引見，魯監國問：「需何官方稱手？」曰：「臣請以布衣居肅樂幕，入參帷幄，出捍軍旅，無需官也。」監國奇之，授以錦衣衞指揮，不拜，自稱「白衣參軍」。時諸營首鼠觀望，則詈之曰：「今日焚舟前進，猶或一逞，可逍遥坐老以自困乎？」每江上耀兵，先衆立矢石間。一日晨起，衷甲佩劍，集麾下百人，徑渡江薄西岸。大兵以爲遊騎，不爲意，則奮劍直前，掩殺過半，乃亟出鋭師，且戒曰：「觀其帥甚奇，必生致之。」由是長圍四合，且戰且擁，陷入泥淖中，被執。諭之降，謾罵，怒刳其腹，實以草，懸之望江門，其麾下百人亦無一降者。方其出也，肅樂力止之曰：「軍行必無繼，徒入虎口，奚益？」曰：「信陵君欲以賓客赴秦軍，豈能若秦何？亦各申其志也。吾將觸鬭而死，以愧諸營之賦清人者。」監國聞而悼之，令以原官加贈都督，蔭其子爲衞指揮。

沈齊賢，字寤伊，錢唐諸生。髫年執經問難，師爲之詘。性峭直，一語不合，輒發聲詈，以故人無與近。父病，刲臂肉療之，弗起，屢慟至絶。時流寇犯鳳陽寢園，江、浙騷動，治兵者議登陴，歎曰：「寇未至而勞民，奚益！」流涕上書，謂：「餉不知措，兵不知用，地不知屯，民不知卹，東於具文，畫界而保，將以聽寇之蹂躪乎？」大吏目爲妄，置弗問，乃徬皇痛飲，入神廟狂號，聲徹衢路，行者皆駭避。甲申之難，百官率紳士哭臨三日，齊賢亦從之，而如其哭廟時，羣吏皆駭散。因復於里社私立木主，每日朝拜，伏地哭，題其楹曰：「臣身誓死，君讎必報。」社故有雷部神像，作猙獰狀，怒叱之曰：「汝亦當爲國捍禦，徒自金睛赤髮驚里媪乎？」操杖擊之，金泥片片落，閭巷小兒環之而譁，一市人皆以爲癡。家之人勸以飯，進肉，怒曰：「此豈肉食時邪！」以惡草進，亦澀喉，若不可下。哭泣不時，或阻之，答曰：「君毋阻我！我淚盡，當自止。」或曰：「頃御史大夫劉公至矣。」乃具白衣冠往，拂地坐，扼腕論事，聲淚與俱。有一生私謂坐客曰：「黃巢、朱温，儻亦天命。」齊賢突起奮拳搏之。南都立，輒歎曰：「江左敬仲安在？」遂遯迹臯亭山下。乙酉，闖賊入九宫山，爲村農所斃，道路傳爲殛於神。越年，或告之，拊掌起躍曰：「神能報國讎乎？吾少時期爲張代州，今乃不及吳門許秀才，吾死矣。」竟寢疾，數日而死。

趙景麐，鄞縣諸生。丙戌，六月，江上師潰，題詩案上曰：「書生不律難驅敵，何處秦庭可借兵？只有東津橋下水，西流直接汨羅清。」誓死不食。既念貸友人金未償，晨起納衣巾於文廟，詣友人家返金。友稔其貧，訝返之速，叩之，笑不答，走城東躍入江。漁舟驚，救之，家人亦跡至，共以拯溺法活之。弟子徐生者，强舆入山，不食，則謬語之曰：「翁洲黄斌卿、石浦張名振奉監國恢復矣。」半年，病稍愈，間出問樵子，則曰：「李侍郎長祥克紹興矣。」則又曰：「天下大定，何問焉？」景麐大慟蹐地，更不復食，尋死。

張橦，字子隆，鄞人。世以孝友稱，里人呼雍睦堂張氏。性喜酒，醉即陶然臥，或彌日不醒。國變後，改易章服令下，乃閉户取酒獨酌；既醺，遶牀而走，復索酒。連舉百餘杯，自摩其頂而歎曰：「彼曲局者，惡可以兵之乎！」時方盛暑，爇炭牀下，覆以重衾，俄頃而絶。家人舁屍出，則已紺色矣。丙戌六月事。

鄧思銘，字建侯，南城諸生。北都陷，説益王由本曰：「王身兼臣子，今宗社傾危，豈容坐視？」由本大感動。思銘即號召諸生數百人，名曰「庠兵」，以贍財者助餉，負才者參謀，有勇者出戰。請於有司，有司笑之曰：「兵可庠邪？」衆乃散，思銘鬱鬱不得志。乙酉，建昌知府王域等奉由本舉兵，遂入幕參贊。城破被執，指降將金聲桓大罵，乃繫於竿首射之。每發一矢，輒呼曰：「未中要害。」連及六矢，大吼曰：「經時不能殺我，技何劣也！」已而死。

楊應和，字惠生；從弟居久，字淡若：皆新城諸生。邑被圍，紳士議迎款，應和賦詩痛哭曰：「我一身當敵，禍不及諸公也。」衆遂止。居久歎曰：「壯哉吾兄！可無與之共事者乎？」提刀出，殺數人，並就縛，直立不少俯，強之，不屈。既死，屍不仆，兩手猶作擊刺狀。

徐英，字振烈，侯官人。少豪健，擔米爲業，而折節讀書，喜擊劍，談司馬兵法。曹學佺嘗訪之，鐍户不見。遇諸塗，強之至石倉園入社，刻其詩於十二代詩選。王師入福州，學佺殉難，英伏屍哀慟，嚼舌噴血數升死。著有鳴劍集。

陳泰，字降人，鎮海衞諸生。隆武元年設儲賢館，曾櫻拔爲第一人。閩亡，流離海上，與阮文錫訂交。櫻死，文錫謀收遺骸，泰哭曰：「無庸。子出而不返，則老父倚閭而望；吾孤身在，死則死耳。子効力於親，吾効力於師，不亦可乎！」乃匍匐負櫻屍走三十里，付其家人殯之。歸，不食三日卒。

楊履圜，字萊氏，漳浦人，按察使聯芳之季子也。爲勳臣裔。有夙慧，讀書日萬言。丙戌後，隱居不就試，悲歌慷慨。嘗作書與門客宋琳談興復事，琳首之官，官責之曰：「年少酗酒，妄談不法邪？」履圜答曰：「某故侯子孫，念舊德久矣，未免有情，實不醉。得死所，幸耳。」遂伏法。時年二十四。

李大載，字沅若，甌寧諸生，家貧有志節。值宴會，敝衣往，或請易之，曰：「吾自有文繡在。」登席酣飲，旁若無人。乙酉秋，往謁孝陵，被執，慷慨就死。

吴士楫，字岸濟，上杭人。氣宇偉然。國變後，志在請纓。閩事敗，慷慨露於語言，爲族人某搆，斃之獄。

畫網巾先生者，不知何許人，服明衣冠，從二僕，匿迹光澤山寺中。守將吴鎮掩捕之，送邵武，鎮將池鳳鳴訊之，不答。鳳鳴偉其貌，爲去其網巾，戒軍中謹事之。先生既失網巾，盥櫛畢，謂二僕曰：「衣冠歷代舊制，網巾則我太祖高皇帝創爲之，即死，可忘明制乎？取筆墨來，爲我畫網巾額上！」畫已，乃加冠，二僕亦交相畫也。每晨起，以爲常，軍中譁笑之，呼曰「畫網巾」云。無何，張、洪、曹、李四大營潰，鳳鳴詭稱先生爲陣俘，獻之閩督楊名高。名高謂：「及今降我，猶可免死。」先生曰：「吾舊識總兵王之綱，就彼決之，可乎？」之綱見畫網巾歷碌然，駭曰：「吾不識若也。」先生曰：「吾亦不識若也，就若死耳。」窮究之，則喟然曰：「吾忠未報國，留姓名則辱國；智未保家，留姓名則辱家；危不即致身，留姓名則辱身。若曹呼我爲畫網巾可矣。」之綱抗聲曰：「吾明朝總兵，徒以識時變，知天命，不失富貴。若一匹夫，倔強死，何益？」指其髮而詬之曰：「此種種而不去，乃作此鬼怪爲！」先生顧唾曰：「吾於網巾不忍去，況髮邪！」之綱命先斬其二僕，逡巡間，羣卒捽之，二僕瞋目叱曰：「吾兩人豈惜死者！顧死亦有禮，當一辭吾主人而死耳。」於是向先生拜且辭曰：「奴得掃除泉下矣。」欣然受刃。之綱曰：「若豈有所負邪？義死亦佳，何堅自晦也？」先生曰：「吾何負？負吾君耳。一籌莫効，束手就擒，又以此易節烈名，吾笑夫古今之循例赴義者，故恥不自述也。」檢袖中，出詩一卷，擲於地，復出白金一小封，擲向行刑者曰：「樵川范生所贈，今與汝。」挺然受刃於泰寧之杉津，泰人聚觀之，所畫網巾猶班班在額上也。軍中有馬耀圖者，見而識之，曰：「是爲馮舜生。」問其生平，則又不能言。而福寧州人謂是魯監國大學士劉中藻之子諸生思沛，載之志書焉。

鄺露，字湛若，南海諸生。工諸體書。學使者試士，以「恭寬信敏惠」發題，露文五比用大小篆、八分、行艸書於卷，學使不之罪也。見海内多事，學騎射。嘗跨馬出門，衝南海令行𧆶，拘之，則吟曰：「騎驢適值華陰令，失馬還同塞上翁。」令益怒，中文學使者除其名，將加以桎梏。乃亡命之廣西，遍尋鬼門、銅柱舊蹟，遊於岑、藍、胡、侯、槃五姓土司，爲傜女執兵符者雲亸娘書記。歸撰赤雅一編，紀其山川、風土及女君天姬隊歌舞戰陣之制。又蓄二琴：一曰南風，宋理宗宫中物；一曰綠綺臺，唐武德年製，康陵御前所彈也。出入必與二琴俱。廣州城陷，露抱琴死。詩集曰嶠雅，手書開雕。屈大均謂：「雖小雅之怨誹，離騷之忠愛，無以尚之。」

殷國楨，新建諸生。薙髮令下，以帶繫髮，鬖鬖覆腦後，走閩中，上書隆武帝，乞敕書劄印，連結四方忠義之士。與王得仁部下王禹門契厚，説之反正，因禹門以説得仁，得仁心動而未果也。會巡撫章于天、巡按董學成屢挫辱諸將，又勒賄無厭心。戊子正月，得仁遂與金聲桓禽于天、殺學成以歸明，稱隆武四年，實未知隆武所在也。國楨與禹門等上聲桓平南大將軍豫國公印，得仁建武侯印，諸客胡澹、陳大生、黎士广、林亮之徒四出聯絡山寨以應。通表粤中，永曆帝授國楨職方郎。王師圍南昌，走寧州，乞師於聲桓副將鄧東陽，東陽執以獻王師，見固山譚泰，不屈死。

胡澹，南昌諸生，胡以寧之從子也。以寧爲金聲桓幕客，有口辨，能斷事。聲桓之歸明也，以寧實啓之，未發而以寧病死。王得仁征九江，澹詣軍門説曰：「君侯擁精騎數十萬，指揮顧盼，反清爲明，冠帶之倫，歡呼動地。今聞所在結鼇刺綱以待，以下九江，奚啻拉朽。若乘破竹之勢，以清兵旗號服色順流而下，揚言章撫院請救者，江南必開門納君，其將吏文武，可以立擒。遂更旗幟，播年號，祭告陵寢，騰檄山東，中原必聞風響應，大河南北，西及山、陝，其誰得而爲清有也？」得仁咤其言。比至九江，一鼓而破，戀其擄獲，未即進。聲桓數趣使歸，歸以澹謀質聲桓，宋奎光曰：「此上策也，從之未晚。」黄人龍沮之，乃止。既王師圍南昌，糧盡援絶，聲桓日責姜曰廣，遣使間道出城號召，殷國楨請行。澹致書曰廣曰：「國中擁百萬精兵，不能出寸步，而眼穿外援。澹非辭難者，故敢與相國訣。自金氏入城，朘富良，鋤貞烈，劉天駟家鈔，西山解體；殺胡奇偉，庾嶺以南腐心；郭應銓兄弟不返，吉安恨之到今；支解曾亨應父子，臨汝莫不齘齒。王氏、楊、萬同時起事者，宿怨略徧四維矣。且公以附金、王者爲義乎，不附金、王者義乎？天下方亂，雄鷙並起，强者自立，弱者因人。夫戴舊主，稱宗國，此固忠義士所願望，而亦能者風動之資也。今之確乎巋然不與畔援爲伍者，獨陳九思孤軍，五年百戰，即金、王兩家歸正，彼卒未嘗通幣聘、介尺素於二氏也。其受命隆武者，揭司馬、傅詹事，前入國門，已厭見其所爲而去。自餘不過羣盜，假義名以行。盜之魁傑蔡全才、鄧參三輩，前已爲金氏蕩滅；餘衆聞北兵至，各先散，保妻子。金之心腹獨張起祥、鄧雲龍；起祥在瑞州，不能有所爲，」雲龍召烏合，崎嶇武、寧谿谷間，望屋掠煙，實羣盜耳。以當北兵，如振落，雖萬衆何益！且即今義士如雲，見前者摧折戮辱如此，稍有志識，莫不飲恨祝亡。今假從年號，種怨自恣，在前無真主，而欲使氣節之士，爲金、王出死力，其誰聽之？相國孤城瓦注，一葉閉目，不見泰山，豈知重闉之外，所在白骨如邱陵壞，南、新附郭百里，村煙斷滅。人之不存，兵於何有？相國無庸談義兵矣。」曰廣得書默然。後國楨見執，諸客亦次第死，澹謂金、王不足惜，而徒沮中原之氣，發憤噎死。

劉永錫，字欽爾，魏縣人。崇禎丙子舉人，官長洲教諭。邑令李實知其貧，欲以吏事膏潤之，謝不應。乙酉之變，率妻栗氏及細弱二十餘人，隱居吴門。我大吏遣人説之，永錫袒裼疾視曰：「我中原男子，年二十渡漳河，登大伾，躍馬鳴鞘，兩河豪傑誰不知我，欲見辱邪？」取劍欲自剄，門下士抱持之，乃止。裂尺帛與妻曰：「彼再至者，與若立自決矣。」既而女絶粒死，妻哭女死，大水乏食，家僮相繼死，乃遣子臨與婦歸魏。臨假貸得百金，欲馳以獻父，遇盜，馬驚墮地死。初，永錫長八九尺，容貌甚偉，至是毁形骨立，見者哀之。疾革，大呼烈皇帝者三，遂卒，時甲午秋也。同時有齊丈人者，葬之閶門外半塘，以妻女附之。或曰：其弟子徐晟、陳三島葬之虎邱。

魏耕，原名璧，字楚白，號雪竇山人。甲申後，改名，又别名甦，慈谿人也。少失業，學爲衣工於歸安之苕溪，然能讀書。富翁某奇之，贅爲壻，因成歸安諸生。性豪俠，負大志，所交皆當世奇士。

乙酉，與於湖州起兵之役，事敗，亡命走江湖。已與苕溪錢纘曾閉户爲詩，初學漢、魏，後學杜甫，晚學李白，皆登其堂奥。長洲陳三島尤心契之。東歸，遊會稽，與張宗觀、朱士雅世號「山陰二郎」者稱莫逆，因以交祁理孫、班孫兄弟，得盡讀祁氏淡生堂藏書，詩益工。然諸子有四方之志，皆工詩而非所好也。耕於酒色有奇癖，非酒不甘，非妓不寢，理孫兄弟竭力奉之。每至，輒命酒呼妓，召宗觀、士雅左右之。耕嘗遣死士致書朱成功，謂：「海道甚易，南風三日可直抵京口。」己亥，成功如其言，幾克南京，已而敗退。侍郎張煌言將入焦湖，耕復走告曰：「焦湖入冬水涸，不可駐軍。英、霍諸營多耕舊識，請説之使迎公。」計復不就。然事頗洩，邏者益急，纘曾以兼金賄吏，得解。癸卯，孔孟文者從成功軍中來，有所求於纘曾，不饜，遂以耕蠟書首之，且曰：「苕上，耕婦家；梅墅，則耕死友所嘯聚。」梅墅者，祁氏所居也。時耕適館梅墅，遂并祁氏兄弟被執至錢塘，耕與纘曾不屈死，理孫以計免，班孫遣戍。尋山陰李達、楊遷以爲耕營葬遺戍，而陳三島者以憂憤死。

王寅生，六合武生。朱成功之攻江寧也，其部將阮春雷略江北，寅生從之。成功敗入海，寅生走鄉莊，酣飲怒歌，殺妻子，短甲草履，持槍馳騎遁，不知所終。

薛大觀，昆明諸生。永曆帝之將入緬甸也，喟然謂其子之翰曰：「生不能背城一戰，以君臣同死社稷，顧欲走蠻邦圖苟活，不重可羞邪？吾不惜七尺軀，爲天下明大義，汝其勉之！」之翰曰：「大人死忠，兒當死孝。」大觀曰：「汝有母在。」其母乃顧謂之翰妻曰：「彼父子能死忠孝，吾兩人不能死節義邪？」侍女抱幼子立於户外曰：「主人皆死，何以處我？」大觀曰：「爾能死，甚善。」五人偕赴城北黑龍潭死。次日，諸屍相牽浮水上，幼子在侍女懷中，兩手猶堅抱如故。大觀次女已適人，避兵山中，相去數十里，亦同日赴火死。

吴炎，字赤溟；潘檉章，字力田：吴江諸生，有高才。國變後，年皆二十以上，并棄諸生，欲成一代史書，取實録爲綱領，凡志乘、文集、墓銘、家傳有關史事者，以類相從，稽核同異，爲國史考異一書。未幾，而湖州莊氏私史之難作。莊名廷鑨，目雙盲，家鄰故閣輔朱國楨第。國楨嘗集國事鈔録數十帙，未成書而卒。廷鑨得之，謂：「左邱失明，乃著國語。」招致賓客，日夜編輯。慕吴潘盛名，引以爲重，列諸參閲姓名中。廷鑨殁，其父梓行之。莊氏既巨富，歸安令吴之榮以贓繫獄，遇赦出，摘書忌諱語索詐焉。不遂，則走京師密奏之，莊氏族誅，而炎、檉章同及於難。

小腆紀傳卷第五十三

前翰林院檢討加詹事府贊善銜六合徐鼒譔

列傳第四十六

儒林一

顧炎武 弟紓 葉奕荃 楊瑀 張爾岐 黄宗羲 陸世儀 張履祥 吴蕃昌 王建常

傅山 子眉 胡庭 衞蒿 孫奇逢 李容 王夫之 兄介之 唐端笏 劉惟贊 陳五鼎

孫雙穀 朱鶴齡 陳啓源（補）

顧炎武，字寧人，原名絳，或自署曰蔣山傭，學者稱爲亭林先生，崑山人。炎武少落落有大志，雙瞳子中白而邊黑，人異之。與里中歸莊善，共遊復社，有「歸奇、顧怪」之目。乙酉夏，與崑山令楊永言、諸生吴其沆及歸莊共起兵奉故鄖撫王永祚，浙東授爲兵部司務。事敗，永言行遁去，其沆死之，炎武與莊幸得脱，而母王氏遂不食卒，遺言「後人勿事二姓」。次年，閩中以職方司郎中召，母喪未葬，不果赴。明年，幾豫吴勝兆之禍。庚寅，有怨家欲陷之，乃變衣冠作商賈，遊沿江上下，覽南都畿輔之勝。有三世僕曰陸恩，見其日出遊，家中落，叛投里豪葉方桓，且欲告其通海狀，炎武禽之，數其罪而沈諸河。葉訟之，獄急，歸莊私爲門生刺，爲求救於故尚書錢謙益。炎武知之，索刺還，不得，乃列揭通衢以自白。會故相路振飛之子澤溥言諸兵備道，事得解。炎武既不爲鄉里所善，乃復浩然出遊，墾田章邱之長白山下，東北遊畿甸，抵山海關外。次年，念江南山川有未盡者，復歸，東遊至會稽。已復由太原、大同入關中，北至榆林，與同志李因篤等二十餘人，勼資墾田雁門之北、五臺之東。自丁酉迄丁巳二十年間，六謁天壽山陵寢，謁孝陵、思陵者亦各六。中間浙江莊廷鑨私史、萊州黄培逆詩之獄，幾不免，而皆以智自脱。初年，故國之懷耿耿未下，奔走四方，以求一當。既知無可爲，而又不欲南歸，謂秦人重處士，持清議，實他邦所少，華陰綰轂關、河之口，亦有事天下之資，乃定居焉。置田五十畝，供晨夕，而東西開墾所入，則別儲之。康熙間，詔舉博學鴻詞科，開局修明史，大臣多薦之，並以死辭。華下諸生請講學，謝之曰：「近日二曲徒以講學得名，招逼迫，幾凶死，雖曰威武不屈，然名之爲累則已甚，又況東林覆轍之進於此乎！」其論學，則曰：「孔子嘗言：『博我以文，約之以禮。』劉康公亦云：『民受天地之中以生，所謂命也。是以有動作、禮義、威儀之則以定命。』然則君子爲學，舍禮何由？近來講學之師，專以聚徒立幟爲心，而其教不肅。」又與友人論學云：「百餘年來之爲學者，往往言心、言性，而茫然不得其解也。命與仁，夫子所罕言；性與天道，子貢所未得聞。性命之理，著之易傳，未嘗數以語人。」其答問士，則曰：「行己有恥。」其爲學，則曰：「好古敏求。」其與門弟子言，但曰：「允執厥中。四海困窮，天禄永終。」其告哀公明善之功，先之以博學：「顔子幾於聖人，猶曰博我以文。自曾子而下，篤實莫若子夏。」言仁，則曰：「博學而篤志，切問而近思。今之君子則不然，聚賓客、門人數十百人，與之言心、言性，舍多學而識，以求一貫之方，置四海困窮不言，而講危微精一，是必其道高於夫子，而其弟子之賢於子貢也，我弗敢知也。孟子一書，言心、言性亦諄諄矣，乃至萬章、公孫丑、陳代、陳臻、周霄、彭更之所問，與孟子之所答，常在乎出處去就、辭受取與之間。是故性也、命也、天也，夫子之所罕言，而今之君子之所恒言也；出處去就、辭受取與之辨，孔子、孟子之所恒言，而今之君子所罕言也。愚所謂聖人之道者，如之何？曰博學於文，曰行己有恥。自一身以至於天下、國家，皆學之事也；自子臣、弟友以至出入往來、辭受取與之間，皆有恥之事也。士而不先言恥，則爲無本之人；非好古多聞，則爲空虛之學。以無本之人，而講空虛之學，吾見其日從事於聖人，去之彌遠也。」又曰：「今之理學，禪學也。不取之五經、論語，而但資之語録，不知本矣。」其論文非有關於經旨、世務者，皆謂之巧言，不以措筆，故炎武之學，大抵主於斂華就實，救弊扶衰，凡國家典制、郡邑掌故、天文儀象、河漕兵農之屬，莫不窮究原委，考正得失。而又廣交賢豪長者，作廣師篇云：「學究天人，確乎不拔，吾不如王錫闡；讀書爲己，探賾洞微，吾不如楊瑀；獨精三禮，卓然經師，吾不如張爾岐；蕭然物外，自得天機，吾不如傅山；堅苦力學，無師而成，吾不如李容；險阻備嘗，與時屈伸，吾不如路澤溥；博聞強記，羣書之府，吾不如吳任臣；文章爾雅，宅心和厚，吾不如朱彝尊；好學不倦，篤於友朋，吾不如王弘撰；精心六書，信而好古，吾不如張弨。」其虛懷樂善如此。生平精力絶人，自少至老無一刻離書。所撰天下郡國利病書一百二十卷，歷覽諸史、圖經、實録、文編、説部之類，取其關於民生利病者，且周流西北歷二十年，其書始成。別有肇域志一編，則考索利病之餘，合圖經而成者。好言韻學，撰音論三卷，詩本音十卷，主明陳第「詩無協韻」之説，不與吴棫本音争，亦全不用補音之例，但即本經之韻互考，且證以他書，明古音原作是讀，非有遷就，故曰本音。又即周易以求古音，作易音三卷，又唐韻正二十卷，韻補正一卷，古音表二卷，皆能追復三代以來之音，分部正帙，而知其變，自吴才老而下，廓如也。謂金石之文可證經、史，撰金石文字記、求古録。以杜預左傳集解時有闕失，作杜解補正三卷。其他著作，有石經考、二十一史年表、歷代帝王宅京記、亭林文集、詩集、營平二州地名記、昌平山水記、山東考古録、譎觚、菰中隨筆、救文格論等書，並有補於學術世道。每遊，以二馬、二騾載書自隨，所至阨塞，呼老兵退卒詢曲折，或與平昔所聞不合，即坊肆中發書對勘之。或徑行平原大野，無足留意，則於鞍上默誦諸經注疏，遺忘則發書熟復之。既懷濟世之才，而不得一遂，所至小試之，墾田度地，累致千金，故隨寓即饒足。尚書徐乾學，兄弟甥也。未遇時，卵翼之，至是鼎貴，而東南人士所宗，累書迎請南歸，終不應。或敂之，對曰：「昔歲孤生飄摇風雨，今兹親串崛起雲霄，思歸尼父之轅，恐近伯鸞之竈。且天仍夢夢，世尚滔滔，猶吾大夫，未見君子，徘徊渭川以畢餘年足矣。」庚申，妻卒於里中，僅寄詩輓之。壬戌，竟客死曲沃，年七十，門人奉喪歸葬崑山。吴江潘耒，弟子也，收其遺書，序而行之。

紓，字子嚴，炎武同母弟也。居親喪，哭過哀，目遂盲。明亡後，兄弟絶意仕進。炎武奔走四方，紓獨隱居千墩舊廬。華陰王弘撰稱其闇修於不見不聞之地，不愧隱君子。

葉奕荃，字元暉，崑山人。由諸生入太學。剛直好義，工詩古文詞。師事劉宗周、徐石麒、陳龍正，講求性命之學。乙酉夏，以父榷杭州關遇國變，往省，還至嘉善，爲亂民所戕。

楊瑀，字雪臣，武進人。少好奇節，既厚自刻勵，率諸子鍵户讀書，自經、史外，分授天官、地理、曆律、兵農之書。出則與惲遜初講學南田及東林書院。如是者三十餘年，年七十餘卒。顧炎武云：「讀書爲己，探賾索微，吾不如楊雪臣。」

張爾岐，字稷若，號蒿菴，濟南諸生。顧炎武嘗言：「稷若所作儀禮鄭注句讀一書，根本先儒，立言簡當。」又云：「獨精三禮，卓然經師，吾不如張稷若。」炎武著日知録，於喪禮、停喪二事，備載爾岐説。性孝友，喪葬遵古禮，以沃産讓兩弟。年六十六卒。

黄宗羲，字太冲，海内稱爲黎洲先生，餘姚人。年十四，補諸生，隨父尊素任京邸，盡知朝局清濁之分。尊素死詔獄，宗羲養王父，以孝聞。崇禎帝即位，年十九，袖長錐，草疏入京訟冤。至則逆奄已磔，有詔：死奄難者贈官三品，予謚予祭葬。祖父如所贈官，蔭子，尊素謚忠端。宗羲既謝恩，即疏請誅曹欽程、李實，蓋其父之削籍，初由欽程奉奄旨論劾，李實則成丙寅之禍者也。對簿時，出所袖錐錐許顯純，流血蔽體；又毆崔應元胸，拔其鬚。歸而設祭，與先時同難諸子弟共錐獄卒二人，應時斃。時欽程歸入逆案，李實辨原疏不自己出，忠賢取印信空本令李永貞填之，故墨在硃上。陰致金三千，求宗羲弗質。宗羲立奏之，謂：「實今日猶能賄賂公行，其所辨豈足信？」於對簿時，復以錐錐之。獄竟，偕諸家子弟設祭詔獄門，哭聲如雷，達禁中。崇禎帝聞而歎曰：「忠臣孤子，甚惻朕懷！」洎歸治葬事畢，肆力於學，自經、史及九流、百家，無不窺。既盡發家藏書讀之，不足，則鈔之諸藏書家。窮年搜鬻故書，一童肩負而返，乘夜丹鉛，次日復出，率爲常。時山陰劉宗周倡道蕺山，而越中承海門周氏之緒，援儒入釋，石梁陶奭齡爲之魁，宗周憂之，未有以爲計。宗羲約吳、越高才六十餘人共侍講席，力排其説，故蕺山弟子如祁、章諸子，皆以名德重，而禦侮之助莫如宗羲。蕺山之學，專言心、性，漳浦黄道周則兼及象、數，當時擬之程、邵兩家。因出己所治律曆諸説相疏證，多不謀合。弟宗炎字晦木，宗會字澤望，並負異才，皆自教之，不數年，皆大有聲，儒林中有「東浙三黄」之目。壬午，入京，周延儒欲薦爲中書，力辭不就。一日，聞市中鐸聲，曰：「此非吉聲也。」遽南下，已而大清兵果入口。初，南都作防亂揭攻阮大鋮，東林子弟推無錫顧杲居首，天啓被難諸家推宗羲居首，大鋮恨之刺骨。南都立，大鋮驟起，按揭中百四十人姓名，欲盡殺之。時方上書闕下，而禍作，與杲並逮。同里奄黨某首糾劉宗周三大弟子祁彪佳、章正宸皆列名仕籍，宗羲徒以人望掛彈章，聞者駭之。母姚氏歎曰：「章妻滂母，乃萃吾一身邪！」駕帖未出，而南都亡，踉蹌還浙東。會孫嘉績、熊汝霖起兵，因糾合黄竹浦宗族子弟數百人，隨軍江上，共呼之爲世忠營。魯監國授職方主事。尋以嘉績及柯夏卿等交薦，改監察御史，兼舊官。總兵陳梧敗於嘉興，浮海至餘姚，大掠，職方主事王正中方行縣事，集兵擊殺之，亂兵大譟。有欲罷正中以安諸營者，宗羲曰：「梧借喪亂，以濟其私，致干衆怒，是賊也。正中爲國保民，何罪之有！」監國是之。已進所作監國魯元年大統曆，命頒之浙東。馬士英在方國安營，欲入朝，朝臣言當殺，熊汝霖恐其挾國安爲患，好言曰：「此非殺士英時，宜使立功自贖。」宗羲曰：「諸臣力不能殺耳。春秋之孔子，豈能加於陳恒？但不得謂其不當殺。」又遺書王之仁曰：「諸公何不沈舟決戰，由赭山直趨浙西？若日於江上鳴鼓放船，攻其有備，蓋意在自守也。蕞爾三府，以供十萬之衆，北兵即不發一矢，一年之後，亦不能支。」又言：「崇明爲江、海門户，曷以兵擾之，分江上之勢。」時不能用。尋張國柱浮海至，諸營大震，廷議欲爵以伯，曰：「如此則益横已，且何以待後請？署將軍足矣。」從之。已力陳西渡策，與王正中合軍，得三千人。正中爲之仁從子，能以忠義自奮。深結之，使之仁不以私意相撓，故熊、錢諸督師皆不得餉，而正中與世忠二營獨不乏食。海寧職方查繼佐軍亂，披髮走入營，跪牀下，乃呼其兵責之，亂以定。偕繼佐渡海劄潭山，太僕卿朱大定、兵部主事吴乃武等來會，議由海寧取海鹽，入太湖，直抵乍浦，約崇德義士孫奭等爲内應。會大兵纂嚴，不得前。方議再舉，而江上已潰，因結寨四明山，餘兵願從者尚五百餘人，微服潛出訪監國消息。部下不能遵節制，山民焚其寨，部將茅翰、汪涵死之，乃走剡中。己丑，聞監國在海上，與都御史方端士赴之，晉左僉都御史，再晉左副都御史。時方發使拜山寨諸營官爵，宗羲言：「乃心王室者，莫如王翊，不自張大，亦莫如翊，宜優其爵，使總臨諸營，以捍海上。」朝論以爲然，定西侯張名振弗善也。宗羲既失志，日與尚書吴鍾巒坐船中，正襟講學，暇則注授時、泰西、回回三曆。當其從亡也，母氏尚居故里，而我朝以遺臣不順者，録其家口。宗羲聞之，歎曰：「方寸既亂，吾不能爲姜伯約矣！」亟陳情監國，得請，鍾巒掉三板船送之數十里，變姓名間行歸家。適弟宗炎以交通馮京第被縛，刑已有日，潛至鄞計脱之。宗羲雖杜門匿影，而與海上通消息，屢遭名捕，幸不死。其後海氛澌滅，無復有望，乃奉母返里門。自是始畢力著述，四方請業之士亦漸至。嘗自謂受業蕺山時，頗喜爲志節斬斬一流，所得尚淺，患難之餘，胸中窒礙爲之盡釋，而追恨爲過時之學，蓋不以少年之功自足也。丁未，復舉證人書院之會於越中，以申蕺山餘緒，大江南北從者駢集，守令亦或與會。已而大府請之開講，不得已，應之。康熙戊午，詔徵博學鴻儒，再辭以免；未幾詔督撫以禮聘修明史，亦以老病辭。乃敕下浙撫，抄其所著書關史事者送入京，當事又延宗羲子百家及門人萬斯同等參局事。自後屢蒙我聖祖存問，歎爲得人之難。所著書千數百卷，其大者：易學象數論六卷，力辨河、洛方位圖説之非；授書隨筆一卷，則淮安閻若璩問尚書而告之者；春秋日食曆一卷，辨衛樸所言之謬。少時，嘗取餘杭竹管肉好停勻者斷之，爲十二律，與四清聲試之，廣其説律吕新義二卷。又以蕺山有論語學庸解，獨少孟子，爲孟子師説二卷。又明儒學案六十卷，明史案二百四十四卷，行朝録六卷。於曆學少有神悟，嘗言：「勾股之術，乃周公、商高之遺，而後人失之，使西人得以竊其傳。」爲授時曆故一卷，大統曆推法一卷，授時曆假如一卷，西曆、回曆假如各一卷。外有氣運算法、勾股圖説、開方命算測圓要義諸書共若干卷。晚年自定文集，爲南雷文約四十卷，又明夷待訪録二卷，留書一卷，他著述不具録。崑山顧炎武見明夷待訪録而歎曰：「三代之治可復也！」湯斌亦曰：「黄先生論學，如大禹導水導山，脈絡分明，吾黨之斗杓也。」戊辰冬，自營生壙於忠端墓旁，中置石牀，不具棺槨，作葬制或問一篇，援趙邠卿、陳希夷例，戒子弟無違。乙亥秋，卒，遺命以所服角巾、深衣殮，年八十有六。門人私謚曰文孝先生。

陸世儀，字道威，號桴亭，太倉人。少好養生之説，既而翻然曰：「是其於思慮動作皆有禁，甚者涕唾言笑皆有禁，凡以秘惜其精神也如此，則一廢人耳，縱長年何用乎！」乃亟棄之，作格致篇以自考曰：「敬天者，敬吾之心也，敬吾之心如敬天，則天、人可合一矣，故敬天爲入德之門。」讀薛敬軒語録云：「敬天當自敬心始。」歎曰：「先得我心哉！」雅不喜白沙、陽明之學，而洞見其得失之故，故持論甚平。流寇日甚，世儀謂：「平賊在良將，尤在良有司。宜大破成格，凡進士、舉、貢、諸生，不拘資地，但有文武幹略者，輒與便宜，委以治兵、積粟、守城之事，有功即以爲其地之牧令，如此則將兵者所至皆有呼應。今拘以吏部之法，重以賄賂，隨人充數，是賣封疆也。」時不能用。已上書南都，復不用。太湖兵起，嘗參其軍。事敗歸，鑿池寬可十畝，築一亭，擁書坐臥其中，不通賓客，榜曰「桴亭門」。弟子詢之，曰：「吾藉此作浮海觀耳。」風波既定，始應諸生請，講學東林、毗陵間，尋還里中。當事者累欲薦之，力辭不出。西安葉敦艮者，蕺山門下士也，千里貽書相討論，喜曰：「證人尚有緒言，吾得慰未見之憾矣。」從學者嘗問知、行先後之序，曰：「有知及之而行不逮者，知者是也；有行及之而知不逮者，賢者是也。及其至也，真知即是行，真行始是知，又未可以歧而言之。」聞者歎服。以隱君子終。

張履祥，字考父，桐鄉諸生。潛心洛、閩之學，嘗言：「一善在身，幼而行之，長而弗之舍也，善將自其身以及諸人，以及其子孫；一不善在身，幼而行之，長而弗之改也，不善將自其身以及諸人，以及其子孫。慎之哉！」語見所著楊園備忘録。

吴蕃昌，字仲牧，海鹽諸生。師事劉宗周，與海寧陳確、桐鄉張履祥講洛、閩之學。卒時，母喪未除，遺命以衰絰斂。從弟謙牧，字裒仲，亦諸生，居母喪過哀，卒於喪次。時人並稱爲孝子。

王建常，字仲復，長武人，刑部尚書之寀之從子也。家貧。遭亂，棄諸生，跧迹渭濱，教授生徒，足不履城市。著有律吕圖説，其學一以考亭爲師。王弘撰以父妾張氏節孝，爲加禮綍以治喪，建常貽書顧炎武，謂：「發乎情，不能止乎禮義，非賢者所爲。」其嚴於矩矱若此。弘撰嘗言：「關西高蹈，當推仲復獨步。」

傅山，字青主，號嗇廬，别署朱衣道人，亦曰公之它，亦曰石道人，山西陽曲人也。少受知於提學袁繼咸。繼咸爲巡按張孫振所誣，被逮，山職納橐饘，約其同學曹良直等詣匭使三上書訟之，不得達，遂自伏闕陳情。時巡撫吴甡亦直袁，竟得雪，以是名聞天下。馬世奇爲作傳，以爲裴瑜、魏劭復出。已而良直任兵科，山貽以書曰：「諫官當言天下第一等事，以不負故人之期。」良直瞿然，即疏劾首輔周延儒及錦衣駱養性，直聲大震。山見天下喪亂，思以濟世自見，不屑爲空言。晉撫蔡懋德講學於三立書院，因寇亟論及軍政，往聽之，歸曰：「迂哉，公言非可以起行者也。」甲申，夢天帝賜之黄冠，乃衣朱衣，居土穴以養母。次年，繼咸爲左夢庚挾至燕邸，難中寄書曰：「晉士惟門下知我深，蓋棺不遠，斷不敢負知己，使異日羞稱友生也。」山得書慟哭曰：「公乎，吾亦安敢負公哉！」甲午，以連染遭刑戮，抗詞不屈，絶粒九日，幾死，門人有以奇計救之者，始得免。自恨以爲不如速死之爲愈，戚戚於故國，思有爲者凡二十年。天下大定，始以黄冠自放，稍稍出土穴與客接。間有問學者，則告之曰：「老夫學莊、列者，於此間諸仁義事，實羞道之，即强言之，亦不工。」又雅不喜歐公以後之文，是所謂江南之文也。平定張際，亦遺民也，以不謹得疾死，撫其屍哭之曰：「今世之醇酒婦人以求必死者，有幾何哉？嗚呼張生！是與沙場之痛等也。」又自歎曰：「彎强躍駿之骨，而以佔畢朽之，是則埋吾血千年而碧不可滅者矣！」素工書，自大小篆、隸以下無不精，兼工畫。嘗自論其書曰：「弱冠學晉、唐人楷法，皆不能肖；及得松雪香光墨蹟，愛其員轉流麗，稍臨之，則已亂真。已乃愧之，曰：『是如學正人君子者，每覺其觚稜難近；降與匪人遊，不覺其日親。此心術壞而手隨之也。』棄去，復學顏。曰：『學書之法，寧拙毋巧，寧醜毋媚，寧支離毋輕滑，寧真率毋安排。』」君子以爲山非僅言書也。山既絶世事，而家傳故有禁方，乃資以自活。子眉，字壽髦，能養志。每入山樵采，置書擔頭，休擔，則取讀。中州有吏部郎者，故名士，訪之，問：「郎君安在？」曰：「少需。」俄有負薪者歸，山呼曰：「孺子來前肅客！」吏部頗驚。抵暮，令之伴客寢，則與叙中州文獻，滔滔不置，吏部或不能盡答。詰朝，謝曰：「吾甚慙於郎君也。」山故喜苦酒，自稱老蘗禪，眉亦自稱曰小蘗禪。

或出遊，眉與子共挽車，暮宿逆旅，仍篝燈課讀經、史、騷、選諸書。詰旦，必成誦始行，否則予杖。故其家學爲大河以北所莫能及。康熙戊午，召試博學鴻詞，天子有大科之命。時年七十有四，當事薦之，山固辭稱疾，有司舁其牀以行。時眉已先卒，二孫侍。既至京師三十里，以死拒，不入城。於是廷臣自大學士益都馮溥以下，公卿畢至，山卧牀不具禮，遂以老病上聞，詔免試，許放還山，特授中書舍人。馮強之入謝，稱疾篤；以竹榻舁之入，望見午門，淚涔涔下；執政者掖之使謝，則仆於地。次日遽歸，歎曰：「自今以還，其脱然無累哉！」既又曰：「使後世或妄以劉因輩賢，我且死不瞑目矣。」聞者咋舌。及卒，以朱衣、黄冠殮。著述之僅傳者曰霜紅龕集十二卷，眉之詩亦附焉。

胡庭，字季子，汾陽人，傅山之弟子也。父遇春，以崇禎戊辰進士歷官户部主事。闖賊之亂，庭與弟同隱居講學，於易、詩、春秋、論、孟皆有論著。顧炎武至汾州，庭與之訪北齊碑，親摹拓焉。

衛蒿，字匪莪，初名麟貞，字瑞鳴，曲沃人，以母喪易今名字。與汾陽曹良直、太原傅山相友善。晚年，闢絳山書院，教授其中，人稱絳山先生。

孫奇逢，字啓泰，容城人。年十七，中萬曆庚子舉人。嘗參高陽孫承宗軍事，與左光斗、魏大中、周順昌相善。璫禍作，奇逢拮据調護，供橐饘，遣弟奇彦馳書求援於承宗，竟不得免。崇禎丙子，容城被圍，奇逢設方略拒守，城賴以全。鼎革後，移家輝縣之夏峯，徵聘十一次，堅謝不出。生平讀書談道，務爲聖賢之學，顧炎武推爲河北學者之宗師焉。年九十二卒。

李容，字中孚，別署曰二曲土室病夫，學者稱爲二曲先生，陝之盩厔人也。父可從，以壯武從軍。崇禎壬午，督師汪喬年討賊，監紀孫兆禄偕可從以行。時賊勢大張，官軍累戰不利，可從瀕行，抉一齒與婦彭氏曰：「戰危事，不捷，吾當委骨沙場，子其善教兒矣。」時容年十六，家貧甚。已而兵敗，可從死，從者五十人盡歿。訃聞，彭欲以身殉，容哭曰：「母殉父，兒亦必殉母，如是則父且絶矣。」彭氏乃制淚撫之，然無以爲活。親族謂可令兒傭，或言給事縣廷，彭氏皆弗許，乃令之從師受學，顧修脯不具。已而彭氏曰：「經書固在，亦何必師？」時容已粗解文義，母能言忠孝大節以督課之。煢煢相依，或一日不再食，或數日不火食，恬如也。容以昌明關學爲己任，家故無書，從人借之，自經、史、子、集至二氏書，無不博覽。其論學曰：「天下大根本，人心而已；天下大肯綮，提醒天下之人心而已。是故天下之治亂，由人心之邪正；人心之邪正，由學術之晦明。」嘗曰：「下愚之與聖人，本無以異，但氣質蔽之，物欲誘之，積而爲過。此其道在悔，知悔必改，改之必盡，盡則吾之本原已復，復則聖矣。易曰：『知幾其神。』夫子謂顏子庶幾，以其有不善必知，知必改也。顏子所以能之者，由於心齋，静極而明，則知過矣。上士之於過，知其皆由於吾心，則直向根源剗除之，故爲力易；然中材稍難矣。要之以静坐觀心爲入手：静坐乃能知過，知過乃能悔過，悔過乃能改過。」其論朱、陸之學曰：「學者當先觀象山、慈湖、陽明、白沙之書，闡明心性，直指本初，熟讀之，則可以洞斯道之大源；然後取二程、朱子以及康齋、敬軒、涇野、整菴之書玩索，以盡踐履之功。由工夫以合本體，下學上達，内外本末，一以貫之。至諸儒之説，醇駁相間，去短集長，當善讀之。不然，醇厚者乏通慧，穎悟者雜竺乾，不問是朱是陸，皆未能於道有得者。」於是關中士子爭就之學。關中自横渠而後，三原、涇野、少墟累作累替，至容而復盛。當事慕容名，踵門求見，力辭不得者，則一見之，終不報，曰：「庶人不可入公府也。」再至，並不復見。有所餽遺，雖十反亦不受。或曰：「交道接禮，孟子不卻，先生得無已甚？」答曰：「我輩百不能學孟子，即此一事，稍不守孟子家法，正自無害。」我當事請主關中講院，勉就之，既而悔曰：「合六州鐵，不足鑄此錯也。」亟舍去。尋陝撫欲薦之，哀籲得免，督學使將進其所著書，亦不可。然關中利害在民者，則未嘗不言也。初，彭氏葬可從之齒，曰齒塚，留穴以待身後。母卒，服闋，庚戌，徒步往襄城，繞城走，覓父遺蜕，不得。乃爲文禱於社，斬衰晝夜哭，淚盡繼以血。襄城令聞之，出迎適館，辭不受，令亦爲之禱，卒不得。容遂設祭招魂，狂號不絶聲。令因議爲可從立祠祀，且造塚於故戰場，以慰孝子心。知常州府駱鍾麟，前令盩厔，嘗執贄門下，聞已至襄城，謂「祠事未能亟具，請南下謁道南書院，發顧氏、高氏諸遺書，講學以慰東林餘望。」容赴之，遠近從遊者雲集，凡開講於無錫、江陰、宜興間，晝夜不息。忽静中雪涕如雨，搥胸自詈曰：「不孝！汝此行爲何事，竟喋喋於此，尚爲有人心乎？雖得見諸賢遺籍，何益？」申旦不寐，即戒行。毘陵學者固留之，不可。時祠事已畢，還宿襄城祠下，夜分，鬼聲大作，蓋嘗祝於父，願以同死國殤，魂同返關中故也。襄城令爲設祭，上立督師汪喬年、監紀孫兆禄主，以可從爲配；下列長筵，徧及當時之殉國者。容伏地大哭，觀者亦哭。於是立碑於塚，曰義林，取其塚土西歸告母墓，附之齒塚中，更持服如初喪。既而制府以隱逸薦，容辭以書曰：「僕少失學問，又無他技能，徒抱皋魚之至痛，敢希和靖之芳蹤哉？古人學真行實，輕於一出，尚受謗於當時，困辱其身，況如僕者，而使之應對殿廷？明公此舉，必當爲我曲成，如必不獲所請，即當以死繼之，斷不惜此餘生以爲大典之辱。」牘凡八上，更辭以病，得旨：俟病愈敦促至京。自是大吏歲時問起居，遂稱廢疾，長臥不起。戊午，部臣以海内真儒薦。時鴻詞科薦章徧海内，而容獨有「昌明絶學」之目。官司勸行益急，檄縣守之，不獲已，舁牀詣行省，布政使而下，親至榻前慫恿之。容乃絶粒，水漿不入口者六日，大吏猶強之，突出佩刀自刺，於是諸官屬駭絶，始得予假療治。已復歎曰：「此事恐不死不止，所謂生我名者殺我身。不幸有此，皆生平學道不純，洗心不密，不能自晦所致。」戒其子曰：「我日抱隱痛，自期永棲堊室，平生心跡，惟在堊室録感一書。萬一見逼死，宜麤衣白棺，以是書殉，厝室中三年後葬，毋受弔，使我泉下重有憾。」自是當道亦不復敦迫，荊扉反鐍，弗與世通，惟吳中顧炎武至，則具雞黍盡驩。越年，天子西巡狩，令督臣傳旨引見，容以廢疾辭，御書「關中大儒」四字以顔其廬。容年四十以前，著有十三經糾繆、二十一史糾繆及象數諸書，既以爲近口耳之學，不復示人。晚歲遷居富平，四方之士，不遠而至。當是時，北方孫奇逢、南方黃宗羲暨容稱「海内三大儒」，惟容起自孤根，一無憑藉，尤爲人所莫及。子二：慎言、慎行。慎言以門户故，出補諸生，終未嘗與科舉之役。陝學使者以選拔貢之太學，卒不赴。兄弟皆克守父志云。

王夫之，衡陽人，字而農，號薑齋，中歲稱一瓢道人，更名壺，晚仍舊名。父朝聘，受學於衡陽宿儒伍定相。夫之與兄介之能大其業，而夫之尤奇偉。崇禎壬午，兄弟同舉於鄉。獻賊陷衡州，脅諸名士以僞官，兄弟走匿。賊縶朝聘爲質，夫之自引刀刺其肢體，舁往易父，父子俱得脱。兩都繼陷，走桂林依瞿式耜，薦授行人司行人，轉徙楚、粤、滇、黔間，後以母病間道歸。緬甸既覆，益自晦，匿常、寧猺峒，變姓名爲猺人。已築土室於湘西之石船山，杜門著書。所學深博無涯涘，作〔正〕蒙注，往復辨論，歸咎於象山、姚江者甚峻。康熙時，吴逆僭號於衡州，僞僚有以勸進表屬者，辭曰：「某亡國遺臣，欠一死耳，今汝亦安用此不祥之人哉！」逃之山中。久之卒。自題其墓曰「明遺臣王夫之之墓」。又自銘曰：「抱劉越石之孤忠，而命無從致；希張横渠之正學，而力不能企。幸全歸於兹邱，固銜恤以永世。」蓋滄桑、黍離之戚，至死不忘。所著書有：周易稗疏、周易考異、尚書稗疏、毛詩稗疏、毛詩考異、春秋稗疏、尚書引義、春秋家説，見四庫書目，蓋七十餘種云。

介之，字石子。崇禎壬午，與弟夫之同舉於鄉。築室衡、永萬山中，鰥居不娶，鶉衣草食終其身。著有易本義質、春秋傳質、詩序參、春秋家説補、詩經尊序、春秋四傳質，見四庫書目。年八十一卒。

唐端笏，字須竹，衡陽諸生。性至孝。父母有疾，侍醫藥，終夜不解帶；親終，附身附棺，纖毫不苟：以此見賞於王夫之。嘗得白沙集、定山集、傳習録，讀之而嗜。迎夫之住駁閣巖，爲指示淵流；夫之示以近思録内外編、周易内外傳諸書。夫之殁，築室山中以終。所著有慚説、悔説。

劉惟贊，字子參，祁陽人，崇禎己卯舉人。獻賊之亂，與衡州同知鄭逢元督義勇殲賊魁。國變後，屢以中書徵，不就，隱居西春之石門菴，自王夫之諸人外，莫能見也。

陳五鼎，字耳臣，攸人，以貢生官耒陽教諭。性狷介。亂後山居，與王夫之一通音問而已。

孫雙穀，字子雙，華容人，遼東巡撫慤之弟也。著述甚富。采秦、漢以前逸書曰樊微，漢、晉閒箋疏曰綫微，徵皇古七十二代之文曰闕微，集尚書十一種、春秋十一種、易八種、禮樂詩三種、論語四種、孝經九種、河圖十種、洛書五種之讖緯曰删微，統名之古微書。著唐紀七十卷，以正新、舊唐書之踳駁者。今均佚，惟删微獨存，四庫書提要稱其書「使學者生千百年後，猶見東京以上之遺文，有功經籍不少」云。同里有嚴首昇者，與慤兄弟同撰漢、唐、朱後三代史，亦不傳。

朱鶴齡，字長孺，吴江諸生。甲申後，自號愚菴，絶意仕進，與顧炎武及同里陳啓源相友善。以朱子掊擊小序太過，乃集諸家説疏通序義，爲毛詩通義；以蔡氏釋書未精，撰尚書埤傳；以胡氏説春秋多偏見鑿説，乃合唐、宋以來諸儒之解，撰春秋集説；又以杜氏注左傳未盡合，俗儒又以林注亂之，撰讀左日鈔。又撰禹貢長箋。旁引曲證，多所創獲。又著愚庵詩文集，其書元裕之集後云：「裕之於元既踐其土、茹其毛，即無反詈之理。乃今之詆訕不少避者，若欲掩其失身之事以誑國人，非徒悖也，其愚亦甚矣。」其言蓋指當時居心反覆之輩云。年七十餘卒。啓源，字長發，著毛詩稽古編，自記謂：「閲時十四載，稾凡三易乃成。」引據賅博，疏證詳明，爲唐以前專門之學。（補）

小腆紀傳卷第五十四

前翰林院檢討加詹事府贊善銜六合 徐　鼒 譔

列傳第四十七

儒林二

陳瑚　應撝謙　沈昀　徐芳聲 蔡仲光　仲光從弟宜之　黄宗炎 弟宗會　王錫闡（補）

陳瑚，字言夏，太倉州人，亦曰常熟人。崇禎壬午舉於鄉，博通古今。見天下多故，與同里陸世儀講求經濟之學。謂全史浩繁難讀，以政、事、人、文分爲四大部：政部分曹，事部分代，人部分類，文部分體。手録小字數十帙，略能背誦。其論申、韓也，曰：「申、韓刑名之學，刑者形也，其法在審合形名，故曰『不知其名，復修其形，形名參同，用其所生。』又曰『君操其名，臣效其形，形名參同，上下和調。』蓋循名責實之謂，今直以爲刑法之刑，過矣。」其論理財曰：「管子富國之法，大約籠山澤之利，操輕重之權，在上不在下，而富商大賈無所牟利。漢桑、孔之徒師其意，以爲均輸平準之法，而不知其合變，何也？管子，霸道也，可施之一國，不可施於天下，苟利吾國，鄰國雖害，不卹也。爲天下則不然，此有餘，彼不足，不足者亦王土也；此享其利，彼受其弊，弊者亦王民也。故桑、孔用之漢而耗，王、吕用之宋而亡。」其論賦役曰：「有田則有租，即粟米之征；有身則有庸，即力役之征；有户則有調，即布縷之征。唐租、庸、調，三代之遺法也。楊炎變爲兩税，即今之條編，合丁、田、户三者而一之矣。陸贄論唐法之不善，以爲專治資産，竊以爲不然。田租當從兩税，而有身之庸，則但役於本邑，如今之牙行、匠户當官相似，問丁不問田可也。至如白糧之類解送京師，自當計畝出財，行僱役之法，如今之官運可也。至有户之調，則亦當問户不問田，但輕其税可也；今之併户、田爲一者，亦非也。」癸未，試禮部，不第歸。值婁江湮塞，水旱洊至，民大饑，瑚上當事救荒四政書：其豫備之政四，曰築圍岸、開港浦、廣樹藝、豫積儲；防挽之政四，曰慎災眚、早奏報、懲遊惰、勸節省；補苴之政四，曰通商、勸分、興役、弭亂；軫恤之政四，曰招流亡、緩征索、審刑獄、卹病困。又陳支吾三議：其議食四條，曰勸義助、勸轉輸、招商米、優米鋪；議兵八條，曰嚴保甲、練鄉民、設偵探、勸習射、練腳夫、練牙兵、備城守之人、備城守之器；議信六條，曰勵士節、和大户、巡郊野、安典鋪、清獄囚、嚴督察。又上巡撫王開江書：一審勢，二經費，三役兵，四實法。皆精切可施行，而時無能用者。自言其學「如醫之治病：求之於古，猶治方藥也；求之於今，猶切脈也。按脈以求病，按病以定方，按方以用藥，故百發不爽，然主人諱疾，則良醫束手。」識者以爲篤論。乙酉後，避兵行遯，不與人事。嘗冬寒單袷衣，客有欲解重裘贈者，竟夕不敢發聲，退語人曰：「乃知今世有陳無己也。」晚益困，至絶食，作无悶謡曰：「我有敝廬，不蔽風雨，容膝易安，寧懷故宇！我有破衲，納絮其中，紉綴補綴，可以禦冬。我有小瓢，空空自守，可以酌水，可以飲酒。我有短牀，足不能直，雞鳴不起，嚮晦而息。何乾何坤，何旦何暮，何醉何醒，何寐何寤？吾目其矇，吾耳其聾，生乎吾始，死乎吾終。」康熙乙卯，年六十三，卒。瑚嘗避兵崑山之蔚邨，邨田沮洳，導里人築圍岸禦水，用兵家束伍法，不日而成，邨民至今賴之。所著書有蔚邨講規、聖學入門、書社學事、宜開江築圍書、祭先祀神權定禮、菊窗隨筆、荒政全書、確菴詩文集，今皆不傳。

應撝謙，字嗣寅，學者稱爲潛齋先生，仁和人。父尚倫，故孝子。撝謙生而文在其手，曰八卦，左重耳，右重瞳。踰冠，作君子貴自勉論，偕其同志之士虞畯民、張伏生、蔣與恒者爲狷社，取有所不爲也。其時，大江以南社事盛，杭則讀書社、小築社、登樓社，大都以文詞相雄長；狷社稍後出，而相淬勵者，乃以斯道爲任。生平不爲術數之學，一日見白蛇墮地，曰：「兵象也。」奉親逃之山中。母病，服勤數年，母憐之，曰：「吾爲汝娶婦以助汝。」撝謙終不入私室。母卒，除喪，始成禮。性坦白直諒，終日無疾言遽色，簞瓢屢空，晏如也。既遭喪亂，自以故國諸生，絶志進取，歎曰：「今日唯正人心而維世教，庶不負所生耳！」乃益盡力著書。康熙己未，舉博學鴻詞，輿牀告有司曰：「撝謙非敢卻聘，實病不能行。」俄巡撫范承謨又薦之，遂稱廢疾。海寧令許酉山請主講席，造廬者再，不見；致書者再，不赴。既而曰：「是非君子中庸之道也。」扁舟報謁，令喜曰：「應先生其許我乎？」乃逡巡對曰：「使君學道，但從事於愛人足矣。彼口説者，適所以長客氣也。」許默然不怡。既出，即解維疾行，弟子曰：「使君已戒車騎，且即至，何亟也？」笑曰：「使君好事，必有束帛之將，拒之則益其愠，受之則非我心所安。行已，莫更濡遲也！」異日，杭守以志局召，辭之，一報謁而已。同里御史姜圖南以視鹺歸，遇撝謙於塗，盛暑衣木棉衣，蕉萃躑躅歸，以越葛二投之，曰：「雅知先生不肯受人一絲，然此區區者，非盜跖物，幸毋拒！」輒謝曰：「昨偶感寒耳。感厚意；然吾自有絺綌，實不需。」卒舉還之。門弟子甚盛，以樓上、樓下爲差。里中一少年使酒無厲，忽來聽講，撝謙許之曰：「來者不拒，去者不追，是孟子之教也。」其人聽三日，不復至，酒如故。一日醉，持刀擊人於道，洶洶莫能阻，忽有人曰：「應先生來。」其人頓失魄，投刀垂手，乃前撫之曰：「一朝之忿，何至此？盍歸乎！」乃俛首謝過而去。卒年六十有九。所著書有周易集解、詩傳翼、書傳拾遺、春秋傳考、禮樂彙編、古樂書、論孟拾遺、學庸本義、孝經辨定、性理大全、幼學蒙養編、朱子集要、教養全録、潛齋集，共如干卷。

沈昀，字朗思，初名蘭先，號甸華，仁和人，劉宗周之弟子也。弱冠爲名諸生。甲申之變，年二十七，棄諸生，刻苦清勵以自守。力排佛、老，曰：「其精者傍吾儒，其異者不可一日容也。」聞四方之士有賢者，即書其姓氏，置夾袋中，冀得一見，然不肯妄交。授徒自給，三旬九食，以爲常，每連日絶粒，采階前馬藍草食之。聞者餽之米，不受；固請，則固辭。時餓已甚，宛轉辭謝而益困，遂仆於地，其人皇駭去。良久始甦，笑曰：「其意可感，然適以困老子耳。」友人應撝謙聞而歎曰：「生平於辭受自謂不苟，然以視沈先生，猶愧之！」謂末世喪禮不講重，輯士喪禮說，薈萃先儒之言，定其可行者，以授弟子陸寅。又輯四子略、五子要言、家法論、升降編、言行録、居求編，疏通簡要，不涉講學習氣。時宗周弟子争宗旨，昀曰：「道在躬行，但滕口説，非師門所望於吾曹也。」疾革，門人問曰：「夫子今日之事何如？」曰：「心中並無一物，惟知誠敬而已。」夜半卒，年六十三。撝謙經紀其喪，無以爲殮，爲之涕泣不食。或問之，曰：「吾不敢輕受賻襚以玷先生也。」撝謙之徒姚生弘仁者曰：「如某何如？」曰：「子篤行，乃先生夙許，殆可也。」於是姚生遂殮而葬之。

徐芳聲，字徽之；蔡仲光，字子伯，原名士京，字大敬：蕭山兩高士也。天啓丁卯，芳聲與父明徵同舉省試，主者斥子而取其父卷爲書經冠。明徵曰：「吾冠一經，無所愧，吾愧者，特吾兒耳。」時甫弱冠，論文家每恥不得與芳聲交。仲光論學，主居敬，所造較芳聲爲尤進。甲申之變，同集學中子弟，哭孔廟三日。既而芳聲入潘山隱，稱潘山埜人，嘗曰：「讀書，貴有用也。」著兵、農、禮、樂諸有用書，而别輯兵書數十卷，凡運籌、指顧、制械、器設、屯竈無不簡覈，以闢從前之虚言兵者。初，與里中翁德洪、何之杰、張杉、毛甡交最得。德洪，字纖若，乙酉，闔家以義死；杉字南士，亦盡節。甡獨受聘，應制科，芳聲、仲光各爲詩文贈其行，寓意切劘。甡至都，都人士問兩君者踵至。嘗謁益都馮溥於私宅，升階，見左廂朱扉間大書「蕭山徐芳聲，字徽之，蔡仲光，字子伯」十四字，其足不出户而名達都下者如此。會朝廷徵天下山林隱逸之士，侍讀湯斌、侍講施閏章聯名具薦，蕭山知縣姚文熊承命齎書幣親造門徵之，芳聲、仲光並卻不赴。芳聲年八十四，卒於貞節里，而仲光獨存。既而毛甡歸里，請見。仲光棲一樓，久不與世相接；甡至，亦謝之。甡拱立不去，無已，憑樓語曰：「僕與子爲金石友。子今新朝貴人也，爲忠爲孝，則子自有子事；僕以桑榆之景，將披髮入山矣，更弗敢豫世俗交。」甡灑然動容，已復請其業，遂出舊著經學諸疏曰：「仲光畢生精力盡此，子能昌明斯道，請即署子名，無傷也。」命童子舉以爲贈。或云：今西河集中之論經者，都半是仲光説也。生平於文章忠孝外，無他言。精於烖祥星緯之驗，而不肯妄言休咎。當戊申之夏六月，地震，凡幽燕、齊、魯以南，晉、豫以東，閩與粤，江南與江右，半天之下，震無不同於浙，而泰山之東爲尤甚。客有遠遊歸者，叩其故至再，乃著地震説數千言以示之，略云：「土莫旺於五月之午、六月之未，陰氣乘之，一震而洩。以震之時日測之，其在甲寅之年乎！震之月日皆剛，剛爲陽，以陽勝陰，天之道也。甲木之德爲仁，寅木爲禄，木得禄逾彊，有除刑去暴之義。以東方震之日合於都城震之日，兩支相刑，甲輔寅，寅又刑申，申雖屬金，不能敵也。故陰之衰，必始於甲寅。天道三十年一變，以甲申始，必以甲寅變，今兹天下，東方其有烖乎！然震之歲在申，雖烖不害。」後七年，而吴、耿逆藩之變，其言若操券。年至七十有奇，康熙乙丑秋，以病終，無後。著述散佚，傳於世者，僅詩文數十篇。從弟宜之，字德脩。奉父避兵衝散，見父於隔岸，已被執，亟攖身入河，泗水救之，然素不習水也。及岸，則父已在刃下，乃以身請代死，兵亦感動，得兩全去。既而潛心理學，有名行，學者題其門爲匠門，與仲光同祀鄉賢云。

黄宗炎，字晦木，一字立谿，世稱鷓鴣先生。崇禎中，以明經貢太學，學術略與兄宗羲等，而性情幂岸幾過之。己卯，秋試不售，與弟宗會約：閉關盡讀天下書，而後出而問世。畫江之役，兄弟斸家資，帥家丁，荷殳前驅，婦女執爨以餉，步迎監國於蒿壩。宗羲西下海昌，宗炎留龕山治輜重，所謂世忠營也。事敗，走入四明山之道巖，爲侍郎馮京第參軍，奔走諸寨間。庚寅，山寨軍殲，宗炎亦被縛。宗第之嫂，其妻母也，匿於家，跡得之，驗實，待死牢户中。宗羲還至鄞，謀以計活之。在尚書馮元颺子愷愈，故人也，與都御史高斗樞弟斗魁等爲畫策。會日暮行刑，潛載死囚隨之法場，火忽滅，暗中有突出負宗炎去者，冥行十里，始息肩。入一室，則户部萬泰之白雲莊也；負之者，户部之子程也。鄞之遺民畢至，爲解縛，置酒慰驚魂，宗炎陶然而醉。既聞絃管聲出隔岸，掉小舟往聽之，因自取調之曰：「廣陵散幸無恙哉！」尋京第故部復合，復與共事。慈湖寨主沈爾緒又以帑寄，兄弟交阻之，不得。丙申，再遭名捕，宗羲歎曰：「死矣！」故人朱湛侯、諸雅六救之免。於是盡喪其資，提藥籠遊海昌、石門間，賣藝文以自給。生平於象緯、律吕、軌革、壬遁之學，皆有密授，既自放，乃著憂患學易，以存遺經。自先天、太極之圖出，儒林疑之者亦多，然終以出自大賢，不敢立異，至宗炎而悉排之。其辨先天八卦方位曰：「邵子引天地定位一章，造爲先天八卦方位，謂天地定位者，乾南、坤北也；山澤通氣者，艮西北、兑東南也；雷風相薄者，震東北、巽西南也；水火不相射者，離東、坎西也。夫所謂『定位』者，即天尊、地卑而乾坤定之義，何以見其爲南、北也？山能灌澤成川，澤能蒸山作雲，是謂『通氣』，何以見其爲西北、東南也？雷宣陽，風盪陰，兩相逼薄而益盛，何以見其爲東北、西南也？水火燥溼違背，然又有和合之用，故曰『不相射』，何以見其爲東、西也？

蓋邵氏所謂乾南、坤北者，實養生家之大旨，謂人身本具天地，但因水潤火炎，失其本體，是故損乾之中畫以爲離，塞坤之中畫以爲坎，乃後天也。今有取坎填離之法：浥坎水一畫之奇，歸離火一畫之偶。如所謂鍊精化氣、鍊氣化神者，益其所不足，而離復返爲乾；如所謂五色、五聲、五味鑿竅喪魄者，損其所有餘，而坎復返爲坤：乃先天也。養生所重，專在水火，比之爲天地，既以南、北置乾、坤，不得不移坎、離於東、西，亦以日、月之方在東、西也，火中木、水中金之説，蓋取諸此。然而東南之兑、西北之艮、西南之巽、東北之震，直是無可差排，勉強位置。緣四卦者，在丹鼎爲備員，非要道也，奈何以此駕三聖之易而上之乎！」其辨横圖曰：「八卦既立，因而重之，得三畫即成六畫，得八卦即成六十四卦，何曾有所謂四畫、五畫、十六卦、三十二卦？四畫、五畫成何法象？十六卦、三十二卦成何貞悔之體？何不以三乘三，以八加八，直捷且神速乎？焦氏之易，傳數不傳理，其分爲四千九十六卦，實統諸六十四卦，是一卦具六十四卦之占，非别有四千九十六卦之畫也。兩間氣化自有盈縮，陰陽或互有多少。夫物之不齊，物之情也；造化之參差，義理之所由以立也。如邵子，是一定之易也，非不可典要之易也，故曰邵子乃求爲焦、京而未逮者也。」其辨圓圖曰：「邵子以乾一、兑二、離三、震四爲已生之卦，數往順天左旋；巽五、坎六、艮七、坤八爲未生之卦，知來逆天右旋。鑿空立説，分卦背馳。數當以自一而下爲順，今反以四、三、二、一爲順；以自八而上爲逆，今反以五、六、七、八爲逆。又曰：『易數由逆成，若逆知四時之謂。』然則震、巽、兑、乾無當於易，是冗員也。易道非專爲曆法而設，曆法亦本無取乎卦，氣至日，閉關偶舉，象之一節耳。今必以六十四卦配二十四氣，則亦須一氣得二卦有奇，而後適均也。乃自冬至之後，閱頤、屯、益、震至臨，凡十七卦，始得二陽，已是卯半爲春分矣；又閱損節、中孚至泰，凡八卦，始得三陽，已是巳初爲立夏矣；從此閱大畜、需小畜，而爲大壯之四陽，是巳半爲小滿矣；乃閱大有即爲五陽之夬，是午初之芒種；即比連爲六陽之乾，是午半之夏至。六陰亦然，何其不均也？邵子蓋欲取長男代父、長女代母之義，以震、巽居中，震順天左行，自復至乾三十二卦，遇姤而息；巽逆天右行，自姤至坤三十二卦，遇復而息。夫兩間氣運循環，其來也，非突然而來，即其去，而來已豫徵；其去也，非決然而去，即其來，而去已下伏焉。得分疆別界如此。」其辨方圖曰：「方圖之說曰：『天地定位，否泰反類；山澤通氣，咸損見意；雷風相薄，恒益起意；水火相射，既濟未濟。』蓋所謂十六事者，但取老長、中少、陰陽、正對，稍比諸圖可觀，然何不確守乾坤一再、三索之序而演之爲勝也。且以西北置乾，東南置坤，又與先天卦位故武不同，何也？」其辨皇極經世曰：「邵子所云日月星辰、水火土石、寒暑晝夜、風雨露雷、性情形體、草木飛走、耳目口鼻、聲色臭味、元會運世、歲日月辰、皇帝王霸、易詩書春秋，似校說卦爲詳，然不知愈詳而挂漏疏罔愈甚。」其辨太極圖說曰：「河上公作無極圖，魏伯陽得之以著參同者也。圖自下而上，其第一層曰元牝之門，即太極圖之第五層也；其第二層曰鍊精化氣、鍊氣化神，即太極圖之第四層也；其第三層曰五氣朝元，即太極圖之第三層也；其第四層曰取坎填離，即太極圖之第二層也；第五層曰鍊神還虛、復歸無極，即太極圖之第一層也。方士之祕，在逆而成丹，故自下而上；周子在順而成人，故自上而下。夫老、莊以虛無爲宗，靜篤爲用，今方士之術，又其旁門。周子之圖，窮其本而返之老、莊，可謂拾瓦礫而得精蘊者矣，但遂以爲易之太極，則不可也。」其解易離之三曰：「人至日昃，任達之士，託物情外，則自謂觀化之樂，故鼓缶而歌；不然，則憂生嗟老，戚戚寡歡。此二種，皆凶道也。君子任重道遠，死而後已，衞武公之所以賢也。」其論小學，謂揚雄識奇字，不知常字乃奇字所自出。著六書會通，謂奇而不詭於法也。生平作詩幾萬首，沈冤淒結，晚更頹唐。性極僻，雖其伯兄，時有不滿意處。晚年，作一石函，錮著述，懸之梁上，謂其子曰：「有急，則埋之安化山丙舍。」身後果有索之者，其子遂埋之。或言不戒於火，非也。弟宗會，字澤望，從者稱石田先生。性更狷介。國變後，嘗髡髮作頭陀狀，浪遊名山，後俱以抑塞而卒。

王錫闡，字寅旭，號曉菴，吴江人。少友張履祥。講學以濂、洛爲宗，精究推步，兼通中西之學。崇禎中，尚書徐光啓等修新法時，聚訟盈庭，錫闡獨閉户著書，潛心測算。遇天色晴霽，輒登屋臥鴟吻間，仰觀星象，竟夕不寐，務求精符天象，不屑屑於門户之分。性耿介拔俗，詩才清妙。國變後卒，年五十五。著有大曆統、西曆啓蒙、丁未曆藁、推步交食、測日小記、三辰晷志、圜解、曉菴新法、曆説、曆策、左右旋問答諸書。顧炎武云：「學究天人，確乎不拔，吾不如王寅旭。」梅文鼎曰：「從來言交食者，只有食甚分數，未及其邊，惟王寅旭則以日月圓體分爲三百六十度，而論其食甚時所虧之邊凡幾何度，今推衍其法，頗精確云。」迨康熙中御定曆象考成，所采文鼎以上下左右算交食方向法，蓋實本於錫闡矣。（補）

小腆紀傳卷第五十五

前翰林院檢討加詹事府贊善銜六合徐鼒撰

列傳第四十八

文苑

艾南英 章世純 羅萬藻　張采　李世熊　紀文疇 子許國 保國　錢秉鐙 嚴煒
王弘撰　徐夜（補）　屈大均 陳恭尹（補）

艾南英，字千子，東鄉諸生，於學無所不窺。萬曆末，場屋文腐爛，南英深疾之，與同郡章世純、羅萬藻、陳際泰以興起斯文爲任，刻四家文行之世，世人翕然歸之，稱爲章、羅、陳、艾。天啓甲子，舉於鄉，對策有譏刺魏忠賢語，停三科。崇禎時，會試，久不第，而文名日高，與翰林錢謙益相應和，排詆王、李、鍾、譚，不遺餘力。乙酉，南都陷，益王由本起兵建昌，南英與族人艾命新集諸紳，招劉琦、楊獨龍、僧丹竹等三十六將，就家插血訂盟，分陴拒守。事敗走閩，陳十可憂疏。隆武帝召見，授兵部主事，尋改御史。汀州之變，抑鬱死。南英肯任事，而負氣陵物。嘗與雲間陳子龍論文，南英主先秦、西漢，子龍主東漢，至攘臂相詈。與周鍾以名相忌。隆武二年，鍾之友人湯來賀以運餉擢侍郎，南英遷怒劾之，人誚其褊。四家中，惟際泰早卒。世純字大力，臨川人。舉天啓辛酉鄉試。崇禎中，官柳州知府，年已七十矣。聞京師變，悲憤成疾死。萬藻，字文止，亦臨川人。天啓丁卯舉於鄉。崇禎中行保舉法，祭酒倪元潞以萬藻應詔，不就。弘光時，官上杭知縣。隆武帝立，擢禮部主事，哭南英而殯之，數月卒。

張采，字受先，太倉人，與同里張溥號「婁東二張」。采中崇禎戊辰進士，溥亦以歲貢生入都，名噪公卿間。已采官臨川知縣。溥以辛未成進士，改庶吉士，乞假歸，集名士結復社，交遊日廣，聲氣通朝右，所品題，頗能爲榮辱，執政惡之。里人陸文聲輸資爲監生，求入社，不許，又嘗以事爲采所辱，詣闕言「溥、采倡復社，亂天下。」温體仁方柄國，下所司，提學道倪元珙、兵備馮元颷、知州周仲連言「復社無可罪」，奉嚴旨貶斥。蘇州推官周之夔、刑部侍郎蔡奕琛先後訐溥并及采結黨亂政，詔責溥、采回奏。溥已前卒，采上言：「復社非臣事，然臣與溥生平相淬礪，死避網羅，負義圖全，誼不出此。念溥日夜解經論文，矢心報稱，曾未一日服官，懷忠入地，即今嚴綸之下，并不得泣血自明，良足哀悼。」是時，體仁已罷，周延儒再相，方求解於東林，疏上，事即解。采才名亞於溥。溥性寬、泛交、博愛，采特嚴毅，喜甄別可否，人有過，輒面斥之。知臨川時，摧強扶弱，聲大起，移疾歸，士民泣送載道。家居時，知州劉士斗、錢肅樂嚴重之，以奸蠹詢采，片紙報，咸置之法。弘光時，起禮部主事，進員外郎。時庶務草創，徵文議禮，頗有功。乞假去。南都失守，奸人銜采者羣擊之，死復錐刺之。已而甦，避之鄰邑，又三年卒。

李世熊，寧化人，字元仲，號寒支子。博覽載籍，爲文雄峭淒麗。久困諸生。隆武時，大學士黄道周、都御史何楷、禮部侍郎曹學佺交章薦其異才博學，徵拜翰林院博士，趣赴廷試，世熊疏辭曰：「臣奉旨顫悸，背汗流踵。臣髫年在泮，九躓場屋，鼯鼠之技敗露盡矣，非有祕韜潛德遲久俟今乃彰也。陛下徇三臣之過舉，意僮傭爲異才，是恃薦舉爲得烏之羅也。臣愚，以爲薦舉匪人，臣其一矣。由臣例之，滔滔皆是也，敢爲陛下歷陳之，可乎？陛下登極恩詔一款，每縣舉真才三人。臣謂天下中人多而異才寡，鄧、馮、寇、賈，天下無二三也，況一邑乎！若鄉曲愿人，無裨緩急，何取每縣三人，充斥仕路哉？自臣所見，郡邑舉士，蓋有目不識六籍，而冒以弘博之科，夢未見七書，而獎以孫、吴之略者。學官以頹墮之年，識趣卑汙；士子以蠅蟻之情，夤羶走竇。其整身方潔，骨氣冰稜，守令聞名而不識面者，雖老死牖下，無緣登薦剡也。如是則舉者不才，才者不舉，臣以爲郡邑薦舉可廢矣。至於藩王、閣部、院寺、臺省、監司、方面，各有薦士：非瑣瑣媚婭，則紈褲子弟也；非眯目素封，則走室神棍也。今仕籍自欽授、特簡外，文臣如試主事、試中書、司務、博士，試推官、通判、知縣，不下數百人，武臣如總、副、參、游、都司、守備，不下數百人，此千數百人，爲陛下撫流民、核軍實者誰乎？爲陛下靖山海、清畿甸者誰乎？是千數百人如虛無人也。紛紛差遣，徒耀飾輿馬，煩苦驛卒，大字名刺投謁姻鄰，誇炫市里而已。自奉命以迄復命，逐塵途者，臣不知所行何事也，亦苟完套格耳。原若輩之始進也，酬薦主有例，酬部覆有例，千數百人，非數十萬賂不濟也，則是朝廷失數十萬金錢之實，而得千數百無用之蠹也。虧損國靈，孰逾於此乎？且非徒損國靈也，又壞人心。爲士者習見故所等夷，猥瑣庸闒，胸不能知古今成敗，口不能道當世利弊，一旦冠蓋赫然，易如反掌。於是富者由徑納賂，貧者違言上策，盡棄本業，而囂然有掇拾軒冕之思，蓋自是士不安爲士矣。爲民者習見屠酤僕隸、訟師優卒、遊手失業之徒，手不挽强，股不跨鞍，目不識丁，一旦被服金紫，頭角頓異，以爲錦繡猶斂襚也，亦各盡棄本業，而囂然有攘竊節鉞之意，蓋自是民不安爲民矣。士不安爲士，則士不可治也；民不安爲民，則民不可理也。下犯上，賤陵貴，利破義，良心泯喪，蕩檢踰閑，則此官爲之俑也。且非徒壞中人之心，又以絶豪傑之路。夫鯢鰍所餌，蛟龍不染其綸；鴟鳶所嗜，鵷雛不嚇其臭。尾瑣者冒進而破毁廉隅，俊雅者必迴翔而護持方隅也。不識廉隅，雖狗竇容身以爲榮；自負方隅，即一歲九遷以爲辱也。昔者崔浩欲屈眭夸爲中郎，夸曰：『桃簡已爲司徒，何足以此煩國士哉！』國士之不忍俯同世士也，雖以崔浩之才，眭夸猶羞與爲伍也，臣安知邱隴之下，無泥塗軒冕之士乎？夫圭璧所以寶者，爲採之甚難，售之甚鉅也，若圭璧與瓦礫同致，無爲寶圭璧矣；軒冕所以榮者，爲責任甚重大，賢才甚希貴也，令軒冕與草屩同掇，無爲貴軒冕矣。今陛下有網絡英雄之事，而諸臣爲杜拒英雄之事，則薦舉之名，爲奸貪藉口也。牛、驥同廐，朱、粉雜糅，欲使奇士策杖攀附翼鱗，猶以敝冠招由、光，蹠財享曾、史也。他不具論，臣舉其大者：永寧王招降閻總，屢立戰功，及糧匱援絶，身陷敵營，生死之義備矣。陛下追念前勳，錫以茅土，誓如山河，足瞑忠魂。至其逃將潰卒，如謝某、舒某各保首領，鼠竄偷生，自去年除夜，主臣相失，至今二三月，尚不知藩主存亡何似。臣謂此數人者，皆永寧之僇人也。軍法：隊長戰没，通伍皆斬。況失封疆、陷主將，尚敢哆口恢復，偃然自叙其功乎！陛下即委曲使過，貸其誅夷，必俟少立微功，乃酬官職，然亦及其身而已。今乃呼朋引類，每潰將一疏，輒題叙多人，此何爲乎？且題叙之人，果係同患同讎，猶可言也，今所援引者，非無賴之青衿，即市井之錢虜，夙昔無澤袍之義，因緣藉使鬼之錢，不加考課，逕叙清華，臣以爲賞罰倒置，斯爲極矣。昔館陶公主爲子求郎，漢明帝不與，而賜錢千萬，以戚主爲子求郎而不得，以逃將爲市奸乞清華而得之，何古人名器之重，而今獨輕乎？如謂假章服之虛榮，爲招徠之實策，臣愚，以爲戀棧而來者，必非駿馬，鑽穴而從者，必無佳士。即使人才甚乏，邊疆甚迫，當旁求耿介特立、廉幹有識之士而用之，奈何使譸張無信、進身不端者連苞引孽，以穢朝廷乎？臣又舉其大者：古者三公不備惟其人，高皇帝罷設丞相，閣臣不得稱相也。仁、宣之代，猶與卿並，自天順之隆，而相端萌矣。嘉靖入紹，歸政内閣，三輔鼎承，百辟風偃，蓋自是儼然宰相矣。今猶昔也，然卒未有綸扉之地，得參十數席者。今陛下龍飛一載，而内閣已三十人，後此萬年無疆，兩京光復，時會方來矣，英賢踵至，枚卜殆將踰於今者。是一代之間，宰輔幾百人矣，書之史册，將爲駭怪。夫王者設官，上法乾象，今三臺六星，上相、次相四星，郎位十五星，亦王官所取儀矣。宰輔下天子一等，宰輔尊而後天子亦尊，若以調燮陰陽之司，下同錢穀、刑獄之瑣，則三臺斗柄亦已陵遲矣，何以爲巍巍帝座乎？田千秋一言取相，而夷狄以爲笑譏；公孫弘曲學阿世，而淮南比之蒙落，蓋相臣之難稱任久矣。是以公孫涕泣不受詔，李鄘引疾不視事，誠知責任重大，受禄易誣也。今陛下聖神，文武贊協殊難，而諸臣受爵不疑，有如一德，然卒未進於古方召、張吉之流，爲陛下歌江漢、常武者，是草茅所竊疑也。臣聞敷陳以言，明試以功，車服以庸，此聖帝、明王磨礪天下之善物也。明試言功，則僥倖車服者息；輕褻車服，則誕慢言功者來。臣無遠引聖隆，魏武亦近古之豪也，功如荀彧，封不過亭侯；愛如倉舒，贈不過別部司馬。永嘉之末，遷王導輔國將軍，導曰：『今天官混雜，朝野頹毁，導不能崇峻山海，而開道亂流，謹送還鼓蓋加崇之物。』元帝從之。陶侃既平襄陽，拜大將軍，劍履上殿，侃固讓曰：『羣醜雖芟，大敵未殄。有如仗國威靈，梟雄斬勒，則又何以加？』曹彬已下江南，宋祖曰：『本授卿使相，但劉繼恩未下，姑少待之！』惟賜錢五十萬。假令有荀彧、王導、陶侃、曹彬者，陛下當以何官酬之乎？鄧禹杖策從龍，最先諸傑，天下粗定，乃封高密。馬援遨遊二帝，側足輕重，及米圖山谷，勸帝伐蜀，猶未拜將軍也。假令從龍以飛者，勳如高密，越疆而歸者，智如伏波，陛下又以何官寵之乎？李泌有言：『以官賞功有二患：非才則廢事，權重則難制。』夫官以賞功，尚猶有患，況於一籌莫展，尺土未恢，而宰輔連肩，侯伯接踵，他日有折衝千里之留、鄴，恢復兩京之郭、李，不知陛下又何以待之？是又草茅所竊疑也。臣聞人主之職務，在知人而已。任各當材，雖不親細務，大功可成；用違其器，雖衡石程書，無益於治也。夫治國猶治家然：主一家者，必有亞伯旅疆，耕以責奴，織以責婢，而後一家之事集；主天下者，必有心腹股肱，内參機密，外戡禍亂，而後天下之業成。今爲陛下心腹者有乎？股肱者有乎？相不敢望管、葛，庶幾王導、謝安、李綱、趙鼎之儔；將不敢言韓、岳，庶幾劉琦、孟珙之輩。臣賤微狂瞽，何敢輕量天下士，但觀登黜人才，區畫戰守之間，未知於前人何如耳。宋儒有言：『將帥之才即不可得，當於搢紳廉幹有識中求之。』又云：『直言敢諫之士，即仗節死義之臣。』斯兩言者，亦觀人之要論矣。臣觀諸他途營進，負鼎翹關者，必荏苒僉人，非骨鯁魁壘之端士也；諸論持兩端，應機不斷，視蔭拱默者，必蓄縮憒夫，非駿雄制變之寶臣也。若夫頭角誇誕，類於剛武；銳口縱橫，類於智略；撫膺灑泣，類於忠誠；而推測星緯，妄談吉凶，搖惑視聽者，又類於神明不測。臣觀諸險躁浮游，性無關鑰，語無歸宿者，誤天下蒼生必是人，而易於聳動人主亦是人也。臣願陛下之慎簡也。李綱曰：『用人如用藥，必知其術業可以已病，乃可使之進藥而責成功。』今不知其術業而姑試之，則雖日易一醫，無補於病，徒加疾而已。今臣自知駑劣迂疎，無濟緩急，而薦臣者以爲可用，陛下亦信爲可用，是不知臣之術業不能已病也。臣妄意陛下以過信臣者，過信天下之將相紳衿也，故不敢避斧鉞，連類妄言之。伏乞免臣廷試，長擯草茅，臣韋索茹草，甘同鼎鑊。若冒靦嗜進，顛蹶隨之，生與營苟同汙，没不可見輔臣道周於地下。惟陛下許臣幽棲，以塞倖竇焉。」疏拜於二年七月二十日，而閩疆旋陷。世熊自是杜門絕迹。我郡帥遣某生移書逼之，謂：「不出山，且有不測之禍。」世熊復之曰：「天下人無官者十九，豈盡高士？余年四十八矣，何能抑情違性，重取羞辱哉！」辛卯、壬辰間，建昌潰賊黃希孕掠泉上里，有卒摘寒支園中二橘，希孕立鞭之，駐馬園側，視卒盡過乃行。粤寇燔民屋，火及寒支園，其魁劉大勝遣卒撲救，曰：「奈何壞李公居室？」耿精忠之反也，僞使絡繹敦聘，世熊堅臥不赴，自春徂冬，乃免。年八十五，卒於家。著有寒支集、寧化縣志、錢神志、史感、物感、本行録、經正録各若干卷。

紀文疇，字南書，同安人。爲諸生，有聲。興泉道王猷館之署，焚香讀易，口不及官府事。與子許國從黄道周於鄴山。隆武時，道周薦其博學多才，授中書舍人，擢翰林院待詔，纂聖安實録。閩亡，挈家渡海，從朱成功復同安。城陷，以勞瘁死。所著史匀三卷，道周謂：「其論核古昔上下三千年疑難反正，盡之矣。」華亭、徐孚遠序其湄龍詩文集，以黄、紀比歐、蘇，以許國兄弟比文忠、文定，時人謂不愧云。許國，字石青，文疇長子。年十六，爲諸生。從父聽講鄴山，弟子二百餘人，許國最少，黄道周許以掉臂獨行，贈之詩曰：「蒼茫千古留石青，不與世界争零星。」著有丁史、焦書數卷。崇禎壬午，舉於鄉，爲臨川揭重熙所得士，與同榜林説、林尊賓有「三異人」目，著有同岑草一帙。北都變，有望燕吟一卷。後從父避居廈門，沈宸荃薦於魯監國，授禮科給事中，不就。路振飛薦之永曆帝，以道阻不果行。朱成功欲致之幕府，亦不屈。與流寓諸公脱粟烹薯芋，相對欷歔，爲詩文以傳之。所遺吾浩堂詩文集，同里林霍爲之序。保國，字安卿，文疇季子。幼隨父兄避居廈門。及長，取父兄所著書閉户編輯，既乃僧裝遊五岳，不知所終。

錢秉鐙，字幼光，後改名澄之，字飲光，桐城人。嘗學易於黄道周。弘光時，馬、阮興大獄，秉鐙名在捕中，變姓名逸去。南都亡，走閩中，道周薦授推官，秉鐙以薦舉得官爲恥，請候鄉試，不許。

閩亡，自江南入粤。永曆三年，臨軒親試，授庶吉士。南雄陷，倉卒移蹕，凡大詔令悉秉鐙視草。金堡下獄，營救之。大學士王化澄因側目，將改爲職方主事；嚴起恒持不可，且言秉鐙有制誥才，乃改編修，管制誥。鄖國公高必正、興平侯黨守素之朝於梧州也，吴貞毓、郭之奇郊迎四十里，欲藉以殺五虎，逐起恒。適秉鐙過戎政侍郎劉遠生舟，必正等先在，曰：「舉朝人皆説嚴公不好，想不是好人。」秉鐙曰：「公見過幾人？」必正曰：「過半矣。」秉鐙笑曰：「爲要説嚴公不好，故見公耳，若某便不來矣。且説嚴公不好者，爲救五虎也。五虎攻嚴公，而嚴公反救五虎，公以爲何如乎？」必正大感悟曰：「君言是也。然如孔子，也就没人參他。」秉鐙曰：「孔子到齊國，被晏子參；到楚國，被子西參。」必正大喜曰：「原來孔子也有人參。」及入對，力言：「起恒公忠無私，金堡處分過當。」事得解。秉鐙又疏言之，乃改戍堡清浪衛。尋因病乞假至桂林。桂林陷，祝髮爲僧，名西頑，久之返里。所著有易學、詩學、藏山閣稿、田間集、所知録。

嚴煒，字伯玉，常熟人，大學士訥之孫也。初爲祁陽王某客，繼入何騰蛟、瞿式耜幕，授光禄寺卿。見時事日非，隱平樂之回仙洞。庚寅冬，王師克桂林，下平樂，跡前大學士方以智、庶吉士錢秉鐙於其家，不可得，則縛煒掠之。我大帥馬蛟麟諭之降，不可，脅以刃，誘以冠服，並不答，乃改容禮之，聽其以僧終。嘗省母一還里門，晚仍入回仙洞以終。著有滄浪集。其妾鄒淑芳，字蕙祺，吴江人，亦能詩，從煒轉徙楚、粤，年二十四而夭。有詩百五十首，題曰三生石草，病革，自焚之。

王弘撰，字無異，號山史，華陰諸生，兵部侍郎□□之子。嗜學，收藏古書畫、金石最富，著易象圖述及山志、砥齋集，關中人士之領袖也。國朝康熙戊午，以鴻博徵，不赴。初與李因篤同學，甚密，及因篤就徵，遂與之絶。顧炎武嘗曰：「好學不倦，篤於朋友，吾不如王山史。」卒年七十五。

徐夜，初名元善，慕嵇叔夜之爲人，更名夜，字東癡，山東新城人。束髮能詩。年二十九，遭國難。母死，棄諸生遠遊。歸，隱居東臯鄭潢河上，堀門土室，絶跡城市，有朱桃稚、杜子春之風，遺老如顧炎武、張光啓諸人皆訂交焉。我朝舉博學鴻詞，不赴。王士禎嘗索其稾，遜謝而已。後渡潯陽，稾盡歿於水，士禎爲摭拾遺詩，得二百首。年七十二，歿於柴桑。（補）

屈大均，字介子，一字翁山，番禺諸生，初名紹隆。遇亂爲僧。後加冠巾，遊秦、隴，與秦中名士李因篤輩爲友，作華岳百韻。固原守將見而慕其才，以甥女妻之。自固原攜妻至代州，與顧炎武、朱彝尊遇於太原，再遊京師，下吳、會，自金陵歸粤。嶺南詩人三大家，則大均與陳恭尹、梁佩蘭也。恭尹，字元孝，順德人，兵部主事邦彥子。邦彥殉難，恭尹才十餘歲。比長，遂隱居不仕，自號羅浮布衣，爲嶺南三大家之首。秀水朱彝尊嘗云：「恭尹稍降志辱身，然終在逸民之列」云。（補）

小腆紀傳卷第五十六

前翰林院檢討加詹事府贊善銜六合徐鼒譔

列傳第四十九

遺臣一

孔貞運 賈必選 吴甡 王心一 申紹芳 黄孔昭 沈之琰 陸坦 黄翼聖 邱上儀 張鹿徵 孫宗岱 許譽卿 陳啓新 倪嘉慶 孫自修 吴有涯 薛寀 錢龍錫 陳濟生 李世祺 史惇 李延昰 方震孺 方孔炤 蔣臣 周岐 鄭三俊 金光辰 黄正賓 方士亮 淩世韶 葉廷秀 成勇 范復粹 曹珖 袁愷 姜埰 弟垓 兄圻 陳奇瑜 丁啓睿 李長庚 周堪賡 文士昂 陳所聞 羅其鼎 陳五聚 羅楨 張聖型 張聖域 米助國 余鷴翔 于斯力 郭都賢 文燠 陶汝鼐 劉瑄 楊山松 賀奇 潘應斗 弟應星 管嗣裘 鄒統魯

孔貞運，句容人，至聖六十三代孫也。萬曆己未，以殿試第二人授編修。崇禎元年，擢國子監祭酒，進少詹，仍管監事。二年正月，帝臨雍，貞運進講書經。孔氏子孫以國師進講者，自唐孔穎達後，至貞運乃再見。賜一品服，尋以艱歸。六年，服闋，起南京禮部侍郎。越二年，遷吏部左侍郎。

九年六月，入閣，以庇復社與首輔溫體仁相忤，不敢有所建白。及爲首輔，乃揭救鄭三俊、錢謙益，俱寬擬。後以事爲御史郭景貞所劾，乃引歸。十七年五月，烈皇帝哀詔至，哭臨，慟絶不能起，舁歸，得疾，遂卒。

賈必選，字徙南，上元人。萬曆己酉舉人，官户部主事，筦西新倉。時巨璫總理兩部，必選黜陋規，無所染，璫爲斂迹。同官倪嘉慶以屯豆下獄，必選辨其冤，謫九江幕。遷桂林推官，升南工部虞衡司。丁艱歸，即杜門講學著書，年八十七始卒。

吴甡，字鹿友，揚州興化人。萬曆癸丑進士，由知縣入爲御史，天啓中忤璫削籍。崇禎初，起故官。按河南，妖人聚徒劫掠，捕其魁誅之；賑延、綏飢民，因諭散賊黨；按陝西，劾大將杜文煥冒功罪，置之法。所請皆允行。遷大理寺丞，進左通政。七年，擢右僉都御史，巡撫山西，扼河防秦、豫，連三歲無一賊潛渡。築邊牆，免殘破州縣租，誅降賊之自恣者，而免脅從於死，晉人戴如慈母。謝病歸。十一年冬，起兵部左侍郎，遲不至，落職閒住。十三年冬，起故官，協理戎政。帝嘗問京營軍何以使練者皆精，汰者不譁，甡請行分練法。問：「別立戰營否？」甡言：「練兵法要在選將，法忌紛更，不必別立戰營也。」十五年六月，擢禮部尚書兼東閣大學士。甡有幹濟才，而趨避任術。初，周延儒以馮銓力再相，謀藉捐賑復銓冠帶，公議大沸。馮元飈爲甡謀，説延儒引甡共爲銓地，甡遂得柄用。及延儒語銓事，則言逆案不可翻，延儒始知爲所紿。又欲起張捷爲南京右都御史，引錦衣都督駱養甡，甡皆持不可，以此積不相能。十六年，春三月，楚疆大壞，帝召對廷臣，隕涕謂甡往督湖廣軍，甡請精兵三萬，自金陵趨武昌。帝言：「兵多難驟集，南京隔遠，不必退守。」甡言：「左良玉跋扈甚於往時，臣節制不行，徒損威重，南京在下流，宜兼顧，非退守也。督撫無兵，臣束手待賊。事機有不忍言者。」帝欲甡速行，而難於發言，命兵部發兵，則無可調。甡不得已，以五月辭朝，詔責其逗遛，命輟行入直，甡惶恐引罪歸。帝怒不已，遣戍金齒，南京兵部尚書史可法疏救，不許。南都立，赦還復秩，吏部尚書張慎言議召用甡，爲勳臣劉孔昭所阻，詳慎言等傳。甡嘗自言：「遠追微、箕狂遁之迹，終矢龔、謝病臥之心。懔守歲寒，歸覲君父。」又言：「以谿堂爲大窖，膽薪爲氈雪，冠履爲漢節。」久之卒。

王心一，字純甫，吴縣人。萬曆癸丑進士，由行人擢御史。天啓元年，詔給客氏土田二十頃，爲護墳香火貲，魏進忠侍衛有功，並陵功叙録。心一抗疏言：「陛下眷念二人，加給土田，明示優録，恐東征將士聞而解體。況梓宫未殯，先念保姆之香火，陵工未成，強入奄侍之勤勞。於理爲不順，於情爲失宜。」不報。已給事中侯震暘發客氏罪狀，被謫；心一論救，並坐貶。廷臣請召還者十餘疏，尋以皇子生，復官，累擢刑部侍郎。弘光時，起原官，無所建白。南都亡，微服遁，久之卒。

申紹芳，字維烈，長洲人。萬曆丙辰進士，由應天府教授陞部郎，出爲山東按察副使，累官户部右侍郎。弘光時，起原官。僧大悲之獄，詞連紹芳及錢謙益，二人疏辨，獲免。

黄孔昭，字含美，吴縣人。崇禎癸酉舉人，知大姚縣。粤亡，子向堅走萬里尋之，御以歸，吴中好事者編爲傳奇。有石衣翁南歸草，其紀述多野史所未詳者。時同邑沈之琰，字琬倩，崇禎中内閣辦事中書，有退菴遺稾。

陸坦，字履長，嘉定人。崇禎庚午舉人，授南豐知縣，不赴，隱居鄧尉山。有庚除詩稾。又太倉黄翼聖，字子羽。崇禎中，以徵辟授新都知縣，升安吉知州。國變後，棄官歸，杜門謝客。有蓮蕊居士詩選。

邱上儀，字維正，武進人。由武進士授海鹽衛游擊，居官甚廉。或告之曰：「將者知、信、仁、勇、嚴，不聞以廉，取一介亦何傷！」笑弗答。亂後，躬耕紫雲山麓。有盜劫客舟，上儀彀弩射之百步外，中盜目，乃遁，舟人詣謝，亦不見。又嘗負薪三百斤，行山中，汛兵欲奪之，盡爲所縛，兵乞哀，縱之去。平居恂恂若文士。龍山祝眉老集隱君子十四人，計其齒，盈千齡，目曰千齡社，上儀與焉。詩成，以上儀爲第一云。又張紀，字齊方，崑山人，承蔭錦衣衛所千户。國變後，掛冠歸，有概菴集。

張鹿徵，字瑶星，應天人，都督可大子也。鹿徵生時，園中鹿亦産子，故可大名之。以府學生承蔭歷錦衣衛正千户。甲申，陷賊受掠，逃歸，隱居攝山，自號白雲道者。著述甚富，有古鏡詩内外集、玉光劍氣集、謏聞正續筆，殁後多不傳。

孫宗岱，六合諸生，中書舍人國敉子也。國敉以文翰名重京師，宗岱與弟汧如世其學，時號爲「小三蘇」。崇禎中，宗岱投筆應薦，爲游擊，擢參將。明亡，隱居賣藥以終。

許譽卿，字公實，華亭人。萬曆丙辰進士，由推官徵拜吏科給事中，疏論魏忠賢大逆不道，鐫秩歸。崇禎中，起兵科給事中，而閹黨王永光，薛國觀訐譽卿爲東林主盟，結黨亂政，譽卿疏白，即引去。七年，起故官，歷工科都給事中。明年，流賊燬鳳陵，譽卿憤詆本兵張鳳翼、閣臣温體仁、王應熊玩寇速禍，且曰：「皇上法無假貸，獨於誤國輔臣不一問乎？」卒不聽。尋以資深，當擢京卿，吏科謝陞希體仁意，出之南京。大學士文震孟不平之，語侵陞，陞亦怒，疏攻譽卿營求北缺，不欲南遷，爲把持朝政地，遂削籍。言官交薦，不用。弘光時，起光禄卿。平湖監生陸濬源爲兄兵部員外澄源訟逆案冤，阿馬、阮旨，牽涉三案，并詆譽卿。譽卿疏辨曰：「諸臣以翊戴皇上爲正，均從倫序起見耳。光廟母子無間，先帝身殉社稷，何嫌何疑，而小人無端播弄，假手濬源？皇上追削温體仁謚，萬口稱快，濬源乃頌其平章之功。甚矣，若輩之黨奸欺上也！」大鋮益怒，將興大悲獄，指爲五十三參之首。國變後，祝髮爲僧，久之卒。

陳啓新，山陽人。崇禎九年，以武舉詣闕上書，言科目之病、資格之病、行取考選之病，大旨以破格用人動上。稱旨，立擢吏科給事中。然啓新條奏，率無關大計，御史王聚奎劾其溺職，帝怒，謫聚奎。久之，御史倫之楷劾其請託受賕，還鄉驕横，詔行勘。未上，而啓新遭母憂，給事中姜埰復極詆之，削籍追贓，啓新逃去，跡之不獲。國變後，爲僧以卒。

倪嘉慶，字篤之，應天人。天啓壬戌進士，除户部主事，疏言：「國計入不敷出，歲額缺至二百三十餘萬，何以支持？」既兵科給事中劉徽請裁驛遞，有旨裁十之三，省郵傳銀六十萬，嘉慶獨曰：「驛遞之設，貧民不能自食者賴之，裁之將鋌而走險，此盜生之源也。」俄而李自成以裁驛卒，走高迎祥隊中，遂致大亂。弘光時，調吏部文選司，擢户科給事中。晚爲僧，名函潛，又名大然，著有靈潭集。

孫自修，號無修，江寧人。崇禎甲子舉人，知陽江縣有聲，遷大同同知。亂後，遣二愛姬，削髮爲蔚麟和尚弟子，遊浙中，誅茅於人跡罕至之處，顏曰「懸溪」，浙人稱爲懸溪和尚。

吴有涯，字茂申，吴江人，天啓丁卯舉於鄉。崇禎中，署金壇教諭，遷平陽知縣。國變後，爲僧隱鄧尉山。

薛寀，字諧孟，武進人。崇禎辛未進士，由教授陞助教，轉南京刑部主事，歷郎中，出知開封府。鼎革後爲僧。以己名寀也，去冠，故去「宀」，去髮，故去「丿」，因姓米氏，號米堆山和尚。

錢龍錫，字稚文，華亭人。萬曆丁未進士，由庶吉士歷官南京吏部右侍郎，忤魏忠賢削籍。崇禎帝即位，廷推閣臣，金甌枚卜之首，得龍錫，拜禮部尚書兼東閣大學士。遇事正言，多所匡救，逆案之定，半爲龍錫主持。姦黨銜之次骨，高捷、史𡎺因袁崇煥得罪，連疏詆之，逮下獄，令長繫。四年五月，大旱，釋戍定海衛。弘光時復官歸里，未幾卒。

陳濟生，字皇士，華亭人，祭酒仁錫之子，以蔭歷官太僕寺丞。北都陷，南還，著再生記，顧倉卒，傳聞不盡實也。歸田後，輯啓、禎兩朝遺詩，又命工傳寫有明三百年忠臣義士像，裝潢成册。萊州黃培逆詩之獄，牽涉濟生啓禎集，會濟生已歿，得不與禍。

李世祺，字春生，青浦人，天啓壬戌進士。崇禎三年，由行人擢刑科給事中。時中官出鎮，世祺言：「魏忠賢盜弄神器，賴聖天子翦除之，奈何躬蹈之！」不聽。尋以淫雨損山陵，昌平地動，極陳時弊，帝切責之。七年正月，劾温體仁絶世之奸，大貪之尤，謫福建按察司檢校。久之，起行人，累遷太僕寺卿，以遺祭魯王旋里。國變，杜門不出，久之卒。

史惇，金壇舉人。崇禎庚辰會試後，思宗思破格求才，設特用榜，自惇以下舉人百三十六人，許同進士出身。惇請援例謁文廟，行釋菜禮，并立石太學題名，閣臣張四知持不可，詔允惇所請。是榜死事者：户部郎中金壇徐有聲、安平道副使臨川曾益、大學士賓雞楊畏知、開封知府武進蔡鳳、黄州府同知宗室朱統鍸、郟縣知縣安邑李貞佐、汾陽知縣西安山陽劉汝達、大同山陰知縣慶陽衞李倬、鞏昌安定知縣臨海應昌士、四川嘉定州知州涇縣朱儀、興文知縣漢陽艾吾鼎、呈貢知縣鍾祥黄卷十餘人。其苦節不仕者，則太倉陳瑚、崑山歸莊、嘉定徐時勉三人。惇官九江知府，嘗撰慟餘雜記，他無所聞。

李延昰，初名彦貞，後改今名，字辰山，上海人。年二十，走桂林，爲永曆帝某官。晚爲道士，隱於醫，著有崇禎甲申録、南吴舊話。疾革，以玩好分贈友朋，而儲書二千五百卷則贈秀水朱彝尊。彝尊嘗稱辰山生長士族，人不知其門閥；策名仕版，人不知其官資。誦其詩，知爲徐孝廉闇公之弟子，然出處本末終莫得而詳也。

方震孺，字孩未，桐城人，移家壽州。萬曆癸丑進士，以知縣擢御史。天啓初，疏論客、魏事，陳拔本塞源論，以言梃擊、移宫之案，直聲震朝廷。大清兵破遼陽，一日十三疏，請增巡撫、通海運、調邊兵、易司馬，且自請犒師出關，弔死扶傷，軍民大悦。因言三岔河六不可恃，疏入，命巡按遼東，監紀軍事。時議者欲退守廣寧，震孺請駐振武，又請令寧前監軍專斬逃軍逃將，並見從。而經、撫不和，疆事益壞。明年正月，大清兵渡三岔河，列城奔潰，參將祖大壽擁殘兵駐覺華島，震孺慮爲我師所購得也，航海見大壽，相攜以歸，全軍民輜重無算。明年，魏忠賢將興大獄，嗾給事中郭興治誣以贓私，下獄，擬大辟，獄卒憐其忠，飲啖之，得不死。崇禎帝嗣位，釋還。賊犯壽州，長吏適遷秩去，震孺倡士民固守，城獲全。巡撫史可法上其功，起爲廣西參議，尋擢巡撫。南都初立，舉朝叙翊戴功，無意復讎，震孺疏言：「諸臣自高夾日之勳，微臣終抱攀髯之痛。願提一旅，與賊一決。」馬士英阻之，抑鬱嘔血卒。

方孔炤，字潛夫，桐城人。萬曆丙辰進士，以知州入爲兵部員外郎。魏忠賢欲封兄子良卿爲伯，孔炤執不覆，又忤崔呈秀，遂削籍。崇禎元年，起故官，以憂歸，定桐城民變。十一年，以右僉都御史巡撫湖廣，擊賊李萬慶、羅汝才於承天，八戰八捷。督師熊文燦之納張獻忠降也，孔炤條上八議，言主撫之誤，陰厲士馬，備戰守。已而獻忠果叛，文燦檄孔炤防荆門、當陽，鄖撫王鼇永防江陵、遠安，孔炤乃請專斷德、黄，守承天，護獻陵，而江、漢以南責鼇永。會楊嗣昌代文燦，令孔炤仍駐當陽。惠王常潤疏言：「孔炤遏獻忠，有來家河、神通堡之捷，射中賊魁馬光玉，陵寢得毋虞，請增秩久任。」章下部未奏，而部將楊世恩、羅安邦奉調，會川、沅兵勦竹山寇，深入至香油坪而敗。嗣昌既以孔炤撫議異己也，又忮其言中，遂因事劾之，逮下詔獄。其子進士以智伏闕訟冤，膝行沙堰者兩年，帝心動，得減死，戍紹興。久之，薦復官，以右僉都御史屯田山東、河北。馳至濟南，命督大名、廣平二監司禦寇，命甫下而京師陷，孔炤南奔，給事中羅萬象劾其寇至踉蹌遁，又蒙面補官，乃歸隱十餘年而終。門人私謚曰貞述先生。

蔣臣，初名姬允，更今名，字一个，桐城人。早見知於太倉張采、張溥，故注名復社。崇禎中，舉賢良，户部尚書倪元璐薦之，召對平臺，請行鈔法，云：「歲造三千萬貫，一貫值一金，歲可得金三十萬兩。」侍郎王鼇永主其議，乃設寶鈔局，授臣户部主事，然事實不可行。北都陷，間道南奔，依史可法，留參軍務。臣歎曰：「以一騶虞將五狼，其能久乎？」遂辭歸。

周岐，字農父，桐城貢生，有聲復社中。以貢入京師，上書執政，言時事得失。馮元颺薦參宣督軍務，旋授河南推官，參陳潛夫軍。復以按察僉事銜參史可法軍，晚又參楊文驄軍，死於浙右。其詩歌雄奮，與方以智、錢秉鐙相伯仲云。

鄭三俊，字用章，池州建德人。萬曆戊戌進士，由知縣歷擢太常卿，疏詆客氏妖冶，幾獲罪。楊漣之劾魏忠賢也，三俊亦極論之，漣等死，三俊褫職閒住。崇禎元年，起南京户部尚書兼掌吏部事，汰閹黨一空。南糧積逋數百萬，而兵部增兵不已，三俊祛其虚冒者，士得宿飽。劾罷蕪湖、淮安、杭州三關司官之貪者三人。居七年，就移吏部。流寇大擾江北，南都震動，屢陳防禦策。禮部侍郎陳子壯下獄，疏救之。入爲刑部尚書，加太子太保。以陰陽愆和，請斥諸臣之詿誤久繫者；内而五城訊鞫，非重辟不必參送法司；外而撫按提追，非真犯不必盡解京師；刑曹決斷，以十日爲期；帝皆從之。尋以讞侯恂獄不稱旨，褫官下吏，久之，乃許配贖。十五年正月，復故官，代李日宣爲吏部尚書，論召對，親擢之非，舉劉宗周、李邦華自代，薦黄道周、史可法、馮元飈、陳士奇四人，罷不職司官數人，銓曹懔懔。既而納周延儒請屬，引吴昌時爲文選郎，又以昌時言，出給事四人、御史六人於外，科道大譁，連章攻昌時，并詆三俊，乃乞休歸。弘光時，議起廢，吏部尚書張慎言以三俊與吴甡並舉，劉孔昭、劉澤清阻之，乃已。阮大鋮之興大悲獄也，指三俊與吴甡爲十八羅漢，兩人實未出也。家居十餘年，始卒。

金光辰，字居垣，全椒人。崇禎戊辰進士，由行人擢御史，巡視西城。内官周二殺人，牒司禮捕之，二叩頭御前乞哀，帝曰：「此國法，朕不得私。」卒抵罪。按河南，條奏至三百餘章。九年，還朝。京師戒嚴，光辰分守東直門，劾兵部尚書張鳳翼三不可解、一大可憂，帝以鳳翼方在行間，寢其奏。又請罷遣中官總監軍務，帝怒，召對平臺，將加重譴，而迅雷直震御座，風雨聲大作。光辰因言：「臣在河南見皇上撤内臣而喜。」帝遽曰：「汝毋復爾！」怒亦解，人謂光辰有天幸云。翼日，鐫三級，調外。久之，召爲大理寺正，進太僕丞。十三年五月，復偕大臣召對平臺，咨禦邊、救荒、安民之策，光辰班最後，時已夜，獨對燭影中，娓娓數百言，帝爲聳然。尋移尚寶丞，陳罷練總、换授、私派、僉報數事，歷左通政。十五年正月，復召對德政殿，陳賊形勢，帝悦，擢左僉都御史。無何，以救劉宗周，仍鐫三級，調外。弘光時，起故官，未赴，阮大鋮猶列之十八羅漢中。家居二十餘年卒。

黄正賓，歙人。以貲爲舍人，直武英殿，恥由貲入官，思樹奇節。萬曆二十年，給事中羅大紘言册立東宫事，忤旨奪俸，閣臣許國、王家屏連名乞收新命，而首輔申時行密揭公疏實不與知。正賓論時行排陷同官，巧避首事之罪，帝怒，下獄拷訊，斥爲民，由是見推清議。後與李三才、顧憲成遊，益有聲。天啓時，起故官，遷尚寶少卿。汪文言之獄，坐贓千金，遣戍。崇禎元年，復故官。時閹黨徐大化、楊維垣已罷官，潛居輦下，交通奄寺，正賓發其奸，命五城御史驅逐歸里。弘光時，正賓寓居南都，已老矣，而阮大鋮方用事，乃請驅逐以報之。

方士亮，歙人。崇禎辛未進士，由推官擢兵科給事中。與同官謁大學士謝陞於朝房，陞言：「人主以不用聰明爲高。今上太用聰明，致天下盡壞。」又言：「諸君不必言款事，皇上意已決。」士亮與言官劾陞誹謗漏洩，陞遂削籍。他所舉劾，多見採納。周延儒之督師也，士亮贊畫軍前，延儒敗，士亮亦下獄。甲申春，釋歸。弘光時，復官。久之卒。

凌世韶，字官球，歙人。崇禎甲戌進士，知寧化縣，謫江西按察司簡校，改興化府經歷，陞處州府推官，有廉稱，入爲户部主事。國變後，棄官隱黄山，有納沙草。

葉廷秀，字潤山，濮州人，或曰鎮江人。天啓乙丑進士，由知縣入爲順天府推官。英國公張維賢與民争田，廷秀斷歸之民；御史袁弘勛駁勘，執如初。崇禎中，遷南京户部主事。服闋，入都疏陳吏治之弊，言：「催科一事，正供外有雜派，新增外有暗加，額辨外有貼助，小民破産傾家，安得不爲盜賊！夫欲救州、縣之弊，當自監司、郡守始。保舉之令，行已數年，而稱職者希覯，是連坐法不可不嚴也。」帝納之，授户部主事。以疏救黄道周下獄，遣戍。廷秀故不識道周，冒死論救，處之恬然，言者相繼論薦。十六年冬，特旨起故官。弘光時，兵部侍郎解學龍疏薦，内批以僉都御史用，馬士英惡之，抑授光禄少卿。已而阮大鋮、張捷相繼内批起用，給事中章正宸争之，詔詰以：「廷秀批升，何以寂無一言？」由是内批盛行，廷秀亦以是爲羣小所忌，大鋮列之五十三參中。南都亡，入閩。隆武帝授左僉都御史，進兵部右侍郎。閩敗，爲僧終。廷秀受業於劉宗周，造詣淵邃，及門者稱首。亂後著述不傳。

成勇，字仁有，安樂人。天啓乙丑進士，授饒州推官，謁鄒元標於吉水，師事之。崇禎十年，入京考選。新例：優者得翰林。公論首勇，而吏部抑之，得南京吏部主事。明年，以言者訟屈，授南京御史。尋疏論楊嗣昌奪情事，有「清議不畏，名教不畏，萬世公議不畏」語，帝怒，削籍，訊主使姓名，勇獄中上書言：「十二年外吏，數十日南臺，無權可招，無賄可納，不知有黨。」竟戍寧波衛。中外薦者十餘疏，不召。久之，命以他官用，甫聞命而都城陷。弘光時，起御史，不赴，阮大鋮猶列之五十三參中，乃披緇爲僧，越十五年以終。

范復粹，黄縣人。萬曆丁未進士，由推官入爲御史，言毛文龍不可移内地，使海外億萬生靈，棲身無所。又言袁崇焕功在存遼。巡按江西，言減削郵傳之不便。按陝西，陳治標、治本之策：以任將、設防、留餉爲治標，廣屯、蠲賦、招撫爲治本。帝皆納之，由大理寺右丞進左少卿。未幾，超拜禮部左侍郎兼東閣大學士。時同命入閣者五人，翰林惟方逢年一人，餘皆外僚，而復粹由少卿，尤屬異數。累加少保，進吏部尚書、武英殿，尋爲首輔。科道劾其才疏學淺，復粹亦不安其位，遂致仕去。國變後，卒於家。

曹珖，初名珍，避仁宗諱，改今名，字用韋，益都人。萬曆辛丑進士，歷官大理卿。天啓時，以東林削籍。崇禎改元，起户部右侍郎，進工部尚書。廷議加江西、河南、山東西田賦十二萬有奇，浙江逋織造銀十餘萬，編入正額，珖持不可。尋中官張彝憲總理部事，將設公座，珖與右侍郎高弘圖約，俟其至，言事竣，撤座去。遂相忤，請告歸。國變後，卒於家。

袁愷，聊城人。崇禎十三年，官給事中。帝之怒薛國觀也，以誤擬旨，下五府九卿科道議。吏部尚書傅永醇未測帝意，擬頗輕。愷會議，不署名，疏論永醇徇私，而微詆國觀藐肆妒嫉。國觀放歸，愷再疏發國觀納賄事，遂賜死，坐追贓。給事中宋之普以是惡愷，借事傾之，削籍歸。弘光時起故官，道卒。

姜埰，字如農，萊陽殉節諸生瀉里次子也。崇禎辛未進士，由知縣入爲禮部主事，擢禮科給事中。在官五月，上三十餘疏，卒以論二十四氣蜚語事，與熊開元同下詔獄，逮至午門，杖一百，幾死，復繫刑部獄。甲申，正月，謫戍宣州衛。乙酉，南都亡，與弟垓避兵天臺，魯監國召爲兵部侍郎，詔使敦促，埰知事不可爲，竟不起。寓居蘇州，嘗奉母歸萊陽。我山東巡撫將薦諸朝，乃佯墜馬折股，乘間復馳至蘇州，自號宣州老兵。欲結廬敬亭山，不果。病革，語其子曰：「敬亭，吾戍所也。未聞後命，吾猶罪人也，敢以異代背吾死君哉！」卒葬宣城。子安節，字勉中，徙家依墓傍卒。同人私謚曰孝明。

垓，字如須，瀉里第三子也。少與兄埰齊名。中崇禎庚辰進士，官行人。兄埰廷杖斃，垓口溺灌之，復蘇。已聞萊陽之報，疏請代兄繫獄，釋埰歸葬其父，不許，乃馳歸奉母南奔。初，行人廨舍碑有阮大鋮名，疏請碎之，大鋮切齒。及大鋮用事，與埰變姓名避之蘇州，魯監國召爲考功司郎中。大鋮譖之方國安，將殺之，垓以奉使獲免。久之卒。

圻，瀉里長子也。瀉里四子：圻、埰、垓、坡。埰、垓有名當時，而圻與坡不著。崇禎癸未，我大清兵破萊陽，瀉里一門死者二十餘人，坡與焉。圻負重傷，不死，從積骸中負父屍逃。浙東監國，以貢生謁選，授象山知縣。時滋陽、陽信二王寓居城中，江上亂兵蠭起，民不聊生，二王亦惴惴不自保。

圻上奉藩府，下撫罷兵，宛轉周旋悍將間，有調護功。浙東亡，解組北歸，抵萊陽，以憔悴死。南都之追卹諸臣也，瀉里贈光禄卿，謚忠肅，坡贈待詔，立祠萊陽。道梗不可達，埰、垓又避地不出，浙東禮臣以圻官象山，議權立祠其地，坡祔焉。

陳奇瑜，字玉鉉，保德州人，萬曆丙辰進士。天啓二年，由知縣擢禮科給事中，嘗疏詆魏忠賢。六年，出爲陝西副使，累擢至右僉都御史，巡撫延、綏，討斬盜魁略盡，威名著關、陝。於是羣賊走山西，突畿南，又從澠池渡，躪河南、湖廣，窺四川，乃擢奇瑜兵部右侍郎，總督五省軍務，屢破賊。賊渠李自成、張獻忠遁入興安之車箱峽，蹙之可盡殲，而奇瑜忽以受降僨事，逮訊遣戍，事詳明史。初，奇瑜官南陽，唐王碩熿殺其世子，欲并廢世子之子聿鍵，賴奇瑜力，聿鍵得爲世孫，即隆武帝也。福州建號，召奇瑜爲東閣大學士，道遠未聞命，卒於家。

丁啓睿，永城人。萬曆乙未進士，由陝西副使歷擢至巡撫，用督師楊嗣昌薦，擢兵部右侍郎，代鄭崇儉總督陝西三邊軍務。嗣昌死，加兵部尚書，改稱督師，賜敕印，如嗣昌銜。啓睿自副使數遷，皆在陝西，然實庸才：爲督撫，奉督師期會，謹慎無功；及任重專制，即莫知爲計；督師期年，敗者益大。十五年，冬十月，徵下吏，釋歸，事詳明史。弘光時，賁緣馬士英，充爲河南事官，督河南勸農、勦寇諸務，以禽斬歸德僞官，拜兵部尚書，加太子太保，官其一子。事敗，脱身旋里，久之卒。

李長庚，字西卿，麻城人。萬曆乙未進士，授户部主事，歷江西左、右布政，所在勵清操。入爲順天府尹，改右副都御史，巡撫山東，勤荒政，平武定寇盜，民賴以蘇。四十六年，遼東用兵，議行登、萊海運，長庚詳言所歷島口及陸行剝運遠近，部議行之。明年，特設户部侍郎一人，兼右僉都御史，督遼餉，駐天津，以長庚爲之。奏行造淮船、通津路、議牛車、酌海運、截幫運、議錢法、設按臣、開事例、嚴海防九事；又請留金花、行改折、借税課，以濟軍國急；不見聽。時諸事創始，百務坌集，長庚悉辦治。天啓三年，遷户部尚書，以憂歸。崇禎初，代閔洪學爲吏部尚書。監視宣府中官王坤與修撰陳于泰相詆，侵及首輔周延儒，長庚率同列上言：「陛下博覽古今，曾見内臣參論輔臣者否？」帝不懌。又與温體仁不合，再推郎中王茂學爲知府，忤旨，斥爲民。家居十年，國變。久之卒。

周堪賡，字仲聲，寧鄉人。天啓乙丑進士，知永春州，以治行行取陝西道御史，歷太僕寺丞，光禄少卿，順天府尹。闖賊陷開封，擢爲工部右侍郎兼副都御史，往塞賊所決河。堪賡疏言：「河之大勢盡歸於東，運道已通，陵園無恙。」疏甫上，而決口再潰，闖賊亦棄開封，别由上游偷渡，窺潼關。堪賡疏請急扼宣、雲關隘，未報而尚書命下，遂乞骸骨歸。弘光時，再申前命，堪賡知不可爲，乃變姓名轉徙閩海、嶺表間。久之歸里，焚香禮佛，鄉人罕識其面。永曆時，再以尚書召，亦不出。卒年六十三。子鋐，隆武丙戌舉人，後死於賊。

文士昂，字臺仙，攸人。天啓壬戌進士，授華陽知縣，擢工科給事中，出爲威茂道，升雲南布政使，晉太僕寺卿。士昂負經濟才，初知華陽，教民築陂，作筒車，大興水利。遷工科時，河、陝大饑，疏飭撫臣發賑無拘常例。又力陳中官監軍之弊，不見用，乞假歸。亂後佯狂山谷以終。

陳所聞，字印水，茶陵人。崇禎中拔貢，初官崇信知縣，有政聲，陞署固原州。南渡後，起知江夏縣，行取御史。戊、己以後，天下大定，棄官歸隱，山居二十年。

羅其鼎，字耳臣，桃源人。崇禎庚辰進士，官行人。性篤孝，母喪，值鄉試，不預含殮，終身不食肉、衣帛。鼎革後，隱居不出，卒，門人私謚曰貞易先生。

陳五聚，字史占，攸人。崇禎時副榜，仕至監軍。鼎革後，歸隱，築室曰茅窩，海內冥鴻之士多歸之。又羅楨者，隱居衡山，工騎射，善劍術，嶺南何不偕、陳恭尹嘗主其家。

張聖型，字子疇；聖域，字定遠。新化人。兄弟有異才，著述甚富。聖型官連山知縣，聖域官萬安知縣。鼎革後歸隱。洪承疇遺材官車鼎英徵之，不赴。結茅嚴塘，不入城市者二十餘年。

米助國，字民和，辰溪人。天啓乙丑進士，官江西龍泉知縣，撫按下議建魏璫生祠，執不可。璫敗，朝廷徵立祠罪，江右獨無，龍泉力也。擢御史，出尚書畢自嚴、給事中章正宸於獄，竟以是落職。甲申後，避亂東山，減食飲卒。子肇灝，貢生，孫元倜，舉人，皆守志以布衣終。又有余鵾翔者，亦辰溪人，助國同年進士，官金谿知縣，捕盜有聲，歷擢山東按察副使。後崎嶇滇、黔間，以悲憤死。

于斯力，湖廣人，崇禎末舉人。性嚴正不阿。由教諭擢户部主事。甲申之變，有九章歌，悲憤淋漓。後以他累瘐死。

郭都賢，字天門，益陽人。天啓壬戌進士，歷官江西巡撫。賊陷吉安、袁州，被議，棄官入廬山。弘光時，史可法薦授南京操江，不赴。可法，故都賢會試分校所得士也。丁亥，二月，永曆帝以兵部尚書召，都賢已祝髮浮邱山，號頑石，又號些菴，茹苦行腳，流寓沔陽。洪承疇之革職也，都賢奏請起用，承疇德之。後歸我朝，經略西南，謁都賢於山中，餽金不受；請以其子爲監軍，亦不許。都賢博學，精畫繪，尤工詩，多爲鄉人所傳，然竟以詩累客死江陵之承天寺。

文煥，字木生，華容人。崇禎庚午舉人，授四川南部知縣。未一月，賊至，誘之降，煥書「諸葛未亡猶是漢，伯夷雖死不從周」二語於官廨。鼎革後，崎嶇滇、黔間，累官至太常卿，已黄冠歸里。我經略洪承疇薦起之，謝以詩。承疇知不可強，禮歸之，終於家。

陶汝鼐，字仲調，寧鄉人。幼慧，甫齔，應童子試，學使者驚爲異才，取冠湖南數郡。崇禎元年，拔貢，帝幸太學，廷臣請復高皇帝積分法，特賜汝鼐第一詔，題名太學，以五品官秩留監肄業。癸酉，舉於鄉，兩中會試副榜，官廣東新會教諭。南渡後，由翰林院待詔改兵部職方司郎中，復授檢討，監五省軍，捍禦鄉邦有力。旋祝髮，號忍頭陀。著有榮木堂集。弟汝鼒，字幼調。獻賊僞檄舉名士，汝鼒與汝鼐子之典名最著。汝鼒曰：「兄止此子，吾有三子，不憂死。」乃佯應命，而蠟書乞師於江西巡撫郭都賢，不得達，竟死虔州。

劉瑄，字他山，澧州人。崇禎庚辰進士，官檢討，丁母憂歸。流賊陷澧，奉父避慈利。聞北都之變，嚙指血作書託弟終養老父，將自盡，家人羅守之，父泣喻，乃止。父歿，入衡山爲僧。

楊山松，字長蒼，武陵人，督師楊嗣昌之長子也。以祖鶴蔭〔官〕錦衣衛指揮，行軍監紀同知。幼隨父軍中，綜覈軍實，章奏皆出其手，目光如電，軍中號爲楊家小飛將。山梓，字仲丹，以父蔭官職方主事；山𣗥，字季元，襲錦衣衛百户。嗣昌負罪歿，詆之者比之温體仁，山松撰孤兒籲天録，山梓撰辨謗録，冀雪父冤。流寇陷常德，家屬殉難，兄弟募勇復讎。賊令擒楊氏一人者予千金。山𣗥爲一卒所得，縛至城南之龍溪，漁人伍立突出大呼曰：「楊氏何負於汝？」梃斃縛者，得免。康熙時，吳三桂之變，訪楊氏子孫授僞職，山松遁之江南，號忍〔古〕〔苦〕頭陀。顧炎武詩曰：「督師公子竟頭陀，詩筆峥嶸浩氣多，兩世心情知不遂，待誰更奮魯陽戈！」

賀奇，字庸也，武陵人。以拔貢授中書舍人，加兵部職方主事，監察御史。鼎革後，祝髮峨嵋，隱滇、黔間二十年。我當事強加巾服，具題以原官用，不赴。

潘應斗，字章辰，武岡人，崇禎癸未進士。南都立，陳時政，爲阮大鋮所扼，授廣東萬州知州。永曆帝之建國肇慶也，授御史，改吏部郎中，尋加太常寺卿。見劉承胤亂政，度不能抗，乃棄官去，與弟禮部主事應星誅茅威溪之麓，著述唱和，饔飧不給，晏如也。應星，字夢白，嘗刲股愈父疾，人稱孝焉。

管嗣裘，字冶仲，衡陽人，崇禎壬午舉人。父大成，官御史。獻賊陷衡州，嗣裘跳走嶺外，依桂王。粤中建號，授中書舍人，以抗直罷。居桂林之靈巖洞，衣敗絮，與傜、僮雜處，僮人義而餉之，不知所終。同時有鄒統魯，字大繫，鄠人，以拔貢中壬午舉人。衡州陷時，承父命乞師於粤督沈猶龍，導粤兵復郴、衡各郡。永曆帝立，授中書舍人，後隱祁陽山中，所在載書十數簏以從。

小腆紀傳卷第五十七

前翰林院檢討加詹事府贊善銜六合徐鼒譔

列傳第五十

遺臣二

錢士升 高承埏 鈕應斗 錢嘉徵 朱治憪 吳鉏 高斗樞 子宇泰 周元懋 從兄元初

沈中柱 鄭龍采 林時對 陸寶 馮元颺 弟元飈 沈崇掄（補） 熊明遇 李汝璨 顏垓

易應昌 詹爾選 蕭士偉 范康生 黃景昉 王觀光 莊鼇獻 余颺 林衍培 張利民 李躍龍

楊瑞鳳 謝國瑄 王志道 張若化 弟若仲 子士楷 李瑞和 林蘭友 唐顯悅 許璟 林英

盧若騰 郭貞一 沈佺期 張灝 張瀛 楊期演 葉啓蕤 林志遠 葉迎 諸葛倬 許吉璟等

王忠孝 張正聲 蔡國光 劉子葵 王簡伯 陸昆亨 黃事忠 沈光文 姚翼明 程應璠

陳瑞龍 萬年英 辜朝薦 謝元忭 任穎眉 任廷貴 陳駿音 齊价人等 楊永言 張應星

錢士升，字抑之，嘉善人。萬曆丙辰進士，廷對第一，授修撰，以母老乞歸。趙南星、魏大中、萬燝之被璫禍也，破產營護之，以是爲東林所推。崇禎元年，起少詹事，掌南京翰林院，旋謝病歸。

四年，起禮部右侍郎，署尚書事。六年九月，召拜禮部尚書兼東閣大學士。時帝操切，温體仁以刻薄佐之，士升撰四箴以獻，謂寬以御衆，簡以臨下，虚以宅心，平以出政。帝優旨報聞，而意不懌也。無何，有武生李璡請括江南富户，行首實籍没之法，士升惡之，擬旨下刑部，帝不許。士升謂：「此亂本也，當以去就争之。」抗疏極言，帝報曰：「前疏已足沽名，無庸汲汲。」士升遂乞休。國變後七年，乃卒。

高承埏，字寓公，嘉興人，屯田郎道素子也。崇禎庚辰進士，以父死非罪，伏闕訟冤，得贈故官，知寶坻縣。嘗固守抗王師，竟不賞。亂後，閉户讀書，有病中述志詩云：「惟將前進士，慘淡表孤墳。」讀者比之澤畔行吟、西臺慟哭云。又同邑鈕應斗，字宿夫，崇禎癸未進士，知漳浦縣有聲。鼎革後里居，杜門不出。

錢嘉徵，字孚于，海鹽人。天啓辛酉，舉順天鄉試副榜。崇禎改元，嘉徵上書論魏忠賢十大罪。或尼之，嘉徵慨然曰：「虎狼食人，徒手亦可搏之。舉朝不言，而草莽言之，以爲忠臣義士之倡，雖死何憾！」自是言者繼起，元惡就誅。晚選松谿知縣。閩亡，卒於里。著有松龕剩稿。

朱治憪，字子暇，嘉興人。天啓辛酉舉於鄉，選肇慶通判，歷同知。丙戌，十月，永曆帝監國肇慶，治憪與推戴。上奔梧州，擢爲兩廣總督，守肇慶。明年正月，王師自廣州乘勝下，治憪棄城走，終事不可詳。而秀水朱彝尊書其詩後云：「子暇宣勞戎務，一星卒殞天南，生爲進表之劉琨，死作思歸之温序。」蓋亦粤臣之抗節以歿者。

吴鉏，字稽田，初名祖錫，字佩遠，嘉興人。父吏部文選郎昌時以罪死。鉏素負大志，而又欲雪乃父之恥，終身冥行，不返家園。早年與妻弟徐枋往來靈巖、支硎間，既又同棲積翠。嘗走海上依張煌言，魯監國授爲職方郎中。辛丑，王師入緬，煌言遣鉏挾帛書入鄖陽山中，説十三家軍，使出師撓楚以援緬。是時十三家已衰敝，不敢出，煌言軍亦尋散。鉏乃北走中原，間南歸，則過徐枋之澗上草堂，而不入其家。鬱鬱竟死，葬膠東，以明蹈海之憤，不願首丘云。

高斗樞，字象先，鄞人。崇禎戊辰進士，授刑部主事，坐議巡撫耿如杞獄，與同列四人下獄。尋復官，進員外郎。五年，遷荆州知府，久之，擢長沙兵備副使。時賊氛已逼，臨、藍、湖、湘間土寇蠭起，長沙止老弱衛卒五百，又遣二百戍攸縣，城庫雉堞盡圮。斗樞建飛樓四十，大修守具，臨、藍賊艘二百餘由衡、湘抵城下，相拒十餘日，乃卻去。尋擊殺亂賊劉高峯等，撫定餘衆，詔録其功。巡撫陳睿謨大征臨、藍寇，斗樞當南面，大小十餘戰，賊平，詔賚銀幣。十四年六月，進按察使，撫治王永祚移斗樞守鄖陽。鄖被寇且十載，居民才四千。斗樞至甫六日，而張獻忠自陜而東，斗樞與知府徐啓元遣游擊王光恩及其弟光興分扼之，戰頻捷。光恩，故均州降渠小秦王也，善用其下，斗樞亦善撫光恩。闖賊先後四至，皆大創去。當是時，湖南、北十四郡皆陷，鄖獨存。自十五年冬撫治王永祚被逮，連命李乾德、郭景昌代之，路絶不能至，中朝謂鄖已陷。十六年夏，斗樞上請兵疏，始知鄖存。衆議即任斗樞，而陳演與有隙，乃擢啓元右僉都御史，撫治鄖陽，加斗樞太僕少卿。明年二月，朝議設漢中巡撫，兼督川北軍務，擢斗樞右僉都御史以往。路阻，朝命皆不得達。至三月，始聞僕少之命，即以軍事付啓元。七月，北都變聞，並聞漢中之命，地已失，不可往。冬十二月，命代何騰蛟巡撫湖廣，又以鄖陽固守功，加副都御史，斗樞皆不聞也。明年，南都陷，將之陝，不可；乃還鄖，鄖亦降。旁皇無之，念老父尚在，間道歸鄞。與子宇泰與於江上之役，累被名捕，竟得脱。後數年卒。

宇泰，字元發，少負才名，性尤忠篤。乙酉，偕錢肅樂起兵於鄞，時斗樞猶未歸也。魯監國手諭獎之，以爲不愧浙東喬木，授兵部武選司員外郎。丙戌冬，蠟書自海至，爲邏者所得，首被捕。戊子，翻城事洩，再隨斗樞囚繫。壬寅，復以海上事被逮，在獄終日鼓琴。仁和令者，亦倜儻士也，以慮囚入，聞琴聲而異之，及見其壁上所題詩，曰：「先生休矣！」挽宇泰飲風波亭上，固辭，令曰：「無傷也。」劇飲賦詩而别。是後隔一日必至，事解，竟不往謁。嘗自序曰：「在昔里中諸名士大會於湖南，華、王其執牛耳者，而予以臥子先生所許，濫竽其間。國難以來，華、王得追隨范、倪諸老遊於虞淵，而予靦顔視息，雖鍵户屏絶人事，然以視亡友，則可恥也。志趣不齊，菀枯隨之，向之同社，半已出山，攘攘如也。咸淳面目，守之亦希，（不可）（可不）悼哉！」所著有雪交亭集，取張肯堂舟山寓亭以名也。諸父斗權，字辰四；斗魁，字旦中，皆遺民之苦節者，并斗樞父子，時人稱爲「四高公」云。

周元懋，字柱礎，一字德林，鄞縣人，尚書應賓之從子也。以應賓蔭，累官南京右軍都事、屯部郎中。出知貴州，調思南，丁内艱，未赴，而國難作。浙東建國，服未闋，錢肅樂屢招之，辭不出，而破家輸餉弗少吝。丙戌，六月，家人自江上告失守，乃慟哭自沈於水，救之甦，即削髮入灌頂山中。性故善飲，至是益飲無度。又不喜獨酌，初呼山僧强斟之，夜以達旦；山僧爲所苦，遂避匿，則呼樵者强斟之；樵者以日暮，長跪乞去，則斟其侍者；侍者醉而仆，乃呼月；月落，乃呼雲。灌頂去所居百里，酒不時至，又以深山覓酒伴不易，始返其城西枝隱軒。每晨起，即呼子弟飲，子弟去，則更覓他人。已而積飲成病，或以無子勸少飲。有長者規之曰：「郎君不思養身待時邪？」乃瞿然不飲。出三日，則縱飲如初。然雖以酒困，凡江湖俠客之有事投止者，雖甚醉，蹶然起接，無失詞，傾所有以輸之，因是家盡喪。旋得嘔血疾，不止，卒年四十。妻俞氏亦自毁，繼之死。

元初，字自一。嗣叔父應賓爲後。讓任子於同祖兄弟元登、元懋，時人賢之。與同里華夏、王家勤、陸宇爆以忠孝相期。乙酉，從錢肅樂起兵，授部郎，不受，以白衣參軍事。江上潰，走山中，惟歲時以省墓歸。家本素封，輸餉蕩其十五；戊子，力救華、王五君子之難，又蕩其十三；既又與島上通消息，遂盡散其貲。脱粟草履，晏然也。嘗寫捫蝨圖見志，歎曰：「今之江左，并桓元子亦不可得！」年八十餘，卒於家。元登，官刑部郎，亦以苦節死。

沈中柱，字石臣，平湖人。崇禎庚辰進士，官吉水知縣。國變後爲僧，名行然，號無净，往來靈隱、金粟間。有懷木菴詩草。

鄭龍采，字聖昭，歸安人。天啓辛酉舉於鄉，出宰婺源，過湖南，謁巡撫何騰蛟，欲留爲監紀，辭曰：「朝廷命某宰婺川，不命參公軍事也。」及解組歸，騰蛟已殉難，乃祝髮入山以終。

林時對，字殿颺，學者稱爲繭菴先生，鄞人。崇禎己卯、庚辰連薦成進士，時年十八，授行人司行人。少執經倪元璐門下，常熟錢謙益聞其名，招致之，不往。於同官最與劉中藻、陸培、沈宸荃相暱。或曰：「冷官索莫，何以自遣？」曰：「苟不愛錢，原無熱地。」丁憂歸里，錢肅樂一見契之。弘光時，召爲吏科都給事中，疏言：「史可法之軍江北，所以藩衞江南者也，不當使之掣肘，進戰退守，當假便宜。左都御史劉宗周四朝老臣，天下山斗，當置左右。翰林檢討方以智忠孝世家，間關南來，不當誣以傅會之說。」並留中不下。是時，臺省混沓，邪黨過半，獨掌科熊汝霖、掌道章正宸清望諤諤，顧皆引之爲助。阮大鋮深惡之，乃嗾方國安以東林遺孽糾之，遂與同里沈履祥偕去。江上之役，熊、錢諸督師交章薦，乃起佐其房師孫嘉績幕。上封事，每遭阻格，中樞余煌輒歎息，以不能力持爲愧。時對力主渡江議，汝霖之下海寧，實力贊之。進太常卿，累遷右副都御史。江干師潰，監國遯去，慟哭棄冠服，轉徙山海間久之，而年未四十也。博訪國難事，上自巨公、元老，下至老兵、退卒，隨所聞見，折衷而論定之，曰繭菴逸史，曰詩史。當事薦之，以病辭。有同年生來訪以出處，答曰：「此事寧容商諸人邪？吾志自定，爲君謀，寧有殊！」同年愧其言而止。未幾，遺老凋落殆盡，時對獨踰大耋，幅巾深衣，躑躅行吟，至莫可與語。於是悒悒彌甚，乃令小胥舁籃轝，遍行坊市。一日，湖上演劇，遠望場間有冕旒而前者，或曰：「此流賊破京師也。」因狂號，自籃轝撞身下，踣地暈絕，流血滿面，令人亦共流涕，爲之罷劇。嗣是不復出，撟關咄咄而已。及卒，遺命柳棺布衣，不許以狀聞。

陸寶，字敬身，鄞人，以太學生高等授中書舍人。崇禎時，請以邊事自効，詔書褒答。侍郎劉之綸出師，寶戒以莫浪戰，之綸不能用而敗。尋以終養歸里。乙酉，鄞義兵起，傾家輸餉，事敗遁去，久之歸。當事欲延爲鄉飲大賓，辭不應。所著悟香集，惓惓於國事君讐，頌言不諱，故世莫得而見焉。

馮元飂，字爾賡；元飈，字爾弢：慈谿人。天啓辛酉，兄弟同舉於鄉。明年，元飈成進士，崇禎戊辰，元飂成進士，時稱「二馮」。中官張彝憲之總理户、工二部也，元飂官都水主事，抗疏謂内臣當别立公署，不當踞二部堂。時元飈亦由知縣入爲户科給事中，疏論中官出鎮之非，先後忤旨，乞假歸。元飂尋起主事，歷官蘇、松兵備參議，捕太湖盜，置都御史唐世濟族子於法。太倉人陸文聲之訐鄉官張溥、張采倡復社也，元飂力救之，而元飈亦疏詆周延儒、王應熊、温體仁，薦黄道周宜直講東宫，故兄弟直聲大著。元飂以右僉都御史巡撫天津。十七年春，流賊日逼，元飂留漕艘三百於直沽口，密疏請帝南遷，事不果行。既聞京師失陷，聚將士泣血，誓勿二。而兵備道原毓宗已内叛，劫元飂迎賊，元飂不屈，由海道脱身南歸。元飈官兵部尚書。孫傳庭之治兵關中也，廷臣多主速戰，元飈謂宜致賊，而不宜致於賊，於帝前争之，曰：「請下臣獄，俟戰而勝，斬臣謝之。」貽書傳庭，戒毋輕鬭，白、高兩將不可任。已而傳庭果敗。元飈知事不可爲，以病乞休，薦李邦華、史可法自代，帝不用，而用張縉彦，都城遂不守。帝刑威御下，内而樞部，外而疆臣，多被罪，惟二馮以恩遇終。元颺疾，賜宮參；元颺解樞部，賜瓜果食物，遣醫診視。元颺智而譎，初疏詆周延儒，延儒既相而復善之；熊開元欲盡發延儒罪，元颺沮之，開元遂獲重譴。衆論以此少之。弘光時，兄弟相繼病歿，其家請卹，給事中吴适言：「元颺身膺特簡，莫展一籌，予以祭葬，是誤國之臣生死皆得志也。」部議卒如所請行。（補）

沈崇埨，字宇昆，慈谿人，大學士宸荃之族弟也。崇禎癸未進士，授金壇知縣，其父手書「忠君愛國，勿玷清白家聲」十字付之。魯王監國，擢兵部主事。江上破，棄官躬耕於野。有同年生王爾禄，爲我巡海道，屏車騎至海濱訪之，崇埨稱病不起。爾禄徘徊門外久之，乃長歎而去。（補）

熊明遇，字良孺，進賢人。萬曆辛丑進士，由知縣擢兵科給事中，進八憂、五漸、三無疏，極陳時弊，見明史本傳。歷擢南京右僉都御史，提督操江。魏忠賢以其疏救御史游士任也，矯旨革職；坐汪文言獄，追贓謫戍。崇禎初，起兵部右侍郎。明年，進南京刑部尚書，召拜兵部尚書，言：「秦中流寇，明旨許撫勦並行。臣謂渠魁乞降，亦宜撫；脅從負固，亦宜勦。」帝納之。明年，以過信山東巡撫余大成言，撫叛將李九成，致萊城被圍，又曲庇宣府議和巡撫沈棨，命解任。久之，起南京兵部尚書，改工部，引疾歸。國變後，卒於家。

李汝璨，字用章，南昌人。崇禎時，官兵科給事中。十年閏月，因旱求言，疏言：「八九年來，干和召災，始於端揆，積於四海，水旱盜賊，何怪其然。」帝怒，削籍。國變，衰絰北面哀號，作祈死文，竟死。

顏㤥，字宇肩，德化人。天啓中進士，知平湖縣有聲。召對稱旨，擢翰林院檢討，轉右春坊，洊升學士。明亡，不仕。

易應昌，字瑞芝，臨川人，萬曆癸丑進士。天啓時，由御史累遷大理少卿，閹黨劾爲東林，削籍。崇禎二年，起左僉都御史，進左副都御史，偕都御史曹于汴持史𡌴、高捷起官事甚力。尋以救刑部尚書喬允升，忤旨遣戍。弘光時，召復故官，遷工部右侍郎，阮大鋮列之十八羅漢中。國變後卒。

詹爾選，字思吉，撫州樂安人。崇禎辛未進士，由太常博士擢御史，請起用侍郎陳子壯、推官湯開遠。已因劾陳啓新，并劾吏部尚書謝陞、大學士温體仁不加駮正，尸素可愧。未幾，大學士錢士升以争武生李璡搜括富户之請，忤旨乞休。爾選言：「人臣所以不肯言者，其源在不肯去耳。輔臣肯言、肯去，臣實榮之，獨不能不爲朝廷惜也。」語多切至。帝震怒，召對詰責，爾選侃侃不少屈。命錦衣提下，爾選叩頭曰：「臣死不足惜。皇上幸聽臣，事尚可爲；即不聽，亦可留爲他日思。」帝愈怒，大臣力爲申救，僅削籍歸。十五年，給事中沈迅、左懋第相繼論薦，召還，未赴而都城陷。弘光立，首起之，羣小憚其鯁直，令補外僚，遂不出。國變後又十二年而終。

蕭士瑋，字伯玉，泰和人，中萬曆丙辰鄉試。越七年，天啓壬戌，成進士，除行人，歷吏部郎中。弘光時，擢光禄寺卿。著有春浮園集。

范康生，字訒軒，安福人。官中書舍人。從萬元吉於阜口，隨入贛州。城陷被執，放歸，著倣指南録，紀贛事甚悉。

黄景昉，字太稺，晉江人。天啓乙丑進士，由庶吉士歷官庶子。崇禎十一年，御經筵，問用人之道，景昉言：「考選不公，推官成勇、朱天麟廉能素著，不得預清華選。」又言：「鄭三俊不當久繫。」帝皆嘉納，進少詹事。嘗召對，言：「近撤監視中官高起潛，關外輒聞警報。臣家海濱，將吏每遇調發，即報海警，冀得復留。觸類而推，其情自見。」帝頷之。十四年，以詹事掌翰林院。十五年六月，與蔣德璟、吴甡並進東閣大學士。明年，並加太子太保，改户部尚書，文淵閣。帝欲裁去南京操江文臣，專任誠意伯劉孔昭，持不可，忤旨，遂引歸。隆武時，召入直，復告歸。國變後，家居十數年始卒。

王觀光，字子開，晉江人。天啓中進士，知舒城縣，有聲，遷刑部主事。富商吴某家奴擁貲數十萬，投魏璫門，反噬其主，璫敗繫獄，賄求脱，卒擬決，輿論快之。出知常州府，革織造輸知府歲例八千金，宜興魯較肆亂，計擒誅之。尋引疾歸，以薦起補荆州府。惠藩承奉某虐於民，愬者盈篋。觀光謂争之不如化之，密緘送閲，某大悚愧，夜出數千人，歡聲如雷。荆故流賊出入處，觀光捐橐中金，築沙市關城，延袤三十里，雜民兵吹笳揚幟，奸細來，則殲之，賊不敢犯。楊嗣昌督師駐荆、襄，觀光請令其兵自饋，嗣昌銜之，以計典去，士民號泣，惠藩疏保留。尋以積勞乞休。隆武時，起户部右侍郎，兼吏、禮、兵三部事，未幾歸。

莊鼇獻，字任公，晉江人。崇禎癸酉進士，由庶吉士改兵科給事中。論東廠之害，忤旨，貶浙江按察司照磨。弘光時，復原官，久之卒。

余颺，字賡之，莆田人。崇禎丁丑進士，其制義與同年夏允彝、陳子龍齊名。知宣城縣，分校鄉闈，所取士如王亦臨、方以智俱知名士。弘光時，擢吏部文選司。未幾歸，杜門不出。丁亥，魯監國召爲左都御史，亦不赴。著有蘆中詩文集、蘆蜡史論、識小録。

林衍培，字仲卿，莆田人，以貢生知興國縣。興爲吉、贛門户。土寇閻總之亂，衍培練義勇自將之，屢挫賊鋒，邑恃以無恐。尋以母老歸養，屢徵不起。生平言笑不苟，終日危坐，年六十二卒。

張利民，字能因，侯官人。崇禎庚辰進士，知桐城縣。值獻賊再攻城，利民集將士，執所佩刀殺白雞，以血灑地曰：「諸公有二心者彼視。」又折矢誓曰：「利民今日藉諸公力堅守，有功不以上聞者有如此矢。」將士感泣。賊百計攻之，不克，會黄得功來援，遂解去。在邑三年，治行推天下第一，擢户科給事中。國變後，披緇入山，自稱田中和尚。有野衲詩略。

李躍龍，字鱗伯，福安諸生，劉中藻之妹夫也。隆武時，授兵科掌印給事中，偕中藻攻福寧州，州民閉門拒守。躍龍單騎至城下，諭以勤王大義，民開門迎降。後卒於天臺之紫微宮。子先春，字茂初，亦諸生，授監紀理刑，有志節。

楊瑞鳳，字和仲，仙遊人。崇禎中，以武進士官游擊。國變後，退居暘谷。山寇郭爾隆竊發，瑞鳳親冒矢石，凡十一戰始解，鄉里獲全。天下既平，竟不仕。

謝國熅，字進寶，歸化人。偉軀幹，有膂力，官御營前軍都督。明亡，杜門不出，有「大明宮殿鎖煙霞，荆棘銅駝淚一車」之句，鬱鬱死。

王志道，漳浦人。崇禎中，官副都御史。六年正月，中官王坤詆修撰陳于泰，侵及首輔周延儒，廷臣以内臣輕議朝政争之，帝不懌。志道劾坤語尤切，帝責令回奏。奏上，召對平臺，詰責者久之，竟削籍。志道初以議三案爲高攀龍所駮，謝病歸。魏忠賢以其非東林也，擢左通政，論者薄之。至是竟以忤中官罷。弘光時，擢户部右侍郎，阮大鋮列之七十二菩薩中。終事不可詳。

張若化，字雨玉，漳浦人，崇禎丙子舉於鄉。弟若仲，字聲玉，庚辰進士，官益府長史。若化爲黄道周弟子。道周之下詔獄也，若化微服入獄左右之。隆武時，徵拜御史。閩亡，兄弟退隱丹山，蕙衣竹冠，往來島上。時鄭氏據臺、廈，以恢復爲名，同里進士倪俊明等俱署官職。及鄭經西渡，據漳州，遣其親信馮錫範齎幣聘若化兄弟，固辭不出。山居數十年，以壽終。若化子士楷，字端卿，工詩、古文詞。若化兄弟之偕隱丹山也，士楷方弱冠，自以先代遺臣子，杜門屏舉業，潛心性命，以主敬爲根本。論者方之漢汝南黄憲云。

李瑞和，字寶弓，漳浦人。崇禎中進士，官松江推官，讞獄多平反，松江人塑像生祀之。尋擢御史，視鹺兩浙，丁艱歸。家居四十四載，竟不出。黄道周爲序其牆東集。國變後十二年而卒。

林蘭友，字翰荃，號自芳，仙遊人。崇禎辛未進士，知臨桂縣，宗室、貴戚爲斂迹。行取南京御史，連疏劾輔臣張至發、薛國觀，冢臣田維嘉，樞臣楊嗣昌負國之罪，忤旨，禍且不測；詹事黃道周、翰林劉同升、趙士春、給事中何楷交章論救，謫浙江按察司照磨。時稱「長安五諫」。久之，起考功員外郎。北都陷，賊纍繫羣臣，令降者立紅幟下，不降者立青幟下，蘭友竟立青幟下。賊暴之烈日中，有道士投以濡帕，噍之得不死。隆武時，起太僕少卿，晉兵部尚書，右副都御史，督師泉、漳。閩亡，奉老親遁之廈門，羈窮飄泊凡十五載卒。

唐顯悦，字子安，仙遊人，天啓壬戌進士。崇禎時，知襄陽府，遷下江兵備副使，守麻城有功，尋被劾歸。起蒼梧道，轉嶺南巡道，丁母憂歸。隆武帝召爲右通政，以兵部右侍郎致仕，全家渡廈門。朱成功子經之妻唐氏，顯悦女孫也，而不禮於經，顯悦銜之。經亂弟之乳母陳氏而生子，詭以妻出報，顯悦致書成功，謂：「乳母居八母之一，狎而生子，家不正，何以治國！」成功怒，欲誅經，令不行，遂憤懣成疾卒。而顯悦竟以壽終。

許璟，字得璟，莆田人。崇禎戊辰進士，由南昌推官歷升湖廣參議，平寇有功。明亡，依朱成功，卒於廈門。

林英，字雲又，福清人。崇禎中，以歲貢知昆明縣，有神明稱。永曆時，官兵部司務。明亡，祝髮爲僧，由滇遁入臺灣卒。

王忠孝，字長孺，號愧兩，惠安人。崇禎戊辰進士，授户部主事，轉薊州餉，忤内監鄭希詔，緹騎逮治。故事：緹騎所至，不饜慾，則楚毒隨之。忠孝不能具一餐，校以其廉，且冤之，京師相傳爲異事。入獄，詞不撓，廷杖遣戍，御史王志道疏救得釋。弘光時，授紹興知府，隆武帝擢光禄寺少卿，遷左副都御史。閩亡，依朱成功於廈門。永曆帝命以兵部左侍郎兼太常寺卿，疏辭，不許，道阻不能赴。王師克廈門，復徙臺灣，卒。

張正聲，字長正，惠安人；蔡國光，字士觀，金門人：同中崇禎甲戌進士。正聲以推官歷陞職方郎中，國光以鉅鹿知縣召對稱旨，擢禮科給事中。北都之變，皆被賊拷掠，乘間南歸。正聲散財起義，不克。先後渡海入廈門以終。

劉子葵，惠安人。惠安義師之役，子葵襄其事，官索之急，削髮入廈門爲僧。復謁永曆帝於肇慶，擢龍川知縣。總兵黄應杰叛，子葵扼關使不得北向，惠屬諸邑賴以全。標將某譏之巡撫，子葵曰：「吾爲國耳，豈戀一官哉？」即日解組去，與王簡伯遯潮之深山。久之，復至廈門。簡伯，撫州人。子葵之樹幟龍川也，簡伯以兵部職方奉命過其邑，河源師潰，自刎不殊，乃與子葵往來閩、粤間。將之桂林，途遇寇死。

陸昆亨，不知何許人。官錦衣衛，扈隆武帝西行。汀州之變，奔廈門爲僧，年八十有奇。

黄事忠，字臣以，不知何許人。官兵部職方司。嘗崎嶇閩、粤，起義兵，母妻被殺，避居廈門。戊戌冬，偕御史徐孚遠、都督張自新奉使赴滇，失道安南，與國王爭禮。後西旋，不知所終。

沈光文，字文開，號斯菴，鄞人，以明經入貢。乙酉，豫畫江之師，魯監國授太常博士。已從至長垣，進工部郎。軍潰，扈監國不及，走肇慶，永曆帝擢太常寺卿。辛卯，兩粵再覆，由潮陽至金門。我閩督李率泰招之，焚其書，返其幣。將航海居泉之海口，颶風失維，飄至臺灣。時臺灣猶爲荷蘭所據，從受一廛。及延平王朱成功至，知光文故在，喜甚，以客禮見，致餼撥田宅贍之。成功卒，子經嗣立，頗改父政，諷以詩，幾得禍，因逸至羅漢門爲僧，授徒自給，不足則濟以醫。歎曰：「吾二十年飄零絶島，棄墳墓不顧者，祇欲完髮以見先帝，而卒不克，其命也夫！」癸丑，臺灣初附，我總督姚啓聖貽書曰：「管寧無恙邪？」尋卒於諸羅。光文居臺三十年，蓋及見延平三世之盛衰云。所著有臺灣賦、東海賦、檨賦、桐花芳草賦、草木雜記。

姚翼明，字興公，浙江人，官兵科給事中。明亡，起義海昌，事敗遁。已從魯監國乘槎至廈門，僦居東嶽廟，爨火屢空，充然自得。旋入洪濟寺爲僧，著有南行草。

程應璠，浙江人；陳瑞龍，湖廣人：並以武進士歷官都督。浮海至廈門，與徐孚遠諸人遊。紀許國詩云：「勳追盛世麒麟閣，人是深山布褐翁。」瑞龍卒於廈。

萬年英，字静齋，黄州人，官台州通判。隆武帝登極詔至，魯諸臣不用命，年英獨言：「此時不宜異議。」上聞而嘉之，擢兵部主事。閩亡，遁跡廈門，永曆帝召授故官。癸巳，復奉命至島，與徐孚遠、紀文疇遊。後不知所終。

辜朝薦，字在公，潮州人。崇禎戊辰進士，授安慶推官，晉兵科給事中，與郭之奇、羅黄傑、黄奇遇號爲「四駿」。明亡，依朱成功於金、廈，後渡臺灣卒。或曰：朝薦在粤與何吾騶争事權，有隙。丙戌，李成棟以王師入廣州，實朝薦導之。既成棟歸明，朝薦懼事洩，走歸島云。

謝元忭，字途野，潮州人，崇禎癸未進士。永曆時，官兵科給事中，後祝髮於廈門爲僧。

任穎眉，不知何處人。魯監國時，以職方郎中監督師熊汝霖軍，從監國航海。定西侯張名振嘗舟過昌國衛，守城兵以礮擊之，中名振臥牀，名振大怒曰：「叛軍無禮乃爾邪！」襲破之，擄城中婦女二百八十有奇，將賞給南田軍士。穎眉自舟山至，具以告，穎眉力争之，竟日與名振大競，僚佐勸止之。明晨，名振迎入帳，抗論如前，乃禮謝之，婦女得放還。辛卯，八月，舟山陷，突圍得脱，從監國終於廈門。

任廷貴，不知何處人。以太常寺卿從魯監國於舟山。辛卯，八月，王師逼舟山，監國航海，廷貴又從焉。自廈門奉命北上，舟覆北茭洋，以僧遯。貽絶命詩曰：「還將不二證西歸，未遂黄冠即衲衣。力任四千餘載重，癡擔六十七年非。翩翩野鶴隨雲適，點點寒梅鬬雪霏。夢破瞿然成大覺，澄潭明月自相依。」

陳駿音，不知何許人，黄道周弟子。隆武時，官中書舍人。道周師次明堂里，自忖必敗，出所著書畀駿音間道持歸，偶客邸火，燼焉。每語及，輒哭。閩亡，依鄭氏於廈門，授吏官都事。鄭經之與耿精忠敗盟也，駿音謂：「隳兩國之好，失同讎之義，致前門拒虎者，恢心薙髮，悔何可追！今惟遺將倍道出邵武，攻南臺，親統六師，臨江督戰，庶可冀成効。若優遊歲月，恐禍不遠矣。」馮錫範詆爲老悖，出爲銅山安撫司。鄭氏亡，駿音遁粤之韓江，年八十餘卒。又有齊价人、洪七峯、駱亦至、吴亦菴、劉玉龍五人者，其詳不可聞，明季遺老之避地臺、廈兩島者也。亦至著有島史。亦菴江右人，嘗官兵部，寓居醉仙巖以終。

楊永言，字岑立，昆明人。崇禎癸未進士，官崑山知縣，嘗應南都詔，薦諸生顧炎武於朝。會王師南下，永言棄官逃，已復與炎武及參將陳弘勳、諸生歸莊、吴其沆等起兵拒守。事敗，入黄浦依吴志葵。志葵敗，祝髮爲僧，名嬾雲，入中峯，旋入金華，晚卒於滇。

張應星，雲南恩貢生。習讖緯，工劍術。官知州，以軍功擢部郎。隆武建號，齎詔賜沐天波。過汀州，歸化知縣華廷獻留之宴，忽報峒賊將至，應星曰：「我雖過客，而眷屬在城，義無退避，禍福與君共之。」集紳士瀝血神前，登陴望賊陣曰：「此名赤腳城，如馬足裹鐵，履山坂如平地。吾識此。」符呪破之，立解。賊造天車如方柵，容四十餘人，數人推而前，高與城齊，應星以銜木破之。相持數晝夜，城賴以全。

小腆紀傳卷第五十八

前翰林院檢討加詹事府贊善銜六合徐鼒撰

列傳第五十一

逸民

徐逸度 黄周星 王潢 顧與治 紀映鍾 張弨 卓爾堪 萬壽祺 徐枋 周茂蘭 金俊明
陸璉 徐晟 徐樹丕 楊炤 韓洽 葉襄 陳三島 包捷 吴宗潛 吴宗漢 吴宗泌 顧有孝
歸莊 顧蘭服 鍾曉 楊彝 毛晉 侯泓 朱明德 朱明鎬 張若羲 陸慶臻 王光承 謝遴
紙衣翁 沈壽民（補） 采薇子 趙士喆 趙士完 張光啓 劉孔懷 崔子忠 董樵
一壺先生 吴道行 兄道升 子愀 方月斯 郭金臺 蔣之棻 朱之宣 王二南 瞿龍躍
李國相 郭履躚 劉象賢 夏汝弼 周士儀 陳三績 鄧林材 劉春萊 唐之正 陸圻
汪渢（補） 施相 徐繼恩 譚遷 巢鳴盛 譚貞良 褚連時 吴統持 沈起 王翃 馮延年
俞汝言 蔣之翹 李標 李天植 錢士馨 陸啓浤 周之濬 張應鰲 董瑒 趙甸 張應煜
劉應期 張成義 陳確 葉敦艮 戴易 張宗觀 朱士稚 陳洪綬 邵以貫 吕章成
周容 楊秉紘 周西 范路 駱國挺 朱金芝 林浤 曾燦恒 楊維熊 陳發曾 蔡又新

陳名賓　何其偉　王賡　鄭郊弟郟　鄭邵　劉堯章　林炅　朱國漢丁之賢　阮文錫林藿
莊潛　洪承畯　陳顯謨　葉后詔　張士榔　涂伯案弟仲吉　李茂春　洪思　王仍輅　程之正
黄驤陛　林邁佳　陳國典　邱義

徐逸度，以字稱，中山王達之裔。國變後，棄家挾崑山李氏子同竄，呼以伯仲，遂姓李，以來南故，遂名南世，或有言李南詩者，非真姓名也。隱於杭東郭之艮山，賣藥自給，所交惟逸民徐堅石、施蕙農數人。疾革時，子嘉錫跪牀下，請宗姓及名，瞋目叱之，終不言，故子若孫終不知氏之所自。卒年八十有五。其爲詩歌，多可嗟可泣語，率不存，存者惟楚歸吟、郙居漫興二卷，前後梅花二百詠而已。

黄周星，字景虞，一字九煙。本湘潭周氏子，幼爲金陵黄氏撫養，遂冒其姓爲黄周星。成崇禎庚辰進士，除户科給事中，不就。性狷介，詩文奇偉。國變後，變姓名爲黄人，字略似，僑寓湖州，寒暑不易衣冠。年七十，自撰墓志，作解脱吟十二章，縱飲酒一斗，大醉，沈南潯河死。

王潢，字元倬，上元人，崇禎丙子舉人。户部郎中倪嘉慶薦於朝，潢念世亂親老，賦南陔詩以見志，不就。嘗與顧炎武同詣孝陵。炎武稱其詩「深婉和摯，不失三百篇温柔敦厚之旨。」又江寧貢生顧與治，字夢游；上元紀映鍾，字伯紫：皆逸民中以詩名者。

張弨，字力臣，淮安山陽人。父致中，爲復社領袖，尊經博古，家貧而儲金石文頗富。弨承家學，棄諸生，不就試，躬歷焦山水滋，手拓瘞鶴銘而考證之。又入陝謁唐昭陵，遍覽從葬諸王公表碣，潛瑁斷石，必三復而聯絡之。顧炎武開雕音學五書於淮上，弨與子叶增、叶箕任校寫之役。炎武嘗云：「精心六書，信而好古，吾不如張力臣。」

卓爾堪，字子任，江都人，建文時侍郎敬之孫。選輯逸民詩。朱彝尊詩所云「忠貞公後族蟬聯，一代遺民藉爾傳」也。

萬壽祺，字年少，徐州人，崇禎庚午舉人。風流豪宕，傾動一時。國變後，僧冠僧服，自名明志道人、沙門慧壽，飲酒食肉如故。顧炎武過山陽，與定交焉。

徐枋，字昭法，號俟齋，長洲人，故詹事汧之子。崇禎壬午舉於鄉。痛父死國難，與嘉善吴鉏避地靈巖、支硎間，久乃築澗上草堂老焉。書法孫過庭，畫法巨然，署曰秦餘山人，終其身以書畫自給，足不入城市。豢一驢，甚馴，能知人意。有所需，則以書畫卷置一麗驢背上，驢乃獨行至城，立城闉間，不闌出一步。市人見之，咸謂「高士驢至」，取其卷，如所指備物而納諸麗。達官貴人訪之，輒踰垣避去，有所遺，不受。巡撫湯斌嘗屏從騎，徒步叩門者再，卒不見。往來者惟萊陽姜實節、宣城沈壽民、崑山朱用純、同里楊无咎、門弟子吴江潘耒及南嶽和尚洪儲也。洪儲每以香火資周所急，曰：「此世外清浄物。」得獨留。所居當天平山麓，平遠清勝，讀書染翰之外，竟日不出一語。與平湖李確、嘉興巢鳴盛稱「海内三高士」。年七十有三卒。潘耒與山陰戴易葬之鄧尉之西真如塢，而以澗上草堂爲之祠。

周茂蘭，字子佩，吴縣人，忠介順昌長子也。順昌死閹禍。崇禎帝即位，茂蘭刺血書，詣闕訟冤，詔以所贈官推及其祖父。茂蘭更請給三世誥命，建祠賜額，悉報可，且命先後慘死諸臣咸視此例。茂蘭好學砥行，不就蔭叙。國變後隱居，以壽終。鄉人私謚曰端孝先生。

金俊明，字孝章，吴縣諸生。性和而介，入復社，才名藉甚。崇禎壬午秋，偶筮焦氏易林，得蠱之艮，愀然太息，遂棄諸生。亂後，隱市廛間，矮屋數椽，藏書滿櫝。門人私謚曰貞孝。又陸璉，字茂璩，吴縣人，兩中武科。國變後，祝髮蓮子峯下，自號了緣道人，有楓江遺稾。

徐晟，字禎起，一字損之，長洲諸生。以陶潛自比，題其詩爲陶菴詩删。魏禧嘗稱爲吴門隱君子，謂其詩頓挫沈鬱，即辭有未工，必不稍有矯飾，以自害其性情。同時諸生徐樹丕，字武子，工八分書。亂後，屏居郊西，布衣藿食，泊如也。著有埋菴集。楊炤，字明遠。年少負高才，遁跡不出，妻子凍餒，吟詠弗顧也。韓洽，字君望，隱居羊山。秀水朱彝尊極稱之，謂所據篆學測解、釋訓考源，足證趙宧光説文長箋之謬。葉襄，字聖野，與萊陽姜垓詩篇唱和，力屏鍾、譚邪説，所刊吟稾，今不傳。陳三島，字鶴客，蓬户席門，求友若不及，與魏耕、張宗觀、朱士稚等爲莫逆交，孤憤露於詞色。耕以海上事洩，入獄死，宗觀、士稚等亦不良於死，三島鬱鬱卒。以上皆長洲人。

包捷，字鷩幾，吴江人，崇禎壬午舉人。性真摯。孫兆奎之死也，哭之内橋。明年，吴易死杭州，收葬之。隱居灌園以終。有西山集。同時諸生俞粲，字受子，谷隱巖耕，不入城市。又吴宗潛、宗漢、宗泌兄弟九人，隱居唱和，所輯有驚隱篇、歲寒集。而顧有孝者，字茂倫，選刻百家詩行於世，有「齏菜孟嘗君」之目。晚號雪灘釣叟。松陵女子沈關關刺繡作雪灘濯足圖，過江人士至以不與題詞爲恨云。以上皆吴江諸生。

歸莊，字玄恭，崑山諸生，嘗舉崇禎庚辰特用榜。博涉羣書，工草隸。與同里顧炎武學行相推許，而不諧於俗，有「歸奇、顧怪」之目。乙酉，王師下崑山，與炎武同應前令楊永言義師之役。事敗，亡命去，薙髮僧裝，稱普明頭陀。晚乃廬金潼里之祖塋側。炎武奔走四方，莊不出里閈，而寓書相切劘。炎武嘗言：「音韻必宗上古，孔子亦未免有誤。」莊規之曰：「君學益博，則僻益甚，將不獨音韻爲然。郤子語迂，單子知其不免，況加之以怪乎！願抑賢知之過，以就中庸也。」又勸炎武東歸云：「柳子厚竄南方，恨其祖先曾不若馬醫、夏畦之鬼，得享歲時之祭。君獨無邱墓之思乎？」其直諒誠款如此。又顧蘭服，字國馨，於炎武爲從叔父行。國變後，棄諸生業醫。永曆帝稱號粵中，遣使授冠帶，辭以疾，不赴。又有鍾曉者，字人雅，或曰醇厓，不詳何處人。崇禎末，流寓崑山，食鮮一飽，而行吟不輟。見堊牆，輒以所作題壁棄書，人爭惡之。夏日，沈飲大醉，溺水死。

楊彝，常熟人。以歲貢官松江訓導，擢知都昌縣，道阻弗克赴。萬曆之季，士子喜倡新説，畔傳注，彝與太倉顧夢麟力明先儒之説，天下翕然從風，稱楊、顧學。鼎革後，歸隱。晚歲目盲，猶令人讀書其側，講説無少倦。年七十九卒。同邑毛晉，字子晉，隱居不赴試。性好藏書，自十三經、十七史及詩詞、曲本、别集、稗官，靡不鏤版公諸世，今所謂汲古閣本也。有野外詩卷。

侯泓，字研德，後更名涵，字中德，嘉定諸生。論文以孟子爲宗，論詩本之自得。所作揚州秋懷七言律，感懷故國，情見乎詞。有掌亭集。鄉人私謚曰貞憲先生。

朱明德，字不遠，太倉人。隱居爛溪之濱，著句吴外史，記鼎革時事甚悉。又諸生朱明鎬者，字昭芑，有甲申悲憤詩。

張若羲，字昊東，華亭人，崇禎癸未進士。甲申後，灌園自給。中表秀水朱彝尊嘗訪之郊外，荷鉏帶笠，相揖於田間。破屋中下一榻，以留吴處士騏。

陸慶臻，字集生，金山衞人。崇禎壬午舉人。國朝順治八年，揀選推官，不赴。遊秦、晉間，晚始歸里。貧甚，泣曰：「得墓田一笏營葬足矣！」故又號笏田。著有薺園詩稿。又有王光承，字介右；弟烈，字名世：皆上海諸生。亂後，兄弟躬耕海畔，有鎌山草堂詩集。

謝遴，字彙先，宜興人。崇禎癸酉舉人，有亦是樓存藁。鼎革後，穩居種菜。檢討陳維崧贈以詩曰：「半畝牛宫繞菜田，鉏畦汲水獨悠然，芒鞵一兩千金直，不踏城中二十年。」

紙衣翁者，面目略可辨，行吴市中，翦紙爲衣，行則窣窣作響。日詣破廟中卧。卧起，於兩袖間出崇禎大錢一，弘光、隆武錢二，置之高所而載拜。拜已，始就食，食亦不審其何所得。識者謂：「是南都、閩疆之遺臣邪？」而姓氏竟弗傳。

沈壽民，字眉生，宣城諸生，修撰懋學之從孫也。崇禎九年，舉賢良方正，巡撫張國維以壽民應詔。適楊嗣昌奪情起兵部尚書，抗疏劾之曰：「嗣昌起復業一年矣，即應躬歷戎行，滅寇朝食，奈何安坐司馬之堂，支吾朝夕，使餉日以虧，師或解體。雖屈首服丁汝夔之刑，束身死王洽之獄，竟何益哉！」又疏云：「嗣昌既不能躬行戎間，曲徇熊文燦主撫之説，即撫局果成，辱國損威，已不可贖，而況乎其未必也。流寇蔓延七省，肆毒十年，擅驚陵寢，凡爲臣子，疇弗痛心！嗣昌統一十二萬之師，不爲不武，運二百八十餘萬之餉，不爲不充，整旅以往，何凶弗摧。俾賊力極勢窮，面縛輿櫬，而後昭上恩德以宥之，夫如是而撫可成也。今者漫無翦治，頓事姑容，招之不來，強而後可，講盟結約，若與國然。天下有授柄於賊，而能制賊者乎！毋乃既隳勦之功，而復乖撫之術乎？雖復遠寬三年之限，更累數年之民，正恐盪賊無期，主憂彌切，臣不知所終矣。」通政使張紹先以其言危切，借字數溢額，寢不上；壽民書責之，紹先乃請上裁，命勿進；壽民復檃括兩疏上之，留中。少詹事黄道周聞而歎曰：「此何等事，在朝者不言，而草野言之，吾輩愧死矣！」廷臣次第疏争，俱獲嚴譴，要自壽民倡之，故是時名震天下。未幾，移疾歸，講學姑山，從遊者數百人。先是壽民疏中有「阮大鋮妄陳條畫，鼓煽豐芑」語，大鋮深銜之。弘光時，大鋮用事，乃變姓名，攜家走金華山中。南都亡，遂匿跡深山，採藜藿以自食。有知而餉之者，皆峻卻，曰：「士不窮無以見義，不奇窮無以明操守。」郡守朱天錫致十金，辭不獲，庋置壁中三年，未嘗發視。溧陽陳名夏雅善壽民，既仕我朝爲大學士，將特疏薦之，遣使寓書，壽民不發函，對使焚之，答書曰：「龔勝、謝枋得智非不若皋羽、所南，卒殞厥軀者，由多此物色耳。今之薦僕者，直欲死僕也。」名夏乃止。乙未，始還里，而足不履城市，當事或邀之，及半道，望望然去。乙卯，五月，卒，年六十九。疾革，命門人劉堯枝、施閏章載筆，曰：「以此心還天地，此身還父母，此學還孔、孟。」語畢而瞑。生平重然諾。友人周梅骨死海外，子幼，壽民渡海葬之。周鑣之歿也，藐孤爲逋負所逼，壽民鬻田以償。與黄宗羲交最篤，別四十年矣，臨歿，爲書永訣，去易簀十有三日耳。學者私謚曰貞文先生。所著有閑道録。（補）

采薇子者，衣如懸鶉，兩足重繭如漆，往來績溪嶺北，常宿路亭中，拾楛枝，擷野菜，就沙罐爛煮食之。食已，復擷菜拾枝如故，而未嘗向人乞一錢。間入郵館中，假童子楮筆題詩，詩或可解〔或〕不可解，而字甚工。題已，歈歈誦，歈歈哭，尾輒署曰采薇子。叩其姓氏，即流涕不答；再叩之，則哀號疾馳去。顧每歲三月既望，必僵卧地下者數日，不飲、不食、不言笑，好事者或蹴而呼之以食，則又歈歈然哭不已，人以是度其爲故明之有爵位而悼喪其君者。

趙士喆，字伯濬，掖縣貢生。倡山左大社，與南中復社相應。集義勇，捍衞鄉里。嘗削封事藁，欲上之，見陳啓新用事，不果。顛沛終老。著有東山詩史，陳濟生嘗謂：「忠愛懇切，大類子美。」又趙士完，字汝彥，掖縣人，崇禎壬午舉人。亂後棄家而南，棲廢寺中。弟士冕，官我朝鎮江知府，物色得之，强之歸。顧炎武與訂交焉。

張光啓，字元明，章邱諸生。亂後，足不履城市，年八十餘卒。王士禛爲删存其詩。又長山劉孔懷，號果菴，顧炎武嘗主其家，與之辨析疑義。所著有四書五經字徵、詩經辨韻諸書。

崔子忠，一名丹，字道毋，又字青蚓，萊陽人，寄籍爲宛平諸生。畫與陳洪綬齊名，世所稱「南陳、北崔」也。嘗爲尚書華亭董其昌所許。顧自矜貴，雖貧甚，而不以金帛動。友人官吏部者念之，屬選人具金爲壽，子忠怒，投之地曰：「念我貧，當分俸餉我，乃以此外來物汙我邪！」史可法故與子忠善，偶詣其舍，見方絕食，脱乘馬曰：「聊佐一夕衞。」逕徒步歸。於是子忠牽馬入市，得金，呼友噱飲之，曰：「此酒自史道鄰來，非盜泉也。」凡飲一日而金盡，絕食如故。亂後南奔，鬱鬱不自得，有世俗子拂其意，遯入土室中，匿不出。南都覆後，以餓死。

董樵，字亦樵，萊陽諸生。國變後，徙居文登海濱，日荷薪入市易米，人莫知其住處。有紳士要於路，欲與語，樵棄薪道左，詭云：「吾科頭，當取冠與公揖。」竟去不來。紳士取棄薪以歸，曰：「此高士所遺也。」樵從此不復入市矣。

一壺先生者，不知其爲何如人。往來登、萊間，角巾破衣，好飲酒，行輒以酒一壺籠袖中，人呼一壺先生。好事者嚥以酒，即留宿其家。間一讀書，即欷歔流涕，往往不竟讀，雖黑夜亦踉蹌走，或宿野人家，或寄僧寺。不久輒去，去復罔知所之。與即墨黄生、萊陽李生者善，每與兩生相對，瞪目無語，既而曰：「行酒來，吾爲汝痛飲。」兩生嘗從容叩之，勿答，即舍去。去之數歲，忽再至，仍居僧寺，容貌憔悴，神氣惝怳，中夜放聲哭。閲數日，竟雉經死，年垂七十矣。兩生者爲之殯，而歲以一壺酒澆其土。

吴道行，字見可，善化人。六七歲，聞長老談嶽麓先賢講學，輒肅然傾聽。爲諸生，家貧，授徒時新建惜陰書院，當事聘爲山長，人稱嶁山先生。國變後，鬱鬱不自得。一日，趨吉藩故邸，望闕痛哭，輿歸山中，不食卒。著有嶁山集、易説、讀史闕疑、嶽麓志。兄道升，性篤孝友，亦以嗜學稱。子愉、愀。愉附見周二南傳。愀字去慵，鼎革後棄諸生，率妻子躬耕長松里，屢徵不起。有方月斯者，佚其名，穀城人，輔臣岳貢之子。甲申後，賣卜吴門。

郭金臺，湘潭人，字幼隗，本姓陳氏，遭家難，冒姓郭。中崇禎己卯、壬辰副榜，會舉行積分法，朝士屢以名薦，不赴，例授官，亦不就。中隆武丙戌舉人。貌奇偉，議論風生。流賊陷湖南，請於督師何騰蛟，練鄉勇爲守禦計。既知時不可爲，乃隱衡山，絶口不談世事。騰蛟以職方郎中薦，再起監司僉事，皆以母老辭。臨終，自題其碣曰「遺民郭金臺之墓」。

蔣之棻，字天植，湘陰人，有「羅江才子」之目。與同郡趙□□、郭金臺齊名。性豪邁，以澄清天下爲己任。甲申後，崎嶇戎馬以卒。又朱之宣，字子昭，湘陰人。鼎革後，隱於樵，自號砍柴行者。戊子之役，楚義師蜂起。收復後，當事因之成大獄，湖、湘名士株連者三百餘人，之宣與焉。獄數年始解。

王二南，字放叟，茶陵貢生。以不薙髮被逮，絶食七日不死，洪承疇疏救之，得放還。有勸之再出者，輒掩耳而走。

瞿龍躍，字天門，武陵人，崇禎時拔貢。鼎革後，出亡不歸。所至題詩石壁上，納稿瓢中，號一杓行腳道人。

李國相，字敬公，原籍富平。隨都督劉綎平、陽應龍赴部聽叙，下三峽，舟覆，負母出巨浪中，功牒漂失，遂浪跡衡、湘間。崇禎壬午，以衡陽籍舉於鄉。衡州陷，獻賊脅以僞職，國相引刀刲兩臂，示不可用，得免。鼎革後，轉徙山谷，歲更其處。晚築小室，植桃數株，稱桃塢老人。又衡陽郭履躔，字季林；湘鄉劉象賢，字若啓：皆壬午舉人之隱居著書終者。

夏汝弼，字叔直，衡陽諸生。湘、衡亂，佯狂遠蹈，或歌或哭，有語及時事者，即閉目不答。鼎革後，挈家入九疑山，絶粒死。

周士儀，字令公，酃人，崇禎中拔貢。父祉，任常寧訓導，罷官歸，爲潰卒所掠，士儀泣求身代，卒義而釋之。遭亂不仕，作史貫十卷，王夫之嘗亟稱之。

陳三績，字玉几，零陵諸生。事母孝。與陳純德爲莫逆交，純德貴，遂絶意進取。獻賊聞其名，百方招之，逃萬山中。當事以抗節薦授桂林通判，亦不赴。隱雲莊山二十餘年，著有易經傳義衷、參山詩集，學者稱參山先生。

鄧林材，字卉生，新化諸生。精步算、占驗之學。癸未，獻賊之亂，夜坐中庭仰視，大叫曰：「長沙城陷矣，奈何！」乃兄弟相約逃。鼎革後，隱於農。國朝康熙時，吴逆踞衡州，僞將軍某脅以官，以計得免。又有劉春萊，字芝侶，武岡諸生。有要人欲物色之，逼見於麟趾閣，跳而避焉，竟跛，人呼爲跛仙。

唐之正，字光誠，沅陵貢生，御史愈賢之孫也。初讀書雲盤山中，既闔門歿於賊，孑身寓北溶寺。甲申後，盡去其髮如僧，獨與同里沈汝霖遊。詩集燬於火。鄉人哀之，爲築室北溶山頂曰南憩堂以終。汝霖，字他友。

陸圻，字麗京，號講山，錢塘貢生。嘗東芻絮酒，會葬婁東張溥之喪，賦五言長律，一時傳誦。與弟行人培結友人爲登樓社，號西陵體。培盛氣難犯。圻温厚，未嘗言人過。有語及者，輒曰：「我與汝姑自盡，毋妄議他人！」培與陳潛夫以檄相攻，止之不可，則不與聞。乙酉，杭州不守，培自經死。圻匿海濱，之越之閩，薙髮爲僧。母作書趣之歸，乃以醫養親，多奇驗。有病人夢神告之曰：「汝病得九十六兩泥，可生也。」旦告其友，友悟曰：「此陸圻先生也。圻之字從『斤』、從『土』，姓爲六，合之乃九十六兩土也。」迎圻投之藥，立已。由是户外屨恒滿。未幾，莊廷鑨私史禍作，牽連入獄，貽書友人自刻責，謂：「辱身對簿，從此不敢與汐社之列。」既釋，遂不知所之。或言其在黄山，子寅，□□弟子也，徒步入山，長跪號泣，請歸，圻曰：「昔以汝大母在耳，今何所歸？」寅請一祭墓，乃相將歸。會弟堦苦心痛，劇甚，留治八閲月，與弟同臥室，不入内。既愈，之廣東，訪澹公於丹霞精舍，一夕遁去。寅零丁走萬里求之，莫能得踪跡，遂悒悒以死，時稱其孝云。

汪渢，字魏美，錢塘人。孤貧力學，與人落落寡合，人號曰汪冷。崇禎己卯舉人，與同邑陸培齊名。知府錢某以女妻之，初盛飾入門，渢誡之，乃屏侍婢，以疏布躬操作。南都亡，奉母入天臺。海上師起，羣盜滿山，復返錢塘，僑寓北郭外。室如懸罄，處之宴如。妻家欲强之試禮部，出千金示其妻，俾勸駕，妻曰：「吾夫子不可勸，吾亦不愛此金也。」當時湖上有三高士，皆孝廉之不應試者，而渢尤峻介。我監司盧某聞其名，欲見之。一日，遇渢於僧舍，問：「汪孝廉何在？」渢應曰：「適在此，今已去矣。」盧悵然，而不知應者即渢也。已乃遣人通殷勤於三高士者，約置酒湖舫，以世外禮相見，其二人幅巾抗禮，盧相得深歡，獨渢不至。已知其在孤山，放舟就之，終排牆遁去。渢不入城市，當事或饋金爲壽，不得卻，埋之。里貴人請銘墓，饋百金，拒弗納。始居孤山，遷大慈菴，又遷寶名院，竹榻蘆簾，不避風雪。恒出游，或返或不返，莫可蹤跡。寧都魏禧自江西來訪，渢謝弗見，禧遺書曰：

「魏美足下：寧都魏禧也，欲與子握手一痛哭耳。足下以尋常游客拒之，可謂失人。」渢省書大驚。一見，歡若平生，臨别，執手流涕。渢從愚菴和尚説世法，禧曰：「子事愚菴謹，豈有意爲其弟子邪？」渢曰：「吾甚敬愚菴，然今之志士，多爲釋氏牽去，此吾所以不肯也。」乙巳，七月三十日，卒於寶名僧舍，年四十八。臨歿，舉書卷焚之，詩文無一存者。起視日影，曰：「可矣。」書五言詩一章，投筆就寢而逝。兄澄、弟澐，亦諸生，隱居終。（補）

施相，字贊伯，號石農，仁和諸生。乙酉後，棄衣巾，築室西谿徙居焉。徐介、萬斯選來依之。三人所學不同，而相得甚驩。介性孤梗諤諤，多所否，獨心服相，四十年如一日。相子雲蒸，事介如父。無何，介卒，相父子適他出，門人疑所殯，雲蒸之婦曰：「徐先生大故，焉有不於正寢者！」盡出其簪珥以成禮。相歸而喜曰：「不愧吾婦！」未幾，相亦卒，無以爲喪，故人官守令者以百金致襚，雲蒸曰：「是非吾先人意也。」再謝不受。相遺書燬於火，存詩一卷，斯選嘗曰：「石農雖謝人事，其心耿耿未下者，傷曹、檜之不振，望西都之中興。思深哉，非田園之音也！」

徐繼恩，字世臣，仁和人。弘光時，舉明經首，爲文刺匭臣之奸。馬士英怒，將逮之，大行人陸培力争之，乃已。後爲僧，名静挺，字俍亭，有十笏齋詩鈔。

（譚）〔談〕遷，字仲木，一字觀若，海寧諸生。嘗考累朝實録，撰國榷一書，中年燬於火，晚克成編。南都上景皇帝廟號曰代宗，時以爲當，遷獨非之。答友人問詩云：「成周作謚法，大小行乃傳，公旦暨師望，肇制自聖賢。相古后皇陟，南郊必稱天，易名典克愼，敍法宜精專。漢後避帝諱，臨文率拘攣，唐以『代』易『世』，宋以『眞』易『玄』，其文雖或殊，其義則一焉。景皇承大業，即祚凡七年，多難固邦國，文武要略全，屢遣奉迎使，事兄禮罔愆。及乎裕陵返，黄、離位南偏，初非囚堯城，奪門言何論？梁瑶策始建，張懋册用宣，廟號猶未備，何以垂簡編？禮臣失不學，『代』乃居『世』先，相越僅五世，文義詎可沿！諡説十五家，秉禮恐不然，盈廷以爲是，横議臣談遷。」高弘圖、張愼言皆以遷爲奇士，折節下之，欲薦入史館，不果。弘圖之殉國也，屬幼子於遷。後遷走昌平，哭思陵，將西哭愼言於陽城，未至而卒，時丙申歲也。

巢鳴盛，字端明，嘉興人，崇禎丙子舉人。事母至孝。亂後，母殁，築室於墓，顔其草堂曰永思閣，曰止閣，而自號止園，三十年跬步不離墓次，絶跡城市。念器物皆足誨盜，種匏爲器，遠近效之，謂之「檇李尊」。有永思堂集。海内三高士之一也。卒年六十七。吴中徐枋爲定私諡曰貞孝先生。又譚貞良，字元孩，崇禎癸未進士，其戚人朱彝尊嘗言其「重藺山海，正命不渝」。有狷石居遺稿。而褚連時者，字青還，諸生也，朱彝尊謂其「志士不忘邱壑」。顧其詳均不可聞。

吴統持，字巨手，嘉興諸生。甲申之變，將上書南都，母黄氏止之曰：「奸相竊柄，汝欲何爲？」明年母卒，棄諸生，隱鴛湖，坐臥一危樓，饘粥不繼。尋賣卜四方，年五十卒。沈起，字仲方。亂後，入東禪寺爲僧，非其好也。嘗擬撰明書，謂明不亡於流寇，而亡於廠衛，斷自成化十二年秋始設西廠，絶筆焉。晚節以窮死。又布衣王翃，字介人，工詩詞。天、崇時，詩歸盛行，人沿竟陵派，翃獨尚唐音，陳子龍擊節云：「今之高三十五也。」亂後，餘小屋二間，炊爨吟詠其間。故人有官府寮者造之，不見。尋卒於京口，無子。二人亦嘉興人。

馮延年，字千秋，秀水人，祭酒□□之孫也。中錢塘籍崇禎己卯副榜。或勸其就庚辰特用榜之選，延年知時不可爲，遂歸隱，與子首川並著名復社。著有秋月菴稿。諸生俞汝言，字右吉，亦有聲復社中。亂後，棄諸生，博稽有明三百年典故，作大臣年表，稱簡核。晚著春秋平論，取宋儒苛刻之論平反而解釋之，惜未流傳，有大滌山房集。又蔣之翹（承禮謹案：原稿標題「江皋」二字，而傳文則云「之翹字楚穉」。竊疑有誤。後讀朱彝尊明詩綜作「蔣之翹」，當得實矣。今據增蔣字。「江皋」二字，豈筆誤歟？附志俟考。）字楚穉，秀水布衣。甲申後，隱於市。嘗校刊楚辭、晉書、韓柳文集，又輯檇李詩乘四十卷。晚年無子。書佚，無存者。

李標，字子建，嘉善人。好言兵，治軍律、營陣、壬遁諸書。史可法辟爲記室，見事不可爲，辭歸里。既聞可法殉難揚州，渡江會葬其衣冠於梅花嶺。歸而遶屋種梅，賦詩三十首，蓋自託於西臺慟哭之謝參軍云。

李天植，字因仲，平湖之乍浦鎮人，學者稱蜃園先生，海内三高士之一也。崇禎癸酉舉於鄉。少而蕭散，嘗曰：「無欲則心清，心清則識朗，識朗則力堅；無欲則心真，心真則情摯，情摯則氣厚。」時時以誨學者。亦頗躭清言，三上公車。癸未，其子諸生觀卒，自以爲有隱慝，痛自刻責，遂絕意仕進，改名確，字潛夫。洊遭喪亂，遣妾遣婢殆盡，尚有田四十餘畝，宅一區，分界所後子震與其女。遂髡髮，別其妻，遁入陳山，足不至城市，訓山中童子以自給，自署曰村學究、老頭陀。居山十年，適山僧開堂，以避喧返其蜃園。蜃園者，乍浦勝地，可以望海者也。復與妻居，賣文取食，妻爲樱粿竹筥以佐之。好事者約爲月給供米，力辭不受。有司慕其高，訪之，踰垣避。又十年，家益困，不復能保其園，乃以妻委壻家，而身寄食於僧寺。戚友憐之，相與贖蜃園歸之，於是復與妻居，則年已七十矣。相對時絕食，乃歎曰：「吾本爲長往之謀，顧蠟屐未能，乘桴又未能，今悔之無及，待死而已！」有餽之食者，非其人，終不受。或問以身後，曰：「楊王孫之葬，何必棺也！」又十年，蜃園但存二楹，兩耳失聰，苦下墜，終日仰臥。客至，以粉版相問答。江西魏禧來造其廬，相對而泣。臨別，以銀五錢贈之，五反不受，固以請，曰：「此非盜跖物也。」始納之。禧屬侍郎曹溶廣糾同志爲繼粟之舉，且謀身後事，吳中徐枋聞之曰：「李先生不食人食，聽其以餓死可矣。」旋使至，則言果堅拒不受，禧乃深以爲愧。未幾，竟餓死乍浦。同時有鄭嬰垣者，與天植稱金石交，先數年於大雪中以凍死。

錢士馨，一名敻，字稚拙，平湖貢生。嘗暱金陵某妓，欲挾之歸，妓曰：「以君之才，妾侍箕帚宜也。恨讀書尚少，願以異日。」士馨恥之，歸假東湖僧舍以居，夜讀昭明文選，一沙彌前曰：「秀才年不爲少矣，尚讀此兔園册子邪？」益恥之，發憤研究經、史，多所撰述。舊説周禮冬官散見五官之中，士馨据大、小戴記、春秋、内外傳以補之，經生家以爲篤論。晚入京師，遇寇變，著甲申傳信録十卷，頗不失實。有賡笳集詩。又陸啓浤，字叔度，亦平湖貢生。性豪邁，嘗大會詞人於金陵桃葉渡，妓有呼延紅菊者曰：「今日之集，惜無兩岸芙蕖。」啓浤乃復治具張讌，客至，則荷花盛開，蓋先一日購百缸碎而沈之也。自是十四樓中奉爲上客。既而走京師，詩名籍甚。遇亂歸里，扼窮而死。其友趙某誄之曰：「總君一身，頓殊今昔：翩翩五陵，蕭蕭四壁，金散名成，人完代革。」聞者傷之。

周之濬，字敬可，山陰人，劉宗周弟子。與宗周子汋同入山，累受邏者之厄，流離遷播，每曰：「死則俱死，斷不負吾師以生。」既而薙髮令嚴，相與披緇興福寺。事定還家，則田宅盡爲人奪，至無棲止之處。或勸之訟，曰：「吾不忠不孝，投死他鄉，復何顏搆獄與惡少對簿？」之濬本世勳籍，初入宗周證人之社，衆以爲左班官子弟，忽之，竟以苦節寄食汋所以死。同邑張應鼇，字奠夫，亦宗周弟子，服勤最久。宗周官南都時，邸舍蕭然，應鼇獨侍側。嘗作中興金鑑，欲上之，不果。丙戌後，講學山中，久之卒。

董瑒，字元休，會稽人。初爲倪元璐弟子，後更事劉宗周。國變後披緇，以壽終。手輯劉子遺書。又趙甸，字禹功，亦會稽人。少極貧，學耑養親，人稱趙孝子；長遊宗周之門，傳其學。丙戌後，隱於淄，賣畫自給，世所稱「璧林高士畫」者也。晚乃講學偁山。張應煜，餘姚人，劉宗周弟子。當宗周誓死時，勸擁諸藩起兵，宗周謝以事不可爲，曰：「然則此降城也，亦非先生死所。」宗周瞿然起曰：「子言是也。」遽出城。

劉應期，字瑞當，慈谿貢生，劉宗周弟子也。有聲復社中。初與姜思睿齊名，稱「姜劉」，繼與馮文偉齊名，稱「劉馮」。丙戌後，憂憤發於詩文，多僻思奥句，鬱鬱死。又同邑張成義，字能信，亦宗周弟子也。丙戌後，起兵不克，行遯去，不知所終。

陳確，字乾初，海寧人。好洛、閩之學，師事劉宗周，與（下闕）

葉敦艮，字静遠，西安人，劉宗周弟子也。國變後，棄諸生，教於里塾，能昌明宗周之學，以篤行君子稱。

戴易，字南枝，山陰人。年七十餘，猶能作徑丈八分書。吴中高士徐枋性孤峻，闔户不見一人，特與易相得，稱老友。枋殁，嫠婦、孤孫饘粥不繼，謀葬於祖塋，而族人不可，易曰：「吾爲俟齋任此事，一日不得，則吾一日不了。」黧面繭足，徬徨山谷中。經年，乃得地於鄧尉之西真如塢，價需三十金。初，求易八分書，非其人多不應，得者必厚酬；至是榜於門，一幅銀一錢，銖積寸累，悉歸之地，不他費一錢。寓無隔宿炊，一蒼頭飢不能忍，辭去，已則寄食僧舍中，語及徐先生，必流涕，事竟以集。吴江潘耒爲作傳云。易出處不可詳，惟語操越音，數稱劉念臺先生及酉、戌間事云。

張宗觀，一名近道，字用賓，一字朗屋；朱士稚，字伯虎，更字朗詣：皆山陰人。時號「山陰二朗」，咸以管、樂自命。宗觀見詩人，則駡曰：「此雕蟲之徒也。」見士稚與人論詩，亦駡不置。二人既負大志，故與慈谿魏耕、歸安錢纘曾、長洲陳三島稱莫逆交，聚謀通海上，破産結客。士稚首爲人所發，繫獄，宗觀號呼於所知，斂貲賂獄吏，得不死。既論釋，宗觀則大喜踴躍。夜渡江，爲盜所殺。然二朗實皆能詩，樂府、古風尤絶倫。陳子龍詩有云：「越國山川出霸才。」謂二朗也。

陳洪綬，字章侯，諸暨人。四歲，就讀婦翁家塾。翁方治舍堊壁，洪綬入視之，良久，自累案登之，繪漢前將軍關侯像，長十餘尺，翁見之，驚且拜。錢塘藍瑛工寫生，洪綬嘗從學，已而輕瑛，瑛亦自以爲不及，曰：「此於畫蓋天授也。」已而縱酒近婦人，或數十日不沐。客有求畫者，雖罄折至恭，勿與；或置酒召妓，輒自索筆墨。崇禎末，入貲爲國子生。魯監國時，以畫待詔。王師下浙東，大將軍固山某從圍城中搜得洪綬，大喜。令畫，不畫；刃迫之，不畫；以酒與婦人誘之，畫。久之，請彙所畫署名，乃大飲，夜抱畫寢，伺之，則已遁矣。既乃混跡浮屠氏，自稱老遲，亦稱悔遲，亦稱老蓮，縱酒狎妓則如故。醉後語及國家淪喪，身世顛連，輒慟哭不已。後畫名逾重，而意氣逾奇。更數年，以疾卒。有妾曰吴净鬘，亦工花草。

邵以貫，字得魯，餘姚人。門材最盛，少與兄以發齊名。性狷潔。遭饑饉，倡設義倉，桑梓德之。已國難大作，幾欲死，以母在不得，遂髡髮爲頭陀狀，走入雪竇山中。妙高臺僧道巖者，故鄞學官張廷賓也，亦姚産，乃依之，苦身持力，不與人接。尋以省母返故居。時黄尊素季子名宗會者，志節夙近，來同居其潭上園中，相與夜讀謝皋羽遊録，輒慕之，曰：「方今豺虎滿天下，五嶽之志不可期矣，四明二百八十峯，近在臥榻，當使峯峯有吾二人屐齒。」於是遍走山中。然山寨方不靖，所在多邏卒，二人者冠服奇古，躑躅其間，頻遭詰難，不爲苦。一日，忽入絶谷，罔知所嚮，俄而峯回路轉，松梧桐竹甚盛，有雞犬聲。就之，祇一家，有幅巾者出曰：「客從何來？」語之以宅里，笑曰：「吾亦姚人，避世居此。」止二人宿，曰：「是名石屋山，僕爲陳從之，嘗監故大學士孫公嘉績軍，公死海上，吾無所依，故來此耳。」因相顧嗟歎曰：「是真桃源矣！」宗會嘗語人曰：「得魯自甲申後，頰輔間無日不有淚痕，其稍開笑口者，則遊山耳。」未幾，宗會卒，孑然無所嚮，遂棄家投四明山中。時尚有一妾，不忍判，亦自爲尼，偕隱山中之楊菴。每日晨昏，各上堂禮佛，外此雖茗粥不相通。久之並卒。

吕章成，字裁之，餘姚人，大學士本之曾孫，與陳函輝爲意氣交。函輝從魯監國於紹興，薦章成爲翰林院待詔，章成曰：「悍將驕兵，日肆寇抄，越城中顛躓狼狽，救死不遑，豈可爲之日邪！」辭不赴。函輝死，章成走哭於台州，意有所觸，則惘惘獨行，欲得異人而友之。訪戴易於鄧尉，遇顧炎武於昌平，已歷吴、齊、燕、越，無所遇，乃歸。病中自燬其著述，曰：「此無用之虚談也。」所存有浴日樓集。

周容，字鄮山，鄞人。性跅弛不羈。御史徐殿臣一見賞契，由是著名。後殿臣避跡天童，海寇掠之去，容奔赴，請以身質，而遣殿臣以餉贖。既所許餉不償，容受刑梏，足爲之跛，乘間竊歸，殿臣以爲慙，而容無怨言。踰年，殿臣死，詩哭之，極哀，論者高之。嘗舉鴻博，不就。楊秉紘，字郊牧，於推官文琦兄弟爲父行，同與江上之役而不受官。文琦兄弟死，秉紘以遺民領袖汐社。著述甚多，而浙水利考尤關實用。子早卒，孫殤。年踰八十，遭火，盡焚其書，偕老妻匍匐烈焰中不死，歎曰：「我已無國無家，今又無書，是天多我也！」因自號天多老人。然神明不衰，自言：「得容膝地，著述尚可記録。」有延之課子者，欣然往，未設帳而卒。二人皆鄞諸生。

周西，字方人，定海布衣也。少喜讀書，父母憐其孱弱，節制之，西俟父母熟睡，篝燈讀，被蒙其影，令勿洩，久之，被如墨。有鄰婦挑之，卻不與語，婦愠曰：「真癡兒也。」丙戌，江上師潰，西年甫二十六，歎曰：「楊鐵崖稱老寡婦，今其時矣！」遂棄舉業，授徒鄞之寶林以養母。己亥，朱成功之師掠鄞，見西母豐碩，以爲富家婦也，火熏之，西抱母大慟，斫傷右手，旁一卒曰：「是孝子也，乞舍之。」得免。著有勁草亭諸編、痛定集，皆不傳。嘗與友人書曰：「今日所斷不可者，妄以義士自欺也。所謂義士者，當爲蹈海之魯連，奮臂之陳涉，張良之報讎，翟義之討賊，駱賓王之草檄，謝枋得之卻聘；否則陳咸之閉户不出，梅福之爲市卒，陶潛之爲晉徵士。如吾蛟川薛白瑜、陳鴻賓、艾仲可、鄭調甫諸先生，逃名空谷，如疾風勁草，老而逾壯，庶幾古人。」年六十八卒。

范路，字遵甫，蘭谿人，徙嘉興之梅會里。好學工詩。崇禎辛巳，歲大饑，人相食，有族弟攜妻子將賣以求活者，路留之同飯糠籺，怡然不以爲嫌。晚年賣藥長水市，乍愚乍智，人莫測其所詣。門人私謚曰貞簡先生。

駱國挺，字天植，故諸暨人，寄籍爲鄞諸生，與華夏、王家勤、陸宇燝、高宇泰風格相伯仲。乙酉，從錢肅樂起義，破家輸餉。戊子翻城之獄，降紳謝三賓欲并殺之，而帛書中無國挺名，乃散流言，謂：「國挺議事成後盡籍薦紳家以賞軍。」蓋激衆怒以殺之也，遂被逮。久之得脱，家遂落，柴門土室，不接一客。每歲值夏家勤忌日，必致祭，配以當年死事諸賢，哭聲徹外，邏舟過之，不爲怵。嘗夜夢與張煌言相語荒亭木末間，慟哭驚其鄰人，因作寒厓紀夢詩。憔悴三十年而卒。

朱金芝，字漢生，亂後别署忍辱道人，鄞人也。朱氏以好古世其家，藏鼎彝金石甚富。金芝更喜講學，從漳浦黄道周受三易洞璣之説，復社諸人争引重之。甲申，遇北都之難，削髮南遯。明年，江上兵起，以流滯他方不得與，往來英霍山寨及太湖軍中，遺書戚人推官董德欽，邀之共事，德欽答以海上之局，勸金芝歸赴同讎。甫抵里，而德欽以事洩死，金芝不爲怵，好事益甚。未幾被捕，亡命深山。一日，襆被長往，叩所之，曰：「吾將排閶闔，故先訪三閭耳。」自是踪跡遂絶。或曰客何騰蛟幕中，或曰入滇中，崎嶇扈從死，或曰投鄮陽山中爲道士，究莫得而詳也。

林浤，字澹若，閩人。性任俠。於詩畫、六壬、遁甲之學，靡不究心。甲申，以武舉入都，上疏請纓，部議格不行。未逾月而北都亡。歸以岐黄術隱於市。曾燦恒，字惟闇，侯官人，南都御史熙丙孫。隆武丙戌，行選舉法，與弟祖訓同列上薦。閩亡，不仕。我閩中大吏將徵之，乃裹糧遊吳、越，暮或徑宿林谷下，自署曰江湖散民。著有即菴詩稿四卷，遊草二卷。楊維熊，字乃武，侯官人，講學於鼇江幕浦，三十年足跡不至城市。著有周禮管子詳解、尚書要言。陳發曾，字世承，侯官諸生，家鄰城西荔水莊。亂後，兀坐小樓，憑欄吟嘯，凡勝國之臣，咸紀述之。又有蔡又新者，字在新，亦侯官諸生。亂後，葺茅高隱。二人詩文皆不傳。陳名賓，字際五，長樂庠生，知縣夏允彝雅重之，贈以詩。亂後，與子鳴瑜、鳴琪築室松坪偕隱焉。著有理學真僞論、書經講述。何其偉，字梧子，福清人，中隆武丙戌舉人。明亡，穩居教授，足跡不入城市，自稱逋民。著有濤園别集。又王賡，福寧人，好言天文，隱居教授。鄭芝龍兩徵以金，卻不受。著有易序及秦川四詠詩。

鄭郊，字牧仲，莆田諸生，博學能文。黄道周嘗稱之曰：「鄭牧仲一日千里，未易才也。」鼎革後，遯跡壺山之南泉，遂號南泉居士。弟郟，字奚仲，亦諸生，與郊齊名，偕隱終身。又有鄭邵者，字勉仲，與同邑劉堯章字陶九者，俱卻聘隱山林以終，蓋亦郊兄弟行也。同時林炅，字孟炅，仙遊人，尚書蘭友從子也，博極羣書，而不與試。嘗割股愈親疾。有問及尚書當時事者，輒悲涕不置對，因自號曰默齋。

朱國漢，字爲章，建寧人。少孤，事母以孝聞。甲申聞變，狂走登故越王臺址，北向慟哭，焚素業，挾貲遊吳、越、燕、趙、荆、豫，與傭儈共甘苦。所至遇古忠臣、名賢祠廟、墟墓，歌詩憑弔，有騷人之遺意。與同邑丁之賢有綏安二布衣詩鈔，蕭山毛奇齡爲之序云。之賢，字德舉。崇禎時，挾策入都，欲獻書闕下言兵事，不果。北都陷，念家有老母，脱身南下。有王將軍者，建牙汀州，招致幕下，復稍稍資給之，贈以婢，生一子，僦屋城東桃花溪上以卒。

阮文錫，字疇生，同安人，功臣某之後也。世居海上。幼孤，泛海學賈以養母。母歿，躬負土石與父合葬鷺門。甲申國變，文錫方弱冠，慨然謝舉子業，師事峽江曾櫻，傳心性之學。又講習風雅，旁及道藏、釋典、兵法、醫卜、方伎之書，靡不淹貫。出覽名山大川，北抵東華，託處十餘年。後乃逃於釋氏，名超全，以教授生徒自給。論者謂是鄭所南、謝皋羽之流。著有夕陽寮存稿。年八十餘卒。

林霍，字子濩，號滄湄，亦同安人。好等韻之學，問詩於盧若騰、徐孚遠，自丙戌秋，往來虎溪、鶴嶺間。與紀許國稱莫逆交，欲師事之，許國曰：「某不敢擁皋比，如黄魯直之於子瞻，少游足矣。」相期許如此。稱遺民終身。著有雙聲譜續、閩書、滄湄文集、鷗亭詩草。又同邑莊潛，字伏之，紀文疇弟子。與紀許國、林霍扁舟放歌。嘗編纂弘光逸事，繼以詩歌，名爲石函録，許國爲之序。

洪承畯，南安諸生，我太傅承疇之季弟也。工詩文，善草書，蜿蜒遒縱，時人目爲「龍蛇字」。我朝授以官，屢辭不赴，承疇不能强也。又陳顯謨，晉江諸生，與同邑進士黄道杲善。北都陷，道杲投水死，顯謨入文廟自經，遇救不死，乃終身杜門謝客。

葉后詔，廈門諸生。甲申，以歲貢入京，遇國變歸。以詩酒自娱，與徐孚遠、鄭郊輩爲「方外七友」。後渡臺灣，著鵜草、五經講義行世。張士榔，惠安人。八歲爲諸生，中崇禎癸酉副榜。閩事敗，避難浯、廈、漳、澄間。晚渡臺灣，杜門以書史自娱。辟穀三年，惟食菜果。卒年九十九。

涂伯案，字虞卿；弟仲吉，字德公；漳州鎮海衞人，通政一榛子也。一榛與東林顧憲成遊，三疏詆湯賓尹，故訶黨人者必及一榛。天啓中，引疾歸。未幾，緹騎四出，一榛家居有戒心，伯案色養，以孝聞。璫敗，一榛已先卒，新建徐世溥致書伯案曰：「昔歐、蘇以黨人躓不用，叔黨、叔弼僅文墨守父訓；范文正之子乃能承父志耳。今在虞卿矣。」黄道周逮詔獄，廷杖，申救者皆獲罪，仲吉以太學生上書，謂：「道周一生學問，只知君親，雖言嘗過戇，而志實忠純。昔唐宗不殺魏徵，漢武優容汲黯，皇上遠法堯、舜，奈何出漢、唐主下！」崇禎帝大怒，予杖，下獄。問者究主使，仲吉曰：「此豈容人主使？可剖吾肝呈至尊，以明道周之無罪。」竟遣戍，然語微聞於帝，頗心動。壬午，伯案舉於鄉，而仲吉亦自戍所釋歸。甲申變聞，兄弟謀舉勤王師，當事者不之許。及隆武帝駐蹕天興，授仲吉御史，并徵伯案，謝不往，語弟曰：「上不駐足荆南，動四方勤王之師，乃退守閩中，羈旅温、鐸之手，乾符、廣明之事不遠矣，吾何望哉！」閩事敗，仲吉祝髮於廈門，鬱鬱嘔血卒。伯案乃棲止文山之陽，蒐羅舊聞，詳具君臣行事本末，以推見治亂所由。其大者：留史、授命録。留史者，言遼事，授命録則兩都殉節之臣。其略曰：「崇禎甲申，乾坤崩裂，天子殉國，一時朝紳，魚貫稽首，出就寇廷，蓋自石勒、侯景而降，禄山、朱泚而上，未有辱於斯者。在内決志者二十餘人，在外死綏者四人。嗚呼！國家二百七十年，歲具馬幣，聘名士，所以蓄士大夫者道甚隆，遜志而後，僅見此數君子邪！乙酉之變，天子棄其母，大臣棄其君，吏棄其疆，民棄其髮，乾坤一大變也，竟此寂寂，無爲唐之舞馬、諸伶揶揄地下乎！劉、黄諸公，向中朝所指爲黨人者，不忍視其國之亡，嘯狡童之歌，作辨亡之論也，皎哉與日月争光矣！若夫處於牆陰，不掛朝籍，柴市止水，差肩齊驅，是亦貴於皋禹、壽於彭鏗也。」既而里門被屠，所著書悉燬於火。又迫遷界之令，流寓吴興，嘗太息謂其子曰：「吾父子、兄弟以文章起家，思以節義挽回天下。吾痛夫家國之禍：其始也，以封疆爲起釁之地；其終也，以封疆爲報復之私。其始也議戰，戰不足而議守；其終也，守不足而議款。其始也，閹官礦税而釀戎禍，常侍漸且典兵；其終也，戎寇交訌而用宦官，軍容遂陵邊帥。其始也，朱穆發疽於侯覽，魯公争坐於朝恩；其終也，子弟悉合乎黄巾，禁鑰竟開於绿幘。其始也，以一隅騷天下，召募加派，歲彌以甚；其終也，騷天下而亂天下，膚剥復潰，大命以傾。夫宦官、小人，陰類也，相因而至，易重垢復，春秋嚴夷夏，詳哉其言之矣。誰生厲階？至今爲梗。吾於光、熹以來是非終始，瞭若觀火，今悉燬於兵，他日舉三十年事，疑以傳疑，舜篡尹誅，幾何不爲東野之語、汲之冢也，悲夫！」晚客死浦城。門人問後事，無一語，但曰：「只此便是太極。」端坐而逝。寧化李世熊爲表其墓焉。

李茂春，字正青，龍溪人，隆武丙戌舉人。風神秀整，跣足岸幘，旁若無人。壬寅，王師克廈門，偕盧若騰、郭貞一渡臺灣，題其茅亭曰夢蝶處，日誦佛經，人稱李菩薩云。又洪思，字阿士，亦龍溪人。年十三，隨父遊黃道周之門，容止甚飭，道周器之。道周既歿，逃於敬身山，不入城市，詩歌自放。時買舟過江，東登鄴山，撫道周墓哭而去。

王仍輅，字載卿，漳浦人，侍郎志道之孫。丙戌，閩亡後，逃於丹山，從張士楷遊。每登山巔，望遠海，涕纍纍下。貴人某者，姑丈人行也，餌以千金，不顧。敝衣冠，率妻子，入珠溪萬山中。暮年還舊址，置一笠爲亭，四面編蘆障之，竟老其中。程之正，號亦奇，亦漳浦庠生，端方不苟。鼎革後，赴文廟拜，辭衣巾，徜徉山水以終老焉。

黃驤陛，字陟甫，漳浦人，大學士道周之從子行也。天資醇篤，讀書數百遍乃成誦，誦即焚之，終身不忘。與同里林蘭友爲莫逆交。舉文啓甲子鄉試。北都陷，與蘭友抗賊南旋。久之，入海，偕徐孚遠諸人放浪憑弔以卒。從弟寅陛，字弼甫，爲邑諸生，兄弟相師友。驤陛入海，寅陛亦祝髮隱於楓亭之程厝鄉，號楓溪退士。

林邁佳，字子篤，詔安人。潛心力學，從薛欽宇、黃道周遊。著環中一貫圖説，究論天人事物之蘊，薛以一菴子呼之。晚歲，以學行舉，棲隱不出。又陳國腆，字非石，海澄人。崇禎中貢士，未殿試歸。隱漳上蒼園，不履城市，大吏舉薦，皆峻辭免。

邱義，字明大，寧化諸生。少慧敏，輒折其塾師。既師族諸生邱根，根偕之謁其師同邑李世熊，世熊奇之，引爲忘年交。隆武帝建號設科，義謂世熊曰：「此時以八比進身，譬操蘆葦代犂鋤，墾闢無日矣。」闖敗，我大清命學使者試汀，父強之就試，義文入「宗廟邱墟，鼎社遷改，荼毒攢心，無天可訴」等語，盛觸忌諱，免責除名。先是，乙酉歲，田仰兵潰，掠寧化，義妻謝氏罵賊死。順治間，邑令鄒某將請旌於朝，義力卻之。父故嗜飲，家益落，義能曲承之。善事後母，以撫輯諸弟。子四人，皆課讀經、史，顧不許其應試，曰：「讀書所以立身，試則鬻身，吾雖貧，不鬻其子也。」嘗題壁曰：「久懸松膽辭春媚，獨愛梅花感雪恩。」年未五十而卒。

小腆紀傳卷第五十九

前翰林院檢討加詹事府贊善銜六合徐鼒譔

列傳第五十二

方外

晞容海明　邳州石屋僧項缸　景嗝　一泓　丹竹　德宗　南獄和上
道源函可　成回　明光　如壽　髡殘傅良　大成　知休　桑山人　陳仙者
松仙清凝上人　狗皮道人銅袍道人等

晞容，七寶寺僧也。甲申，獻賊攻豹子硐，晞容曰：「硐中數百萬生靈，豈可坐視其死！」糾鄉勇五百人拒戰，身先衝殺，賊大敗，硐中圍解。於是簡練精悍，與賊相持，前後殺賊千計。一日，賊突至，遂爲所害。又海明，號破山，四川人，主嘉興東塔寺，後入蜀。獻賊之黨李某嘗欲屠保寧城，破山爲請命，賊持犬豕肉曰：「噉此者從汝。」破山曰：「老僧爲百萬生靈，忍惜如來一戒乎！」遂嘗數臠，因以免。著有破山語録。

邳州石屋僧者，當南都破時，國子生王臺輔大集親朋，哭祭崇禎帝而後就縊，僧適過之，手持一麻鞭指之曰：「此亦常事也，惡用是矜張爲！」後數月，有渡河來者曰：「石屋寺一僧以雉經死，有鞭在其側。」僧名不可知，以其死石屋，名之曰石屋僧。項釭、景啞，皆蘇州僧也。乙酉，六月，蘇州城中義師起，項釭戰甚力，手殺我兵數十人。未幾潰，而西山徐雲龍復率衆薄胥門，我騎兵衝突出，雲龍走，景啞戰死。又有僧一泓，不知何許人。張名振之以海師應吴勝兆也，兵敗，於洪濤中浮蓬上，得不死。登岸遇一泓，招至菴中，爲剃髮易服。飯罷，令即走，名振貽以印，屬以後騎。甫脱而追兵至，搜得大領濕衣並印，一泓紿以他路，追不獲，遂遇害。

丹竹者，江西安仁某寺僧，羅川王起義師時三十六將之一也。勇冠一軍。嘗從揭重熙襲撫州，猝遇我將王得仁，丹竹以步逐馬，刃及得仁面，幾獲之。後金聲桓過安仁，聞其病，遣九騎往縛之，丹竹力疾起，呼所部十餘人伏於隘，而單身入酒肆中。金騎見其僧，不知其即丹竹也，因問：「識丹竹乎？」遽應曰：「我是也。」拔刀殺二人。七騎者上馬馳，遇伏獲其二；再前再遇，獲其三；得歸者纔二騎耳。聲桓破廣信，丹竹以木樁置水中，舟盡碎，多泅水死，丹竹盡其所獲而返。後率壯士邀擊王師之入閩者，馬蹶被殺。

德宗，揚州僧也。談禍福奇中。高傑折節稱弟子，問曰：「弟子他日得免於禍乎？」德宗曰：

「居士起擾攘，今歸朝爲大將，爲通侯，此不足爲居士重。惟率衆從史居士，儒家稱聖人，我法所謂菩薩，與之一志併力，可謂得所歸矣。」傑斂容服。金聲桓少時，亦嘗師事之，德宗拊其背曰：「勉之！二十年後，江右福主。世人盡變紅頭蟲，此其侯已。」後降大清爲江西提督，軍中冠著紅纓，以其言驗也，益信禮之。德宗乃勸其改圖。聲桓之復歸明，德宗啓之也。

南嶽和尚退翁者，名洪儲，字繼起，揚州興化人，姓李氏。早歲出家，師事三峯爲高弟，駐錫蘇之靈巖。父嘉兆，志士也，甲申之變，貽書其子曰：「吾始祖咎繇爲理官，子孫因氏理，其後以音同，亦氏李。今先皇帝死社稷，而賊乃李氏，吾忍與賊同姓乎！吾子孫尚復姓理氏。」先是中州李邕和上書請改理氏，嘉兆未知，而適與合，天下傳爲「二理」。洪儲雖出家，然感其父之大節。丙戌以後，東南之士，濡首焦原，吳中爲最衝，皆相結納，從者如市。然厚重不洩，爲人排大難最多，世不盡知也。辛卯，竟被連染，諸義士争救之，久而得脱，好事如故。或以前事戒之，則曰：「吾苟自反無愧，即有意外風波，久當自定。」又曰：「道人家得力，正於不如意中求之，使憂患得其宜，湯火亦樂國也。」吳中高士徐枋歎曰：「是真以忠孝作佛事者也！」枋所居澗上草堂，當靈巖之麓，生平不肯納人絲粟之餽，顧獨於洪儲有深契，自稱「白衣弟子」。洪儲時其急而周之，無不受。嘗曰：「退翁是西竺國中所謂大人者也。」故儀部周之璵，三吳之良也，臨終脱然談笑逝，洪儲蹙然沈吟曰：「是恐非故國遺臣所宜。」聞者瞿然。嘉禾吳鉏有大志，一見輒歎曰：「軍持中有此老，吾輩寧不愧死！」

一日，登堂説法，忽發問曰：「今日山河大地，又是一度否？」衆莫敢對。居吴既久，築報慈堂於堯峯祀其父。晚以南嶽之請，主講福嚴寺，吴人惟恐失之，復迎歸。壬子，卒於靈巖，年六十有九。著有靈巖樹泉集、孝經箋説。在沙門四十年，闊暢宗風，篤好人物，大類三峯，海内皆能道之。徐枋曰：「是非退翁心之精微，但觀其每年三月十九日，素服焚香，北面揮涕，二十八年如一日，是何爲者！」

道源，號石林，太倉州人，居蘇州北禪寺。好讀儒書，嘗類纂子、史、百家爲小碎集，又注李義山詩三卷。其言曰：「世論少陵忠君愛國，每飯不忘，而目義山爲浪子，以其綺靡華豔，極玉臺、金縷之體而已。第少陵之志直，其詞危；義山當南北之水火，中外箝結，不得不紆曲其指，誕謾其詞，此風人小雅之遺。推原其志，義可以鼓吹少陵。」吴江朱長孺箋義山詩，多取其説云。

函可，字祖心，博羅人，尚書韓日纘子。少爲諸生，忽棄家入羅浮山。王師下江南，函可坐事戍瀋陽。有剩人詩。

成回，字霜華，不知何許人。示寂於紹興之顯聖寺。或曰：崇禎癸未進士。嘉善錢默不識也。有雜感詩，見朱彝尊明詩綜。

明光，姓王，號上中。事母孝。後爲僧廈門之開元寺，與阮文錫唱和，文錫選其詩三百首，名偶然草。同寺僧如壽，姓傅，字濟翁，亦能詩。明光工草書，如壽精楷法，人稱「明光草」、「如壽真」。

髡殘，字介邱，號石溪，武陵劉氏子，母夢僧入室而生。一夕，大哭不已，引刀自薙其頭，血流被面。同里教諭龍人儼，儒而禪者也，一見絶愛之，令遊江南參學。至白門，遇一僧，言已得雲棲大師爲薙度，因請大師遺像，拜爲師。返楚，居桃源某庵。久之，忽有所悟，心地豁然，再往白門，謁浪杖人，一見皈依。所交遊皆前朝遺逸，顧炎武其一也。髡殘脱略一切，獨嗔怒不可解，在祖堂與衆僧不合。少受寒溼，身臂作痛，厭苦之。疾革，語大衆「死後焚骨灰投江流中」，衆有疑色，復大叫曰：「不以吾骨投江者，死去與他開交不得。」衆從之。歿後十餘年，有瞽僧至燕子磯，募工升絶壁，刻「石谿禪師沈骨處」。又有傳良，字去六，攸人，以詩見知於祁陽王。王奇其才，欲以湯休賈島故事擢之，不可。年八十五卒。大成，字竺菴，醴陵人。少披薙於南嶽，後行腳四方，晚歸南嶽。詩有奇氣，拳拳故國君父之戚，殆亦有託而逃者也。知休，不知何處人。居茶陵秦人洞，不食煙火，偶爲樵者所見，始有物色之者。山多虎患，知休馴狎之，至今虎不傷人。

桑山人，姓許氏，名澄，汴人也。少爲諸生。崇禎中，嘗獻勦賊三策於督師楊嗣昌，不用，鬱鬱歸。甲申後，至淮上，入劉澤清幕，既而語不合，拂衣去。有怨家發其隱事於我帥之鎮汴者，走匿桑下，因自號桑山人。日與嵩陽曹道士遊。夜坐，忽耳鳴，絲竹徐發，若有物拔其頂，聳身丈餘，骨節皆通，自是竟得道。嘗賣藥嵩山廟市，以水酌喑者，能言；洗盲者，能覩。許州童子爲狐所苦，邀過其家，呼狐出。狐遯，追斬之，空中啾啾有聲，毛落盈把，人遂以爲神。已復還汴，怨家見之曰：「此許某也。」率十數人掩捕之。山人乃大笑，獨身指揮，盡縛諸捕者，揖怨家者謝曰：「天壤甚寬，人心自窄。爾必吾殺，吾必爾報，怨之不解，傷吾道矣，吾姑去。」遂身遊衡陽，不復返。

陳仙者，本名王賓，字天倪，定海諸生。少負異稟，性高伉，不肯一豪挫於人。甲申後，大江以南頑民未化，海氛錯出，風波震驚，遂遯跡，中怏怏不自得。忽一道士過之曰：「吾子誠高士，然喪亂之辰，負此剛腸，恐爲意外之變所折也。吾授子藥，急則用。」初不以爲意，皮其藥閣中已果當厄，念道士言，姑試之，神効，乃稍稍習之，後得道去。

松仙，在湖州山中。瞿式耜初奉撫粤之命，松仙授以錦囊數封曰：「臨危始發。」發則其事與年月日時皆預定也。擒靖江，守桂林，用焦璉，皆依策行之有效。末一封題「庚寅元旦發」，發之，中有「扶公榮歸」四字。是年竟死。庶吉士錢秉鐙親見之。

清凝上人，宜興人。瞿式耜、張同敞之殉難也，與式耜門下士楊藝、御史姚端具衣冠葬之風洞山之麓，廬墓不去。

狗皮道人者，黄冠朱履，身被狗皮，口作狗吠，乞食成都城中，狗從而和之。市人與之錢粟，道人則畫然作虎嘯，狗皆避易。俄而獻賊至，突出馬前作狗聲，賊怒，逐之，弗及。射之，矢及其腦激而還，貫賊騎，騎蹶，賊駭，以爲神。比賊僭號，元旦受朝賀，忽狗皮者列班行，狗吠不止。賊怒且恨，命縛之，則益大吠，俄廷陛間如數千狗聲，賊大呼：「殺，殺！」衆不聞，蓋爲吠聲亂也。賊驚退，狗倏絶聲，道人亦杳。銅袍道人者，張閑善也。聯銅片周其身，行則丁當有聲，於狗皮後見於川，川之人遂以銅袍名，而或又呼爲張丁當。嘗與滇中鐵道士飲市中，既醉則歌，呼烏烏，大慟去。鐵道士，殘明諸生，初不詳其姓氏。永曆帝入緬，乃棄家學道，首覆一折腳鐺爲冠。人與之酒，少即張口下，多則脱鐺受，且行且噱，歌且哭。若婦人與之，則睁目曰：「男女也，可授受乎？」麾之弗顧。所至，間向人乞鐵一片，自肩臂、胸背至腰以下悉懸之，小大如鱗，故與銅袍遇，輒擊掌狂笑。又一女子，自稱鐵娘子，腰纏鐵索，龘如牛，重不可知，自西之東，疾走大呼曰：「鐵娘子失去鐵牛一頭，報信者予錢十萬貫。」呼數日，賊以爲妖，帥千騎射之，矢若飛蝗，卒無一中。賊大怖，歸而病；未幾，王師下，即中創死。鐵娘子後從狗皮道人仙去。活死人者，本蜀中素封子，姓江氏，名本實。國亡後，散家財，棄妻孥，入終南山得煉形術，因自號活死人焉。弟子陳留王者，得其旨，能於水面立，峭壁行。一日，縛虎爲騎，活死人怒責之曰：「所貴乎道者，静無爲也，有爲則駭世，豈妙道哉！」陳留王乃面壁三年。曰：「道有傳人，吾將蜕已。」趣掘土穴入之，命封土，毋許通隙。既埋，羣弟子朝夕拜呼之，輒應，三年後始寂，乃立石表之，曰「活死人之墓」。上官常明者，南昌人。嘗爲武弁，居天津爲道士，年六十餘，有道行。丙戌，閩中敗，購一缸，舁之庭，遽入試之，南面坐，曰：「正好，不須擇日眩世，去了罷。」即瞑目逝。其徒素無賴，好飲博，謀出其屍，以缸易酒。夜啓之，枵然也，大驚，已遍體生瘡，不能動。有客自吴門還，遇道人淮陰市，問：「何日離天津？」云：「三月三。」客留之飯。臨别，授一方，乞付其徒治瘡。客歸詣之，始知道人先三年亡，啓缸之夕，正上巳也。周德風，字思永，亦南昌人，曾列仕版。南都亡，棄官入道，自號古月，遊廣陵搢紳間，豫告死期以坐化，年七十有六。後有自武當來者遇諸塗云。同時有心月道人譚守誠，酆縣人。明亡，黄冠棄家，遍遊名山，晚止江寧城西虎踞山之隱仙菴。既而語弟子曰：「某日吾將歸。」乃端坐説偈而逝。宿州鬼道士，姓章，失其名，以其能役鬼，故以「鬼」爲號。鬼名柳青，隨道士所至。常住徐州大雪中，麻衣躑躅，汗津津如六月狀。徐之人挈榼登山，道士乞飲，或曰：「一壺酒羣飲且不足，安得餘瀝？」道士拊掌拾石子如豆，訶之成白金，付主人奴代沽，盡醉數十客，而壺不竭。有御史者奇之，與之遊。一日，忽請貸金十笏，御史有難色，道士曰：「戲耳，吾自有吾金。」呼柳青來，遥指榻上，則黄白粲粲，細審之，皆御史囊中物，大疑。道士復呼柳青去，則物已空。明日，御史竟暴卒。南都亡，道士沈於桃源之淵。後數年，徐之人往山左，過泰山酒樓，聞有歌「大江東」者，覘之，則依然一鬼道士。朱衣道人，不知何許人，自言爲明諸生。國亡，棄家入道，能作九州外夷語。冠玉冠，服朱服。嘗自三吴走薊門，七日往返寄人家書有驗。嘗戲作紙鳶數十丈，坐二童子於鳶背，給以金鼓，乘風吹入雲霄，聞者疑是天樂。或有知之者，曰：此朱衣者，爲明室支孫。

小腆紀傳卷第六十

前翰林院檢討加詹事府贊善銜六合 徐鼒 譔

列傳第五十三

列女

徐夫人，寧海儒家女，都御史左懋第之母也。崇禎末，懋第以給事中奉命犒左良玉軍，夫人偕從子懋泰留京師。甲申，三月，城陷，懋泰奉以歸，數日不食，行至白溝河，仰天歎曰：「此張叔夜絶吭處也！」呼懋泰前，責其不死，且曰：「吾婦人，身受國恩，不能草間求活。寄語懋第勉之，勿以我爲念。」言訖而死。

緜州劉氏四烈婦：關南道劉宇揚妻李氏，侍郎劉宇烈妻張氏，大學士劉宇亮妻宋氏。甲申八月，獻賊破緜州，避西山白崖溝，賊將劉文秀訪得之，三氏相謂曰：「吾姑昔日涪水遇盜，懼辱，投水死，吾輩受汚，何以見姑於泉下？」遂自縊死。宇亮子裔盛受僞官，妻王氏曰：「汝可作賊官，吾不能作賊妻也。」亦縊死。時蜀婦女先後殉節者：則袁氏，新津諸生藍燦妻也，燦死於賊，氏聞而自縊。陶氏，漢州江某妻，被執不辱，偕其子婦張氏駡賊死。又有張氏婦者，聞賊逼，自紉其衣投井死，數日出其屍，顏色如生。緜竹顧生妻留氏，抱幼女投井死；文姓妻刁氏有美色，賊逼之，大駡支解死；楊生妻蕭氏、王姓妻袁氏，俱拒賊死。成都諸生王某妻熊氏駡賊死。彭縣劉姓妻黄氏死於雷打廟；趙姓妻官氏先縊其數女，而後自縊死。什邡顧姓妻賈氏焚其室，偕子婦某氏縊死火中。萬縣庠生古元直妻譚氏駡賊觸階死。潼川進士李某妻吴氏、舉人黄某妻張氏、歐某妻黄氏、貢生楊某妻朱氏，皆駡賊死。欒至楊某妾荆娘，亦不屈死。賊獲蓬溪譚某妻陳氏，欲汚之，大駡不從死。又有通江王某妻閆氏被執觸樹未死，駡賊，賊殺之，羣烏環屍哀鳴不散。劍州生員李某妻駡賊剮腹死；貢生張某女駡賊刃穿胸死。梓潼生員蒲某妻趙氏投江死；魏某妻趙氏投繯死。昭化生員賈某母李氏、任某母吴氏並駡賊死。又巴州廪生楊某妻李氏投江死。西充婦女死者：杜氏婦避賊張邨溝，駡賊斷臂死；舉人陳某女、貢生張某女駡賊死；岳池劉氏婦拒賊死。

犍爲陳天祐者，夫妻同遇害。賊舁其二女輿中，二女抗聲曰：「我陳氏女，往與父母同死一處，斷不玷我鄉里。」抵營門，見父母屍，躍身撞石，指賊大駡，賊並殺之。又仁壽辜氏女者，及笄未嫁，爲賊所獲，自刎死。

敘州婦女殉難者：自尹伸妻卲氏、妾夏氏、子婦楊氏從死外，又總督樊一蘅妻李氏駡賊裂屍死，妾夏氏懸髮於梁支解死。前兵部侍郎劉之綸妻楊氏剮兩乳死，余智之妻楊氏駡賊死。屬邑則筠連蘇某妻毋氏墜崖死，高縣陳某女三姑投水死。隆昌諸生劉茲妻盧氏聞茲被殺，紿賊曰：「必見夫屍，乃唯命。」至茲死所，抱屍哭駡，被殺。又納溪二王氏婦：一爲生員閔某妻，被劫投繯死；一爲生員易某妻，不受污投崖死。洪雅痒生祝籛之子婦楊氏、二陳氏、宿氏、王氏及少女祝氏避亂山中，爲賊所劫，六氏拜別父母，俱投水死。綦江翁某妻康氏爲賊所獲，不屈死。又羅氏女，年十四，投水死。

劉氏，六合庠生夏清妻也。甲申之變，四鎮潰兵掠六合，氏隨姑避蘆葦中，騎迫，投河死。越數日，得屍龍津橋側，顔如生。同時死者，有余馨妻馬氏，年二十，爲潰騎所逼，氏且行且駡，騎連射七矢，駡不止死。詹明宇妻左氏爲潰兵所執，以刃加頸，駡不從，偕明宇投河死。張起祥妻章氏避難舟中，兵欲污之，氏紿曰：「取我衣物來，未晚也。」乘間挈幼女投水死，曾孫舉人廷松爲請旌焉。又有武氏者，熊敬吾妻也，隨夫避兵，中途相失，抱女逃赤山河坂下，兵欲污之，逼以刃，駡不絶死。而林鐘聲妻梁氏遇兵不及避，赴水死，年十九。以上皆六合人。

馬氏，六合馬葵陽之女也。年十九，避寇金牛山古廟中，懼受辱，密縫所著衣。賊搜得之，女以石擊賊，破面流血，大呼曰：「頸可斷，身不可辱也。」賊斷其喉死。士民立廟祀之。

侯氏，六合庠生馬純仁妻。純仁之殉難也，以氏年少，託老親於友人。氏聞之，矢不嫁，以代子職，篝燈紡績，甘旨無缺，年逾九十卒。時人謂夫義妻貞萃一門云。又貴州巡按御史潘世奇之妾劉氏，亦六合人。世奇卒於任所，年甫二十一，撫嫡子如己出，守節六十三年。又有王氏，孫國御妻，嘗刲股愈舅疾。李氏，唐允明妻，刲股愈姑疾。袁氏，朱光政妻，嘗三刲股愈夫疾，不愈，自經以殉。皆六合人。

張氏，宿松諸生吴之瑞妻。弘光時，城陷，軍士欲污之，張氏恐禍及夫與子，紿軍士曰：「此塾師，攜子在此，吾醜之，遣去，則唯命。」夫與二子已去遠，乃厲聲唾駡撞柱死。

劉氏，懷寧諸生韓鼎允妻。弘光時，城潰，舅姑雙柩殯於堂，賊欲破棺，劉氏抱棺號哭，賊釋之。一女年十三，賊欲縱火，而數盼其女，劉氏紿之曰：「苟不驚屍柩，女非所惜也。」賊喜，投炬攜女去。劉送女，目門外池示之，女即投池死。賊怒，刃劉，罵不絕口死。

江都程氏六烈：程煜節者，江都諸生也，其祖姑有適林者，其姑有適李者，其叔母曰劉氏、鄒氏、胡氏者，而煜節之未字妹曰程娥。城被圍，與劉約俱死。城破，娥拜別母縊死。劉女甫一歲，乳畢，以糕餌置女側，乃死。鄒與胡亦同死，適林者投井死。適李者遭掠，紿卒至井旁，大罵投井死。時稱「一門六烈」。

江都一門殉難婦女程氏外，孫氏最著。孫道升之前妻生女曰四，繼妻蘭氏所生曰七，皆嫁古氏；次曰存，孫女曰巽，皆未嫁；弟道乾妻王氏、子天麟婦丁氏、道新妻古氏、從弟子啓先妻董氏；諸婦女各手一刀一繩自隨。城破，巽先縊死，蘭時年五十四，繼之，王氏、丁氏投舍後窪中死。古氏亦五十四，守節三十年，頭盡白，投井死。有外孫女曰睿，方八歲，從死於井。董氏以帶繫門樞縊死；存病足，匍匐投井死。董氏之從祖母陳氏方寄居，亦自縊死，四與七同縊死於牀。同時有史著馨者，妻張氏，年二十六而寡，城陷，撫其子曰：「嚮也撫孤，今不能顧矣。」赴水死。張廷鉉妻薛氏自縊死。廷鉉之妹曰五，遇卒鞭撻使從己，大呼曰：「殺即殺，何鞭爲！」遂見殺。

田氏，儀真李鐵匠妻也，有色。高傑步卒掠江上，將犯之，不從。挾之馬上，至城南小橋，馬不能渡，紿卒牽衣涉水。行中流，出不意，曳二卒並赴急湍死。

劉氏，和州諸生張秉純妻也。秉純痛國亡，絶粒死，氏勺水不入口，閱十有六日，命子扶柩祭拜，痛哭而絶。

陶氏，當塗孫士毅妻，守節十年。南都亡，爲卒所掠，縛其手，介刃於兩指之間，曰：「從否？」陶曰：「速殺爲惠。」卒未忍殺，稍創其指出血，問之，答如前。卒怒，裂其手、刳其胸死。陶母奔護，亦被殺。

于氏，丹陽荆潊妻。潊父本澈爲亂兵所殺，于知不免，謂潊曰：「請先殺妾！」潊不忍，怒曰：「君欲留爲亂兵污邪！」潊哭而從之。某氏，嘉定黄道弘妻也。城破，攜二女倉卒欲赴井，長女曰：「使母先投，必戀念吾二女，不如先之。」挽妹亟入，氏繼之，并死。

王氏，和州諸生張侶顔妻。南都不守，劉良佐部卒肆掠，氏同母匿朝陽洞。卒攻洞急，氏以子付母曰：「賊勢洶洶，我少婦，即苟免，何顔回夫家！此張氏一綫，善撫之！」挺身躍洞外，觸亂石死。

方氏，桐城錢秉鐙妻。避寇南都，歲祲，以女紅易米食其夫，己與婢僕雜食糠籺。客至，則取簪珥潔茗治饌。秉鐙固名士，多交遊，莫知秉鐙貧也。弘光時，阮大鋮興黨錮之獄，秉鐙名在捕中，走吴中，氏挈子追尋得之。吴中亦亂，乃密紉上下服，抱女投水死。秉鐙另有傳。

王氏，崑山人，太僕卿宇卿之孫女，許聘侍郎顧章志之孫同吉爲妻。同吉未婚卒，氏年十六，歸顧氏守節，撫夫兄同應子炎武爲嗣。居别室中，晝紡織，夜讀史記、通鑑及本朝政紀書。炎武年六歲，授之大學；少長，輒舉劉文成、方忠烈、于忠肅諸人事以教之。崇禎甲戌，巡按御史祁彪佳表其門曰「貞孝」。丙子，朝命旌表。甲申，南都立，炎武以薦官兵部司務，未赴而南都亡。崑山去郡衹三十里，警報沓至，乃避至常熟之郊，謂炎武曰：「我雖婦人哉，然已受朝廷恩命，果有大故，則死之。」時炎武方應邑令楊永言之辟，與嘉定諸生吴其沆及歸莊等共起兵，奉故鄖撫王永祚。事敗，炎武脱歸，將奉母他徙，而氏必不可，絶粒十七日而卒。遺言：「後人勿事二姓。」以故炎武累奉我朝徵召，輒力辭不赴，以遊學終其身。

香娘，本金閶名妓，豔而工詩，爲故忠義伯吴易姬。易自太湖兵敗，全家盡節，惟香娘爲官軍所獲，求死不得。主者欲收之充下陳，香娘泣曰：「我相公每飯不忘故君，妾亦何忍負之。必欲見辱，有死而已！」主者肅然起，聽其所之。於是入一草菴削髮老焉。

草衣道人者，金陵人，故光禄卿許譽卿姬。病革時，以薙刀、械衣之屬貽譽卿曰：「當此喪亂之中，得全身爲上，幸毋自辱！」南都亡，譽卿遂祝髮爲僧。

隱隱，一名素璚，姓沈氏。本維揚倡家女，有姿色，能詩，落籍歸歙諸生夏子龍。子龍倜儻有志行，不爲章句腐陋之士，得隱隱，唱和極樂。甲申之變，子龍怏怏不自得，與隱隱窮日夜酣飲不復休。或規之，歎曰：「此信陵君所謂飲醇酒、近婦人者也，子未揣其意邪？」南都垂破，子龍已得奇疾，不可療，遂死。隱隱憑屍哭曰：「天乎！亦知郎之所以死乎？」乃盛飾載拜，就棺旁結繯以死。

葛嫩，秦淮名妓，歸桐城孫臨。臨負文武才，隆武時以貢生授職方主事，監巡撫楊文驄軍。兵敗被執，並縛嫩。主將欲犯之，大駡，嚼舌碎，含血噀其面。將手刃之，臨大笑曰：「孫三今日登仙矣。」並被殺。

劉淑英，廬陵人。父劉鐸，天啓時知揚州府事，忤奄死，風節最著，謚忠烈。方罹禍時，淑英止七歲，母蕭氏陳其父書自課之，旁及司馬兵法、公孫劍術至普門經咒，莫不精貫。及笄，歸同邑王藹，年十八而寡。甲申，闖賊陷京師，帝后殉難，淑英聞之，慟哭曰：「先子與王氏皆世祿，吾恨不爲男子，然獨不能殲此渠兇以報國讎邪？」因散家財，募士卒得千餘人，併其僮僕婢媵部勒之，成一旅。時督輔何騰蛟置十三家軍，散駐楚中。張先璧劄永新，聞名請謁，淑英方以孤軍無策應者，欲資爲助，遂開壁門見之，流涕，爲指陳大義，諸軍胥變色，拱立聽命。旦日過先璧報禮，且周視其營，閱其兵，出千金爲犒，佐以牛酒，一軍盡驩。然先璧實不敢赴敵，且微露欲納淑英意，淑英乃大怒，就筵間拔劍將斬之。先璧惶遽環柱走，一軍皆甲。淑英叱曰：「汝曹何怯也！怯如是，而能赴湯蹈火乎？此吾自不明，吾自誤，吾一女子耳，又安事甲！」大書壁上云：「銷磨鐵膽甘吞劍，抉卻雙瞳欲挂門。」從容北向載拜曰：「臣妾將從先國母周皇后在天左右矣。」先璧悔且懼，率麾下叩頭請死，淑英曰：「婦言不出於閫，吾以國難蒙恥，以至於此，事之不濟，天也。將軍好爲之！」跨馬竟去，盡散所部歸田里，獨闢一小菴，曰蓮舫，迎其母歸養，奉佛以終。

畢弢文，名著，歙人，生崇禎末。稟異姿，幼工文翰，兼能挽一石弓，善擊劍。其父某守薊邱，攖城拒賊，力竭戰死，屍陷賊中。其部從議請兵復讎。曰：「城在，援且絕，況城沒邪？即有應，亦曠日，賊有備，事無濟矣。」乘夜率衆出襲。賊方幸城中主將亡，夜決無變，方娛妓閧飲，而一軍突入。賊駭如天下，驚愕失措，弢文手刃其渠，握首級號於衆曰：「敢抗王師者，有如此首。」賊乃潰，輒焚其營，追殺無算，賊竟平，舁父屍還，時年甫二十也。捷聞，將援蕭山沈烈女事授官，俾討賊，弢文以父喪辭歸，營葬金陵。及南中敗，事遂寢。當其隨父任時，願委禽者沓至，弢文俱不可，若求才之得兼智勇者方許。至是歸於崑山士人王聖開，相誓偕隱，遂入吴門，結廬僻境，種梅百本以自給。吴中傳其殺賊詩云：「吾父矢報國，戰死於蔚邱，父馬爲賊乘，父屍爲賊收。父讎不能報，有愧秦女休，乘賊不及防，夜進千貔貅。殺賊血漉漉，手握讎人頭，賊潰自踐踏，屍横滿坑溝，父體畢櫬歸，薄葬荒山陬。相期智勇士，慨然賦同仇，蛾賊一掃除，國家鞏金甌。」

賈氏，沅陵人。適同邑諸生潘燿卿。隨父省親於南都，至湖口，夫病卒，氏欲赴水，女奴持之。既見舅姑，痛哭堂下，入室自縊不得，乃絶食，自刎死。

沈氏，吴縣人，許嫁黄于庚。未嫁，于庚亡，父母議改適。氏聞之，閉户自縊，以救甦。自是縞素棲止一樓，家人罕見其面。鼎革時，兄欲擕之避兵，氏曰：「樓居三十年，死固吾分，奚避爲！」絶粒死。又常熟諸生蕭某妻，以不受汚支解死。

劉氏，魏縣人，署上海縣劉永錫女。永錫抗節，女恐己詒父母憂，絶粒死。齊丈人之葬永錫也，女祔焉。

徐氏，定遠侯鄧文昌妻，守備南京魏國公弘基女也。文昌航海赴閩，隆武帝命襲爵，晉中府，氏封恭人，年纔十有七。文昌佐大學士曾櫻留守福京，大兵入景寧關，氏謂文昌曰：「君毋自辱！妾請先於地下伺之。」再拜仰藥死。閩人哀之，合葬於芙蓉山下。

謝氏，寧化諸生邱義之妻也。隆武二年八月，仙霞關不守，田仰潰卒將趨東粵，間道走寧化，居民駭竄。一卒目氏豔，欲擁之上馬，氏據地痛罵，卒刃刺之，不殊，氏懼辱自縊死。里人李世熊等詠其事，聞於我寧化知縣鄒某，將旌諸朝，義却之而寢。語見義傳。

商夫人，名景蘭，字媚生，山陰人，故吏部尚書商周祚女，越中閨秀稱「伯商、仲商兩夫人」。景蘭，即伯商夫人也。歸同邑祁彪佳。彪佳美丰采，時有「金童玉女」之目。祁氏自先世多藏書，梅墅寓園池館之勝甲於越。夫人從事簡册，教其三女及子婦張氏、朱氏，操翰吟詠，著有東書堂合稿。彪佳殉國難，夫人悼亡云：「公自垂千古，吾猶戀一生。君臣原大節，兒女亦人情。折檻生前事，遺碑死後名。存亡雖異路，貞白本相成。」子理孫、班孫以國事被禍，張氏、朱氏苦節數十年，未嘗一出屏宁間，里人謂出姑氏之教云。張氏，理孫婦，名德蕙，字楚纕；朱氏，班孫婦，名德蓉，字趙璧。

仲商夫人，景蘭之妹也。有國色，與姊齊名。適侍郎徐人龍之子咸清。咸清幼有神童之目，甫薙髮，即應鄉舉試。既娶，曰：「吾以是爲王霸妻足矣。」鼎革後，以當事薦赴召，有沮之者，乃歸。夫妻偕隱，合著小學一書，自一畫至多畫，正形聲，明訓義，名之曰資治文字。夫人又嘗寫妙蓮華經三部，孝禪寺僧乞二部去，供其一於大殿極甍間，納其一於毘盧遮那世尊腹中。別一部則送之天臺萬年龍藏中。

祁德淵，字弢英，祁彪佳之女也。與妹德瓊、修嫣、德茝、湘君並從母商夫人學詩，著有靜好集。適餘姚姜廷梧。廷梧爲户部尚書一洪子，罹禍下獄，得釋，尋病卒。德淵痛之，自課諸子，縞素十六年。時我國家大定，諸子願出就試，許之。伯子兆熊登賢書，家人跪請更吉服，曰：「此區區者遂足易我心乎！」諸子無計，乞之蕭山毛奇齡援古義説之，始易服。奇齡爲作祁夫人易服記。

沈雲英，蕭山人。父至緒，崇禎辛未武進士，守備道州。癸未，獻賊破湖南，郡、縣皆糜爛，惟道州以至緒力戰得全。既而賊再至，再戰，馬驚仆，隕於陣。雲英聞變，奮臂持矛，號哭趨賊營，奪父屍還。賊環攻之，雲英左右支格，兵莫能傷，竟完守入保，因是道州終不破。巡撫王聚奎具疏以聞，詔贈至緒昭武將軍，賜祠祭，授雲英爲游擊將軍，代父職，領兵守城。雲英初隨父任，適西川賈萬策，官荆州督師中軍。荆州困，萬策分門拒守，城陷，不屈死。雲英聞訃，慟哭辭職，間關數千里，出入賊中，扶其父與夫兩櫬歸蕭山。國變後，蠲棄服飾，隱居里門爲女教授。素工書法，旁涉經史，然非本宗子弟不教也。族子兆陽者，從之受春秋胡氏傳，爲知名士。里人毛奇齡嘗因兆陽請謁，不許。卒年三十又八，奇齡題其墓曰「故明特授游擊將軍兼道州守備烈女沈氏雲英」云。

項淑美，淳安方希文妻。希文好蓄書。乙酉，杭州不守，方國安潰兵掠江滸，希文率妻子載書避山間。一夕，偶以事出，淑美與一嫗、一婢共處，亂兵突至，縱火。婢挽淑美出避，叱之曰：「出則死於兵，不出死於火，等死耳，死火不辱。」嫗復呼曰：「火至矣！」不之應，取書堆左右，高與身等，與俱燼。賊退，希文歸，則餘燼旋而成堆，若護其骨者。希文一慟，即散，乃收骨葬之。先是，慈谿有王氏，歸同里方姓甫逾月。火起，延其屋。夫他出，堅坐小樓不下，骸骨俱燼，惟心獨存。夫歸，捧之長慟，未頃即化。

烈婦錢氏、陳氏，仁和諸生陳世正妻與姊也。陳氏適同邑傅天耳。乙酉，江防軍潰，姑嫂避入富春山中。大兵搜山，被獲。錢氏守三歲兒，知不免，躍赴江中，與兒俱死。遊騎亟擁陳氏上馬，墜馬者再，髮亂委地，膚色如玉。騎不忍殺，輒以好語慰之曰：「行將送汝歸。」扶上馬者凡六，慟哭大駡，騎怒甚，揮刀斷陳氏軀爲三截去。路人哀之，埋道傍古槐下。

二孟氏，河南巡按御史陳潛夫妻。或曰：妻與妾也。姊妹同適潛夫，同日花燭以娶，浙東所傳「大小孟」也。南都破，潛夫從魯監國，加太僕寺少卿，監浙西軍，募三百人，與孫、熊二家兵合列江上。丙戌，五月晦，軍潰，歸山陰小赭里，置酒賦詩，與親友訣，謂二妻曰：「行矣！我爲忠臣，汝爲烈婦，泉下差不惡也。」整衣冠，上化龍橋，北面再拜，推二妻入水，具棺殮，自躍入水死。今孟氏屋壁猶存潛夫手書絶命詩曰：「萬里關河戎馬奔，三朝宮闕夕陽昏。清風血染萇弘碧，明月聲哀杜宇魂。白水無邊留姓氏，黄泉耐可度寒暄。一忠雙烈傳千古，獨有乾坤正氣存。」

潘氏，乙酉殉節諸生高朗妻。朗父岱，兵部主事，將盡節時，朗先蹈海死。氏年十九，就縊，姑何氏誡曰：「高氏兩世忠孝，幸汝已娠，或不絶爾夫後。」踰時，産一男。七歲，氏病，姑進藥，泣曰：「向以姑命，爲此呱呱者，未即死。今將從亡人地下矣。」卒不飲食以死。

俞沈氏，會稽殉義士俞禹機妻也。丙戌，江防潰，與女同殉於龍華潭。氏年三十六，女年十七。氏初挈女登舟，别以一舟屬子貽穀奉姑他奔。既而呼舟止，謂女曰：「計終不免吾訣矣。始所以分舟者，恐傷阿婆心，且不欲令穉子見也。」會騎至，將逼之，氏駡不已，自投於潭，女亦從之入。騎乃大呼烈婦、烈女去，時六月六日。閱八日殮，顔色如生。

余氏，山陰諸生何光衞妻。丙戌，六月，江防潰，官軍檄郡落。氏家峽山，環居千餘户，悉走避。光衞曰：「事亟矣，汝有娠，且挈三歲女，滋爲累，奈何！」曰：「吾思之熟，君去，毋我慮！」是夕，徧紉衣裾，抱女走匿吴家塢港口苗田中。比旦，有隔河呼者曰：「苗田中誰何婦？」聲未絶，而控弦者逐田畔，氏懼，亟抱女起，投港水以死。控弦者大呼隔河人趨救，隔河匿者、竄者各駭散，有幸免者見其狀如是。時年二十三。光衞從兄光有女適本邨唐氏子，同日抱子赴水死，年二十有八。稱「雙烈」。

倪氏者，山陰諸生茹芳妻。芳素與營弁譚某隙，譚擁兵擒芳，芳遁，遂擒氏及一子、一女，羈龐公池側之空屋，期以暮至。氏密縫襦袴，破牕投池水死。

李陳氏，居山陰之畫橋。夫某，力農而貧，氏紡績佐之。亂作，居民倉皇奔避。氏既無力獨行，求附娣姒舟，不許，遂率女沿河濱行。至青田湖畔，聞擾攘聲四起，泣曰：「及今不死，後將有求死不得者。」密縫女衣裾，拾巨土納兩袖，而挈之赴水。越數日，其夫得屍於沈處，色不變。同時有丁瑞南婦周氏者，三躍三救之，而卒以自沈死。

張氏，東平州人。父昌，官千户；母王氏：同遭白蓮賊亂不屈死。時蕭山來斯行任登、萊兵備，因贇爲妾，從之歸。及斯行死，斷髮秉節，宗族賢之。丙戌，遇兵湘湖，欲污之，氏預縫衣帶，堅不可解，大罵被刃死。來氏本蕭之望姓，同時婦女盡節者最盛。投長興鄉水死者：儒士冠倫母俞氏、妻任氏，諸生冠朝妻何氏，儒士逢盛妻黄氏，又國子生沈驤妻來氏，諸生來裕女及婢小春。其投白馬湖死者：諸生夢麟妾程氏。自縊張家邨楊梅樹下死者：貢生逢時母王氏。而進士某之妻楊氏者，爲諸生楊雪門女兄，聞雪門殉義，慟哭沈水死，尤懍懍也。

余氏，會稽人，總兵章憲妻。魯監國航海後，憲自江上率潰兵還里，令各散去，氏曰：「散易復難，王在海上，萬一詔至，其何以應？」憲不聽。戊子，山海氛起，憲匿東山中，逆奴潛引王師執憲夫婦去。我郡守劉桓、鎮將吴學禮許以官，令招撫山寇，憲不應，氏大聲曰：「男子死即死耳，毋二心也！妾願從若死。」獄成，以氏年少美姿容，欲留畀幕將，氏不許；命同戮，則欣然就縛。至鎮東閣下，先磔憲，氏瞑目誦佛號。及氏，連呼：「剮，剮！」行刑者馬某故以刀刺氏陰，雙股夾不可開，乃支解之。明日，馬恍惚見氏至，曰：「死故我分，何見辱邪？我得取爾命矣。」遂椎胸嘔血以死。

甬上四烈婦：張氏，楊文瓚妻。文瓚與兄文琦、友人華夏、屠獻宸坐戊子翻城之獄死，張縫夫首棺殮畢，即盛服題絶命詩，呑腦子不死，以佩帶自縊。文琦妻沈氏亦自縊。夏之繼妻陸氏，絶粒不死，姑勸之食。已有諸家妻孥北徙之令，乃結帨就縊。身肥，帨絶墮地，汗涔涔下，坐而摇扇，曰：「余且一涼。」鄰人聚觀者進楊梅一盂，啖訖，徐起易環而絶。有司聞楊、華三婦之死，遣丐婦四人至獻宸家守其妻朱氏，氏陽爲歡笑以接之，且誚三婦之自苦也。守者信之，因謂之曰：「我將浴，汝儕可暫屏。」聽之，則闔户自盡。時稱甬上四烈婦。文瓚等另有傳。

烈女王氏，侍郎王翊之女也。翊死時，女年十三，許嫁左副都御史黄宗羲子百家，以例没入勳貴家，爲杭州將軍部下參領某所養。參領憐其爲忠臣女，撫之如所生。逾時，欲爲擇壻，有劉弁者求之，女不可。參領難之，女突拔所佩劍自刎死。參領大驚，葬之臨平山中，即以劍殉。

金四姐，義興伯鄭遵謙妾。初爲娼，以殺婢下獄，遵謙以千金出之，遂委身事焉。江上軍潰，遵謙挾貲及氏入於海。戊子，正月，鄭彩殺大學士熊汝霖，遵謙不平，彩以計投之海中。氏號慟欲死，家人救之，乃縛草人書彩姓名，每祭，寸斬以侑食。彩聞之，亦投氏於海。己亥秋，彩坐廳事，見熊、鄭擁兵入，驚撲投階下，七孔流血死。金氏於海上屢顯靈異，海人稱之爲金娘娘。

方氏、周氏、畢氏、姜氏，皆大學士張肯堂妾；沈氏，肯堂冡婦，茂漪女孫也。舟山將陷，肯堂集家人曰：「毋爲人辱！」及大兵入，肯堂冠帶至雪交亭南向坐，六人珠翠盛飾，相率拜辭，或投繯或投池死。畢氏臨水，將先下，姜氏呼之曰：「止！雖死，亦有序，莫悤悤也。」肯堂曰：「善。」乃各以序死。僕婦、婢女之從死者又十數人。

李氏，京衛人。父榮，爲衛將軍，稱「世衛李氏」。氏少夢神授之筆，頗知鈐略。既長，適餘姚毛有傚，官定海守備，爲保定伯有倫弟。乙酉之變，移定海軍從武寧侯王之仁劄西陵渡。時馬士英竄身方國安營，稱方、馬軍。氏謂有傚曰：「士英，逆賊也，棄君來此，此地難與守矣。武寧軍西陵，君何不移駐龕山以遠方、馬乎？」既而太湖兵起，吴易、陳萬良輩各以偵諜從龕山渡，欲引龕山軍從海寧入，氏復勸有傚行。未及而江上諸軍潰，有倫扈監國宫眷，中道相失，遂全軍歸命。有傚乃偕氏逸之海寧。既又遷淮、遷彭城，隱姓名入編户以終。有傚初以從監國功，爵靖南將軍，氏封夫人。

文鴛者，侍郎李長祥室黄氏之侍女，已給其僕某爲妻。戊子，翻城事發，長祥兵潰，黄氏集家人謀共死，文鴛泣而前曰：「夫人當爲公子計，以延李氏香火，惡可死！婢子願代夫人，以吾女代公子，俟死於此。願夫人速以公子去！」黄泣曰：「我安忍！」曰：「小不忍最害事，速驅之山中！」有羅吉甫者，嘗遊長祥門下，曰：「夫人、公子我則任之，雖以是死，甘心焉。」於是黄氏抱其子晦拜吉甫，且拜文鴛，文鴛曰：「夫人休矣！捕者行至矣。」甫出門，而捕者果至，以文鴛去。有徐昭如者，亦義士，不知夫人之既脱，約死士謀要之，已乃微聞其非真，遂止。吉甫匿黄氏母子，知平西伯王朝先於長祥爲媢，航海以往，則長祥已先在，相見慟哭。爲言文鴛事，長祥曰：「文鴛一木訥女子，今若此，實難能可感也！」文鴛初被逮，居然以命婦自重，見大府，不肯少屈，莫不以爲真夫人。例應徙遼左。我按察使劉自弘，淮人也，一日五鼓，傳令啓城，命吏以文鴛就道，不得少待。或曰：劉蓋憐長祥之忠，亦壯文鴛之奇，密取之歸養於家，而以囚中他婦代之去。

鮑氏，閩人，職方主事錢肅遴妻。甲申前納采，未娶而難作，閩、浙路絶。父兄欲更擇壻，氏不可，父兄歎曰：「非不知其不可，顧錢郎播遷天末，生還無望。」氏遽囓臂出血以誓，其家愕然，乃止。己丑，肅遴從亡舟山。辛卯，舟山破，始歸成婚，氏年二十又六矣。以懼禍，夫妻避之崑山。越五年，肅遴感懷國家嘔血死，氏勉力治殮，祝髮爲尼。與長洲殉難忠臣劉曙妻某氏同居一草菴，紡績以求歸骴，數年始得，呼其弟至崑負骨以歸。或勸以火化，輒哭拒之，卒歸葬之祖墓旁。

史八夫人，姓李氏，宛平人，督輔史可法弟可經妻，即可法妻之女弟也。可法殉難，可經亦旋歿，李氏與可法母、妻居金陵焉。先是揚州開府時，有幕下客浙中厲韶伯者，軀貌類可法，冒其名，集亡命數百人，由舒廬破巢縣、無爲。擒訊之，則堅冒可法名。衆莫能辨，乃召可法母、妻暨李氏識認，始吐實。而李氏有國色，爲衆所窺。戊子，金聲桓反，禁旅往討，駐金陵，有遼官聶三者，思媚少宰某，強委禽焉。遣婢拒之，不聽；詈之，亦不聽。須臾，一婢奉黑漆盤進曰：「奉八夫人命，意盡於此，恣若所爲。」聶啓視之，則血淋漓一髮髻、一耳、一鼻也。聶大驚，躍馬馳去。

李氏，番禺弘福鄉人；許氏，潭山鄉人。癸巳，李定國帥師至新會，鄉民治樓船應之。已而定國兵敗，王師進討鄉民，李氏六處女皆登樓縊死，許氏二處女從母某氏、庶母某氏投井死。屈大均以詩記之。

夏氏，黔國公沐天波侍女也。沙定洲之亂，天波出走，母陳氏、妻焦氏舉火自焚死，夏獲免。天波自永昌還，則已薙爲尼矣。天波感其義，俾佐内政。及天波從亡緬甸，夏自經。時城中死屍載道，爲烏犬所食，夏屍獨無犯者。

郭純貞，益陽人，兵部尚書郭都賢女也。聰慧能詩，父愛之，許字黔國公沐天波之子。滇、黔路梗，音耗遂絶。女守志不嫁，自題所居曰郭貞女廬。後爲尼，易名聯本，結廬浮邱山下，曰卓菴，年八十餘卒。

董夫人，延平王朱成功妻也。父容先，爵里不可詳。夫人初不禮於成功。辛卯，二月，王師襲廈門，守將鄭芝莞擁珍寶棄城逃，夫人抱神主及諸岸，舵工林禮負以登芝莞舟。芝莞遽曰：「此戰艦也，非夫人所居。」再三促之，夫人堅坐不動，積藏得無恙。成功以是深嘉之，與謀軍國。成功薨，子經嗣，戒之厚將士，恤百姓。丁巳之敗，經狼狽歸，夫人讓之曰：「馮、陳之業衰矣，猶有先君黄洪之刃，若輩庸可赦乎？不肖子！徒累維桑，則如勿往。」克壓之死也，非夫人本意，悔恨成疾。辛酉，六月卒。臺人感夫人惠者，咸歎息焉。唐夫人，嗣延平王經之妻，侍郎顯悦女孫也，而不禮於經。已經亂弟之乳母陳氏而生子，夫人愬諸顯悦，發其奸，幾至禍亂。

陳夫人，鄭克壓妻，陳永華之女也。馮錫范將弑克壓，以太妃董氏命召之入，克壓謂夫人曰：「恐不能相保矣。」夫人曰：「夫亡與亡，不相負也。」既聞變，擗踊入請於太妃曰：「監國何罪？」太妃曰：「以非鄭氏子耳。」夫人曰：「兒亦安知監國之非鄭氏子乎，何十八載不言也？即爾，亦可爲兵、民，何至死？」太妃語塞。時夫人方娠，慰之曰：「生男女，我自好待之。毋自苦！」夫人曰：「成立之父，尚不能保七尺軀，況呱呱邪！我夫妻子母願相從於地下耳。」兄繩武、夢球賢之，請於太妃，令登臺受文武祭奠，從容投繯死。葬臺灣縣之武定里。

鄭氏，鄭斌之女。我續順公沈瑞之隨延平王經入臺灣也，經命斌以女妻之。辛酉，行人傅爲霖謀内應，事洩，並逮瑞，囚其眷屬，以斌故，免氏，令歸。氏謂父曰：「沈氏罹重禍，兒安可獨生，願同繫！」乃羈之别室。瑞將就縊，使人持一帶别氏，氏殮瑞兄弟暨祖姑、姑畢，乃結帶自縊死。

黄棄娘，泉州黄堂壯女也。年十九，適行人傅爲霖之次子璇。爲霖内應謀洩，父子俱置極刑，家屬發配。棄娘兄銓爲營救，棄娘哭曰：「今日之事，子爲父死，妻爲夫亡，於理甚順，復何憾！」遂自縊死。

鄭宜娘，漳郡人。年十八，適臺灣謝燦。燦卒，宜娘號泣投繯死。知天興州建坊表之。

四葉氏：一陳三淑妻，遇寇觸階死；一陳少卿妻，遇寇投井死；一劉畿妻，夫殞於盜，自經殉，隆武丙戌舉人張金棕表其墓曰「女中夷、齊」；一庠生葉車書姑也，夫某病卒，自經殉，有司爲立碑洪水橋。皆明季廈門人。或以爲國朝人者，志書誤也。

義娘者，廈門人。或曰王氏女，或曰侯氏，相傳以爲曾厝垵人，故或又以爲曾氏也。年及笄，遭寇，頭觸石幾碎，投同安之東嶽廟旁井中死。後數年，爲康熙癸丑，鄉人蘇貴感異夢，掘井見白骨，以素練衣裹之。及葬，衣化爲水。鄉人異之，爲立祠井上，號曰義娘井。水旱災祲禱輒應，病人飲井水輒愈，路人多以竹筒盛水載之歸。

楊氏，廈門孫若瓊妻也。康熙癸卯，王師克廈門，氏以兒付若瓊，攜女投井死。越數日，屍浮出，顏如生。

陳氏，廈門陳正公女。辛卯，爲兵所掠，乘間投井死。後家人葬之，顏如生。

楊氏，廈門人，兵部主事期演女也。適南安鄭某。鄭卒於京，有議婚者，自經死。

小腆紀傳卷第六十一

前翰林院檢討加詹事府贊善銜六合 徐 鼒 譔

列傳第五十四

宦官

韓贊周 盧九德　李國輔　高起潛　王坤　龐天壽（傳闕）　夏國祥（傳闕）
張福禄 全爲國（傳闕）

韓贊周，南京司禮太監也。甲申，北都變聞，與史可法等奉弘光帝監國，進秉筆太監。嘗叱湯國祚、劉孔昭於朝。黄澍之面糾馬士英也，太監何志孔助澍言，贊周叱之曰：「御史言事，是其職掌，内官何得妄言！」上於除夕御興寧宫，憮然不怡，侍臣請故，上曰：「後宫寥落，且新春南部無新聲。」贊周泣曰：「臣以陛下令節思皇考、念先帝耳，乃作此想邪？」又元夕，上自張燈，贊周曰：「天下事正難措手，臥薪嘗膽，猶恐不勝，躬此瑣屑，胡爲者！」上曰：「天下事有老馬在，汝不必多言！」贊周乃四疏乞休。乙酉夏，王師逼鎮江，上召内臣問計，贊周曰：「兵單力弱，守、和無一可者，不若親征，濟則可以保宗社，不濟亦可以全身。」上不聽。又有盧九德者，崇禎中以太監督皖省軍，禦賊有功。弘光時，提督京營，見國事日非，嘗慟哭殿上。南都亡，俱不知所終。

李國輔，司禮監韓贊周養子也。弘光時，提督勇衛營。内臣屈尚忠、田成、張執中之徒方比馬士英、阮大鋮，導上淫戲，而國輔遇事多匡救。士英惡之，屬所私上書言開化德興雲霧山可開採，國輔惑之，具疏請往。既給事中吴适疏陳七不便，國輔亦請中撤，俱不許。馳視，如适言，報罷，而所督之勇衛營已命士英子錫代之矣。南都亡，走蘇州，與巡撫楊文驄殺我安撫使黄家鼒。王師進討，走海上，與巡撫田仰、監軍道荆本澈奉義陽王者以舟師駐崇明沙。事敗，歸魯監國，命與太監客鳳儀兼制軍餉。舟山覆，從監國流寓廈門以終。

高起潛，崇禎時監視寧、錦軍。八年，盡撤監軍内臣，而起潛以知兵稱，獨不撤。九年，命總監兵部尚書張鳳翼、宣大總督梁廷棟所領兩軍，給金三萬、功牌千，以司禮張雲漢、韓贊周副之。然起潛實未決一戰，惟割死人首冒功而已。明年，起潛行部視師，令監司以下悉用軍禮。既又與楊嗣昌比，致宣、大總督盧象昇孤軍戰殁，又匿不聞，以是人多惡之。十七年春，賊信逼，復令監寧前軍。途次，聞京師陷，遂棄關走。弘光時召爲京營提督，尋命督江北軍餉。高傑死，黄得功引衆爭揚州，傑營大將李本深以下棄沿河汛地奔回，洶洶欲爲難，命起潛諭解得功，即留駐揚州安撫傑營軍士。時傑妻邢氏孤立自懼，欲以其子元爵爲督師史可法義子，可法難之。幕下士謀曰：「渠高姓，有高監在，令父其父而子其子，不亦可乎！」邢氏諾之，乃宴集將吏，率元爵拜起潛，并拜可法。可法不受，環柱走。明日，起潛宴可法。甫就坐，令小黄門衣蟒者數輩挾可法坐，不得起，邢母子出拜，呼父。可法爲盡歡，軍心以和。未幾，王師南下，可法死，而起潛、元爵皆投降。

王坤，崇禎時監視宣府太監。初，帝鑒魏忠賢之禍，撤鎮守中官；既見廷臣不足倚，乃復委任如舊。坤狂躁敢言，至宣府甫踰月，即劾巡按御史胡良機，命坤按治。給事中魏呈潤争之，忤旨謫外。又抗疏劾修撰陳于泰盜竊科名，語侵輔臣周延儒。吏部尚書李長庚言：「陛下博覽古今，曾見有内臣參論輔臣者否？」給事中傅朝佑言其文詞練達，機鋒挑激，必有人主之，其意指温體仁，副都御史王志道争之尤力，皆得罪。弘光時，坤改名肇基，督催浙、閩金花銀，給事中羅萬象劾坤嘗肆惡維揚，坤上疏辭止。隆武時，入閩，不見用，流寓粤中。丙戌冬，永曆帝建號，時宫府草創，無通曉故事者，乃以坤爲司禮秉筆太監，弄權植黨。户部郎中周鼎瀚以内批改給事中；王化澄以巡按御史驟陞兩廣總制，復結坤以墨敕升尚書。大學士李永茂疏薦十五省人望，御史劉湘客與焉。坤惡之，塗抹十四人名，而黜湘客，復疏薦海内人望數十人。大學士瞿式耜言：「司禮抑人固不可，薦人更不可。」上雅重式耜，坤無如何；而坤以王師逼近，導上幸梧、幸楚，式耜亦無如何。尋爲劉承胤所逐，復入自武岡，而馬吉翔、龐天壽方幸，坤不復振。久之死。

小腆紀傳卷第六十二

前翰林院檢討加詹事府贊善銜六合徐鼒譔

列傳第五十五

姦臣

馬士英張捷等　阮大鋮楊維垣　劉孔昭（傳闕）　李沾張孫振等（傳闕）

馬吉翔（傳闕）

馬士英，字瑤草，貴陽人。萬曆丙辰會試中式。又三年，成進士，授南京户部主事，遷郎中，歷知嚴州、河南、大同三府。崇禎初，遷山西陽和道副使，尋擢右僉都御史，巡撫宣府。任事甫一月，檄取帑金數千兩，餽遺朝貴，爲鎮守太監王坤所發，削職遣戍。時阮大鋮以逆案失官，與士英爲同年生，同寓南京，相結甚歡。周延儒之内召也，大鋮要以援己，謝不能，則舉士英屬之。十五年，鳳陽總督高斗光被逮，遂起士英爲兵部右侍郎兼右僉都御史代之，招降河南土寇劉超。超故四川總兵官，爲士英舊好。既降，猶佩刀自衞，士英笑曰：「若已歸朝，安用此！」手解之，乃縛以獻俘。流寇充斥，數有防堵功。甲申國變，南都大臣議立君，慮福王修怨三案，主立潞王；士英獨不可，密約勳臣、鎮將排衆定策，擁福王即監國位。廷推閣臣，劉孔昭攘臂欲入閣，史可法謂：「本朝無勳臣入閣例。」孔昭大言曰：「即我不可，馬士英有何不可？」乃進士英東閣大學士兼兵部尚書、都察院右副都御史，仍督師鳳陽。士英日夜冀内召，聞督師之命，則大慍，率兵船千二百艘，至江干，上疏勸進，并以可法始議福王七不可立之書奏之，即命入閣居首輔。以定策勳，加太子太師，蔭子錦衣衛指揮僉事，而出可法督師淮、揚，於是權震中外矣。尋叙江北戰功，加少傅兼太子太師、建極殿大學士；已進少師；宫殿成，進太保。上以擁戴故，深德之，委任心膂。而士英爲人貪鄙，無遠略，亟思樹黨，首薦阮大鋮知兵，用中旨授兵部右侍郎，廷臣力争之，不獲。左良玉初奉監國詔，令承天守備太監何志孔、巡按御史黄澍入賀，陰伺朝廷動静。澍陛見，面數士英奸貪不法，且言：「嘗受僞官周文江重賄，爲之題授參將，罪當斬。」文江，獻賊所置僞兵部尚書也。志孔亦論其罔上行私諸款，太監韓贊周叱之止。士英乃跪乞處分，澍舉笏擊其背曰：「願與奸臣同死。」士英大號呼，上摇首無詞，久之，諭姑退，贊周即執志孔待命。上意頗動，諭士英暫避位。士英佯引疾，而賂福邸舊奄田成、張執中向上泣曰：「上非馬公不得立，逐馬公，天下將議上背恩。馬公在閣，諸事不煩聖慮；馬公去，誰肯念上者？」上憮然，仍慰留之，並釋志孔，命澍速還楚。初，故錦衣衛劉僑以罪并家屬遣戍，私以玉杯、古玩由周文江進於獻賊，賊即署爲指揮使。比良玉兵復蘄、黄，僑削髮逃去，澍持之急。而士英納僑賄，復其職，即令訐澍贓，又嗾楚宗朱盛濃言澍凌逼宗室，已隨出疏糾之，擬旨逮治。澍乃匿良玉軍中，陰令衆譁索餉，爲救己地。袁繼咸代奏申理，始免。由此與良玉成隙。當是時，士英獨理機樞，重修三朝要典進之，日惟鋤正人、進兇黨爲務。内則中官田成、張執中輩，外則勳臣劉孔昭、朱國弼、柳祚昌及鎮將劉澤清、劉良佐等，相倚作奸，漫無顧忌，而一以大鋮之言是聽。賕賂公行，朝綱紊亂，四方警報狎至，置若罔聞。既連逐高弘圖、姜曰廣、張慎言、劉宗周、吕大器諸不附己者；凡逆案中楊維垣、虞廷陛一流得盡起，其死者悉予贈卹；餘如張捷、唐世濟等，皆用之以爲爪牙。大鋮初入，諸正猶存，舉朝以逆案相攻，憾甚。已見北都從賊者頗多附會清流，因定從逆之罪。於是光時亨、周鍾之獄起；而其他大僚降賊者，賄入輒復官。河南張縉彦者，以本兵首從賊，受僞職，詐言「集義勇收復列城。」士英饜其賂，即授原官，總督河北、河南軍務。其女弟夫越其杰以貪謫戍，起爲河南巡撫又令各府、州、縣童生捐免府、縣試，分上中下户，以納銀多寡定名次先後，即赴院考，行納貢佐工例。自中書、待詔、監紀、職方，萬千不等，白丁隸役，立躋大帥。時爲之語曰：「中書隨地有，都督滿街走，監紀多如羊，職方賤如狗。相公只愛錢，皇帝但喫酒，掃盡江南錢，填塞馬家口。」布衣何光顯上疏請誅奸相，詔戮於市。時我大清兵南下，中原盡失。嗣抵宿遷、邳州，督輔史可法以聞，士英大笑，坐客問故，曰：「君以爲有是事邪？此史公妙用，爲叙功稽算地耳。」比有北來太子事，朝士指爲僞，都民譁然以爲真，可法與諸鎮及御史交章論救，請研審。久之，供爲王之明。後呼其名，不應，曰：「何不呼爲明之王？」上以之示士英，士英反覆詳辨，且言：「臣愚，宜更窮究主使，與臣民共見而棄之。」頃又有故妃童氏自其杰所送至京，上目爲妖婦，付錦衣衛監候。氏從獄中細書入宫年月、離情甚悉，士英頗進勸言，謂：「非至情所關，誰敢冒死與陛下認敵體。」上卒命屈尚忠嚴刑拷掠，氏宛轉詛號以死。獄既具，上出兩案獄詞，宣示中外，而衆論益藉藉，謂士英等朋奸導上滅絶倫理。黄澍在左營因日夜言太子寃狀，請引兵除君側惡，良玉亦上疏請全太子，斥士英奸，不報。良玉乃移檄遠近，舉兵而東，袁繼咸乞赦太子遏止之，不可。遣阮大鋮、劉孔昭會朱大典、黄得功軍截江分禦，撤江北劉良佐等兵從之西上，我大清兵乘之，逼徐州，抵亳、泗，可法飛章告急。大理卿姚思孝、御史喬可聘等言：「良玉非叛，請毋撤江北兵，亟守淮、揚。」可法復奏：「上游志在除奸，原不敢與君父爲難。北兵一至，宗社堪虞。」士英内怯於左，堅不應。越日，上言：「左兵雖不該聲逼南都，然看他本上原不曾反，江北防兵且不可撤。」士英指思孝等厲聲曰：「若輩東林，皆良玉死黨，爲之游説，欲縱其入犯邪？北兵至，猶可議款；若左逆至，吾君臣獨死耳。吾君臣寧死於清，不可死良玉手。異議者斬！」上默然，無如何也。會良玉抵九江死，報至，士英忻然，謂天奪其魄。大鋮、孔昭方虚報捷音邀爵賞，而我大清兵已破揚州，可法殉之，總兵鄭鴻逵張帆東遁。龍潭驛卒報云：「北軍編木爲筏，乘風而下，江中礮中京口城，去其四垛。」士英不之信。最後監軍巡撫楊文驄令箭至，言：「城上發一礮，江筏齏粉。」士英因笞驛卒而重賞楊使，緣是警報無復至者。五月，大清兵由老鸛河渡，京城戒嚴，集文武於朝門會議，大臣竊竊偶語，則相約納款也。辛卯夜半，上出奔，孔昭斬關遁。翌日，士英以黔兵四百人爲衞，聲稱護太后駕渡江，由蕪湖逕廣德入浙江。廣德知州趙景和曰：「彼不奉君而奉母后，詐也。」閉門堅拒，士英攻破之，殺景和。抵杭州，守臣以總兵府爲太后行宫。潞王及羣臣往朝，劉宗周、熊汝霖痛責士英當從上，士英無以應，惟日盼江上之捷。不數日，大鋮、大典及總兵方國安俱踉蹌至，則得功兵敗已死，上已就擒。遂請潞王監國，而王已從巡撫張秉貞及陳洪範等謀，決計迎款。

士英乃與國安等走錢塘，距杭城十里立五營，我兵追躡之，斬五百級。魯王監國紹興，士英將赴謁，張國維首劾其誤國十大罪。紹興王思任，前九江僉事也，於士英初至浙時，出疏歷數其罪，致書勸令自刎以謝天下。至是，魯諸臣又堅拒之，乃逡巡東走，依國安於嚴州。我兵擊諸姚江，兵潰；國安亦潰於富春山間。無何，合軍重渡錢塘，窺杭城，沿江列陣，大敗，溺死者無算。既乃收餘衆，於江東赭山、朱橋、范村等處縱肆剽敚。深銜魯君臣弗納之怨，密與國安計，將劫監國來獻，監國脱去。及明年，大兵渡江，國安一軍盡殲，與方逢年薙髮降。士英逸之台州，擁殘卒，求入閩。隆武帝以其罪大，不許，又遁入太湖，投長興伯吴易軍中。及明年，爲官軍所擒，戮於市。或曰：國安敗降後，士英遁至天臺山寺爲僧，搜獲之。或曰：與方、阮同時降，隆武被執，搜龍槓，得四人連名疏，事在已降後，遂駢斬於延平城下，妻子給被甲爲奴。

張捷，丹陽進士，以知縣入爲御史。泰昌元年，疏論中官以譏切王安。天啓元年，薦董應舉等十二人，皆人望。論姚宗文排陷熊廷弼罪，又請卹遼陽死事諸臣，所建白，多可稱。四年，趙南星出爲江西副使，不赴，自是嫉東林次骨。其冬，魏忠賢勢大振，諸以年例外遷者盡復故官，捷亦還爲御史。明年，擢太僕少卿，尋忤忠賢削籍。崇禎三年，起大理右少卿，拜左副都御史。明年，遷吏部右侍郎；又明年，進左侍郎。捷故讐東林，而與首輔周延儒友善，驟引居要地。延儒敗，又附温體仁爲羽翼。御史梁雲構劾其憸邪，帝不聽。吏部尚書李長庚、左都御史張延登之罷也，體仁及王應熊謀之捷，將用故兵部尚書吕純如。帝御平臺，諭羣臣各舉所知，應熊目捷，捷遂舉純如；帝以純如麗逆案，不宜舉，捷呶呶不已。給事中姜應甲叱捷巧辯，帝命之退。科道交章論劾，卒以體仁、應熊力，置不問。先是捷所親賀儒修爲成都知縣，捷屬巡按劉宗祥令舉卓異，中有「時事漸非，借內傾外，中焰披猖，朝政苛急」等語，以宗祥前知丹徒，素交好也。而宗祥廉知儒修貪墨，疏劾之，削籍逮治，捷遂大恨。後川中州、縣多陷於賊，詔議宗祥罪，捷欲重繩之。宗祥懼，遽以捷私書上聞，帝大怒，責捷回奏，捷震悚，詞極哀。帝怒不解，詔除名議罪，坐贖徒。南都立，劉澤清首薦捷，馬士英繼之，廷議多持不可。魏國公徐弘基特疏薦，乃以內傳復故官，給事中章正宸以內批非制争之，不得。尋尚書徐石麒罷，阮大鋮密邀內奄取中旨以捷代之。捷既爲諸奸用，悉奉其指揮，諸麗名逆案及謀翻逆案被譴者盡起用。文選郎中劉應賓挾馬、阮勢，納賄無虛日，捷畫諾而已。南都陷，走雞鳴寺以佛幢自縊。或曰：聞百姓毆王鐸，懼禍及自裁也。又有周之夔者，閩人也。官蘇州推官，故有聲復社中。偶與太倉張溥以争軍儲事不合，已調停息争矣，之夔復揭之於總督，衆論大譁，謂：「調停而暗揭之，陰險孰甚！」尋之夔坐事罷，疑溥爲之，恨甚。聞陸文聲訐溥，亦伏闕言：「溥把持計典，己罷職，實其所爲。」因及復社恣横狀。巡撫張國維言：「之夔去官，無與溥事。」被旨譙責。溥幾危，久之始解，而之夔憾不已。弘光時，阮大鋮修怨復社，之夔願效前驅，特旨雪前罪，授給事中。丙戌春，徐孚遠自松江浮海入閩，上水師合戰之議，大學士張肯堂以之夔熟海道，且起兵報國，志甚鋭，用爲參軍，不知所終。

阮大鋮，字圓海，懷寧人。萬曆丙辰，與馬士英同年中會試。有才藻，機敏猾賊。初授行人。天啓元年，擢户科給事中，遷吏科，以憂歸，居桐城。御史左光斗讜直有聲，大鋮以同里故，倚以自重。四年春，吏科都給事中缺，大鋮次當遷，光斗招之；而趙南星、高攀龍、楊漣等謂察典近，大鋮輕躁不可用，欲用魏大中。大鋮至，使補工科，心憾之。陰結奄黨，寢推大中疏，吏部不得已更上大鋮名，即得請。自是依附魏忠賢，與楊維垣、倪文焕、霍維華爲死友。造百官圖，因文焕以達忠賢。然畏東林攻己，不一月，遽告歸，大中遂掌吏科。大鋮憤甚，私語所親曰：「我猶善歸，未知左氏何如耳！」光斗旋削籍。逾年，汪文言獄起，漣、光斗、攀龍等先後被逮下獄死。大鋮以太常少卿召至都，奉忠賢惟謹，而默慮其禍，每入謁，輒厚賂閽者還其刺。居數月，復乞歸。崇禎改元，忠賢誅，大鋮私擬二疏：其一專劾崔、魏。其一以七年合算，謂：「天啓四年後亂政者忠賢而翼以呈秀；四年前亂政者王安而濟之東林。」函其稿，馳示維垣，且言：「時局若大變，即上專劾疏；脱未定，可上合算疏。」時維垣方指東林、崔、魏併爲邪黨，與倪元璐相詆，得之大喜，爲投合算疏以自助，聞者切齒。元年，起光禄卿，御史毛羽健劾其黨邪，罷去。明年，欽定逆案，論徒，贖爲民。終思宗之世，廢棄十七年，鬱鬱不得志。皖中被寇，大鋮乃避居秦淮，傾資延納遊俠，選事之流，多附之，談兵説劍，坐客常滿。比邊警日急，希將以邊才召也。時金壇周鑣、無錫顧杲、長洲楊廷樞、貴池吴應箕、蕪湖沈士柱、餘姚黄宗羲、鄞縣萬泰等，皆復社中名宿，聚講南京，惡之甚，草留都防亂公揭逐之，列名者百四十人。大鋮懼，始閉門謝客，獨與戍籍馬士英爲莫逆交。周延儒再召，次揚州，大鋮輦金爲壽，求湔濯，延儒以己再召，爲東林所推，難之。無已，乃以士英屬，士英因得起用。既與守備太監韓贊周暱，北京陷，中貴人之南奔者，因得遍結驩。弘光帝之立也，初非諸大臣意，大鋮與羣奄私言東林當日之所以危貴妃、福王者，使備陳上前，以潛傾史可法等。羣奄復亟口譽其才，上固心識之。迨士英柄國，即以邊才薦，奏稱：「臣至浦口，與諸臣面商定策，大鋮從山中致書於臣及操江劉孔昭，戒以力掃邪謀，堅持倫序，臣甚韙之。」並白其鼎日附璫贊導無實跡，璫敗，按門籍治附者罪，而大鋮獨無名，可證也。遂命假予冠帶陛見。見即上守江策及三要、兩合、十四隙疏，其言娓娓可聽，並自白孤忠被陷狀，至痛哭極詆孫慎行、魏大中、左光斗爲大逆。於是大學士姜曰廣、侍郎呂大器、太僕少卿萬元吉、府丞郭維經、大理丞詹兆恒、給事中羅萬象、陳子龍、懷遠侯常延齡及諸御史部郎等，交章劾大鋮逆案巨魁，不可用。士英爲之力辨，翻攻曰廣等護持局面。遲迴月餘，竟取中旨起爲兵部添注右侍郎，都御史劉宗周、給事中熊汝霖固争之，俱不聽。旋命兼右僉都御史，巡閱江防，未幾，轉左侍郎。明年二月，進本部尚書，賜蟒玉，仍兼御史防江。大鋮既得志，悉召逆案楊維垣及所善張孫振等數十人，臚置選曹言路，排擠善類。尋作正續蝗蝻録、蠅蚋録，蓋以東林爲「蝗」，復社爲「蝻」，諸和從者爲「蠅」爲「蚋」。比有狂僧大悲之獄，乃密與孫振謀，更造「十八羅漢、五十三參、七十二菩薩」之目，統千餘人，冀以前主潞議及東林、復社諸賢一網畢之，引史可法、高弘圖、姜曰廣爲首，海内人望搜羅幾盡，潛納僧袖中，將窮治其事，以興大獄。朝士皆自危，賴士英不欲驟發大難，僅坐僧妖言律斬而止。先是，金陵之刊布防亂公揭也，周鑣主之，大鋮銜恨次骨。及得志，則曰：彼言逆案，吾立順案以對之。」以闖賊僞號順也。劾士英窮治鑣之從弟鍾從賊受職，法當連坐。又以按察副使雷縯祚力阻定策，與鑣倡立疏藩之説，併逮下獄。時大鋮雖居兵部，職巡江，顧一切軍事不問，惟阻撓六部權，專以結黨斂賕、濁亂黜陟爲務。倉場侍郎賀世壽引疾去，大鋮密遣人劫之江中。嘗欲罷撫按糾薦令，納金則糾者免、薦者予。否則反是。江西總督袁繼咸奏其部將功，請擢總兵官，大鋮輒索重賂，始給勅印。白丁、隸役輸厚金，立躋大帥，都人語云：「職方賤如狗，都督滿街走。」其謬誕黷貨如此。思宗小祥，設壇望祭，獨大鋮後至，哭呼先帝而來，曰：「致先帝殉社稷者，東林也，不盡殺東林，無以對先帝於地下。今陳名夏、徐汧俱北去矣。」士英急掩其口曰：「毋！徐九一見有人在。」九一，汧小字也。士英初以前好，言無不從；及吏部尚書缺，廷議將用張國維，大鋮乃密邀内奄取中旨，特授張捷，士英愕眙累日，始怨之。大鋮與繼咸有夙嫌，力請減裁江、楚兵餉，左良玉兵由此起。大鋮讀其檄，有「誣陷周、雷」語，復揚言：「左兵實周、雷召之。」亟請勒二臣死。上游事急，乃與劉孔昭謀集師拒敵，出劄蕪湖江口，加太子太保。而我大清兵已逼南京，上出奔，被執北去。大鋮時在軍中，棄衣冠逃，由太平趨浙東，抵金華，投督師朱大典。金華士民傳檄逐之，乃送諸方國安軍，而士英已先在。大鋮至，則掀髯抵掌談兵自負，國安信且喜。已復扇兩軍交惡，大典幾爲國安所窘。士英以南中之壞，半出其手，而已受惡名，至是有所論辨，頗與矛盾。明年，王師渡錢塘，偕方逢年暨士英、國安降，大鋮請破金華自効。先在金華時，嘗與大典閲城，至西門，有新築土未堅。大鋮識之，用巨礮專攻之，城即陷，士民殺戮無孑遺，藉洩檄討之恨也。既隆武帝死汀州，大兵搜龍槓，獲四人連名請駕出關疏，按月日在既降後，遂駢斬逢年、國安、士英於市。大鋮方遊山，聞之，自投崖下死，乃戮其屍。或曰：大鋮從大兵入閩，至仙霞嶺，有微疾，同行者曰：「子老矣，毋苦跋涉，其留此調攝，姑徐徐以來。」大鋮艴然曰：「吾雖老，尚能彎強弓，騎壯馬，奈何言若是！」既而曰：「嘻！此必東林、復社來間我也。」軍中初弗解東林、復社爲何語，曰：「子行矣！非敢有撓也。」翌日，全軍度嶺，大鋮下馬步行，趫捷若猱，以鞭稍指騎者曰：「若等少壯男子，顧不及一老禿翁。」矜盻矍鑠，軍中頗壯之。既過五通嶺，則喘急，氣息不相屬，蹲一石上死。其僕購櫬無所得，越數日，始舁板扉上，天暑，屍蟲四出，斸存腐骨而已。或云：方其自矜得意，士卒擠之墜巖死。

楊維垣，出身籍貫不可詳。天啓時，爲御史，疏參王之寀、張差挺擊案，劾孫承宗泖河之失。疏頌魏忠賢，有「廠臣忠，廠臣不愛錢，廠臣爲國爲民」之語。及崔呈秀失勢，首攻之。崇禎時，定入逆案，遣戍。弘光時，馬士英、阮大鋮用事，錢謙益阿其意，疏頌維垣等冤，起通政使。維垣請重頒三朝要典，言：「張差瘋癲，強坐爲刺客者，王之寀也。李可灼紅丸，謂之行鴆者，孫慎行也。李選侍移宮，造以垂簾之謗者，楊漣也。劉鴻訓、文震孟只快驅除異己，不顧謗誣君父，此要典重頒不可緩也。」又請雪三案被罪諸臣。於是已死之劉廷元等二十人予謚蔭祭葬，未死之王紹徽等十三人原官起用，朝政大壞。尋有北來太子，維垣颺言於衆，謂：「駙馬王昺姪孫王之明，貌似太子。」馬士英等因襲其言以入奏，維垣擢左副都御史。都人爲之語曰：「馬、劉、張、楊，國勢速亡。」南都陷，偕二妾朱氏、孔氏自縊死。或曰：維垣甕二妾死，置三棺中，題「楊某之柩」，而竄其下，夜遁至秣陵關，爲怨家所殺。

小腆紀傳卷第六十三

前翰林院檢討加詹事府贊善銜六合 徐 鼒 譔

列傳第五十六

貳臣

方逢年 彭遇颽 方國安（傳闕） 鄭芝龍 陳於鼎 何吾騶 黄士俊 丁魁楚（補）

王化澄（傳闕） 袁彭年 曹燁 耿獻忠 洪天擢等 傅上瑞

方逢年，字書田，遂安人。萬曆丙辰進士，改庶吉士。天啓四年，以編修典湖廣試，發策有「巨璫大蠹」語，遂削籍。崇禎中，起原官，累遷禮部侍郎。十一年六月，擢禮部尚書兼東閣大學士，入參機務。其冬，刑科奏摘參未完疏，逢年以犯贓私者人亡産絶，親戚坐累，幾同瓜蔓，遂輕擬以上。而帝意欲罪刑部尚書劉之鳳，責逢年疏忽，逢年引罪，即罷歸。（承禮謹案：原稿傳文闕崇禎時入閣事，而標題下注云「須檢明史」，今據明史本傳增補。）弘光時復原官，不召。魯王監國，三召之，用其議定稱魯監國。紹興破，監國航海，逢年與方國安、馬士英、阮大鋮降於我大清。既隆武帝殂於汀州，我師搜龍槓，得四人請駕出關疏，計時日在納降後，乃駢斬於延平市。

彭遇颷，不知何許人，崇禎癸未進士。弘光時，官職方主事，召對稱旨，改御史，巡按浙江，自任募兵十萬。或曰：「餉安出？」曰：「搜括可辦也。」以家丁數百人括市錢，幾激變。遇颷故黨馬士英，乃以邊才調淮、揚。乙酉，謁隆武帝於閩，加僉都御史銜，大學士路振飛、曾櫻争之，乃止。後投誠大清，官監司。戊子，正月，前大學士朱繼祚、同安伯楊耿起兵攻興化，遇颷城守，令將士出戰，已即登陴易明旗幟。王師見之，不敢入，遇颷招繼祚入守之。後繼祚死，而遇颷終事不可詳。

鄭芝龍，字飛皇，小字一官，福建南安縣石井人也。世爲府掾。七歲，戲抛石，中知府蔡善繼冠，擒訊之，奇其貌而釋之。長有膂力，蕩逸不喜讀。附海船至日本，有倭婦翁氏悦一官，遂聘焉。海澄人顔思齊者，亡命日本，與其黨二十八人出没臺灣、金、廈之間。思齊死，衆禱諸天：擲碗得聖筊而碗不破者，立爲主帥。一官三擲而碗不破，遂以爲主，改名芝龍。天啓六年三月，犯金門、廈門。四月，犯廣東之靖海。當事者以蔡善繼有抛石不責之恩，擢爲泉州巡海道，芝龍詣泉州降。而巡撫朱欽相第令繳船隻、軍器，候安插，弟芝虎説龍曰：「此欲散我黨羽耳。」乃揚帆去。崇禎元年，犯閩之銅山，敗都司洪先春。犯金門，獲游擊盧毓英，芝龍縱之還，且曰：「朝廷苟一爵相加，東南可高枕矣。」都督俞咨臯，大猷之子也，大調兵船會勦，衆議避之粤東，芝龍曰：「咨臯膏粱紈袴，徒讀父書，何足懼哉！」大破之浯嶼，咨臯遁入廈門。於是縱横沿海，莫敢問者。巡撫熊文燦從泉州知府王猷之請，遣盧毓英招之，遂降，積官至都督同知。劉香老之亂，按察使曾櫻以百口保芝龍，芝龍感激。

八年四月，合粵兵擊香老於四尾、遠洋，香老勢蹙自焚溺水死，芝虎亦没焉。既平香老，遂以海利交通朝貴，寖以大顯。有同官陳謙者，嘗與芝龍盟於廣州，矢心報國。南都立，謙陳追勦三策，部議謂其切時務，且與閩帥交善，令齎敕書、金帛獎諭芝龍，封爲南安伯，調其兵六千人入衞，歸其弟鴻逵統領。比啓敕書，乃誤書「南安」爲「安南」，芝龍愕然，謙曰：「安南則兼兩廣，若南安，僅一邑耳。請留券而易詔。」芝龍大喜，厚贈而别。未復命，而南都陷。鴻逵自鎮江入海道，遇隆武帝，遂奉以入閩。時鴻逵官總兵，次芝豹及從子彩並爲水師副將。乙酉，秋七月，隆武帝立於福州，進芝龍、鴻逵爲侯，封芝豹澄濟伯，彩永勝伯，並賜號「奉天翊運中興宣力定難守正功臣」。芝龍見其子森，上奇其貌，與語，大悦之，賜國姓，名成功，命爲御營中軍都督，儀同駙馬都尉、宗人府宗正，即延平王成功，倭婦翁氏所生也。一門勳望，聲燄赫然。會賜宴大臣，芝龍自以侯爵，欲位首輔上，黄道周以祖制争之，終先道周，芝龍不悦。上行郊天禮，與鴻逵並稱疾不從，尚書何楷劾其無人臣禮，由是文武益不睦。時政事決於鄭氏。芝龍上戰守事宜，言：「仙霞關外應守者百處，計戰守兵二十餘萬，餉不及半。」設助餉事例，有官助、紳助、大户助之目，預征賦稅，大鬻官爵。趣使出兵，則以餉絀爲辭。及上親戎意決，將行推轂禮，無已，乃命鴻逵爲帥出浙東，以彩爲副出江右，強事出關，未越五百里，即疏報餉竭而還。明年，以元子誕生，晉爵泉國公，尋改平國公。先是浙中魯王監國，陳謙以都督奉使至，芝龍引之入見，啓函，稱「皇叔父」，上怒，下謙於獄，芝龍疏救，不聽。御史錢邦芑密奏：「謙爲魯心腹，與鄭氏交最深，不急除，恐生内患。」上即命誅之。或以告芝龍，芝龍曰：「刑人於市，必經吾門，吾且命停刑，願以吾官贖謙死。」比入朝，上故留久語，夜半，移謙他所斬之。芝龍奔赴，伏屍慟哭，厚葬之，爲文以祭，有「我雖不殺伯仁，伯仁由我而死」之句，中懷怨悱，去志遂堅。尋揚言海寇來犯，今守關將施福盡撤兵還安平，於是仙霞嶺二百里遂爲空壁。未幾，芝豹亦棄泉州奔回，共保安平以待款，然猶懼以輔立隆武爲罪。我貝勒招以書曰：「我之所以重將軍者，以能立唐藩也。人臣事君，必竭其力，力盡不勝天，則投明而事，建不世勳，此豪傑之舉也。今兩粵未平，鑄閩、粵總督印以待。」芝龍得書大喜，即劫其衆奉表出降。成功諫曰：「閩、粵不比北方得任意馳驅，若憑險設伏，收人心以固其本，興販各港以足其餉，選將練兵，號召不難矣。夫虎不可離山，魚不可脫淵，離山不威，脫淵則困，願吾父思之！」芝龍拂袖起。成功出告鴻逵，逵壯之，入語芝龍曰：「夫人生天地間，如朝露耳，能建立功業，垂名異世，則亦時不可失也。吾兄當國難之際，位極人臣，苟時事不可爲，則弟亦不敢虛鼓脣舌。況兄帶甲數十萬，舳艫塞海，糧餉充足，輔其君以號召天下，豪傑自當響應，何委身於人？此弟爲兄所不取也。」芝龍曰：「甲申之變，天下鼎沸，亦秦失其鹿，故清朝得而逐之。今已三分有二，若振一旅而敵天下之兵，恐亦不量力也。乘其招我，全軍歸誠，棄暗投明，擇主而事，古豪傑亦有行之者矣。」鴻逵曰：「然亦不可不爲之慮。」芝龍曰：「人以誠待我，我以誠應之，何疑焉！」時成功已率所部遁金門，芝龍召之同行，復書曰：「從來父教子以忠，未聞教子以貳。今父不聽兒言，倘有不測，兒只有縞素而已。」芝龍嗤其狂悖，率五百人詣貝勒，於福州相見，握手甚懽，折箭爲誓，遂薙髮降。宴飲三日，貝勒謂內院諸人曰：「芝龍桀黠多智，今大隊不來，而單騎至此，實有觀望意，縱之去，恐有意外憂，不如乘夜挾之北上，則蛇無頭，其餘無能爲也。」乃分隸其五百人於各旗，令莫能相見，夜半，忽拔營起。芝龍曰：「吾子弟素非馴良，今擁兵海上，脱有不測，將奈何？」貝勒曰：「此無與爾事，亦非吾慮所及也。」芝龍既北行，鴻逵、成功皆率所部入海。芝龍入都，隸漢軍正黄旗，封同安侯。甲午，以招降成功不屈，下獄，遣戍寧古塔。僕尹大器首其父子交通狀，降將黄梧謂：「不殺芝龍，則成功之心不死，諸將投誠之心不堅。」遂并家屬俱伏誅。

陳於鼎，宜興人。崇禎戊辰進士，改庶吉士。父一教，官按察使，兄於泰，辛未廷對第一，以居鄉不謹，俱削職。弘光時，於鼎起翰林院掌院事正詹事。乙酉，南都亡，偕蔡奕琛等迎降於我大清，投閒失志，僦居京口。已亥，朱成功取瓜鎮，圍江寧，於鼎手書招戚友，同謁成功。怨家告之，逮繫詔獄。苦喧鬨不成寐，浼提牢詣獄中僻地居之。辛丑，正月，我聖祖仁皇帝登極，大赦，獄囚盡出，於鼎以地僻，酣夢，不聞傳詔聲，獨留未出。刑部特疏請以交通海寇命即日處決。

何吾騶，香山人。萬曆己未進士，由庶吉士歷少詹事。崇禎五年，擢禮部右侍郎。六年，十一月，加尚書，同王應熊入閣。温體仁之謀斥給事中許譽卿也，吾騶助文震孟争之，同罷歸。隆武帝召爲首輔，從幸建寧、延平。隆武殂，立唐王聿鐭於廣州。初，吾騶與潮州給事中辜朝薦有隙。丙戌冬十一月，降將李成棟以王師下廣州，衆謂朝薦導之，以是並惡吾騶。城破，吾騶又不能死，乞修明史，成棟之養子李元胤執禮門下，州人於是有「吾騶修史真羞死」之語。既成棟反正，元胤爲吏部尚書，力薦之代朱天麟入閣，行人司方祚亨、太僕寺丞張尚、都察院經歷林有聲伏闕争之，皆奪職。已吾騶與司禮監夏國祥交通，爲給事中金堡所劾，不自安，引疾去。廣州再破，薙髮降。久之，卒於家。

黄士俊，順德人。萬曆丁未廷試第一，授修撰，歷官禮部尚書。崇禎九年，入閣，予告歸，父母俱在堂，人以爲榮。隆武時，以原官召，未赴。永曆三年，己丑，與何吾騶同入閣，耄不能决事，數爲臺省論列。明年正月，上自肇慶出奔，百官倉皇就道，士俊坐閣中不去。上念其老，令回籍再召。廣州之再破也，士俊年八十二矣，薙髮降。廣州人爲詩嘲之曰：「君王若問臣年紀，爲報今年方薙頭。」

丁魁楚，河南永城進士，督師啓睿從父也。崇禎四年春，以右僉都御史巡撫保定。七年，擢兵部右侍郎，代傅宗龍總督薊、遼、保定軍務。九年七月，我大清兵入塞，以失機遣戍。十一年，納餉援例得歸。總兵劉超之叛也，刼魁楚與衆紳爲疏訟冤，魁楚計款之。超平，叙功復職。弘光時，會推總制，乃起故官，總督河南、湖廣，兼巡撫承德、襄陽。已復命何騰蛟仍撫湖北，詔魁楚另用。會兩廣總督沈猶龍入爲侍郎，魁楚竟代其任，尋加兵部尚書。隆武帝立，命以故官協理戎政。靖江王亨嘉反，幽執巡撫瞿式耜，魁楚檄思恩參將陳邦傅等襲敗之，獲於桂林。事聞，封魁楚平粤伯。丙戌秋，閩事敗，與式耜等擁立永曆帝於肇慶，進東閣大學士兼戎政尚書，與内臣王坤相表裏，中外失望。先是隆武舊輔蘇觀生貽魁楚書，欲共與推戴，魁楚慮其以舊相居己上，力拒之。觀生乃立唐王聿鐭於廣州，治兵相攻。降將李成棟以我大清兵乘之，下廣州，漸逼肇慶，魁楚遽奉上走梧州。明年正月，王師取肇慶，上奔平樂。魁楚惑於奸弁蘇聘之説，遣所親齎金寶密款於成棟，魁楚恃以無恐，載囊橐四十船西入岑溪。既所親達魁楚意，成棟僞許之，且手書答焉。魁楚意大安，移舟五里迎之。成棟握手恨相見晚，謂：「明日吉期，煩先生攝兩廣篆。」邀魁楚父子痛飲而别。夜半，忽令旗召之入見，則成棟戎服升帳，列炬交然，魁楚知事已變，叩頭乞一子，或不及妻孥。成棟笑令先斫其子，次及魁楚，分其眷口，每營一人，獲精金八十四萬，惟一妾投江死焉。（補）

袁彭年，公安人，崇禎甲戌進士，周延儒之私人也。延儒敗，乃首攻之。南都初建，高、姜在位，彭年爲禮科給事中，遇事敢言。宗室統鐁之訐大學士姜曰廣也，彭年曰：「祖制：中尉必具啓親王給批齎奏，若候考吏部，則與外吏等，應從通政司封進。今何徑、何竇，直達御前？宜加禁戢。」尋復東廠，彭年疏言：「高皇帝時，不聞有廠，相傳文皇帝十八年，始立東廠，命内臣主之。此不見正史，惟大學士萬安行之，亦不聞特以緝事著。嗣後，一盛於成化，然西廠汪直踰年輒罷，東廠尚銘有罪輒斥；再盛於正德，邱聚、谷大用相繼用事，逆瑾扇虐，天下騷然；三盛於天啓，魏璫之禍，幾危社稷：近事之明鑒也。自此而外，列聖無聞。夫即廠衛之興廢，而世運之治亂因之。頃先帝亦嘗任廠衛緝訪矣，乃當世決無不營而得之官，中外亦有不脛而走之賄。故逃網之方，即從密網之地；而布奸僞之事，又資發奸之人以行。始猶帕儀交際，爲人情所有之常，後乃贓賄萬千，成極重莫返之勢。豈非以奥援之途逾祕，而專傳送之關愈曲而費乎？究竟刁風所煽，官長不能行法於胥吏，徒隸可以迫脅其尊上，不可不革也。」疏入，上責其狂悖沽名，降浙江按察司照磨。已投誠大清，官廣東布政使。戊子，四月，隨李成棟復歸於明，永曆帝授爲都察院左都御史。爲人反復無恥，嘗爲大清廣東提學道出示云：「鼠尾金錢，乃新朝之雅製；峩冠博帶，實亡國之陋規。」及歸明，則又詆之。諂附李元胤，脅制廷臣以曲奉之；與劉湘客、金堡、蒙正發、丁時魁結爲死黨，把持朝政。既官總憲，則校資俸，清冒濫，不少寬假，怨者尤衆。又自恃反正功，嘗論事上前，語不遜，上責以君臣之義，彭年勃然曰：「倘去年此日，惠國以鐵騎五千鼓行而西，君臣之義安在？」上變色，大惡之。初爲給事中吳其靁疏劾，上不問。有張載述者，涇縣人，原任江西瀘溪知縣，以節義自命。至行在，久不得官，疑彭年輩抑之也。太監夏國祥探知上意，嗾載述伏闕論之，彭年氣沮。會母死，言於衆曰：「吾受恩深重，何得苦守三年，虛度歲月？願丁艱不守制。」王太后亦惡之，宣敕：「查丁艱不守制，是何朝祖制？」彭年窘甚，月餘乃去，納富室生員李某妻爲妾，寓於佛山。五虎之敗也，彭年竟以丁艱獲免。庚寅冬，廣州破，獻犒軍銀八百兩於我大帥，泣訴當年之叛降，迫於李成棟，乞降級授通判，我大帥揮而出之。

曹燁，歙縣人，官廣西按察使。乙酉，靖江王亨嘉之亂，燁首聽命；亨嘉誅，燁竟免於罪。旋擢廣西巡撫，駐梧州。丁亥春，王師逼肇慶，蒼梧知縣萬思夔作一大木龜，令牽之號於路曰：「降敵者似此。」及李成棟兵薄梧州，燁以春秋獲雋者也，因輿櫬肉袒牽羊以迎曰：「燁不知天命，不早事君，使君懷怒以及下邑，燁之罪也。若罪不赦，俘諸軍，惟命，使得自新，君之惠也。」成棟笑而釋之。思夔乃書「曹燁」二字於木龜，置諸堂，遁去。戊子，隨成棟反正，授兵部尚書。又有耿獻忠，陝西人，嘗爲金華府同知，與朱大典共城守。大典死，獻忠走入粤，擢布政使，守平樂。丁亥，降於王師，官廣西巡撫。七月，陳邦傅復梧州，獻忠遁。及成棟反正，諸降臣在粤東者争往迎駕，成棟遮止之。獻忠時在梧州，得先輸款，晉工部尚書。而洪天擢、潘曾緯、李綺三人者，皆明末進士投誠大清者也。成棟反正，遣三人齎奏赴南寧迎駕。時陳禹玉、趙臺相讐殺，人心皇皇，聞成棟奏，益驚疑。三人力陳成棟忠誠，又述金聲桓反正事甚悉，人心始安。上至肇慶，授天擢吏部侍郎，曾緯大理寺正卿，綺廣東提學道。然自曹燁以下，皆不爲成棟父子所信任，猥瑣無足道云。

傅上瑞，武定人，爲武昌推官，何騰蛟薦爲長沙僉事。騰蛟之集僚屬盟於長沙也，以上瑞攝偏、沅巡撫，勸騰蛟設十三鎮，卒爲湖南大害。性反覆，棄騰蛟如遺。武岡破，遂降。踰年，金聲桓事起，當事者慮其爲變，與劉承胤並誅死。

小腆紀傳卷第六十四

前翰林院檢討加詹事府贊善銜六合徐鼒譔

列傳第五十七

逆臣一

左良玉　劉澤清 劉良佐（補）　沙定洲　黃斌卿

左良玉，字崑山，臨清人。少孤，育於叔父，其貴也，不知其母姓。長身頳面，驍勇，善左右射。目不知書，而多智謀，以軍校歷職至都司。崇禎元年，寧遠兵變，巡撫畢自肅自經死，坐削職。已又犯法當斬，有邱磊者與同犯，請以身獨任罪，良玉得免死去，而事昌平總督侯恂。大凌河圍急，有詔調昌平兵赴援，總兵尤世威以護陵不得行，薦良玉可用，恂乃自走卒拔爲副將，連戰松山、杏山下，録功第一，以故感恂恩次骨。陝西流賊入河南，竄山西，良玉屢破之。六年，賊大熾，縱横三晉、畿輔、河北間，良玉破賊功爲多，署都督僉事，爲援勦總兵官，漸自恣。在懷慶時，與督撫議不合，始圖緩追養寇，收降者以自重。所部既多，餉不給，遂不禁採掠。同時諸將曹文詔以戰死，鄧玘以亂死，祖寬以誅死；良玉持重不深入，雖敗，常以中軍自全，又以得衆，名爲強，故屢被詰責而不受誅。十年正月，賊老回回合諸部東下，安慶告警，詔良玉從中州救之，連戰破賊，江北警少息。應天巡撫張國維三檄良玉入山搜勦，不應，放兵掠婦女，仰江南鹽穀，倘佯自如，河南監軍力促之，始從舒城北去。總理熊文燦至安慶，檄良玉軍隸焉，良玉心輕之，不爲用。十一年正月，良玉破賊鄖西。張獻忠假官軍旗號襲南陽，屯南關，良玉適至，疑而急召之，獻忠逸，追及，發兩矢，中賊肩，復揮刀擊之，流血被面，其部救以免。獻忠之逃穀城也，請降，良玉知爲僞，請擊之，熊文燦曰：「彼雖懷貳，釁未成也；君雖敢鬭，衆未集也。驟擊之，他寇必動，脱不能勝，所失實多，不如徐之。」良玉曰：「不然。逆賊利野戰，不利城守，今以吾衆出不意，彼士有駭心，糧無後繼，諸部觀望，必不能前。賊怠我奮，賊寡我衆，攻之必拔，襲之必擒，失此機，悔無及矣。」文燦不許。獻忠既焚穀城，竄入鄖、竹山中，文燦請追之，良玉不可，文燦曰：「將軍逗撓邪？賊已竄絶地，急追勿失！」良玉曰：「向云疾擊，懼其逸也；今非不擊，避其鋭也。箐簿深阻，前逃後伏，我失其便，非絶地也；二叛往矣，九營從之，同惡氣盛，非窮竄也。負米入山，顛頓山谷，十日糧盡，馬斃士飢，果行也，我師必敗。」文燦又不許，良玉遂大敗於羅猴山，軍符印信盡失，棄軍資十萬餘，士卒死者萬人。事聞，貶三秩，良玉具條前後與文燦爭者於朝。兵部尚書楊嗣昌諱言文燦失策，而又知過不在良玉也，既代文燦督師，表良玉爲平賊將軍。當嗣昌誓師時，諸將惴惴受指揮，良玉獨守便宜，嗣昌亦優容之。官軍之追獻忠於蜀也，嗣昌慮獻忠回趨房、竹，令良玉駐興平，遣偏將追勦。良玉謂：「蜀地肥衍，賊渡險，任其奔軼，後難制。且賊入川則有糧可因，回鄖則無地可掠，其不復竄楚境也明矣。夫兵合則強，分則弱，今已留劉國能、李萬慶守鄖，若再分三千人，兵力已薄，逆賊折回，能遏截之邪？良玉所統兵，乃勦兵，非守兵，主兵不出戰，而戰兵又代爲守，賊將何時盡乎？今當出其不意，一大創之，自然瓦解，縱使折回房、竹，人蹟俱斷，彼從何處得食邪？況鄖兵扼之於前，秦撫抄之於後，庸能狂逞！若寧昌、歸、巫，險而且遠，曹、獻兩不相下，倘獻窮而歸曹，必有內相併者，可無慮也。」嗣昌度力不能制，而其計良是，遂從之，果有瑪瑙山之捷，斬掃地王曹威、白馬、鄧天王等渠魁十六人，獻忠妻妾亦被擒，遁入興、歸之山中。事聞，加太子少保。乘勝擊過天星，降之。過天星者，名惠登相，既降，遂始終爲良玉部將。

初，良玉屢違節制，而賀人龍破賊有功，嗣昌私許以人龍代良玉。及瑪瑙山捷，嗣昌語人龍須後命，人龍大恨，具以前語告良玉，良玉亦恨。獻忠既窮，遣其黨馬元利操重寶啗良玉曰：「獻忠在，故公見重；公所部多殺掠，而閣部猜且專，無獻忠，即公滅不久矣。」良玉心動，縱之去。監軍萬元吉知良玉跋扈不可使，勸嗣昌扼賊歸路，以俟濟師，嗣昌不用。賊入巴州，賀人龍兵譟而西歸，召良玉兵合擊，九檄皆不至。十四年正月，獻忠席卷出川，以計紿入襄陽，襄王被執，嗣昌不食死，詔削良玉職，戴罪自贖。賊屢勝而驕，良玉從南陽進兵，大破之，降其衆數萬，獻忠負重傷遁。而是時，李自成方殘襄陽，圍良玉於郾城，幾陷。會陝督汪喬年出關，自成乃解郾城之圍，與喬年戰襄陽城外，喬年軍盡覆，良玉不能救。帝既斬賀人龍以肅軍政，慮良玉不自安，發帑金十五萬，錦衣彩物千端，空頭告身數百，齎至良玉軍，犒賞將士激勸之。釋侯恂於獄，以兵部侍郎代丁啓睿督師；拔河內知縣王漢爲御史，命爲監軍；而趣良玉解開封之圍。恂與漢未至軍，而良玉已潰於朱仙鎮矣。良玉之在朱仙鎮也，賊營於西，官軍營於北。良玉謀作甬道，屬之城，通河北，以便饋餉，汴人疑良玉擾己，閉門填石不與通。天大雨數日，良玉夜召諸將計事，辨色未散，隱隱見營南有山若雲者，衆愕視，良玉舉刀擊地曰：「唉！此必瞎賊築土山，立礮臺打我矣。」覘之而信。凡築土山三，山立一臺，臺下爲深溝，伏精兵其下，良玉不能支，乃拔營遁，衆軍望之皆潰。自成戒其下曰：「左健將，此來必死戰，慎無與爭，待其過而從後擊之，蔑不濟矣。」良玉步在前，騎在後，賊於步則聽其過，於騎則鬬而不釐。良玉兵喜於得逸，疾馳八十里。賊已於其前穿巨塹，深廣各二尋，環繞百里，自成親率衆遮於後。良玉兵大亂，下馬渡溝，負輜重，攜刀槊，僵仆谿谷中，後人踐前人之顛而過。賊從而蹂之，軍大敗，棄馬騾萬匹，器械無算，良玉走襄陽。初，侯恂之在請室也七年矣，良玉三過其里，令曰：「侯公家在此，敢擾及草木者斬。」入城謁恂父太常卿侯執蒲，拜伏如家人禮。帝知其故，故湔祓恂而用之。既聞敗，恂請疾馳良玉軍，帝曰：「朕所以用恂者，以其致良玉而奔汴之急也。今赴良玉軍，則一襄陽之客，而驕鎮之故人耳，於援汴之謂何？」乃命恂拒河圖賊，而令良玉以兵來會。良玉新敗，畏自成，無意於行，遣其將金聲桓以五千人從，而詭云「身率三十萬衆，會恂於河北。」恂懼餉無所出，且逆探其情，好謂之曰：「將軍之士，大半不饟於縣官，今遠來就我，固善。第散其衆則不可，若悉以來而自謀食，咫尺畿輔，將安求之？」良玉竟不至，開封遂陷。帝怒，罷恂官，而不能罪良玉也。自成陷開封，無所得，遽引兵西謀拔襄陽爲根本。時良玉壁樊城，大造戰艦，驅襄陽一郡人以實軍，降賊惠登相、常國安、馬進忠、馬士秀、杜應金、吳學禮皆附之，有衆二十萬，結水寨南岸相持。賊臨江，駷馬而濟，水没鬣與腹，猶不止。有一洲差淺，良玉以萬人守之，而自成用十萬人來争，良玉大駭，宵遁。引其舟師，左步右騎，抵武昌，從楚王乞二十萬人餉，王噤不能應。乃縱兵大掠，火光照江中，宗室士民奔走山谷，爲土寇所戕。驛傳道王揚基奪門出，良玉兵掠其貲，并及其子女。自十二月二十四日抵武昌，至正月中啓行，艨艟蔽江而下五晝夜，九門堅壁，居人登蛇山以望，呼叫幸更生，曰：「左兵過矣。」良玉既東，自成遂陷承天，旁掠州、縣。當是時，降將叛卒率假左軍號，恣剽掠，蘄州守將王允成爲亂首，破建德，掠池陽。去蕪湖四十里，泊舟三山、荻港，漕艘、鹽舶盡奪以載兵，聲言將寄帑南京。留都操江都御史至，陳師江上，爲守禦計；士民一夕數徙，商旅不行；南兵部尚書熊明遇不知所計。適都御史李邦華在家被召，道出湖口，聞變，有勸令東行由浙江取道京口入北者，邦華曰：「是何言邪？身爲大臣，忍坐視東南決裂，袖手而去乎！」乃倚舟草檄告良玉曰：「本部院四朝老臣，遭時多難，投身爲國，仰望貴鎮與我同讐。頃傳麾下全軍南潰，所過殺掠，陵京震驚，何輕易舉動如此？以列聖英靈，主上神武，羣醜遊魂，稍稽膏斧，不以此時枕戈礪劍，輿疾討賊，乃自甘菲薄，貽誤身名，本部院所不解也。舊京文武足高喙長，倘不諒心迹，飛章上告，其將何辭以對海内豪傑？人各有心，各鎮及麾下將領，保無從中觀變者？舉事一不當，辱身家而污青史，爲千古笑，談智者所不出也。貴鎮宜即日嚴戢兵丁，疏通江路，掠舵回船，刻期還鎮，缺餉事情，候本部院到皖設法措處，勿過安慶一步，以實流言。」良玉得檄心折。邦華又遣客李猶龍、胡以寧輩開示禍福云：「主上拊髀頗、牧，入見當力爲保全功名。」良玉大喜過望。邦華飛書告安慶巡撫發九江庫銀十五萬，補六月糧，軍心大定，南都解嚴。翌日，邦華具威儀入其營，良玉紅袜首，韡袴，握刀插矢，俯立船頭，邦華辭，乃用師弟子禮見。良玉請坐樓船，大閱士馬，邦華慰勞諸將，詢問部曲姓名，宣諭軍中矢忠義殺賊。良玉令於軍，斬淫殺者四人以徇，釋被掠男婦四千餘人，還漕、鹽船五百餘號，臨別，誓以餘生效頂踵。邦華入見，論良玉潰兵之罪，請以王允成除，帝乃命誅允成，而奬良玉能定變。良玉卒留允成於軍中，不誅也。良玉留安慶數月。守將杜弘域與降將杜應金爲族兄弟，良玉之東下，應金爲前驅，先以書抵弘域言情，故安慶及弘域得無恙。左軍士有逸入弘域麾下者，弘域斬之，因其客以謝，奉管鑰，執鞭弭，而後良玉安之。張獻忠初襲廬陷舒，治舟巢湖，聞良玉在安慶，遂去而破武昌，沈楚王於江，良玉坐視不救。獻忠以七月二日焚武昌，從咸寧、蒲圻以上岳州，良玉於十六日始提兵出湖口。湖口令謝所舉者，湘潭人，倜儻士也。百姓聞左兵至，勸令走，所舉笑曰：「無恐！我去，將安之？」先期戒牛酒芻糗，兵至，拏小舟突入其圍中，長跪涕泣。良玉怪而問之曰：「公有所請乎？」對曰：「就公乞一『早』字耳。」良玉笑曰：「解人也。」遂去。時各寨借官軍恢復爲名，自寶慶下者曰劉兵，自沅縣下者曰張兵，自夔門下者曰郭兵，捕卒搜牢，民不聊生，聞良玉先驅馬進忠至而小戢。良玉以八月入武昌，城中四十八公署及民居皆燼，故侍郎郭正域第獨存，乃即之以立軍府。招流亡百姓，出軍船所掠下江貨物，賤其價以通市，商賈聞之，頗來。知府以下官亡城失印，多竄伏，聞兵至自出者咸復其所。知黃州府周大啓修獻忠所夷故城，知沔陽州章曠倡義旅，郡邑有聞而應者，楚下流稍稍復完。張獻忠既陷湖南諸郡，身駐長沙，而遣僞都督張其在趨江西，楚新撫王揚基聞之，以兵復岳州。

賊從醴陵入萍鄉，張其在分道趨袁州，袁人開門納賊。良玉之副將吴學禮援袁州者，斬賊守將邱仰寰，江西巡撫郭都賢惡學禮淫掠，檄學禮歸，而自募土人置戍。賊聞左兵之撤也，突陷吉安，復陷袁州，而水軍方國安之在楚者，亦爲賊將所敗，岳州復陷，江夏震恐。良玉遣馬進忠、常國安、杜學金圍袁州，斬賊二千；遣馬士秀、郎啓貴率水師，合國安之兵以敗賊於臨湘，追及岳州城下，大敗之。遂並復袁、岳，而江西、湖南略定。先是帝解侯恂總督任，中道逮下獄，來代者爲兵部侍郎吕大器。良玉知因己故，心鞅鞅，輒與大器齟齬。賊連陷建昌、撫州、南豐，大器無兵不能救，爲良玉所揶揄。而賊將先驅艾四者屯嘉魚，鋭甚，馬進忠與之再戰，皆敗，於是良玉亦不振。時李自成跨有荆、襄，承德、漢、黄以上與應、隨接壤者，多通賊，而輸之糧。許州之陷，良玉妻女爲自成所得，自成厚養之，以良玉女配賊將王四者，遣之至武昌，道其家無恙，欲因以致良玉。良玉不應，多金帛以歸之，然亦不能抗自成也。會張獻忠入蜀，良玉遣兵追之，距荆州七十里，偵知自成西入關，荆、襄爲賊守者盡懈，乃遣副將盧光祖上隨、棗、承德，惠登相自均、房，劉洪起自南陽，犄賊後，收其空虚地，以自爲功。十七年正月，封良玉爲寧南伯，畀其子夢庚以平賊將軍印，功成世守武昌，仍特詔詰其進兵狀，命給事中左懋第便道督戰。良玉乃條日月進兵狀以聞。疏入，未奉旨而京師陷，良玉縞素率諸將旦夕臨。諸將前請曰：「天下事皆當關我公，今南中立君，挾天子以坐詔我輩，宜乘其未定，引兵東下可也。」良玉拊膺而號曰：「不可。世守武昌，此非先帝之旨乎！先帝甫棄天下，而我背之，是幸國家之變以自利也。封疆之臣，應守封疆，南中立君，我自以西藩爲効，有過此一步者，良玉誓之以死。」

盡出所藏金銀、綵物凡二三萬，散之諸將曰：「此皆先帝賜也。受國厚恩，禍變至此，良玉何心獨有之乎！」於是良玉哭，諸將噭然皆哭。副將馬士彥奮曰：「有不奉公令復言東下者，吾擊之。」以巨艦置磯斷江，衆乃定。當良玉出所藏，其子夢庚有吝色，良玉曰：「爾以此爲若物邪？向者吾散之，乃所以爲若也。」太息曰：「左氏不得世有此軍矣！」既弘光帝立，大封四鎮爲侯、伯，推恩晉良玉爲侯，委以上流之任。詔書到，而良玉賀表亦至。時李自成敗於關門，良玉以其間復荆州、德安、承天，詔以收復陵園爲良玉功，責所司補給十六年楚餉缺額四十萬。尋加太子太傅，而何騰蛟爲楚撫，袁繼咸爲江督。騰蛟共良玉收拾武昌，同心固守；繼咸爲李邦華所推許，邦華死北都難，其客李猶龍又在良玉幕中；故兩人交最合。良玉兵無慮八十萬，號百萬，前五營爲親軍，後五營爲降軍，每春秋肄兵武昌諸山，以一山幟志爲一色，良玉建大將旗鼓於射堂，周麾一呼，旆而立者，山谷爲滿。其閲軍法：兩人夾馬馳，曰「過對」。馬足動地，殷如雷聲，聞數十里。諸鎮兵惟高傑最強，不及良玉遠甚。然良玉自朱仙鎮之敗，親兵、良將大半死，其後歸者多烏合，法令不復相攝。會馬士英、阮大鋮當國，以良玉出侯恂門下，慮東林倚爲難，謾詞修好，陰忌之。監軍御史黄澍者，入朝，挾良玉勢，面糾士英奸，士英恨甚，嗾楚宗人盛濃糾其贓，擬旨逮問，良玉留弗遣。已又嗾御史袁洪勳、黄耳鼎誣袁繼咸嘗與良玉謀立他宗，良玉不之許，意在搆繼咸而媚良玉也。良玉則大懼，疏辨無是事，且言：「三朝要典，治亂所關，勿聽邪言興大獄。」由是與士英成讐隙。明年三月，北來太子事起，良玉疏言：「東宫之來，吴三桂實有符驗，史可法明知之而不敢言，此豈大臣之道？滿朝諸臣，但知逢君，罔惜大體。前者李賊逆亂，尚錫王封，何至一家視同讐敵？明知窮究並無别情，必欲展轉株求，使皇上忘屋烏之德，臣下絶委裘之義。普天同怨，皇上獨與二三奸臣保守天下，無是理也。」初黄澍之被逮也，陰諷將士譁，欲索餉南京，澍復日以清君側爲請，良玉念所將皆亂人、降卒，幸假天子聲號相縻繫，恐東下則散走不可復制，未之許也。既而太子事中外讙譁，又李自成棄陜入楚，兵日逼，良玉心動，澍乃召三十六營大將與之盟。良玉方沈吟未決，中一將拂衣起曰：「疑事毋成。若主帥必不動者，某等請自行之。」良玉不得已，乃稱奉太子密詔，馳檄具疏，聲明士英七大罪，詳載紀年，不具録。舉兵東下，自漢口達蘄州二百里，舳艫相接。邀楚督何騰蛟與俱，騰蛟赴水免。過九江，邀江督袁繼咸，繼咸責以大義。良玉約不破城，駐軍俟命，而繼咸都將郝效忠已與左兵通，入城縱火。時良玉疾已劇，見岸上火起，報云「城已破」。左右曰：「袁兵燒營自破其城。」良玉罵曰：「此是我兵耳。」大悔恨，椎胸歎曰：「吾負臨侯！」臨侯者，繼咸字也。嘔血數升，病遂革，召諸將謂曰：「吾不能報効朝廷，諸軍又不甚用吾法度，憤懣至此。自念二十年來，辛苦戮力，成就此軍。吾殁之後，出死力以捍封疆，上也；守一地以自効，次也。若散而各走，不惟負國，且羞吾軍，良玉死不瞑目矣。」諸將皆哭，請刑牲誓。後營總兵惠登相當歃，拔佩刀横膝上曰：「我公百年後，有不服副元帥號令者，齒此劍。」諸將皆曰：「諾。」副元帥，謂夢庚也。登相固降寇，所謂過天星者，感良玉再造力，有忠實心。良玉殁後七日，軍東下。登相率其黑旗軍殿，舟行不近岸，有紀略；而前鋒、中軍大亂，所至焚掠。登相大詬曰：「若此，則不如我前日爲流賊，其如先帥末命何！」撤其軍返。夢庚見黑旗船西上，自以輕舸追之，登相大慟，以夢庚不足共事，引其兵絶江而去。夢庚遂連陷湖口、建德、彭澤、東流、安慶。四月，壬戌，黄斌卿等敗之銅陵。五月癸未，黄得功再敗之坂子磯。夢庚乃以所部三十六營偕黄澍降於我大清英親王軍前。南都尋亡。

劉澤清，字鶴洲，曹縣人。以將材授遼東寧前衛守備，遷山東都司僉書，加參將。崇禎三年，大清兵攻鐵廠，欲據以絶豐潤糧道，援守三屯總兵楊肇基遣澤清來援。未至鐵廠十五里，遇大兵，力戰，自辰至午不決，得濟師，轉戰至遵化夾擊，遂得入城。叙功加二級，至副總兵。六年，遷總兵；其冬，加左都督。九年，京師戒嚴，統兵入衛，加太子太師。十三年五月，山東大饑，民相聚爲寇，命澤清會總兵楊御蕃兵勦捕之。八月，降右都督，鎮守山東。澤清白面朱脣，甚美，將略無所長，惟聲色貨利之是好。嘗率五千人渡河救汴，壁壘未成，賊來争，相持三日，互有殺傷，忽拔營去，惶遽奔迸，士卒争舟，多溺死。十六年七月，請於青、登諸山開礦煎銀，詔巡撫設法。明年二月，移鎮彰德，不奉詔，而虚報捷；命以兵扼真定，又不從。大掠臨清南下，所至焚劫一空。給事中韓如愈嘗疏論澤清不法事，澤清賂以重幣，弗納，加誚讓。至是如愈以催餉過東昌戴家廟，澤清遣兵劫殺之於道，無敢上聞者。京師陷，澤清南走。尋弘光帝立，以澤清與黄得功、高傑、劉良佐爲四鎮。澤清封東平伯，轄淮、海十一州縣，駐淮安；良佐亦封廣昌伯，轄鳳、壽九州縣，駐臨淮。

良佐字明輔，大同左衛人。初與高傑同居李自成麾下，傑護内營，良佐護外營，傑降後，良佐亦歸朝。或曰：故淮督朱大典部將也。崇禎十年，流賊羅汝才合其黨搖天動等衆二十餘萬，分屯柏鄉之練潭、石井，良佐同總兵牟文綬擊敗之。又屢敗革左、袁時中，護祖陵有功，積官至總兵。十五年，同黄得功大敗張獻忠於潛山。嘗乘花馬陷陣，故亦號花馬劉云。時與澤清並封伯。澤清自云先帝已封伯，而詔不達。是冬，獨進爵爲侯。時武臣各占封地，賦入不以上供，恣其所用，封疆兵事置不問。澤清干預朝政，排擠異己，所言尤狂悖。上初立，即援靖康故事，請以今歲五月改元，請宥故輔周延儒助餉贓銀，請禁巡按不得訪拏追贓，請嚴緝故總督侯恂及其子方域，又薦降賊臣錢位坤、黄國琦、施鳳儀、時敏，朝廷皆曲意從之。已復與馬士英相表裏，疏攻侍郎吕大器，而薦張捷、鄒之麟、張孫振、劉光斗及在逃督撫之王永吉、郭景昌。都御史劉宗周嘗劾四鎮跋扈狀，澤清遂具疏痛詆之，言：「宗周勸往鳳陽，爲謀不忠；料事不智；抗疏稱孤臣，無禮；陰撓恢復，不義；欲誅臣等激變士心，召生靈之禍，不仁。」疏未下，復草一疏，並署黄得功、高傑、暨良佐名上之，言：「諸人往以梃擊、紅丸謀害皇祖母、皇考，今歲迎立時，又力戴疏藩，詆誣聖德，非臣等與馬士英、朱國弼歃血訂盟，書約可法翊戴，則天位久屬他人。宗周謀危聖躬，已見於駐鳳陽一疏。鳳陽無城郭，止有高牆，陛下新承大統，欲安置於烽火凶危之地，此必非宗周一人逆謀，乃姜曰廣、吴甡合謀也。曰廣心雄膽大，行詭言堅，不快陛下之得位，故密通死黨宗周，先翦除内外翊戴諸忠，然後迫劫乘輿還居耳。乞逮曰廣、甡、宗周三奸，付法司，明正其謀危君父之罪。如甡等入都，臣等即渡江赴闕，面詰其奸，正春秋討賊之義。」疏入，舉朝大駭。先是，澤清録稾示傑，傑曰：「我輩武人，乃預朝事邪？」得功亦馳奏不預聞，士英尼之，不上。史可法不平，以諸鎮不知入告，澤清聞之，即言：「疏實已出，而良佐知狀。可法駮議，是何居心？」良佐黨於澤清，亦疏言：「宗周力持三案，爲門户主盟，倡義親征，圖晁錯之自爲居守，司馬懿之閉城拒君。陛下既不爲諸奸所容，莫若順成其志，暫幸鳳陽。」朝廷不得已，温詔解之。澤清益横，選義坊之健者入部肆掠於野，巡撫田仰無如何，乃爲請餉，上曰：「東南額餉不滿五百萬，江北已給三百六十萬，豈能以有限之財，供無已之求！」不許。或問澤清：「敵來則若何？」曰：「吾立福主，此地供吾休息，萬一有事，則擇江南一善地去耳。」澤清麤解文義，費千金搆水閣，招諸生吟詠歌頌，奏請安流寓諸生於淮安府學，以便科舉。而性殘忍。平居蓄兩猿，一日宴其故人子，酌酒金甌中，呼猿捧之跪送客，客以猿狀猙獰，逡巡不敢授。澤清笑曰：「若怖乎？」命取囚來，撲階下，剜其肝腦，和酒置甌中，付猿捧之前，飲嚼立盡，顔色自若。嘗與副總兵劉孔和有違言，即拉殺之。搆淮安守將邱磊於史可法，致之死。初與高傑善，明年傑死，即與得功、良佐謀分其衆，朝議不許。乃於其間大治淮邸，極宫室之盛，以鐘鼓美人充之。聞左兵起，託名勤王，大掠而東。我大清豫親王圍揚州，命都統準塔分兵趨淮安，澤清率總兵馬化豹等迎降。尋良佐亦解甲歸命，且請擒弘光帝自效，導王師追至蕪湖，挾之以歸。順治五年，澤清以謀叛誅。良佐事見國史貳臣傳。（補）

沙定洲者，阿迷土司普明聲部將也。明聲死，妻萬氏撫有其衆。萬淫而狡，嘗召部下丁壯入侍，其將沙源之子定海、定洲皆與之私。久之，無以服衆，竟贅定海爲壻，已復厭其樸陋，而定洲年少白皙，乃殺定海而贅定洲。明聲之子普服遠恥之，遂分寨以居。未幾，服遠憂抑死，定洲遂兼爲阿迷土司。乙酉，元謀土司吾必奎反，定洲奉調領兵會勦，至則必奎已伏法，定洲自以徒來無功，逡巡城外不即歸。有奸民饒希之、余錫朋嘗往來黔國公沐天波第中，以貨寶玩爲名，累負天波金巨萬，無以償，因詣各土司營，誇沐氏富埒國。定洲心動，陰結城中土司阮韻嘉、張國用、袁士弘等爲應，以十二月朔入城辭行，入門輒呼噪焚劫。天波逸，而家屬皆死，定洲遂盡得沐氏所有，盤踞省城。劫巡撫吳兆元題請代天波鎮滇；至祿豐，執前大學士王錫袞於家；皆不屈。拘之別室，奪其印，以僞疏入告福京，遂行府事。萬氏聞定洲之亂也，驚曰：「吾家當敗此賊手。」謀自至省執以投誠。既至，見其聲燄赫然，尊若王者，又大喜過望。定洲遂悉兵追天波。時金滄副使楊畏知以監軍駐楚雄，教天波西走永昌，使楚雄得爲備，爲首尾牽制之策，天波從之。定洲至楚雄，城閉不得入，畏知紿之曰：「若定永昌還，朝命當已下，吾當以禮見之耳。」定洲遂去，遣其黨王朔、李日芳等分攻大理、蒙化，陷之，屠殺萬計。畏知乘間撤城外居民入城，清野築陴，檄調漢、土兵馬，遠近應之。明年，丙戌，賊聞楚雄設守，又迤東龍在田、祿永命各自完保，因不敢至永昌。還攻楚雄，不能下，發巨礮擊之，煙燄衝城上，羣蠻歡呼，謂：「楊公死矣。」須臾煙散，則楊公端坐城樓如故，驚以爲神，稍稍引去。東攻石屏，在田禦卻之。轉攻寧州，破之，永命自殺；乘勢下嶍峨，土官王克猷走死。在田聞之懼，與其黨許名臣棄石屏，竄入大理，於是迤東諸縣盡陷。乃復引兵攻楚雄，分兵爲七十二營，每七營各爲一大營屯之，環城鑿濠，爲久困計，而城中守益堅，終不能克。初，龍在田奉總理熊文燦命駐穀城，獻賊之未叛也，嘗相識。是時，獻賊誅，而其下孫可望、李定國、艾能奇、劉文秀號四將軍者，收餘衆，由遵義入黔。在田使人告急，可望因詐稱黔國焦夫人弟引兵復讐。丁亥，三月，入滇，定洲解楚雄圍，禦之革泥關。可望以兵五萬突之，定洲大敗，殺王錫袞，遁歸阿迷。可望西徇諸郡，而分遣定國徇迤東，攻定洲部目李阿楚於臨安，阿楚拒戰甚力，穴地礮轟之。城破，阿楚赴火死，兵猶巷戰，定國怒執城中紳衿、兵民盡殺之，計七萬八千人，而焚縊陣亡者不與焉。將襲阿迷，聞晉寧有警，還師屠之，詳見紀年。可望既據有全滇，益自尊大。定國倔強不爲下，可望謀諸衆，縛定國於演武場杖之，已復抱持哭，令取定洲自贖。佴革竜者，定洲之老巢也，有九山最險，硐名溪烏。其外巢曰大莊，夷目黑老虎守之，其戰也，口銜雙刀，手舞大刀，所向無前，文秀圍之，久不下。時定洲自居佴革竜，其下湯嘉賓、陳長命等亦各據一山，相去數十里，爲犄角之勢，外通交趾，以固諸蠻心。一日，宴集嘉賓營，定國偵得，率兵掩至，圍以木城，絶其水道。三閱月，諸蠻懼，出降。遂擒定洲及萬氏，凡沙氏之屬數百人，檻送省城，聲其罪，剥其皮，號令通衢，滇人靡不快。初，沙亂由萬氏，滇人疑其爲夏姬，及就俘，魋墨奇醜，莫不大笑云。

黄斌卿，號虎癡，福建興化衞人。少隨其父於京邸，流落不能歸，有妓劉氏助之貲，得以恩例授把總，自參將陞江北總兵。南都亡，遁歸。閩中立，附表勸進，並言：「舟山爲海外巨鎮，番舶往來，饒魚鹽之利，西連越郡，北繞長江，此進取之地。」上善之，封爲肅虜伯，賜劍印，屯舟山，得便宜行事，疏乞周鶴芝自副。斌卿爲人猜忌，鶴芝慷慨下士。鶴芝嘗欲乞師日本，斌卿阻之，由是不合而歸。斌卿出師窺崇明，戰敗，遇周瑞，得還軍。丙戌，六月，浙東事敗，富平將軍張名振扈監國魯王至舟山，斌卿不納，永勝伯鄭彩適至，奉監國入閩。名振故與斌卿爲兒女姻，因留駐舟山。斌卿怯於大敵，而勇於害其同類：副使荆本澈屯舟山之小沙嶴，其將士善射，斌卿忌而殺之；温州總兵賀君堯收玉環山漁税，挾重貲入舟山，殺之而攫其貲；鎮倭將軍王鳴謙至舟山，誘殺之，盡并其衆。叛將張國柱，故鳴謙同事也，悉定海舟師來攻，國柱有弓箭手五百人，號驍勇，斌卿知陸戰不能取勝，令百姓乘城，而身率舟師以出洋，力戰三晝夜，窘甚，求救於名振。名振之將阮進者，精水戰，以四舟衝國柱營，乘潮發礟，所當輒糜碎，國柱僅以身免，斌卿得其樓船百號，聲勢益震。又忌名振之有阮進也，間之，使背名振去。平西將軍王朝先驍勇善戰，擁兵蛟關，斌卿三書招之。朝先率二艦渡横水洋，斌卿遣標將朱玖、陸瑋以假迎劫之，朝先跳水免，妻子死焉。朝先既失勢，斌卿摘其印，令爲標將，名振憐之，贈千金，請還其印，朝先自是歸心名振。丁亥，四月，吴淞提督吴勝兆謀叛我復歸於明，以血書結舟山爲應，斌卿猶豫不敢應，名振自以其兵就約，遇颶風，盡喪其軍。朱玖勸斌卿殺之，名振乃避之，屯田南山。鄭彩自莆中送斌卿子還舟山，即名振壻也，道經南山，名振留飲十日，玖揚言名振實殺公子，鼓衆鈔掠名振及標屬將士家。無何，斌卿子至，備道名振情，斌卿大慙，然是時已搆隙矣。是年冬十二月，鄞縣諸生華夏、屠獻宸等約斌卿以海師攻城，已翻城以應之，斌卿固不願，冀内應成功，己享其利，泊舟桃花渡，已而謀洩無功。既返，甚悔其一出，刻意爲保聚計，限民年十五以上充鄉兵；男子死，妻不得守制，田產入官；年六十無子者收其田產，别給口食；又盡籍内地大户田之在舟山者爲官田。妄冀如土司法，爲不侵不叛之島夷而已，故不肯與海上義師相犄角。名振、朝先既以失歡去，而妻孥在舟山，未敢爲難也。阮進在健跳，恃其有保全舟山功，以軍飢告糴於斌卿，斌卿不之應，進亦怨之。己丑九月，有標將黄大振者，劫獲番船數萬，全以餽斌卿，不饜。大振無以應，逃入朝先營，危言動之，朝先遂與名振、進議曰：「海上諸島，惟滃洲稍大，而斌卿負固，不若共誅之，則監國可駐軍。」遂傳檄進討。斌卿遣陸瑋、朱玖禦之，戰輒敗，求救於安昌王恭櫰、大學士張肯堂，上章待罪，請迎監國以自贖。名振將許之，而瑋與玖背約出洋，進疑斌卿逃，縱兵大擊，砍傷斌卿，沈之水中。

小腆紀傳卷第六十五

前翰林院檢討加詹事府贊善銜六合徐鼒譔

列傳第五十八

逆臣二

李成棟　金聲桓　王得仁　劉承胤　陳邦傅（傳闕）　孫可望　張虎　張勝　王尚禮　王自奇　方于宣　朱運久

李成棟，遼東人，或曰陝西人。爲人樸訥剛忍。初爲史可法部將，以總兵守徐州，我大清兵南征，成棟率所部降。貝勒博洛征浙，成棟分徇太倉、嘉定、南匯、上海，授鎮守吳淞總兵官。下崇明，荆本澈竄入海。從征福建，定邵武、汀州、漳州。順治三年，丙戌，十月，貝勒承制以總兵佟養甲爲兩廣總督，成棟署兩廣提督，合軍征廣東，所向克捷，成棟收繳文武印信五十餘顆，而取總督印藏之。既叙功，養甲授總督兩廣，假便宜，而成棟僅授提督銜，疑養甲抑之，怨望形諸詞色。愛妾張氏，陳子壯之妾也，豔而納之，年餘不歡。偶演劇，張氏見之而笑，成棟詰之，氏曰：「爲見臺上威儀，觸目相感。」成棟遽起著明冠服，氏取鏡照之，成棟歡躍，氏察知之，因慫恿焉。成棟撫几曰：「憐此雲間眷屬也。」時成棟眷屬猶在松江，故言及之。氏曰：「我敢獨享富貴乎？請先死，以成君子之志。」遂自刎死。成棟大哭曰：「女子乎是矣！」拜而殮之。遣部下載寶入京，將行賄，過江西，地已歸明，扼之不得通。子壯雖殉難，其子中書喬生猶擁舊卒爲復讐計，成棟益懼。一日，與署藩司袁彭年、養子李元胤登樓去梯相謂曰：「吾輩因國難歸清，然每念之，自少康至今三千餘年矣，正統之朝，雖敗必有中興者。本朝深仁厚澤，遠過唐、宋，先帝之變，遐荒共憫焉。今金將軍聲桓所向無前，焦將軍璉以二矢復粵七郡，陳邦傅雖有降書而不解甲，天時人事，殆可知也。又聞新天子在粵西，遣人瞻仰龍表，酷似神祖，若引兵輔之，事成則易以封侯，事敗亦不失爲忠義。」議遂決。池州有胡奇者，故從養甲辦事，授南雄知府，褫職閒住，密知之，以告養甲，養甲不之備。會贛州告急，養甲撥餉八萬，令成棟往援之，藩司主餉，彭年故遷延不發，以激怒軍心，成棟又潛招花山羣盜縱火焚野，呼聲動地，紿養甲曰：「贛州早暮亡，而此間土寇深，五嶺且不保。彼聲言復故國耳，曷若權宜許之，俟治軍再勦。」養甲故知其不可，而無如何，用甲子榜出示，許士民復冠裳。成棟密製大旗，遣人製總督旗而以新旗易之，宣言曰：「總督降矣。」即用所藏明總督印，奉永曆朔。戊子，爲明永曆二年閏三月，遣投誠進士洪天擢、潘曾緯、李綺齎奏赴南寧迎駕入粵。時陳禹玉、趙臺相讐殺，人心皇皇，乍聞成棟反正，驚疑百端；天擢等力陳成棟忠誠，且述金聲桓反正事甚悉，人心始安。上命侍郎吴貞毓、祥符侯侯性勞軍，封成棟惠國公，佟養甲襄平伯。上自邕江登舟，出南寧。大學士瞿式耜時留守桂林，慮成棟之挾上自專也，疏言：「楚、黔雄師百萬，翹首威靈，不可棄新復之土，寒將士心。」而吴貞毓奉使還，力言：「成棟忠誠迎駕，初無虛僞，宜幸廣。」成棟亦疏言：「天下乃太祖之天下，今日光復舊業，何爲樂新土？陛下中興，須親統六師，行間指揮，俾諸將奮勇戮力，四方咸知有君，自當響應，豈可偏安粤西，優遊歲月乎？此臣鰓鰓至計，非冀邀駕之功也。」上乃由梧入肇慶。式耜促刑部侍郎劉遠生入朝阻之，而成棟亦自嶺南還師，議改兩廣軍門爲行宮，迓乘輿。遠生奉命勞師，因謂成棟曰：「天子者，天下主也。脱上駕此，爵賞征伐，人疑天子有私，隱令寄政，不可不嫌也。指揮進取，奚能如意？」成棟乃罷修廣州行宮，而以肇慶爲駐驛之所。備法駕，自梧州至肇慶結彩樓數百里，旌旂蔽空，樓船相屬。連日天氣和朗，上駐雞籠山，有景雲覆其上，黄龍見於海口，吕宋遣使入貢，甌邏巴國人進圖讖，上大喜。八月，癸巳，辰刻，成棟率文武百官郊迎，手扶鑾輿入行宫，備賞賚銀萬兩，殿陛供帳亦粗可觀，上賜成棟袍帶、尚方劍，撫其背曰：「朕中興全賴卿力。」成棟疏言：「式耜擁戴元臣，粤西扼禦已定，勿庸久於外，應召還綸扉。」上專命促之入，式耜疏辭，乞骸骨，不許，乃留守桂林。上進成棟爲翊明大將軍，以其養子元胤爲錦衣衛指揮使，曹燁爲兵部尚書，耿獻忠爲工部尚書，袁彭年爲都察院左都御史。朝政皆成棟父子掌之，諸臣充位而已。時議攻贛州以救南昌，成棟言於上曰：「南雄以下事，諸臣任之；庾關以外事，臣任之。」將築壇拜成棟爲帥，成棟曰：「事在人爲耳，豈必壇之登與否乎！」率衆二十萬，上南雄。故與我守將高進庫有舊，遣使招之，進庫僞輸款以綴其師，踰秋不降。成棟厲氣攻之，盡移軍中火具以行，苛執夫役，士人亦不免焉。十月丁巳薄暮，抵贛州，將士飢疲，而成棟氣驕，莫敢言。五更，城上呼董大哥者三，成棟夢中驚醒曰：「董大成是我中軍，豈我軍已爲彼有邪？」俄而城中鼓角齊鳴，開門突出，成棟策馬先奔，軍士爭竄，自庾關至梅嶺，軍資器械靡有存者，退駐信豐。明年，己丑，正月，王師既克南昌，鼓行而前，諸將欲拔營歸，成棟不可。二月乙卯，四更時，發火器手三百人，命之曰：「遇敵則發礮，我爲後應。」時天久雨，發礮不然，三百人皆殲。黎明，不聞礮聲，謂火器軍已往，披甲坐城樓上，召諸將議事，則去者已大半矣。因慷慨欷歔，呼巨觥痛飲，誓死城上。俄而王師突至，左右挽之上馬渡河。三日後，見有擐甲抱鞍植立水中者，始知成棟死也。事聞，舉朝大駭，上震悼，賜葬，贈寧夏王，封元胤爵南陽伯。成棟之歸明也，慨然以中興自任，既敗，頗有惜之者。然專恣好殺。其西征也，降將田起鳳統兵五千人駐郴州，成棟分兵三萬，取道樂昌、宜章往招之。起鳳以衆來歸，往來騷擾。鄉民有結寨自保者，成棟戲謂起鳳試攻之，斃於礮，成棟怒而屠之。廣州人衛姓者，醵酒謂其鄰黨曰：「兵至，協力禦之。」一無賴子嫌酒薄，告成棟，謂：「合謀殲公。」衆問：「以何爲驗？」曰：「凡内裾綴短幅數寸者，其黨用以自別也。」成棟怒，欲屠城，百官跪請，命邏卒四出，掩得即戮之。保昌知縣潘名世，亦從成棟反正者也。圍人以求索不獲，蜚語曰：「知縣誚公不能殺賊，但能殺百姓也。」成棟竟縛名世斬之。又以私憾殺宣忠伯王承恩、大學士朱由𣚴，蓋凶暴亦天性也。

金聲桓，字虎臣，遼東衛人。我大清平遼東，全家被俘，獨跳身入關，投左良玉軍。良玉以同里故，任之，積功至都督同知，充總兵官。甲申，巡撫路振飛調諸將防河，聲桓與之。大學士史可法出師，請以自屬，尋隸良玉後隊。左夢庚之以所部三十六營降也，諸將相率北去，聲桓不欲從，請規取江省以自効。我英親王阿濟格令以提督撫勦總兵銜掛討逆將軍印，與副將王體忠合營屯九江，聲桓遂傳檄下南康、南昌。尋授鎮守江西總兵。體忠，闖將白旺之部下也。李自成死，體忠刺旺以降。兵既強，又不肯薙髮，聲桓結其左右王得仁，誘體忠至都察院殺之。其部衆大譟，與聲桓兵戰於南昌城中，民居盡燬，得仁撫定之，乃以得仁代爲副將。得仁驍勇善戰，軍中所呼爲王雜毛也。以次定撫州、饒州、吉安、廣信，江右悉平，惟贛州未下。聲桓之初至南昌也，諸生數十人跪迎於江干，聲桓以武人驟膺文謁，顧左右，「當如何答禮？」且笑且引諸生起，口中喃喃，欲言而無其詞。從官皆匿笑，聲桓則喜不自勝。以明都司署爲帥府，大治宮室，役夫役萬餘人，春白瓷屑爲壐堊壁，阿閣曲房，鋪㲲氈，覆絳繒，履之若綿。嘗病，思食虎，三日，果得虎以脯。暴縱皆此類也。自以不世功，疏言：「臣原銜提督勦撫，今更爲鎮守，體統迥異，請如原銜賜敕印，節制文武，便宜行事。」章皇帝以所請冒昧，不許，命還其拏。既克贛州，旦夕望封侯，不得，叙録亦不列得仁銜，二人氣索。聲桓陰狠，能箝噤不泄；得仁性獷躁，不能無惡言。或曰：「天下事大定，顧君命當侯否耳。富貴自有時，君其忍之！」得仁益憤，則招致方士起宮觀，煅金銀，以萬金使丹客宗超一開天寶洞，將立壇致物怪，檄罡神，役使丁甲、神將，爲百勝天符軍法。所居爲宜春王故第，深九重，嘗於後堂張樂，著明衣冠，令優人演郭子儀、韓世忠故事。由是兩家怨詞稍稍聞於外。方贛州之未破也，督師萬元吉遣間説聲桓反正，聲桓得書不報。間使去，乃捕萬僕箐華械於庭，夜深，解其縛，與善飲食，問督師起居，殷勤甚厚。元吉死，箐華亦間泄其語。諸曾事隆武帝逃歸者，閉匿不出，既聞有間，往往緣所知私覿兩人。聲桓少時，嘗師事維揚僧悳宗，僧拊其背曰：「勉之！二十年後，江右福主。世人盡變紅頭蟲，此其侯已。」後王師帽著紅纓，聲桓建牙江省，益禮信之。僧每勸其改圖，南昌諸生胡以寧至幕下，言如僧指，聲桓心始動。新建諸生殷國楨不從剃髮令，嘗從隆武帝乞敕書劄印，連絡山澤忠義之士，説得仁部下王禹門反正，禹門説得仁，得仁亦心動。胡澹、陳大生各緣以迎合，謂二人曰：「隆武實未死，許公以江西歸明者，即舉江西封公矣。」二人深信之，陰遣之出。會巡撫李翔鳳死，代之者爲章于天，遇諸將益倨，且勒賄無厭心。丁亥秋，有公燕，席地置氍毹，文吏皆上坐，聲桓、得仁坐於外。得仁有忿色，于天顧之笑曰：「王把總，汝欲反邪？」二人恥且恨。七月，得仁提兵如建昌，于天差官票追其餉三十萬，得仁拍案大呼曰：「我王流寇也，崇禎皇帝被我逼死，汝不知邪？語汝官：無餉可得，杠則有之。」聲嘶眥裂，敲差官三十杠，曰：「寄章于天：此三十萬餉銀也。」聲桓聞之，謂諸客曰：「王家兒急矣。陳大生等皆不還，奈何？」丹客宗超一之弟子黎士广，亦輕儇喜事，遊於金客黄人龍之門，自薦於聲桓曰：「若輩非能得之，獨我知隆武所在耳。公無愛厚貲，可期而至也。」聲桓遽曰：「功名本共之。」有間，黎偕胡爾音者袖兩玉印入，一爲鎮江侯，一爲維新伯，篆皆柳葉文，玉亦美甚，曰：「此上所私賜也。」得仁曰：「可矣。」而覘者言：「明兵破於寶慶。」會胡以寧病死，諸客莫能得要領，二人以故按不發。有許得仁於巡按董學成者，學成揚言將奏聞，而陰遣人求重賂，兼乞侍兒，得仁恐，以侍兒予之，則居家狀更泄。撫、按并力持之，誅求累億，得仁益怒。戊子，正月，于天搜括富室莊田，率數十騎赴瑞州，得仁告聲桓曰：「此非爲括金，其贛撫會議，不利於我邪？」適聲桓妻子已自都還，因集將士密議；書約山東、河南刻日並舉，得仁出建昌，合揭重熙、余應桂諸部。或謂得仁曰：「聲桓疑而詐，脱有中變，而公顧居外也。不若坐據省門，仗鉞投袂，爲必不可遏之勢以脅之，彼必不敢不從，但貴神速耳。」於是得仁立傳令部勒全營，杜七門，圍守巡按官廨，時二十六日壬戌夜，漏下已三十刻。翌晨，得仁擐甲縛學成至聲桓所，大聲言：「奉詔恢復。」聲桓唯唯未及答，得仁即起而割其辮，以令箭傳示諸營，悉翦辮，凡軍民之戴纓帽者輒射殺之，一時城中棄積如山。即日縊殺學成及副使成大業，禽章于天於江中。迎太保姜曰廣入省爲盟主，告示安民，稱隆武四年。聲桓稱豫國公，得仁稱建武侯，曰廣稱太子太保、中極殿大學士，三銜皆兼吏、兵二部尚書，賜尚方劍，便宜行事。以聲桓中軍官宋奎光爲左軍都督僉事，幕客黄人龍爲總督，得仁婦弟黄天雷爲兵部侍郎，諸金皆爲都督，各開幕府，門趨如市。諸客首言明事者録皆不及，惟陳大生、黎士广、林亮數人得部曹，諸客既失望，始稍稍去。向所遣迎隆武帝者，趦趄道中，金、王亦覺其詐，然事已舉，微聞隆武死，永曆已立於廣東，乃更署告示永曆二年。識者見舉動錯謬，相告戒勿出。東路督師揭重熙、傅鼎銓至南昌一日，即引兵還，獨姜曰廣在位而已。聲桓遣人間道齎佛經，置密疏其中，赴南寧輸款，聲桓降表自署豫國公，詔改封昌國，封得仁建武侯。聲桓頗鞅鞅，致書朝臣請還故封，久之，始如所請。二月朔，得仁率衆取九江，一鼓而拔，胡澹進言：「宜乘破竹勢，直趨建業，下流猝無備，必易舉。建業舉而兗、豫響應，更引兵而北，中原可傳檄定也。」而聲桓聞捷，召得仁還。得仁以澹謀告，衆皆主之，黄人龍不可，曰：「贛州居上游，文武重臣俱在，宜先取之，不然且擬我後。」姜曰廣亦言：「寧庶人起兵，不破贛，卒貽後患。」我湖廣提督羅錦繡恐聲桓兵趣楚，欲先敵之於贛州，觀勝負爲向背，貽之書曰：「人心未死，誰無漢思？公剏舉非常，扶大義，爲天下倡，咸引領企足，日夜望公至。但贛州東西要害，山川上游，公欲通粵，則贛界其中，公欲他出，則贛乘其後，莫若先下贛，贛下則楚地可傳檄定矣。」聲桓然之，率兵圍贛，以宋奎光守南昌。贛州守將高進庫勒兵出戰，聲桓使副將白朝佐衝之，曰：「戰酣來助。」朝佐故鐵嶺驍將，爲聲桓刺殺王體忠者。前破建昌，獲金銀巨萬，索之不與。及與高氏戰，追奔數十里，使人望大軍，相去尚遠，怒曰：「是以銀故，致我死地也。」遽收兵歸南昌。進庫得復入城固守，相持七十日不下。我固山額真譚泰、何洛會師進討，水陸並進，議救贛。有獻「伐魏救韓」之策者，遂分兵復九江、南康，進逼南昌。報至贛，得仁先知之，計曰：「我聞先發制人，不制於人。莫若祕其警報，不令人知，鋭志攻城。城中乏食，不知外援，三日贛且下，贛下則一軍守贛，一軍守粵；粵知贛破，必從風而靡，然後西通西粵，右守嶺表。清兵知贛破，必解圍向贛，我以逸待勞，南昌亦得息肩，間出以絶糧道，則數十萬之衆可殲於旦暮矣。若攻城垂破而棄之，強敵在前，贛乘其後，此危道也。」聲桓以家在南昌，遽退師，得仁部衆見之，亦走，斬之不能止，城中兵突出，自相踐踏，死者數千人。聲桓既突圍入南昌，得仁乃以兵二萬趨九江。姜曰廣檄召之，得仁曰：「九江據長江要津，轉輸必由之道。敵以數十萬之衆，深入攻城，而糧道已絶，非分兵攻我，即撤兵東下，分則勢弱，撤則師勞。九江四面臨江，城小而固，以我守之，未可猝下，公輩引兵徐出，東西撓擊，内外夾攻，此犄角之勢。若棄要害入孤城，譬猛虎陷阱，徒成擒耳。」曰廣不聽，一日夜檄數十至，得仁歎曰：「不過欲得仁同公輩死也。」遂撤兵西上。王師以勁弩巨礮扼諸路，得仁身先士卒，轉鬭而前，斬級數千。旋中伏，大敗於七里街，嗒焉若喪，盡撤城外兵入壁。宋奎光、郭天才爭之，不能得。有一道士自言能運粟役鬼，茹素戒殺，自有天兵來助，城中信之，百日不出兵。初，王師雖屢勝，而軍中每夜驚王雜毛來。久之，見城中無鬭志，乃掘長濠以固之，東自王家渡屬灌城，西自雞籠山屬生米渡，起土城，駕飛橋，自是內外耗絶。聲桓、得仁之主堅壁也，恃粵師之援，而書記所草乞師表，但陳勝狀，不告急。比聞江事危，上命李赤心由吉安、李成棟再出庾嶺。赤心逗遛不進，成棟駐軍信豐，不敢踰梅關。南昌糧盡，斗米需八十金，人相食，乃盡出居民。王師知城中無足忌，遂以餘暇旁收郡縣。己丑，正月，大雨連旬，城多壞，聲桓部將湯執中守進賢門，約內應。王師乃佯攻得勝門，聲桓、得仁齊赴救，而奇兵已從進賢門梯壘以登，城遂陷。聲桓自投於城之東湖死；得仁短兵突得勝門，三出三入，已而被獲，殺之。事聞，贈聲桓南昌王，設壇祭之。自姜曰廣以下諸人，另有傳。

劉承胤，南都人。酗酒有膂力，號劉鐵棍。以征蠻僚功，累官至副總兵。何騰蛟之受闖賊餘黨降也，題授總兵官，鎮武岡，漸驕肆。騰蛟在長沙時，徵其兵，怒不應，馳入黎平，執騰蛟子，索餉數萬。騰蛟度不能制，乃爲之請，得封定蠻伯，且與爲姻。永曆帝立，晉封侯。丁亥，正月，上奔桂林。梧州陷，決意幸楚，承胤具疏迎駕。兵科給事中劉堯珍以事過武岡，語不合，承胤拳毆之，指揮張同敞、御史傳作霖責之曰：「爾具疏迎駕，而得罪朝紳，何也？」承胤乃具酒請罪。其後謁上全州，倨侮無人臣禮，御史瞿鳴豐疏劾之。次日朝退，承胤指都御史楊喬然曰：「汝任風憲長，言官妄言，汝不能表率，要汝何爲！」喬然與之争，至裂冠毁裳。初亦以爲武人麤鹵，無足責。且嘗逐擅權之司禮太監王坤，面叱周鼎瀚爲奄寺鼻息，聞桂林警，遣兵三千赴援，故或以此多之。既晉爵安國公，勳上柱國，賜尚方劍，與錦衣衛馬吉翔相表裏，專權自恣。請封吉翔等三人爲伯，御史毛壽登、吴德操、劉湘客、萬六吉持不可。承胤怒，請上予四人廷杖，既縛之行在午門外，復爲申救，免杖奪職。桂林之捷，式耜請返蹕桂林，乃劫上幸武岡。五月，改武岡州爲奉天府，事皆決於承胤。初爲騰蛟門下，至是嫌騰蛟出己上，自請爲户部尚書，專領餉務。且以長沙失守，奏解騰蛟兵柄，上弗許，遣中使密召騰蛟爲計。然騰蛟固無如何，且無兵，上命以雲南援將趙印選、胡一青兵隸之，歸守白牙市。及辭朝，賜銀幣，命廷臣郊餞，承胤伏甲將襲之，印選、一青力戰殲其衆，承胤諱之。既總兵張先璧擁潰兵數萬，疏請入朝，且劾承胤專擅，承胤懼，乃請命騰蛟駐衡州。督師堵胤錫復疏劾承胤，且及截殺騰蛟事，而高必正、李赤心之衆，亦欲就食湖南。承胤益懼，計非胤錫不能制之，乃加胤錫大學士，駐長沙，稍自斂戢。八月，王師破常德、寶慶，且逼奉天，上召承胤謀之，則言：「我兵多，敵決不來。」上疑而察之，則已密議投降，乃倉猝出奔。承胤舉城降，導王師追上，至古泥而退。我大帥惡其爲人，移其眷口至武昌。後部將陳友龍反正，大帥疑承胤與通，明年四月，併眷口皆伏誅。

孫可望，本名可旺，又名旺兒，米脂人。幼無賴。爲人執鞭，數日返，不見其母，訟其鄰於官。官怒曰：「汝未以母託鄰人，汝母自他適，安所知！」杖之，可旺逃而爲賊。久之，遇獻賊，狡黠善伺人意，故獻賊尤喜之，養爲子，李定國、艾能奇、劉文秀以下皆呼爲大哥。既入蜀，可旺以平東將軍稱東府，定國以安西將軍稱西府。每遇敵，可旺能率所部堅立不動，號一堵牆。獻賊死，可旺與定國、能奇、文秀率餘衆破涪江、遵義，入貴州，事詳蜀、黔諸臣列傳。時雲南苦沙定洲之亂，石屏副將龍在田遣使告急於可旺，因詐稱黔國焦夫人弟舉兵復讐。滇人延頸望之，而不知其爲賊也。既破沙賊於革泥關，遂屠曲靖，連陷南寧、師宗，進逼楚雄。巡撫楊畏知拒戰於禄豐，兵敗，投水不死，踞地而罵。可旺以畏知同鄉，甚重之，下馬慰曰：「吾爲討賊來，願相與共扶明室，非有他也。」畏知要以三事，皆許諾，且折箭以誓，用是定迤西八郡，別遣定國定迤東八郡。可旺既據有雲南，恥名不雅，改可望，自稱平東王。在籍御史任僎、禮部主事方于宣倡議尊可望爲國主，製鹵簿，定朝儀。定國等亦皆自名爲王。置四王府，撤呈貢、昆陽二城磚石爲之。又毁民居萬餘間，作演武場，收各路工技，悉歸行伍。可望謀竊大號，然定國輩猶儕視之，遇事相抗。可望謀之王尚禮，乃説能奇、文秀曰：「我兵雖多，號令不一，衆議以平東爲主，若何？」能奇然之。諏日赴演武場，定國先至，放礮升帥字旗。可望詰之，尚禮請責旗鼓官，定國怒曰：「我與汝兄弟耳，何如是？」衆力解之。可望登座，欲予定國杖，定國愈喧鬨，白文選抱持之曰：「請勉受責以成好事，一決裂，則我輩必各散，爲人所乘矣。」尚禮等亦力持之，鞭五十，可望復相抱哭，令取沙定洲自贖。定國心憾之，念兄事久，未可倉猝發難，既并鑾部，聲勢益強，可望不能制，獨霸之念，於是乎沮，慨然曰：「我輩汗馬二十年，破壞天下，張、李究無寸土，而清享漁人之利，甚無謂也。我當挈天下還之明朝，一雪此恥耳。」又聞李赤心、李成棟并加封爵，念同輩不相下，得朝命加王封，庶可相制。楊畏知憤可望僭妄，喜其革面也，因而慫慂之。會四川巡撫錢邦芑亦以書來招。己丑春，可望乃遣畏知及故揚州副使龔彝赴肇慶進表請王封，給事中金堡七疏争之，貴陽鎮皮熊、遵義鎮王祥亦疏言其不可，議久不決。畏知曰：「可望欲權出劉、李上耳，今晉之公，而卑劉、李爲侯可也。」乃議封可望景國公，賜名朝宗，文秀、定國皆列侯，令大理卿趙昱爲使，加畏知兵部尚書，彝兵部侍郎，同銜命入滇。昱知可望必不受，謀之督師堵胤錫，胤錫曾賜空敕，得便宜行事，因承制改封平遼王，易敕書以往。南寧密邇雲南，可望之求册封也，謂：「不允封號，即提兵殺出。」守將陳邦傳聞之大懼。其部將武康伯胡執恭請先矯命封爲秦王，邦傳乃範金爲文，曰「秦王之寶」，填所給空敕，令執恭齎往，可望肅然就臣禮，叩頭呼萬歲。既聞朝議未決，私詰執恭，執恭誑之曰：「此敕印乃太后與皇上在宫中私鑄者，外廷諸臣實不知也。」可望雖心知其僞，然假以誇示其下。既畏知、昱齎平遼王敕書至，可望駭，不受，曰：「我已得秦封。」畏知曰：「此僞也。」執恭曰：「彼亦僞也。所封實景國公，敕印故在。」可望怒，下畏知、執恭於獄。明年八月，遣使至梧州問故，馬吉翔請封爲澂江王，使者謂：「非秦王不敢復命。」閣臣嚴起恒、文安之力持之，且請卻所獻金玉良馬。會鄖國公高必正入朝，召使者言：「本朝無異姓封王例。我破京師，蒙恩赦宥，亦止公爵；爾張氏竊據一隅，封上公足矣，安冀王爵？自今當與我同心報國，洗去賊名，毋欺朝廷孱弱，我兩家士馬足相當也。」又致可望書，詞嚴義正，使者唯唯退，議遂寢。而可望稱秦王如故，改諸軍悉曰行營，設護衛曰駕前官，自稱曰孤、曰不穀，文書下行曰秦王令旨，各官上書曰啓，稱定國、文秀曰弟安西李、弟撫南劉，其下稱之曰國主。皮熊畏其逼也，遣官李之華通好請盟，可望致書曰：「貴爵坐擁貔貅，戰則可以摧堅虜，守則可以資保障，獨是不肖有司罔知邦本，征派日煩，民生日蹙。黔中乃兵出之途，寧無救災卹鄰之念，以爲假道長發之舉？若滇若黔，總屬朝廷封疆，留守留兵，綢繆糧糗，惟欲與行在通聲息。若祗以一盟了事，爲燕雀處堂之計，非不穀所望於君子矣。」熊得書益懼，避之清浪衛。庚寅，九月，可望親至貴州，執熊，奪其兵。令貴州所屬文武呈繳濫劄，裁革文職之監軍、督餉、部卿、僉憲、武職之總制、參游各銜名，無敢抗拒者。惟巡按御史郭承汾、威清道黃應運、總兵姚某、劉某等六人詬賊求死，可望怒曰：「爾欲死，不與爾良死。」縛六人於地，驅劣馬數十蹴踏之，籍其家，陳屍平越之四門，以怖不順己者。既聞袁韜、武大定殺楊展，始有圖蜀心，上書爲展訟冤，使王自奇、文秀、文選分道取四川。是冬十一月，桂林、廣州相繼陷，上走南寧，王師日逼，乃遣編修劉蒞封可望爲冀王。至平越，不得入。畏知曰：「秦、冀等耳，假何如真！」不聽。定國請令畏知終其事，畏知復至南寧，乃真封可望爲秦王。而可望怒不能待，邀文安之於都勻，奪所齎封川中諸將敕印。遣其將賀九儀、張勝、張明志率勁兵五千，稱迎扈，殺嚴起恒及沮封之尚書楊鼎和、給事中劉堯珍、吳霖、張載述於南寧舟中。畏知因痛哭自刎，極言可望擅殺大臣罪，上留爲東閣大學士，可望召而殺之，然既獲秦封，心甚慰。潯州陷，上倉卒自南寧登舟。壬辰，正月十六日，戊子，次廣南，可望遣總兵王愛秀迎駕，表言：「臣以行在孤露，再次迎請，未奉允行，然預慮聖駕必有移幸之日，故遣兵肅清道路。廣南雖云内地，界鄰交趾，夷情叵測。惟安隆所爲滇、黔、粤三省會區，城郭堅固，行宫修葺，糧儲完備，朝發夕至，莫此爲宜。」上至安隆，歲以銀八千兩、米六百石上供，從官皆取給焉。上尋遣太常寺卿吴之俊齎璽書至滇，慰勞可望。三月，聞王師將自楚入黔，奏遣定國及征虜將軍馮雙禮將步騎八萬出全州，文秀及討虜將軍王復臣將步騎六萬出叙州、重慶。秋七月，定國拔桂林，孔有德自殺，執叛將陳邦傅父子送貴陽。冬十一月，戰於衡州，失利，而我敬謹親王尼堪以窮追殁於陣。是時，定國連復楚、粤，兩蹶名王，聲威大震，不復受可望節制。可望心惡之，既奏請封西寧王，遣檢討方于宣、中書楊惺光齎敕并犒師萬金往矣，復追還之，曰：「孤今出師入楚，當面會安西，大慶宴，奉皇上敕書以光寵之。」召定國赴沅州議事。或謂定國曰：「此僞遊雲夢計耳。」辭不赴。賞遂不行。文秀入蜀，亦所向克捷，追躡吴三桂於保寧，以輕進敗，王復臣戰死，可望責令罷職閒住。諸將既以定國故，不服；又以廢處文秀太過，怏怏有怨心。可望怒定國甚，欲自將襲之。其親兵稱駕前軍者，固選鋒，以桂林之捷，不得一當爲恨，謂敵殊易殺，亦勸可望親立大功以服衆。時陰雨連緜，行三日始至，屯寶慶之岔路口，馮雙禮將左，白文選將右，可望自將中軍，輕騎來襲。諜知王師王師出不意，驚欲潰。明兵易之，甫斬數人，便掠馬，我貝勒還軍搏戰，望見可望中軍建龍旂、列鼓吹，麾兵急攻之。可望大敗，走保峒口，惟馮雙禮軍不動，王師亦鑒於衡州之失，引還。是役也，可望慮諸軍有圖己者，既不敢嚴督諸軍前戰，諸軍亦以駕前軍奮欲立功，不願與併力，以致於敗。先是任僎、方于宣之尊可望爲國主也，將設六部翰林官，而慮人議其僭，乃以范鑛、馬兆義、任僎、萬年策爲吏、户、禮、兵尚書，並加行營之號。後又以程源代年策，而僎最寵，與于宣屢勸進，可望令待上入黔議之。上久駐安龍，將吏罕人臣禮，窮促日甚。馬吉翔、龐天壽之徒諂附可望，謀逼上禪位，吉翔屬其門生郭璘説武選司主事胡士瑞曰：「今大勢已去，我輩追隨至此，無非爲爵禄計耳。今秦王宰天下，馬公甚親重，欲以中外事屬之，公能達此意於諸當事，何愁不富貴。不然，我輩無死所矣。」士瑞叱之退。他日，又求武選司郎中古其品畫堯舜禪受圖以獻可望，其品拒不從，譖於可望而殺之。已可望自設内閣六部官，鑄八疊印，盡易舊印，于宣又爲之立太廟：享太祖高皇帝主於中，張獻忠主於左，而右則可望祖父也。擬國號曰後明。上聞之益懼，與閣臣吳貞毓等謀，遣主事林青陽齎密敕召定國入衞，謀洩。甲午，三月，可望遣其將鄭國至安龍，械貞毓等十八人嚴鞫之。獄具，矯詔曰：「朕以眇躬，纘茲危緒，上承祖宗，下臨臣庶，閲今八載。險阻備嘗，朝夕焦勞，罔有攸濟，自武、衡、肇、梧以至邕、新，播遷不定。茲冬瀨湍倉卒西巡，苗截於前，敵迫於後，賴秦王嚴兵迎扈，得以出險，定蹕安隆，獲有寧宇。數月間捷音疊至，西蜀、三湘以及八桂，洊歸版圖。憶昔封拜者纍纍若若，類皆身圖富貴，惟秦王力任安攘，毘予一人。二年以來，漸有成緒，朕實賴之。乃有罪臣吳貞毓等，包藏禍心，内外連結，盜寶矯敕，擅行封賞，貽禍封疆。賴祖宗之靈，奸謀發覺，隨命朝臣審鞫，除賜輔臣吳貞毓死外，其張鐫、張福禄、全爲國等同謀不法，無分首從，宜加伏誅。朕以頻年患難，扈從無幾，故馭下之法，時從寬厚，以至奸回自用，盜出掖廷，朕德不明，深自刻責。此後大小臣工，各自洗潞，廉法共守，以待昇平。」可望既殺十八人，復奏言：「皇上既將諸奸正法，李定國，臣弟也，勦敵失律，法自難寬。方責圖功以贖前罪，而敢盜寶行封，是臣議罰諸奸以爲應賞矣。臣部諸將士，比年來艱難百戰，議賞議罰，惟臣專之，前疏付楊畏知奏明，可復閱也。憶兩粤並陷時，駕蹕南寧，國步既已窮蹙，加之叛爵焚劫於內，強敵彎弓於外，大勢岌岌，卒令駾喙潛迹，晏然無恙，不可謂非賀九儀等星馳入衛之力也。又憶瀨湍移蹕時，諸奸力阻幸黔，請隨元胤，使果幸防城，則悞主之罪，寸磔豈足贖乎？兹蹕安龍三年矣，纔獲寧宇，又起風波，豈有一防城、一元胤可以再陷聖躬乎？臣累世力農，未叨一命之榮，升斗之禄，亦非原無位號不能自雄者也。沙定洲以雲南叛，臣滅定洲而有之，又非無屯兵之地，難於進攻退守者也。總緣孤憤激烈，冀留芳名於萬古耳。即秦王之寵命，初意豈覬此哉！臣關西布衣，據彈丸以供駐蹕，願皇上臥薪嘗膽，毋忘瀨湍之危。如以安隆僻隅，欲移幸外地，當備夫馬、錢糧護送，斷不敢阻，以蒙要挾之名。」時可望憾定國益深，定國亦恐其來襲，因出掠雷、廉以避之。冬十一月，攻廣州，敗於珊洲。明年二月，敗於興業，又敗於橫州，收餘衆退保南寧。先是，可望聞珊洲之敗，遣馮雙禮襲之，爲定國所敗。既聞其退駐南寧，精鋭盡喪，乃遣總兵張明志、關有才統兵三千再往，定國走間道襲破之於田州，三千人皆降。可望聞敗，知定國必至安龍，命白文選將兵迎上入貴州。文選雖爲可望用，心不直其所爲，輒與定國連和，奉上走雲南，守將劉文秀亦怨可望者，與盟而入。上既入滇，定國、文秀、文選以功進爵，而可望心腹王尚禮、王自奇、賀九儀、張虎等亦皆進爵爲公侯，又遣張虎送可望妻子回貴州以安之。虎至貴陽，則搆之益甚。會上再遣文選議和，可望拘留之，奪其兵，而遣其僞通政司朱運久入滇假議和，與尚禮、自奇輩謀内應。丁酉，八月，舉兵犯闕，釋文選而禮之，以爲大總統，馬寶爲先鋒，合兵十四萬。十八日，渡盤江。九月，至交水，列三十六營，去曲靖三十里。定國、文秀衆纔數千人，相顧失色，議奉上出走，未決。時文選反正已久，馬寶、馬進忠、馬維興亦皆心歸朝廷。文選之再出將也，實出諸人謀，定國未及知也。忽文選率所部拔營來歸，單騎見定國、文秀於朝，具言成約，宜速出戰，且誓之，定國、文秀遂成師以出。初，可望見文選逃，議退兵，馬寶止之，張勝亦請身任。可望大悦，語勝曰：「雲南軍馬盡出，城内空虚，爾率武大定、馬寶選鐵騎七千，連夜間道襲之，王尚禮、龔彝爲内應。爾一入城，則定國、文秀知家口已失，不戰自走矣。」寶遣其私人入定國營言之，且曰：「明日決戰，遲則無及。」定國大驚，夜告諸將。十九日天未明，拔寨起。文選率所部鐵騎直沖馬維興營，維興開陣迎之入，合兵繞出可望陣後，定國揮兵大進，諸營皆讙呼迎晉王，所向瓦解。可望逃至貴州，從騎纔十餘人，命馮雙禮守威清要隘，約曰：「追至，則發三礮。」文秀追至普安，尚遲疑不敢進，雙禮發礮以紿之，可望遽挈妻子出城，輜重婦女悉被掠。過鎮遠、平溪、沅州，守將閉門不納，惟靖州道吴逢聖率所部迎之。狼狽走長沙，遣使投誠於我經略洪承疇軍前，章皇帝封爲義王。未幾，病死。可望承獻賊之餘，諸將爲所撫用，初不知有朝命；既據滇、黔，專封拜，文臣多污僞官者。自定國奉上入滇，多反正，惟張虎、張勝、王尚禮、王自奇等始終黨逆，文臣則方于宣、朱運久爲尤著云。

張虎者，隨劉文秀守滇。上入滇都，推恩，進諸將爵公、侯，虎封淳化伯，自以位在諸人下，甚快快。時孫可望妻子在滇，未敢爲逆，上欲歸其妻子以安之，白文選言於李定國曰：「今尚禮、自奇擁兵在輦轂下，虎尤詭，日伺左右，禍且不測。令與可望議和，必皇上親遣虎行，乃無反覆耳。」上召虎至後殿，拔頭上金簪賜之曰：「和議成，卿功不朽，必賜公爵，此簪賜卿爲信。見簪如見朕也。」虎至黔，則謂可望曰：「上雖在滇，端拱而已，大權盡歸定國。定國所信者，文則金維新、龔銘，武則靳統武、高文貴，人無固志，可唾手取也。」繳所封伯印曰：「在彼處不受，恐生疑忌，臣受國主厚恩，豈敢貳哉！白文選受國公之職，已爲彼用矣。」取賜簪示可望曰：「皇上賜此簪，命臣刺國主，許封臣二字王，臣何敢不以上聞！」可望信之，怒益甚，遂日夜謀犯闕。交水之敗，與可望相失。數日，率殘兵回貴陽，劉文秀已先入，詰之曰：「皇上賜汝金簪議和，何從有行刺之説？」虎無以答。解赴雲南，上告廟御門獻俘，磔之。

張勝，與馬寶同將孫可望駕前軍，勇猛絶人。交水之役，白文選拔營走曲靖，可望大驚，欲退軍。時寶已反正，慮回黔謀洩，大言曰：「我衆十倍於彼，奈何以一人爲進退？豈我輩非人乎！」勝曰：「某一人足擒定國矣。」可望大悦曰：「諸將如是，吾復何憂！」令寶與勝襲滇都。甫至城下，而交水報捷旂插於金馬碧雞坊下，勝見之大驚，拔營去。回至渾水塘，遇定國，列陣死戰，定國幾不支。忽寶於陣後連發大礮，勝驚潰，走益州，部將李承爵誘而縛之，勝駡曰：「汝何叛我？」承爵曰：「汝叛天子，吾何有於汝乎？」解雲南，告廟獻俘，與其黨趙珣皆伏誅。

王尚禮，獻賊僞中軍府都督也。獻賊死，孫可望、李定國與艾能奇、劉文秀爲四王，權相埒也。

可望謀竊大號，尚禮爲之主謀，説能奇推平東爲帥，自是可望得專制諸將。隨文秀守滇，封保國公，而陰與可望相呼應。張勝之來襲也，尚禮將内應，沐天波知其情，以兵守之，不得發。已聞勝拔營走，遂自縊死。

王自奇，獻賊僞後軍府都督。隨劉文秀守滇，封夔國公。移守楚雄，醉後殺李定國營將而懼，引其衆渡滄瀾江，據永昌，去雲南二千餘里，以故孫可望入滇時不相聞。可望既敗，自奇不自安，與永壽伯關有才舉兵反，定國自將討而誅之。時王師入貴州，不及援，故逆黨平而貴州已不守矣。

方于宣，雲南人，以進士官禮部主事。丁亥春，孫可望入滇，于宣與在籍御史任僎倡議尊可望爲國主，設鹵簿，定朝儀，以干支紀年，鑄九疊印，暨「興朝通寶」錢，設閣部科道官。可望以時未至，命俟上入滇議之。既上久駐安龍，又爲之立太廟，括民田，擬國號曰後明。僎爲吏、兵二部尚書，于宣爲翰林院編修，謀逼上禪位。未行而李定國以兵衞上入滇都。于宣言於可望曰：「皇上在滇，定國輔之，人心漸屬於彼，國主宜正大統，則人心自定矣。」可望以妻孥在滇，未敢爲逆。已張虎奉命送可望妻孥，而搆之曰：「上命我刺國主也。」可望怒益甚。于宣侍側，因請間左右。遥窺之，但見于宣叩頭跪奏，可望點頭許可之狀，莫知其所獻何策也。出謂其私人曰：「國主登九五，我爲首相，已親許我矣。」可望將舉兵犯闕，于宣時爲提學，試沅、靖諸屬，表題有「擬秦王出師討逆大捷」語。既聞可望敗，則馳書於錢邦芑，欲糾義旅擒可望以獻。邦芑鄙之，答以詩曰：「修史當年筆削餘，帝星井度竟成虚，秦宫火後收圖籍，猶見君家勸進書。」蓋于宣嘗爲可望修史，奉獻賊爲太祖，作太祖本紀，又嘗言「帝星明井度，秦王當有天下」故也。其終事不可聞。朱運久，不知何許人。朱容藩之亂蜀也，運久爲僞湖廣巡撫；容藩敗，又爲孫可望僞通政使。上入滇都，命白文選與可望議和，可望拘文選而奪其兵，遣運久入滇，陽爲議和者，實與王尚禮等謀内應。運久遽黄蓋大轎入城，無復人臣禮，上亦未敢問也。

跋

昔先大夫作小腆紀年，既成而作紀傳。謂紀年一書，取春秋、綱目之義，凡明季衰亂及諸臣賢否，固在在可考；然讀遷、固之史，其人其事，必綜其生平言行，各予紀傳，令觀者得悉其畢生之善惡，此史家之例，而先大夫紀傳之所由作也。維時出守福寧，賊氛告警，登埤晝瘁，遺命深以此書不克成爲憾。迨兄承禧筮仕閩中，理繁治劇，爲政務所迫；承祖從節泰西，鞅掌奔走，迄無定日：雖無忘先志，而皆未逮。弟承禮在閩珍什遺稿，於公餘暇日，輒出是書釐次，與仁和魏君錫曾參校編次，得六十五卷，繕爲定本。弟承禮復搜遺蒐逸，博采羣書，凡先大夫未及録者，作紀傳補遺若干卷，亦本先大夫作書之旨。其間或俟編次，或俟考正，多未脱稿，其已訂正者凡五卷。甲申冬，承祖奉命出使日本，函商於兄承禧，謹出紀傳，命工人梓成，因令補遺之已成者附刊於後。蓋不敢忘先大夫作書之本心，並以勗弟承禮纘述之篤志云爾。光緒十三年，歲在丁亥，冬十二月，男承祖謹識。

小腆紀傳補遺卷第一

徐承禮 譔

列傳

宗藩

遼王術雅 周王孫　岷王禋洮　韓王某　趙王由棪　淮王常清 上饒王常沅
益王由本　惠王常潤　潁王由榘　鄧王器塨　太子琳源　桂王由櫻
太子慈烜　遂平王紹鯤　安昌王恭梟　通山王蘊舒　益陽王某
瑞昌王議瀝　德興王由枍　嘉興王某　永寧王由穗　羅川王某 瀘溪王等
議霶　議漇　奞 道濟　統釩　統鈒 統鐇　統錡　盛瀓　盛濃　常巢

遼王術雅，太祖八世孫，長陽王憲熿之長子也。萬曆中，襲封長陽王。弘光時，命守海寧。南都亡，入閩，隆武帝命襲封遼王。及閩敗，奔廣州。廣州破，遇害。又周王恭枵之孫，國亡後南奔，亦死於難。

岷王禋洮，太祖十世孫，岷顯王企鏜之子也。崇禎十六年，獻賊犯湖南，企鏜謀築城武岡，民聞之，皆洶懼。奸人袁有志因激衆反，執殺企鏜，尋爲黎靖將軍劉承胤討平之。事聞，令禋洮視府事。乙酉，隆武改元，始襲封。丁亥，八月，大兵逼武岡，承胤挾之降，卒於武昌。

韓王某，韓憲王之後，太祖支孫也。國變後，流寓貴陽，守將皮熊厚奉之，進其女爲妃。王故出入患難間，稍習戎伍，恒挾關、隴健兒自隨。及丁亥秋武岡之變，黔、粵隔絶，行在消息不通，王遂謀監國，熊與總督范鑛、巡撫楊鼎和議未決，以尚寶卿張同敞力争乃已。庚寅，孫可望入黔，王走水西，依宣慰司安坤，可望莫能致。居數年薨。

趙王由棪，成祖十世孫，襲封時日不可詳。乙酉夏，與總兵黄蜚起兵太湖。及蜚被執死，由棪走入粵。庚寅，二月，惠潮道李士璉等與總兵郝尚久投誠大清，導王師入關，執由棪及郡王十三人以獻，凡江右宗室之寓惠州者盡殺之，没其家。

淮王常清，仁宗八世孫，淮王翊鉅之長子也。萬曆中，襲封。乙酉，南都亡，起兵謀恢復。不數月，爲樂平軍士所掠，出居景德鎮，饒州亦失。時隆武帝立於閩中，賜璽書曰：「鄱陽天下之奧區，黎獻無事，擊壤以誦王風二百餘年矣。比來兩都繼陷，無復吴芮、英布之倫荷戈以紓敵愾者。朕爲兩浙、粵、閩之所推戴，長此亟憂，將率六師以復二京，灑掃孝陵，以覲列侯之寢廟。晨夕惕厲，不遑啓處。語曰：『江湖之民多盜。』鄱陽、彭蠡今獨不然，則亦資賢王訓討之力也。王尚撫綏斯民，湛洽於德禮，以贊我無疆之休，敦睦首義，朕其敢不自勉焉。」常清遂入閩。明年，福京亡，偕諸王奔廣州。及降將李成棟陷廣州，諸王皆遇害，獨常清逃免，後定國公鄭鴻逵迎於軍中焉。又上饒王常沅，以弘光元年二月襲封，終事不可詳。

益王由本，益敬王常𤩽之三子，憲宗六世孫也。萬曆三十五年，以鎮國將軍進封嘉善王；三十九年，改封世子；四十五年，襲封。兩都繼陷，儀賓鄧思銘，南城諸生也，言於由本曰：「王身兼臣、子，宗社傾危，豈容坐視？」由本大感動。會布政使夏萬亨自撫州來，與分巡道王養正、知府王域、推官劉允浩、史夏隆、通判胡縝等謀城守。域曰：「國無主不可以集衆。」乃奉由本爲號。由本固年少仁柔，不習武事，戰守事悉永寧王由㰀及羅川王某主之，進復南昌，軍聲頗振。隆武帝聞由本起義，賜書曰：「甲申而後，星漢初回，留都不競，復驚我孝陵，移我鐘簴，自晉、宋以來，禍變爲烈。我殿下聞之，爲輟餐廢寢，頓足思奮也。朕自龍江出渡錢塘，爲閩、浙藩鎮諸大臣之所推挽，不能造商興復之務，顧念江南蘊義攄忠，能光我帝室者，獨有殿下耳。敵氛雖騰，天命未改，我兄弟既輯睦無長沙、東海之釁，諸宗茅靡亦無復聖公、盆子之事，此太祖神靈，累朝惠澤，浹於人心，不可誣也。顧以朕區區，悉率二鄭閩、粵之師，精鋭可戰者，尚未滿六七萬，誠欲約撫、昌之卒，下於瞿子，章、贛勁士，萃於鄱陽，不知誰當與謀者。虔臺李永茂，吾之故人，亦頗相聞乎？廣信吾之北門，未有能操其鎖鑰者。行當於此會大江左右之士，無衣之賦，可朝發而夕遠也。嗚呼！吾家宗社，豈可殄於仇讐；太祖聲靈，幸猶存於謡覯。殿下將何以教朕焉？」時乙酉秋七月也。初周藩保寧王紹炬者，爲闖賊所掠，已自河南避之南昌，以舍人無狀，仇於民。南昌潰，走建昌。傲睨好談兵，由本信之，而紹炬私與我將王體忠通，約内應。雲南總兵趙印選以象兵赴援南都，不及而反，由本留之助戰。戰初合，滇師善用鎗，衝我騎，體忠幾不支，而紹炬從陣後以火箭傷象兵，象總趙某死焉。遂大潰。由本出奔，宦者李祥率十餘人從之，及其二子，走旂塘佛舍祝髮爲僧。鄉人見其貌偉，疑之，賴曹山僧指爲故人而免。踰月，復間道入閩，命居興化。閩敗，奔廣州。未幾，爲降將李成棟所殺，二子逃免。戊子，金聲桓、王得仁歸明，求得其一，將奉爲監國，不果。金、王敗，莫知所終。紹炬至贛州，被殺。萬亨等另有傳。

惠王常潤，神宗第六子。天啓七年，之藩荆州。崇禎十五年十二月，闖賊再破彝陵、荆門，常潤走湘潭，荆州遂陷。常潤之渡湘也，遇風於陵陽磯，宫人多漂没，身僅以免，就吉王於長沙。十六年八月，獻賊陷長沙，復走衡州就桂王。衡州繼陷，與吉、桂二王走永州，巡按御史劉熙祚遣人護三王入廣西，寄居梧州。明年，弘光帝立，命駐肇慶，旋移廣信。乙酉，五月，復移嘉興。未幾，南都亡，奔紹興。隆武帝即位，貽璽書曰：「板蕩以來，無言不疚，每夜禱天，願我諸宗藩發憤舉義，蕩滌强氛，復我高皇帝之宇。而寂寂數日，未有應者，豈天亦陰隲下民，使王郎、盆子之事，無所張其牙翼乎？朕爲閩、粤士民之所推戴，非有他勇智當於民心，亦謂是發憤禱誓者，與蒼黎同志也。浹月以來，黎民勸進書至數百本，朕六七辭不得避。其元老、舊學亦以高皇開闢之天下，當有高皇之孫子起而奠之。或誦南陽九世之説，近於符讖，朕不敢聞也。書云：『予有十夫同心。』語云：『衆志成城。』朕持是以往，藉諸藩翰夾助之力，將大張六師，撻伐底定，以仰覲孝陵，灑掃宗廟，扶十三宗之緒。唯賢王幸垂誨焉！」常潤後奔廣州。隆武二年，王師平廣東，被執死。

潁王由椝，福恭王之次子，弘光帝弟也。萬曆中，封潁上王。崇禎十四年，闖賊陷河南，與恭王同遇害。南都立，追封潁王，謚曰沖。

鄧王器𡎴，唐端王十一子，隆武帝叔也。萬曆四十年，封德安王。隆武改元，進封鄧王。及親征，命協唐王聿𨮁監國福京。明年三月，上自建寧移蹕延平，諭二王曰：「京中民情安堵，市肆不遷，朕心慰悦。親征原以安民，閩都根本重地，王等還多方曉諭，禁戢逃兵，朕若早覲孝陵，自有蠲免恩詔。」尋以關警頻傳，敕力行保甲法。福京亡，不知所終。

太子琳源，隆武帝元子，曾后出也。隆武二年七月生。羣臣賀表有「日月爲明，止戈爲武」語，上嗟賞，覃恩大赦。踰月薨，謚莊敬太子。

桂王由榔，桂端王之三子，永曆帝同母兄也。崇禎九年，封安仁王，同日封永曆帝爲永明王。十六年，獻賊犯湖南，端王與由榔走全州，得達廣西。永明王被繫，會征蠻將軍楊國威復永州，遣其部將焦璉送入粤。明年十一月，端王薨於蒼梧，由榔承國事。時宫眷僚屬尚有千餘，資用恒苦不足。乙酉，南都亡，廣東在籍尚書陳子壯等議奉由榔監國，會聞隆武帝立於閩中，布政使湯來賀持不可，議遂寢。其年八月，賜璽書曰：「自板蕩以來，念我宗藩，未嘗不臨食廢箸也。太祖以大功大德廓清天下，休歷未半，皇天睠顧，蠢爾何知。每以此義正告我大小友邦，未有應者，而閩、粤豪傑雲起景從，是亦天所以佑我高祖重闢日月也。已有詔諭宗姓不能自立者，各赴行在，相度授爵。蒼梧嶺外奥區，嵐煙消釋，或亦可遂安枕，不煩懸慮乎？黍離、黍〔麥〕秀，古人所悲，帶礪山河，於今未替。世子勉之，行將賁爾介圭，以繹神宗之澤焉。」旋襲封。時上由疏藩繼統，聞前議，頗生疑忌，徙由榔與永明王居肇慶，下優詔結總督丁魁楚等，用杜推戴。初，魁楚蒞粤，以寓公禮入謁，由榔不懌，由是遂有隙。已而靖江王亨嘉反於桂林，上益疑，密諭魁楚偵動静。由榔實質樸無喜事心，魁楚以宿怨欲因事中之，由榔不知也。一日，置酒就王邸飲，大言：「天下傾亂，殿下爲高皇帝子孫，能勿憂邪？」由榔曰：「宗社破敗，孰能忘憂？倘得藉先生力削平之，俾孤假手以報高皇帝，死且不朽。」問答間，頗相牴牾，魁楚遽以聞。他日，復就永明王飲問如前，永明王唯唯而已，魁楚亦以聞。未浹月，由榔得疾薨。或曰：魁楚爲之也。由榎英明有知人鑒，嘗謂：「居安可寄社稷，臨難不奪大節者，惟司馬瞿公一人。」疾篤，召式耜入，屬以永明王，因自言「爲再生伽藍，而弟亦羅漢，先生好輔之。」故永明王得無恙。粤中立國，追謚曰恭王。王妃於辛卯十二月南寧之陷，宫眷倉卒出奔，不能相顧，莫知所終。

太子慈烜，永曆帝元子也。母王后。永曆五年十月，駕次新寧，册爲皇太子。自後流離奔竄，備極顛危。十一年春，始於滇都行在出閣講學。尋復播遷。十四年，從上居緬甸。時寓公異域，旦夕苟延，而文安侯馬吉翔猶請講期。上命禮部侍郎楊在開講，賜之坐，在以東宫典璽李崇貴侍立爲嫌，乃并賜崇貴坐。崇貴曰：「今雖亂亡，不敢廢禮，異日將有謂臣欺幼主者。」每講，崇貴出外，畢而入。一日，太子問：「哀公何名？」在不能對，聞者笑之。尋爲緬人所獻。明年三月，降將吴三桂擁還雲南，我仁皇帝命恩免獻俘。四月戊午，三桂乃輦上及太子出，以弓絃絞於市，太子大駡曰：「黠賊！我朝何負於汝，我父子何仇於汝，乃至此耶！」時年十二。

遂平王紹鯤，周藩裔，太祖之十二世孫也。崇禎末，闖賊入河南，紹鯤接戰，身中流矢，負重創。北都陷，隨諸王南奔。弘光元年，乙酉春，疏請往河南招集義勇，不許。及南都亡，乃至松江，與總兵吴志葵起兵；志葵敗，入太湖依吴易；易兵潰，復走吕國興營。未幾而國興又降。明年十一月，被獲於嘉興王店，解至江寧。丁亥正月，見殺。紹鯤志氣果敢，言及國難，輒悲憤流涕。其死也，人咸惜之。

安昌王恭櫆，周藩裔，太祖十一世孫，襲封時日不可詳。鄭芝龍之降也，恭櫆與都督周鶴芝等流涕極諫，不聽。及鶴芝移軍海口，遣其義子林臯隨恭櫆至日本國乞師，不得要領而還。海口破，奔舟山，不知所終。

通山王蘊釪，楚藩裔，太祖九世孫，襲封時日不可詳。永曆帝之在武岡也，劉承胤挾上自專，及王師破永州，兩道並進，遂陰議納款，祕不以聞。蘊釪急請召對，言：「敵騎已逼，上猶不知，猝至，當如車駕何？」上懼，召承胤問之，承胤大怒，固詰言者，語不遜。上不得已，良久，曰：「宗臣蘊釪。」承胤洶洶出，遇蘊釪於宫門，奮拳擊之墮齒，蘊釪遯去，從大學士瞿式耜於桂林。永曆四年，冬十一月，王師入興安之嚴關，諸將皆潰，蘊釪涕泣馳告式耜曰：「先生受命督師，全軍未虧。公且入柳爲恢復計，社稷存亡，繫公去留，不可緩也。」式耜不應，蘊釪乃奔。

益陽王某，蓋遼藩裔也。乙酉，南都亡，王聚衆於嚴州，總兵方國安亦與之相應。王遂用監國印，署置官吏。及隆武帝立，大學士黄道周馳書曉以大義，王猶豫未決。未幾，國安歸魯監國，王勢益孤，乃遣其監紀推官邵有璟、副總兵馮生舜奉表入賀，而監國之號猶未除也。詔讓之曰：「國家敦厚懿親，自有典制，朕復天性仁恕，篤愛宗枝。王借受慈禧太后之命，又借勳鎮方國安之推奉，近日表奏雖來，公然用監國之寶，不知此寶授自何人？勳鎮國安等疏王本末甚明，朕不忍顯戮，王其戒之哉！」終事不可詳。

瑞昌王議瀝，寧藩裔，太祖十世孫也。乙酉，六月，中書盧象觀遇之西湖，相與痛哭，起兵攻南京，謀洩大敗，匿水竇中逸出。會屯田都司方明據廣德，迎議瀝入其軍，連破孝豐、臨安、寧國等縣，軍聲復振。乃於孝豐開府治事，奏捷閩中，封瑞昌王，授明等官有差。無何，明敗，議瀝走匿丹徒諸生喜正家。山東吴儀之、吴純之，義士也，渡江將迎王，值名捕急，遂匿鎮江潘文煥家。邏者猝至，儀之挺身出曰：「吾瑞昌王也。」議瀝及純之得脱。已而知其僞，執喜正鞫之，正不勝搒掠，具言所在，乃見執。十月十二日，遇害於江寧，丹徒諸生袁鍾、宜興陳用卿、金壇張景潮皆從死。象觀等另有傳。

德興王由枍，淮藩裔，仁宗九世孫也。有翊鍊者，於天啓三年襲封，由枍蓋其孫也。丙戌，大兵下江西，由枍起兵搜殺鄉民之薙髮者。閩中聞報，隆武帝諭曰：「江民苦兵，甘爲敵用，情罪可原。赦過之條已云：『有髮爲義民，無髮爲難民。』王其曲加矜恤焉。」終事不可詳。

嘉興王某，淮藩裔，萬曆初國除，某襲封事不可詳。饒州破，流寓都昌譚家埠。丙戌秋，閩亡，紳民奉以舉義，以邑人石光龍、僧了空等爲將。及兵敗，王走湖口渡江而西，見獲，遂遇害。詳光龍傳。

永寧王由㰘，字冠寰，益敬王第十子。萬曆三十九年，封爲益府宗正。沈静有志略。益王之舉兵也，募集、徵發皆倚之而辨。幕客曹子鉞，贛州諸生，由㰘推重之，時引入帷幄與參密議。建昌陷，由㰘及諸郡王走寧都大函鄉，日夕悲號。有鄉人蕭某，家豪於資，二子能武，好義俠，見而疑之，由㰘告之故，因與圖興復事。時汀、贛之間，有峒賊蕭陞、閻羅總者，自分四營，其前左營最強。張安者，左營之一也，驍勇善戰，有歸正意。蕭因厚資裝槖，導由㰘及安義王某往招之。先一日，蕭、閻夢紅日臨其門，翌日而二王至，以爲吉徵，遂與其黨謝之良合兵出湖東，復建昌，乘勝拔撫州、進賢，軍威大振。而兵無見糧，不能守，復棄進賢退屯撫州，我將王得仁圍之。相持一月，糧復匱，將還建昌，謝之良先驅，蕭陞斷後，且戰且卻。由㰘病痺不能行，得仁追獲之，死焉。長子慈炎，亦遇害。曹子鉞被執，留得仁營，或曰不屈死。之良與陞奔還山寨。慈炎妻彭氏，亦能軍。未敗，先率其屬至汀州。及聞難，引兵屯寧都山中。戰守逾年，援絶就獲，我郡守義之，令待命於其弟彭指揮家。戊子，金、王反正，氏使客引其子和□歸建昌，曰：「勉之！忠孝紹宗，汝責也。」明年二月四日，有司賫紅羅七尺至，慨然曰：「吾得死所矣！」沐浴更衣，裂紅羅自縊死。

羅川王某，名不可詳，益宣王支屬也。從益王起兵。保寧王用事，王策其人叵測，而未敢以諫，謀別舉事。乃之東鄉，與舉人艾命新、艾南英約諸紳舉義，得劉名琦、楊猶龍、僧丹竹等三十六將，就南英家插血誓盟。王、謝二巨室捐資助餉，練義勇七八千人，自爲一軍。其秋，建昌陷，益王出奔，王悼歎久之。復與命新招軍貴、東、安仁間，有衆二萬，自金谿襲復撫州，秋毫無犯，民大悅。我大帥聞撫州破，濟師來争，命新北拒。而王師之在建昌者又至，營於黃太渡，王腹背受敵，議退兵。我兵躡之，乃入金谿山中，索民車數百輛，塞山險，我軍不能進，因得全軍還東鄉。已永寧王招峒兵復克撫州、建昌，將合兵分道向南昌。峒兵偶以争舍與王兵鬭，王急出止之，流矢中喉而卒。永寧王聞之大慟，諸軍皆散。又有瀘溪王某及楚藩武岡王、徽藩延津王，俱於南都亡時先後起義，顧其詳均不可考。

議霶，字用霖，寧藩奉國中尉也。父統鐼，崇禎丁丑進士。議霶幼聰慧。萬元吉與統鐼同年，嘗過其家。議霶時七歲，與元吉弈，攻殺得勝乃已，元吉大奇之。統鐼知江夏縣，縣固劇，號難治，議霶佐其父，財賦出納，悉關其手，毫髮不得侵欺，老胥懾服。已而統鐼卒官，推官某與之有隙，以其嘗支帑金數萬修城堞，取其籍，欲從中有所劾治，老胥匿其籍，大索不得。議霶與友人張若仲日夜窮思，覶縷追憶，條寫而目算之，無纖毫爽。老胥及推官驚以爲神，然自是得嘔血疾。議霶性豪邁，見天下將亂，愈輕財結客，招致外方技藝之士，館而禮之。左良玉之内犯也，議霶與九江毛珏、任濟世謀集衆遏之九江，與當事議不合，散去。及金聲桓入南昌，議霶曰：「大難至矣，坐守田廬以待誅夷乎？」立挈妻子走建昌。已乃依寧都魏禧，結廬翠薇峯，變姓名爲林時益，字確齋，傭田而耕，非其力不食。子楫孫、門人吴正名、任安世輩，皆帶經負鉏，歌聲出金石，過者如觀古畫圖焉。又種茶售諸遠近，號曰「林茶」。晚工詩，善二王草法，雖居山中，求書者不絶也。年六十一而卒。

議漇，字潤生，寧藩樂安王裔，太祖十世孫也。以宗貢生授句容知縣。乙酉夏，起兵邑之茅山，敗走入太湖，與楚宗盛瀓合軍，又敗，入浙東，閩中擢爲右僉都御史，巡撫衢、嚴。明年八月，衢州陷，死之。

耷，字雪個，寧藩石城王裔也。國變後，棄諸生，爲浮屠奉新山中，號八大山人。居數年，精其法，入座稱宗師者二十年。臨川令胡亦堂聞其名，延至署。歲餘，忽忽不自得，佯狂走會城，被葛布袍，歌於市，忽大笑，已而痛哭，人莫測也。喜水墨畫，花竹怪石，蘆雁汀鳧，翛然有出塵姿，草書亦怪偉，人得之，争藏以爲寶。然遇貴顯者，則堅拒勿與，雖以數金易一石，亦不可得。或持綾絹至，直受之，曰：「此贈我韈材。」貧士、山僧置酒招之飲，醉後潑墨淋漓，雖數十幅不厭。已閉口不復言，人至，則掌書「啞」字示之，而喜飲愈甚。或饋之酒，持觴笑不休，醉復欷歔泣下。其他文字，皆古雅幽澀，而祕不示人。又有楚藩裔道濟，字石濤，工繪事，尤精分隸書，大江以南無出其右。

統鈚，寧藩瑞昌悼順王元孫，鎮國中尉也。國變後，撰有崇禎遺詔事實一卷。其辨野史妄傳遺詔參錯字樣，聲淚俱下云。

統鈒，字德祥，寧藩瑞昌王裔也。性豪暴，里中少年多歸之。乙酉，金聲桓、王得仁入江西，統鈒棄家走廣信，號召諸客，與金、王相角饒、信間。金、王憚其威名，不敢戰。丁亥冬，間行歸南昌，爲偵卒所執，見我巡撫章于天，不屈膝。詰之，厲聲曰：「我帝室藩王，豈爲汝屈！」竟釋不殺。戊子，金、王反正，統鈒募兵廣信應之。其夏，我固山譚泰攻江西，統鈒走寧州。督將鄧雲龍入援，見王師盛，謀納款，而統鈒執藩王禮，使雲龍戎服拜戲下。雲龍不能平，執之以獻，大罵而死。又有統鐯者，從魯監國攻福州，歿於陣。

統錡，寧藩石城王裔，太祖九世孫也。放誕好大言，人目爲朱九瘋子。乙酉，王師破南昌，崎嶇渡江。聞英山張福寰據三尖寨，潛至，不得通，授徒自給。繼乃微言：「我宗支也。」福寰知之，即善護焉。戊子間，天堂、埭口山寨蜂起，福寰乃與國學生胡經文迎統錡入潛山。明年春二月，奉之居飛旗寨，稱石城王。以永曆紀年，造作符印。各寨謁見，以次拜官，自郡縣、監司、撫按、科道、部院、總鎮之屬咸備。他寨有未謁者，以兵降之。其授部院職者，有傅夢弼、傅謙之、桂蟾、義堂和尚之屬。於是統錡撫有二十四寨，因聯絡蘄、黄間四十八寨。其來謁者，各授職有差。文職則周損、曹胤昌、王熼、胡玉良等，武職則陳如密、李有實、常近樓、侯雲山、劉奉宇、陳元、蕭新等，凡千三百人來謁見云。其夏，王師會勦，諸寨相繼降破。秋八月，進克皖潤寨，傅夢弼等走馬園，惟統錡尚守飛旗不下。冬十一月，王師進至湯池衙前，攻圍十日，縱火箭仰射，寨中大亂。我軍乘之以入，監軍王坤基、總兵儲伯仁、石際可、旗鼓汪託等被執，統錡從後關遁馬園。大兵追至霍山界寶纛河，執傅夢弼、桂蟾、義堂、唐明勝等十餘人，統錡亡匿英山。庚寅，春正月，胡經文、胡良玉降，受我操江李日芃指，誘執統錡以歸，因遇害。詳見張福寰傳。

盛瀫，字青潮，楚藩通城王裔，太祖十世孫也。弘光時，授劍州知州，未赴。南都亡，避於太湖西山，易姓林氏。西山人蔡永新，任俠好事，與職方郎中王期昇、禮部主事吴景亶等奉之起兵，稱通城王。(朝)〔期〕昇攝内事，設六總，以永新及徐震海、許燮等分將之。初，山中人或夢揭竿其地，上書「青潮」二字，而盛瀫字適與之合，衆以爲祥，故多應之者。時長興縣人金有鑑、王士麟亦聚衆起義，盛瀫檄至長興，有鑑等奉箋稱賀。乃遣許燮將千人會之，攻克湖州，命景亶與故知府王士譽守焉。盛瀫入長興。已而中書舍人盧象觀、葛麟以所部至西山，與期昇合營，軍頗盛。而期昇性貪，多剽掠，鄉民引王師進攻，象觀等敗死，景亶亦棄湖州走。王師間道襲長興，盛瀫退屯湖中，已奔衢州。衢州破，遇害。有鑑等另有傳。

盛濃，字揚亭，楚藩裔。弘光時，爲馬士英訐巡按御史黃澍凌逼宗室，嚴旨逮問，士英因薦授池州推官。澍之㡀左良玉兵犯闕，實盛濃爲之也。池州失，避至石埭。乙酉，七月，起兵復石埭，又復東流，遂與貴池吴應箕合攻池州，不克，乃分兵復建德。八月，遇王師於大嶺，戰頗利。九月，兵大至，盛濃不能禦，退守甲子嶺。未幾，建德、東流相繼潰，奔太湖依吴易。易敗，走浙東，閩中授御史，巡按廣信、饒州，兼視學政。疏請實行訓練兵卒，優詔允行。已復屢疏請入覲，許之。會聞汀州變，乃走廣東。丁亥春，永曆帝擢爲兵部右侍郎，總督兩廣，協瞿式耜守桂林。王師將至，遁走靈川，上以于元燁代之，改盛濃刑部侍郎。明年，李成棟反正，扈蹕自南寧至肇慶。時錦衣衛馬吉翔、内監龐天壽擅政，成棟疏論廠衛不得干機務，二人大憾，造蜚語，謂：「成棟將盡廢閣部大臣，而以廣州降吏代；解散護衛親兵，以己卒充禁直。且如董卓、朱温事。」盛濃信其言，遂揣合成棟意，欲奪天壽所掌勇衛營歸李元胤，上言：「宦官典兵，古今弊政。龐天壽統勇衛兵三千，臣恐甘露之禍，發於旦夕，請亟罷之。」然天壽所領僅千人，爲宫門掫徼而已。疏入，上切責，盛濃乃沮，聞者咸以爲妄。庚寅，十一月，從上奔潯州，叛將陳邦傅縱兵大掠，因遇害。

常巢，荆藩裔也。乙酉，王師入安慶，英、霍間諸山寨多拒守不下，奉常巢居太湖司空山，稱荆王，襲破太湖縣，屢挫我兵。戊子，春三月，王師會勦，其部將余坦以私屬三百人降，因誘執常巢以獻。

小腆紀傳補遺卷第二

徐承禮 譔

列傳

曾英 李占春 于大海 楊展 袁韜 武大定 王祥 皮熊 張默

曾英，字彥侯，莆田人，從父宦成都，因家焉。爲人倜儻有材武，喜赴人緩急，士多歸之，號曰曾公子。甲申春，張獻忠自楚將入蜀，英請於巡撫陳士奇，獨將千人當賊，不許，而以全蜀兵使羌、漢總兵趙光遠率之，與賊戰，大敗，走漢中。英復痛哭請兵，士奇不得已，署英守備，以土兵數百試之。英盡散家貲，市牛酒，教練旬日，士皆踴躍願效死。會賊至瞿塘峽口，氣驕弗備，英設伏擊殺。賊阻險不得入，與英對壘，日夜挑戰，英堅壁不出，而多張疑兵於山谷。每夜擊賊，賊驚擾，自相斬殺，争走山上，觸飛礮，死者無算。凡守四閱月，救援不至，退屯忠州。夏四月，賊至忠州，英率水師迎戰，火其舟百餘，賊死千計。及英還守涪州，賊遂悉衆屯忠州葫蘆壩。陳士奇之在重慶也，命其將趙榮貴扼梁山陸道，加英參將，與守道劉鱗長守涪以扼江。六月，賊至，榮貴望風遁，英戰而敗，退至五里望江關。賊追及，砍傷其頰，英手殺數人，跳而免，與鱗長走川南。賊遂陷涪州，趨重慶，長驅入城都，所過喋血，以人肉爲糧。當是時，蜀人皆思英，曰：「曾公子而在，吾不至此。」獻忠大索英，有僧高其義，匿之，以千金資英召募，旬日得萬餘人，裹創出戰，敗賊於魚腹浦。明年三月，督師王應熊與巡撫馬乾傳檄討賊，而苦兵少，聞邑紳刁化神以鬼道募兵甚衆，使英襲取之，遂擊走賊將劉廷舉，復重慶。於是王祥起遵義，楊展起犍爲，曹勛起黎州，蜀紳前總督樊一蘅、前户部郎中范文光、舉人劉道貞或奉詔、或承制出師。前侍郎余思恂與前四川學道王芝瑞奉應熊檄，權宜措置兵食，袁韜、武大定各以兵反正，夔州譚宏、譚詣、巫山劉體純、酆城胡名道、金城姚玉林、施州王光興、王有進、呼九思各起兵討賊，所謂夔門十三家也。賊所據者，僅成都、保寧、順慶數郡而已。初，劉廷舉之棄重慶走也，求救於獻忠，獻忠顧劉文秀曰：「楊展不足畏，重慶要害地，不可失也。」命文秀水陸並進。英與劉鱗長自遵義赴援，使部將于大海、李占春、張天相逆之於多功城，而自以精兵間道襲破賊營，取其旗幟，還與大海等併力夾擊，文秀大敗，脱走者不能十一，其别將攻嘉定者亦大挫衄。王祥復移兵綦江，與英犄角，兵威大振。祥才武亞於英；而英之復重慶也，樵採不禁，王應熊怒之，故委任不及祥。至是英禦賊屢有功。丙戌春，應熊乃奏以英爲總兵，王祥爲參將，連兵進討，賊益懼，遂棄成都，走川北。英駐軍江上，商民避賊者依英以自固，因之成市。永曆帝立，封平蜀侯。是年十二月，我大清肅親王豪格誅獻忠於鳳凰山，其黨孫可望等突至佛圖關，英部將李定、余仲等逆戰。可望等皆窮寇，死鬬，李定等失利，而余仲即入營縱火，衆大亂，英中矢以顛於河而殁，時年二十六。英戰輒先登，所向辟易，面赭，美鬚髯，賊望見，驚以爲神。衆至二十萬，威名爲遠近所憚。嘗欲屯田於重慶，而應熊不許，識者惜之。我朝賜通謚曰節愍。

李占春，涇陽人；于大海，項城人：皆曾英心腹將，以勇聞。英之成功，二人之力也。占春封定川侯，大海封靖南侯。丙戌冬，英死於佛圖關，占春與大海率殘卒奔涪州。明年，降賊袁韜爲王師所敗，由順慶南下，占春等避之，東走夔州，將赴荆州歸命，適朱容藩自肇慶入蜀，取道施州衞，溯江西上，遇占春、大海，説之復回。秋七月，王師泊忠州之湖灘，占春以輕舟直薄我營，大兵亂，棄舟走川北。占春乘勝至涪州，結營平四壩，大海屯忠州之花凌河爲脣齒。既而武岡之變，傳言永曆帝已就執，容藩遂自稱監國，二人不知其僞，皆聽命焉。九月，川北總督李乾德以袁韜、武大定兵復重慶，容藩令占春襲之，不克，於是諸鎮日治兵相攻矣。戊子八月，督師吕大器至涪州，占春入謁，大器具言容藩僭逆狀，占春始悟，請討叛以自贖，乃帥舟師攻之，容藩因敗死。庚寅秋，劉文秀入蜀，破遵義。明年冬十月，遣别將盧名臣入涪州，占春逆戰於羣豬寺口而敗。大海在忠州聞之，知不支，遂放舟出夔門入楚，降於王師。未幾，占春亦降。

楊展，嘉定人，崇禎辛未武進士。初爲曾英部曲，以功授參將，充川鎮中軍官。獻賊之入蜀也，展與曹勛同守成都，被縳，斷索躍入江，泅水至嘉定，而賊已改嘉定爲府，乃潛入犍爲，殺僞令以起事，襲嘉定，州人開門納之。勛亦起兵黎州，與展聲勢相應和。丙戌三月，賊帥劉文秀、狄三品來攻，爲展所敗，展遂合游擊馬應試盡復嘉、邛、眉、雅諸州邑。獻忠聞展兵勢甚盛，大懼，率兵十數萬，裝金寶數千艘，順流東下，將走楚。展逆於彭山之江口，縱火大戰，焚其舟，賊大敗，士卒輜重喪亡殆盡，走還成都。展取所沈金寶以益軍儲，士氣益張。七月，獻忠走川北，展聞其遁，引兵追至漢州，賊已遠颺，乃盡收暴骨叢葬焉。時蜀地殘破，大清兵既誅獻忠，不能留，諸舊將稍稍出，收復保聚。嘉定近省而險，展復善於撫綏，遺民及潰賊相率歸之。而連歲洊饑，斗米二十金，蕎麥七八金，父子兄弟轉相殺賊，流莩載道。展乃遣使赴黔、楚告糴，前後得米數十萬石，自鄉先生以及弟子員具贍資送其家；農民給牛種口食，使擇田而耕；壯而願從戎者補月伍，與銀米，使操兵戰；百工、雜流各以其藝就食；孤貧無告者廩之。蜀民賴以全活者甚衆，愛展如父母，走四方者述展慈愛，莫不流涕。展以是富強甲諸將焉。戊子春，永曆帝以巡按御史錢邦芑言，封展華陽伯，得錫予有加。己復擢授總兵官，都督同知，進宣平侯。己丑，陳邦傅之假敕封孫可望爲秦王也，可望飛檄召展以兵屬己，展得檄，上言：「臣茹荼鬭草，爲陛下收蜀固黔，方日望朝廷指授方略，進收川北，乃可望忽以檄至，舉陛下所有土地、甲兵盡授之可望。臣誓不與賊俱生久矣，無難焚檄殺使，出兵東川、烏蒙，與可望爭一旦之命。顧以可望抄謄敕稿，若果出上命者然，是以不敢鹵莽爲先發後聞之事。將無可望之僞乎，抑豈皇上果舉六御以授賊乎？如皇上果有此敕，則臣等從此皆可望之臣，而非皇上之臣，在廷孰爲此謀者？若命不出自朝廷，而爲可望所僞傳，則臣願首戎行，與諸勳鎮執大義以討亂賊。」上但優詔令展固守封疆而已。會袁韜、武大定與李占春搆隙，久駐重慶，士卒飢，總督李乾德遣人説展與合兵，因其餉。展大喜，誓爲兄弟，徙韜屯犍爲，大定屯青神，而所求顧不甚遂。展與占春故交好，頻通問，以銀萬兩、米萬石餽之，韜與大定愈不悅，乾德亦怨展之遇己簡略也。秋八月，詭稱介壽，置宴，即席上取展首，襲嘉定。展子璟新以三百騎突圍走，其妻陳氏指韜與大定罵曰：「爾窮來依我，我先人處以縣邑，資以多財，何負於爾而圖之？真喪心犬彘也！」遂被殺。展智勇冠諸將，川東、西之起兵者倚爲長城。既死，人心解體。占春率兵爲展報仇，不勝而歸；曹勛與展爲刎頸交，亦默然而阻。川、陝總督樊一蘅投書責乾德曰：「嘉陵、峨眉間二三遺民不與獻忠之難者，楊將軍力也。背施忘好，而取人杯酒之間，天下其謂我何！」乾德笑，以爲救時大計，詎豎儒所知；然蜀紳士無不切齒乾德者。孫可望之再入蜀也，亦訟展冤，自是蜀事大壞矣。

袁韜，沔縣人。崇禎中，川賊有姚天動、黄龍聚黨劫掠，巡撫陳士奇令營將趙榮貴擊破之，擒其渠魁馬超、一斗蔴、代天王等二十餘人，姚、黄走脱他徙。而韜因姦孀事發，投響馬賊馬潮、呼九思等，繼姚、黄而起。獻賊之入蜀也，乘勢據蓬州、儀隴南部，久之分爲十二大隊，歲饑，以人爲食。王師破之於遂寧，潮、九思走死，韜以餘衆歸樊一蘅，授副將，使守順慶。丁亥，故巡撫李乾德奉命總督川北，諸將中惟許韜與武大定。大定者，固原人，亦小紅狼之别部，降於孫傳庭，以材武見稱。國變後，與孫守法聚衆南山中，閩中封爲伯。王師至，戰敗，走興安。守法死，大定入蜀，與韜合衆數萬，謀突秦而西，王師擊之，大敗，乃收餘衆棄順慶東奔。至是，乾德欲與就功，結二人爲心腹。會李占春等有湖灘之捷，韜亦反鬭入佛圖關，取重慶，奉乾德駐之。已復與占春搆隙，治兵相攻。而重慶兵多食少，乾德乃遣人説嘉定守將楊展與合兵。久之，竟搆展於乾德殺之，而并其衆。韜之欲圖展也，其妻流涕諫曰：「我軍流離飢凍，非楊公，衆且散矣。負人大功，鬼神且有冥誅，必不可。」勿聽。及展死，韜妻亦自縊。辛卯冬，孫可望據黔，將窺蜀，乃聲二人罪，遣其將王自奇將一軍由川南進。别遣劉文秀率精甲萬人，由滇渡金沙江，出黎州取曹勛以襲其後，韜與大定不知也。方悉力拒於川南，而文秀逕趨嘉定，韜等撤兵還戰，六戰六勝，有輕敵心。俄而文秀以大兵壓其前，自奇泝流擊其尾，大敗就擒，遂降。嘉定陷，乾德沈水死。

王祥，綦江人，或曰大學士王應熊之僕也。崇禎末，爲九圍子隘官，勇悍著聞。張獻忠亂蜀，惟遵義一府未下，祥守之，賊不敢窺。弘光帝立，詔應熊督師，即遵義開藩。乙酉春，副將曾英復重慶，屢破賊兵，祥亦出師綦江相犄角。祥威望不及英，而應熊委任過之，奏授參將，累至副總兵官。明年，獻忠死，其黨孫可望等潰兵陷重慶，殺曾英，破綦江，由遵義入黔，祥走永寧山中。丁亥，應熊卒於畢節衛，吕大器代爲督師，可望入雲南，祥於永寧、赤水間招集散亡，聚至萬人。是年八月，進攻遵義復之，據有其地，收定瀘、叙以西。遵義，古播州，地饒沃而深阻。祥於其間撫流亡，治屯田，且耕且守，蜀士大夫避亂者多歸之，户口充實，祥以是雄於諸鎮。時朱容藩在重慶僭稱監國，怒袁韜不爲禮，使李占春襲之而敗，乃私鑄錦江侯印送祥，求其以兵應占春。祥以兵出綦江，與韜三戰不勝，退駐南岸。忌占春之盛，而欲爲好於袁也，詐請占春議事，伏兵執之，使部將王朝興守之。朝興與占春同里，守稍懈，占春踰垣出，殺追者，一日夜歸其壩上營。祥既失占春，而又爲韜所持，軍無糧，殺馬而食，於明年四月回遵義。既而巡按御史錢邦芑上諸將功狀，詔封祥綦江伯。是年，遵義饑，祥遣人赴黔告糴，貴陽鎮皮熊攻而奪其資。祥怒，舉兵攻熊，不勝而還，熊因奏祥不奉天子詔，越地相侵，約諸鎮會討。諸鎮久羨遵義殷富，各率兵攻祥，大小十餘戰，不能克，祥使人聯和，皆罷去。惟黔兵深入，相持月餘，兵老乏食，熊子文英，年少不習軍事，氣益衰，乃引軍走。祥悉鋭乘之，熊兵大潰，爭渡烏江，死者三萬餘人。祥亦上疏自理，上使使和解之，會盟烏江，罷兵修好，於是思南、銅仁、湄潭各郡邑皆歸於祥。太常寺少卿程源及鄉官梁應奇、辜延泰等先後赴肇慶行在，皆言祥雄武，可大用。明年，乃進封忠國公，加右都督，掛征討將軍印。祥既受公封，頗感激，思自效，累遣使自平越、慶遠貢獻金、馬，中道輒爲陳邦傅所劫奪。孫可望之求册封也，祥亦疏言不可。庚寅秋，可望將圖蜀，遣劉文秀取遵義。至永寧，守將侯天錫迎降，詐以危言報祥曰：「滇兵二十萬，已渡烏江來矣，不如先期避之。」祥懼，召諸將與謀。將軍李定者，驍勇敢戰，衆服之。定曰：「二三年來，操戈同室，雖捷亦恥，今發兵討賊，復有何疑？勝則國之福，不勝不失爲忠義鬼，他何所云！」祥遂招烏合六七萬，分爲三十六鎮，與文秀戰於烏江，大潰。私計自真安州入彭水據險守隘，引李、于爲助，猶足自立，乃裹其文繡金寶，使牙將負之先行。定頓足嘆曰：「百戰基業，一敗而逃，何足計大事乎！」衆心盡解，多送款文秀。文秀疾發兵掩擊，祥倉卒夜走，牙將已劫其資而去。比曉，失妻子，從者僅百餘騎。追兵至，祥馬蹶不能行，率死士數十人短兵接戰，創重自刎死。文秀降其衆，盡收遵義地。初獻賊入蜀，畏祥不敢窺遵義，前後拒守凡八年。我朝賜通謚曰節愍。

皮熊，字玉山，臨江人。父爲銅仁賈，遂家焉。幼育於羅氏，冒姓名羅聯芳，既顯，乃復本姓。熊行伍起家，歷官鎮筸副將。土酋安邦彦反，以功擢總兵官，鎮沅江，加左都督兼太子太師。熊通文墨，知名義，能以節制馭軍，不爲民擾，土、漢安之。丁亥，正月，孫可望由遵義趨黔，熊不能禦，敗於烏江，走平越。及可望入滇，棄貴州不守，熊以軍入之，報稱恢復，又破土賊藍二等，以功封定番伯，鎮貴州。時永曆帝在武岡，熊惡劉承胤之横，欲迎駕，未果。既大清兵入武岡，黔中不知乘輿所在，熊與鑛謀之都御史楊鼎和、御史馮洸議奉韓王監國。會上出懷遠，間道遣詔諭熊，事遂寢。然已藉藉傳聞，廷臣以是爲熊罪。熊固弗知，援覃恩求封誥，中書舍人吴其靁當直草制，有「丸泥封谷，夜郎自大」一語，熊乃疏辨，乞改正，上雖從之，而心勿善也。每叙録將士勞勩，求陞賞，多格不行，以是視諸鎮權藉尤輕，熊亦以身爲守土帥，無恢勳任，遂擁兵晏居，不與楚、粤争戰事。黔之東北陬與楚塞犬牙者，馬進忠、張先璧、郝永忠、王進才往來屯；合平、都匀間則有張登貴、莫宗文；其西接蜀、瀘，則楊展、王祥各擁部衆屯聚。熊藉居中以安，而地逼糧少，亦莫能自振，惟聯絡土司，保固境内而已。明年，遵義饑，祥來黔告糴，熊謂其詷己虚實，遣部卒奪其資。祥因舉兵圍貴陽，三日，敗而遁，熊亦結各鎮攻祥，不克。朝廷遣使詔諭，乃解。己丑，可望據滇求王封，熊與祥各疏行在，言：「今之入滇者爲獻賊餘孽，名雖向正，事豈格心，朝廷毋爲所愚。」上乃封熊匡國公，亦進祥公封，欲藉以防滇寇也。然二人時相搆釁，亦不能有所効力焉。明年秋，可望以不得王封而怒，大出兵趨貴州，熊度不能支，遣官李邦華通好請盟，可望不許。熊益懼，避之清浪衞，可望遂據有全黔。熊復徵土司兵三萬，出平越，爲馮雙禮所敗，遁入烏羅司。可望遣白文選追執之，奪其兵，既而釋之，熊遂入新添山隱焉。復之水西，依女夫趙默。默，宣慰司安坤師也。丁酉，王師入黔，坤迎降，熊祝髮於水西之可渡卜河。既永曆帝被執，熊聞報絶粒，七日不死。有常金印者，自稱開平王後，與坤謀反正。熊亦使蜀人陳進才給放劄付，招集部曲，爲我總兵沈應時所獲，事洩。甲辰春，吴三桂大發兵攻水西，坤等敗死，熊走避烏撒。冬十月，三桂遣騎執至雲南，時年八十餘，背立不順命。諸降將往省之，熊稱引古今忠義，追叙國家敗亡之故，詞意慷慨。積十三日不食，始瘖，越日乃絶，戮其屍。義士王中立盜而葬焉。

張默，字允明，太原人，匡國公皮熊壻也。父琳，官定番學正。流寇至，琳及妻子死焉。默在熊家，得免難，潛行入楚、蜀，結壯士，圖恢復。及熊入隱新添山，默亦攜家入水西。宣慰司安坤聞默至，師奉之。居數年，吴三桂破水西，坤敗死，默被執，歎曰：「我窮而至此，卒不得乾凈土死，命也！」三桂餌以官，不答。臨刑，索紙筆自爲墓銘而死。

小腆紀傳補遺卷第三

徐承禮 譔

列傳

儒林

刁包 高世泰 顧樞 嚴轂 施璜 汪璲 張夏 沈國模 施博 史孝咸 管宗聖 邵曾可 王朝式 謝文洊 宋之盛 章愷 盛敬 朱用純 李生光 汪佑 劉原淥 胡承諾 張岱 毛乾乾

刁包，字蒙吉，晚號用六居士，祁州人。天啓丁卯舉人。敦尚質行，力以斯文爲己任。於城隅闢地爲齋，曰潛室亭，曰肥遯，日閉户讀書其中。崇禎季年，流賊犯州城，包毁家倡衆，誓固守，城得不破。時有二璫主兵事，探卒報賊勢張甚，二璫怒其惑衆，將斬之。包厲聲曰：「必殺彼，請先殺包。」乃止。二璫相謂曰：「使若居官，其不爲楊、左乎！」賊既去，載送流民，全活甚衆。既聞京師陷，設烈皇帝主，服斬衰，朝夕哭臨。賊迫授僞職，包以死拒，幾及於難，會賊敗得解。我朝定鼎，遂不仕，日取宋、元諸儒書反覆尋究。其學以謹言行爲要，以程、朱爲宗。初從孫奇逢，聞良知之學，既讀高攀龍書，喜曰：「不讀此，幾虛過一生。」設攀龍主事之，偶有過舉，必展謁悔謝，其勇於自克如此。嘗曰：「爲蓋世豪傑易，爲慊心聖賢難。」又謂：「易之爲書，教人趨吉避凶，言趨正避邪也；以爲趨福避禍，舛已甚矣。」父殁，三日勺水不入口，鬚髮盡白，杖而後起。年六十七，以居母憂哀毁致疾。將卒，問家事，不答，徐曰：「吾胸中無一事，行矣。」遂瞑。學者私謚文孝先生。所著有易酌、四書翊注、斯文正統辨、道録、潛室劄記、用六集諸書。

高世泰，字彙旃，無錫人，都御史攀龍從子也。少侍攀龍講席，篤守家學。晚年以東林先緒爲己任，葺道南祠、麗澤堂於梁溪，與從子愈等講習其中。祁州刁包往返論學，尤莫逆，有「南梁北祁」之目。歙人汪學聖者，所學近禪，既至梁溪，乃大悟前失。其同里施璜、汪璲、吴慎、汪知默、陳二典、胡㟲、汪佑、朱弘輩，方講朱子之學於紫陽書院，因學聖以問業東林，志相得，乃作紫陽通志録。世泰國變後卒。所著五朝三楚文獻録，甚該究。

顧樞，字所止，無錫人，光禄少卿憲成孫也。天啓中舉人。少從高攀龍講性命之學，邃於易，晚作易藁，折衷至當。嘗曰：「吾祖於易最精，獨無著述，小子可妄穿鑿乎？」其論儒則服膺薛、胡，而謂陳、王不免差失；又謂祖憲成主無欲，師攀龍主格物，並直接宋儒。時人服其議論醇正。國變後，韜形遁跡，不入城市，不赴講會，以老病終。

嚴穀，字佩之，無錫諸生。篤學好古，潛心於易、春秋。嘗課其弟穀曰：「讀書以明道也，吾自得高子遺書，所學乃有歸宿。」既與同志講道東林，高世泰推爲主席，重修道南祠，輯忠憲年譜、高子節要、東林書院志諸書。國變後，屏跡不出。學使慕其名，貽以額曰「力抉正學」，終不一報謁也。著有生軒易説、易同、春秋論、春秋集説、尚書講義、四書講義、生軒存稿。

施璜，字虹玉，休寧人。少應郡試，見鄉先生講學紫陽，瞿然曰：「學者當如是矣。」遂棄舉業，發憤自力於躬行。每會講，先一日齋宿，務設誠以感人。已而遊梁谿，事高世泰。將歸，與世泰期某年月日當赴講。及期，世泰設榻以待，或曰：「千里之期，能必信乎？」世泰曰：「施生篤行君子也。如不信者，吾不復交天下士矣。」言未既，璜已挈子擔囊至矣。著思誠録、小學近思録發明行於世。

汪璲，字文儀，休寧人。年十六，即手録先儒書，昕夕省覽；既長，篤於躬行，言動必秉成法。所著書甚具，一以洛、閩爲宗，其讀易質疑尤見推於時。卒年七十四。

張夏，字秋紹，無錫人。初受業於馬世奇之門，已而入東林書院。其爲學先經後史，博覽強記，而歸本自治。高世泰既殁，學者推夏主講席，我巡撫湯斌嘗延至蘇州學宫講孝經、小學。退而著孝經講義、小學瀹注及洛閩源流録。隱居菰川之上，年八十餘卒。

沈國模，字求如，餘姚諸生。嘗入劉宗周證人社，歸闢姚江書院，以明道爲己任，與史孝咸、管宗聖輩申明良知之學。其學或以爲近禪，而言行敦潔，較然不欺其志，故推醇儒。山陰祁彪佳與國模善。彪佳以御史出按江東，一日杖殺巨憝數人，會國模至，欣然以告，國模字彪佳曰：「世培亦曾聞曾子云哀矜弗喜乎？」彪佳後嘗語人：「吾每慮囚，必念求如，恐倉卒喜怒過當也。」南都亡，聞宗周絶粒死，哭之慟，而講學益勤。丙申卒，年八十二。

施博，字約庵，嘉興人。研精理學，以知明處當爲獨慎切要功夫。與餘姚黄宗羲善，有往復論學書，嘗曰：「劉蕺山吾師乎，然未嘗執贄其門也。」乙酉後，寓東塔寺。終身儒冠博袖，晚乃講學放鶴洲，引接後進。有舉成、弘名臣諸奏疏請正者，博即下拜曰：「朴老衰愚，無志當世。君能爲世道留意，追蹤前賢，甚善，幸厚自愛！」蓋其故國之思，耿耿不忘也。

史孝咸，字子虛，餘姚人。繼沈國模主姚江書院，嘗曰：「空談易，對境難。於居處恭、執事敬、與人忠三語精察而力行之，其庶幾乎？」家貧，日食一粥，泊如也。己亥卒，年七十八。

管宗聖，字霞標，餘姚人。爲人孝友忠亮，彊氣自克，言動必準於禮，鄉人化之。孫鑛始與宗聖爲文字交，既從講聖學，喟然曰：「向嗜讀左、國、秦漢百家，先生爲我洗盡矣。」鑛世所稱月峰先生也。

邵曾可，字子唯，餘姚人。姚江書院之立也，人頗迂笑之，曾可厲色曰：「不如是，便虛度此生。」遂往學。同儕請業多辨難，曾可獨默然竟日。初以主敬爲學，後專提致知。師事史孝咸甚謹，晨走十餘里，叩牀下問疾，不食而返。月餘，亦病卒，年五十一。

王朝式，字金如，山陰人，沈國模弟子也。嘗入證人社。劉宗周主誠意，朝式守致知，曰：「學不從良知入，必有誠非所誠之蔽。」宗周稱其志願大而骨力堅，所成就未可量。崇禎末，浙中大饑，朝式倡賑粟，全活甚衆。時天下大亂，將走四方求奇傑士，謀治安戰守策，不果行。國變後旋卒，年三十八。

謝文洊，字約齋，南豐人。少補諸生。見天下方亂，慨然有出世志，入廣昌之香山，闢精廬，誦佛經。既讀龍溪王氏書，服之，復讀王陽明書，遂與同里邵睿明、李萼林講陽明之學，年四十矣。一日，詣新城神童峰會講，有王聖瑞者力攻陽明，文洊詰難累日，心忽動。歸取羅欽順困知記讀之，始一意程、朱，闢程山學舍於城西，名其堂曰尊洛。著學庸切己録及講義數十篇，發明張子主敬之旨。時寧都易堂九子、星子髻山七子俱以文章節概名天下，而文洊獨反己闇修，務求自得，其程山十則亦以躬行實踐爲主。髻山宋之盛過訪程山，遂約易堂魏禧、彭任會講旬餘。於是諸子皆推宗程山，謂其篤躬行，識道本。同里甘京初與爲友，已而服之誠也，遂師事之。康熙辛酉，病，自爲墓志，卒年六十七。所著又有初學先言、大臣法則、左傳濟變録、詩文集諸書。

宋之盛，字未有，星子人。少孤，事兩兄如父。崇禎己卯舉於鄉。國變後，結廬髻山，足不入城市，以講學爲己任。其學以明道爲宗，識仁爲要。於二氏微言奥旨，皆能抉摘異同，非若世之闢異論者舍精而攻其觕也。與謝文洊交最篤。晚讀胡居仁居業録，持敬之功益密。戊申五月，卒。同邑有查小蘇者，亦棄諸生山居不出，年九十而終。

章愷，字仲實，南城諸生。國變後，隱居華子岡，灌園養母。入程山學舍，與謝文洊論學，有針芥之投，文洊每心折焉。好讀史，衡論精審，發前人所未發。著二十一史童觀集、閱史偶談若干卷，魏禧稱其「發微闡幽，大有功於後學」。

盛敬，字宗傳，太倉州人。年十五，遇同里陸世儀，即甚相得，與同學者三年，厭薄聲華，不事舉子業。後罹家阨，流離播徙，去稍遠。至崇禎丙子，始與世儀及陳瑚、江士韶有講學之舉。時絶學初興，慮驚世駭俗，深用韜祕。四人者風雨聯牀，或横經論難，或即事窮理，反覆以求一是。甚有商榷未定，徹夜忘寢，質明而後斷，或未斷而復辨者。既而同志漸多，旬、月皆有常會，會必講貫終日，凡身心、性命之奥，天文、地利、河渠、兵法之學，太極、陰陽、鬼神之祕，儒、釋之辨，經、史、百家之賾，罔弗根究本末，要於中正講論之樂。嘗恨古人不及見之。退則倣先儒讀書記之法，各有所録，旬日不著録，即互相糾，以爲學問進退之別。世儀所著思辨録，皆十二年間俛讀仰思，有所見則疾書以自識其所得者也。顧其所紀皆隨筆，無倫次，敬與士韶乃纂輯精要，分類書之。士韶，字藥園，亦太倉州人。

朱用純，字致一，崑山諸生，殉節貢生集璜子也。以父死國難，幕王裒攀柏之義，自號柏廬，隱居味道，不求仕進。其學確守程、朱，知行并進，而一以主敬爲程。其教學者，必先授以小學、近思録，繼進之以四子書。每歲孟春，率諸弟子行釋奠先師禮畢，講四子書，進止肅恭，誠意激發，興起者衆。已又患學者空言無實得，復作輟講語，反躬自責，言尤痛切。論學未嘗持異同，曰：「知所當知，行所當行，可矣。」與長洲徐枋善，屢以書問學，辨析甚至。平居動止有常，晨起謁家廟，退即莊誦孝經，數手書其文，教學者置義田、修墓祭、友愛諸弟，白首無間。遇事變，嶄然不撓，自言：「看得天理熟，當機立應，如離絃之矢，更不疑議，更不矜張，行所無事。」康熙戊午，或欲以鴻博薦，固辭乃免；其後有司欲舉爲鄉飲賓，亦弗應。戊辰卒，年七十二。將卒，顧門弟子曰：「學問在性命，事業在忠孝，勉之哉！」有大學中庸講義及愧訥集，其治家格言尤膾炙人口云。

李生光，字闇章，絳州人。未冠爲諸生，聞同里辛全倡學河、汾，遂往受業，質疑問難無虛日。生平篤於躬行，事親至孝。甲申之變，生光北向慟哭，焚其青衿，自號汾曲逸民。搆草堂，讀書其中，諸弟子列侍，談經課藝外，訓以二南大義，程、朱微言，所成就者衆。著有儒教辨正、崇正黜邪編，凡萬餘言，衞道之力甚勇。又著正氣猶存、西山閣筆、友于集諸書，皆直寫胸肊，以淺近語寓覺世牖民之意。其處子吟曰：「東鄰有處子，夙明烈女篇，字人尚未嫁，而乃失所天。痛兹生命薄，守貞期自全，毁容絶膏沐，矢志窮益堅。愛人貴以德，姑姊莫相憐，侃辭謝媒妁，何用日諓諓！」是可以見生光之志矣。

有體有用之學，凡二十餘萬言。自擬其書於徐幹中論、顏之推家訓，然其精粹奥衍，非二書所及。李念慈序稱：「尚有續書説若干卷，與是書相表裏。」又稱：「有菊佳軒詩，宏深博奥，不屑爲新穎秀發，以趨時尚。」今皆不傳。

張岱，字宗子，山陰人。長於史學。丙戌後，屏居臥龍山之仙室，短簷頹壁，終日兀坐，輯有明一代紀傳爲石匱藏書。我學使谷應泰聞其名，禮聘之，不往。以五百金購其書，岱慨然曰：「是固當公之，谷君知文獻者，得其人矣。」是時，明季稗史多體裁未備，惟岱書暨海寧談遷所著國榷具有本末，應泰并採之，以成紀事。岱於君臣、朋友之間，天性篤至。其著書也，徵實詳覈，不以作者自居。衣冠揖讓，猶見前輩風範。年八十八卒。

毛乾乾，字心易，南康人。於學無所不窺，尤精推數，通中西之學。崇禎時，爲諸生。鼎革後，縣令捕人應科試，乾乾被逼入試，文體奇古，學使不能句讀，題其卷末曰：「生乎今之世，反古之道。」乾乾見而笑曰：「羽陵書生，但知錢在紙裏中耳。」歸隱匡廬山，不復出。著古衣冠，講學山中，村農、負販聽者圜立，皆稱爲毛先生也。中州謝廷逸往訪之，以所著推步全儀爲贄，乾乾見而驚曰：「辨析幾微，窮極杪忽，古人無此儀器也。」與之論方圓分體、方圓合義、方圓衍敷，俱不謀合，歎曰：「野人肥遯山中，日講經術，以世人罕知曆數，不談久矣。今見子，豈可謂世無人邪！」以女妻之，偕居陽羡。宣城梅文鼎造門求見，與文鼎論周徑之理、方圓相容相變諸率、先後天八卦位次不合者，文鼎以師事之。乾乾嘗曰：「文鼎、廷逸，老人之畏友也。」乾乾審五音之輕重，六律之短長，著律學若干卷。又雜著二卷。子磐，於算數甚有精思，能傳其學。

小腆紀傳補遺卷第四

徐承禮 譔

列傳

文苑

魏禧 弟禮 彭士望 李騰蛟 邱維屏 曾燦 彭任 王猷定 陳允衡
徐世溥 陳弘緒 歐陽斌元 張蓋 申涵光 殷岳 劉逢源 趙湛 萬泰 子斯選 斯大 斯同
柴紹炳 毛先舒 諸匡鼎 顧景星 杜濬 弟芥 董説 夏古丹 周篔 李麟友

魏禧，字冰叔，寧都人。父兆鳳，崇禎中薦舉、徵辟皆不就。禧負異稟，年十一爲諸生。與兄際瑞、弟禮并能文章，而禧尤知名，世稱「三魏」。甲申之變，父走山中髠髮爲頭陀，自置惡棺，誡諸子曰：「死以殮我！」禧號慟，日哭臨縣庭，憤咤不欲生。謀從給事中曾應遴倡義兵，不果，乃棄巾服，隱居教授。禧負才略，善擘畫理勢。方流賊之熾也，衆謂寇遠，猝難及，禧獨憂甚，移家翠微峰。峰距寧都四十里，四面削起百餘丈，中徑坼，自山根至頂若斧劈然，緣坼鑿磴道，梯而登。因置閘爲守望，士友稍稍依之。而南昌彭士望、朱議霶、樂平王綱輩亦皆挈妻子來家翠微，閒居講學，世所稱易堂諸子也。其後數年，寧都被寇，翠微峰獨完。禧既遯世，益肆力古文辭，尤好左氏傳及蘇洵文。其爲文主識議，凌厲雄傑；遇忠孝、節烈事，則益感慨，摹寫淋漓。年四十，乃出游，涉江踰淮，至吳、越，思益交天下奇士。於吳門交徐枋、金俊明，西陵交汪渢，乍浦交李天植，常州交惲日初、楊瑀，方外交藥地、槁木，皆遺民也。當是時，南豐謝文洊講學程山，星子宋之盛講學髻山，弟子著録者皆數十百人，與易堂相應和。論者謂西江自歐陽、鄒、魏宗陽明講性學，陳、艾依復社工帖括，其聲力氣燄，皆足動一時，易堂起，獨以古文實學爲歸，風氣一振，由禧爲之領袖云。僧無可嘗至山中，歎曰：「易堂真氣，天下無兩矣！」無可，故大學士方以智也。康熙戊午，詔舉博學鴻儒，禧被徵，以疾辭。有司督催就道，不得已，舁至南昌，固稱病篤。巡撫疑其詐，以板扉舁至門，禧絮被蒙頭臥，巡撫歎息而去。又二年，赴揚州故人約，卒於儀徵，年五十七。婦謝氏絶食十三日，以身殉。無子，以弟禮子世侃爲後。有左傳經世、文集、日録諸書。兄際瑞，字善伯，初名祥，亦諸生，負經濟大略。戊午，楚亂，我大帥聘往賊營説降，爲所殺。

禮字和公，禧季弟也。少從禧授書，笞罵皆樂受，曰：「叔兄愛我也。」年十七，補諸生，更刻苦自勵，學日進。國變後，禧棄巾服，禮請於父，願從叔兄後。父母卒，乃益事遠游，歷閩、粤，渡海達瓊崖，北抵燕京，返夷門，過洛陽，南浮漢、沔，入秦關，涉伊水，經鳳、滁，道中足跡幾徧天下，所至必交其賢豪，尋訪巖穴遺佚之士。嘗省故人於韓城，往觀砥柱三門。聞高士彭荆山居華山絶巘，直上四十里，手鐵絙、躡飛蹬訪之，高韓昌黎痛哭處十里。既乃倦游返山中。時吳三桂反雲南，贛中亂方起，諸大吏致重幣延之參幕府，竟不出。居翠微峰頂，榜曰「吾廬」，更以自號。年六十六卒。有詩古文集。

彭士望，字躬庵，南昌人。性慷慨，尚氣節。崇禎十三年，父晳病且革，閱邸鈔，見漳浦黄道周平臺召對語，拊枕歎曰：「鐵漢也！」顧謂兒當師之。士望治喪畢，即裹糧往謁。時道周已下詔獄，士望周旋緹騎間。會太學生涂仲吉上疏訟道周冤，并下獄，詞連士望，被逮，久之始解。楊廷麟之殉難也，以孤屬寧都彭錕。及寧都破，錕自縊死，孤爲兵所掠，士望解衣贖之歸。時寇盜卒起，乃避地翠微，與魏氏三子定交，講學易堂，尤以躬行爲本，名其文曰恥躬堂集。卒年七十四。

李騰蛟，字力負，寧都人。四歲，父攜至書室中，指案上卦圖以問。父爲言畫數、卦名，覆之，對不失，以爲偶然；他日，三四覆之，乃大驚。長補諸生，與臨川陳際泰、羅萬藻、寧化李世熊、同里邱維屏爲文會。國變後，隱於翠微峰，與諸子講學易堂。騰蛟年長，諸子兄事之。後徙居三巘峰，授徒自給，衣冠三十年不易。年六十卒，學者私謚曰貞惠先生。著有周易賸言。

邱維屏，字邦士，寧都人，三魏姊壻也。性高簡，讀書多玄悟。弱冠爲諸生，學使侯峒曾奇賞其文。值國變，避亂翠微峰。魏禧嘗從學古文，已又同講學於易堂。維屏之學，原本六經、左、國、史、漢，旁及諸子、百家，顧獨有得於泰西之書，心悟神解。僧無可來易堂，常與布算，退語人曰：「此神人也。」大學士馮溥欲邀一見，卒不往。家貧甚，居室卑隘，牀竈雞彘雜陳，衣破敝不能易。人有迎至精舍居之，衣以裘，（綴）〔輒〕直著不辭。禧嘗歎曰：「邦士和而介，今之柳下惠也，其不恭亦似之。」

己未，病噎不食卒，年六十六。著有易勦説。先是淮安閻再彭以帛侑書，求維屏爲其妻銘墓，未作也。卒之日，命家人取帛出曰：「以付叔子，還淮安閻氏。」

曾燦，字青藜，一字止山，寧都人，給事中應遴仲子，與兄畹并工詞章，喜然諾。時天下多故，思以功業自見，折節下士，士翕然歸之。乙酉，楊廷麟起兵贛州，應遴以閩、嶠山澤間有衆十萬，俾往撫之。既行而應遴病卒，贛亦破，乃解散去。尋祝髮爲僧，遨遊閩、浙、兩廣間。已歸寧都，以大母命受室。築六松草堂，躬耕不出，後乃入易堂。少有詩名，選海内名家詩二十卷，號過日集。僑居吴下最久，著止山集、西崦草堂詩。客游燕市以卒。

彭任，字遜仕，寧都諸生。少與同邑温應搏友。應搏死難，時兵燹蒼黄，人莫敢晝行，任獨往購其屍，哭而殮之。鼎革後，結廬巘山，名所居曰一草亭，足不履城市。後與同志講學易堂，嘗一訪謝文洊、甘京於南豐之程山，未嘗再他適也。著禮記類編及草亭文集。嘗論朱、陸異同，謂：「學者之病，不在於辨之不明，而在於行之不篤。」其持論最平。卒年八十四。

王猷定，字于一，南昌人。父時熙，官太僕卿，天啓中名在東林；猷定以選拔貢成：均工詩、古文。爲人倜儻自豪。少時，馳騁聲伎，狗馬、陸博、神仙、迂怪之事無所不好，故産爲之傾。亂後，流寓浙中西湖僧舍。其爲文，多鬱勃，如殷雷未奮，又如崩崖壓樹，枒槎盤礴，旁枝得隙，突然干霄。與徐世溥、陳弘緒、歐陽斌元輩皆名著一時。有四照堂集。

陳允衡，字伯璣，建昌人，御史本子也。家東湖，避亂流寓蕪江，杜門食貧，以詩歌自娱。後徙舊京，晚復歸東湖，葺蘇雲卿蔬圃故址居之。著有詩譔、詩慰、國雅等書。

徐世溥，字巨源，新建人。父良彦，官工部侍郎。世溥年十六，補諸生。好學，能詩文。自明季公安、竟陵之説盛行，文體日瑣碎，世溥與同里陳弘緒、歐陽斌元輩均能獨開風氣，東鄉艾南英、江左錢謙益、姚希孟、里中萬時華皆以杓斗歸之。南贛巡撫潘曾紘得祥符王維儉所修宋史，屬世溥及晉江曾異撰重加更定。世溥才雄氣盛，一往自遂，屢試不第。鼎革後，遯居山中，絶意進取。我大學士溧陽陳名夏欲修徵辟故事，巡按御史親式其閭，又作手書，遣推官持禮幣往山中致之，拒不納。推官去，盜踵至，曰：「金幣安在？」世溥辭無有，盜怒，炙之死。所著曰榆溪集。

陳弘緒，字士業，新建人，兵部尚書道亨子也。性警敏，家藏書萬卷，晝夜講肄，遂知名，以任子薦知晉州。時真定屬邑多被兵，大學士劉宇亮出督師，欲移兵入晉州，弘緒拒不納，遂被劾，緹騎逮問。士民哭闕下，頌其保城功，得釋，謫湖州府經歷，署長興、孝豐二縣事，有惠政。尋免歸。鼎革後，屢薦不起，輯宋遺民録以見志。著有石莊集、恒山存藁、寒衣集、周易備考、詩經尚書義等書。

歐陽斌元，字憲萬，新建人。幼奇慧，讀書目十行下，終身不忘。爲諸生，受知於學使。蔡懋德、侯峒曾皆禮以國士，姜曰廣、楊廷麟尤相推重，稱爲奇才博學。與樂平王綱、南昌彭士望講求經濟，以學業相砥鏃。弘光時，嘗爲侍郎呂大器草疏劾馬士英二十四大罪，又嘗佐督師史可法幕。可法薦擢推官，士英知吕疏出斌元手，銜之，擯弗用。尋歸隱。乙丑卒，年四十四。有文集十二卷。

張蓋，字覆輿，一字命士，永年人。性孤介，工詩及草書，與同里申涵光、殷岳友，稱「畿南三才子」。崇禎時，以序當貢太學，不就，授徒養母。甲申之變，棄諸生，悲吟侘傺，遂成狂疾。嘗游齊、晉、楚、豫間，歸閉土室中，雖妻子不得見，惟涵光、岳二人至，則延入，談甚洽。每引酒獨酌，或痛哭長嘯，人莫測也。其爲詩哀憤過情，恒自毁其稿，或作狂草，累百過，至不可辨識乃已。久之，狂益甚，竟死，年六十。涵光輯其遺稿，僅得百篇。秀水朱彝尊稱其五言詩尤高簡力詣古人云。

申涵光，字和孟，號鳧盟，永年人，太僕卿佳胤子也。博學能文，尤工詩，名聞河朔間。以父死國難，遂絶意仕進。晚年，名益高，與張蓋、殷岳有才子之目。以理學訓其兩弟，皆能成立。嘗曰：「静坐自無妄爲，讀書即是立德。」有故人自京師寄書通問，涵光報以一詩而已，其簡傲如此。著有聰山集、荆園小語諸書。

殷岳，字宗山，雞澤舉人。少跅弛，與弟淵并負才名。岳嘗官睢寧知縣，布袍皁帽，騎驢至官舍。申涵光遺書勸之歸，慨然曰：「我豈以一官易我友！」遂投劾歸。父太白，官陝西副使，以忤楊嗣昌坐法死獄中。岳上書爲父乞骸骨，比歸而京師陷，遂入西山，與弟淵謀舉義，事洩，淵被害。岳匿涵光家得免，遂偕隱西山。茅屋三楹，與涵光晨夕唱和相樂。後客死福州，年六十八。岳能詩，自魏、晉以下屏不觀，尤不喜律詩，所作惟古體，莽莽然肖其爲人。有留耕堂集一卷。

劉逢源，字津逮，曲周貢生。通星數、河洛之學，手鈔二十一史，甚精，無譌脱。與申涵光相唱和。以遭亂，崎嶇轉徙於江、漢、淮、海之間，故詩多幽憂語。有積書巖集及漫興藁。同時有趙湛者，字秋水，邯鄲人，亦工詩，與逢源齊名，王士禎所云逸民也。

萬泰，字履安。其先定遠人，始祖斌以從龍功，世襲寧波衞指揮，遂爲鄞縣人。曾祖表，官都督同知，以儒將私淑新建之學，世所稱鹿園先生也。泰少志文學，舉崇禎丙子鄉試，復社中推爲名宿。時東南人士方以社、會相標榜，泰獨内剛潔、外和易，諸士咸樂就之。魯王監國，授户部主事，辭不受職，而任寧波勸分之餉以給義師。江上師潰，泰變道士服，隱居不出，以經、史分授諸子，皆受業於黄宗羲，稱高座弟子。友人高斗樞、黄宗炎嘗以事繫獄，皆以奇計出之，人莫測也。初，江上師起，諸生華夏等欲殺降紳謝三賓，泰與三賓爲婚，力救之免。及戊子翻城之役，諸人反爲三賓所殺，泰力不能止，衆頗以是咎之，泰亦悔甚，因自號悔庵。晚游粤東，有同年生毛汧染疫將死，同行者欲棄之，泰獨收載，親具藥餌，汧得生而泰以病。舟至彭澤，疾革，從者問家事，不答，時丁酉十月也，年六十。泰詩多故國之思，有云：「廣柳車中容季布，湘江澤畔問巫陽。」至是，竟客死，人以爲詩讖云。有寒松齋稿。子八人，斯選、斯大、斯同最知名。

斯選，字公擇，泰第五子。沈潛理學，躬行實踐。同里李鄴嗣嘗云：「粹然有得，造次儒者，吾不如公擇。」年六十卒，黄宗羲哭之慟，曰：「甬上從游能振蕺山之絶學者，惟斯選一人耳！」

斯大，字充宗，泰第六子。少有志操，遭亂不事舉業。尚書張煌言死難，棄骨荒郊，斯大與張文嘉葬之南屏山麓，春秋野祭，效西臺之哭。父友陸符，甬中所稱「陸萬」是也，死無後，爲制服葬之。嘗游杭州之玉龍山，見張縉彦神主，碎之，觀者辟易。斯大學既淹通，用思尤鋭，精於春秋、三禮，排纂説禮之言，持論精核，多發明前人所未發。李鄴嗣有曰：「説經無雙，名擅八龍，昔有慈明，今見充宗。」其推服者至矣。卒年五十一。有學禮質疑、周官辨非、儀禮商、禮記偶箋諸書。

斯同，字季野，泰第八子。少跅弛不羈，父閉之空室中，窺架上有明史料數十册，讀之數日而畢。其兄斯年察知之，請於父，使受業於黄宗羲，與聞蕺山劉氏之學。遂博涉史籍，尤熟於勝國掌故。康熙戊午，舉博學鴻詞，力辭免。明年，開局修明史，大學士蔡元文延至京師，請授以七品俸，稱纂修官，辭不受，乃主元文家。諸纂修以稿至，主者皆送斯同覆審，明史稿五百卷，斯同手定也。故督師楊嗣昌之婣人方居津要，乞史館於督師少寬假，斯同歷數其罪以告之。有運餉官以棄運走，道死，其孫以賂乞入死事列，斯同曰：「將陳壽我乎？」斥之。其狷介如此。卒以布衣終老。論者謂斯同以遺民自居，而即任故國之史事以報故國，其心事類元遺山，其潔身非遺山所及云。所著補歷代史表諸書約十餘種。

柴紹炳，字虎臣，仁和諸生。父應權，以明經爲興化學博，卒官，紹炳迎柩歸葬，躬自負土成墳。時節祭奠，涕淚迸涌，松草爲之萎絶。既除喪，而猶哭，友問：「禮有卒哭謂何？」答曰：「謂不設行哭禮耳。哀至則哭，豈能忍哉？」里中有避父笞出亡者，紹炳遇之曰：「爾有父笞非苦，我無父笞乃苦耳。」爲賦游子遇孤兒行，其人垂泣，卒爲孝子。夜有偷兒入室，覺其爲鄰人也，默不言，攫及衣被，徐曰：「汝獨不能留此爲吾禦寒地邪？」偷兒驚絶。乃慰諭之，且勸其改行，其人泣而去。素爲海寧吴麟徵、山陰劉宗周、蕭山倪元璐、漳浦黄道周所器，及諸人先後殉難，依宋子俊遇郭有道故事，服心喪期年。遂隱居南屏山，授徒賣藥自給，有餽餉，輒麾去。康熙己酉，詔舉山林隱逸之士，巡撫范承謨欲以紹炳應薦，固辭。又請刊行所著書，亦卻之，承謨歎息而止。紹炳於象緯、律曆、輿地、禮制、農田、水利、兵戎、賦役，莫不研究。治古文，精力於九經、諸史以及漢、魏、六朝諸家文，不及唐以後也。與陸圻、吴百朋、丁澎、張綱孫、陳廷會、孫治、毛先舒、沈謙結社賦詩，稱「西泠十子」，而紹炳文名最著。又治音韻之學，著有古韻通六卷。嘗以崑山顧炎武書多可疵讁，遺書糾正，炎武無以難也。年五十五卒。有經史通考、考古類編、通考纂略、切韻復古編、白石軒雜稿、省軒文鈔諸書。

毛先舒，字稚黄，仁和人。父殁，棄諸生，不求聞達。年十八，著白榆堂詩，陳子龍見而咨賞，因師之。又嘗從劉宗周講性命之學。其詩音節瀏亮，有七子餘風。家貧甚，嘗欲賣田刻所著書，意未決，友人諸匡鼎曰：「産去則免役，紙貴可操贏，有兩得無兩失也。」先舒然之。卒年六十九。有聲韻叢説、韻學通指、韻白、匡林潠書、聖學真語、小匡文鈔、螺蜂説録、東苑文鈔、蕊雲、晚唱諸集。諸匡鼎者，字虎男，錢塘人，與兄九鼎并有文名，時人比之機雲、軾轍也。

顧景星，字黄公，蘄州人。生之夕，父夢星降於庭，形如半月，因以名焉。六歲能詩，八九歲徧讀經、史，目數行下，時稱神童。旋補諸生。先是總督熊文燦挈降賊過蘄，諸賊中獻賊最黠，荆王止飲，令走馬後宫，與寵姬觀之爲戲。景星年十六，聞之曰：「熊公不得死所矣。」明年，獻賊果焚穀城叛，屠蘄、黄。展轉避亂，之崑山居焉。南都立，授推官，馬士英使人密招，卻之。去游黄山、白嶽，歸過錢塘，因浮家澱湖爲長隱計。順治庚子，詔徵天下山林隱佚之士，大吏强之，不起。康熙戊午，又以博學鴻儒徵，有司敦迫就道，辭不赴試，以老病乞歸。杜門息影，翛然遺世，顔其堂曰「白茅」，取易无咎之義也。踰九年卒，年六十七。景星記誦淹博，才氣尤縱横不羈，詩文雄瞻稱霸才。有讀史集論九卷，蹲池録一百十八卷，南渡集、來耕集共七十三卷。

杜濬，字于皇，號茶村，黄岡人，副榜貢生。啓、禎之間，楚人言詩者多效法鍾、譚，濬獨以少陵爲師，以此名聞天下。亂後，僑寓金陵，窶甚，南昌王猷定嘗問：「窮愁何似？」答曰：「往日之窮，以不舉火爲奇；近日之窮，以舉火爲奇。」猷定笑曰：「君言抑何雋也？」周亮工偶集諸名士觀燈船於秦淮，出百金，置席上爲采，賭鼓吹詞，濬遽起攫之云：「鮑叔知我貧也。」就吟席振筆直書，立成長韻一百七十四句，一座爲之傾倒。求詩者踵至，多謝絶。錢謙益嘗造訪，至閉門不與通。惟故舊或守土吏徒步到門，則偶接焉。及功令有排門之役，有司注籍優免，濬曰：「是吾所服也。」躬雜廝輿，夜巡綽，衆莫能止。晚年貧益甚，竟扼窮以死，年七十七，卒於揚州。生平論詩最嚴，於時人多所詆訶。有富者重價購其集，焚之。鄉人某搜得遺稿，刊以行世，即變雅堂集，蓋不及十之三云。

弟芥，字蒼略，亦諸生，與兄濬避亂同居金陵。兄弟行略同，而趣各異。濬廉隅孤特自遂，遇名貴人，必以氣折之，於衆人未嘗接言語，用此叢忌嫉。然名在天下，詩每出，遠近爭傳誦之。芥則退然自同於衆人，所著詩歌、古文，雖子弟弗示也。方壯，喪偶，遂不復娶。所居室漏且穿，木榻敝帷，數十年未嘗易。每日中不得食，兒女啼號，客至無酒漿，意色間無幾微不自適者。後濬七年卒，年亦七十七。有些山集。

董說，字雨若，號俟庵，烏程人，尚書份曾孫也。負異才。年十七爲諸生，撰夕惕篇以自勵。嘗受三易之學於黃道周。國變後，祝髮爲僧，名南潛，字寶雲，從南嶽和尚退翁者受佛戒，盡焚其少作。辛卯，退翁以海上事連染，幾及禍，徒衆星散，說獨負書杖策相從不去，以是尤爲時所重。說經學極博，癖嗜文字，老益篤。相與賞析者，若江夏黃周星、吴中徐枋、金俊明、顧苓、吴江顧有孝、徐崧、烏程韓曾駒、嘉興巢鳴盛、桐鄉張履祥，皆遺民也。其後居堯峰以終。所著書有易發八卷，河圖挂版、詩律表各一卷，周禮緯、律呂考、歲差考、分野發、六書發、甲申野語、補船長語、夢史、殘雪録、埽葉録、西荒詩、拂煙集、豐草庵、寶雲諸集，凡三十餘種，合題曰補樵書。補樵，亦説自號也。詩清淡荒遠，草書尤奇逸。其首陽詠曰：「草笠古鬚眉，首陽一樵子。擔柴入都城，閒話青峰裏，云『有兩男兒，飢死西山趾』。白髮齊太公，淚滴青蘋水，還顧召公言：『采薇人已矣。』」讀者可以知其寄託焉。又夏古丹，不詳何處人，或云越人，胡姓，析姓爲名。往來吴興硃山，卒葬龍興橋畔，有葫蘆藏稾。

周篔，初名筠，字青士，別字篔谷，嘉興人。少孤，事母以孝聞。遭亂，棄舉子業，受廛賣米。嘗購故家遺書一船，筐筥、斗斛、權衡與卷軸錯陳之，咿唔自若也。一日，遊嘉善，借宿柯氏園。有郡丞行署與園鄰，篔吟誦達旦，丞不能寐，恚甚，遣吏勾攝，將抶之，有士夫解而免。其爲詩超儁拔俗，不襲前人一語。時同里王翃、范路、李麟友、海寧朱一是皆相與唱和。性好施與，人有匱乏，傾囊給之，歲潦，率私錢散米以食餓者，生計遂漸窘，乃浪游不復問家人產。嘗游徑山，日昏暮，踏雪走二十里就僧舍，僧曰：「山多虎，居士遠來，得不動心否？」曰：「吾行不失道，一動心則飽虎口矣。」客京師二年，未嘗投貴人一刺。尚書徐乾學好延攬海内士，諸生徐善主其家，篔嘗就善同臥起，乾學欲見之，終不可得。其歸也，給事中某削三緘贈行，曰：「挾此可得百金。」笑卻之。歸舟抵宿遷卒，年六十五。著采山堂集二十四卷，詞緯三十卷，今詞綜十卷，析津日記三卷，投壺譜一卷。

李麟友，字振公，嘉興人，揚州訓導自明次子也。揚州破，自明自縊學宫。麟友求父骨不得，痛哭返，遂棄舉子業，以布衣終。其詩恣肆激昂，不落凡近。著有醒齊吟草。

小腆紀傳補遺卷第五

徐承禮 譔

列傳

孝友

趙希乾　顏伯璟　耿燿 兄光　光子於彝　耿輔　劉德濵 劉思廣

周繼聖 張維德　張振祚　黄向堅　顧廷琦　劉龍光　錢美恭 趙萬全　王原

沈萬育　盧必陞　嚴書開　孫博雅 李明性　楊嘉禎

趙希乾，字仲易，南豐人。父師高，早卒。希乾年十七，母病，日夜禱神，祈身代，不愈。往問吉凶於日者，復言不吉，希乾踟蹰不去，曰：「何以救吾母？」日者惡其煩數，曰：「危矣，剖心其可救乎！」希乾心識日者言，歸見母病益危篤，作疏告神，書遺言付仲父及弟。時日光斜射牀席，寂無一人，希乾取小刀，坐牀上，剖胸深寸許，以手入取其心，不可得。忽風聲震颯衝其户，希乾驚疑，以爲有人至，急反刀剜其胸肉，置几上，復取腸出，斷數寸。蓋人驚則心上忡，腸盤旋滿胸腹云。希乾置腸、肉釜上，悶絶於牀。弟妹出見釜上物，以謂希乾割股也，烹而進之母，視希乾，血淋胸腹間，氣垂絶，始知其割心。城邑喧傳，聞於令，令親往視之，命醫調治。不數日，母病愈，希乾亦漸進食飲，惟胸前腸出不得納，每日子午間，腸端瀝濡濡下。月餘，胸肉合，終身矢從胸上出，而穀道遂閉，飲食男女如常人。學使侯峒曾聞其事，拔充博士弟子員，補壬午恩貢。甲申後，奉母避亂山中，貧甚，賣卜以爲養。又十餘年，母壽八十餘，乃卒。未十年，希乾亦卒，年六十一。

顏伯璟，字士瑩，曲阜人，復聖六十六世孫也。性孝友，補四氏學生員。父允紹，官河間知府，值大兵至，城孤乏援，力不支，朝服北向拜，闔室自焚死。伯璟與弟伯玠時家兗州，兵亦至。城將陷，兵民皆竄，伯璟體肥不能走，伯玠手掖之以行，步益窘，伯璟曰：「同死無益，弟急去，猶可活也。」伯玠不肯釋，伯璟紿弟他顧，躍下城，伯玠俯視痛哭，矢及其身而卒。伯璟仆地，傷左足，夜乃甦，爲邏卒所得，舁以告帥，不爲屈。帥驚異，問之，則顏子後也，遂延之坐，留帳前。有被掠者偶語曰：「昨見城中婦女十數輩，邏卒驅以走，中一婦不肯行，卒反刃擊其臂，臂折，猶駡不已，卒殺之牆下，有媪過之指曰：『此顏氏婦也。』」伯璟曰：「得非吾婦朱氏乎？」告其帥，跡之果然，蓋刃傷已四日矣。驗其息，猶未絶，載之還，復活。既聞河間已陷，長號力請於帥，護之出軍壘，蹣跚走河間。時盜賊充斥，積日不能得食。既乃卒達河間，哭其父甚哀。方其父之自焚也，幼子伯珣甫六歲，僕吕有年抱之出火，負而走，道中流矢死，伯珣匿民間，顧得免。伯璟既拾父遺骸，復訪得其弟，與俱還。倪元璐，其父座主也，至是道經河間，爲文以祭曰：「父忠子孝，是吾師矣。」由是伯璟之名聞一時。生平坦易，而家法嚴以肅。友愛季弟，訓子孫以經義，鼓琴賦詩自娱。國變後卒。恒自言壽止六十一，果驗。

耿燿，太康人，邑諸生。少時從兄光受業，事之如父，凡出入起居必諮稟而後行。崇禎壬午，闖賊陷太康，燿率弟炳肩輿舁母避河朔，貿市以供甘旨。母病，燿朝出經營，暮歸侍疾，衣不解帶者累月。母没，扶櫬渡河，將殯於祖塋。會鎮帥高傑兵作亂，道梗塞，燿出入兵刃間，挽車以葬，不怵也。時定興耿權與弟極以孝友稱，炳嘗慕其爲人，訂爲兄弟，分宅以居，且贈田四頃，其義譜有云：「性地成宗，心源爲譜。」容城孫奇逢聞而義之，爲作三耿合傳云。

光字伯明，邑諸生。事繼母孝，教諸弟嚴。家世業農，父應科，好施與。七世同居，子姓百餘口，置圓几二，外則男子以次共食，内則婦女以次共食，額其堂曰「效藝」。嘗赴省試，拾遺金數百於旅舍，俟其人歸之。嘗言：「行事當以聖賢爲法，始無悔事；立心當求鬼神可鑒，始無愧心。」其刻志勵行如此。子於彝，有學行。光卒未葬，值流賊屠太康，居民逃竄，於彝獨抱父柩號泣不去。賊大至，怵之曰：「汝獨不畏死邪？」推墮城下，傷腰膂，幾死。越三日，賊退，踉蹌歸家，以土掩柩而後去。時歲大祲，人相食，邑令餽穀四十斛，悉推其餘以賑貧人。年八十二，無疾而終。耿氏以孝友名世，子姓守其家法，中州稱禮讓者，以耿氏稱首。

耿輔者，虞城諸生。早喪父，奉母避亂開封。會流寇決河灌城，輔倚浮木負母渡水逃，獲免。後居母喪，哀毁骨立，縞衣蔬食終其身。

劉德濆，涿州人。父源汴，官鴻臚寺鳴贊。甲申，闖賊陷京師，按京朝官及選人籍名，索諸薦紳搒掠之，號曰「追贓」，或立斃，或賂而免，或受其賂而又殺之。方是時，源汴名亦在索中，德濆匿源汴他所，而身自詣賊曰：「劉鳴贊，即我是也。」賊拷責，默無一言。久之，度父已遠去，乃奮起批叱罵賊。賊杖殺之，而源汴竟行遯，没齒不出。

劉思廣，襄城人。崇禎末年，流寇亂，父漢臣被執。思廣方十歲，號哭奔赴，父已被害，慟哭收父屍。賊怒，截其耳鼻，不肯去，賊憐而釋之，負父屍以歸。兄弟同居，終身無閒言。有姊少寡，迎歸，撫其二子，給以田産。母殁，哀毁嘔血，遂卒。寢門外産芝三本，人咸謂純孝所感云。

周繼聖，字述之，長沙諸生。獻賊陷長沙，其鄉人某故與繼聖有隙，嗾賊授以僞職。匿不出，則縶其母、妻詣賊，仍不屈，則次第殺之，闔門殲焉。繼聖力衛母，賊斷其右腕。尋逸去，密謀聚衆殲賊，並某家三百餘人，以其首祭母。督師何騰蛟上其事，授教諭，繼聖痛家難，終身不仕。

張維德，合肥人。崇禎乙亥，流寇入境，執其父，將殺之。維德年甫十五歲，延頸就刃求代父，賊義而釋之。越二十一年，父卒，哀毁骨立，廬墓側三年。又張振祚，廬江人也。父弘任，攜孥知四川嘉定州。崇禎壬午，流賊逼城，振祚奉父命，領數騎突出求援。城尋陷。振祚還，見父被害，觸石死。

黄向堅，字端木，吴縣人。父孔昭，官雲南大姚知縣，國變後，阻兵不得歸。向堅孑身往尋之，以家事付其妻曰：「此行不見父母，不歸也。」族黨皆阻之，不聽。既出門，遇客之舊往滇者，詢之，告以道里遠阻，傜、僮險惡，復阻之，卒奮然往。一蓋一笠，越關數百重，將及滇。時兵戈未靖，滇人訝其形容、衣服不類，疑爲間諜，告以實，痛哭如嬰兒，衆乃釋之。至白鹽井，遇父母及從弟向嚴俱無恙，喜極哭失聲，蠻僚皆爲感動。踰一年，得歸。歸時，途中與弟親扶籃轝，怡怡如也。始辛卯十二月，訖癸巳六月，往返二萬六千餘里。吴人作樂府以傳其事。

顧廷琦，字珮堅，長州諸生。父繩詒，知四川仁壽縣，獻賊破成都，不屈死。亂既定，廷琦黧面赤踝，前後歷四寒暑，始得扶櫬歸。中間川水暴漲幾死，絶粒數日幾死，遇盜劫幾死，臨穹崖絶巘，墜深淵，幾死，而卒不死。方之成都時，無有知父瘞埋處者，呼號路側，誓不欲生，由遵義民輾轉訪詢，始得諸龍腦橋側。廬墓數月，往返六萬四千餘里，抵里門，鬚髮白矣。因自譔入蜀記。

劉龍光，字蓼蕭，長洲諸生。父廷謂，官益王府長史。國變道梗，龍光始以省試歸，兵後不知父母存殁，日夕涕泣，家故貧，徒步往建昌。時益府舊人無在者，禱於張令公之神，夢中若有告以石漈者，然不知所謂。久之，遇一尼，云：「石漈爲閩、粵交界處，今官道阻兵，出間道往，七日可達。」龍光乃冒死穿藤峽、一綫天，踰白石嶺。高萬仞，蟻旋而上，血漬雙足。過山麓，得微徑，俯視山下，有村，村中板屋三楹，流泉決決鳴石上。龍光心動，謂：「得毋即石漈乎？」叩其户，則母管氏出焉，喜極而哭。問父所在，先二年卒，殯板屋中，又大哭。村民聞之，皆來觀，曰：「吾鄉舊名見娘村，宋孝子王龍山見母處也。今遇子，又一孝子矣。」乃奉母扶櫬歸，孝養十餘年。母殁，以哭母得心疾，終其身。

錢美恭，紹興人。父士驌，由舉人官雲南陽宗縣，有子三，美恭其季也。八歲時，庶母與仲兄之官，美恭及伯兄侍母留故鄉。未幾，國變，滇南道梗，伯兄亦卒，美恭欲往尋親，母曰：「空囊能行萬里乎？」美恭曰：「絶處逢生，未可知也。」遂於癸卯秋由江、廣抵廣南。病痁，力疾行山徑，十步九頓。至蒙自，宿土城旅店，竟夕不寐，悲吟聲達户外。有楊姓者問之，告以故，楊曰：「是故錢守兒邪？守以考最，擢知嵩明州。乙未五月卒官，葬通海縣之南山。在滇復舉兩子，今不知散失何所矣。」美恭遂至通海，問南山，無知者，哭於路左。有老人曰：「君家舊僕童姓尚存，盍詢之！」至則不復識，詳告之，乃相持哭。尋謁墓南山，仲兄至，亦不相識矣。探庶母、幼弟，俱在。謀歸父骨，無貲，寄跡僧寮，展轉丐貸，始偕仲兄負骨歸，蓋往返六年矣。好事者演傳奇曰尋親記。

趙萬全，會稽人。父應麟，儒而貧，出游四方，值國變，阻兵不得歸，轉徙他鄉以殁。萬全幼，數從母問父所在。及長，遂辭母獨行求父，度淮，歷燕、齊、楚、豫、秦、隴，日不再食，謳號於塗。初，萬全將出，懼不審父狀，張牘書應麟名及鄉里、年歲、容貌，揭於背以行。久之，抵馬邑，有張文義者聞之，亟走視，誦所書牘曰：「吾幸識而翁，翁客遊無所寄食，嘗爲我授書。吾哀其死也，槨而封之。」萬全聞言，號而仆，絶復蘇者數，乃負骨歸，以教授供其母。母亡，得合葬，廬冢上三年。

王原，文安人。父珣，崇禎時苦歲荒役重，不能支，辭其妻曰：「我去則追呼不及門，嫠婦、孤兒庶可安也。」遂逃去。原稍長，從羣兒學，有嘲其無父者，歸問母，得其故，大悲。既娶婦，乃辭母求父去。足跡半天下，乞食充腹，跣步重趼，至見骨。一日，渡海至田橫島，假寐神祠，夢至一寺。已至輝縣之帶山，有寺曰夢覺，原心動曰：「吾夢豈至是徵邪？」詢之，父果在，已爲僧。乃抱持慟哭，相將還里，夫妻子母復聚焉。

沈萬育，字和卿，常熟人。南都亡，負母避亂於野，遇盜奪其糒，母固不與。盜怒，將殺之，萬育泣而求代，並得免。鄰人失火，延母寢，母疾方劇，不可以遷，萬育號痛呼天，天反風，火以熄。母年八十餘，疾危篤，割股以進，弗瘳。夢緋衣神告曰：「疾非五藥所能治也。醫凌某在雙林，速致之。」凌至，以針達之，霍然愈。萬育性好義，建橋梁，施棺槥，隱居以終。

盧必陞，字寀臣，山陰人，生有異稟。年九歲，父芳患病，思得蟚蜞炙，必陞潛攜筐採諸沙口，爲潮所没，得漁者救以竹筏，筐終不釋手，而蟚蜞滿其中。仲父茂無子，以必陞爲嗣。南都既亡，茂負俠氣，嘗仗劍獨行，不知所往，必陞奔覓諸暨山中，晝循林箐，夜則崎嶇山谷，伏屍枕藉，驚跣疾奔，兩足爲沙石所嚙，血縷縷漬地，行跡皆赤。遇一僧，憐之，挾與俱，遇虎，匿高樹，大呼「山神救我」，虎竟去。閱數月，得奉父以歸。既而土寇竊發，茂陷賊營，必陞往贖以金，不應。繞岸哭，三日夜不絕聲，賊感動，爲引至父前。賊欲其父降，脅以刃，必陞冒刃叩頭流血，忽狂風疾雨，舟幾覆，賊震駭，乃得釋。茂既被創，病日臻，必陞日夜侍側，以兩手摹患處。茂嘆曰：「人摹我痛，痛在我身；汝摹我痛，痛在汝身。」先是，茂妻徐氏有女，忌必陞爲嗣分其貲，嘗遺盜要於路，擊之垂死，遇救得免。必陞處之泰然，徐氏卒感悟。年七十四而終。

嚴書開，字三求，歸安人。父爾珪，官廣東參政。書開幼警敏，八歲能屬文。舉崇禎癸酉鄉試。簡討汪偉，其座師也，北都陷，以抗節死。書開聞之慟哭，將往經紀其家。會丁母憂居喪，愈哀毁。服除，乃走抵昌平，謁思陵，刲牲列祭，哭盡哀，守陵校尉王鴻羽嘆曰：「咫尺京都，明之貴人達官無一停驂者，子何人斯，而哀若是！」既歸，杜門不復出，與里中遺老爲問道社，研濂、洛之旨，旁及兵刑、錢穀、屯田、水利諸經濟學可裨世用者。其同年生溧陽陳名夏、合肥龔鼎孳，皆入仕我朝，方貴顯，遺書勸之出，書開堅拒之。性孝友，父嘗臥病，百藥弗效，沈思曰：「其殆中粤蠱乎？」即裹糧踰五嶺求靈草，傍徨山澤，無所得，號泣於道，恍惚似人有告以九華山者。返至九華，遇異人授以方，父疾果愈。撫庶弟如子。歲凶，出家財三千金，爲縣輸逋賦，倣范莊義田，贍族人之貧者。戊亥間，海上師起，邑中大姓爲羣不逞所持，輒誣以通海，甚者誅夷、竄塞外，書開家故饒，坐是大困。邑令強之就試，宗人或怖之曰：「子不出，禍且及宗。」乃赴甲辰禮部試。未畢事，即移疾歸。學士葉方藹得其五策，奇之曰：「此真通知古今老宿也。」時甫變取士制，廢經義，用策論，主司欲以冠多士，及次場，文不至，嘆息累日。書開晚愈韜晦，結廬皋亭山，山人衲子，相攜徘徊澗壑，往往經歲不歸，自號逸山。卒年六十。有逸山文集十二卷。

孫博雅，字君僑，容城處士奇逢子也。幼端重，不苟嬉笑。甲申後，棄舉子業，絕意仕進。奇逢遷蘇門，博雅獨留。貧無以炊，賒柿餅以供母，徒步奉至蘇門。母病，不交睫、不解衣帶者三旬餘。及卒，爲孺子泣，三年不見齒。奇逢年漸高，偕兄弟朝夕上食，夜則更臥牀前，候其欠伸，未嘗頃刻離。時從奇逢游者日衆，有數百里或數千里至者，博雅設榻供食，各得其宜。國朝康熙八年，詔舉山林隱逸，郡守程啓朱以博雅名上之大府，以父老力辭。無何，父卒，偕兄望雅、弟韻雅廬墓三年，哀毀骨立。博雅德器純粹，與人交，和易可親。見人一善，贊揚不去口；人有過，不顯言，間引一二古語相感發，聽者聳然，多見省改。韻雅坐事被逮，繫刑部獄凡五年，將遠徙，博雅具橐饘以從，病致藥餌，更周卹其同繫者。家故貧，竭產供弟，故交所贈遺，皆拒不受。同難有械繫者，博雅以蹇驢讓之，徒步烈日，兩足皆腫。嘗遇暴風雨，失道，幾溺死。飢渴困頓，遂病，每假寐，口中喃喃，皆其弟事也。頃之，竟不起。彌留，猶張目曰：「吾弟免矣。」遂卒，年五十五。不數日，弟事漸解，竟免流徙。士大夫高其義，私諡文孝先生。所著曰約齋集。

李明性，直隸蠡縣諸生。性篤孝。其父春秋高，日必五六食，明性率其婦馬雞鳴起，盥漱問安，每食必手捧持之，自奉糠籺不繼。嘗侍疾數月，衣不解帶。居喪屏酒肉，不入中門，晨興必上冢號泣，六年如一日。時容城孫奇逢講學蘇門，祁州刁包聚生徒里閈，明性獨篤行卻講，期爲有用之學，隱居以終。學者私謚孝慤先生。

楊嘉禎，江西宜春諸生，有學行。丙戌春，父文盛避兵山塘，兵將至，嘉禎從間道渡水報父。水湍急，被溺，流至深處，滅頂矣，猶躍出水面曰：「速走，速走！」遂溺死。

小腆紀傳補遺考異

徐承禮 譔

韓王某傳

韓王某者，韓憲王之後，太祖支孫也。

明史世表列傳載：韓王亶瘠於崇禎十六年爲李自成所執。後無考。

趙王由棪傳

乙酉夏，與總兵黄蜚起兵太湖。

本明末忠烈紀實。而諸書謂：「蜚與監軍道荆本澈等奉義陽王朝墠起兵駐崇明沙。」兹云由棪，豈蜚先奉朝墠，後奉由棪，抑本澈所奉爲朝墠而蜚固由棪，諸書不及詳歟？

庚寅二月，惠潮道李士璉與總兵郝尚久投誠大清，導王師入關，執由棪及郡王十三人以獻。

所知録只云「執郡王十三人」，不言由棪，五藩實録則云：「潮州山寨私擁趙王，及李成棟遣兵至潮，自歸薙髮，居孝光寺。會陳子壯起兵事洩，王實不知也。廣州知府陸元璣降，受成棟指逼，至玄妙觀勒令投繯。」云云。似由棪之死，在丁亥間也。姑附志以俟考焉。

淮王常清傳

又上饒王常沅，以弘光元年二月襲封。

世表載：「上饒王翊鉅，於萬曆中襲封。」常沅蓋其子也。

永寧王由穗傳

永寧王由穗，字冠寰，敬王第十子。

紀年本南疆繹史，作永寧王慈炎，誤也。今據逸史及世表正。又逸史作「第八子」，世表作「第十子」，今從世表。

及安義王某，

按世表載：「安義王常漴，於萬曆三十一年封，薨。」不言嗣王何人。

長子慈炎亦遇害。

逸史永寧王傳慈炎作慈營，謂：「由穗與長子慈營被執，丙戌正月七日檻車赴燕，三月朔至蘆溝橋遇害。」與紀略諸書不合，附志俟考。

今待命於其弟彭指揮家。

諸書亦作「永寧王妃之弟李指揮家」。

羅川王某，

世表載：「羅川王由柼，以萬曆三十一年襲封。」此其由柼歟？

又有瀘溪王某及楚藩武岡王、徽藩延津王，

世表：「瀘溪王常淄，萬曆二十九年封，薨；武岡王華增，以萬曆二十八年襲封；延津王常淯，以萬曆中襲封。」均不言嗣王何人。

鄧王器墭傳

南疆繹史作鼎器，乃活字版訛誤，今據逸史改正。

桂王由榎傳

十六年，獻賊犯湖南，端王與由榎走全州，得達廣西，永明王被繫。

以上參所知録、永曆實録。而五藩實録則云：「與永明王同被繫。」詳見紀傳考異卷第□□。

時宫眷、僚屬尚有千餘，資用恒苦不足。

五藩實録載：「安仁素殘刻，凡永明衣食所需，仰給於兄，恒缺。一日，安仁遣内使周明押衣篋四，送永明舟中，王大喜啓視，皆赭黄袍，别無可常御者，王爲不懌。周明前啓曰：『願王静俟天命，自有服御之日。』」云云。恐係傳聞之誣，附志於此。

乙酉，南都亡，廣東在籍尚書陳子壯等議奉由㰘監國。明史、南疆繹史、繹史勘本均謂端王時事，大謬。蓋諸書不知由㰘有謚，故以議立事屬諸端王，而又以端王之謚爲恭也。王夫之永曆實録及南沙三餘氏五藩實録所叙甚明，今從之。

益陽王某傳

益陽王某，蓋遼藩裔也。

世表有兩益陽王。一爲周王宗支，於嘉靖中國除。一爲遼王宗支，有莊懿王憲㸅，於萬曆十年薨，後嗣無考，此殆其裔屬歟？

瑞昌王議瀝傳

瑞昌王議瀝，寧藩裔，太祖十世孫。

紀年本南疆繹史勘本，作盛瀝，逸史、明末忠烈紀實均云議瀝。按世表：「瑞昌王爲寧惠王支庶，於正德十五年坐宸濠反國除，議瀝蓋其後裔，故隆武以之襲封。」今從之。

奄傳

奄，字雪個。

本張庚畫徵録，作朱耷。蓋當時懼禍易名，故與世系字不合也。

盛澂傳

盛澂，字青潮，楚藩通城王裔。

世表無通城王，蓋通山王之譌，志之俟考。

稱通城王。

野史諸書有誤以盛澂爲嗣通城王者，今以忠烈紀實、行朝録、所知録、南疆繹史考之，則知盛澂爲宗室無疑。蓋當日義兵擁立，爲號非以祖宗之爵，不足以資號召，紀事者無從別白，遂就傳聞著之篇耳。疑諸書所載諸王類如此，實不皆襲封也。

盛濃傳

會聞汀州變，乃走廣東。

明末忠烈紀實云：「盛濃丙戌八月死於衢州。」誤也。

中國史學基本典籍叢刊　書目

穆天子傳匯校集釋
國語集解
吳越春秋輯校彙考
越絶書校釋
西漢年紀
兩漢紀
漢官六種
東觀漢記校注
校補襄陽耆舊記（附南雍州記）
十六國春秋輯補
洛陽伽藍記校箋
建康實録
荆楚歲時記
大唐創業起居注箋證（附壺關録）
貞觀政要集校（修訂本）
唐六典

蠻書校注
十國春秋
皇朝編年綱目備要
皇宋十朝綱要校正
隆平集校證
宋史全文
宋太宗皇帝實録校注
金石録校證
丁未録輯考
靖康稗史箋證
中興遺史輯校
鄂國金佗稡編續編校注
皇宋中興兩朝聖政輯校
中興兩朝編年綱目
續宋中興編年資治通鑑
續編兩朝綱目備要